그리스도의 몸된 교회

에베소서

그리스도의 몸된 교회

에베소서

1~6장

. . . .

제임스 몽고메리 보이스

솔라
피데

乙 예배와 삶의 일치

복음에는 하나님의 의가 나타나서
믿음으로 믿음에 이르게 하나니 기록된 바
"오직 의인은 믿음으로 말미암아 살리라" 함과 같으니라

로마서 1:17

그리스도의 몸된 교회 에베소서(1 - 6장)

초판 1쇄 인쇄 : 2019년 11월 20일
초판 1쇄 발행 : 2019년 12월 10일

저자 : 제임스 몽고메리 보이스
역자 : 김덕천
발행인 : 이원우 / 발행처 : 솔라피데출판사
주소 : (10881)경기도 파주시 문발로 123 출판문화정보산업단지
전화 : (031)992-8692 / 팩스 : (031)955-4433
Email : vsbook@hanmail.net
등록번호 : 제10-1452호
공급처 : 솔라피데출판유통
전화 : (031)992-8691 / 팩스 : (031)955-4433

Copyright ⓒ 2019 SolaFideBooks
Printed in Korea
값 22,000 원
ISBN 978-89-5750-101-6 03230

The Church, The Body of Christ

EPHESIANS

Ephesians 1~6

JAMES

MONTGOMERY

BOICE

우리 가운데서 역사하시는 능력대로
우리가 구하거나 생각하는 모든 것에
더 넘치도록 능히 하실 수 있는
주님께 이 책을 드립니다.

◆차 례◆

개정판에 붙이는 머리말

연구하고 저술했던 에베소서가 책으로 출판된 지 벌써 10년이 넘었고, 그 후 책이 절판된 다음 상당히 오랜 시간이 지났습니다. 그동안 여러 사람들이 이 책을 다시 출판하면 좋겠다고 조언을 했습니다. 먼저 집필한 창세기, 여호수아, 요한복음, 로마서 강해를 출판했던 베이커출판사가 이 책을 앞서 출판한 책들과 잘 어울리도록 손질하여 발행했습니다.

신학자들은 보통 교회론이라고 부릅니다만, 에베소서는 교회에 대한 교리를 짧게 축소해 놓은 미니 강좌라고 말할 수 있습니다. 교회에 대한 건강한 교리적 가르침이 지금보다 더 절실하게 필요한 때가 없었기 때문에 지금이야말로 본 에베소서 강해서를 재출간하는 가장 적합한 때라고 믿습니다. 이 시대를 살아가는 복음적인 그리스도인들은 교회가 어떤 모양으로 세상에 존재해야 하는가에 대하여 엄청난 혼란을 겪고 있습니다. 문제는 성경적인 전문 용어에 있습니다. 복음적인 신자들은 교회를 "그리스도의 몸", "그리스도의 신부", "손으로 짓지 않은 성전", "교제"로 알고 있습니다. 그러나 다수의 사람들에게 이런 말은 한낱 구호일 뿐입니다. 교회가 어떻게 존재하게 되었느냐라는 질문은 대단히 중요합니다. 다시 말해서 "우리들의 활동으로 교회를 세워 가는 것인가? 그렇지 않으면 그것은 전적으로 하나님의 역사하심인가? 교회는 어떻게 기능을 해야 하는가? 우리 마음대로, 우리가 하고 싶은 대로 조직해도 되는가? 그렇지 않으면 하나님께서 이 영역에 대한 여러 가지 의사를 결정하시고 지도해 주셔야 하는가?" 아마도 이런 질문들이 대단히 중요한 질문이라고 하겠습니다. 그렇다면 도대체 교회란 무엇입니까? 교회는 단지 다른 사람에게 복음을 전하기 위하여 존재해야 합니까? 또는 우리를 행복하게 만들어주기 위하여 존재해야 합니까? 그렇지 않다면 우리가 참여해야 할 무슨 위대한 계획이라도 있습니까? 천사들조차 알고 싶어 하는 그런 계획이라도 있다는 말입니까 (엡 3:10-11)?

우리는 교회를 너무 인간 중심적으로 바라보는 것이 문제라고 생각합니다. 교회란 하나님의 영광을 위하여 하나님께서 친히 만드신 것이 아니라, 우리의 필요를 충족시키기 위하여 우리가 만들고 운영하는 것이라고 생각합니다.

엄밀하게 말하자면 에베소서는 바로 이 점에서 그토록 중요한 가치가 있습니다. 교회가 성부, 성자, 성령 삼위일체 하나님의 역사하심으로 존재하게 되었다는 데서부터 에베소서는 시작합니다. 첫 장에서 말하려는 것이 바로 이런 것입니다. 한 개인을 선택하시고 예정하셔서, 그리스도의 사역을 통하여 아들과 딸을 삼으시고, 세상의 기초 앞에 이것을 놓아두시는 성부 하나님의 역사하심에 대하여 말합니다. 십자가에서 죽으심으로 성부 하나님께서 택하신 백성을 구속하시고, 그들의 죄 용서함을 얻게 하는 아들의 역사에 대하여 말합니다. 또 성부 하나님께서 택하신 백성을 그리스도께로 인도하고, 죄의 권세에서부터 궁극적으로 구출되었다는 보증으로 그들을 인치시는 성령의 역사에 대하여 말합니다. 모든 성도들이여, 하나님의 영광을 찬송할지어다!

그리고 나서 1장은 교회, 특별히 에베소교회를 위하여 드리는 기도로 끝을 맺습니다. 이 기도는 가능한 모든 능력을 다 동원하여 그리스도를 영화롭게 하고, 그분의 발아래 만물을 굴복시켜 주시고, 그분을 만물 위에 교회의 머리로 삼아 주실 것을 간구하는 기도입니다. 이어서 기도는 "교회는 그리스도의 몸이요, 만물 안에서 만물을 충만하게 하시는 이의 충만이니라"는 말로 끝을 맺습니다(엡 1:22-23).

이것은 대단히 훌륭한 성경적 교회론입니다. 하나님과 그분의 역사하심으로 시작하여 만물은 하나님의 영광과 함께 끝마칠 것이라는 말씀으로 끝맺는 교회에 대한 교리입니다. 이어서 다음 장은 허물과 죄로 죽었었으나 하나님께서 영적으로 살려 주시고, 중생한 자들의 새로운 무리에 가입하게 된 개인으로 교회가 형성되었음을 살펴보는 것으로 시작합니다. 바울은 이 장에서도 교회는 사람이라는 관점으로 봅니다만, 여전히 하나님과 그분의 역사하심을 강조합니다. 우리를 부르셔서 믿음을 주신 분도 하나님이시요, 중생하게 하시는 분도 하나님이시며, 영화롭게 하시는 분도 하나님이십니다.

본 서신의 나머지도 역시 이런 방향으로 진행해 나가면서 바울은 교회가 어떻게 기능해야 하고, 그리스도인은 어떻게 살아야 하며, 신자는 어떻게 영적 전투를 해야 하는가를 탐구합니다. 본 서신을 주의 깊게 재점검하면서 오늘날의 교회 안에서 오용되는 것을 교정해 주고, 신자가 교회에 대한 자기 이해와 방향 감각을 회복할 수 있게 해 주는데 이보다 더 직접적으로 도움이 되는 것은 없다고 생각합니다.

가장 연대가 앞선 초기 사본들의 첫 절에는 "에베소(에베소에 있는 성도들)"라는 단어가 없다는 것이 대단히 흥미로운 본서의 특징입니다. 에베소서가 아마 소아시아의 여러 교회에 써 보낸 회람용 서신이었고, 그 사본은 각각 다른 도시 이름을 수신지로 적어 넣었기 때문일 것입니다. "서머나에 있는 성도들에게", "버가모에 있는 성도들에게", "라오디게아에 있는 성도들에게" 등등 이것은 매우 일반화된 사실입니다. 그리고 도움이 되는 실제적인 예들을 보여줍니다. 에베소서를 개인적으로 연구하기에 앞서 여러분의 교회나 도시 이름을 1절의 적당한 여백에다 적고, 하나님의 말씀이 여러분과 여러분의 성경공부 모임에 명료하게 전달되도록 본 서신서를 읽어 나가십시오. 만일 여러분이 그렇게 한다면 여러분과 여러분의 교회 안에서 역사하시는 하나님을 더욱 감동적으로 이해하게 될 것입니다.

여러분의 내면에서 일어나게 될 가장 중요한 변화 가운데 하나는 여러분 자신의 개인적인 행복이나 안녕을 추구하는 것이 아니라, 여러분의 인생의 궁극적인 목적으로 하나님의 영광을 추구하는 것이 될 것입니다.

하나님께 찬송을 돌릴지어다. 아멘.

펜실베이니아 필라델피아에서

제임스 몽고메리 보이스

머리말

"**교**회에 중심을 맞춘 미니 신학 강좌!"

 기독교의 처음 한 세기의 절반이 막 지난 시점에 바울이 로마에서 에베소에 있는 성도들에게 보낸 이 위대한 편지가 말하려는 것입니다.

 무슨 강좌란 말입니까! 신학은 무슨 신학이란 말입니까!

 로마서처럼 에베소서도 기독교의 가장 근본적인 교리를 다루고 있습니다. 신자가 죄로 말미암은 타락과 저주의 심연에서부터 하나님과 더불어 나누는 교제와 영원한 기쁨의 정상으로 들림을 받는 구원에서 하나님의 주권과 하나님의 위대한 계획의 영원한 성취를 다른 위대한 교리서보다 더 많이 강조합니다. 고린도전후서나 목회 서신처럼 에베소서도 역시 교회를 다루고 있습니다. 그러나 에베소서는 실천적인 내용을 다루고 있는 이들 서신들보다 교회의 참된 영적 역동성을 더 많이 강조합니다. 그리고 새 인류의 실재에서 볼 수 있는 새로운 관계에 대한 지침을 제시해 줍니다. 에베소서도 역시 베드로전서나 야고보서처럼 그리스도인의 영적 전투에 대하여 말하고 있습니다. 그러나 에베소서는 이 영적 전투를 훨씬 더 생생한 그림과 결코 잊을 수 없는 어휘를 사용하여 묘사합니다.

존 매케이(John Mackay)는 에베소서를 "가장 위대하고…, 가장 완벽하며…, (그리고) 우리 시대에 가장 걸맞은" 바울의 서신이라고 말했습니다. 아미티지 로빈슨(Armitage Robinson)은 에베소서를 "사도 바울의 저술들 가운데 면류관"이라고 말했습니다.

바울이 저술한 책이 모두 한결같이 위대하다면, 이 책만 그토록 열렬하게 찬양할 수 있는 자유는 없습니다. 서론에서 이미 소개했던 것처럼 에베소서는 기독교의 기본 진리를 간단명료하고, 실제적이면서도 매력적으로 설명해 줍니다. 그렇기 때문에 에베소서는 독자들에게 깊이 있게 호소한다는 점을 결코 부인하지 못할 것입니다. 그러나 이것은 독자 자신이 스스로 결정할 수 있는 것입니다. 무엇보다 에베소서를 공부하시길 바랍니다! 먼저 바울의 편지를 주의 깊게 읽을 것을 권합니다. 그리고 나서 이 강해서를 빨리 살펴보기 바라며 또한 기도를 잊지 말 것도 권면합니다. 여러분은 틀림없이 에베소서에서 엄청나게 큰 축복을 발견할 것입니다. 또 집필한 이 책에서도 역시 도움이 될 통찰력을 얻을 수 있다고 믿습니다.

이 에베소서 강해는 30여 년 전부터 담임목사로 섬겨오던 필라델피아제십장로교회(Philadelphia Tenth Presbyterian Church)의 주일예배에서 맨 처음 했던 설교입니다. 에베소서는 교회에 대하여 많은 것을 말합니다. 저는 필라델피아에서 많은 교훈을 터득했습니다. 설교에서 진술했던 이 교훈을 이 책에 사용하면서 몇 가지 원리를 설명하는 것이 매우 자연스럽다고 생각합니다. 이 책이 일반 독자들을 혼란스럽게 만들지 않고 오히려 도움이 되기를 바랍니다.

필라델피아제십장로교회 성도들에게 특별한 감사의 말씀을 드려야 합니다. 지난 30여 년 동안 필라델피아제십장로교회는 수많은 전도와 봉사 사역을 통해 다양한 면을 지니고 있는 거대한 교회로 성장하였습니다. 담임목사가 교회 내에서 일어나는 일들을 일일이 간섭할 수 없다는 것을 깨달았습니다. 그러나 이런 점을 좋지 않게 생각하는 성도들도 있었습니다. 그럼에도 불구하고 거의 모든 성도들은 "이는 성도를 온전하게 하며 봉사의 일을 하게 하며 그리스도의 몸을 세우려 하심이라 우리가 다 하나님의 아들을 믿는 것과 아는 일에 하나가 되어 온전한 사람을 이루어 그리스도의 장성한 분량이 충만한 데까지 이르리니"(엡 4:12-13)라는 이것이 목회자의 임무라고 바울이 말했던 것과 동일한 의미에서 제 목회 사역을 도와주었습니다.

필라델피아제십장로교회는 아직 "그리스도의 장성한 분량"에는 미치지 못했습니다만, 그것은 우리 생애에서 결코 이룰 수 없는 것이라고 확신합니다. 그러나 이것은 여기까지 성장해 왔고, 지금도 지향해 나가는 방향입니다. 담임목사와 동역하는 교역자들이 주일 설교와 주간 성경공부를 통하여 최대한 "성도를 온전하게" 할 수 있게 해 달라고 간구하는 성도들의 기도와 소원이 부흥의 열쇠입니다.

저술 원고를 타자해 주고 교정과 색인 작업의 고된 일을 마다하지 않고 도와준 목양실의 비서이며 편집자인 세실리 펠스터에게 감사를 드립니다.

"우리 가운데서 역사하시는 능력대로 우리가 구하거나 생각하는 모든 것에 더 넘치도록 능히 하실 이에게 교회 안에서와 그리스도 예수 안에서 영광이 대대로 영원무궁하기를 원하노라 아멘"(에베소서 3:20-21)

펜실베이니아 필라델피아에서
제임스 몽고메리 보이스

PART 1

삼위일체 하나님의
택하신 은혜를 찬송

예베소서 1 - 3장

긍휼이 풍성하신 하나님이 우리를 사랑하신 그 큰 사랑을 인하여

허물로 죽은 우리를 그리스도와 **함께 살리셨고** (너희는 은혜로 구원을 받은 것이라)

또 **함께 일으키사** 그리스도 예수 안에서 **함께 하늘에 앉히시니**

이는 그리스도 예수 안에서 우리에게 자비하심으로써

그 은혜의 지극히 풍성함을 오는 여러 세대에게 나타내려 하심이라

1

서론

에베소서 1 : 1-2

하나님의 뜻으로 말미암아 그리스도 예수의 사도 된 바울은 에베소에 있는 성
도들과 그리스도 예수 안에 있는 신실한 자들에게 편지하노니 하나님 우리 아
버지와 주 예수 그리스도로부터 은혜와 평강이 너희에게 있을지어다

성경을 연구하면서 여러 주석 저자들이
어떤 특별한 책을 가장 심오하고, 가장 중요하며, 가장 적절한 책이라고 극찬하는
글을 대면하게 됩니다. 에베소서 주석을 집필한 저자들도 예외가 아닙니다. 윌리엄
바클레이(William Barclay)는 에베소서를 "서신서 가운데 여왕" 이라고 했으며, 영국
의 시인이자 비평가인 사무엘 콜리지(Samuel Coleridge)는 이 책을 "최고로 신성한
인간의 글" 이라는 말로 표현하였습니다. "이 책은 첫째, 기독교에서 대단히 특이한
교리이며, 다음으로 자연 종교에서 교리와 더불어 매우 보편적인 예지를 담고 있
다"고 이 시인이 믿었기 때문입니다. 프린스턴신학교의 학장을 역임했던 존 매케
이(John Mackey)는 에베소서를 읽고 열네 살 때 회심했습니다. 그래서 그는 바울의
저술 중에 이 책을 "가장 위대하고…, 가장 완벽하며…, (그리고) 우리 시대에 가장

걸맞은 책이고, 이 편지야말로 가장 순수한 음악이다." 라고 말했으며, 루스 팩슨 (Ruth Packson)은 에베소서를 "성경의 그랜드 캐니언" 이라고 말했습니다. 대협곡 안으로 들어가 보고 싶은 사람들에게 숨 막힐 정도로 아름답고 명백하게 끝이 없이 펼쳐진다는 의미를 지닌 표현입니다.[1]

이것은 모두 최상급의 표현이지만, 본 서신의 간결성과 명확성을 강조하면서 시작하려고 합니다. 만일 에베소서가 그토록 심오하다면 불가사의한 비밀의 신비스러운 본질 때문이 아니라 가장 기본적인 기독교 진리를 제시하는 분명한 방식 때문입니다. 에베소서 외에 다른 곳에서 이렇게 가르쳐주는 책은 없습니다. 본 서신에 대하여 미완성이지만 매우 값어치 있는 글을 남긴 웨스트콧(B. F. Westcott)은 그가 저술한 주석에 에베소서의 독특한 교리를 논하는 부록을 붙여 놓았습니다. 그는 성부 하나님, 성자 하나님, 성령 하나님의 뜻 가운데 삼위일체, 세상과 창조, 보이지 않는 세계, 천사, 악한 세력, 마귀에서부터 교회, 성도의 교통, 성례, 사역까지 이어지는 교리들 가운데 27개를 발견했습니다.[2] 이렇게 많은 교리들 가운데 어느 하나만 에베소서에서 발견할 수 있는 것이 아닙니다. 이것은 모두 기독교의 기본 진리일 따름입니다.

이 책은 과연 무엇을 호소합니까? 그것은 이렇게 말할 수 있는데, 기독교의 기본 교리를 이해하기 쉽고, 분명하고, 실제적으로, 그리고 명쾌하게 제시해 주는 것입니다. 또 다른 설명은 에베소서가 기독교의 진리를 하나님의 백성인 우리에게 연결시켜준다는 의미에서 이 책의 모든 교리의 초점은 하나님의 새로운 사회로서 교회에 모아집니다. 달리 말하자면 이것은 실제적인 책입니다. 즉, 우리는 어떤 사람이며, 어떻게 해서 오늘의 우리가 되었으며, 우리는 장차 어떤 존재가 될 것이며, 그런 운명에 비추어 볼 때, 지금 우리는 무엇을 해야 할 것인가를 독자들에게 말해 주는 책입니다. 존 스토트(John Stott)는 "이 서신 전체는 기독교 교리와 그리스도인의 의무, 그리스도인의 신앙, 그리고 그리스도인의 생활, 하나님께서 그리스도를 통하여 행하신 일과 우리가 마땅히 되어야 할 존재와 그 결과 행해야 할 것을 엮어놓은 장엄한 결정체" 라고 말합니다.[3]

에베소 교회

본 서신은 에베소에 보낸 것입니다. 그러나 신학계에서는 이 서신의 수신지에 대하여 몇 가지 의문을 제기합니다. "에베소에 있는"이란 말은 고대 사본 가운데 가장 오래된 바티칸 사본, 시내산 사본, 체스터 비티 사본 세 곳, 또는 이 연대보다 앞선 사본에는 기록되지 않았습니다. 이것은 잃어버린 두 단어에 대한 의문이 아닙니다. 바울 사도가 제3차 전도 여행 중 에베소에서 두 해를 보냈다는 사도행전의 여행 기록을 통해서 알 수 있습니다(행 19:10). 에베소서는 감옥에서 기록된 것이 분명하며(엡 3:1), 아마 정확한 장소는 로마일 수도 있습니다. 바울의 전도 여행이 로마의 지하 감옥까지 연장된 결과 에베소서가 기록되었음을 의미하는 것입니다. 그렇기 때문에 로마서나 고린도전후서, 갈라디아서, 빌립보서, 그리고 골로새서와 같은 서신에서 발견하게 되는 개인적인 인사가 본 서신에는 없다는 것이 놀라운 점입니다. 다소 복잡한 문제이지만 2세기경에는 이단자 말시온(Marcion)이 자기가 가지고 있는 사본의 1절에 나오는 "에베소"라는 말에는 "라오디게아"라는 지명도 언급하고 있는 것처럼 암시하면서 에베소서는 라오디게아인들에게 보내는 바울의 서신이라고 주장했습니다.

이 주장을 설명할 수 있는 두 가지 이론이 있습니다. 첫 번째는 골로새에 보내는 편지와 에베소에 보내는 편지가 상호 밀접한 관계가 있다는 사실에 근거합니다(두 서신에서 35절이 근본적으로 동일함). 그리고 골로새서 4:16절에서 바울은 "이 편지를 너희에게서 읽은 후에 라오디게아인의 교회에서도 읽게 하고 또 라오디게아로부터 오는 편지를 너희도 읽으라"고 말합니다. 에베소서는 실제로 라오디게아에 보낸 편지였으며, 두 교회는 편지를 서로 교환하게 되었다고 주장할 수 있습니다.

이 말은 그럴듯하게 들립니다. 그러나 불행하게도 우리가 갖고 있는 서신이 어떻게 에베소에 보낸 편지와 동일하게 되었으며, '라오디게아'라고 언급한 사본이 왜 지금은 존재하지 않는가에 대하여 명확하게 설명하지 못합니다.

에베소서는 원래 아시아의 일곱 교회에 - 바울과 그의 동역자들이 에베소에서 전도 사역을 하는 동안 설립된 교회들 - 보내는 회람용 편지로 기록되었으며, 에베소라는 이름은 그 중에서 으뜸이 되는 도시였기 때문에 본 서신의 이름과 동일하게 되었다는 두 번째 설명이 아마 가장 합당하다고 봅니다. 어떤 사본에서는 전혀 기록되지 않았고, 전체 사본에서 개인적 인사가 빠진 이유를 무엇이라고 설명을 하든지 간에 본 서신은 바울이 가장 이른 시기에 에베소의 그리스도인들에게 보냈던 편지와 동일하다는 것은 의심의 여지가 전혀 없습니다. 앞에서 언급했던 주석서에서 웨스트콧은 이레니우스, 터툴리안, 오리겐, 알렉산드리아의 클레멘트, 그리고 그 외 다른 사람들이 에베소서에 대해서 언급한 것을 인용합니다.[4]

에베소는 어떤 곳입니까? 에베소는 총독이 관할하는 아시아의 수도였습니다. 흔히 그렇듯이 이 곳은 번창하는 넓은 지역의 정치와 상업의 중심지였고, 그래서 바울은 거기서 많은 시간을 보냈던 것입니다. 에베소는 에게해(海)에서 그리 멀지 않은 케이스터 강가에 있었고, 큰 항구를 끼고 있었기 때문에 로마와 동방을 연결하는 교통과 상업의 연결 고리였습니다. 상인들이 이 도시로 무리를 지어왔고, 이 도시는 여러 나라와 민족이 융합되는 도가니였으며, 거리마다 헬라인과 로마인, 유대인과 이방인이 뒤섞여 살고 있었습니다. 바울이 활동하던 에베소는 중세 시대나 콘스탄티노플 시절의 베니스와 동일한 역할을 해내는 도시였습니다.

에베소인은 그리스식 노천극장 가운데 가장 규모가 큰 극장이 자신들이 살고 있는 도시에 있다는 것을 자랑스러워했습니다. 이 극장은 25,000명의 관람객을 수용할 수 있었고, 전차 경주와 맹수와 격투기를 공연하는 경기장도 있었으나 다이아나 혹은 아르테미스의 웅장한 신전을 가장 자랑스러워했습니다. 이 신전은 고대 세계 7대 불가사의[*] 가운데 하나라고 합니다. 그 크기의 규모가 넓이 67.5m, 길이 127.5m, 높이 18m이었으며(이것은 실로 판테온이라는 신전의 4배 크기), 천상에서부터 내려왔다고 믿는 다이아나 여신의 신상을 모시는 방이 있었습니다. 어마어마하게 많은 보물이 이 신전에 저장되어 있었고, 아시아의 은행이라고 해도 지나친 표현이 아니었습니다. 수백 명의 여사제들이 신전에서 여신에게 제사 드리는 일을 수발들었으며, 이들을 신전의 창녀라고 불렀습니다. 바울은 제2차 전도여행 때는 잠간 머물렀고, 제3차 전도여행 때는 상당히 오랜 시간 이 도시에 머물면서 복음을 전파하려고 했습니다. 하나님께서는 바로 이런 도시에 신실한 교회를 세우는 것을 기뻐하셨습니다. 사도 바울은 이 도시에 살고 있는 그리스도인들에게 철저한 이교 주의의 와중에서도 하나님만 섬기며 살아야 한다고 촉구하기 위하여 이 편지를 보 낸 것입니다.

* 세계 7대 불가사의(The Seven Wonders of the World)는 이집트의 피라미드, 이집트 북부 알렉산드리아만(灣)에 있는 파로스 등대, 바빌로니아의 가공원(架空園: Hanging Gardens; 공중에 걸려있는 것처럼 보이도록 낭떠러지에 만든 정원), 에베소의 아르테미스의 신전, 올림포스의 제우스 신전, 할리카르나소스의 마우솔레움(大瀛廟: Mausoleum), 로도스에 세워진 아폴로의 거상(巨像, Colossus)을 말한다. 아르테미스는 그리스 신화에서 달의 여신, 처녀성과 수렵의 수호신이라고 하며, 로마 신화에서는 다이아나라고 함-역자

저자가 독자들에게

우리가 믿고 있는 것처럼 바울이 로마의 감옥에 죄수로 감금된 상태에서 이 편지 를 썼다면, 그는 그리스도를 섬김에서 이미 엄청난 일을 해낸 것과 다름이 없었습 니다. 그는 자기가 이룩한 수많은 업적을 열거하거나 그리스도의 복음을 아시아에 전파하면서 개인적으로 겪었던 시련을 상기시키면서 편지의 서두를 시작할 수 있 었으나 바울은 그렇게 하지 않습니다. 그가 다른 서신에서 그렇게 하듯 자기 자신 을 "하나님의 뜻으로 말미암아 그리스도 예수의 사도"가 되었다고 소개합니다.

사도란 주님께서 신약 계시의 수령인과 인증자로 임명한 사람을 일컫는 말입니다. 바울은 고린도인들에게 자기는 "… 사람의 지혜가 가르친 말로 아니하고 오직 성 령께서 가르치신 것"으로 분별하는 사람이라고 말합니다(고전 2:13). 바울이 기록 한 편지는 단지 인간 남녀가 집필한 책이 아니라 하나님 자신의 계시로 받아들여야 합니다. 그런 의미에서 바울의 서신은 매우 중요한 것입니다. 에베소서는 하나님께

로부터 온 것이며, 그러므로 모두 진리입니다. 즉, 하나님의 권위를 가지고 말하고 있습니다.

그러나 3-23절까지 이어지는 본문을 선택의 은혜, 즉 하나님의 주권을 강조하고 있다는 관점에서 본다면, 바울은 그토록 훌륭한 사도였다는 사실에 근거하여 내가 거짓말 하지 않는다는 것을 말하려는 것이 아니라 내가 어떻게 그런 사람이 되었는가를 강조하려는 것입니다. 그가 사도가 된 것은 자기 뜻이 아니라 "하나님의 뜻"으로 말미암은 것이었습니다. 하나님의 주권적이고 유효한 뜻이 아니었다면, 바울은 사도가 되지 못했을 뿐만 아니라 그리스도인도 되지 못했을 것입니다. 하나님의 은혜에서 떨어져 있었을 때, 바울은 하나님을 대적하여 싸웠으며, 하나님의 교회를 진멸하려고 애썼던 사람이었습니다.

영국의 탁월한 설교자인 마틴 로이드 존스(Martyn Lloyd-Jones)는 이렇게 말합니다. "오늘날 교회 안에서 일어나는 대부분의 말썽은 우리가 너무 주관적이며, 너무 우리 자신에게 관심을 가지며, 너무 이기적이라는 사실에 기인한다. 하나님을 잊어버리고 우리 자신에만 관심을 갖게 된 나머지 우리는 비참하고 쓸모없게 되어 버렸다. 그리고 우리의 시간을 '천박하고 비참한 것들' 속에서 허비하고 있다. 성경의 메시지는 시종일관 우리가 하나님께로 돌아서고, 하나님 앞에서 우리를 겸손하게 낮추고, 그분과의 참된 관계를 볼 수 있게 해 준다." 마틴 로이드 존스는 "이것이 바로 본 서신의 위대한 주제이다." 라고 덧붙입니다.[5]

에베소에 있는 성도들

에베소에 있는 성도들도 역시 1절 후반부의 주제입니다. 바울은 자기 자신에게서부터 독자들을 향하여 "에베소에 있는 성도들과 그리스도 예수 안에 있는 신실한 자"들이라고 부릅니다. 이 구절은 신자들을 세 가지로 정의하고 있는데 마틴 로이드 존스는 이것을 "그리스도인을 구성하고 있는 것 가운데 더 이상 삭감할 수 없는 최소한의 요소"라고 말합니다.[6]

1. 그리스도인은 성도(Saints)입니다. 이 말의 성경적인 의미는 교회나 일반 세속 사회가 만든 개념과 전혀 다른 것입니다. 로마가톨릭교회에서 말하는 성자란 교회 절차에 의하여 성인(聖人)*으로 추대한 특별히 거룩한 인물들입니다. 이런 사람들은 성인이라는 반열에 오르도록 지명을 받게 됩니다. 재판이 소집되고 변호인은 지명자의 공적을 변론하고, 변호인은 남자이든 여자이든 간에 지명자는 적어도 한 개의 또는 그 이상의 기적을 행했거나 그 이외 그가 행한 다른 공적을 제시해야 합니다. 그리고 시성 조사 심문관(The Devil's Advocate)이라고 부르는 검사가 그 지명자를 반대하는 변론을 펼칩니다. 이 인물의 합당성이 적법하게 인정되면 그는 공식적으로 성인으로 선포됩니다. 이와 같이 세상은(그가 보는 한 사람을) 특별히 훌륭한 인물, 곧 성자로 우러러 보게 됩니다.

* 한국 천주교회 창립 200주년 기념 신약성서에서 "에페소인들에게 보낸 편지" 1:1절을 "하느님의 뜻으로 그리스도 예수의 사도가 된 바울로가 (에페소에) 사는 성도들에게, 곧 그리스도 예수를 믿는 이들에게 (인사한다)"로 번역하였다. 이 때 "성도들"은 가톨릭교회에서 "성인(saint)"으로 추대하는 사람들과 의미상 다르다. 본서의 저자 보이스가 지적한 것은 시간이 흐른 다음 로마가톨릭교회가 신앙의 인물의 삶을 기리기 위하여 엄격한 절차에 의하여 선발하는 "성인"을 두고 하는 말이다. 성경 본문의 "성도"와 "성인"을 같은 의미로 오해하지 않도록 덧붙임-역자

그러나 이미 지적했던 것처럼 이것은 성경과는 거리가 먼 개념입니다. 성경에서 성도가 된다는 것은 따로 "구별하여 세웠다"는 의미입니다. 하나님께서는 인간의 공적을 상관하지 않으십니다. 모세가 성막의 제단과 물두멍을 정결하게 하라는 지시를 받았던 출애굽기의 한 단어에서 "성별"이라는 말의 의미를 발견할 수 있습니다. 모세는 성막에서 사용하는 이런 기구들을 성물로 구별해야 되었습니다. 모세가 물두멍을 만든 재료나 제단을 만든 돌의 본성을 기적적인 방법으로 변화시켰다는 의미가 아닙니다. 그런 것들은 거룩함 그 자체보다 더 거룩해 질 수 없고, 모세가 그

런 기구들을 성막 봉사에서 하나님을 위하여 특별하고 신성한 용도로 구별했다는 것을 의미합니다.

동일한 방법으로 예수님께서도 요한복음 17:19절에서 "또 저희를 위하여 내가 나를 거룩하게 하오니 이는 저희도 진리로 거룩함을 얻게 하려 함이니이다" 라고 기도하셨습니다. 이 기도는 예수님께서 더 거룩하게 되고 싶어서 드린 것이 아니고, 예수님께서는 이미 완전하게 거룩하시고 십자가 위에서 우리의 죄를 대속하는 임무를 위하여 자기 자신을 헌신(구별하여 세움) 하셨으므로 우리도 하나님을 위하여 구별하여 세워졌다는 것을 의미합니다. 그리스도인이란 하나님께서 한 사람의 인격에 찾아오셔서 성령의 능력으로 그를 중생시키고, 하나님의 교회 공동체 안으로 그를 끌어들이심으로 구별하여 세운 사람입니다.

모든 그리스도인은 성도이고, 모든 성도는 그리스도인입니다. 모든 참 그리스도인은 어떤 의미에서 세상에서 분리된 존재입니다. 이것은 우리가 세상 밖으로 나왔다는 것을 의미하는 것이 아닙니다. 하나님께서는 그런 식으로 일하지 않으십니다. 더 이상 세상에 속하지 않았다는 의미에서 세상에서부터 제거되었다고 말합니다. 만일 우리가 진정 그리스도의 소유라면, 우리는 새로운 성품과 왕의 백성으로서 새로운 특권과 새로운 결의를 소유하게 된 것입니다. 우리는 전혀 다른 왕국에 속한 것입니다.

한걸음 더 나아가서 성도가 되었다는 것은 일차적으로 선한 사람이 되었음을 언급하는 것이 아니라 모든 성도는 그가 지금까지 지내왔던 것보다 훨씬 더 훌륭한 사람이 될 것임을 의미합니다. 모든 성도는 그리스도의 성품을 나타내고, 그 분량이 점점 더 장성한 데까지 이르도록 발전하게 됩니다. 본 서신의 2장에서 우리는 그리스도인은 행함이 아니라 오직 믿음으로만 말미암는 은혜로 구원을 받았다는 것을 살펴보게 될 것입니다(8-9절). 그러나 또한 구원을 받은 사람은 그의 안에서 역사하시는 하나님을 통하여 "선한 일을 행하도록" 예정되었음도 보게 될 것입니다. 신학자들은 이것을 중생하지 못한 사람은 아무도 의롭다함을 받지 못한다는 의미라고 말합니다. 즉, 우리는 믿음으로만 구원함을 받습니다. 그러나 행함이 없는 믿음, 그것 하나만 가지고 구원을 받는 것이 아닙니다. 모든 그리스도인은 성도들로서, 모든 성도는 반드시 점점 더 성도답게 되어가야 합니다.

2. 그리스도인은 신실(Faithful)합니다. 바울이 에베소에 있는 신자들을 "그리스도 예수 안에 있는 신실한 자들"이라고 부릅니다. "신실한"이라는 말의 가장 으뜸이 되는 의미는 "믿음을 실천한다"는 뜻입니다. 즉, 그리스도인은 그리스도 예수 안에서 하나님의 은혜의 복음을 들었으며, 그가 믿은 것, 혹은 그 복음에 대한 믿음을 실천하는 사람입니다.

이 믿음은 세 가지 요소를 가지고 있습니다. 첫째, 지적인 요소로 믿음에는 내용이 있습니다. 믿음이 계속해서 존재하려면 내용이 반드시 선포되어야 하고 이해되어야 합니다. 둘째, 감정적인 요소로 정확하게 이해되었다면 그 이해된 내용은 흥밋거리로 단순히 지나쳐 버리는 것이 아니라 작지만 실제적인 중요성을 지니게 됩니다. 하나님의 아들이 죄인인 나를 위하여 죽으셨다는 것이 이 내용에 포함되었습니다. 이 차원에서 믿음은 가슴을 뜨겁게 달구어 주고, 그리스도 안에서 자기를 계시하는 하나님께 대하여 사랑의 응답을 도출해 내는 것입니다. 셋째, 의지의 요소로 복음을 인식하고 이해하며, 그 복음의 영향을 받게 되고, 이제 참 그리스도인은 자신을 위하여 죽임을 당하신 예수님께 인격적인 헌신을 하게 되는 것입니다.

요한복음 20장에 기록된 도마의 회심이 이 세 번째 요소의 아름다운 본보기가 됩니다. 처음에 도마는 믿기를 거절했으나 바로 그때 예수님께서 그에게 나타나셨습니다. 예수님께서는 도마에게 부활과 대속의 진리를 지적으로 확신시키는 것 이상의 일을 - 예수님께서는 그의 마음을 감동시켰음 - 하셨습니다. 도마는 "나의 주 나의 하나님"이라고 고백하면서 즉각적으로 헌신했습니다(28절). 모든 그리스도인은 이런 의미에서 신실하며, 이렇게 신실한 사람들은 모두 그리스도인입니다.

"신실한"의 두 번째 의미는 "믿음에 거한다"는 뜻입니다. 우리는 이것을 "믿음을 지킨다"라고도 말합니다. 이것은 그리스도인의 생활에서 종말까지 인내함으로 얻게 되는 궁극적인 구원 사상을 내포하고 있습니다. 예수님께서는 "나중까지 견

디는 자는 구원을 얻으리라"고 말씀하셨습니다(마 10:22). 개혁신앙을 소유한 그리
스도인은 성도의 견인(堅靭)을 하나님께서 자기 성도들을 마지막 때까지 붙잡으셔
서 구원에 이르게 하신다는 의미로 이해합니다. 우리 가운데 어느 누구 한 사람이
라도 마지막 때까지 견고하게 서 있을 수 있는 이유는 하나님 자신의 신실하심이
유일한 이유라고 말씀하십니다. 이 얼마나 훌륭합니까! 그러나 또한 하나님께서 우
리를 견인하시기 때문에 우리 또한 끝까지 인내해야 하고, 우리는 반드시 신실해야
합니다. 그러므로 그리스도인은 인생의 마지막 때까지 전적인 믿음을 특성으로 나
타내 보여주는 사람이라고 말할 수 있습니다.

3. 그리스도인은 그리스도 안(In Christ)에 있습니다. 이 사상은 본 서신의 특징이
요, 바울 서신의 일반적인 특징이기 때문에 나중에 더 길게 다루려고 합니다. "그리
스도 안에" "그 안에" 혹은 이와 유사한 말이 에베소서 1:3-23절 안에서 9회나 사용
되었으며, 바울 서신 전체에서는 무려 164회나 사용된 말입니다. 이런 말은 그리스
도를 믿는다, 혹은 그분의 대속으로 구원함을 받았다는 것 이상의 의미를 가지고
있습니다. 그것은 그리스도와 연합하여 영적으로 한 몸을 이루게 되었으므로 그분
에게 참된 것은 우리에게도 역시 참되다는 의미입니다. 바울은 이 사상에 기초하여
더 나아가 "(하나님이 그리스도와) 함께 일으키사 그리스도 예수 안에서 함께 하늘에
앉히셨다"고 말합니다(엡 2:6). 해리 아이언사이드(Harry Ironside)는 이 사상을 그
토록 중요하게 생각하여 자신의 에베소서 강해서의 제목으로 사용했습니다.[7]

"그리스도 안에"라는 말은 상당히 어려운 개념으로 이 개념을 우리에게 가르치
기 위하여 성경 저자들은 여러 가지 이미지를 사용합니다. 혼인을 통하여 남자와
여자의 연합(엡 5:22-33), 포도나무와 가지의 연합(요 15:1-17), 기초이신 그리스도
위에 낱개의 돌인 우리가 덧놓여서 지어진 영적 성전(엡 2:20-22), 유기체로서 한 몸
의 지체가 머리와 연합(고전 12:12-27)입니다.

우리의 이해와 상관없이 그리스도와 연합은 구원의 진수 그 자체입니다. 이 주
제의 탁월한 강해설교자인 존 머리(John Murray)는 이렇게 말합니다. "그리스도와

연합함은 세상의 기초를 놓으시기 전에 성부 하나님의 선택에 그 근원을 두고 있으며, 하나님 자녀들의 영화에서 그 결실을 거두게 된다. 하나님의 백성의 시야는 좁지 않고, 그것은 광대무변의 영원함이다. 그 궤적은 두 개의 초점을 가지고 있는데, 하나는 영원함의 도모 가운데 성부 하나님의 선택하시는 사랑이요, 다른 하나는 그분의 영광을 드러내보이심 속에서 그리스도와 더불어 누리는 영화이다. 전자는 시작이 없으며, 후자는 끝이 없다."[8]

넘치는 은혜

서론에서 마지막으로 다루어야 할 말씀은 "하나님 우리 아버지와 주 예수 그리스도로부터 은혜와 평강이 너희에게 있을지어다" 라는 것입니다(2절). 이 말씀은 이미 우리가 이런 식으로 앞에서 언급했던 것에 적용할 수 있습니다.

우리는 본 서신서의 배경을 논의하면서 "에베소"라는 말이 나타나지 않는 고대 사본 3개를 언급하면서 이미 지적했던 것입니다. 편지의 원형은 몇 교회에 회람용으로 기록했던 것이라고 이미 지적했고, 그것이 사실이든 아니든 간에 그 편지의 사본 한 통을 틀림없이 에베소에 있는 그리스도인들에게 보냈을 것입니다. 이 말은 이렇게 신실한 성도들, 그들은 "그리스도 안에" 있으며, 그럼에도 불구하고 또한 세상 - 에베소 - 속에서 살고 있으며, 거기서 마땅히 그리스도를 위한 생활을 해 나가야 한다는 것을 의미합니다. 동일한 방법으로 우리는 필라델피아에서, 런던에서, 뉴욕에서, 싱가포르에서, 서울에서, 혹은 하나님께서 우리를 두신 곳이 어떤 곳이든 간에 반드시 그리스도를 위하여 살아야 합니다. 우리가 살고 있는 세상은 또한 에베소와 얼마나 많이 닮았습니까! 에베소가 지독하게 상업적이고 물질적이지 않습니까? 그렇다면 우리가 살고 있는 도시도 마찬가지입니다. 에베소에 살고 있는 사람들은 섹스와 미신에 사로잡힌 이교도들이었습니까? 그렇다면 우리도 역시 마찬가지입니다. 이런 환경 속에서 무엇이 그토록 그리스도인들을 하나님께 신실하도록 만들 수 있었습니까? 무엇이 끊임없이 그들을 성도답게 만들 수 있었습니까?

단 하나의 해답이 있을 뿐입니다. 바울은 그의 인사말에서 그 해답을 말하고 있습니다. "은혜와 평강" 특별히 은혜는 성부 하나님께로부터 말미암는 것입니다. 본 서신을 따라가면서 우리는 에베소와 같은 세상에서 무엇을 위하여 존재해야 하는가를 배우게 될 것입니다. 우리가 어떻게 그렇게 될 수 있는가를 가르쳐 주는 비결은 없습니다.

우리를 도와줄 수 있는 것은 하나님의 뜻과 하나님의 능력뿐입니다. 우리에게 다른 능력이 없습니다. 그분의 은혜로 우리는 승리할 수 있습니다.

●각주●

1. William Barclay, The Letters to the Galatians and Ephesians, The Daily Study Bible (Edinburgh: ST. Andrews, 1954), 71, 83; John R.W. Stott, God's New Society: The Message of Ephesians (Downers Grove, Ill.: Inter Varsity, 1979), 15-16; John A. Mackay, God's Order: The Ephesian Letter and This Present Time (New York: Nisbet and Macmillan, 1953), 9-10, 33; Ruth Paxson, The Wealth, Walk and Warfare of the Christian (New York: Revell, 1939) 11-12.

2. B.F. Westcott, Saint Paul's Epistle to the Ephesians (Grand Rapids: Eerdmans, n.d.) 12-50.

3. John Stott, God's New Society, 25.

4. Westcott, xxiii-xxxii.

5. D.M. Lloyd-Jones, God's Ultimate Purpose: An Exposition of Ephesians 1:1 to 23 (Grand Rapids: Baker, 1979), 13.

6. 상게서, 24.

7. H.A. Ironside, In the Heavenlies: Practical Expository Addresses on the Epistle to the Ephesians (Neptune, N.J.: Loizeaux Brothers, 1937).

8. John Murray, Redemption Accomplished and Applied (Grand Rapids: Eerdmans, 1955), 164.

2

그리스도 안에서 모든 것이 선하다

에베소서 1 : 3

찬송하리로다 하나님 곧 우리 주 예수 그리스도의 아버지께서 그리스도 안에
서 하늘에 속한 모든 신령한 복을 우리에게 주시되

두 곳에서 모두 이십년 이상 목회를
해 왔고, 그동안 1,300회 내지 1,400회의 예배를 인도했습니다. 예배에는 다양한 요
소들이 들어 있었습니다. 설교, 성경 봉독, 찬송, 기도, 교독문, 그 외 다른 것도 모
두 중요한 요소들입니다. 이런 순서 하나 하나의 가치는 중요합니다. 이렇게 오랜
기간 동안 그리스도인들이 드리는 예배를 곰곰이 생각할 때마다 다양한 예배 순서
에서 가장 중요한 요소는 회중이 부르는 찬송이라고 깨닫게 되었습니다. 왜 그렇습
니까? 회중이 부르는 찬송에는 능동적으로 하나님을 찬양하기 위하여 목소리를 발
하게 되기 때문입니다.

설교도 중요합니다. 우리는 설교에서 많은 것을 배웁니다. 우리가 교리를 올바
로 이해했다면 그것은 우리를 송영으로 인도하고, 우리가 만일 하나님께서 어떤 분

이며, 우리를 위하여 무엇을 행하셨는지 발견하게 된다면, 우리는 그분을 찬송하게 될 것입니다.

하나님 아버지를 찬송하라

바울 서신은 대개 하나님을 찬양하는 찬송이나 기도로 시작합니다. 그러므로 바울은 누구보다 이 점을 잘 이해하고 있었음에 틀림없습니다. 우리는 바울의 편지가 교훈과 적용의 두 부분으로 나누어진다는 것을 잘 알고 있고, 신앙과 생활이라고 말할 수도 있습니다. 의무는 교리 뒤에 항상 따라오게 되지만, 의무를 다루기 전에 바울은 하나님을 찬송함으로 그분이 우리를 위하여 행하신 것을 나타내 보여 주곤 합니다. 로마서는 기본 교리를 고찰한 다음에 하나님을 찬송합니다. 고린도후서는 또 다른 경우에 속하지만 갈라디아서, 빌립보서, 골로새서와 다른 서신들 모두 동일합니다. 이런 서신서들 가운데 어느 것도 에베소서만큼 위대한 축복을 베푸시는 하나님에 대한 찬송이 넘쳐흐르지는 않습니다.

이것이 본 서신에서 가장 놀라운 부분입니다. 3절에서 시작하여 14절까지 이어지는 하나의 긴 문장으로 영어성경은 성경을 편안하게 읽을 수 있도록 문장을 나누고 있습니다. 그러나 헬라어 본문에서 바울은 "모든 신령한 복으로 우리에게 복 주시는" 하나님을 찬양하는 찬송시로 시작하고, 이러한 은총의 목록을 열거해 나가면서 한 절, 한 절, 하나의 교리에 또 다른 교리를 계속 덧붙여 나갑니다. 어떤 주석가는 이것을 가리켜 본 서신서의 "웅장한 대문"이라고 말했고, 또 다른 주석가는 "수많은 고리를 이어놓은 황금 사슬(Golden Chain)"이라고 말했으며, 또 다른 사람은 "반짝거리는 빛에 따라 색깔이 바뀌는 만화경"이라고도 말했습니다.

존 스토트(John Stott)는 바울의 위대한 찬송에서 이러한 기술들을 열거하면서 "대문, 황금 사슬, 만화경, 눈 덩어리, 경주용 말, 오페라의 서곡, 독수리의 비상(飛翔)이 모든 은유는 각기 다른 방법으로 본문이 독자의 마음에 전해 주는 색깔과 동작과 장관이 주는 감동을 묘사하고 있다."라는 말로 요약했습니다.[1]

이렇게 여러 절에서 색깔이나 움직임을 나타내는 동작의 거대한 파노라마만 우리가 대면하게 되는 것이 아닙니다. 우리가 마주 대하게 되는 것은 방대하게 전시해 놓은 교리의 전시장으로서, 사실상 그것들은 상호 연결되어 있기 때문에 독립적인 문장으로 분해하는 것은 대단히 어렵습니다.

어떤 주석가들은 성부 하나님의 역사하심이 3-6절에서, 주 예수 그리스도의 사역은 7-10절에서, 그리고 성령의 역사는 11-14절에 기술되었다고 지적합니다. 그것은 삼위일체에 대한 기술을 따라 문장을 나눈 것으로 존 스토트는 여러 가지 축복의 "범위"를 나눈 다음 그 뒤에 시간적 개관을 제시합니다. 즉, 선택은 과거적 축복(4-6절), 입양은 현재적 축복(5-8절), 통일은 미래적 축복(9-10절)입니다.[2]

심슨(E. K. Simpson)은 축복을 이렇게 열거하는데, 선택, 양자, 구속, 죄 용서함, 지혜와 깨달음, 그리스도 안에서 통일, 성령의 인치심입니다.[3] 그러나 마틴 로이드 존스는 그의 방대한 주석에서 독자들에게 간략한 개관을 제시하려는 시도를 아예 포기했으며, 중요한 어휘와 절을 단순하게 따라가면서 주해를 했습니다.

삼위일체의 틀이 가장 바람직하다고 나는 생각합니다. 바울은 열거한 축복이 성부 하나님께로부터 말미암으며, 예수 그리스도 안에서 우리의 소유가 되며, 성령님께서 그 축복을 우리에게 적용한다고 말합니다. 예를 들자면, 성부 하나님께서 이 문단의 거의 모든 동사의 주어가 되며, "그리스도 안에"와 "그 안에서"라는 절이 문단 전체에 걸쳐 골고루 사용되었습니다.

모든 신령한 복

앞에서 말했던 것처럼 헬라어 신약성경에서 에베소서 1:3-14절은 한 개의 단일 문장으로 기술하고 있습니다. NIV성경을 비롯하여 다른 모든 영어성경이 3절을 한 문장으로 처리한 것은 합당합니다. 3절은 주제를 진술할 뿐만 아니라 앞으로 올 것을 강조하고, 하나님께서 "그리스도 안에서 하늘에 속한 모든 신령한 복을 우리에게 주셨다." 라고 말해서 하나님을 찬송한다고 말합니다.

이 문장에서 "신령한"이라는 말이 우리에게 무엇을 말해 주려는 것입니까? 이 말은 두 가지 의미 가운데 한 가지를 뜻한다고 볼 수 있는데, 성령에 의하여 우리에게 복 주시는 것입니다. 이 문단의 마지막 절(11-14절)은 확실히 그렇게 가르치고 있습니다. 혹은 그것이 물질적인 복이 아니라 신령한 복이라는 의미일 수 있습니다. 이 문장에서 발견하게 되는 "하늘에 속한"이라는 절은 바울이 "신령한"이라는 말을 이차적인 의미로 생각하고 있다는 것을 암시합니다. 즉, 땅이 아니라 하늘과 관계된 복을 생각하고 있으며, 이 모든 복은 우리에게 값없이 주는 것이라고 선언하는 것입니다.

하나님께서는 물질적인 복을 주시지 않는다고 말씀하지 않습니다. 그분은 물질적인 복도 또한 주십니다. 예수님께서 그분의 제자들에게 그들이 필요한 것을 모두 공급받게 될 것이라고 약속하셨습니다(마 6:25-34). 사도 바울은 "나의 하나님이 그리스도 예수 안에서 영광 가운데 그 풍성한 대로 너희 모든 쓸 것을 채우시리라"고 말씀하셨습니다(빌 4:19). 그러나 이런 물질적인 공급은 영적인 풍성함과 비교하면 상대적으로 덜 중요합니다. 게다가 우리가 이생에서 물질적인 소유를 더 많이 갖게 되거나 혹은 덜 갖게 된다고 하더라도 영적인 의미로 보자면, 우리는 그리스도 안에서 그저 한 모퉁이만 소유하는 것이 아니라 우리는 모든 복을 다 소유하게 되는 것입니다.

에베소서 1:4-14절은 이러한 축복을 열거해 놓은 목록입니다. 우리는 이 공부가 진행됨에 따라 이 축복을 더 자세하게 살펴보게 될 것이지만, 바로 여기서 이 축복의 전체 목록을 미리 살펴보는 것도 의미가 있습니다.

1. **선택**(Election). 바울은 "(하나님이) 창세 전에 그리스도 안에서 우리를 택하사 우리로 사랑 안에서 그 앞에 거룩하고 흠이 없게 하셨다"고 말합니다(4절). 이 절이나 또는 다른 절에서 분명하게 선언하는 것처럼 하나님께서 개인을 구원하시려고 선택하셨다면, 인간이 소유하고 있는 선택권의 가치는 파괴되어 버리고, 거룩하게 살아 보겠다는 동기는 사라져 버린다고 생각하기 쉬운데, 그래서 이 구절은 여러

사람을 괴롭히는 말씀입니다. 이 말씀은 그런 의미가 전혀 아닙니다. 이 말씀은 인간의 선택권을 파괴하는 것이 아니라 하나님의 선택은 중생하지 못한 사람이었을 때에 미처 소유하지 못했던 능력, 즉 선택할 줄 아는 능력을 우리에게 주신다는 의미입니다.

우리가 그리스도 안에서 생명을 얻기 전에도 인간의 의지를 소유하고 있었으나 그것은 하나님을 향하게 하는 의지가 아니라 오히려 하나님을 거역하게 만드는 의지였습니다. 우리는 선택할 수 있으나 우리는 항상 잘못된 것만 선택했습니다. 우리가 그리스도 안에서 생명을 얻게 되었을 때, 전에는 호감을 갖지 않았던 하나님께 이제 호감을 가지게 되었다는 말이고, 자발적으로 우리 자신을 그분에게 드리게 됩니다. 거룩한 삶을 사는 것에 관한 한 또 다른 본문은 하나님께서 우리의 거룩함을 원하신다고 말합니다. 거룩하지 못함을 변명하는 것과 달리 선택은 실제로 거룩하지 못한 것과 정반대되는 것을 보증합니다. 과연 우리가 궁극적으로 선택을 받았는가를 알 수 있는 유일한 방법이 있는데, 그것은 "우리가 거룩한 삶을 살고 있는가? 살지 않는가?" 라는 질문에 대한 명쾌한 답을 할 수 있으면 됩니다.

선택이 우리에게 가르쳐주는 것은 "구원은 여호와께로서 말미암는다" 는 것입니다(욘 2:9). 정말 바울은 이 본문에서 이 점을 분명하게 말하고 있는데, 하나님께서 "택하시고"(4절), "예정 하시고"(5절), "거저 주시고"(6절), "죄를 사해 주시고"(7절), "넘치게 하시고"(7-8절), "알려 주시고"(9절), "예정 하시고"(9절), "예수 안에서"(13절), "성령으로 인치심을 받게 하셨다"(13절)고 가르쳐 줍니다. 이것은 처음부터 끝까지 하나님의 역사하심입니다.

2. 양자(Adoption). "그 기쁘신 뜻대로 우리를 예정하사 예수 그리스도로 말미암아 자기의 아들들이 되게 하셨기" 때문에 그리스도 안에서 누리는 두 번째 영적 축복은 양자됨입니다(5절). 입양이란 말은 하나님의 아들과 딸이 되어 그에 따르는 모든 특권을 누리게 됨을 의미합니다. 바울은 이런 사상에 기초하여 "자녀이면 또한 후사 곧 하나님의 후사요 그리스도와 함께 한 후사" 라고 말합니다(롬 8:17). 그

래서 우리는 모든 것을 하나님께 기도로 말씀드릴 수 있고, 하나님의 응답을 받는 특권을 누리게 됩니다.

3. 구속(Redemption). 구속이란 말은 그리스도의 죽으심으로 죄의 노예에서부터 구출됨을 의미합니다. 바울은 이를 두고 "우리가 그리스도 안에서 그의 은혜의 풍성함을 따라 그의 피로 말미암아 구속 곧 죄 사함을 받았다"고 말합니다(7절). 고대 세계에서 사람이 노예가 되는 세 가지 이유가 있습니다. 노예로 태어날 수 있고, 즉 노예의 자식은 자동적으로 노예가 됩니다. 나라가 정복을 당함으로 노예가 됩니다. 다시 말하자면 한 도시나 국가의 시민이 다른 도시나 국가의 포로로 붙잡혀 노예의 신분이 됩니다. 빚 때문에 노예가 될 수 있고, 빚을 갚지 못하는 사람은 돈을 갚는 최후의 수단으로 노예가 됩니다.

성경은 사람이 이런 여러 가지 방법에 의하여 죄의 노예가 된다고 의미심장하게 말합니다. 우리는 부모로부터 죄악된 성품을 받으면서 죄 가운데 태어납니다. "내가 죄악 중에 출생하였음이여 모친이 죄 중에 나를 잉태하였나이다"(시 51:5). 우리는 죄의 정복을 당했습니다. "또 주의 종으로 고범죄를 짓지 말게 하사 그 죄가 나를 주장치 못하게 하소서"(시 19:13). 우리는 또한 빚 때문에 죄의 노예가 됩니다. "죄의 삯은 사망이요 하나님의 은사는 그리스도 예수 우리 주 안에 있는 영생이니라"(롬 6:23).

구속이란 말은 우리가 죄의 노예로 붙잡혀 있는 상태에서부터 십자가의 공로로 예수님께서 우리를 구출하심을 의미합니다. 전에는 우리가 포로로 잡혀있었기 때문에 자유의 몸으로 하나님의 명령을 준행할 수 없었고, 더 나아가서 우리는 그렇게 하는 것을 원하지도 않았습니다. 이제 우리는 예수님의 죽으심으로 자유롭게 하나님을 섬길 수 있게 되었습니다. 베드로는 "너희가 알거니와 너희 조상이 물려준 헛된 행실에서 대속함을 받은 것은 은이나 금 같이 없어질 것으로 된 것이 아니요 오직 흠 없고 점 없는 어린 양 같은 그리스도의 보배로운 피로 된 것이니라"고 말합니다(벧전 1:18-19).

4. **죄 용서함.** 바울은 구속과 죄 용서함을 연결시키면서 "우리가 그리스도 안에서 그의 은혜의 풍성함을 따라 그의 피로 말미암아 구속 곧 죄 사함을 받았다"고 말합니다(7절). 구속과 죄 용서함 두 가지는 서로 밀접하게 연결되었으나, 죄 용서함은 구속과 다른 개념입니다. 구속이란 죄의 세력에서부터 자유함을 얻는 것이고, 그로 말미암아 죄가 우리를 더 이상 통치하지 못하게 되는 것입니다. 죄 용서함이란 하나님께서 깨끗한 신분으로 만드심을 의미합니다. 성경은 이 죄 용서함의 경이로움을 확대하여 보여주는 경우가 많이 있는데, 다윗은 하나님께서 "내 모든 죄악을 사하신다"고 고백했고(시 103:3), 예레미야는 "내가 그들의 죄악을 사하고 다시는 그 죄를 기억지 아니하리라"는 하나님의 말씀을 인용하고 있습니다(렘 31:34). 요한은 "만일 우리가 우리 죄를 자백하면 그는 미쁘시고 의로우사 우리 죄를 사하시며 우리를 모든 불의에서 깨끗하게 하실 것"이라고 선언합니다(요일 1:9).

5. **역사를 통하여 하나님의 목적을 계시하심.** 이제 가장 위대한 환희와 절정에 바울이 도착했습니다. 그는 역사를 주관하시는 하나님의 목적에 대하여 언급하면서 "그 뜻의 비밀을 우리에게 알리신 것이요 그의 기뻐하심을 따라 그리스도 안에서 때가 찬 경륜을 위하여 예정하신 것이니 하늘에 있는 것이나 땅에 있는 것이 다 그리스도 안에서 통일되게 하려 하심이라"고 말합니다(엡 1:9-10). 바울은 우리와 마찬가지로 파괴된 세상에서 살았던 사람입니다. 그는 헬라인들과 로마인들이 분쟁하고, 유대인들과 이방인들이 다투고, 부자와 가난한 자가 서로 대립하고, 귀족과 평민들이 다투는 것을 보면서 살았습니다. 그는 사람들이 자기 유익을 위하여 다른 사람들과 투쟁하고 더 나아가서 하나님을 대적하는 것을 보았고, "이런 상태가 영원히 지속될까?" 그는 스스로 질문을 해 보았음직합니다. 다행스럽게도 바울은 그 질문에 대한 대답을 - 우리를 예수 그리스도 안에서 구원하시기 위하여 예정하신 하나님께서 만물이 아들의 발아래 복종하게 되도록 예정하셨기 때문에 세상의 불화는 영원히 지속되지 않음 - 알고 있었습니다.

바울은 빌립보인들에게 보내는 편지에서 "하늘에 있는 자들과 땅에 있는 자들과 땅 아래 있는 자들로 모든 무릎을 예수의 이름에 꿇게 하시고 모든 입으로 예수 그리스도를 주라 시인하여 하나님 아버지께 영광을 돌리게 하셨느니라”고 말했습니다(빌 2:10-11).

6. **성령으로 인치심**. 봉인을 하는 것은 그 서류가 법적으로 진본임을 증명하는 것이고, 그 서류 속에 기록되어 있는 약속은 정말 이행할 수 있는 진실이라는 선언입니다. 이것은 성령님이 신자를 위해 하시는 일입니다. 그래서 바울은 “그(그리스도 예수) 안에서 또한 믿어 약속의 성령으로 인치심을 받았다”고 말하는 것은 신자는 하나님의 진정한 소유이며, 하나님의 약속은 하나도 실패하지 않고 모두 이행되는 진짜라고 확인해 주는 성령님의 선물이라는 것입니다.

7. **기업(An Inheritance)**. 서류에 봉인을 하는 것을 풀이 하자면, 성령님은 실제로 하나님의 약속을 확증하는 증명서 이상의 의미를 지니고 있다는 말입니다. 성령님 자신이 우리가 소유하게 될 기업의 한 부분이십니다. 바울은 성령의 의미를 정의하면서 이렇게 말합니다. “이는 우리의 기업에 보증이 되사 그 얻으신 것을 구속하시고 그의 영광을 찬미하게 하려 하심이라”(14절). 이것은 정말 엄청난 국면의 전환입니다. 14절에 따르자면 그리스도인은 하나님의 기업으로, 예수 그리스도 안에서 이미 우리의 소유가 된 기업 전체에 대한 보증으로 하나님 자신이신 성령님을 우리에게 주신 것입니다.

오직 예수 안에서

3절 마지막 부분에서 하나님께서는 “그리스도 안에서” 영적인 복을 주신다고 말합니다. 이것은 “오직 예수 안에서”라는 의미입니다. 앞에서 나는 “그리스도 안에서”와 “그 안에서” 혹은 이와 유사한 구절의 중요성을 언급한 바 있는데, 이런 구절은 바울 서신서에서 총 164회나 등장합니다. 이 사상은 이해하기 어려운 사상이지만,

그리스도와 연합이라는 방편을 통해서만 이 위대한 영적 축복이 우리에게 주어지기 때문에 신약성경에는 이보다 더 중요한 개념이 있다고 말할 수 없습니다. 하나님께서는 "창세 전에 그리스도 안에서 우리를 택하셨기" 때문에 우리의 선택조차 그리스도 안에서 받은 것입니다(4절).

이 편지를 공부하면 할수록 계속 반복해서 4절로 다시 돌아가게 됩니다. 그럴 때마다 우리는 4절의 신비스러운 면을 보게 될 것이고, 이런 복은 오직 예수님을 통해서만 우리에게 주어진다는 점을 여기에서 강조하려는 것입니다.

마틴 로이드 존스(Martyn Lloyd-Jones)는 이렇게 말합니다. "여러분이 만일 '그리스도 안에서' 떠나면 어떠한 축복도 결코 받지 못할 것이다. … 우리가 그리스도인으로 누리는 모든 축복은 주 예수 그리스도를 통하여 우리에게 임한다. 하나님께서는 각종 인간과 그들의 조건에 베푸실 축복을 소유하고 계신다. 예를 들자면 산상수훈은 하나님이 그 해를 악인과 선인에게 비취게 하시며 비를 의로운 자와 불의한 자에게 내리게 하신다는 주님의 가르침을 우리에게 말해준다(마 5:45). 인류 전체가 누려야 할 일반적이고 보편적인 축복이 있다. 이것을 '일반 은총'이라고 말한다. 그것은 바울 사도가 지금 여기서 다루려는 것이 아니다. 그는 여기서 '특별 은총'이라고 말하는 특수한 은혜를 다루려는 것이다. 이것은 그리스도인만 누릴 수 있는 축복이다. 선인이나 악인이나, 불의한 자나 의로운 자들이 모두 일반 은총을 똑같이 누릴 수 있지만, 이 특별 은총은 오직 그리스도인만 누릴 수 있다. 이 진리가 때로는 사람들에게 걸림돌이 된다. 그러나 성경은 이것을 아주 분명하게 구별한다. 경건치 못한 자가 이 세상에서 좋은 것을 많이 누릴 수 있을는지 모른다. 그들이 누리는 축복은 일반적인 방법으로 하나님께서 그들에게 주신다. 그러나 그들은 이 구절에서 언급하고 있는 특별한 축복에 대한 것은 아무것도 모른다. 바울은 여기서 그리스도인들에게 이것을 말하고 있다. 바울의 관심은 그리스도인이므로 그들에게 베푸시는 특별한 축복과 특권을 그리스도인들이 잘 이해하고 그 의미를 잘 파악하는 것이다. 이와 같이 모든 축복은 주 예수 그리스도를 통하여, 그리고 그 안에서 임하고, 또한 오직 그분만을 통하여, 그 안에서 누리게 됨을 강조한다. 여러분이

"그리스도 안에" 있지 않으면 그리스도인이 될 수 없다. 그리스도는 처음이요 마지막이시다. 그분은 알파요 오메가이시다. 그분과 떨어져서 그리스도인이 누릴 수 있는 축복은 아무것도 없다."[4]

예수 그리스도와 떨어져 있다는 것이 무슨 뜻입니까? 바울은 이 편지의 뒷부분에서 "그 때에 너희는 그리스도 밖에 있었고 이스라엘 나라 밖의 사람이라 약속의 언약들에 대하여는 외인이요 세상에서 소망이 없고 하나님도 없는 자이더니" (엡 2:12)라고 대답을 합니다.

우리가 그분 "안에" 있는 상황은 어떤 것입니까? 바울 자신도 넘쳐흐르는 기쁨으로 찬송하듯 우리도 "모든 영적 축복"을 소유하고 있으며, 그러므로 하나님 아버지를 찬송하는 것입니다. 우리는 일용할 양식과 그 외 다른 모든 것을 구하게 될 것이지만, 우리가 결핍의 고통을 당한다면 최종적으로 우리가 소유하고 있는 축복은 "하늘에 속한 것"이기 때문에 그렇게 될 수도 있습니다.

존 칼빈(John Calvin)은 이 점을 매우 지혜롭게 요약했습니다. "우리에게서 무슨 일이 일어나든지 우리는 우리 하나님을 찬송해야 할 마땅한 이유를 항상 가지고 있어야 한다. 이 세상에서 우리가 가난하거나 비참한 지경에 처한다면 하늘의 행복은 우리를 충분히 위로해주고, 우리의 괴로움과 슬픔을 달래주며, 우리의 입을 열어 다정함과 너그러움을 우리에게 베푸서서 우리를 당신의 자녀로 입양하신 하나님을 찬송하게 하시는 만족을 우리에게 주신다. 또한 하늘의 행복은 당신의 외아들의 핏값을 지불하고 우리를 속량하여 삼으셨던 기업을 우리를 위하여 준비해 놓으시고, 참되고 정복당할 수 없는 믿음의 지조를 지니고 우리가 전진하는 것을 목도하면서 우리가 결코 그 기업을 상실할 수 없음을 보여주신다."[5]

●각주●

1. John R. W. Stott, God's New Society: The Message of Ephesians (Downers Grove, Ⅲ.: Inter Varsity, 1979), 32.

2. 상게서, 36-50.

3. E. K. Simpson, "Commentary on the Epistle to the Ephesians" in E. K. Simpson and F.F. Bruce, Commentary on the Epistles to the Ephesians and the Colossians (Grand Rapids: Eerdmans, 1957), 24-36.

4. D. M. Lloyd-Jones, God' s Ultimate Purpose: An Exposition of Ephesians 1:1 to 23 (Grand Rapids: Baker, 1979), 58-59.

5. John Calvin, Sermons on th Epistle to the Ephesians (1562; reprint, Carlsile, Pa.: Banner of Truth Trust, 1975), 21.

3

선택

에베소서 1 : 4-6

곧 창세 전에 그리스도 안에서 우리를 택하사 우리로 사랑 안에서 그 앞에 거
룩하고 흠이 없게 하시려고 그 기쁘신 뜻대로 우리를 예정하사 예수 그리스도
로 말미암아 자기의 아들들이 되게 하셨으니 이는 그가 사랑하시는 자 안에서
우리에게 거저 주시는 바 그의 은혜의 영광을 찬송하게 하려는 것이라

바울은 에베소서 1:3절에서 하나님께
서는 "그리스도 안에서 … 모든 신령한 복을 우리에게 주셨다"고 감동적인 설교를
우리에게 선포합니다. 바울의 설교가 끝나자마자 "우리가 어떻게 이 위대한 축복
을 우리의 것으로 받을 수 있느냐?"고 질문을 던지고 싶은 마음이 생길 것입니다.
그것은 하늘에 속한 신령한 복이라고 바울은 말하고 있으나, 우리는 지금 하늘에
있는 것이 아니라 땅에 존재하고 있는 것입니다. 그렇다면 어떻게 우리가 하나님께
서 우리를 위하여 준비하신 복을 소유할 수 있습니까?

우리는 다수의 잘못된 방법을 상상할 수 있습니다. 하늘의 복은 사탄이 늘 해 오던 것처럼 무력에 의하여 소유할 수 있다고 생각하기 쉽습니다. 사탄은 하늘을 정복해 보려는 시도를 했으나 하늘을 정복하기는커녕 오히려 그가 정복당하고 말았습니다.

우리는 이런 위대한 복을 획득해 보려고 노력할 수 있습니다. 그러나 무엇으로 획득할 수 있습니까? 하늘의 복은 하늘의 화폐를 가지고서야 매입할 수 있으나 우리는 영적 화폐를 소유할 수 없습니다.

아마 우리는 영적 화폐의 소유자가 운명하면 그것을 상속할 수 있을런지 모릅니다. 아, 참으로 슬픕니다! 그 소유주는 불멸의 하나님이요 영원한 하나님이시니! 그러나 하나님께서는 은혜로우셔서 이런 복을 달라고 당신께 요구하는 사람을 기다리고 계십니다. 이것도 가능하지 않습니다. 성경을 따르자면 우리는 하나님의 도움을 받지 않으면 살 수 없는 처지의 사람들인데 하물며 복을 달라고 요구할 수 없습니다. 그와 정반대로 우리는 하나님의 축복을 경멸하였고, 우리는 우리의 의지와 우리의 방법을 원할 따름이지 결코 하나님께 무엇을 달라고 구하지 않았습니다.

바울은 그렇게 하나님께 구하는 사람이 있다고 말하는 것처럼 보입니다. 그러면 도대체 어떻게 그런 사람들은 하나님의 축복을 받을 수 있단 말입니까? 그 해답이 4-6절에 있는데, 이것은 하나님 자신의 주권적인 행동의 결과, 즉 "선택"입니다. 바울이 말합니다. "그러므로(헬라어로 kathos, 즉 '처럼', '그렇기 때문에'라는 의미를 가진 말로서 이 말은 4절을 3절에 대한 설명으로 연결시키는 역할을 함) 창세 전에 그리스도 안에서 우리를 택하시고, 우리를 그 앞에서 거룩하고 흠이 없게 하셨다. 사랑 안에서 그 기쁘신 뜻대로 우리를 예정하사 예수 그리스도로 말미암아 자기의 아들들로 입양하셨으니, 이는 그의 사랑하시는 자 안에서 우리에게 거저 주시는 바 그의 영광스러운 은혜를 찬미하게 하려는 것이다"(엡 1:4-6 NIV 성경).

하나님께서 세상이 창조되기 전에 구원의 복을 어떤 사람들에게 주시려고 결정하셨기 때문에 - 그리고 오직 그 이유 하나 때문에 어떤 사람에게만 이 복이 베풀어진다고 본문은 가르치고 있습니다.

선택과 인간의 타락

　이것은 이해하기 어려운 교리입니다. 선택 교리에 대하여 반론을 제기하기 전에 우리가 이 교리에 대하여 가지고 있는 다양한 견해를 잘 생각해 보아야 하는데, 세 가지 견해가 있습니다.

　첫 번째 입장은 노골적으로 선택 교리를 부정하는 것입니다. 하나님의 숨겨진 최고의 목적 때문에 아무도 구원받지 못한다고 반대자들은 말합니다. 하나님께서는 자기 자신을 타락한 남녀 모두에게 계시하시고, 당신의 아들 주 예수 그리스도의 죽음으로 말미암는 구원의 도리를 제공하기로 작정하셨기 때문에 우리는 은혜에 대하여 말할 수 있습니다. 그분이 그렇게 하셨던 것은 자기 자신을 은혜로운 분으로 우리에게 입증하시려는 것입니다. 그러나 그렇다고 해서 하나님의 은혜에 대하여 말하고, 항상 거기 머물러 있어야 하고, 전체 상황을 인간 쪽으로 돌려놓으면 안 됩니다. 하나님께서는 구원을 은혜롭게 제공하시므로 인간은 자기 자신의 자유 의지를 사용하여 이 구원을 선택해야 합니다. 선택은 인간이 아무것도 하지 않고 자동적으로 그 안으로 들어갈 수 있는 것이 아닙니다.

　우리는 우리 자신이 소유하고 있는 여러 가지 능력에 대하여 생각하는 것을 좋아합니다. 그런데 이 교리는 그러한 인간의 능력과 잘 일치하는 것이 이 견해가 가지고 있는 장점이지만, 이 견해에 난관도 있습니다. 우리가 이 교리에 대하여 호의적이든지 아니든지 우리의 태도와 상관없이 성경은 이 교리를 가르치고 있다는 점입니다. 존 스토트는 선택이 "신적 계시이지 인간의 성찰"은 아니라고 말합니다.[1] 마틴 로이드 존스는 이 교훈을 가리켜 그것이 "진술이지 논쟁은 아니다"라고 말합니다.[2] 라일(J. C. Ryle)은 선택에 대한 연구에서(에베소서 1:4절을 포함) 11개의 본문을 나열하면서 사람이 부정하기 힘든 언어로 간단명료하게 선택을 가르쳐 주고, 또 자신의 독자들에게 신중하게 생각하라고 촉구합니다.[3] 이런 가르침을 받아들인 사람이 뒤돌아서자마자 선택은 성경의 교훈이 아니라고 부인한다는 것은 상상할 수 없습니다.

두 번째 견해를 살펴보면, 선택은 성경에서 가르치고 있지만 미리 아심에 기초한 선택이라는 것입니다. 이 견해는 비록 성경이 선택을 가르친다는 것은 인정하지만 불공평하고 독단적이라는 이유를 들면서 이 교리를 인정하지 않는 사람들이 취하는 중간적인 입장입니다. 그들은 하나님이 어떤 사람은 구원과 축복에 이르도록 선택하지만 그 선택은 믿음의 응답이라든지 혹은 그 사람의 선행을 미리 아심과 같은 선택의 기초에 근거해야 한다고 주장합니다.

그러나 그들이 주장하는 것은 분명히 불가능한 것입니다. 그러한 선택은 실제적인 선택이 아니라는 것이 이 주장에 내포된 문제인 것입니다. 그들이 자기주장을 다시 구성해 놓은 것처럼 하나님께서는 한 개인의 운명을 미리 정하지 않고, 사람이 자기 운명을 스스로 결정합니다.

또 다른 문제로는 성경은 인간이 죄로 말미암아 절망적인 상태에 있다고 말합니다. 성경이 주장하는 것이 사실이라면, 하나님께서 과연 사람 속에서 구원에 이르게 될 만한 선(善)을 발견하고 그를 선택할 수 있습니까? 선은 하나님께로부터만 옵니다. 믿음도 역시 하나님께로부터 옵니다. 만일 선이나 믿음 -혹은 그것이 무엇이든지간에- 하나님께서 주도하시는 인간의 선택에서 일차적 원인이 되는 하나님을 제거하면, 미리 아시는 하나님을 신뢰하는 믿음이 과연 존재할 수 있습니까?

존 칼빈(John Calvin)은 그것을 이렇게 설명합니다. "존재하지 않는 것을 하나님께서 어떻게 미리 아실 수 있는가? 아담의 자손은 모두 부패하였고, 착한 행동을 하겠다는 선한 생각을 할 수 있는 기술을 소유하지 못했다는 것을 우리는 알고 있다. 그러므로 우리는 선을 행할 수 없다. 비록 하나님께서 수십만 년 동안 우리를 기다려 주실 수 있다고 하더라도 또한 우리가 그렇게 오래 세상에 머물 수만 있다면 우리는 그분에게로 나아가지 않을 것이며, 착한 일을 행하기보다 우리 자신의 정죄 상태에서 계속 못된 짓만 더 저지를 것이 분명하다. 다시 말하자면 인간이 세상에서 오래 살면 살수록 그들 자신의 정죄에 스스로 더 깊이 몰입하게 될 것이다. 그러므로 하나님께서는 우리 안에 어떤 생각을 넣어주시기 이전에 우리 안에 존재하지도 않았던 것을 미리 아실 수 없다."[4]

사람이 선택에 대하여 고통을 당할 때 -많은 사람들이 그렇게 고통을 당하고 있다- 그들이 비록 그렇다고 생각할지 모르지만 그들이 당하는 문제의 실체는 선택의 교리가 아니라 인간을 선택할 수밖에 없도록 만드는 타락의 교리입니다.

이것을 해결하기 위하여 이렇게 질문할 수 있습니다. 인류의 타락은 얼마나 심각한 것입니까? 인간은 위를 향하여 타락한 것입니까? 이것은 세속적 진화론자들의 견해입니다. 즉, 그들은 우리는 점점 더 잘해 나갈 수 있다고 주장합니다. 인간의 타락은 부분적일뿐 그것은 전체적인 것이 아니므로 인간은 죄에 의하여 손상을 당한 것이지 파멸을 당한 것이 아니라고 말합니다. 이것은 펠라기우스주의나 알미니안주의가 주장하는 견해입니다. 그들은 우리가 죄의 영향을 받는다고 확언하면서도, 우리의 능력으로 - 복음이 제공되면 우리 스스로 그러한 상태에서 돌이켜 - 그리스도를 믿을 수 있는 능력을 소유하게 된다고 주장합니다.

하나님께서 인간을 찾아오셔서 중생의 이적을 베푸시지 않으면 인간은 총체적으로 타락하여 하나님을 향하여 나아가는 가장 작은 미동(微動)조차 할 수 없습니다. 이것이 성경이 말하는 타락한 인간의 상태입니다.

성경은 우리가 "허물과 죄로 죽었다"고 말합니다(엡 2:1). 계속해서 "깨닫는 자도 없고 하나님을 찾는 자도 없다"고 말합니다(롬 3:11). 예수님께서는 "나를 보내신 아버지께서 이끌지 아니하시면 아무도 내게 올 수 없다"고 선언하셨습니다(요 6:44). 창세기는 "여호와께서 사람의 죄악이 세상에 가득함과 그의 마음으로 생각하는 모든 계획이 항상 악할 뿐임을 보셨다"고 말합니다(창 6:5).

죄와 범죄함으로 말미암아 죽은 인간은 항상 악한 것만 생각합니다. 그러한 인간의 마음속에서 하나님께서 어떤 선한 것을 미리 아실 수 있습니까? 하나님께서 친히 사람을 이끌지 아니하시면, 하나님을 찾지 않을 뿐만 아니라 그분에게로 나아올 수조차 없는 사람에게서 하나님께서는 어떤 선한 것을 기대하실 수 있습니까? 만일 상황이 그러하다면 성경이 말하는 것처럼 한 사람이 - 그가 남자이든 여자이든 - 구원받을 수 있는 유일한 길은 하나님이 구원하시기 위하여 그를 선택하시고, 그를 믿음으로 인도하시는 하나님의 주권적인 선택에 의지하는 길 밖에 없습니다.

세 번째 입장은 순수하고 단순한 선택입니다. 이것은 우리가 죄 가운데 절망적으로 유기(遺棄)되었으므로 우리 자신에 대한 하나님의 신령한 복에 참여할 수 없다고 가르치는 견해입니다. 하나님께서는 당신의 긍휼하심으로 우리를 택하셨고, 또 당신의 선택을 유효하게 하셨습니다. 먼저 하나님께서는 그리스도를 보내사 우리 죄를 위해 죽게 하심으로써 우리의 구원을 가능하게 하셨고, 하나님께서는 성령을 보내셔서 복음의 진리와 영광에 대하여 우리의 눈을 열어 주시고, 하나님께 응답할 수 있도록 만드셨습니다. 그러므로 우리가 누리는 모든 복은 예수 그리스도 안에서 우리를 향하신 하나님의 주권적이고 선택적인 목적으로 거슬러 올라가야만 합니다. 바울은 에베소서 초두에서 이것을 정확하게 기술하고 있습니다.

알미니안의 반대 의견

선택 교리에 대한 성경적인 바른 가르침에 반대하는 입장은 대단히 오래 유포되었으며, 지금도 주장하는 사람들이 많이 있습니다. 여기서 그들이 가지고 있는 두 가지 생각을 살펴보려고 합니다. 즉, 선택은 독단적이며, 또한 선택은 부당합니다.

첫 번째 반대는 선택이 독단적이라고 진술할 때, 우리는 우리가 말하려는 것을 정확하게 이해해야 합니다. 만일 선택을 요청하는 인간의 생각에 어떤 성질이 내재되어 있다고 가정할 수 있습니다. 우리가 그 성질을 정죄하여 깎아내린다면 선택은 독단적이라고 주장할 수 있습니다. 저 사람이 선택받는 것보다 차라리 이 사람이 선택되어야 한다고 시비를 걸 이유가 우리에게 전혀 없습니다. 일반적으로 말하자면, 반대하는 것이 아닙니다. 대체로 선택 교리를 강력하게 반대하는 사람은 인간의 관점이 아니라 하나님의 관점으로 볼 때, 선택은 독단적이라고 주장하는 것입니다. 하나님이 취하는 행동마다 무슨 이유가 있어서 그렇게 행동하시는 것이 아닙니다. 하나님이 저 사람이 아니라 이 사람을 선택하는 것 그 자체가 독단적이며, 반대로 이 사람이 아니라 저 사람을 선택하는 것도 마찬가지로 독단적입니다. 혹은 독단적인 하나님께서는 아무도 선택하지 않을 수도 있습니다.

앞에서 언급한 마지막 문장이 이 문제를 통과할 수 있는 길을 보여줍니다. 우리가 아무도 구원 받지 못하게 되는 가능성을 생각하는 순간 바울이 에베소서 1:6절에서 구원은 "그(하나님)의 은혜의 영광을 찬송하게 하려는 것이라"고 말하는 목적과 충돌하게 됩니다. 하나님께서는 어떤 사람을 구원하심으로 자신을 스스로 영화롭게 하시려는 목적을 가지고 계십니다. 그렇다면 선택은 독단적인 것이 아니고, 하나님의 관점에서 볼 때, 선택에는 목적이 있습니다.

그렇다면 "이 사람이 아니고 왜 저 사람이냐? 왜 이 사람보다 더 많은 사람을 구원하느냐? 왜 모든 사람을 구원하지 않느냐?" 이렇게 묻는 것은 좋은 질문이라고 할 수 있습니다. 그러나 이렇게 질문하는 것은 선택이 전적으로 다른 질서에 속했다는 것을 충분히 이해하지 못했기 때문에 취하는 행동입니다. 일단 우리가 하나님께서는 선택의 목적을 가지고 계신다는 점을 인정하게 되면, 그 목적은 하나님의 선택의 세밀한 부분까지 연장되어야만 합니다. 우리는 왜 하나님께서 이 사람이 아니라 저 사람을 선택하는지 그 이유를 전혀 알 수 없습니다. 하나님께서 무슨 이유를 가지고 그렇게 하시는 것이 아니라고 말하는 것과는 전혀 별개의 문제입니다. 인류 역사의 큰 의미를 형성하고 있는 계획, 다시 말해서 그토록 위대한 계획에서 전체 목적을 우리가 이해할 수 있다고 생각하는 것 자체가 교만입니다. 우리는 선택의 특별한 순간에서 하나님의 목적의 한 부분을 볼 수 있으나, 전체적으로 볼 때 바울이 지금 "그(하나님)의 기쁘신 뜻대로 우리를 예정하사" 선택하는 것이라고 고백하는 것과 같이 우리도 동일한 고백을 해야 합니다(5절).

두 번째 반대는 선택은 부당하다는 것입니다. 하나님께서는 이 사람이 아니라 저 사람을 골라서 뽑는 것이 부당하다*는 것입니다. 그러므로 기회는 모든 사람에게 균등하게 주어져야만 한다는 것입니다. 여러 가지 범주 안에서 생각해 보면 선택의 교리에 마땅히 포함되어야 하는 것을 이토록 오해할 수 있습니까? 균등한 기회! 우리는 기회를 가지고 있었으나 복음을 거절함으로 그 기회를 상실하고 말았습니다. 그런데 그 "기회"는 여러 번 주어져야 하며, 심지어 엄청나게 많은 기회가 주어져야 한다면, 공의에 관한 한 만일에 - 공의 이외에는 다른 아무 것도 없으며 - 공의만 행해져야 한다면, 그 공의는 우리에게 과연 무엇을 선포하겠습니까? 공의는 우리의 정죄를 선포할 뿐입니다! 공의는 우리가 지옥에 가야 한다고 선고를 내릴 것입니다!

* "부당하다"고 옮긴 본문의 영어 단어는 unjust이다. 이 말은 다음 문장의 justice, 곧 공의라는 말과 병행을 이루기 위한 영어의 독특한 표현법이다. 그러나 문장 흐름을 위하여 unjust를 "부당하다"는 말로 옮겼지만, 독자들은 정확하게 이해하려면 "불의하다"로 읽을 수도 있음-역자

우리가 하나님께 바라는 것은 공의가 아니라 은혜를 바라는 것이고, 은혜는 명령으로 전달될 수 없습니다. 그것은 세상이 창조되기 전에 이미 선포된 하나님의 주권적 목적에서부터 우리에게로 인출되어야 합니다. 그렇지 않으면 아주 제공되지 않아야 합니다.

선택의 축복

선택은 사람들이 제기할 수 있는 문제가 전혀 아닙니다. 그것은 실제로 하나님께서 예수 그리스도를 통해서 주신 "복음의 위대한 축복"이며 적어도 네 부분에서 그렇습니다.

1. **선택은 교만을 제거합니다.** 선택을 비판하는 사람은 정반대로 말하는 것을 마치 진리인 것처럼 생각합니다. 이런 사람들은 다른 사람이 구원에 이르도록 택함을 받았다고 말하는 것을 참지 못하고, 그것이 바로 교만의 극치라고 생각합니다. 그들은 다른 사람보다 더 선한 일이나 가치 있는 일을 더 많이 할 수 있다는 주장을 한다고 생각합니다. 물론 선택이 그런 것을 전혀 암시하지 않는 것은 아닙니다. 그러나 선택이라는 말은 구원은 전적으로 하나님께 속한 것이라는 의미입니다. 바울이 "(하나님이) 택하시고" "(하나님이) 예정하사" "(하나님이) 값없이 우리에게 주사"

라고 말할 때, 이것은 "그(하나님)의 은혜의 영광을 찬송하게 하려는 것"이지 우리의 영광을 찬송하려는 것이 결코 아닙니다.

선택은 사람이 자랑할 수 있는 모든 근거를 제거합니다. 만일 그 정반대의 상황을 가정해 보고, 최종 분석 결과 어떤 개인이 그가 과거에 했던 어떤 행동에 기초하여 하늘나라에 갔다고 가정해 보면, 이 경우 그 개인은 크건 작건 그 영광의 한 몫을 자기 것이라고 주장할 수 있습니다. 사실상 구원은 구원받지 못한 사람과 구원받은 사람을 구별 짓는 부분, 다시 말해서 대단히 중대한 부분입니다. 그러므로 오직 선택에 의해서만 구원의 축복이 우리의 것이 되어야 합니다.

2. 선택은 구원의 확신을 줍니다. 선택의 의미를 이 말과 반대로 생각해 보고, 구원의 궁극적인 근거가 우리 자신에게 있다고 가정해 보면, 이 경우 구원은 불안정한 것이 되고 맙니다. 우리는 어느 한 순간 구원받을 수 있습니다. 그런데 구원을 받은 다음에 유기 될 수도 있습니다. 존 칼빈(John Calvin)이 말하는 것처럼, "만일⋯ 우리의 신앙이 하나님의 영원한 선택에 근거하지 않았다면, 틀림없이 사탄은 매순간 우리에게서부터 신앙을 뽑아갈 수 있을 것이다."[5]

칼빈은 "양자"의 교리에서 구원의 안전을 발견했습니다. 5절에서 하나님의 선택은 우리에게 양자의 교리를 제공합니다. 입양, 즉 양자됨이란 말은 우리가 하나님의 가족이 되었고, 그로 인하여 우리가 하나님의 자녀가 되고, 우리를 양자로 맞아 주신 하나님께서 우리의 하늘 아버지가 되는 것을 의미합니다. 예수님께서 우리에게 그렇게 하라고 가르쳐 주셨기 때문에 우리가 하나님께 기도드릴 때 반드시 하나님을 아버지로 불러야 한다고 칼빈은 지적합니다(마 6:9 참조). 그는 계속해서 질문하며, 그분이 정말 우리 아버지라는 것을 확신하지 않는데 어떻게 하나님을 아버지라고 부르면서 기도드릴 수 있습니까? 만일 그렇지 않다면 우리의 기도는 위선에 불과하고 우리가 기도 속에서 발설하는 맨 처음 문장은 - "하늘에 계신 우리 아버지" - 거짓말이 됩니다. "우리는 하나님께서 우리를 자기 자녀로 생각하신다는 것을 우리 자신에게 열심히 설득시키고 결심해야 한다. 그분(하나님)이 당신의 복음으로 우리에게 그것(입양)을 제안하실 때 믿음을 통하여 그분의 긍휼을 붙잡음으로, 우리는 그분의 영원하신 선택에 근거했다는 것을 또한 우리 자신에게 확신하게 함으로써만 그렇게 될 수 있지 않을까?"[6]

3. 선택은 성결로 인도합니다. 어떤 사람은 이렇게 말합니다. "자 그럼, 내가 선택되었다면 나는 내 행동과 관계없이 구원받을 수 있게 되었구나! 그러니까 이제부터 나는 내 인생을 즐기고 하고 싶은 것은 모두 해도 괜찮아!" 이렇게 말하는 사람들은 구원을 아직 받지 못했거나, 선택을 받았다면 아직 중생하지 못한 것입니다. 왜 그렇습니까? 4절이 말하는 것처럼 선택은, 곧 성결(거룩)에 이르게 합니다. 즉, 구원에 이르는 선택과 성결에 이르게 되는 선택은 함께 가는 것입니다. 이 둘은 결단코 분리될 수 없습니다. 그래서 존 스토트는 "선택의 교리는 죄를 권장하기는커녕 오히려 금하며, 우리에게 필요한 성결을 대신하여 우리에게 부과된 것"이라고 말합니다.[7] 만일 우리가 성결하게 성장하지 않는다면, 우리는 선택된 것이 아닙니다. 우리는 여전히 우리의 죄 가운데 있기 때문입니다.

4. 마지막으로 선택은 전도를 촉진합니다. 어떤 사람은 선택이 전도를 불필요하게 만든다고 생각합니다. 이 논쟁자는 계속해서 "만일 하나님께서 어떤 사람을 어떻게 해서든지 구원하시겠다고 작정한다면, 하나님께서는 그 사람을 조만간 구원하실 것이다. 그렇게 되도록 내가 할 것은 아무것도 없다"고 말합니다. 그러나 선택은 그런 식으로 작동하지 않습니다. 하나님께서 구원에 이르도록 선택하셨다는 사실은 이렇게 구원받아야 할 많은 사람들에게 믿음을 요청하는 방법을 제거하지 않습니다. 이런 방편 가운데 하나가 이미 믿음을 가진 사람들이 죄인들에게 복음을 선포하는 것입니다(고전 1:21). 이 편지를 기록한 바울이 바로 최초의 위대한 선교사였다는 점을 알아야 합니다.

우리가 전도를 통해서 소망을 얻는 선택의 중요성을 인식할 때만 가능한 것입니다. 다시 한 번 생각해 보면, 성경이 말하는 것처럼, 만일 사람의 마음이 지금 그들의 처지처럼 하나님과 하나님의 뜻을 거역하고 있는 중이라면, 또 하나님께서 사람을 선택하지 않으시고, 성령으로 말미암아 그들을 유효하게 부르시지 않고, 그들이 구원받는 믿음으로 응답하게 하지 않는다면, 과연 우리는 무슨 소망으로 그들을 설득할 수 있습니까? 만일 하나님께서 유효하게 부르실 수 없다면, 우리도 틀림없이 그들에게 전도할 수 없습니다. 반대로 하나님께서 어떤 사람을 미리 선택하심에 기초하여 구원하신다면, 믿음에 이르도록 하나님께서 미리 예정하신 사람들은 하나님 앞으로 나갈 수 있다는 것을 우리가 확신하고, 진리의 말씀을 그들에게 담대하게 외칠 수 있게 됩니다.

우리는 하나님께서 선택하시는 사람이 누군지 모릅니다. 하나님께서 선택한 사람을 분간해 낼 수 있는 유일한 길이 있다면, 그것은 그들이 복음에 응답하는 것과 그 결과 거룩(성결)하게 성장하는 것을 통해서 분간하는 것입니다. 우리의 임무는 하나님께서 창세 전에 그리스도 안에서 선택하신 사람은 모두 예수님께로 나아오게 된다는 확신을 가지고 말씀을 담대하게 선포하는 것입니다.

●각주●

1. John R. W. God's New Society: The Message of Ephesians (Downers Grove, Ill.: Inter Varsity, 1979), 37.

2. D.M. Lloyd-Jones, God's Ultimate Purpose: An Exposition of Ephesians 1:1 to 23 (Grand Rapids: Baker, 1979), 86.

3. John Charles Ryle, "Election," in Old Paths: Being Plain Statements on Some of the Weightier Matters of Christianity (Cambridge: James Clarke, 1977), 462-63.

4. John Calvin, Sermons on the Epistle to the Ephesians (1562; reprint, Carlisle, Pa.: Banner of Truth Trust, 1975), 31-32.

5. 상게서, 29.

6. 상게서, 30.

7. John Stott, God's New Society, 38.

4
구속
에베소서 1 : 7-10

우리는 그리스도 안에서 그의 은혜의 풍성함을 따라 그의 피로 말미암아 속량 곧 죄 사함을 받았느니라 이는 그가 모든 지혜와 총명을 우리에게 넘치게 하사 그 뜻의 비밀을 우리에게 알리신 것이요 그의 기뻐하심을 따라 그리스도 안에서 때가 찬 경륜을 위하여 예정하신 것이니 하늘에 있는 것이나 땅에 있는 것이 다 그리스도 안에서 통일되게 하려 하심이라

유니테리안파는 성경에 "삼위일체"라는 말이 없다고 주장합니다. 그들의 주장대로 삼위일체라는 단어는 성경에 나오지 않지만, "삼위일체"라는 말이 성경에 없다는 이유로 틀림없이 존재하는 삼위일체의 교리 자체를 부정할 수는 없습니다. 그것은 여기 에베소서 첫 장에서도 마찬가지로, 헬라어 본문에서 에베소서 1:3-14절은 연결된 하나의 문장이요, 그렇기 때문에 약술(略述)하기 어렵다고 이미 지적한 바 있습니다. 바울은 구원을 베푸시는 하나님께 합당한 찬송을 드리고 싶은 소원을 가지고, 진리 위에 또 하나의 위대한 진리의 기둥을 박아놓은 것처럼 보이는데 이 진리는 여러 구절에서 분명하게 발전되고

있습니다. 가장 분명한 발전은 바울이 논리를 제시하는 방법을 눈여겨보면 발견할 수 있는데, 즉 성부 하나님, 성자 하나님, 그리고 성령 하나님을 순차적으로 언급하는 것입니다. 성부 하나님의 역사하심은 주로 3-6절에 기술되었고, 성자 하나님의 역사는 7-10절에서, 그리고 성령 하나님의 역사는 11-14절에 기술되었습니다.

여기서 예수 그리스도의 으뜸 되는 사역, 곧 "구속"(개역개정에서는 "속량"으로 번역됨-역자)에 초점을 맞추려고 합니다. 삼위일체의 삼위 하나님께서 모두 이 역사에 참여하고 있습니다. 그러나 예수 그리스도의 역할이 가장 중심적입니다. 성부 하나님의 역사는 일차적으로 우리의 구원을 계획하시고, 성령 하나님은 성부 하나님의 계획을 각 개인에게 적용하시고, 성자 하나님의 으뜸 되는 사역은 갈보리의 십자가에서 우리를 위하여 구속의 죽으심으로 구원을 성취하는 것입니다.

값 주고 샀다

"구속(救贖)"은 기독교의 중심 사상입니다. 그리스도인이 사용하는 어휘 가운데 가장 사랑받는 단일한 용어라고 말하거나 또는 그 이상이라고 말하는 것이 타당합니다. 금세기 초에 프린스턴신학교의 저명한 설교학과 변증학 교수였던 벤자민 워필드(Benjamin Warfield)는 신입생들에게 행한 강의에서 "그리스도인의 마음에서 '구속자'보다 더 소중한 그리스도의 칭호는 없다"고 설파했습니다. 구속자란 말은 "십자가상의 그리스도를 칭하는 이름이기 때문이다. 우리가 그 말을 할 때마다 십자가는 우리의 두 눈동자 앞에 현수막처럼 드리워지고, 우리의 가슴은 그리스도께서 우리에게 구원을 주셨을 뿐만 아니라 엄청난 대가를 지불하셨다는 사랑스러운 회상으로 가득 채워진다"고 말했습니다.[1]

워필드는 그의 강의에서 감명적인 신학적 논증이 아니라 교회에서 부르는 찬송을 사용하여 그의 논지를 입증하였습니다. 그는 그 찬송에서 하나님의 백성이 지니고 있는 참되고 헌신적인 마음은 정말 명백하다는 주장을 펼쳐나가면서 다음과 같은 찬송을 인용했습니다.

온 영혼을 예물로 드리세 / 우리 구속자의 이름에
우리 구속자의 이름에 힘입어 / 사죄의 은혜를 구할 때
전능하신 아드님, 육신이 되신 말씀 / 우리의 선지자, 제사장, 구속자, 주님
만입이 내게 있으면 그 입 다 가지고 / 내 구주(구속자) 주신 은총을 늘 찬송하겠네.

(찬송가 23장)

찬양하겠네 구속자를 / 나를 위해 돌아가셨네
왕 되신 우리 주(구속자)께 / 다 영광 돌리세!

(찬송가 140장)

벤자민 워필드는 윌리엄 던바, 윌리엄 셰익스피어, 크리스티나 로제티 그리고 헨리 본과 같이 저명한 시인들이 지은 시들 27편을 선정했고, 앞에서 지적했던 것처럼 "구속"이라는 말의 동의어 "속죄"를 사용하는 찬송시도 선정했습니다.

신약성경에는 "구속"이라는 의미로 사용된 각기 다른 세 가지 단어가 있는데, 그 중에서 두 개는 서로 연관이 있지만, 세 번째 것은 전혀 다릅니다.

첫 번째 단어는 아고라조(agorazo)라고 합니다. 이것은 장터를 의미하는 헬라어 명사 아고라(agora)에서 파생된 말로써 이 말은 "사다" 혹은 "장터에서 사다"는 의미를 지니고 있습니다. 이 말은 예수님께서 우리를 구원하기 위하여 값을 지불했다는 것을 강조하는 것이지만, 우리가 "값(대가)"이라는 말을 사용하면, "구원에 대하여 값을 치른다"고 말하는 것과 같습니다. 이렇게 말하는 것은 은혜를 파괴한다는 주장을 펴면서 반대하는 사람들이 많이 있는데, 이런 사람들은 "구원은 사거나 팔 수 없다"고 논쟁합니다. "구원은 값이 없다. 죄를 용서하심에서 대가를 제거해 버리고 하나님을 생각하는 것은 하나님을 싸구려 하나님, 또는 아까워서 내놓기 싫어하는 하나님, 돈에 따라서 움직이는 하나님으로 만드는 것이다."라는 바로 이 이유 때문에 어떤 신학자들은 "구속" 개념에서 "값을 치르고 산다."라는 것을 단지 "구출"로 바꿔보려는 시도를 해 오고 있습니다. 즉, "대가"나 "몸값"을 치른다는 개념을 수반하지 않고, 그저 "어떤 사람을 자유롭게 한다"는 의미입니다. 그들은 누

가복음 24:21절을 증거로 제시합니다. 엠마오로 내려가는 제자들이 예수님과 대화를 나누면서 "우리는 이 사람이 이스라엘을 구속할 자라고 바랐노라"고 말했습니다. 그것은 상업적인 거래 관계가 아니라 정치적 구원을 언급한 것입니다. 에베소서에서는 1:13-14절을 지적할 수 있습니다. "그 안에서 너희도 … 약속의 성령으로 인치심을 받았으니 이는 우리의 기업의 보증이 되사 그 얻으신 것을 속량하시고 그의 영광을 찬송하게 하려 하심이라" 여기서 구속(속량)이라는 말은 죄와 썩어짐의 삶에서부터 구출되는 것을 언급하는 것입니다.

그러나 물론 그것이 전체 이야기는 아닙니다. 한 가지 점에서 엠마오의 제자들은 예수님께서 오셔서 하시려고 했던 것을 오해했던 것처럼, 오늘날 구속이라는 말이 단지 구출에 불과하다고 말하는 사람들도 이 말을 오해하는 것입니다. 훗날 예수님께서 "이같이 그리스도가 고난을 받고 제 삼 일에 죽은 자 가운데서 살아날 것과 또 그의 이름으로 죄 사함을 얻게 하는 회개가 … 모든 족속에게 전파" 되어야 한다는 것을 제자들에게 적절하게 풀어주셨기 때문에 우리는 그 말의 의미를 오해하지 않습니다(눅 24:46-47). 구속의 대가는 그리스도의 죽으심이고, 그것은 그리스도 자신이 이 본문에서 우리에게 말하려는 것입니다.

다시 말하자면, 대가를 지불하고 구출한다는 개념은 구약시대에도 동일하게 사용되었습니다. 유대인들은 가알(gaal: "구속하다") 혹은 고엘(goel: 흔히 "친족 - 기업 무를 자"로 번역되는 말)이라고 말했습니다. 가능하면 기업은 항상 한 가족의 소유로 남아 있어야 한다는 것이 유대법의 원칙이었습니다. 만일 한 유대인이 빚이나 혹은 다른 사유로 인하여 그의 기업을 상실하였다면 가까운 친척에게 부과된 의무에 따라서 그는 그것을 되돌려 받을 수 있다는 규정이 율법에 있었습니다. 친족 - 기업 무를 자라고 부르는 이 친척은 그 기업을 매입하여 그 가족에게 회복시켜주어야 하는 의무가 있었고, 그래서 보아스는 룻의 남편에게 속했던 땅을 되돌려주기 위하여 자기 의무를 규정에 따라 성실하게 이행했습니다.

두 번째로 히브리어에는 "몸값"을 의미하는 코페르(koper)라는 말이 있습니다. 만일 어떤 농장의 짐승이 사람을 죽게 하면 그 짐승은 죽은 사람의 생명에 대한 대가로 죽임을 당해야 했고, 그러나 이 의무를 이행하지 않으면 짐승 주인은 자신의 생명을 박탈당하게 됩니다. 만일 그렇게 된다면 아무 유익이 없어서 그 짐승의 소유자는 죽은 사람의 친척과 흥정하여 대가를 정하고 자기 자신과 짐승을 속량할 수 있는 장치가 있었습니다. 코페르(koper)란 속량(구속)을 하기 위하여 치르는 대가를 말하는 것입니다.

값을 치르고 속량을 한다는 사상은, 구약 시대의 문화 가운데 확고하게 정착되었었다는 것이 요점입니다. 그러므로 신약성경의 저자들은 거의 대부분 유대인들이었으며, 그들은 모두 이런 사회 제도에 친숙했던 사람들이었기 때문에 이 개념을 사용했던 것입니다.

다시 말하자면 이것은 우리가 이 사상을 발견하는 히브리 세계, 즉 구약성경뿐 아니라 헬라 세계 즉, 신약성경에서도 발견하게 됩니다. 「고대 동방에서부터 비치는 빛」이라는 아돌프 다이스만(Adolf Deismann)의 저술과 「십자가의 사도적 선포」라는 레온 모리스(Leon Morris)의 책에는 이 시기에 행해졌던 표준적인 노예 해방 공식을 예로 들고 있습니다.[2]

_____ 는

노예 _____를 자유의 몸으로 풀어주는 조건으로

일금 _____ 마이니(고대 그리스의 화폐 단위)를

피티안 아폴로에게 지불한다.

몸값을 지불하고 한 사람을 구해준다는 사상은 헬라 문화에서는 흔한 일이었기 때문에 이런 일이 자주 일어났습니다.

그러나 우리가 구속을 논의하는 자리에 대가라는 말의 개념을 가져와야 하는 실제적인 이유가 있는데, 신약성경의 핵심적인 본문은 어김없이 모두 이 점을 언급하기 때문입니다. 예를 들자면 마태복음 20:28절에 "인자가 온 것은 섬김을 받으려 함이 아니라 도리어 섬기려 하고 자기 목숨을 많은 사람의 대속물로 주려 함이니라"고 기록되어 있습니다. 예수님께서 이 본문에서 말씀하시려는 것은 무엇입니까? 그것은 예수님께서 자기 자신의 생명을 대가로 치르고 죄의 노예 상태로 있는 우리를 사서 구출해 내려는 것입니다.

디도서 2:14절도 이와 유사합니다. "우리를 대신하여 자신을 주심은 모든 불법에서 우리를 속량하시고 우리를 깨끗하게 하사 선한 일을 열심히 하는 자기 백성이 되게 하시려는" 예수님에 대하여 말하고 있습니다. 이 구절의 의미는 예수님께서 "우리를 위하여 자신을 내어주심"은 우리를 구속(속량)하기 위하여 자기 목숨을 내어주시는 것입니다. 예수님 자신의 목숨이 바로 대가인 셈입니다.

마지막 세 번째로 베드로전서 1:18-19절은 가장 분명하게 의미를 드러내는 본문입니다. "너희가 알거니와 너희 조상이 물려준 헛된 행실에서 대속함을 받은 것은 은이나 금 같이 없어질 것으로 된 것이 아니요 오직 흠 없고 점 없는 어린 양 같은 그리스도의 보배로운 피로 된 것이니라" 이 구절은 구속의 대가로서 그리스도의 생명을 내어줌은 피할 길이 없다고 분명히 선포하고 있습니다.

값주고 사서 자유롭게 해 주시다

신약성경에서 구속의 의미를 지닌 두 번째 단어는 엑사고라조(exagorazo)입니다. 실제로 이 단어는 구속의 의미를 풍부하게 만드는 말입니다. 이것은 이미 우리가 공부했던 것과 동일한 단어이지만, 여기는 "…에서부터 밖으로"라는 의미를 지니고 있는 접두어 엑크(ex)가 첨가되었습니다. 그러므로 엑사고라조라는 말은 몸값을 지불하고 산 노예는 다시 그곳으로 되돌아갈 수 없다는 사상과 함께 "장터에서 사가지고 나온다"는 것을 의미합니다.

이것은 구속의 유효하고 영구적인 본질을 지니고 시행되기 때문에 그리스도인에게는 대단히 복된 사상입니다. 우리가 영적인 용어를 말할 때, 죄에서부터 구속받는다는 것을 염두에 두어야 하며, 다시는 죄의 세력 아래 팔려가지 않는다는 약속이 이 말에 함의되어 있는 것입니다. 세속적인 용어로 말하자면 마음씨 좋고 자비심이 넘치는 사람이 자기 집에서 일을 시키려고 노예를 사들이는 경우를 상상할 수 있는데 그만 이 주인은 그 노예의 동작과 무능력에 실망한 나머지 그를 다시 팔아버릴 수 있습니다. 고대 세계에서는 이런 일이 자주 일어나서 노예의 신분은 항상 안전하지 못했습니다. 그러나 그리스도는 결코 그렇지 않습니다! 예수님께서 우리를 사셨으므로 우리는 장터 밖으로 나왔고, 결코 그곳으로 다시 돌려보내지 않습니다. 어떤 사람은 "한 번 구원은 영원한 구원"이라는 말로 설명합니다. 하나님의 친아들의 핏값으로 지불하고 샀으니, 그보다 더 높은 값을 지불할 사람도 없으며, 따라서 우리를 친아들에게서부터 되살 수 있는 사람도 없습니다.

신약성경에서 구속을 의미하는 세 번째 말은 다른 두 개와 상관이 없습니다. 헬라어로 뤼(ly)이고, 거기서 뤼트로(lytroo), 뤼트론(lytron), 뤼트로시스(lytrosis), 아폴리트로시스(apolytrosis)가 파생되었습니다. 뤼(ly)라는 말은 대가를 지불함으로 "놓아주다, 풀어놓다, 자유롭게 해 주다"라는 의미를 가지고 있는데, 이 말에도 역시 그리스도인들을 격려해주는 아름다운 사상이 내포되어 있습니다. 죄의 장터에서 우리를 샀을 뿐만 아니라 결코 그곳으로 되팔려가지 않는다는 것만 뜻하는 것이 아닙니다. 노예 시장에서 돈 주고 산 노예는 다시 노예 시장으로 팔려가지는 않는다 하더라도 그의 남은 생애를 노예로 살아야 합니다. 예수 그리스도께서 우리를 위하여 행하신 것은 이런 것이 아닙니다. 그분은 우리를 자유의 몸으로 풀어놓아 주시려고 우리를 산 것입니다. 바로 이 진리가 찰스 웨슬리(Charles Wesley)를 감동하게 하여 다음과 같은 찬송시를 짓게 하였습니다.

오랫동안 갇혀있던 내 영혼
죄와 자연의 밤에 단단히 묶여 있었네.

당신의 눈이 소생하게 하는 빛을 발하시니
내가 잠에서 깨었네.
감옥은 빛의 화염으로 불타오르네.
내 사슬이 풀리고, 내 마음은 자유하게 되니,
나는 일어나 나가 당신을 따르나이다.

주 예수 그리스도의 죽음이 우리를 위하여 성취하신 것을 알고 있는 한 우리는 그분을 사랑하고 우리의 "고귀한 구세주"로 섬길 것입니다.

구속받은 자의 교제

에베소서 1:7-8절은 구속을 "그(하나님)의 은혜의 풍성함을 따라 … 그가 모든 지혜와 총명을 우리에게 넘치게 하심"이라고 합니다. 그리스도로 말미암아 효력을 발생하게 되는 구속의 역사를 공부하면서 우리는 이렇게 풍성함을 깨닫기 시작하면서 그 풍성함은 여기서 더욱 넘치고 있습니다.

마지막 절은 구속받은 자들의 교제와 구속 안에서 하나님의 위대한 목적을 진술하고 있습니다. "그 뜻의 비밀을 우리에게 알리신 것이요 그의 기뻐하심을 따라 그리스도 안에서 때가 찬 경륜을 위하여 예정하신 것이니 하늘에 있는 것이나 땅에 있는 것이 다 그리스도 안에서 통일되게 하려 하심이라"(엡 1:9-10).

바울이 여기서 "비밀"이라는 말을 사용한 것은 다소 예상 밖의 일입니다. 왜냐하면 바울이 말하는 것은 이 본문을 읽는 많은 사람들에게 비밀이기 때문이지만, 그렇게 되면 안 됩니다. 성경에서 비밀이란 전에는 알려지지 않았으나 지금은 드러난 것을 지칭하는 말입니다. 바울이 이 절에서 드러내려는 구속의 궁극적인 목적은 "하늘에 있는 것이나 땅에 있는 것이 다 예수 그리스도 안에서 통일되게 하려는 것"입니다.

마틴 로이드 존스는 그의 에베소서 강해집 첫 권에서 이 구절을 탁월하게 강해하고 있습니다. 이 구절을 이해하는 열쇠는 다소 낯설지만 대부분의 성경 번역본이 삭제한 한 개의 단어라고 그가 말한 것은 옳은 지적입니다.

"다시"라는 말이 그것으로, 헬라어 성경에서 "한 분 아래 통일하다"라는 동사와 연결된 말인데 이 동사는 우리에게 익숙하지 않습니다. 이 동사의 원형은 케팔레 (kephale)로써 이 말은 "머리" 또는 "우두머리"를 의미합니다. 이 말의 변형은 "주 춧돌", "모퉁잇돌", 논쟁에서 "주요 논지", 혹은 모든 것을 요약해 놓은 "목록"으로 사용됩니다. 에베소서 1:10절은 아나케팔라이오오(anakephalaioo)라는 말을 확대 해 놓은 것입니다. 이미 말했던 것처럼 이 단어에는 "다시(아나: ana)"라는 말이 붙 어있는데, 이 말은 실제로 예수 그리스도 안에서 "다시" 만물을 "하나가 되게 하고, 통일하고, 혹은 하나로 묶으려는" 것이 하나님의 목적이라는 것입니다. 달리 말하 자면, 만물이 예수 그리스도 안에서 다시 하나가 되었고, 타락한 상태에서 통일되 는 것은 종료되었고, 구속으로 인하여 다시 그 안에서 재연합되게 하려는 것입니다.

이것은 보편 교리가 아니고, 타락한 모든 피조물이 구원받게 될 것이라는 교리 가 보편 구원론입니다. 이 교리는 예수 그리스도 자신의 말씀뿐만 아니라 다른 구 절도 모두 거부합니다(마 25:41, 46; 막 9:47-48; 요 3:36, 5:28-29, 12:48).

이것은 만물이 다 그리스도에게 복종하게 될 것이라고 가르치는 교리이고, 즉 어떤 사람들은 - 예수님에 의해 구속함을 받은 자들 - 자발적으로 그리스도의 법을 진심으로 기뻐하고 즐거워하지만, 어떤 사람들은 - 악의 제재를 받는 자들 - 마지못 해서 예수님께 속하게 됩니다. 그 결과 모든 사람은 예수님을 만유의 주로 인정하 게 된다고 주장합니다.

그러나 마틴 로이드 존스(Martyn Lloyd-Jones)는 이렇게 말합니다. "회복될 완전 한 조화는 사람 안에서 이루어질 조화와 사람 사이에서 이루어질 조화이다. 땅 위 에서 조화, 그리고 난폭한 피조물 안에서 조화가 일어날 것이다. 하늘에서 조화, 곧 만물이 만유의 머리가 되실 복된 주 예수 그리스도 아래 놓이게 될 것이다. 모든 것이 그분 안에서 다시 통일될 것이다. 기적 중에 기적이요, 비교할 수 없는 놀라움이요, 이 모든 것이 일어날 때, 본래대로 되돌아갈 것이다. 모든 것이 그분 안에서 영원에 이르도록 재통일을 이룩하게 될 것이다. 이것이 메시지이다. 그것이 하나님의 계획이다. 그것이 우리에게 계시된 비밀이다. 이런 일은 너무나 놀라워서 이보다 더 위대한 일에 대하여 이 세상에서나 오는 세상에서 들어보지 못할 것이다."[3]

말씀이 살아나게 하라

에베소서 공부를 시작하면서 벤자민 워필드의 강의에 대하여 언급한 바 있습니다. 그는 기독교에서 사용하는 단어 중에서 "구속"이라는 말이 복된 말이라고 격찬했으나 그의 강의에 충실하자면 워필드는 그의 강의 말미에서 이미 그 당시 이 진리가 점점 사라지고 있음을 탄식했다는 것을 지적해 두어야겠습니다. 한편으로는 구속의 단순한 진리를 경멸하는 자유주의 신학자들이 이 개념을 공격하고, 이렇게 깊은 의미를 지니고 있는 성경의 위대한 신학적 용어를 제거하려고 애를 썼습니다. 다른 한편으로는 - 워필드는 이 점을 특별히 언급하지 않았지만 - 그리스도인들도 마찬가지로 이 개념을 소홀하게 취급했습니다. 그들은 이 개념이 지나치게 신학적이고, 지나치게 추상적이며, 지나치게 비현실적이라고 생각했던 것 같습니다.

벤자민 워필드(Benjamin Warfield)는 외쳤습니다. "이 말이 이렇게 사멸되어가는 것을 볼 때, 참으로 슬프기 짝이 없다. … 만일 여러분의 노력으로 이런 말이 생명과 활기를 보존할 수 있게 된다면, 하나님의 도우심으로 그 말이 사멸되도록 내버려 두지 않겠다는 결심을 하기 바란다. 그러나 이 말이 사멸되는 것을 보게 되는 것이 가장 슬픈 것이 아니다. 가장 슬픈 것은 이 말이 만물 가운데 가장 견고하게 서 있어야 할 사람의 마음속에서 사라져가는 것이다. 그러므로 여러분이 자신의 마음속에서 해결할 수 있는 실제적인 일은 그리스도께서 진정 여러분의 구속자이신가 아닌가, 그리고 여러분이 그 안에서 실제적인 구속을 발견했는가 못했는가가 문제이다. 그리스도께서 여러분의 몸값을 치르신 분이시며, 여러분의 몸값으로 여러분을 위하여 그분의 보혈을 흘리셨음을 확신하는가? 여러분의 구원을 샀으며, 그것도 엄청난 값을 치르고 샀으며, 보혈보다 더 고귀한 것이 없으며, 하나님의 거룩하시고 한 분 뿐이신 예수 그리스도의 보혈로 값을 치르셨음을 확신하는가? 한걸음 더 나아가 여러분을 위해 자기 보혈을 흘리셨던 이 예수님께서 여러분의 하나님이심을 확신하는가? 성경이 이렇게 가르치고 있다."

하나님의 보혈을 나무 위에서 쏟으셨네!
성경이 그렇게 말한다오. 오, 마음이여, 이 생각을 받아들이시오!
이 비밀을 찾으려고 그대 안의 마음의 방에서
헛되이 소망 없는 말을 중얼거리지 마시오 ….

이 가장 귀하고 귀한 것 -
그대 하나님께 가까이 다가가 들으시라.
오! 어리석은 자여, 그분의 보혈을 그대 위해 흘렸다![4]

●각주●

1. B.B. Warfield, "'Redeemer' and 'Redemption,' in The Person and Work of Christ (Philadelphia: Presbyterian and Reformed Publishing, 1950), 325. 이 강연은 1915년 9월 17일에 행한 것이다.

2. Adolf Deismann, Light from the Ancient East: The New Testament Illustrated by Recently Discovered Texts of the Greco-Roman World (Grand Rapids: Baker, 1978), 327-30; Leon Morris, Apostolic Preaching of the Cross (Grand Rapids: Eerdmans, 1956), 22-23.

3. D. M. Lloyd-Jones, God's Ultimate Purpose: An Exposition of Ephesians 1:1 to 23 (Grand Rapids: Baker, 1979), 206-7.

4. Warfield, "'Redeemer' and 'Redemption,'" 347-48.

5

구원의 인치심

에베소서 1 : 11-14

모든 일을 그의 뜻의 결정대로 일하시는 이의 계획을 따라 우리가 예정을 입어 그 안에서 기업이 되었으니 이는 우리가 그리스도 안에서 전부터 바라던 그의 영광의 찬송이 되게 하려 하심이라 그 안에서 너희도 진리의 말씀 곧 너희의 구원의 복음을 듣고 그 안에서 또한 믿어 약속의 성령으로 인치심을 받았으니 이는 우리 기업의 보증이 되사 그 얻으신 것을 속량하시고 그의 영광을 찬송하게 하려 하심이라

에베소서 1:11-14절에 대한 강해를 준비한 지 거의 1년이 될 무렵, 필라델피아의 각종 신문과 TV 뉴스는 필라델피아의 미식축구팀 이글즈가 아리조나주 피닉스로 옮겨 간 이야기로 가득 차 있었습니다. 이 뉴스는 화요일에 터져 나왔는데, 그 주간 내내 사소한 이야기까지 낱낱이 보도되고 있었고, 금요일 밤 어느 TV 채널은 30분짜리 뉴스 프로그램에서 처음 15분을 이 이야기의 속보에 할애하였으며, 프로그램 후반부에서도 이 문제를 다시 언급하였습니다. 바로 이것이 이 세상에 속한 사람들의 흥미를 끄는 방법입니다.

에베소서 1장에서 바울은 세상이 창조되기 전에 이미 하나님의 마음에서 시작되었고, 장차 영원히 계속될 구원 계획을 추적하면서 역사 이래 지금까지 보도되었던 사건 가운데 가장 위대한 뉴스를 보도합니다. 그가 보도하는 뉴스는 우리가 상상할 수 있는 것보다 더 크고 더 지혜롭고 더 장엄한 것으로 그 뉴스는 교향곡처럼 3악장으로 구성되었습니다. 1악장은 성부 하나님께서 자기 아들 예수 그리스도 안에서 신령한 복을 특별한 사람들에게 주기 위하여 택하셨다는 하나님의 주권적 선택이고, 2악장은 예수님의 구속적 죽으심을 통하여 그 목적을 성취하신 것이고, 이렇게 특별히 선택된 사람은 예수님의 죽으심으로 죄 용서함을 받게 되며, 그리스도의 주권 아래 머물 수 있게 됩니다.

지금 우리는 마지막 3악장을 공부하고 있습니다. 이 악장은 성부 하나님의 택하심을 입었으며, 주 예수 그리스도의 구속함을 받은 사람들을 실제로 구원과 "연결시켜 주는" 성령님의 사역입니다. 이것은 신학적 용어로 표현하자면 "적용"이라고 합니다. 성령님은 예수 그리스도가 구원해 주시는 은총을 "적용한다"고 말할 수 있습니다.

유효한 부르심

에베소서의 시작 부분을 공부하면서 그 의미가 얼마나 간결하며 심오한 것인가 이미 음미해 본 바 있습니다. 앞에서 지적했던 것과 같이 에베소서 1:3-14절은 기독교의 기본 교리를 거의 다 망라하고 있는 단일 문장입니다. 이것은 성부 하나님, 삼위일체, 선택, 그리스도의 사역, 죄 용서함, 복음, 은혜, 창조, 만물이 그리스도께 복종하게 될 때 완성되는 세상 역사, 그리고 그 외에도 다른 여러 가지 교리를 다루고 있습니다. 이 교리 선집에서 바울은 성령님에 대하여 말하는데, 그가 이 주제를 다루는 정교함은 앞에서 기술했던 사상보다 훨씬 더 간결합니다. 11-14절은 성령님과 그분의 사역에 대한 교리 가운데 가장 으뜸 되는 것들을 풍성하게 진술해 놓은 것입니다.

성령님의 첫 번째 사역은 "유효한 부르심"이라고 정의할 수 있습니다. 바울은 11절에서 이 점을 언급하고 있는데 "모든 일을 그의 뜻의 결정대로 일하시는 이의 계획을 따라 우리가 예정을 입어 그 안에서 기업이 되었으니" 처음 읽으면 이것은 4절과 동일한 것을 말하는 것처럼 보입니다. 바울은 4절에서 하나님께서 "창세 전에 그리스도 안에서 우리를 택하셨다"고 말했는데 이것은 다소 장황하게 표현한 것입니다. 실제로 바울은 2절에서 하나님께서 이미 택하신 자들을 지금 선택하셔서 그들의 삶 속에서 하나님 자신의 목적을 실행에 옮기심으로 처음 "예정했던" 자들을 어떻게 구원에 이르게 하는가를 보여 주고, 그의 논의를 조금 더 진전시키고 있습니다. 이것은 바로 그리스도가 우리를 위하여 행하신 것을 깨닫도록 우리 눈을 열어주고, 예수 그리스도를 믿는 신앙을 주고, 그분을 우리 개인의 구세주로 영접하도록 우리의 의지를 움직여 주시는 성령님이 수행하시는 일입니다.

유효한 부르심이 아니면 아무도 스스로 자기 죄에서부터 그리스도에게로 돌아설 수 없기 때문에 성령님으로 말미암는 이 유효한 부르심은 꼭 필요한 것입니다. 사람들은 예수님의 주 되심을 거절하고, 하나님의 요구를 멸시하면서 그리스도를 등지고 돌아섭니다. 성령님을 떠나면 세상은 그리스도를 십자가에 못 박습니다. 예수님께서 성령님을 보내신 이유는 "죄에 대하여, 의에 대하여, 심판에 대하여 세상을 책망하시리라 죄에 대하여라 함은 그들이 나를 믿지 아니함이요 의에 대하여라 함은 내가 아버지께로 가니 너희가 다시 나를 보지 못함이요 심판에 대하여라 함은 이 세상 임금이 심판을 받았기" 때문이라는 것입니다(요 16:8-11).

예수의 영광

이 구절을 따르자면 성령님의 두 번째 사역은 예수 그리스도의 영광입니다. 바울은 11절의 사상을 12절에서도 이어 나가서, 성령님은 "그리스도 안에서 전부터 바라던 우리로 그의 영광의 찬송이 되게 하려고" 하나님의 선택을 요청합니다. 이것은 우선 바울과 바울의 동료들에 대하여 언급하는 것이지만 후대 모든 그리스도인에게도 동일하게 적용할 수 있습니다. 이것은 모두 "그의 영광을 찬송하게 하려는" 것입니다(14절).

가운데 성령님의 사역에서 가장 중요한 것은 예수님께서 요한복음 15:26절과 16:13-14절에서 말한 것처럼 예수님을 영화롭게 하는 것입니다. "내가 아버지께로서 너희에게 보낼 보혜사 곧 아버지께로부터 나오시는 진리의 성령이 오실 때에 그가 나를 증언하실 것이요", "진리의 성령이 오시면 그가 너희를 모든 진리 가운데로 인도하시리니 그가 스스로 말하지 않고 오직 들은 것을 말하며 장래 일을 너희에게 알리시리라 그가 내 영광을 나타내리니 내 것을 가지고 너희에게 알리시겠음이라"

성령님은 교회가 이 점을 망각할 때마다 경고했지만, 그때마다 교회는 병들고 분열을 일삼는 주관주의에 빠져들곤 하였습니다. "성령을 받으셨습니까?" 제2의 성령 체험을 하셨습니까?" "방언의 은사를 받으셨습니까?" 혹은 "그때 성령님의 임재가 특별히 임하셨다는 것을 증명할 수 있는 다른 증거가 있습니까?" 라는 질문을 던질 때마다 교회는 어김없이 분열되고 말았습니다! 성령님의 역할은 예수님을 영화롭게 하는 것이라는 점을 교회가 기억할 때, 성령님이 수행하는 다른 사역들을 - 성화, 감동, 은사 수여, 창조 사역, 그리고 그 외 더 많은 것들 - 예수님을 영화롭게 하는 틀 안에서 볼 수 있게 됩니다. 그렇게 되면 교회는 비로소 예수님을 중심으로 하나가 되는 것입니다.

우리는 여기서 실제적 교훈을 배워야 합니다. 성령님의 사역은 예수님을 영화롭게 하는 것이기 때문에 그분의 사역과 인격을 외면한 채, 우리의 시선을 딴 곳으로 돌리게 하는 것은 성령님의 사역이 아니라는 결론을 내릴 수 있습니다. 그것은 악한 영의 사역입니다. 다시 말해서 적그리스도의 영입니다(요일 4:2-3절 참조). 반면 그리스도가 높임을 받는 곳마다 - 그 방법이 어떤 것이든지 - 삼위일체의 제3위가 역사하십니다. 우리는 성령님의 역사하심에 감사드려야 하며, 또 성령님께 감사드려야 합니다.

주목해야 것이 또 있는데, 즉 그리스도를 영화롭게 하는 것이 성령님의 역사하심이라고 바울이 12절에서 말한 것처럼 성령님의 역사하심은 또한 우리와 뗄 수 없는 깊은 관계가 있습니다. "우리로 그의 영광의 찬송이 되게 하려 하심이라" 많은 그리스도인들이 그들의 신앙을 연속적인 체험에 지나치게 의지한 나머지 기독교 신앙에 주관적으로 접근하게 되고, 그들 자신은 하나님의 역사하심 속에 들어가지 않고 관망하기만 합니다. 그 결과 추상적이고 관념적인 신앙을 소유하게 되는 과오를 범합니다. 그들은 하나님께서 은혜의 방편을 통하여 역사하신다는 것을 망각합니다. 회심의 과정에서 하나님께서는 성경과 성경의 교훈을 조명해 주는 성령님의 조명 사역을 통해서 역사하십니다. 예수님을 영화롭게 하기 위하여 하나님께서는 성령님과 우리를 통하여 - 우리를 그리스도에게로 인도하심으로 그리고 우리의 삶 속에서 예수님의 성품을 꾸준히 닮게 하심으로 - 역사하십니다.

여러분의 말에서 예수님을 영화롭게 하십니까? 그리고 여러분의 삶으로 예수님을 영화롭게 하십니까? 성령님은 그리스도인의 마음속에서 그렇게 역사하시도록 보냄을 받으셨기 때문에 만일 여러분이 말과 삶에서 예수님을 영화롭게 하고 있지 않다면, 여러분은 성령 안에 거하고 있는 것이 아닙니다.

둘이 한 새 사람이 되다

성령님의 세 번째 사역은 전에는 다양했던 사람들을 불러내서 교회, 곧 "하나의 새 백성"을 만드는 것입니다. 이 주제는 2장에서 반복해서 완벽하게 다룹니다. 그러나 존 스토트가 1장과 그 주변의 개요를 잘 요약한 것처럼 지금 여기서도 그 사상은 매우 탁월합니다. 그는 9절과 10절에서 "장차 누리게 될 축복으로서 통일됨"에 대하여 말하고, 11-14절에서 그리스도를 통하여 하나님께서 주시는 복은 유대인이나 이방인 신자에게 모두 동일하게 속한 것이라는 것을 진술하면서 "이런 여러 가지 축복의 영역"에 대하여 말합니다.[1] 병행구는 완벽합니다. 바울은 11절과 12절에서 자기 자신과 다른 유대인 신자들에 대하여 말하면서 "그의 영광의 찬송이 되게 하려고" 택함을 받았다고 합니다. 그는 13절과 14절에서 자기의 편지를 받는 이방인 신자들에 대하여 말하면서 "너희도 또한 그의 영광을 찬송하게 하려함"에 포함되었다고 말합니다(한글성경은 "너희도"라고만 번역함-역자).

바울 당시 유대인과 이방인 사이에 - 헬라인과 로마인, 부자와 가난한 자, 노예와 자유인 - 적대적 감정이 존재했기 때문에 이것은 대단히 중요한 일입니다. 오늘날도 마찬가지지만 바울이 활동하던 시대는 세계가 수많은 계보를 따라 극단적으로 분열되어 있었습니다. 사람들은 불신과 증오로 분열되었고, 이 분열된 세상 속으로 새로운 종류의 사람들이 들어왔습니다. 그들은 성령님에 의하여 변화를 받았고, 신분의 차이에도 불구하고 그리스도 안에서 하나로 통일된 사람들이었습니다. 바울은 2장에서 "중간에 막힌 담"에 대하여 말하는데, 그 담은 예수 그리스도에 의하여 허물어졌고, 이제 과거에 적대자들이었던 사람들은 "한 새 사람" 혹은 "한 몸"이 되었습니다(엡 2:15-16).

이 얼마나 위대한 일입니까! 성령님이 예수 그리스도를 영화롭게 하며, 그 이름에 의지하여 이 새 사회가 건설되고 있으니 이 얼마나 위대한 길(道)입니까!

오늘날 수많은 미국 교회가 그러하듯 현대 교회가 오직 한 계층으로만 구성되었다는 점을 정말 죄송스럽게 생각합니다. 이들 교회는 사람들의 새로운 통일, 곧 하나 됨을 효과적으로 보여줄 수 있는 기회를 상실한 것입니다. 교회성장 학자들은 이것은 교회가 성장할 수 있는 최상의 길이며, 그들을 좋아하는 사람들에게 호감을 줄 수 있는 가장 좋은 길이요, 충분히 그럴 가능성이 있다고 합니다. 함께 일하는 사람들의 동질성이 있을 때, 교회는 가장 빨리 성장할 수 있다고 목청을 돋우어 말합니다. 이런 교회 성장이 치러야 할 대가는 과연 무엇입니까? 교회 안에 들어 온 사람들의 유형과 조건의 다양함이 더욱 커졌다는 의미에서 나는 거대한 몸이 아니라 작은 무리를 목회하고 싶습니다.

말씀과 성령

이 구절에서 성령의 교리가 지니고 있는 네 번째 양상은 성령님과 하나님의 말씀, 곧 성경과의 연결입니다. 바울은 "진리의 말씀, 곧 구원의 복음"에 대하여 말하면서 이점을 언급합니다(13절). 성령님이 그리스도를 영화롭게 함과 같이 그분과 분리될 수 없으므로 성령님은 항상 하나님의 말씀, 곧 성경을 통하여, 그리고 성경과 더불어 말씀하고, 성령님은 성경과 분리될 수 없습니다. 성령님은 성경을 떠나서 일하시거나 말씀하시지 않습니다.

이것은 종교개혁자들의 위대한 발견입니다. 마르틴 루터와 존 칼빈을 위시하여 여러 종교개혁자들은 많은 사람들을 신앙으로 인도하고, 한 번 믿은 신앙 안에서 그들을 인도하고 보존하는 성령의 역사에 대하여 강력한 확신을 가지고 있었습니다. 성경이 그것을 가르치고 있기 때문에 그들은 성령의 역사를 확신했습니다. 그들은 "바람이 임의로 불매 네가 그 소리는 들어도 어디서 와서 어디로 가는지 알지 못하나니 성령으로 난 사람도 다 그러하니라(요 3:8)", "증거 하는 이는 성령이시니 성령은 진리니라(요일 5:7 개역한글성경)", "우리가 세상의 영을 받지 아니하고 오직 하나님께로 온 영을 받았으니 이는 우리로 하여금 하나님께서 우리에게 은혜로 주신 것들을 알게 하려 하심이라 우리가 이것을 말하거니와 사람의 지혜의 가르친 말로 아니하고 오직 성령의 가르치신 것으로 하니 신령한 일은 신령한 것으로 분별하느니라 육에 속한 사람은 하나님의 성령의 일을 받지 아니하나니 저희에게는 미련하게 보임이요 또 깨닫지도 못하나니 이런 일은 영적으로라야 분변함이니라(고전 2:12-14)"는 말씀을 매우 좋아했습니다.

그들은 성령의 역사를 크게 강조하면서 이와 같은 구절들을 사용하였으며, 또 하나님의 마음을 알게 해주는 중요성을 가르쳐 주는 성경 구절도 함께 강조했습니다. 성령님이 우리의 마음을 조명하실 때, 우리는 하나님께서 말씀하시는 것을 성경을 통해서 깨닫게 됩니다.

일반 계시, 곧 자연 속에서 하나님을 드러내는 것과 별개로 - 실상 이것은 사람을 구원하지 못함 - 하나님께서는 세 가지 방법으로 자기를 계시하십니다. 첫째, 그리스도의 대속 사역의 중심이 되는 역사 속에 하나님의 계시가 있고, 둘째, 하나님의 행하심에 대하여 우리에게 말해 주는 성경, 곧 말씀을 통하여 하나님을 계시하며, 셋째, 기록된 계시를 우리에게 해석해 주고, 그 축복을 우리에게 적용하는 성령님에 의해서 각 개인의 마음과 생각 속에 하나님을 계시하십니다. 그 가운데 어느 것 하나라도 복음의 진리와 이 진리를 담고 있는 성경에서 떼어놓을 수 없습니다. 바울은 여기서 이것을 말하려는 것입니다. 우리는 성경에 많은 관심을 기울여야 하고, 성령 하나님께서는 성경 한 장 한 장마다 기록되어 있는 주 예수 그리스도와 그분의 사역을 우리에게 계시하십니다. 그러므로 성경은 하나님께서 사람을 부르시고, 복 주실 때 사용하는 방편입니다.

인치심

성령님의 마지막 사역은 하나님의 백성을 인치심입니다. 본문은 "그 안에서 너희도 진리의 말씀 곧 너희의 구원의 복음을 듣고 그 안에서 또한 믿어 약속의 성령으로 인치심을 받았으니 이는 우리의 기업에 보증이 되사 그 얻으신 것을 속량하시고 그의 영광을 찬송하게 하려 하심이라"고 말합니다(엡 1:13-14).

찰스 하지(Charles Hodge)는 그의 주석에서 봉인은 3가지 목적으로 사용하며 각각의 경우는 성령의 사역을 설명한다고 옳게 지적하였습니다. "첫째, 봉인은 물건이나 서류가 진실하며 진짜임을 확인하기 위하여 사용한다. 둘째, 봉인은 어떤 사람의 재산을 표시하기 위하여 사용한다. 셋째, 봉인은 어떤 것을 확실하고 안전하게 보전할 목적으로 사용한다."[2] 첫째 경우는 여권에 찍는 봉인이나 지폐에 나타나는 미합중국 문장으로 설명할 수 있고, 둘째 경우는 책의 면지(面紙: 책의 앞뒤 표지 안쪽의 용지-역자)에 찍는 도장으로 설명할 수 있으며, 셋째 경우는 예수님의 무덤에 찍은 산헤드린 공회의 봉인으로 설명할 수 있습니다.

각각의 경우 모두 그리스도의 사역의 중요성을 설명합니다. 성령님은 바울이 로마서 8:16절에서 말하는 것처럼 -"성령이 친히 우리 영으로 더불어 우리가 하나님의 자녀인 것을 증거하시나니"- 그리스도를 영접한 사람은 하나님의 자녀임을 증명해 줍니다. 마틴 로이드 존스는 바울이 에베소서 1:14절에서 언급한 요지가 바로 이점이라고 생각하고 다섯 장씩이나 할애하였습니다.[3]

성령님은 또한 우리가 하나님의 소유라고 주장합니다. "하나님의 소유"라는 말은 14절에서 명백하게 사용되었습니다(한글성경에서는 "그 얻으신 것"이라고 번역됨-역자).

마지막으로 성령님은 그리스도인으로 하여금 그가 새롭게 얻은 신앙과 관계 속에서 안전하게 해 줍니다. 이것은 우리가 완전하게 구속될 때까지 성령님이 "우리의 기업을 보증하는 담보나 계약금" 역할을 해 주신다는 사상에서 나온 것입니다.

성령으로 인치심은 우리의 모든 필요를 해결해 줍니다. 그것은 우리가 하나님의 소유라고 확신시켜 주고, 우리가 그분에게 속했음을 보여 주며, 우리의 구원이 틀림없다고 확신시켜 줍니다.

하나님께 영광을 돌릴지어다

"하나님께 영광을 돌릴지어다"라는 말은 사도 바울이 에베소서의 서두를 여는 위대한 문장의 마지막 말입니다. 시작이 잘 어울렸던 것처럼 끝마침에도 잘 어울립니다. 바울이 에베소서 1:3절에서 "찬송하리로다 하나님 곧 우리 주 예수 그리스도의 아버지께서 그리스도 안에서 하늘에 속한 모든 신령한 복을 우리에게 주셨다"는 감탄으로 시작했고, 이러한 복을 낱낱이 열거한 다음 "그의 영광을 찬송하게 하려 하심이라"고 말하면서 그가 처음 시작했던 곳으로 돌아옵니다.

이런 것도 있습니다. 하나님께서 예수 그리스도 안에서 우리를 택하셨을 때, 구원은 이미 시작되었다고 말했습니다. 하나님께서 우리에게 베풀어 주신 축복에 대하여 말할 때, 바울은 창세 전 하나님의 뜻까지 거슬러 올라갔고(4절), 그는 하나님의 뜻이 역사 속에서 어떻게 펼쳐졌는가를 보여 주었습니다. 죄에서부터 구속을 제공해주는 2위 하나님의 사역에서, 그리고 그 사역을 각 개인에게 적용하는 3위 하나님의 사역에서 각각 계시되었습니다. 이 시점에서 바울은 하나님의 목적을 소개하며, 즉 하나님 자신이 영화롭게 되어야 한다는 것입니다. 달리 말하자면, 우리가 그리스도 안에서 소유하고 있는 모든 것은 하나님께로부터 와서 하나님께로 돌아간다는 것입니다. 그분의 뜻에서 시작하여, 그분의 영광으로 끝마칩니다. 그것은 시작부터 마지막까지 "하나님 중심적" 입니다.

●각주●

1. John R. W. Stott, God's New Society: The Message of Ephesians (Downers Grove, Ill.: Inter VArsity, 1979), 41, 45.

2. Charles Hodge, A Commnetary on the Epistle to the Ephesians (1856; reprint, Grand Rapids: Baker, 1980), 63.

3. D. M. Lloyd-Jones, God's Ultimate Purpose: An Exposition of Ephesians 1:1 to 23 (Grand Radpis: Baker, 1979), 243-300.

6

성도들을 위한 기도

에베소서 1 : 15-19

이로 말미암아 주 예수 안에서 너희 믿음과 모든 성도를 향한 사랑을 나도 듣고 내가 기도할 때에 기억하며 너희로 말미암아 감사하기를 그치지 아니하고 우리 주 예수 그리스도의 하나님, 영광의 아버지께서 지혜와 계시의 영을 너희에게 주사 하나님을 알게 하시고 너희 마음의 눈을 밝히사 그의 부르심의 소망이 무엇이며 성도 안에서 그 기업의 영광의 풍성함이 무엇이며 그의 힘의 위력으로 역사하심을 따라 믿는 우리에게 베푸신 능력의 지극히 크심이 어떠한 것을 너희로 알게 하시기를 구하노라

만일 하나님께서 모든 것을 관장하시고, 웨스트민스터 소요리문답에 나오는 말처럼 "되어가는 모든 일을 불변하게 미리 작정하셨다"면 도대체 "기도란 무엇입니까?" 사실상 무슨 일을 할 때, 그 행동의 요점은 무엇입니까? 왜 증거를 합니까? 왜 성경을 공부합니까? 왜 선행을 합니까? 만일 이런 일이 계속해서 일어난다면 아무것도 셀 수 없고, 우리가 즐기는 것을 잘 하는 것처럼 하나님께서도 당신이 원하는 것을 하셔야 합니다.

하나님께서는 당신의 기쁘신 뜻대로 행하신다고 말할 수 있지만 기도, 증거, 성경읽기, 선행을 행함의 수단으로 사용한다는 반대자에게 대답하는 것이 합리적이라고 하겠습니다. 야고보처럼 "너희가 얻지 못함은 구하지 아니함이요"라고 말하는 것이 정확한 표현이라면, 그것은 "하나님의 뜻이 이루어지이다"라는 말과 같은 표현입니다. 만일 우리가 기도하지 않는다면, 우리가 간구하는 좋은 일은 일어나지 않습니다. 왜냐하면 하나님께서는 기도를 통해서 복을 주시기 때문입니다.

에베소서 첫 장은 이 교훈을 분명하게 가르치고 있습니다(로마서 8장 제외). 이보다 더 강력하게 구원에서 하나님의 주권을 강조하는 성경 구절을 찾는다는 것은 여간 어려운 일이 아닙니다. 또한 기도의 중요성과 긴박성을 강력하게 강조하고 있으며 정말, 이 두 주제는 첫 장의 골격을 잘 잡아 주고 있습니다.

첫 장의 전반부는 3절에서 14절까지 이어지는 하나의 긴 문장인데, 바울은 여기서 구원의 창시자요 완성자이신 하나님을 찬양합니다. 성부 하나님께서 택하시고, 성자 하나님께서 구속하시고, 성령 하나님께서 그 구원을 인격적으로 적용하고 나서 우리는 후반부에서 기도를 대하게 됩니다. 기도의 요점은 구원을 계획하셨고 성취하신 하나님께서는 자기 백성이 그분을 아는 지식 가운데 자라가도록 그 구원을 완성시킨다는 것입니다.

하나님께서 역사하셨다는 지식은 기도를 소홀히 했다고 변명하기보다 오히려 바울의 기도를 이끌어내고 있습니다. 확신에 가득 찬 바울의 기도를 하나님께서 실행에 옮기셨기 때문입니다.

그분을 더 잘 아는 것

바울이 지금 드리고 있는 기도의 진술 형식은 대표적인 헬라어 구조를 따른 것이고, 그는 이 구조를 따라 그가 드리는 기도의 첫 번째 내용을 말합니다. 그 다음 목적절을 사용하여 왜 이렇게 기도를 드리는가를 설명하고, 그는 이 문단에서 동일한 방식을 두 번 사용하고 있습니다. 17절에서 "하나님을 (더) 잘 알게 하도록" 하나님께서 에베소인들에게 "지혜와 계시의 영"을 주실 것을 기도드리고 나서 17절과 18절에서 "그의 (에베소인들을) 부르심의 소망이 무엇이며, 성도 안에서 그 기업의 영광의 풍성이 무엇이며, 그의 힘의 위력으로 역사하심을 따라 믿는 우리에게 베푸신 능력의 지극히 크심이 어떠한 것을 너희(에베소인들)로 알게" 하기 위하여 "(에베소인들의) 마음의 눈을 밝혀 주실 것"을 위하여 기도드립니다. 이 두 개의 기도는 지식을 간구하는 한 개의 위대한 기도라고 할 수 있고, 즉 그것은 하나님을 아는 지식, 구원의 요소를 밝히 아는 지식이요, 그 지식은 우리의 소망, 우리의 기업, 그리고 주 예수 그리스도로 말미암아 우리에게 베풀어주시는 능력으로 구성되어 있습니다.

하나님을 알 수 있다는 것이 으뜸이 되는 사상입니다.

몇 해 전, 필라델피아제십장로교회에서 대학 졸업 이상의 학력을 소지한 사람들의 모임에서 질의응답 시간을 가진 적이 있는데, 그때 이런 질문을 받았습니다. "보이스 박사님, 오늘날 미국의 복음적인 그리스도인들에게 가장 크게 결여된 것이 무엇이라고 생각하십니까?" 그것은 지금까지 받아본 질문 가운데 최초의 질문이었으나 그것은 매우 시의적절한 질문이었습니다. 나는 하나님의 속성에 대하여 설명을 했습니다. 나는 그때 이 질문을 마음에 담아 두게 되었습니다. 만일 목회를 갓 시작했던 초기에 그런 질문을 받았다면, 아마 "성경의 교훈에 충실하십시오. 그리고 서로 사랑을 베푸셔야 합니다." 라고 말했을지 모릅니다. 혹은 "오늘 복음적인 교회는 하나님을 진정으로 아는 고백적 그리스도인들이 무엇보다 필요합니다." 라고 대답했을 것입니다. 그 후 몇 해가 흘렀지만 아직도 내 생각은 변하지 않았고, 에베소서 1:17절을 읽을 때, 처음부터 이것은 하나님의 백성을 위하여 드리는 참 목자의 기도라는 느낌을 받았습니다.

이 구절이 그토록 중요한 이유가 있는데, 우리는 무엇인가 작은 것을 해결하려고 애를 쓰거나 혹은 아주 작은 지식으로 해결해 보려고 합니다. 우리는 "내겐 말싸움이 필요 없고, 호소할 필요도 없네. 나는 오직 예수님께서 죽으셨고, 또 날 위해 죽으심만 알고 싶네!" 라는 찬송을 자랑스럽게 부르며, 우리는 무식하게 천국에 가고 싶어 합니다.

어떤 사람은 성경에 대한 적은 지식으로 해결하려고 합니다. 성경은 하나님의 말씀이요, 성경을 떠나서 하나님에 대한 지식을 얻을 곳이 없기 때문에 물론 이것은 중요합니다. 우리가 성경을 꼭 알아야 하지만 하나님께서 원하시는 것은 그것이 다는 아닙니다.

어떤 사람은 하나님에 관한 지식으로 해결해 보려고 합니다. 신학자라는 사람들이 대개 이런 부류에 속하는 사람들입니다. 하나님을 정말 알지도 못하면서 하나님에 관한 지식은 많이 소유할 수 있습니다. 신학은 많이 알지만, 그리스도인은 아직 아닙니다. 예수님께서 "이것이 영생이니라. 곧 그들이 당신을, 한 분 뿐이시고 참되신 하나님으로, 그리고 당신이 보낸 자, 예수 그리스도를 아는 것이니이다" 라고 말씀하셨습니다(요 17:3절 NIV성경의 역자 직역임).

바울의 입술을 통하여 에베소인들이 "하나님을 (더) 알게 되기를" 간구하는 기도를 발견하게 된 것은 대단히 흥미 있는 일입니다. 하나님에 대한 교리를 에베소인들에게 가르쳐준 것은 바울이었기 때문에 그는 이 편지에서, 그리고 이 장에서 우리가 발견한 진리를 가르쳤습니다. 즉, 하나님께서는 성부, 성자, 성령 삼위일체이며, 세상을 창조하신 분은 하나님이며, 그분은 창세 전에 사람을 구원하기 위하여 선택하셨으며, 십자가를 통하여 아들 예수 그리스도 안에서 그 구원을 성취하셨다는 진리를 가르쳤습니다. 바울은 예정, 구속, 양자됨, 성화, 영화에 대하여 말했습니다. 마지막 날 예수를 통하여 만물이 하나님에게 최종적으로 굴복하게 될 것을 에베소인들에게 상기시켜 주었는데, 이것은 신학교 수준의 신학 과정에 해당하는 것입니다. 이런 것을 바울이 에베소인들에게 가르쳐 준 것입니다.

우리는 이렇게 질문할 수 있습니다. '바울 선생, 에베소인들이 하나님을 더 잘 알게 해 달라고 드린 기도는 무엇을 의미하는 것입니까? 선생은 이미 이런 것을 다 가르치셨습니다. 그 사람들이 아직도 그 진리를 모른다는 말씀입니까? 그러면 소수에게만 전해주는 비밀스럽고 숨겨진 정보가 아직 더 있다는 말씀입니까?'

"아니요!" 라고 바울은 대답할 것입니다. "여러분은 나를 오해하셨소. 나는 에베소인들이 하나님에 대하여 알아야 할 것이 있다고 기도드린 것이 아니오. 그 사람들은 이미 그분에 대하여 상당히 많은 지식을 가지고 있습니다만 지금 그분을 알고 있는 것보다 더 많이 알아야 합니다. 그분에 대하여 아는 것과 그분을 아는 것은 다릅니다."

그러면 하나님을 안다는 것은 무슨 의미입니까? 이것은 쉽게 대답할 수 있는 질문이 아닙니다. 사람에 대한 질문에 대답하는 것보다 이 질문에 대답하는 것이 훨씬 더 어렵습니다. 이 주제에 대한 책이 많이 있는데, 그 중에서 영국의 신학자 제임스 패커(James Packer)는 「하나님을 아는 지식」(Knowing God)이라는 책에서 다음과 같이 세 가지 요소를 제시했습니다. "첫째, 하나님을 아는 것은 인격적인 교제이다. 그것은 그분이 우리에게 자기를 열어주심으로 맺게 되는 교제의 문제다. 그분이 우리를 아는 것처럼 그분에 의해서 맺게 되는 교제를 말한다. 둘째, 하나님을 아는 것은 지성과 의지와 감정을 동반하는 인격적인 만남이다. 신자는 자기 하나님이 영광을 받고 옹호를 받으실 때, 기뻐하고, 조롱당하는 것을 볼 때, 극도로 슬퍼한다. 마찬가지로 그리스도인은 자기 주님을 실망시켰음을 인정할 때, 수치와 슬픔을 느낀다. 셋째, 하나님을 아는 것은 은혜의 문제다. 그것은 주도권이 항상 하나님께 있는 관계이다. 그것은 반드시 그래야 한다. 왜냐하면 하나님께서는 완벽하게 우리 위에 계시고, 우리는 죄로 인하여 그분의 은총을 요구할 수 있는 권리를 몽땅 박탈당했기 때문이다."[1]

제임스 패커는 그럴 경우 "가장 크게 문제되는 것은 … 내가 하나님을 안다는 사실이 아니라 … 그것을 확증해 주는 더 큰 사실, 즉 그분이 나를 아신다는 사실이다." 라고 대답했습니다.[2] 물론 이것은 에베소서 첫 장에서 바울이 제시한 관점으로, 그는 하나님을 알도록 기도합니다. 엄밀하게 말해서 우리를 먼저 사랑하고, 우리를 알고, 우리를 구원하기 위하여 선택하신 분은 하나님이기 때문입니다.

구원의 모양

바울은 에베소인들의 지식을 간구하면서 드리는 기도의 두 번째 내용에서 초점을 살짝 이동시켜서, 하나님을 아는 지식에서부터 그가 에베소인들을 위하여 이룩한 구원의 요소를 아는 지식으로 방향을 바꿉니다. 그는 세 가지 청원을 합니다. 첫째, "(우리를) 부르심의 소망이 무엇"인가 알게 하고, 둘째, "성도 안에서 그 기업의 영광의 풍성이 무엇"인지 알게 하고, 셋째, "믿는 우리에게 베푸신 능력의 지극히 크심이 어떤 것"인지를 알게 해 달라는 것입니다.

1. 부르심의 소망: 바울은 이 구절에서 "소망"과 "부르심"이라는 두 단어를 연결시키는데, 이것은 매우 의미심장합니다. "소망"이라는 말은 성경에서 대개 종말을 바라거나 혹은 이미 시작한 것의 완성을 내다보는 것을 말합니다. 바울은 첫 장의 처음 절반을 할애해 가면서 광범위하게 말하는 도중 "소망"과 "부르심"이라는 두 개의 의미를 연결시키면서 불쑥 하나님의 부르심에 대하여 언급합니다. 그러나 하나님의 부르심은 (하나님께서 마치 우리를 안개 속에서 부르시는 것처럼) 전후 문맥의 연결이 없는 상태에서 나온 말입니다. 하나님께서는 어떤 것을 위하여 그리고 어떤 상태로 우리를 부르셨습니다. 앞에서 바울은 "그 앞에 거룩하고 흠이 없게 하시고"(4절), "예수 그리스도로 말미암아 자기의 아들들이 되게 하시고"(5절), 또 "그의 영광의 찬송이 되게 하려고"(12절) 하나님께서는 우리를 예정하셨습니다. 그 부르심은 우리가 하늘나라에 가서, 하나님의 얼굴을 뵙고, 예수 그리스도처럼 되는 소망과 함께 우리가 소유한 소망의 한 부분입니다.

이 얼마나 위대한 지식입니까! 우리가 실제로 이것을 일단 깨닫게 된다면 죄와 고난이 가득 찬 세상을 어떻게 바라보고, 하나님의 은혜로 인하여 이 운명을 함께 나눠야 하는 다른 사람을 어떻게 바라보아야 할 것인지 우리의 생각을 변화시킬 것입니다.

마틴 로이드 존스는 주석가 매튜 헨리의 아버지 필립 헨리에 대한 이야기를 들려주는데, 필립은 젊은 여성과 사랑에 빠지게 되었습니다. 이 여성은 비록 그리스도인이었지만 필립보다 훨씬 더 지체 높은 상류 사회에 속한 여성이었으므로 사물을 보는 것도 사뭇 달랐습니다. 그녀의 부모도 역시 사회적 신분이 서로 다르다는 것이 혼인의 장애물이라고 생각했습니다. 그들은 "이 사람 필립은 어느 가문 출신인가?" 라고 물었습니다.

이 질문에 대하여, 곧 "헨리 부인" 이라고 부르게 될 이 여성은 불후의 명답을 했습니다. "저는 그분이 어디서 왔는지 모릅니다. 그렇지만 저는 그분이 갈 곳이 어딘지는 압니다."[3]

기독교에서 인간의 가치는 남자나 여자나 모두 그 사람의 출신 배경으로 결정되는 것이 아니라 - 우리는 모두 은혜로 구원을 받은 죄인이기 때문임 - 우리의 목적지, 곧 우리가 어디를 향하여 가고 있느냐에 의하여 결정됩니다. 우리는 시온을 향하여 가고 있고, 모든 면에서 주 예수 그리스도를 닮아가고 있습니다.

이것을 분명하게 앎은 우리에게 확신을 줍니다. 우리는 분명히 하나님의 자녀이며, 확실하고 복된 운명으로 우리를 인도하기 위하여 그분의 손이 우리를 꼭 붙잡고 있다는 확신을 우리에게 심어줍니다. 우리는 보통 대화 속에서 일반적으로 어떤 불확실한 것을 "소망" 한다고 말하고 있으나, 그리스도의 사역으로 말미암아 하나님께서는 우리를 위하여 이미 행하신 것에 근거하고 있기 때문에 이 말은 성경에서 확실한 것을 바랄 때 사용됩니다. 바로 이러한 이유 때문에 성경은 "산 소망"(벧전 1:3), "복된 소망" (딛 2:13), "확실한 소망" (히 6:11, 한글성경에서는 "소망의 풍성함" 으로 번역됨-역자)이라고 말합니다.

> 이 몸의 소망 무언가 우리 주 예수 뿐일세
> 우리 주 예수 밖에는 믿을 이 아주 없도다
>
> 주 나의 반석이시니 그 위에 내가 서리라
> 그 위에 내가 서리라[4]
>
> (찬송가 488장)

2. 성도 안에서 그 기업의 영광의 풍성함: 헬라어 신약성경에서 이 구절은 두 가

지 해석이 가능합니다. 즉, 우리가 하나님의 기업이거나, - 우리가 하나님의 소유임 - 혹은 하나님께서 우리를 구원하시고 베풀어 주시는 우리의 기업이라는 말입니다. 두 번째 해석이 문맥상 더 좋은 것 같습니다. 바울은 지금 우리가 부르심과 운명을 알게 해 달라는 기도를 드리고 있는데, 골로새서 1:12절에서 "우리로 하여금 빛 가운데서 성도의 기업의 부분을 얻게" 해 달라고 간구하는 바울의 기도와 병행을 이루기 때문에 두 번째 해석이 더 좋아 보입니다.

만일 기업의 풍성함이라는 말이 우리가 이미 부분적으로 소유하고 있는 것이 장차 완전한 상태로 실현될 것이라는 의미를 내포하고 있다면, 현재 이 청원과 부르심의 소망을 알게 해 달라고 바울이 간구하는 첫 번째 청원의 차이는 무엇입니까? "소망"이라는 말과 "풍성함"이라는 말의 차이라고 대답할 수 있는데, 앞에서는 확실한 소망을 강조합니다. 문제는 확신이고, 나중의 경우는 풍성함을 강조합니다. 여기서는 하나님께서 우리를 위하여 베풀어 주시는 축복의 모양이 문제가 됩니다.

이런 축복에 대해서 우리가 아는 것이 얼마나 적습니까? 우리는 기도, 성경공부, 그리스도인의 교제의 기쁨, 보람 있는 일, 성례 등과 같은 축복에 대해서 정말 조금밖에 알지 못합니다. 만일 이것이 우리가 이 땅에서 누리는 참된 것이라면 하늘나라에서 누리게 될 것은 얼마나 더 참된 것입니까! 천상의 기쁨을 우리가 어떻게 알 수 있겠습니까? 그러면 새 예루살렘은? 그 찬란한 광경은? 정말, 바울이 기록한 것과 같이 "우리가 이제는 거울로 보는 것같이 희미하나 그 때에는 얼굴과 얼굴을 대하여 볼 것이요 이제는 내가 부분적으로 아나 그 때에는 주께서 나를 아신 것같이 내가 온전히 알게 될 것"(고전 13:12)입니다. 우리는 아는 것이 없고, 우리가 아는 것은 불완전하나, 우리는 더 많이 알아야 합니다. 그리고 서로 위하여 기도하고, 은혜 가운데 앞을 향하여 행군해 나아가면, 더 많이 알게 될 것입니다.

앞으로 올 것에만 관심을 가지면, 이 지상에서 거의 쓸모없는 그리스도인이 될 수밖에 없다고 비난하지만, 실제로는 그와 정반대입니다. 우리가 어떤 사람이 되어야 하는지 알고 있으므로 우리는 지상에서부터 다르게 살려고 애를 씁니다. 그것이 천국의 시민이므로 이 세상에서부터 큰 차이가 날 수밖에 없습니다.

성경적 세계관의 틀과 문화를 도구로
다음 세대를 세우는 토론식 성경공부 교재

시리즈
삶이 있는 신앙

정치
경제
사회
문화
미디어
대중매체

BIBLE

추천
전광식 고신대학교 전 총장
신국원 총신대학교 명예교수
홍민기 브리지임팩트사역원 이사장

우리가 만든 주일학교 교재는
성경적 세계관의 틀과 문화를 도구로 합니다.

왜 '성경적 세계관의 틀'인가?

진리가 하나의 견해로 전락한 시대에, 진리의 관점에서 세상의 견해를 분별하기 위해서

◇ 성경적 세계관의 틀은 성경적 시각으로 우리의 삶을 보게 만드는 원리입니다.
◇ 이 교재는 성경적 세계관의 틀로 현상을 보는 시각을 길러줍니다.

왜 '문화를 도구'로 하는가?

어린이, 청소년, 청년들의 삶에 가장 큰 영향을 끼치는 것이 문화이기 때문에

◇ 문화를 도구로 하는 이유는 우리의 자녀들이 문화 현상 속에 젖어 살고, 그 문화의
기초가 되는 사상(이론)을 자신도 모르게 이미 받아들이고 있기 때문입니다.
◇ 공부하는 학생들의 삶의 현장으로 들어갑니다(이원론 극복).

✦ 다른 세대가 아닌 다음 세대 양육

자기 생각에 옳은 대로 하는 포스트모던적인 사고의 틀을 벗어나, 하나님의 말씀에 기초
해서 생각하고 행동하는 성경적 세계관(창조, 타락, 구속)의 틀로 시대를 읽고 살아가는
"믿음의 다음 세대"를 세울 구체적인 지침서!

✦ 가정에서 실질적인 쉐마 교육 가능

각 부서별(유년, 초등, 중등, 고등)의 눈높이에 맞게 집필하면서 모든 부서가 "동일한 주
제의 다른 본문"으로 공부하도록 함으로써, 가정에서 부모와 자녀가 함께 성경에 대한 유
대인들의 학습법인 하브루타식의 토론이 가능!

✦ 원하는 주제에 따라서 권별로 주제별 성경공부 가능

성경말씀, 조직신학, 예수님의 생애, 제자도 등등

✦ 3년 교육 주기로 성경과 교리에 대한 기본적인 이해가 가능하도록 구성(삶이 있는 신앙)

– 1년차 : 성경말씀의 관점으로 본 창조 / 타락 / 구속
– 2년차 : 구속사의 관점으로 본 창조 / 타락 / 구속
– 3년차 : 하나님 나라의 관점으로 본 창조 / 타락 / 구속

"토론식 공과는 교사용과 학생용이 동일합니다!" (교사 자료는 "삶이있는신앙" 홈페이지에 있습니다)

1 목적

부지불식간(不知不識間)에 대중문화와 또래문화에 오염된 어린이들의 생각을 공과교육을 통해서 성경적 세계관으로 전환시킨다. 이를 위해 현실 세계를 분명하게 직시함과 동시에 그 현실을 믿음(성경적 세계관)으로 바라보며, 말씀의 빛을 따라 살아가도록 지도한다(이원론 극복).

2 구성

쉐 마 분명한 성경적 원리의 전달을 위해서 본문 주해를 비롯한 성경의 핵심 원리를 제공한다(씨앗심기, 열매맺기, 외울말씀).

문 화 지금까지 단순하게 성경적 지식 제공을 중심으로 한 주일학교 교육의 결과 중 하나가 신앙과 삶의 분리, 즉 주일의 삶과 월요일에서 토요일의 삶이 다른 이원론(二元論)이다. 우리 교재는 학생들의 삶 속에서 일어나는 문화를 토론의 주제로 삼아서 신앙과 삶의 하나 됨(일상성의 영성)을 적극적으로 시도한다(터다지기, 꽃피우기, HOT 토론).

세계관 오늘날 자기중심적인 시대정신에 노출된 학생들의 생각과 삶의 방식을 성경적 세계관을 토대로 바라보게 함으로써, 자신을 돌아보고 삶에 적용하는 것을 돕는다.

3 설교

학생들이 공과의 내용을 잘 이해하고, 공과 공부 시간을 풍성하게 하기 위해서, 부서 사역자가 매주 '동일한 주제의 다른 본문'으로 설교를 한 후에 공과를 진행한다.

권별	부서별	공과 제목	비고
시리즈 1권 (입문서)	유·초등부 공용	성경적으로 세계관을 세우기	신간 교재 발행!
	중·고등부 공용	성경적 세계관 세우기	
시리즈 2권	유년부	예수님 손잡고 말씀나라 여행	주기별 기존 공과 1년차-1/2분기
	초등부	예수님 걸음따라 말씀대로 살기	
	중등부	말씀과 톡(Talk)	
	고등부	말씀 팔로우	
시리즈 3권	유년부	예수님과 함께하는 제자나라 여행	주기별 기존 공과 1년차-3/4분기
	초등부	제자 STORY	
	중등부	나는 예수님 라인(Line)	
	고등부	Follow Me	
시리즈 4권	유년부	구속 어드벤처	주기별 기존 공과 2년차-1/2분기
	초등부	응답하라 9191	
	중등부	성경 속 구속 Lineup	
	고등부	하나님의 Saving Road	
시리즈 5권	유년부	하나님 백성 만들기	주기별 기존 공과 2년차-3/4분기
	초등부	신나고 놀라운 구원의 약속	
	중등부	THE BIG CHOICE	
	고등부	희망 로드 Road for Hope	
시리즈 6권	유년부		2024년 12월 발행 예정!
	초등부		
	중등부		
	고등부		

❤ 『삶이있는신앙시리즈』는 "입문서"인 1권을 먼저 공부하고 "성경적 세계관"을 정립합니다.
❤ 토론식 공과는 순서와 상관없이 관심있는 교재를 선택하여 6개월씩 성경공부를 할 수 있습니다.

성경적 세계관의 틀과 문화를 도구로 다음 세대를 세우고,
스토리story가 있는, 하브루타chavruta 학습법의 토론식 성경공부 교재

성경적 시각으로 포스트모던시대를 살아갈 힘을 주는
새로운 교회/주일학교 교재!

삶이 있는 신앙 시리즈

국민일보◎
CHRISTIAN EDU BRAND AWARD
기독교 교육 브랜드 대상

토론식 공과(12년간 커리큘럼) 전22종 발행!

기독교 세계관적 성경공부 교재 고신대학교 전 총장 **전광식**

신앙과 삶의 일치를 추구하는 토론식 공과 성산교회 담임목사 **이재섭**

다음세대가 하나님 말씀의 진리에 풍성히 거할 수 있게 될 것을 확신 총신대학교 명예교수 **신국원**

한국교회 주일학교 상황에 꼭 필요한 교재 브리지임팩트사역원 이사장 **홍민기**

**소비 문화에 물든 십대들의 세속적 세계관을
바로잡는 눈높이 토론이 시작된다!**

발행처 : 도서출판 **삶이 있는 신앙**
공급처 : 솔라피데출판유통 / 주소 : 경기도 파주시 문발로 123 솔라피데하우스
주문 및 문의 / 전화 : 031-992-8691 팩스 : 031-955-4433
홈페이지 : www.faithwithlife.com

3. 믿는 우리에게 베푸신 하나님의 지극히 큰 능력: 존 스토트는 이렇게 여러 절로 구성된 골격을 주석하면서 그리스도인은 과거에 속한 하나님의 부르심과 미래에 속한 어느 시점에 충만하게 누리게 될 우리 기업의 풍성함 사이의 어떤 한 지점에서 살고 있다고 지적했는데, 우리는 지금 여기서 살고 있습니다. 현재에 대한 의문은 어떻게 우리가 하나님의 자녀답게 사느냐는 것입니다. 하나님의 주권과 통치를 인정하지 않는 시민들이 사는 세상에서 우리가 천국의 시민으로 어떻게 살 수 있습니까?

바울은 우리가 체험으로 하나님의 능력을 알게 된다고 대답합니다. 이 사상에서부터 인출한 것으로 첫 장을 완성하는 것은 바울에게 대단히 중요합니다. 그가 말하는 것과 같이 그것은 "그리스도 안에서 역사하사 죽은 자들 가운데서 다시 살리시고 하늘에서 자기의 오른편에 앉히사 모든 통치와 권세와 능력과 주권과 이 세상뿐 아니라 오는 세상에 일컫는 모든 이름 위에 뛰어나게 하시는 …" 바로 "그 능력"입니다(엡 1:20-21).

여기서 중요한 사상은 바울이 하나님을 아는 지식을 체험하게 해 달라고 드렸던 청원과 동일하게 여기서도 체험적인 지식이 되어야 한다는 것입니다. 바울은 과거에 하나님을 지식적으로만 아는 것으로 만족해 보려고 애를 썼으나 지금 그는 에베소인 편에 서서 그들이 지식적으로 아는 것만으로 만족하지 않게 되기를 원하고 있습니다. 이 두 가지를 모두 지식적으로 아는 것도 중요하냐면, 그것은 출발점이기 때문입니다. 그러나 이것을 초월하여 바울은 그들이 하나님을 알고, 그들의 삶 속에서 역사하시는 그리스도의 부활의 능력을 알게 되는 것을 원합니다.

하나님과 함께 하는 시간

여러분과 나는 그 능력을 어떻게 체험할 수 있습니까? 만일 우리가 그리스도의 부활의 능력 속에서 살아야 한다면, 하나님을 반드시 알아야 합니다. 이것이 바울의 기도에서 첫 번째 청원입니다. 만일 우리가 하나님을 알아야 한다면, 우리는 성경을 공부하고, 기도를 드리고, 묵상을 하면서 하나님과 함께 하는 시간을 보내야 합니다. 남자든 여자든 우리가 그 사람과 함께 시간을 보내지 않으면 결코 알 수 없고, 하나님과 함께 시간을 보내지 않으면 더 이상 그분을 알 수 없습니다.

해리 아이언사이드(Harry Ironside)는 자신의 초기 목회에서 대단히 경건한 사람을 만났던 이야기를 했습니다. 그 사람은 폐결핵으로 죽어 가고 있었고, 아이언사이드는 그 사람을 심방하러 갔습니다. 그 사람의 이름은 앤드류 프레이저입니다. 그는 속삭이듯 겨우 말을 할 수 있었고, 그의 폐는 거의 다 못쓰게 된 상태였습니다. 그는 말했습니다.

"젊은이, 자네는 그리스도만 선포해야 하오. 그렇게 하시지 않겠소?"

"예, 그렇게 하겠습니다."

아이언사이드가 대답했습니다.

"됐네, 그럼 거기 좀 앉게. 하나님의 말씀에 대해서 함께 이야기 해 보세."

그 노인이 말하면서 자기 성경을 펼쳤습니다. 노인은 기력이 쇠진할 때까지 한 구절 한 구절 말씀을 풀어주면서 진리를 보여 주었습니다. 그것은 지금까지 아이언사이드가 보지도 못했고, 생각지도 못했던 진리였습니다.

아이언사이드의 두 뺨에 눈물이 흘러내리기 시작했습니다.

"어디서 이런 것을 깨달으셨습니까? 이런 진리를 나에게 열어서 보여 줄 수 있는 책을 어디서 구할 수 있는지 말씀해 주십시오. 이런 것을 신학교에서 배우셨습니까? 아니면 대학에서 배우셨습니까?"

그는 질문을 쏟아 부었습니다.

"사랑하는 젊은이, 나는 저 북아일랜드에 있는 찌그러져가는 작은 오막살이 흙투성이 마룻바닥에 무릎을 꿇고 이런 것을 배웠다네. 거기서 내 앞에 열려 있는 성경 앞에서 몇 시간이고 무릎을 꿇고 내 영혼에 그리스도를 계시하여 주시고 나의 마음에 말씀을 열어달라고 하나님의 영에게 기도드리곤 했었다네. 그분은 내가 이 세상의 대학이나 신학교에서 배운 것보다 더 많은 것을 그 진흙 마루에 무릎을 꿇은 나에게 가르치셨다네!"[5]

그것은 비밀입니다. 그것은 지식이 아닙니다. 탁월한 강의나 학위도 아니고, 그것은 하나님과 함께 보내는 시간입니다. 예수님의 발아래 무릎을 꿇은 사람에게 하나님께서는 당신의 마음을 열어 주십니다.

●각주●

1. J.I. packer, Knowing God - 한글 제목은 "하나님을 아는 지식" (Downers Grove, Ill.: Inter Vasity, 1973), 34-36.

2. 상게서, 37.

3. D.M. Lloyd-Jones, God' s Ultimate Purpose: An Exposition of Ephesians 1:1 to 23 (Grand Rapids: Baker, 1979), 324.

4. 작시자 에드워드 모트(Edward Mote: 1797-1874)는 영국 런던 태생으로 가구제조업자이며 침례교 목사였다. 그는 원래 불신 가정에서 자라났으나 존 하이야트 목사의 설교에 깊은 감명을 받고 회심하여 그리스도인이 되었다. 후일 그는 런던 교외 사우스아크에 정착하였으며 가구제조업자로서, 또 설교자로서 크게 성공하였다. 그는 찬송시에 특별한 관심을 가지고 백여 편의 찬송시를 썼다.

작곡자 윌리엄 브래드버리(William Bradbury: 1816-1868)는 미국 메인주 태생의 저명한 교회 음악가였다. 그는 2년간 독일 유학 후, 1849년 뉴욕에 돌아와 피아노 제조회사를 설립하는 동시에 수많은 찬송을 작곡하였음-역자

> My hope is built on nothing less
>
> Than Jesus' blood and righteousness;
>
> I dare not trust the sweetest frame,
>
> But wholly lean on Jesus' name.
>
> On Christ, the solid Rock, I stand;
>
> All other ground is sinking sand.

5. H. A. Ironside, In the Heavenliness: Practical Expository Addresses on the Epistle to the Ephesians (Neptune, N.J.: Loizeaux Brothers, 1937), 86-87.

7

만유 위에 뛰어난 예수

에베소서 1 : 19-23

그의 힘의 위력으로 역사하심을 따라 믿는 우리에게 베푸신 능력의 지극히 크심이 어떠한 것을 너희로 알게 하시기를 구하노라 그의 능력이 그리스도 안에서 역사하사 죽은 자들 가운데서 다시 살리시고 하늘에서 자기의 오른편에 앉히사 모든 통치와 권세와 능력과 주권과 이 세상뿐 아니라 오는 세상에 일컫는 모든 이름 위에 뛰어나게 하시고 또 만물을 그의 발아래에 복종하게 하시고 그를 만물 위에 교회의 머리로 삼으셨느니라 교회는 그의 몸이니 만물 안에서 만물을 충만하게 하시는 이의 충만함이니라

우리는 신약성경의 거대한 부분이 미래 지향적인지 그 여부를 확인하기 위하여 많은 분량의 독서를 하지 않아도 됩니다. 우리는 자기 백성에게 구원을 베푸시는 그리스도의 사역이 이미 성취된 과거사라고 알고 있으나 또 그분이 원수를 자기 발아래 두고 만물을 하나님께 복속시키는 권세를 가지고 다시 오신다는 것도 알고 있습니다. 초창기 그리스도인들이 사용했던 기도문 가운데 하나가 고린도전서 16:22절에 기록된 "주께서 임하시느니라"와

요한계시록 22:20절에 기록된 "아멘 주 예수여 오시옵소서" 입니다. 교회는 장차 임할 그날을 내다보면서 그리스도의 승리를 갈망합니다.

미래사에 대한 교회의 관심이 지나치게 강조된 나머지 우주 가운데 높임을 받은 그리스도의 현재적 위치에 대한 관심이 모호하게 되고 말았습니다. 히브리서 기자가 "지금 우리가 만물이 아직 저에게 복종한 것을 보지 못한다"고 기록한 것처럼 그것은 진실한 것입니다(히 2:8). 그러나 그는 또 우리가 "영광과 존귀로 관 쓰신 예수를 본다"고 말합니다(9절). 바울도 에베소서 첫 장 마지막 부분에서 히브리서 기자가 앞에서 언급한 것처럼 생각하면서, 그는 구원의 위대함을 계속 말해 왔습니다. 이 구원은 영원 전부터 하나님의 선택하시는 목적에 근거하였고, 예수 그리스도의 대속적 죽으심으로 역사 속에서 성취 되었으며, 성령에 의하여 각 개인에게 인격적으로 적용되었습니다. 바울은 에베소인들이 하나님의 진리에 더욱 견고하게 뿌리를 내리도록 기도하고, 에베소인들이 그리스도의 능력을 알게 되는 것을 원한다고 기도합니다. 바울의 생각이 하나님의 능력에 미치게 되자 그의 마음은 그 능력의 위대함에 크게 놀라게 되었습니다. 그리스도의 권세가 이미 드러났으므로 높임 받은 그리스도의 현재적 신분으로 방향을 전환했습니다.

바울은 예수님의 승귀(昇歸: 높임받음)에 대하여 말하면서 세 가지 요소로 첫째로 죽은 자 가운데서 그분의 부활, 둘째로 승천과 즉위하심으로 악을 정복하심, 셋째로 그분의 몸, 곧 교회의 머리되심을 언급합니다.

하나님의 강력한 힘

바울이 드렸던 기도의 첫 부분을 공부하면서(15-23절) 건전한 신앙에 대한 지식을 소유하는 것이 중요함을 이미 지적한 바 있습니다. 바울은 건전한 지식에 대한 자기의 관심을 솔직하게 털어놓으면서 에베소에 있는 그리스도인들이 하나님을 더 잘 알고(17절), 부르심의 소망과 성도 안에서 그 기업의 영광스러운 풍성함과 믿는 모든 자에게 그분의 능력의 비길 데 없이 위대함을 알게 해달라고 기도드렸습니다(18-19절). 기독교가 지식의 종교라는 깨달음을 갖지 못하고 이 구절을 살펴보는 것은 불가능하며, 이 지식은 머리뿐만 아니라 가슴으로도 깨달아야 합니다.

동시에 기독교는 "머리"로 깨닫는 종교가 아니라고 말해야 합니다. 기독교는 사상만 다루는 종교가 아니며, 그렇다고 철학이라고 말할 수도 없습니다. 어떤 그리스도인은 마치 성경 교리를 모두 터득하고 나면 그들이 필요한 것을 모두 마쳤다고 생각하면서 그런 식으로 신앙을 취급합니다. 그들은 진리를 알게 되었으므로 모든 것을 다 소유했다고 믿는데, 바울 사도는 이런 태도를 매우 불만스럽게 생각했습니다. 그리고 이런 태도는 우리도 역시 만족스럽게 생각하지 않습니다. 신학적으로, 그리고 교리적으로 건강한 지식이 그토록 중요한 이유는 우리가 하나님을 더 잘 알게 되고, 그리하여 그분의 능력 가운데 살면서 죄를 이기고 승리할 수 있도록 만들기 때문에 그렇습니다. 기독교는 지식이고, 그것은 또한 힘입니다. 시작에서 마지막까지 이르게 하는 힘입니다. 하나님의 능력이 아니면 아무도 그리스도인이 될 수 없습니다. 영혼의 구원은 부활, 곧 죽음에서부터 인격이 회복되는 것이고, 하나님의 능력이 아니면 아무도 죄를 이기고 승리할 수 없고, 경건하게 살지 못하며, 하나님께서 하늘에 소유하고 있는 모든 것을 상급으로 받지 못합니다.

그러므로 우리는 이것이 그토록 중요한 이유와 바울이 이것을 그토록 강조하고 발전시키는 이유를 알게 되었고, 예수 그리스도 안에서 드러난 하나님의 능력으로 말미암아 비로소 우리는 그리스도인의 삶을 살 수 있게 됩니다.

부활의 능력

하나님의 강력한 힘을 그리스도 안에서 드러내는 위대함에 대하여 생각하면서 바울은 먼저 부활을 바라봅니다. 예수님께서는 백성의 지도자들이 그분을 체포하고, 능욕하고, 십자가에 못 박고 난 다음 하나님께서 죽은 자 가운데서 다시 살리실 것을 예고하셨습니다. 예수님께서는 "보라 우리가 예루살렘에 올라가노니 인자가 대제사장들과 서기관들에게 넘겨지매 그들이 죽이기로 결의하고 이방인들에게 넘거 주겠고 그들은 능욕하며 침 뱉으며 채찍질하고 죽일 것이나 그는 삼 일 만에 살아나리라"고 말씀하셨습니다(막 10:33-34). 그것은 불가능한 것처럼 보였습니다. 여러 세기 동안 사람들은 살다가 죽었고, 사람들이 본 것처럼 죽음은 인생의 종지부였습니다. 그러나 예수님께서는 죽은 후에 무덤 속에서 삼일을 지냈으며, 죽음에서 부활하여 생명으로 승리의 귀환을 할 것이라고 말씀하셨습니다.

세상에 어떤 능력이 이런 기적을 성취할 수 있습니까? 지상에는 분명히 이런 능력이 없습니다. 오직 천상의 능력만이 할 수 있고, 실제로 해냈습니다! 말씀했던 대로 제 삼일에 하나님께서는 죽은 자 가운데서 예수님을 일으키셨습니다. 그리하여 하나님께서는 예수님의 주장을 옹호하셨고, 그리스도께서 죄를 대속하심을 수납하셨다고 선언하시고, 믿음으로 그리스도와 연합한 모든 사람은 그 능력으로 말미암아 승리의 삶을 살 수 있다고 계시하셨습니다.

우리는 그분을 부활의 선구자라고 고백합니다. 그리스도의 부활을 말할 때, 예수님의 다시 사심을 입증하려고 합니다. 그분이 다시 사셨으므로 우리도 또한 다시 살 것입니다. 이것은 사실이고, 영광스러운 확신입니다. 종말에만 국한된 것이 아니고, 그리스도 안에서 드러난 하나님의 능력은 우리 안에서도 보여야 합니다. 이것은 이 세상의 삶 속에서 죄를 정복하는 현재적 승리로 나타나야 합니다. 마틴 로이드 존스는 이 구절을 강해하면서 우리의 원수인 세 적대자들을 - 세상, 육신 마귀 - 정복하는 승리에 대하여 말합니다. 첫 번째 적대자인 "세상"은 끊임없이 세속적 가치로 융단 폭격하듯 우리에게 공격을 퍼붓고, TV, 신문, 영화, 경쟁적 세상에서 우리가 이런 것들의 가치를 흡수합니다. 즉, 이런 세상에서 생계비를 벌고, 일상의 대화를 나누면서 살아갑니다. 우리가 어떻게 이 큰 원수를 물리치고 승리할 수 있습니까? 그것은 죽은 자 가운데서 다시 사신 예수 그리스도의 부활에서 드러난 하나님의 능력으로만 가능합니다. 이 능력은 "마음을 새롭게 함으로" 우리를 변화시킬 수 있습니다(롬 12:2). 그것은 우리를 "새 피조물"로 만드는 것입니다(고후 5:17).

우리의 두 번째 큰 원수는 "육신"입니다. 성경적인 언어로 말하자면, 그것은 성령의 감화를 받지 못한 채 죄악 된 성품을 소유한 사람을 말합니다. 육신은 만만치 않은 원수입니다. 성경을 읽고, 기도를 드리고, 선한 일을 할 때, 우리를 무기력하게 만듭니다. 그리스도를 닮은 삶을 살아야 할 때, 죄악 된 행동의 틀 속에 우리를 가둬 버립니다. 어떻게 하면 이렇게 강력한 적대자들과 싸워 이길 수 있습니까? 그 것은 오로지 죽은 자 가운데서 다시 사신 예수 그리스도의 부활에서 드러난 하나님의 능력으로만 가능합니다.

세 번째는 '마귀'가 있습니다. 그가 어떤 대적입니까! 많은 사람들, 심지어 그리스도인들까지도, 마귀를 발명품이나 웃어버릴 수 있는 존재쯤으로 생각합니다. 그러나 사탄이 에덴동산에서 우리 인류의 첫 조상을 만났던 것은 웃고 지나칠 일이 아닙니다. 그들은 악에 전혀 노출이 되지 않은 완전한 상태로 창조되었으나 사탄이 나타나자 그의 능력과 계략이 대단히 위대하여 순식간에 아담과 하와를 타락하게 했습니다. 그리하여 죄와 죄의 결과로서 죽음은 온 인류에게 전파되었습니다. 베드로가 "… 너희 대적 마귀가 우는 사자같이 두루 다니며 삼킬 자를 찾나니"라고 말한 것은 이상한 일이 아닙니다(벧전 5:8). 바울이 에베소인들에게 "마귀의 궤계를 능히 대적하기 위하여 하나님의 전신갑주를 입으라"고 말하는 것도 이상한 일이 아닙니다(엡 6:11). 마틴 로이드 존스는 "이런 일 때문에 우리 안에서 역사하시는 하나님의 능력에 대하여 깨우침을 받아야 할 필요가 있다. 우리가 마귀의 계략에 맞설 수 있게 해 줄 수 있는 것은 아무것도 없다." 라고 했습니다.[1]

예수 아래 있는 만물

영적 원수들과 더불어 싸울 때, 그리스도의 능력은 이들을 정복하기에 부족함이 없습니까? 다만 그리스도의 승귀(昇歸: 높임받음)에서 다음 단계가 없다면, 우리는 그 가능성을 의심할 수 있습니다. 하나님의 강력한 힘은 죽은 자 가운데서 예수님을 다시 살린 부활에서 몽땅 소진돼 버린 것이 아니라 "… 하늘에서 자기의 오른편에 앉히사 모든 통치와 권세와 능력과 주권과 이 세상뿐 아니라 오는 세상에 일컫는 모든 이름 위에 뛰어나게 하시려고" 역사했습니다(엡 1:20-21).

높임받은 그리스도는 "모든 통치와 권세" 뿐만 아니라 지상의 모든 세력과 천사까지 통치하십니다. 그리스도인이 경건한 삶을 살기 위하여 투쟁한다는 맥락과 본 서신의 전체 문맥에서 부패한 세상 체계를 장악하고 있는 적대적인 영적 세력을 강조하는 것이 틀림없습니다. 악한 통치자들의 배후에 마귀의 세력이 버티고 있기 때문에 에베소서 후반부에서 "혈과 육에 대한 것이 아니요 정사와 권세와 이 어두움의 세상 주관자들과 하늘에 있는 악의 영들에게" 대항하여 우리가 싸운다고 바울은 말합니다(엡 6:12). 영적 세력은 그리스도에게 굴복하게 될 것입니다. 높임 받은 예수가 이런 세력을 제압하셨다는 말을 들을 때, 우리의 육체를 둘러싸고 있는 세상의 체계뿐만 아니라 이 세력으로부터 받게 될 공격을 더 이상 두려워할 필요가 없습니다.

우리는 어떻게 사탄을 이기고 승리할 수 있습니까? 야고보는 "너희는 하나님께 순복할지어다 마귀를 대적하라 그리하면 너희를 피하리라"고 말합니다(약 4:7). 우리는 우리 자신의 힘으로 사탄과 맞설 수 없습니다. 만일 우리가 먼저 하나님에게 우리 자신을 복종하게 하면 모든 정사와 권세 위에 군림하신 그리스도의 승귀(昇歸: 높임받음)에서 드러난 하나님의 능력이 우리를 통하여 넘쳐 나오게 됩니다. 광야에서 그리스도를 시험했던 마귀가 결과적으로 그리스도에게서 도망쳤던 것처럼 우리에게서도 분명히 도망치게 될 것입니다.

그리스도의 몸된 교회

그리스도의 승귀(昇貴)를 통하여 드러난 하나님의 능력의 세 번째 단계는 에베소서 1:22-23절에 나와 있습니다. "만물을 그 발 아래에 복종하게 하시고 그를 만물 위에 교회의 머리로 삼으셨느니라 교회는 그의 몸이니 만물 안에서 만물을 충만하게 하시는 이의 충만함이니라" 여기서 "만물"이 그분의 발아래 복종하게 되었기 때문에 이 구절은 계속해서 모든 통치와 권세 위에 뛰어난 예수님을 생각하고 있습니다. 만물이 이렇게 복종하게 되었으므로 이 구절은 "교회"를 언급하면서 이 사상을 더 발전시키고 있습니다. 예수님은 악의 세력을 이긴 정복자로서 높임을 받으셨고, 높임을 받으신 예수님은 교회의 합당하고 영화롭게 된 머리이십니다.

에베소서에서 "교회"라는 말이 처음 사용된 곳입니다. 에베소서를 시작할 때부터 바울은 교회를 염두에 두고 있었습니다. 레이 스테드만(Ray Stedman)은 이 주제를 중심으로 에베소서를 잘 요약하고 있습니다. 즉, 첫째로 교회의 기원, 둘째로 교회의 본질, 셋째로 교회의 기능, 넷째로 교회와 주님과의 본질적인 관계입니다.[2] 이 편지는 주로 교회에 관한 것이기 때문에 교회에 대한 언급을 주의 깊게 바라볼 필요가 있습니다.

교회를 설명하는 23절의 번역을 두고 어떻게 할까 결정하는 것이 쉬운 일이 아닙니다. "만물을 충만하게 하시는 이의 충만"으로 번역된 말은 세 가지 의미를 지니고 있기 때문입니다.

1. 첫 번째 해석은 이 구절이 그리스도를 기술한다고 해석할 경우 우리는 이렇게 읽을 수 있습니다. "… 교회는 만물을 충만하게 하시는 그분(즉, 하나님)의 충만하심인 그분(즉, 그리스도)의 몸이다." 존 스토트는 세 가지 가능성을 주의 깊게 논의하면서 "처음 볼 때 이 해석은 대단히 매력적"이라고 말합니다.[3] 하나님께서 만물을 충만하게 하신다는 사상은 확실히 성경적입니다(렘 23:24). 하나님의 충만하심은 예수 그리스도 안에 거한다고 말합니다(골 1:9; 2:9). 이 구절을 이렇게 해석하는 것은 만물을 충만하게 하시는 분이신 하나님과 하나님의 충만함이신 그리스도 안에 만물을 장엄하게 감싸 넣음으로써 이 서신서의 첫 장을 끝맺습니다. 이 견해에서 부딪치는 어려움은 비록 하나님의 신성이 그리스도 안에 충만하게 거한다 하더라도, 그리스도는 완전한 하나님이라는 의미에서 성경은 다른 어느 곳에서도 그리스도는 하나님의 충만하심이라고 말하지 않는다는 것입니다. 정확한 표현은 아니지만, 성부 하나님께서는 성자 하나님 안에 포함되었다고 말해야 합니다.

2. 두 번째 해석은 세 번째 해석처럼 "충만"이라는 말이 **교회를 언급**한다고 보는

것입니다. 이 해석과 세 번째 견해를 구분 짓는 것은 그 의미를 능동형으로 가정할 경우 교회는 그리스도를 채우거나 완전하게 하는 것이 됩니다. 그 반면 마지막 가능성은 수동형이라고 가정할 경우 교회는 그리스도가 충만하게 하는 것이 됩니다.

만일 교회가 그리스도를 충만하게 하거나 완전하게 한다면, 이 구절은 교회가 없으면 그리스도는 어떤 면에서는 불완전하다는 놀라운 진리, 경악을 금할 길 없는 진리를 우리에게 가르쳐 줍니다. 이것은 존재론적으로 불가능한 해석입니다. 만일 그리스도가 하나님이라면 - 실제로 그렇다 - 그분에게 불충분하고 불완전한 것은 없습니다. 그것은 이 견해가 제안하는 의미가 아닙니다. 이 견해는 오직 교회의 이미지를 그리스도의 몸이나 신부로서 전달하고 싶을 뿐으로 몸이 없는 머리는 불완전합니다. 남편 없는 아내가 불완전한 것처럼 아내 없는 남편도 역시 불완전합니다. 존 칼빈(John Calvin)은 이 해석을 지지합니다. 그는 "바울이 '충만함' 이라는 표현으로 전달하려는 의미는 우리 주 예수 그리스도와 그분의 아버지 하나님께서 우리가 그분에게 연합되지 않았다고 하여 자신을 불완전하다고 생각하지 않는다는 것이다. 그렇다. 우리의 존재를 그런 방식으로 연합시킴으로써 그분이 우리 안에서 온전하게 된다는 조건에서 우리를 그분에게 연합시키는 것은 그분의 뜻이다. 마치 아버지가 '집 안에 아이가 없으니 집이 텅 빈 것처럼 보이는구나!' 라고 말하는 것과 같다. 남편은 '아내가 없으니 나는 반쪽짜리 남편으로 보이는구나!' 라고 말하게 될 것이다."[4]

마틴 로이드 존스(Martyn Lloyd-Jones)도 이 견해를 신중하게 인정했습니다. "교회인 우리는 그분의 충만함이라는 의미로 생각할 수 있다. 머리 혼자 완전할 수 없다. 머리는 몸이 필요하다. 여러분은 몸이 없는 머리를 생각할 수 없다. 그래서 몸과 머리는 이 신비스러운 의미에서 하나다. 그런 것처럼 우리 그리스도의 백성도 주 예수 그리스도의 '충만함' 의 한 부분이다."[5]

3. 이 구절에 대한 마지막 해석은 그리스도가 충만하게 하신 존재라는 수동적인 의미를 취합니다. 존 스토트가 이 견해를 지지하는데, 나는 그의 견해가 옳다고 생

각합니다. 내가 앞에서 말한 것처럼 각 견해가 모두 가능합니다. 존 스토트는 성경의 유추 때문에 이 견해를 지지합니다. 아무데도 교회가 그리스도를 완전하게 한다고 말하지 않습니다. 오히려 그리스도가 교회를 충만하게 한다고 말하는데, 이것이 첫 장의 흐름과 일치합니다. 그리스도와 함께 시작했던 것과 똑같이 영광 가운데 있는 그리스도와 함께 절정에 도달하게 됩니다. 마지막 구절에서 그리스도의 승귀에 대한 교훈에 비추어 볼 때, 교회가 그리스도를 완전하게 한다고 (부자연스럽게) 말하는 것보다 그리스도가 우주를 충만하게 하시는 것처럼 예수님이 교회를 채운다고 말하는 것이 훨씬 더 자연스럽고, 바울이 그리스도 안에서 드러난 하나님의 능력에 대하여 말하기 때문에 자기 몸인 교회에 능력을 부여하고 충만하게 하는 그리스도로 묘사하는 것이 자연스럽습니다.

십자가의 깃발

교회는 변화시키는 능력입니다. 다시 사신 그리스도의 임재를 통해서 이 세상을 변화시키는 것이 교회의 가장 위대한 능력으로 교회에 속한 자들은 변화하게 됩니다. 그들의 삶 속에 내재되어 있는 그리스도의 능력과 아무 관계가 없으면, 교회에 속할 수 없습니다. 세상을 강력하게 변화시켜나가는 교회 내에서 그리스도의 능력을 통하여 변화 받은 교회의 성도는 함께 일합니다. 승리는 무기로 쟁취하는 것이 아니고, 승리는 무력 외교나 힘의 과시로 쟁취하지 않습니다. 그것은 그리스도가 충만하게 하시는 교회를 통하여 그분의 통치가 온 세계에 힘차게 확장되는 것과 더불어 변화된 삶의 승리인 것입니다.

「로마제국의 쇠퇴와 멸망」의 저자 에드워드 기본(Edward Gibbon)은 초대교회의 모습을 보고 감동받은 것을 집필했습니다. 그의 책은 고전적 연구서가 되었으며, 이 책에서 그는 이렇게 말하고 있습니다. "저 거대한 몸뚱이(로마제국)는 공개적인 폭력에 의하여 침공을 당하거나 그 뿌리가 서서히 침식을 당하는 동안, 순수하고 겸손한 종교는 사람들의 마음 속에 부드럽게 스며들었고, 조용하고 단호하게 성장하여, 반대 당하면서 새로운 운동력을 얻어, 마침내 제국의 수도를 함락시키고 승리의 십자가 깃발을 나부끼게 했다. 기독교의 영향은 로마제국이 통치하던 시기나 그 국경에만 한정된 것이 아니었다. 13세기나 14세기의 혁명 후에도 유럽 제국은 아직도 종교는 인류의 예술과 학문뿐만 아니라 무력에서도 가장 두드러진 영역으로 인정되었다. 유럽인들의 산업과 열심에 의하여 기독교는 저 멀리 떨어진 아시아와 아프리카 해안까지 보급되었다. 식민지라는 수단에 의하여 고대인들에게는 잘 알려지지 않았던 세계로서 캐나다에서부터 칠레까지 견고하게 정착돼 왔다."[6]

이것이 그리스도의 깃발을 휘날리게 하는 방법으로, 즉 그리스도의 능력이 그분을 따르는 자들에게 강력하게 나타나는 "순수하고 겸손"이라는 수단에 의지하는 방법입니다.

●각주●

1. D. M. Lloyd-Jones, God's Ultimate Purpose: An Exposition of Ephesians 1:1 to 23 (Grand Rapids: Baker, 1979), 420.

2. Ray Stedman, Body of Life (Glendale, Calif.: Regal, 1972), 7.

3. John R. W. Stott, God's New Society: The Message of Ephesians (Downers Grove, Ill.: Inter Varsity, 1979), 61-62. 존 스토트는 이 견해를 61-66쪽에서 논의한다.

4. John Calvin, Sermon on the Epistle to the Ephesians (1562; reprint, Carlisle, Pa.: Banner of Truth Trust, 1975), 122-23.

5. Lloyd-Jones, God's Ultimate Purpose, 430-31.

6. Edward Gibson, The Decline and Fall of the Roman Empire (New York: Harcourt, Brace, 1960), 143.

8

우리가 길이다

에베소서 2 : 1-3

그는 허물과 죄로 죽었던 너희를 살리셨도다 그 때에 너희는 그 가운데서 행하여 이 세상 풍조를 따르고 공중의 권세 잡은 자를 따랐으니 곧 지금 불순종의 아들들 가운데서 역사하는 영이라 전에는 우리도 다 그 가운데서 우리 육체의 욕심을 따라 지내며 육체와 마음의 원하는 것을 하여 다른 이들과 같이 본질상 진노의 자녀이었더니

필라델피아제십장로교회 담임목사로 부임한 지 몇 해가 지나서 교회 교육위원회는 교회학교 교재를 자체적으로 편집하기 위하여 준비 모임을 가졌습니다. 그 당시 기독서점에서 구입할 수 있는 교재와 자료에 만족할 수 없었습니다. 이런 교재들은 교육학적인 면에서 장점이 있을지 모르지만 신학적인 면에서는 단점이 더 많았고, 교리적이나 성경적인 내용은 훌륭했지만 전달 방법은 적절하지 못했습니다. 우리가 실망했던 가장 큰 원인은 이런 교재를 만드는 출판사들이 성경에 담겨있는 위대한 교리를 가르쳐주지 못한다는 점이었습니다.

결국 우리는 3년 주기로 순환하는 우리 교회의 교과과정을 채택하기로 결정했습니다. 1차 년도는 기본 교리를 다루어 죄, 구원, 성경공부, 기도, 그리스도인의 생활이 그 주제였습니다. 2차 년도는 동일한 주제를 다루지만 교회의 관점에서, 그리고 인격적인 관계에서 다뤄나갔습니다. 여기서 우리는 교회란 무엇이며, 어떻게 교회의 구성원이 되는가를 가르쳤습니다. 그리스도인의 행동에 대해서도 가르쳤고, 그리스도인의 모범이 되시는 예수님에 대해서도 역시 가르쳤습니다. 3차 년도는 역사 속에서 하나님의 계획과 그 계획 속에서 그리스도인이 차지하는 자리에 초점을 맞췄습니다.

바울은 1장에서 2장으로 넘어가면서 -그리고 3장에서 4장으로 넘어가면서- 우리들과 똑같은 작업을 했다는 느낌을 줍니다. 바울은 1장에서 하나님의 관점으로 구원을 바라보았고, 하나님께서는 어떻게 그리스도 안에서 모든 복으로 우리를 복 주셨으며, 어떻게 만물이 그리스도에게 복종하게 될 것인가를 보여 줍니다. 2장에서는 그리스도인의 관점으로 구원에 대하여 말하고, 하나님의 역사하심으로 우리를 부르시기 전에 우리의 모습이 어떠했으며, 하나님께서 우리를 위하여 어떤 일을 하셨으며, 그 역사하심의 결과 우리가 지금 어떻게 되었고, 어떻게 행동하게 되었는가를 보여 줍니다.

1장은 우리에게 하나님의 저 위대한 구원 계획의 과거와 현재, 그리고 미래에 대하여 말해 주고, 2장은 예수 그리스도의 공로로 구원받은 사람의 과거와 현재, 그리고 미래에 대하여 말해 줍니다.

건강한가? 병들었는가? 죽었는가?

몇 해 전, "우리가 길이었다!" 라는 영화가 극장가에서 상영된 적이 있었습니다. 그것은 과거에 대한 향수를 그린 영화였고, 사람들이 젊은 시절에 기억하고 싶어하는 길을 그린 영화였습니다. 바울도 역시 2장 첫 절에서 과거를 뒤돌아봅니다. 그러나 향수에 젖은 눈으로 과거를 바라보지는 않습니다. 극도의 현실주의로 채워져 있고, 흔히 발견할 수 있는 인간 본연에 대한 가장 회의적인 광경을 그려 놓은 것입니다. 존 스토트(John Stott)는 "바울은 인간에 대한 비관론의 깊이를 먼저 측량한다고 말하고 나서, 바울은 하나님의 은혜가 죄인을 어떻게 구원하는지 알아보기 위하여 하나님에 대한 낙관론의 높은 정상을 향하여 올라간다."[1] 라고 말합니다.

우리는 인간의 본질을 어떻게 평가해야 합니까? 인류 역사의 전 과정에서 이 질문에 대한 세 가지 기본적인 해답을 발견할 수 있습니다.

첫 번째 견해는 **사람은 기본적으로 꽤 괜찮다**는 것입니다. 의학 용어로 말하자면 병에 걸렸거나 혹은 사망의 반대 개념으로 사람은 양호하거나 건강한 상태라고 말하는 것입니다. 많은 사람들은 전에는 건강했지만 언제부터인지 몰라도 지금은 그전만큼 건강하지 않다고 말합니다. 그들은 우리가 진화되는 세계에 산다고 믿습니다. 지난 세기 동안 전쟁과 기아, 질병과 경제적 시련이 있었다고 증언합니다. 그러나 사람은 계속하여 생존해 왔으며, 그들과 그들의 세계는 점점 더 호전되고 있고, 가장 최악의 상태는 사람들이 정말 완전하지 못하다는 것입니다.

만일 인간의 본질이 외관상으로 보기에 약간의 흠만 있는 것이라면 지금은 완전해졌어야 합니다. 작은 흠은 제거될 수 있기 때문입니다. 그 흠이 만일 제거되지 않았다면 -우리는 아직도 전쟁과 기아, 질병과 경제적 시련을 당하고 있다면- "건강하다"고 보는 관점이 허용하는 것보다 더 심각하다는 점입니다.

두 번째 견해는 **사람은 양호하지 않다**는 것입니다. 인간은 지금 병들었고, 어떤 사람들의 말처럼 치명적인 질병을 앓고 있습니다. 즉, 인간이라는 존재는 정말 무엇인가 지독하게 잘못되었다는 것입니다. 그렇다고 해서 상황은 절망적이지 않고, 인간은 적어도 살아있습니다. 그들이 살아 있는 한 괜찮은 것입니다. 거기는 생명이 있고, 거기는 희망이 있으며, 아직은 장의사를 부를 필요가 없습니다.

세 번째 견해는 **성경적 견해**입니다. 바울은 고전적인 언어로 명료하게 표현하여, 인간은 괜찮지 않습니다. 사실 인간은 아주 심각한 증상을 가지고 있는데, 즉 사망했습니다. 인간과 하나님과의 관계에 관한한 그는 죽었습니다. 아담이 타락하기 전, 에덴동산에 있을 때, 하나님이 경고하셨던 것처럼 그는 "… 허물과 죄로 죽었다"(1절)

고 말합니다. 바울이 자기 자신도 그랬었다고 말하는 것처럼 하나님께서 먼저 영적으로 죽은 사람에게 생명을 공급하지 않는다면, 영적 시체인 죄인은 하나님을 향하여 단 한걸음도 움직일 수 없고, 하나님에 대하여 단 한 번의 생각도 할 수 없으며, 하나님께 올바른 응답도 하지 못합니다.

기독교 교리에서 "인간의 의지를 어떻게 취급하는가?" 하는 것이 이 문제의 핵심입니다. 이렇게 타락한 상태에서 과연 인간이 자유 의지로 하나님을 선택할 수 있습니까? 어떤 그리스도인들은 그렇다고 믿고, 또 다른 사람들이 말하는 것처럼 죄에 얽매인 상태에서 하나님을 선택하는 것은 불가능합니까? 이것은 교회의 오랜 역사에서 상당히 오랫동안 논쟁이 계속되어 온 문제입니다.

교회는 마르틴 루터가 의지의 "속박"이라고 불렀던 쪽에서부터 나온 것입니다. 이것을 달리 표현하는 방법이 있는데, 루터는 아우구스티누스와 다른 용어를 사용했습니다. 또 칼빈은 루터와 다른 용어를 사용했습니다. 조나단 에드워즈는 이 문제에 근본적으로 큰 공헌을 했습니다. 그러나 모든 사람은 인간의 마음과 영혼을 촉진시키는 하나님의 전적으로 예기치 못했던 은혜가 아니라면, 아무도 하나님을 향하거나 구원의 제안을 수용하지 못한다고 말하는데 일치합니다. 죄는 우리를 노예로 다룹니다. 하나님을 향하는 대신 우리는 오히려 그분으로부터 돌아섭니다. 죄의 근본적인 본질과 은혜의 완전성에 대한 성경적 교훈을 정당하게 평가할 수 있는 견해는 없습니다.

조나단 에드워즈는 이 문제를 가장 분명히 보았는데 그는 의지 자체가 문제가 아니라고 말했습니다. 마음은 그 마음이 최상의 것이라고 생각되는 것을 선택할 따름입니다. 문제는 인간의 도적적인 본성입니다. 이 본성은 부패한 본성으로부터 유출되는 죄악 된 "동기"를 가지고 하나님을 반대합니다. 조나단 에드워즈는 의지는 항상 자유롭다고 선언했는데, 즉 우리는 항상 주어진 상황 속에서 가장 좋다고 판단하는 것을 선택합니다. 그러나 죄인인 우리의 선택은 항상 잘못된 판단으로 우리는 하나님을 달갑게 생각하지 않습니다. 그러므로 항상 하나님에 대하여 항거하고 복음을 거절합니다.

걸어 다니는 시체

조나단 에드워즈는 사도 바울보다 훨씬 후대에 살았던 사람입니다. 에베소서 2장을 읽으면서 바울도 조나단 에드워즈의 분석을 좋아했을 것이라고 생각했습니다. 바울이 에베소서 2:1-3절에서 말하는 죽음의 종류는 낯선 것이라고 말하고 싶고, 비록 죽었다고 하지만 그럼에도 불구하고 죄인은 죄 가운데서 활개 치면서 걸어 다니기 때문입니다. 그는 하나님을 향해서 죽었으나 그는 악에 대해서는 살았습니다. 바울은 여기서 강력하고 활기에 가득 찬 말을 사용합니다. 비록 영적으로 죽었지만 죄인은 세상의 길과 마귀의 길을 따르고, 죄악 된 성품의 갈증을 만족시키기 위하여 시간을 사용합니다.

몇 해 전, 존 거스너(John Gerstner)가 좀비라는 공포 이야기와 인간의 상태를 비교해 놓은 글을 읽은 적이 있습니다. 이런 글을 읽어 보지 못한 사람을 위하여 좀비를 간단하게 소개합니다. 그는 죽었지만 걸어 다닐 수 있는 가공인물이었습니다. 이야기를 보다 더 무시무시하게 만들기 위하여 그의 몸은 썩어 들어가고 고약한 냄새까지 풍겼습니다. 이것은 정말 구역질나는 이야기였고, 이것이 바로 하나님 앞에 서 있는 인간의 상태라고 바울은 말합니다. 하나님을 반대하는 남자나 여자는 모두 걸어 다니는 시체들이고, 그들은 움직이는 시체들입니다.

존 거스너는 이렇게 말합니다. "그들은 하나님의 코를 불쾌하게 만드는 존재다. 이렇게 썩어문드러지는 영적 시체들의 악취가 코를 찌른다."

죄인은 그들을 파멸시키는 덫에 걸린 것입니다. 예전(禮典)에서 관례적으로 유혹은 "세상, 육신, 마귀"로부터 우리에게 온다고 고백합니다. 이런 것들이 죄를 범하게 하는 활동의 범주들입니다. 바울이 염두에 두었던 것은 단지 유혹만이 아니라 실제로 이런 세력의 포로가 되어 지속적으로 이런 활동에 참여하고, 그들의 영향권 내에 머물면서 활동하는 것입니다. 앞에서 이들 세력을 정복하고 승리한 하나님의 부활 능력을 설명하면서 세상과 육신과 마귀에 대하여 이미 언급했으나 바울은 이런 것을 말하는 것이 아닙니다. 즉, 우리가 그들을 이기고 승리함이나, 그리스도 안에서 하나님의 능력으로 말미암아 그들로부터 해방됨이 아니라 오히려 그 능력과 상관없이 우리가 그들에게 노예 됨을 설명하고 있습니다.

"우리의 마음을 새롭게 함"과 떨어져 있기(롬 12:2) 때문에 첫 번째 영역으로 우리가 "세상"에 노예가 되었고, 세상은 이런 점 때문에 그리스도인을 조롱합니다. "이 사람들이 얼마나 편협한가 보라! 이 사람들은 성경에 갇혀 있다. 이것이 노예가 아니고 무엇이겠는가!"라고 말하면서 손가락질합니다. 그러나 사실은 노예가 된 것은 오히려 세상이고, 이런 사람들은 전적으로 세상적인 사고 체계의 지배를 받습니다. 마틴 로이드 존스(Martyn Lloyd-Jones)가 말하는 것처럼 "그들은 세상이 생각하는 대로 생각한다. 그들은 자기들이 좋아하는 신문에서 기성품으로 이미 만들어 놓은 의견을 택한다. 그들의 외관은 세상과 계속 바뀌는 세상의 패션에 의하여 통제를 받는다. 그들은 똑같이 일치한다. 그리고 그렇게 해야만 한다. 그들은 거절할 줄 모른다. 그들은 그렇게 했을 때 당하게 될 결과를 두려워한다."²

바울은 우리의 죄와 범죄, 그리고 불순종으로 우리는 모두 "이 세상 풍속을 따랐다"고 말합니다(2절). 우리가 "이 세상 풍속을 좇고 공중의 권세 잡은 자를 따랐으니 곧 지금 불순종의 아들들 가운데서 역사하는 영"이라고 바울이 말하기 때문에 두 번째 영역으로 우리 역시 "마귀의 노예"입니다. 여기서 말하는 "영"이 "악한 영"을 의미한다면, 그것은 "마귀"와 동의어가 아닙니다. 영은 속격이고, "권세 잡은 자(ruler)"는 직접 목적격입니다. 그래서 이 구절은 이렇게 번역할 수 있습니다. "공중 왕국의 통치자와 불순종하는 자들 안에서 활동하고 있는 영(의 통치자)." 이 구절은 마귀가 남녀 불문하고 모두 어떻게 노예를 삼는가를 말해 줍니다. 마귀는 인격적으로 임하지 않고, 마귀는 단일한 피조물입니다. 그리고 그는 한 번에 한 장소에 머무를 수밖에 없습니다. 그것은 악한 영을 통하거나 외형적으로 그가 통치하는 세계에 임하는 것입니다.

인간을 노예로 삼는 세 번째 영역은 "육신"입니다. 육신의 죄악 된 갈증은 그 갈증을 해소시키기 위하여 부단히 움직이도록 만듭니다(3절). 육신이란 말은 인간의 살을 언급하는 것이 아니고, 그것은 타락하여 죄악 된 성품을 말합니다. 그것은 육체적 욕망과 악한 생각 두 가지를 모두 내포하는 말입니다. 우리는 보다 더 구체적으로 나타나는 육신적인 죄악을 소유하고 있습니다. 즉, 탐욕스러운 식욕, 나태, 정욕, 탐심이 그런 것들입니다. 또한 내면적이고 지능적인 죄악도 소유하고 있습니다. 즉, 교만, 죄악 된 야망, 하나님의 게시된 진리에 대한 적대감, 시기와 원한이 그것입니다. 슬프지만 우리는 이런 덫에 걸리고 말았습니다. 타락한 상태에 처한 우리는 죄에서부터 돌이켜 하나님을 추구할 수 없습니다. 우리는 계속 범죄 하는 것을 중지할 수 없는데, 자기 파멸의 길을 걷고 있기 때문입니다. 바다를 향해서 허둥지둥 돌진하는 레밍(lemming은 북유럽산 "나그네 쥐"라고 한다. 앞장 선 쥐가 가는 대로 아무 생각 없이 따라가는 특성이 있음 - 역자)처럼 우리는 위험을 감지하지 못하고 건망증에 빠진 것처럼 보입니다.

진노의 자녀

이 여러 절의 기술이 끝난 다음 타락한 사람에 대하여 더 나쁘게 언급하는 것을 발견하게 되면 우리는 당혹감을 감출 수 없게 되고, 여기다 더 추가 할 것이 없는 것 같습니다. 그럼에도 불구하고 바울은 무엇을 더 덧붙이고 있는데, 더 끔찍하고, 더 당혹스러워서 다른 말은 그 다음에 와야 할 배경 속으로 사라져 버리고 맙니다. 우리는 죄 가운데서 "본질상 (하나님의) 진노의 자녀" 였습니다(3절).

어떤 사람이 "진노라고요? 당신 지금 진노라고 말했소? 그게 정말 당신이 말한 것이라면 제 정신이라고 믿기 어렵소. 누가 지금 하나님의 진노에 대하여 말할 수 있단 말이오? 어느 구석인지는 잘 모르겠지만 그런 얘기가 성경에 있다는 건 알아요. 그렇지만 그건 현대 기독교 신자들을 혼란스럽게 만들고 거절할 수도 없게 만드는 것이요. 하나님의 사랑에 대해서 말해요. 긍휼과 정의에 대해서 말이요. 20세기를 살아가는 사람들에게 제 정신을 가진 사람이라는 대접을 받고 싶으면 적어도 진노라는 말은 하지 마시오!" 라고 말하는 것을 들은 적이 있습니다. 이런 반대의 소리는 바울이 지금 말하는 속박의 좋은 본보기이고, 세상적인 생각은 죄를 심각하게 받아들이지 않는 것과 마찬가지로 하나님의 진노도 심각하게 받아들이지 않습니다. 만일 성경이 선언하는 것처럼 죄가 그토록 나쁘다면 죄에 대해서 발하는 하나님의 진노만큼 더 의롭고 더 정당한 것은 없습니다.

구약성경에서 20개 이상의 낱말이 하나님의 진노를 표현하는데 사용되었고, 600개 이상의 중요한 구절이 하나님의 진노를 다루고 있습니다. 신약성경에서도 으뜸이 되는 낱말은 튜모스(thumos, "맹렬하게 돌진하다" 혹은 "격렬한 열기 속에 있다"는 어간에서 파생된 말)와 에베소서 2:3절에서 사용된 오르게(orge)라는 말입니다. 오르게는 "무르익다"라는 의미의 어간에서 파생된 말로써 죄에 대한 하나님의 반대가 점점 커지거나 혹은 격렬하게 되는 것을 의미합니다. 오르게는 신약성경에서 진노라는 의미로 가장 빈번하게 사용된 말입니다.

이런 구절을 모아 놓으면 하나님의 진노는 철저하고, 엄격히 통제되고, 법정적입니다. 그래서 이 말은 사람으로 하여금 두려움을 느끼게 만드는 것입니다. 진노의 교리는 하나님께서 때로는 화를 냈다 잊어버리기도 한다는 의미에서 사용하는 말이 아닙니다. 하나님의 진노는 피할 길이 없으며, 하나님의 의를 반대하는 모든 자를 거절하는 격렬함입니다.

여기 하나님의 진노의 현재적인 국면이 있는데, 로마서 1장에서 하나님에 대한 진리가 거부될 때마다 깨닫지 못하는 흑암으로 인도된다고 말합니다(21절). 즉, 종교적 인식의 몰락과 그에 상응하는 인격의 몰락을 말합니다(23절). 그것은 성의 왜곡, 거짓말, 시기, 증오, 살인, 분쟁, 기만, 부모에 대한 불순종, 그에 따르는 결과들을 말합니다(24-32절). 하나님의 성결은 죄가 번영하는 것을 용납하지 않는다고 말할 수 있습니다.

히브리서의 기자가 "모세의 법을 폐한 자도 두 세 증인을 인하여 불쌍히 여김을 받지 못하고 죽었거든 하물며 하나님 아들을 밟고 자기를 거룩하게 한 언약의 피를 부정한 것으로 여기고 은혜의 성령을 욕되게 하는 자의 당연히 받을 형벌이 얼마나 더 중하겠느냐 너희는 생각하라 원수 갚는 것이 내게 있으니 내가 갚으리라 하시고 또 다시 주께서 그의 백성을 심판하리라 말씀하신 것을 우리가 아노니 살아 계신 하나님의 손에 빠져 들어가는 것이 무서울진저"라고 말한 것처럼 미래적인 국면이 하나님의 진노에 내포되었습니다(히 10:28-31).

이 얼마나 끔직한 상태입니까! 죄의 그물에 걸려들어 도망칠 수 없는 자들에게 복수하시는 하나님의 의로운 진노를 피할 수 없이 퍼부으심과 동반하여 어떤 심판이 임하게 됩니까?

철저한 치료

인간이 할 수 있는 것은 아무것도 없고, 죄인은 자기를 스스로 구원할 수 없습니다. 복음 안에서 구원의 진리를 맛보았으며, 심지어 구속함을 받은 자라고 하더라도 다른 죄인을 구원할 수 없습니다. 구원을 받지 못한 자의 상태는 인간적으로 말하자면 절망입니다. 사람에게 불가능한 것이 하나님에게는 가능합니다. 고질적인 문제는 철저하게 치료해야 하고, 하나님께서는 치유책을 제공하십니다.

이것은 다음 절에서 말하려는 것입니다. 바울은 우리의 과거 상태에 대하여 말하고 나자마자 다시 즐겁게 개입합니다. "긍휼이 풍성하신 하나님이 우리를 사랑하신 그 큰 사랑을 인하여 허물로 죽은 우리를 그리스도와 함께 살리셨고"(엡 2:4-5). "허물로 죽었다고? 우리가 죄로 죽었다고? 정말 그렇구나!" 하나님께서는 부활을 시행하십니다. 하나님께서는 파멸당하고, 비참하고, 덫에 걸린 죄인들이 살고 있는 곳으로 내려오시고, 그들에게 영적인 생명을 다시 주십니다. 하나님께서는 그들을 부르시고, 죽은 자를 소성하게 하는 하나님의 음성은 두려움에 사로잡혀 피하기 이전 상태로 달려가게 합니다.

저 위대한 칼빈주의 전도자 조지 휘필드(George Whitfield)는 이것을 그리스도가 나사로를 살리신 것과 비교합니다. "죽은 자여, 오라. 회개치 못한 죄인이여, 나사로의 죽은 몸뚱이를 눕혔던 곳으로 와서 보라. 손과 발을 수의로 감싸 맨 채 눕혀놓은 그를 보라! 무덤 입구는 돌로 막아놓았고, 악취가 코를 찌르는 굴 속에서 그의 시신은 거대한 돌 뚜껑으로 덮어놓지 않았는가! 그를 보고 또 보라. 그에게 더 가까이

다가가 보라. 두려워 말라. 그의 냄새를 맡아보라. 아! 그의 악취가 얼마나 코를 찌르는가… 그의 손과 발은 수의로 싸매놓았는가? 그러니 당신의 손과 발은 당신 자신의 부패로 결박당했다. 돌이 무덤에 놓여있듯 불신앙의 돌이 그대의 우둔한 가슴에 놓여있다. 아마 그대가 이 상태로 누워서 하나님의 콧구멍을 괴롭게 하고 있는 것은 며칠이 아니라 여러 해 동안일 것이다. 나사로는 그가 여러 날 누워있던 굴 밖으로 나오도록 무슨 힘이 그를 일으킨 것처럼 그대를 이 구역질나는 죽음의 상태에서부터 의의 생명과 참된 성결로 나올 수 없도록 짓누르는 것이 무엇인가? 그대는 그대 자신의 교만한 자유 의지의 힘과 도덕적 설복력과 에너지, 그리고 이성적인 논쟁을 - 의심의 여지가 없지만 이런 것이 합당하게 설 자리는 종교임 - 사용할 수 있을 텐데 말이다. 그러나 '돌을 옮겨 놓으라' 고 말씀하시고, '나사로야, 나오너라' 고 외쳤던 동일한 예수님께서 그대를 재촉하실 때까지 얼마 되지도 않는 힘을 다 써보아도, 그대의 노력은 소득이 없고, 허사일 뿐이다."[3]

재촉하시는 하나님의 목소리가 아니면, 어느 누구에게도 결코 소망은 없으나 그 하나님의 목소리 때문에 가장 악하고 가장 굳게 결심한 반역자라도 구원을 받을 수 있습니다.

●각주●

1. John R. W. Stott, God's New Society: The Message of Ephesians (Downers Grove, Ill. Inter Varsity, 1979), 69.

2. D. Martyn Lloyd-Jones, God's Way of Reconciliation: Studies in Ephesians, Chapter 2 (Grand Rapids: Baker, 1972), 21-22.

3. 재인용-, John H. Gerstner, A Predestination Primer (Grand Rapids: Baker, 1960), 19-20.

9

그러나 하나님은!

에베소서 2 : 4-5

긍휼이 풍성하신 하나님이 우리를 사랑하신 그 큰 사랑을 인하여 허물로 죽은
우리를 그리스도와 함께 살리셨고 (너희는 은혜로 구원을 받은 것이라)

신약성경을 영어로 번역할 때, 관례적으
로 헬라어 문장의 구와 절을 다시 정돈하게 됩니다. 영어와 헬라어의 구문법이 서
로 다르기 때문에 영어식 표현으로 문장을 정리하면 독자들에게 훨씬 자연스럽게
의미를 전달할 수 있습니다. 성경 번역자들이 NIV성경을 번역할 때, 에베소서 2:4
절은 헬라어를 정리하지 않고 헬라어 어순 그대로 번역하는 것이 더 좋았다고 생각
합니다. 헬라어에서 이 고전적인 복음의 진술은 두 단어, 즉 "그러나 하나님"으로
시작한다(한글성경에는 이 말이 생략되었음-역자). 그런데 NIV성경에서 "그러나"
와 "하나님"이라는 두 단어 사이에 "그 큰 사랑을 인하여"라는 말을 삽입함으로
극적으로 시작하는 문장의 의미를 약화시켰습니다.

마틴 로이드 존스(Martyn Lloyd-Jones)가 정확하게 지적했습니다. "두 개의 낱말은 그 안에, 그리고 그 말 스스로 어떤 의미에서 복음 전체를 담고 있다."[1] 두 단어는 하나님께서 이미 행하신 것과 하나님께서 어떻게 전적으로 소망이 없는 상황에 개입하셨는가를 말해 주고 있습니다. 하나님의 간섭이 있기 전에 우리는 다음과 같은 상태에 있었습니다. "그는 허물과 죄로 죽었던 너희를 살리셨도다 그 때에 너희가 그 가운데서 행하여 이 세상 풍조를 따르고 공중의 권세 잡은 자를 따랐으니 곧 지금 불순종의 아들들 가운데서 역사하는 영이라 전에는 우리도 다 그 가운데서 우리 육체의 욕심을 따라 지내며 육체와 마음의 원하는 것을 하여 다른 이들과 같이 본질상 진노의 자녀이었더니"(엡 2:1-3).

이것은 비참하고, 절망적이며, 흉악한 상태임에 틀림없습니다. "그러나 하나님은!" 사이에 여러 개의 단어를 삽입하다보니, 이 두 개의 단어가 강력하게 전달하려는 메시지를 엉뚱한 내용으로 변질시키고 말았습니다.

나는 이 두 단어를 강해하면서 네 가지 질문을 하려고 합니다. 첫째, 이 하나님께서는 어떤 분이신가? 둘째, 하나님은 무엇을 하셨는가? 셋째, 왜 그것을 하셨는가? 마지막으로 그러면 나는 무엇을 해야 하는가?

이 하나님께서는 어떤 분이신가?

바울이 말하는 하나님의 본질을 논의하는 것으로 시작해야 합니다. 사람들은 하나님에 대하여 딴생각을 하는데, 하나님께서 만족하게 해 주시는 것은 생각하지 않습니다. 사람들은 대개 하나님을 인자하다고 생각하면서 한편으로 하나님을 근본적으로 나약한 존재라고 생각합니다. 정도의 차이는 있지만, 하나님은 우리를 도와주는 것을 좋아하십니다. 그러나 많이 도와주시지 않습니다. 하나님이 악에게 제한을 당하고, 상황의 통제를 받습니다. 하나님이 강력한 힘을 가지고 있다고 생각하는 사람도 있으나 하나님이 사람과 먼 곳에 떨어져 있고, 부족함도 있다고 생각합니다. 하나님은 사람을 도와줄 수 있지만 별로 간여하려고 하지 않습니다. 사람들은 하나님에 대하여 수천가지 갈등과 적합하지 못한 생각을 가지고 있습니다. 그러나 바울이 말하는 하나님은 인간이 상상하는 그런 유형의 신이 아닙니다. 그분은 성경의 하나님이시요, 주 예수 그리스도의 하나님이십니다. 그분은 바울이 이미 1장에서 영광스럽게 제시했던 하나님이십니다.

우리는 이 하나님에 대하여 무엇을 알고 있습니까? 우리가 알고 있는 것은 몇 가지가 있습니다.

1. 하나님은 주권적(Sovereign)이시다. 성경의 하나님에 대하여 말할 수 있는 것 가운데 하나님은 주권적이라는 것이 가장 중요합니다. 하나님이 주권적이지 않다면 그런 하나님은 신이 아닙니다. 주권이라는 말은 통치한다는 의미로서 하나님께서 주권적이라는 것은 하나님이 당신의 창조 세계를 다스린다고 말하는 것과 같습니다. 하나님께서 우주를 만드셨고, 우주를 다스리시고 있으며, 그분의 허락을 받지 않고 일어나는 일은 하나도 없습니다. 그분을 경악시키려고 발생하는 일은 하나도 없습니다. 하나님께서 태초에 정하신 것이 이행되고 있습니다. 바울은 이것을 알고 있었기 때문에 에베소서 첫 장에서 하나님은 그렇게 하신다고 말했던 것입니다. 바울은 여기서 하나님이 과거에 행하셨던 것을 말하려는 것이 아니고, 잘 관찰해 보니 그랬다는 것입니다. 바울은 이제 미래에 대하여 말하고 있습니다. 하나님께서는 예수님을 만물의 머리로 높이시고, 만물을 그분의 발아래 굴복하도록 역사하십니다. 하나님께서 과거를 통제하셨던 것처럼 지금도 그것을 통제하시기 때문에 바울은 긍정적으로 그리고 확신에 가득 찬 말을 합니다. 전능하시고 주권적인 하나님이 결정하시기 때문에 미래는 확실한 것입니다.

2. 하나님은 거룩(Holy)하시다. 바울은 이 편지에서 진술을 시작할 때, 도덕적인 하나님을 말하지 않습니다. 그 대신 오랜 세월을 두고 계시하는 하나님의 위대한 구원 계획보다 더 확실한 것은 없다고 말합니다. 하나님께서는 옳고 그름, 공의와 불의, 의와 죄의 문제에 무관심한 분이 아니시고, 반대로 죄악된 것은 모두 거절하

시기 때문에 하나님께서는 당신의 위대한 구원 계획을 입안하셨고, 지금 그 계획을 시행하고 계십니다. 죄는 반드시 징계를 당하게 될 것이고, 의는 우주 안에서 높임을 받게 될 것입니다.

3. 하나님은 죄에 대하여 진노(Wrath)하신다. 하나님의 진노하심은 하나님의 성결에 근거하는데, 하나님의 성결이 하나님을 반대하는 모든 자에게 퍼부으시는 것이 그분의 진노하심입니다. 이 진노하심 때문에 우리는 소름끼치는 상황 속에 처해 있습니다. 바울은 우리가 "허물과 죄로 죽은" 존재라고 말합니다(엡 2:1). 허물과 죄로 죽은 상태가 기분 좋은 것은 아닙니다. 하나님께서 진노하시는 허물과 아무 관계가 없다면 그분의 진노에 몸서리를 치지 않아도 됩니다. 진노와 아무 관계가 없다면 하나님의 진노하심은 사필귀정(事必歸正)이라고 간단하게 결론 내릴 수 있습니다. 하나님은 하나님이시지만 우리는 사람입니다. 그분은 거룩하시지만, 우리는 거룩하지 않습니다. 하나님은 하나님의 길을 가시고, 우리는 우리의 길을 가면 됩니다. 오, 그런데 일이 그렇게 되지 않습니다. 하나님께서는 단순히 당신의 길만 가려고 하지 않으신데, 우주는 그분의 소유이기 때문입니다. 그분은 거룩한 하나님이십니다. 우리의 죄는 그 우주 안에 악취를 풍기는 오물을 반입하고 말았습니다. 하나님께서는 죄를 거절하시고, 그분은 그 오물을 제거하기로 작정하셨습니다.

이것이 성경의 하나님이요, 주 예수 그리스도의 하나님이요, 바울이 진술하는 하나님이십니다. 우리가 그것을 우리의 죄악 된 상태에서 알지 못한다고 할지라도 우리에게 필요한 것은 이 하나님이십니다. 새 생명과 의를 발견하기 위하여 그분에게로 나가지 않는다면, 우리는 그분에게서 도망하여 악함과 영적 죽음으로 달려갈 뿐입니다.

하나님은 무엇을 하셨는가?

그러나 하나님은! 의와 생명보다 악과 죽음이 더 좋아서 하나님으로부터 도피했을지라도 하나님께서는 우리에게 다가 오셨고, 꼭 필요한 것을 우리에게 정확하게 해 주셨다는 것을 발견하는 것은 참으로 놀라운 일입니다. 한마디로 말하자면, 그분이 우리를 구원하셨습니다. 이 장을 시작하면서 말했던 것처럼 하나님께서는 비참하고 절망적인 상황에서부터 우리를 구출하셨습니다.

하나님께서는 우리를 구원하기 위하여 간섭하기 전에 남자와 여자, 즉 인간의 상태에 대하여 논의할 때, 하나님을 떠난 죄인인 우리의 처지가 세 가지 이유에서 절망적이라고 지적한 바 있습니다.

첫째, 우리는 "(우리의)허물과 죄로 죽었다." 이것은 시체가 그 상황을 더 개선할 수 없는 것처럼 우리도 우리 자신을 영적으로 도와줄 수 없는 것과 동일한 의미입니다. 하나님이 명령을 발하지 않는 한 "일어나라"는 명령에 시체가 응답할 수 없는 것처럼 복음이 선포되어도 우리는 응답할 수 없습니다. 사람이 죽으면 투쟁은 끝납니다.

둘째, 우리는 "죄의 노예가 되었다." 이 영적인 죽음은 낯선 것입니다. 하나님에게 응답하는 능력에 관한한 우리가 죄로 말미암아 죽었지만 그럼에도 불구하고 우리는 악을 행하면서 아주 활기 있게 살아가고 있습니다. 사실상 우리는 악한 행실의 노예이고, 우리는 죄에게 포로가 된 노예입니다.

셋째, 우리는 "우리의 허물에 대한 하나님의 선고를 받았다." 바울이 말하는 것처럼 그래서 우리는 "본질상 진노의 자녀"입니다(3절).

그러나 하나님은! 이제 여기 아름답고 경이로운 그리스도의 복음이 입장합니다. 우리는 절망적으로 악의 세계에 유기되었으나, 하나님께서는 우리를 구원하려고 주권적으로 의롭게 간섭하심으로 이런 처지에서 우리를 구원하셨습니다.

어떻게 이런 일이 이루어지는가를 주목해 보면, 우리는 죄로 인하여 죽었던 사람입니다. 그러나 하나님께서는 "허물로 죽은 우리를 그리스도와 함께 살리셨다"(5절). 앞 장 말미에서 제시했던 것과 같이 우리가 그리스도인이 되면서 겪는 체험은 죽은 나사로의 경우와 같습니다. 우리는 어떠한 경건한 영향력에 대해서도 죽었던 자들이지만, 하나님께서는 죽은 자를 깨우셨습니다. 이것은 하나님께서 우리를 위하여 행하신 것입니다. 우리도 나사로처럼 "나오너라!" 하고 부르시는 주님의 음성을 듣게 되었습니다(요 11:43). 그분의 음성은 우리에게 생명을 주었고, 우리는 놀랍게도 우리 자신의 영적 무덤에서 일어나 밖으로 나오면서 응답하게 되었습니다. 지금 이 생명은 더 이상 과거의 생명이 아니고, 이것은 전적으로 새 생명입니다. 게다가 우리는 예수님을 새 주인으로 맞이하게 되었고, 의로운 삶의 새로운 기준을 따르게 되었습니다.

다시 말하지만 우리는 죄 가운데 죽었을 뿐만 아니라 또한 죄의 노예였습니다. 우리가 더 좋은 행동을 하고 싶어도 할 수 없었고, 우리를 밑바닥으로 끌어내리는 것에서부터 도피해 보려고 몸부림을 치면 칠수록 우리는 죄의 표사(漂砂: 올라서면 빠져들어 가는 젖은 모래층-역자) 속으로 더 깊이 더 깊이 끌려들어갔습니다. 그러나 하나님은! 우리를 생명으로 불러내셨을 뿐만 아니라 바울의 말대로 "함께 일으키사 그리스도 예수 안에서 함께 하늘에 앉히셨습니다"(6절). 하늘나라에는 노예가 없습니다. 우리가 그리스도와 함께 일으킴을 받고, 천상의 영역에서 그분과 함께 앉게 되면, 우리는 자유인으로 그 특권을 누리는 것입니다. 죄의 사슬은 깨졌고, 의롭게 행동할 수 있는 자유의 몸이 되었고, 이 세상에서 하나님을 효과적으로 섬기게 되었습니다.

넷째, 하나님께서는 "진노에 대한 의문을 다루신다." 우리는 우리 자신의 죄 가운데 정말 "진노의 자녀"였습니다(3절). 예수님께서 우리 죄를 위하여 우리 대신 고난 당하셨고, 우리는 죄에서부터 구원받았기 때문에, 더 이상 진노 아래 있지 않은 대신에 우리는 "그리스도 예수 안에서 우리에게 자비하심으로써 그 은혜의 지극히 풍성함"을 소유하는 자녀가 되었습니다(7절).

존 스토트(John Stott)는 그것을 이렇게 설명합니다. "이들 두 개의 단음절 단어('그러나 하나님은')는 타락한 인류의 절망적인 상황 속에 하나님의 은혜로우신 주도권과 주권적인 행사를 베풀어 준다. 우리는 그분의 진노의 자녀들이었다. 그러나 하나님께서 우리를 사랑하신 그 큰 사랑은 우리에게 긍휼을 베푸셨다. 우리는 죽었으며, 죽은 사람은 다시 살아나지 못한다. 그러나 하나님은 우리를 그리스도와 함께 살리셨다. 우리는 부끄럽고 무력한 상황에서 종노릇하였다. 그러나 하나님은 우리를 그리스도와 함께 일으키시고, 그분의 오른손으로 붙드시어 영화롭고 능력 있는 자리에 두셨다. 이와 같이 하나님께서는 죄 가운데 있는 우리의 상황을 뒤바 꿔 놓기 위하여 조치를 취하셨다."[2]

"그러나 하나님은"이라는 단어는 하나님께서 행하신 것을 보여 주는 말입니다. 게다가 이 말은 우리의 생각을 하나님을 향하게 하고, 모든 일에서 그분만 의지하 도록 격려해 줍니다.

우리는 이렇게 질문할 수 있습니다. "나는 하나님에 대하여 무지한가?" 정말 그 렇습니다. "기록된 바 하나님이 자기를 사랑하는 자들을 위하여 예비하신 모든 것 은 눈으로 보지 못하고 귀로 듣지 못하고 사람의 마음으로 생각하지도 못하였다 함 과 같으니라 오직 하나님이(그러나 하나님은) 성령으로 이것을 우리에게 보이셨으 니 성령은 모든 것 곧 하나님의 깊은 것까지도 통달하시느니라"(고전 2:9-10).

"나는 죄의 유혹을 받고 있는가?" 정말 그렇습니다. "사람이 감당할 시험 밖에는 너희에게 당한 것이 없나니 오직 하나님이(그러나 하나님은) 미쁘사 너희가 감당 치 못할 시험 당함을 허락지 아니하시고 시험 당할 즈음에 또한 피할 길을 내사 너 희로 능히 감당하게 하시느니라"(고전 10:13).

"나는 어리석고, 나약하고, 수치를 당하고 있는가?" 역시 그렇습니다. "그러나 하나님께서 세상의 미련한 것들을 택하사 지혜 있는 자들을 부끄럽게 하려 하시고 세상의 약한 것들을 택하사 강한 것들을 부끄럽게 하려 하시며 하나님께서 세상의 천한 것들과 멸시받는 것들과 없는 것들을 택하사 있는 것들을 폐하려 하시나니 이 는 아무 육체도 하나님 앞에서 자랑하지 못하게 하려 하심이라"(고전 1:27-29).

"나는 다른 사람의 죄와 병든 의지의 희생이 되고 있는가?" 아마 나는 이미 그렇 게 되었거나 그렇지 않으면 조만간 그렇게 될 것입니다. 요셉이 형들에게 "당신들 은 나를 해하려 하였으나 (그러나) 하나님은 그것을 선으로 바꾸셨다"고 말했던 것 처럼 나도 그렇게 말할 수 있습니다(창 50:20).

이것을 한 마디로 줄여서 말해 본다면, 만일 이 한 마디를 - "그러나 하나님은!" -

깨닫게 되면, 여러분은 구원받게 될 것입니다. 날마다 이 말을 생각하고, 이 말대로 살면 여러분의 삶은 완전히 변화될 것입니다.

왜 그것을 하셨는가?

내가 묻고 싶은 세 번째 질문은 "왜?"로 시작합니다. 왜 하나님께서는 바울이 말한 것과 또 다른 구절들이 우리에게 말하는 것을 행하셨습니까? 오직 한 마디 대답밖에 할 수 없는데, 그것은 "은혜"입니다. 그분은 그렇게 하는 것을 기뻐하시기 때문에 이것을 행하셨습니다. 나는 "한 마디 대답"이라고 말하지만, 바울은 이것을 표현하기 위하여 네 마디를 사용합니다.

1. **사랑**(Love, 4절). 바울은 "그 큰 사랑을 인하여" 하나님이 이것을 행하셨다고 말합니다. 루이스(C. S. Lewis)는 이렇게 말합니다. "아무것도 필요하지 않은 하나님은 피조물을 사랑하고 온전하게 하기 위하여 전적으로 불필요한 피조물의 존재 속으로 들어와 사랑하신다. 그분은 이미 십자가 위에서 파리 떼가 붕붕거리면서 날아다니고, 채찍으로 맞은 등이 고르지 못한 나무토막에 눌리고, 못은 종심 신경을 관통하고, 시간마다 등과 팔에 고통이 가해지고, 가쁜 숨을 몰아 쉬어가면서 거기 매어달릴 것을 예견하시면서 - 차라리 우리는 '바라보면서'라고 말하는 것이 옳지 않을까? 하나님에게 시제 따위는 없기 때문이다 - 우주를 창조하신다. 여기 사랑이 있다. 이것이 사랑을 발명하신 분, 곧 하나님 자신의 사랑이다."[3]

2. **긍휼**(Mercy, 4절). 긍휼은 사랑과 가장 밀접한 관계를 지닌 말입니다. 긍휼은 사랑에서 흘러나오지만, 긍휼은 정확하게 반대 입장을 취하는 자에게 베푸는 호감[*]입니다.

---

[*] 호감: 본문에서 favor라는 단어를 하나님과 관련지어 사용할 때는 "은총"으로 번역하는 것이

관례지만, 본문의 의미를 정확하게 전달하기 위하여 "호감"으로 옮겼다. 하나님을 반대하는 자에게 호감을 갖지 않는다면 긍휼을 베푸실 이유가 없음-역자

합당한 보상과 보응 외에 달리 아무것도 없다면 죄인은 하나님의 진노 밖에 받을 것이 없습니다. 그러나 하나님께서는 긍휼하시기 때문에 그렇게 되지 않습니다. 마땅히 그렇게 할 수 있는 권리를 가지고 있지만 그들을 정죄하지 않고 그 대신 그들에게 다가가 예수 그리스도의 죽음을 통하여 구원하셨습니다.

3. 은혜(Grace, 5절). 바울의 마음 속에 자리 잡고 있는 말 가운데 으뜸을 차지하는 말입니다. 왜냐하면 본 문단의 후반부에서 거의 모든 문장마다 이 말이 반복 되다시피 하기 때문입니다. 5절에서 "너희는 은혜로 구원을 받은 것이라"고 말합니다. 8절과 9절에서도 "너희는 그 은혜에 의하여 믿음으로 말미암아 구원을 받았으니 이것은 너희에게서 난 것이 아니요 하나님의 선물이라 행위에서 난 것이 아니니 이는 누구든지 자랑하지 못하게 함이라"고 말합니다. 은혜란 하나님께서 그렇게 행하셔야 할 만 한 이유가 없음에도 불구하고 그렇게 하셨다는 의미입니다. 그런데 우리는 그 반대로 생각하고, 우리는 하나님이 우리에게 무엇인가 갚아야 할 것이 있다고 생각합니다. 우리는 그리스도인이 된 다음에도 자주 이런 생각을 합니다. "틀림없이 하나님께서는 한 번쯤은 누구에게나 기회를 줄거야!" 라고 말하든지, 하나님께서 그렇게 해 주실 것이라고 생각했던 것을 해 주시지 않을 때, 우리는 "그것은 공평하지 않아!" 라고 말하게 됩니다. 우리가 은혜를 그런 식으로 생각하는 한 은혜를 깨닫지 못합니다. 은혜란 전적으로 받을 수 없는 자에게 베푸는 하나님의 호의입니다.

4. **자비하심**(Kindness, 7절). 다른 말과 비교해 볼 때, 이 말의 의미는 다소 약한 것처럼 보이나 실제로 그렇지 않습니다. 결코 연약하지 않으신 분, 하나님의 성품에서부터 인출되는 말이기 때문입니다. 하루하루 살아가는 신자의 삶 속에 하나님의

자비하심이 풍성하게 담겨있습니다. 삶의 노정에서 우리는 어리석고 중대한 범죄를 자주 범하게 됩니다. 그렇게 할 때마다 하나님께서 우리를 때려눕히지 않으시고, 그분은 우리를 공격하시지 않습니다. 그 대신 그분은 놀라울 정도로 자비하십니다. 그분은 가장 나쁜 죄의 결과에서부터 우리를 보호하시고, 그분은 우리를 순종과 선행의 길로 인도하시기 위하여 온유하게 말씀하십니다.

왜 하나님께서는 이렇게 행하십니까? 하나님은 사랑이요, 긍휼이요, 은혜요, 자비하심이라고 바울은 대답합니다. 이것이 그분의 하나님 되심이기 때문에 그렇게 행하십니다. 주권적이시며, 거룩하시며, 죄에 대하여 진노하심에 덧붙여 그분이 사랑이요, 긍휼이요, 은혜요, 자비하심이라는데 우리는 그저 놀랄 뿐입니다. 우리는 하나님을 찬송합니다.

그러면 나는 무엇을 해야 하는가?

우리는 하나님의 은혜로 구원받습니다. 일단 구원을 받으면 그토록 우리를 사랑하시는 분을 필연적으로 섬기고 싶은 마음이 생깁니다. 당신은 아직 구원을 받지 못했습니까? 만일 그렇다면 예수 그리스도 안에서 아무 조건 없는 하나님의 사랑이 여러분의 마음을 움직이고 재촉하게 하시기 바랍니다. 로마서에서 "우리가 아직 죄인 되었을 때에 그리스도께서 우리를 위하여 죽으심으로 하나님께서 우리에 대한 자기의 사랑을 확증하셨느니라"는 말씀을 발견할 수 있습니다(롬 5:8). 당신은 이미 신자가 되었습니까? 만일 그렇다면 이 위대한 하나님의 사랑이 여러분을 감동하여 헌신과 실천의 고지를 향하여 오르게 하십시오. 찬송시를 작사한 사람은 이렇게 묘사했습니다.

> 놀라운 사랑, 그 크신 사랑
> 내 영혼, 내 생명,
> 내 모든 것을 요구하시네.

존 칼빈(John Calvin)은 이 구절에 대한 강해를 끝마치면서 이 점을 생각했고, 그는 참으로 지혜롭게 요약했습니다. "이제 우리의 모든 잘못을 인정하고 선하신 하나님의 존귀하심 앞에 우리 자신을 내려놓자. 우리의 잘못 가운데 서너 가지만 고백하는 것이 아니라 출생할 때로 되돌아가서 우리 안에는 죄밖에 없으며, 우리가 하나님과 화목하게 되려면 우리 주 예수 그리스도의 보혈과 죽으심과 수난이 아니면 다른 길이 없음을 깨닫게 해달라고 기도를 드리자! 그러므로 하나님의 은혜에서부터 돌이킨 것과 그분의 심판대 앞에 소환당하는 것을 후회할 때마다 하나님과 우리 사이에서 대속의 제물이 되신 우리 주 예수 그리스도 외에는 달리 피할 곳이 없다. 우리가 연약할 때마다 성령님께서 그것을 치료해 달라고 그분에게 간구하자. 이것은 그분이 우리로 하여금 그분의 모든 은혜로운 선물의 참여자로 만드는 방편이다. 우리가 다른 사람들에게 본이 되고, 우리와 함께 그들도 신앙과 교리의 일치로 인도하는 수고를 하며, 우리의 생활과 선한 대화를 통하여 하나님의 아들의 선한 가르침을 헛되이 받지 않았음을 보여줄 수 있도록 변함없는 믿음 속에 머물도록 하자."[4]

●각주●

1. D. Martyn Lloyd-Jones, God's Way of Reconciliation: Studies in Ephesians, Chapter 2 (Grand Rapids: Baker, 1972), 59.

2. John R. W. Stott, God's New Scoiety: the Message of Ephesians (Downers Grove, Ill.: Inter Varsity, 1979), 79-80.

3. C. S. Lewis, The Four Loves (New York: Harcourt, Brace & Co., 1960), 176.

4. John Calvin, Sermons on the Epistle to the Ephesians (1562; reprint, Carlisle, Pa.: Banner of Truth Trust, 1975), 154.

10

그리스도와 함께 일으키사

에베소서 2 : 4-7

긍휼이 풍성하신 하나님이 우리를 사랑하신 그 큰 사랑을 인하여 허물로 죽은 우리를 그리스도와 함께 살리셨고 (너희는 은혜로 구원을 받은 것이라) 또 함께 일으키사 그리스도 예수 안에서 함께 하늘에 앉히시니 이는 그리스도 예수 안에서 우리에게 자비하심으로써 그 은혜의 지극히 풍성함을 오는 여러 세대에 나타내려 하심이라

여러분은 혹시 어떤 의미를 적절하게 표현하고 싶어서 새로운 말을 만들어 본 경험이 있습니까? 영어를 사용하는 국가에서는 새로운 말을 만드는 사람들이 있습니다. 거의 240년 전, 정확하게 말하자면 1754년에 호레이스 월폴(Horace Walpole)이라는 사람이 "세런디피티(serendipity)"라는 말을 만들었는데, 그는 이 말의 뜻을 "예기치 못했던 것을 우연하게 발견하는 행복한 능력"이라고 정의했습니다. 내 서재에 있는 12권짜리 「옥스퍼드 영어사전」(Oxford English Dictionary)에서 이 단어를 찾을 수 있으나 대학생들이 애용하는 조그만 「웹스터 사전」(Collegiate Dictionary)에는 등재되지 않았습니다.

노스코트 파킨슨(C. Northcote Parkinson)이라는 사람은 "인젤리티티스(injelititis)"라는 말을 만들었는데, 이 말은 "유도된 열등감", 즉 "거의 시도를 하지 않아서 성취한 것이 없는 사람에게서 보이는 질병" 이라는 뜻을 가지고 있습니다.

사도 바울도 경우에 따라 새로운 말을 만들었습니다. 에베소서 2:5-6절에는 세 개의 낱말을 합성해서 새로 만든 말이 있는데, 바울은 하나님의 조건 없는 자비하심이 우리가 처한 상황에 가져온 철저한 변화를 논의했습니다. 회심하기 전 우리는 "허물과 죄로 인하여 죽었지만" 지금은 우리가 "그리스도와 더불어 살게 되었다." 전에는 죽었으나, 지금은 살았습니다. 전에는 죄와 정욕의 종노릇 했으나, 지금은 종에서 해방되었습니다. 전에는 진노의 자녀였으나, 지금은 하나님의 사랑을 체험하고 있습니다. 어떤 말로 이 변화를 적절하게 설명할 수 있습니까? 어떤 용어로 이것을 표현할 수 있습니까? 그리스도가 오시기 전까지 세계 역사상 이런 일이 알려지지 않았기 때문에 바울 당시 이렇게 일어난 일을 설명할 수 있는 말이 없었다는 것은 그리 놀라운 일이 아닙니다.

그래서 바울은 몇 개의 단어를 새로 합성했습니다. 그는 "함께" 라는 의미를 지닌 헬라어 접두사 쉰(syn)을 취하여 예수님께서 십자가에 못 박히신 다음 하나님께서 행하신 것을 설명하는 곳에서 사용하는 세 개의 단어와 각각 결합시켰습니다. 그 세 단어는 첫째로 "살리다", 둘째로 "일으키다", 마지막으로 하늘에 그와 함께 "앉히시다" 입니다. 그 결과는 이렇게 되었습니다.

1. "함께 살리다" 를 의미하는 쉰조오포이에오(synzoopoieo);
2. "함께 일으키다" 를 의미하는 쉰에게이로(synegeiro);
3. "함께 앉히시다" 를 의미하는 쉰카티조(synkatizo);

항상 함께 사용되는 이 세 개의 단어는 하나님의 위대한 구원의 역사에서 예수 그리스도와 더불어 연합한 결과로 그리스도인에게 일어난 변화를 설명하는 "가장 중요한 성경적 진술" 이 되었습니다.

난해한 교리

대부분의 신약성경이 우리에게 주는 교훈처럼 신자와 그리스도와의 연합 교리는 여러 개의 은유와 같이 예수님의 말씀에서 그 기원을 찾을 수 있습니다. 예수님께서는 자기와 연합한 것을 포도나무와 가지의 연합으로 비교하셨습니다. "내 안에 거하라 나도 너희 안에 거하리라 가지가 포도나무에 붙어 있지 아니하면 절로 과실을 맺을 수 없음 같이 너희도 내 안에 있지 아니하면 그러하리라 나는 포도나무요 너희는 가지니 그가 내 안에, 내가 그 안에 거하면 사람이 열매를 많이 맺나니 나를 떠나서는 너희가 아무 것도 할 수 없음이라"(요 15:4-5). 또 다른 은유에서는 떡을 먹는 것처럼 그리스도를 먹거나(마 26:26-28; 요 6:35), 물이나 포도주를 마시는 것처럼 그분을 마신다고 언급했습니다(마 26:26-28; 요 4:1-14).

"너희 말을 듣는 자는 곧 내 말을 듣는 것이요 너희를 저버리는 자는 곧 나를 저버리는 것이요 나를 저버리는 자는 나 보내신 이를 저버리는 것"이라고 말씀한 것처럼 세상이 그리스도를 영접하거나 배척한다고 말합니다(눅 10:16). 그런데 어떻게 연합이라는 말을 가지고 그리스도를 따르는 자들을 세상이 영접하거나 거절하게 된다고 말할 수 있습니까?

체포당하고 십자가에 못 박히시기 전에 자기를 따르는 사람들을 위하여 드렸던 기도에서 예수님은 이 신비스러운 연합을 분명히 언급하셨습니다. "내게 주신 영광을 내가 그들에게 주었사오니 이는 우리가 하나가 된 것 같이 그들도 하나가 되게 하려 함이니이다 곧 내가 그들 안에 있고 아버지께서 내 안에 계시어 그들로 온전함을 이루어 하나가 되게 하려 함은 아버지께서 나를 보내신 것과 또 나를 사랑하심 같이 그들도 사랑하신 것을 세상으로 알게 하려 함이로소이다"(요 17:22-23).

이 교리는 바울의 저술에서 가장 위대하게 발전했으며, 강조되었습니다. 에베소서 2장에서 이 사상을 잘 표현하기 위하여 새로운 말을 만들었는데, 다른 곳에서는 단순하게 "그 안에" "그리스도 안에" "그리스도 예수 안에" 있는 존재에 대하여 말합니다. 이런 표현은 바울의 서신서에 164회나 등장하고, 이런 표현을 사용하여 바울은 "창세 전에 그리스도 안에서" 우리를 택하셨으며(엡 1:4), "그리스도 안에서" 구속함을 받고(엡 1:7), "그리스도 안에서" 의롭게 되고(갈 2:17), "그리스도 예수 안에서" 거룩하여지고(고전 1:2), "그의 안" 에서 모든 일…에 풍족하게 되었다고 가르치고 있습니다. 이것은 모두 저 신비적 연합으로 이루어지는 것입니다.

　이 교리는 매우 중요해서 제임스 스튜어트(James Stewart)는 "바울 신앙의 핵심"이라고 했고,[1] 존 머리(John Murray)는 "그리스도와 연합은 구원 교리의 중심 진리"라고 말했으며,[2] 아더 핑크(Arthur Pink)는 좀 더 단호한 어조로 강조합니다. "영적 연합이라는 주제는 거룩한 성경에서 진술된 것 가운데 가장 중요하고, 가장 심오하면서 가장 복된 것이다." 또한 정확히 지적합니다. "말하는 것조차 슬프지만 보다 더 일반적으로 무시당하는 것을 가려내는 것조차 어렵다. '영적 연합' 이라는 표현은 고백적 그리스도인의 사회에서조차 외면당할 뿐만 아니라, 이 말을 사용하는 곳에서도 이 말이 지니고 있는 소중한 진리를 단편적으로 이해하고 있다. 그래서 그들은 의미의 조각만 오려내서 부분적으로 사용한다."[3]

　이 교훈이 신약성경 전반에 걸쳐 탁월하다는 사실을 아는 것과 이 말을 정확하게 이해하는 것은 동일하지 않습니다. "우리를 그리스도와 함께 살리셨고" "또 함께 일으키사 그리스도 예수 안에서 함께 하늘에 앉히셨다"고 바울이 말할 때, 이것은 몽땅 말장난이라고 생각하는 사람들이 많습니다. 그들은 "그리스도 안에서 우리를 살리셨다는 것이 도대체 무슨 뜻이야? 나를 예수와 함께 일으키고 예수와 함께 하늘에 앉히셨다니 그게 도대체 무슨 말이야?" 라고 질문합니다.

연합의 두 가지 유형

　연합을 이해하는 첫 번째 방법은 그리스도와 연합을 성약적(聖約的) 연합 혹은 언약적(言約的) 연합으로 보는 것입니다. 그리스도의 역사하심으로, 그 결과 우리가 지금 하나님 앞에 설 수 있게 된 것을 일컫는 말입니다. 이것은 로마서 5:12-21절에서 자세하게 기술하고 있습니다.

이 구절에서 우리가 구원 받기 전에는 아담 안에 있었으나 구원 받은 후에는 그리스도 안에 있다고 말합니다. 아담은 하나님이 인류의 대표 혹은 인류의 동맹적인 수위(首位: 우두머리)로 세우셨고, 그는 우리를 대표해야 했습니다. 그러므로 그가 만일 계속 의에 거하고 있다면 우리도 역시 그 안에서 의에 거하는 것으로 간주되어야 하지만, 만일 그가 하나님의 계명을 범함으로 타락하였다면, 우리도 그 안에서 범죄한 것으로 간주되어야 합니다. 그가 받은 심판과 죽음은 우리에게 "전가" 됩니다. 아담은 죄를 범했고, 그 결과 죽음이 온 인류에게 전파되었습니다. 죽음은 우리가 아담 안에 있었으며, 그의 범죄로 인하여 우리도 타락했다고 하나님께서 간주하시는 증거입니다.

이와는 대조적으로 예수님은 자기 자신의 생애를 통하여 실제적이고 완전한 의를 보여주었을 뿐만 아니라 믿음으로 그분과 연합되어야 할 자들을 위하여 죽으심으로 꿋꿋하게 서 있습니다. 그리하여 아담의 죄로 인하여 심판을 받아야 할 죄인들이 그리스도의 의로 인하여 의롭다는 판결을 받게 되었습니다. 그분이 의로우시므로 우리도 의롭다함을 받고, 그분이 일으킴을 받았으므로 우리도 일으킴을 받으며, 그분이 하늘로 높임을 받았으므로 우리도 역시 하늘로 높임을 받습니다. 예수님께서 영광 가운데 하나님 아버지의 오른편에 앉으신 것과 같이 우리도 역시 앉게 될 것입니다.

이 교리를 "성약설(聖約設)"이라고 부릅니다. 이 말은 국민이 자기 조국이나 동맹 정부의 조치에 참여하게 되는 것을 유추한 것입니다. 한 나라의 국민은 국가의 채무를 함께 지게 되고, 선조들의 세대가 취했던 현명한 결정의 혜택을 함께 누립니다.

그러나 이것은 그리스도와 신비적 연합이라는 말로 전달하려는 의미를 설명하는 하나의 방법일 뿐입니다. 이것은 그 교리를 가장 적절하게 표현할 수 있는 방법이 아니고, 이 말은 에베소서 2:4-7절을 적절하게 설명할 수 있는 말은 아닙니다.

그리스도와 우리의 연합을 설명하는 두 번째 방법은 생동적이고 경험적인 연합입니다. 이 진술은 그리스도와 맺은 관계로 말미암아 우리 안에서 발생하는 실제적인 효력을 언급하는 것입니다. 앞에서 언급했던 것처럼 포도나무와 가지의 예화가 이 점을 가장 잘 가르쳐 주는 으뜸이 되는 신약성경의 교훈입니다. 예수님께서 자기 자신을 포도나무에 그리고 우리를 가지에 비유하실 때, 그분의 사역의 결과 이루게 되는 기술적인 입장을 생각했던 것이 아닙니다. 그분은 우리 삶 속에서 일어나는 실제적인 차이를 생각하셨습니다. 우리가 그분과 연합하게 된 결과 우리는 하나님께 기도드릴 수 있게 되고, 우리가 간구했던 것을 받게 되고(요 15:7), 하나님을 영화롭게 하는 영적 열매를 맺을 수 있게 됩니다(요 15:8).

만물이 새로워짐

에베소서 2:4-7절에서 바울이 만든 세 개의 새로운 말에 담겨있는 의미는 우리에게 주는 가장 풍성한 보물입니다.

1. 그리스도와 함께 살리셨습니다. 세 개의 단어 가운데 이 말은 성약적(聖約的) 해석보다 경험적 해석을 더 많이 요구합니다. 우리가 전에는 죽었으나, 그리스도와 연합함으로 지금은 살아 있다는 것이 요점입니다. 죽은 사람은 자기 주변에서 일어나는 일을 의식하지 못하고, 움직이지 않고, 육신이 썩는 과정에 있는데, 이것은 우리가 영적으로 처해 있었던 실제 상황입니다. 우리는 하나님을 의식하지 못했고, 하나님을 섬기기 위하여 움직이지 못했고, 도덕적으로 썩은 상태에 있었습니다. 지금 우리는 하나님께 대하여 살았고, 하나님을 위하여 일하고, 실제적인 의 안에서 성장하고 있습니다. 이것은 상상조차 할 수 없는 가장 심오한 변화이고, 이 변화는 모든 그리스도인에게 실제로 일어나게 됩니다. 만일 이 변화가 일어나지 않았다면 그 사람은 진정한 그리스도인이 아닙니다.

마틴 로이드 존스(Martyn Lloyd-Jones)는 하나님께서 우리에게 새로운 능력이 아니라 "새로운 기질"을 주시는 것을 변화라고 말합니다. "죄인과 그리스도인, 불신자와 신자간의 차이는 다른 사람에게 결여된 어떤 능력을 그리스도인이 소유한 것이 아니다. 결코 그렇지 않다. 그리스도인에게 부여된 새로운 성품이 전혀 다른 방법으로 그의 능력을 지배하지 않는다. 그가 새 두뇌를 받은 것이 아니다. 또한 그가 새 지능이나 그 밖에 다른 어떤 것을 받은 것이 아니다. 이런 것은 그가 항상 소유해 왔던 것들이다. 이런 것은 바울이 로마서 6장에서 회상하는 것처럼 그의 하인 노릇과 도구 역할을 해왔고, 그의 '기관'이었다. 즉, 새로운 것이라 함은 새로운 기호나 새로운 성질을 말한다. 그는 새로운 방향으로 돌아섰다. 새로운 힘이 그 사람 안에서 작동하고, 그의 능력을 인도한다. 그것이 한 사람의 자연인을 그리스도인으로 만드는 것이다."[4]

이것이 그리스도와 우리가 연합됨으로 일어나는 변화라고 설명할 수밖에 없습니다. 예수님께서 니고데모에게 말씀하셨습니다. '바람이 임의로 불매 네가 그 소리는 들어도 어디서 와서 어디로 가는지 알지 못하나니 성령으로 난 사람은 다 그러하니라'(요 3:8).

2. 그리스도와 함께 일으키셨습니다. "일으키다"라는 말이 때로는 부활이라는 말로 사용되기도 하는데, 이것은 합당한 말씀이지만, 이 본문에서는 부활의 의미보다 승천을 지시하기 위하여 사용되었습니다. 죽은 자 가운데서 일으킴을 받은 예수님께서 하늘로 들리워졌는데, 우리는 이것을 하늘 처소에 일으킴을 받았다고 말합니다.

어떻게 그렇게 될 수 있습니까? 이것은 상당히 난해한 개념입니다. 이해를 돕기 위하여 이렇게 설명해 보자면, 그리스도와 같이 죽은 자 가운데서 일으킴을 받은 존재라는 말은 우리가 새 생명을 소유하게 되었다는 것과 같은 의미입니다. 또는 마틴 로이드 존스의 표현처럼 "새 성품"을 소유한 것입니다. 우리의 승천, 우리가 그리스도와 함께 하늘로 들리움을 받는다는 말은 새로운 환경에 처하게 된다는 의미입니다. 볼 수 있고, 만질 수 있고, 냄새 맡을 수 있고, 들을 수 있고, 맛 볼 수 있는 세상에 속한 피조물이 아닙니다. 이제 더 위대한 세상, 곧 하늘의 영역에 속한 피조물이 될 것입니다. 그리스도와의 연합으로 인하여 우리는 영적인 범주 안에서 생각하고, 말하고, 일하게 되었습니다. 마틴 로이드 존스는 이렇게 말합니다. "그리스도인은 전혀 새로운 '사고 영역' 속으로 올라가고, 그는 이제 모든 것을 여기다 비추어 판단하며, 새로운 가치 기준을 소유하게 된 것이다. 즉, 그는 전혀 다른 방법으로 사물을 평가한다. 지금 그가 사물에 대해서 알고 싶어 하는 것은 거기서부터 빠져나와야 할 '거절'의 문제도 아니고, 그에게 가져다 줄 '쾌락'의 문제도 아니다. 그것이 그에게 '어떤 가치가 있느냐'의 문제인 것이다."[5]

그리스도인은 땅에 속한 것이 아니라 하늘에 속했다는 것을 더 많이 인식해야 합니다. 찰스 하지는 "하늘에 앉히시니"라는 핵심 구절에서 이렇게 유추합니다. 그가 정확하게 지적했으며, 이것은 "이 세상 나라" 혹은 "사탄의 나라"라는 말의 반대되는 "하늘나라"와 관계가 있습니다. "우리는 하나님의 나라의 경계 안에 들어와 있다. 즉, 그 나라의 법 아래 있다. 또한 우리는 그리스도 안에서 특권과 복을 누리는 칭호를 갖게 되었고 -아! 이 얼마나 보잘 것 없는 분량인가 마는- 그의 영을 소유했다." 그는 계속해서 별스럽게 말합니다. "우리가 이 천국에서 가장 낮은 자리를 차지할지라도, 그리고 천국의 맨 가장자리에 있다고 할지라도 아직 천국 안에 있다."[6]

다시 말해서 이것이 그리스도와의 연합으로 이루어집니다. 그리스도와 연합이 아니라면 하나님의 나라를 알 수 없고, 그 연합으로 우리는 하나님의 나라의 한 부분이 됩니다. 세상을 따라가려는 우리 자신은 하늘나라를 생각하는 사람으로 변화되어야 합니다. 그렇게 될 수 있으나 이것과 반대 현상이 우리에게 일어나면 안 됩니다.

3. 그리스도 예수 안에서 하늘에 함께 앉히십니다. 세 가지 만든 말 가운데 마지막 말은 가장 높은 봉우리에서 그리스도와 함께 연합한다는 의미를 생각하게 해 줍니다. 이 말은 그분과 함께 일으킴을 받을 뿐만 아니라 그분과 함께 하늘에서 하나님 아버지 곁에 앉게 하심을 보여주는데, 이때 부정과거나 과거 시제의 동사가 사용되었습니다. 우리는 이미 그리스도 안에서 하나님과 함께 앉게 되었음을 의미합니다. 이것이 현재 우리의 위치이며, 이미 우리가 도착한 곳으로, 우리는 이제 그리스도와 연합에 의하여 살게 되었습니다.

이 점에는 몇 가지 국면이 있습니다. 우리가 그리스도와 함께 하나님 옆에 앉아 있는 자리는 보좌인데, 이것은 우리가 예수님과 함께 다스리고 있다는 것을 의미합니다. 우리는 이 세상에서 그리스도의 임재와 권위의 연장이며, 이 보좌는 시편 110:1절에 기술되었습니다. "여호와께서 내 주에게 이르시되 내가 네 원수들을 네 발판이 되게 하기까지 너는 내 오른쪽에 앉아 있으라 하셨도다"(마 22:44; 행 2:34-35; 히 1:13; 10:13과 비교). 이 자리는 승리에 대하여 말하며, 그것은 안전과 특권, 기쁨과 성취를 내포하고 있습니다.

바울이 이것을 염두에 두었다고 생각하지 않고, 내 나름대로 바울이 말하려고 했던 것을 설명하려고 했습니다. 요한이 그의 복음서에 최후의 만찬 이야기를 삽입한 것을 기억합니까? 자기 자신이 예수님 곁에 기대던 것을 어떻게 설명하는지 기억이 납니까? 요한의 기록을 따르자면, 예수님께서는 열 두 제자 가운데 한 사람은 그를 배반할 것이라고 선언하셨습니다. 베드로는 이 계시의 말씀에 놀라서 요한에게 몸짓 하면서 예수님께서 말씀한 자가 누구냐고 질문했고, 요한은 자기 자신을 이렇게 진술했습니다. "그가 예수의 가슴에 그대로 의지하여 말하되 주여 누구니이까"(요 13:25). 예수님께서 대답하셨습니다. "내가 떡 한 조각을 적셔다가 주는 자가 그니라"(26절). 그리고 곧, 한 조각을 적셔 가룻 유다에게 주셨습니다. 요한은 예수 곁에 기대 앉아 있었으므로 그는 곧 계시를 받은 사람이었습니다.

이제 에베소서를 읽어봅시다. "또 함께 일으키사 그리스도 예수 안에서 함께 하늘에 앉히시니 이는 그리스도 예수 안에서 우리에게 자비하심으로써 그 은혜의 지극히 풍성함을 오는 여러 세대에 나타내려 하심이라"(엡 2:6-7). 하나님 아버지의 오른쪽 그리스도와 함께 있는 자리는 친밀함과 계시의 자리이고, 그것은 하나님께서 자기 가슴을 열어주시는 곳입니다. 주목하여 보십시오. 우리는 지금 그곳에 있습니다. 지금 우리는 하늘에서, 그리고 그리스도 안에서 하나님과 더불어 함께 앉아 있고, 지금 하나님께서 우리에게 친밀하게 말씀하고 계십니다.

이것은 사도 바울이 에베소서를 써 내려가면서 깊이 염두에 두었던 위대한 특권입니다.

당신은 그리스도 안에 있습니까?

나는 몇 가지 질문을 하면서 끝을 맺으려 합니다. 첫째, 여러분은 그리스도와 함께 살리심을 받았습니까? 하나님께서는 새로운 삶의 원리를 여러분의 내면에 넣어 주셨습니까? 여러분이 행동할 때, 새로운 영적 성품을 감지할 수 있습니까? 만일 여러분이 확신을 가지고 이 질문에 대답 할 수 없다면, 대답할 수 있을 때까지 모든 수단을 다 동원하여 하나님을 추구하십시오. 그것이 "기독교" 입니다. 기독교란 단순한 교리가 아닙니다. 죄를 용서 받았다는 감정도 아니고, 더 나아가서 하나님께서 여러분을 용서하실 것이라는 믿음도 아닙니다. 기독교는, 곧 그리스도가 자기 백성 안에 살아 계시고, 그리스도가 우리 안에 계시는 것입니다. 그리스도와 함께 살리심을 받은 사람은 누구나 그 이후에도 동일한 상태에 머무르지 않습니다. 그리스도와 함께 연합한 사람들은 또 다시 하나님께 대하여 죽지 않으며, 전과 같이 옛 죄를 짊어지고 다니지 않습니다.

둘째, 여러분은 그리스도와 함께 일으킴을 받았고 그로 말미암아 여러분의 방향은 땅이 아니라 하늘을 향하게 되었습니까? 만일 여러분이 그리스도인이라면 하나님과의 관계에서 사물을 생각해야 합니다. 여러분은 하나님 나라 백성이요, 하나님의 법에 대하여 책임져야 한다는 것을 알아야 됩니다. 여러분은 하나님만 위하여 살아야 하며, 어느 곳으로 보냄을 받든지 그분만 대표해야 합니다.

마지막으로, 여러분은 그리스도와 함께 하늘에 앉힘을 받았습니까? 즉, 여러분은 하나님과 함께 참되고, 복되며, 친밀한 가정을 이루었습니까? 여러분은 거기서 아버지에게 말씀드리고 있습니까? 하나님께서는 여러분에게 말씀하십니까? 느낌은 같을지 모르지만, 그것은 오스틴 마일즈(Austin Miles)의 찬송시에 묘사된 "동산" 보다 훨씬 더 친밀한 곳입니다.

주가 나와 동행을 하면서
나를 친구 삼으셨네.

　　　　　　　우리 서로 받은 그 기쁨은
　　　　　　　알 사람이 없도다.[7]
　　　　　　　　　　　(찬송가 442장: "저 장미꽃 위에 이슬" 후렴구)

　만일 여러분이 이런 친밀함을 맛보았다면, 더 이상 땅 위에 애착을 두지 않고, 오직 하나님의 영광만 사모하게 될 것입니다.

　●각주●

　1. James S. Stuart, A Man in Christ: The Vital Elements of St. Paul's Religion (New York: Harper and Brothers, n.d.), 147.

　2. John Murray, Redemption Accomplished and Applied (Grand Rapids: Eerdmans, 1955), 170.

　3. Arthur W. Pink, Spiritual Union and Communion (Grand Rapids: Baker, 1971), 7.

　4. D. Martyn Lloyd-Jones, God's Way of Reconciliation: Studies in Ephesians, Chapter 2 (Grand Rapids: Baker, 1972), 79.

　5. 상게서, 91.

　6. Charles Hodge, A Commnetary on the Epistle on the Epistle to the Ephesians (1856; reprint, Grand Rapids: Baker, 1980), 115.

　7. 오스틴 마일즈(Austin Miles)의 친구 아남 가이벨은 1912년에 무남독녀가 결혼한 지 얼마 되지 않아 장래를 촉망받던 사위가 직장이었던 제철회사에서 폭발사고로 죽었다. 그는 자기의 고통과 번민을 이기지 못하고 친구 오스틴 마일즈에게 위로받을 수 있는 찬송시를 지어달라고 요청했다. 마일즈는 친구의 비통한 사정을 듣고, 감동적이며 부드러워야 하고 소망을 안겨줄 수 있는 시를 지어야 된다고 생각했다. 이에 마일즈는 요한복음 20장을 읽던 중 새벽 미명에 예수님의 무덤가에서 울고 있던 마리아의 모습을 떠올리고 크게 감동받고 본 찬송시를 짓게 되었다.

　작곡자 오스틴 마일즈는 미국 뉴저지주 태생의 약사였다. 또 찬송가 작사자로도 알려졌다. 음악적 재능을 타고난 그는 출판사 편집인으로 평생을 찬송가 제작과 교회음악 관계 서적의 출간에 헌신하였다.

실제로 1절은 "내가 그 동산에 홀로 갔네(I come to the garden alone)"로 시작하는 찬송이다. 그 후렴구를 의미에 충실하게 옮겨본다.-역자

그분은 나와 함께 걸으셨네, 그리고 그분은 나에게 말씀하셨네.
그분은 내가 그분의 것이라고 말씀해 주셨네.
우리가 거기 머무르면서 나눴던 그 기쁨들,
알 사람이 아무도 없네.

11

오직 은혜를 인하여 구원을 받았나니

에베소서 2 : 8-9

너희는 그 은혜에 의하여 믿음으로 말미암아 구원을 받았으니 이것은 너희에게서 난 것이 아니요 하나님의 선물이라 행위에서 난 것이 아니니 이는 누구든지 자랑하지 못하게 함이라

오늘 우리가 공부할 본문은 성경에서 가장 잘 알려진 요절 가운데 하나로써 이 요절에는 누구나 들을 수 있는 가장 위대한 메시지가 담겨 있기 때문입니다. 요한복음 3:16절과 시편 23편과 함께 널리 암송되는 요절입니다. 요한복음 3:16절은 "하나님이 세상을 이처럼 사랑하사 독생자를 주셨으니 이는 저를 믿는 자마다 멸망치 않고 영생을 얻게 하려 하심이라"고 말하고, 에베소서 2:8-9절도 신학적으로 동일한 메시지를 말하고 있습니다. 즉, "너희가 그 은혜에 의하여 믿음으로 말미암아 구원을 받았으니 이것은 너희에게서 난 것이 아니요 하나님의 선물이라 행위에서 난 것이 아니니 이는 누구든지 자랑하지 못하게 함이라"고 선포합니다.

본문은 세 부분으로 나눌 수 있습니다. 첫째 부분은 하나님께서 우리를 어떻게 구원하셨는가를 말하고 있는데, 즉 "은혜에 의하여" 구원을 얻는다는 것입니다. 둘째 부분은 이 하나님의 은혜가 우리에게 임하는 경로에 대하여 말하고 있는데, 즉 "믿음으로 말미암아" 구원을 얻는다는 것입니다. 마지막 부분은 대조적으로, 어떻게 하면 하나님은 우리를 구원하지 않으시는가를 말하고, 그 이유를 설명하고 있는데, 즉 "행위에서 난 것이 아니니 이는 누구든지 자랑하지 못하게 함이라"는 것입니다.

은혜에 대한 모든 것

필라델피아제십장로교회를 담임했던 전임 목회자는 도널드 반하우스(Donald Barnhouse)였습니다. 그는 이 본문을 가지고 소책자를 출판했는데, 그의 책에서 이 구절의 가르침을 아주 잘 설명했습니다. 신학적 개념은 물론이려니와 예를 들자면 의자처럼 아주 흔한 물건의 정의를 내릴 때, 겪게 되는 어려움을 설명하면서 글을 시작합니다. 그래서 "은혜"라는 말을 "하나님의 조건 없는 은총이나 죄인을 향한 하나님의 자비하심과 사랑"이라고 신학적으로 기술하기보다 다음과 같은 감동적인 이야기를 펼쳐 냈습니다.

"지난 세기 런던의 가장 비참한 빈민가에 헨리 무어하우스라는 이름을 가진 사회사업가가 살고 있었다. 어느 날 저녁, 그가 길을 가고 있을 때 지하 식품점에서 우유를 담은 그릇을 들고 나오는 한 소녀를 목격했다. 그 소녀는 그릇을 들고 집으로 가는 중이었다. 무어하우스보다 조금 뒤에서 걷고 있던 소녀가 갑자기 미끄러지면서 넘어졌다. 소녀는 그릇 손잡이를 놓쳐 버렸고, 그릇은 보도 위에 떨어져 깨져 버렸다. 우유는 하수구로 흘러 들어갔다. 소녀는 작은 심장이 깨지기라도 한 것처럼 울음을 터뜨렸다. 무어하우스는 소녀가 다치지 않았는지 살펴보려고 가까이 다가갔다. 그는 소녀를 부축하여 일으키면서 '애야, 울지 마라!' 하고 달랬다. 소녀의 눈물은 그칠 줄 몰랐다."

소녀는 "엄마가 때릴 거예요. 엄마가 때릴 거예요." 라는 말만 계속 반복했다.

무어하우스가 말했다. "얘야, 아니다. 엄마가 때리지 않을 거야. 내가 알아. 자, 이 그릇은 산산조각이 나지 않았단다." 그는 소녀 곁에 허리를 구부리고 그릇의 파편을 집어 들었다. 마치 그릇을 되돌려줄 수 있는 것처럼 열심히 맞춰 보았다. 이윽고 소녀는 울음을 그쳤다. 희망을 가졌던 것이다. 전에도 그 그릇을 여러 번 고쳐 써야 할만큼 소녀의 집은 가난했다. 무어하우스가 여러 개의 조각을 이리저리 맞추는 것을 물끄러미 바라보면서 아마 이 낯선 분이 망가진 그릇을 고쳐 줄 수 있을지 모른다고 소녀는 생각했다. 맞춰 놓은 그릇이 너무 볼품없어서 무어하우스는 그릇을 두드려 조각조각 깨버렸다. 소녀는 다시 울음을 터뜨렸다. "얘야, 울지 마라. 엄마가 때리지 않는다고 내가 약속하마." 무어하우스는 같은 말만 되풀이했다.

두 사람은 그릇을 맞추는 작업을 다시 한 번 시도했다. 이번에는 손잡이만 빼놓고 잘 맞출 수 있었다. 무어하우스는 그것을 소녀에게 내밀었다. 소녀는 손잡이를 붙여 보려고 애를 썼지만 다시 그릇을 조각내는 것 외에 소녀가 할 수 있는 일도 없었다. 이번에도 소녀의 눈물이 멈추지 않았습니다. 소녀는 보도 위에 널려있는 깨진 조각들을 쳐다보려고 하지도 않았습니다.

마침내 무어하우스는 소녀를 두 팔로 앉고 거리 아래쪽 도자기 가게로 갔다. 소녀에게 새 그릇을 사 준 다음 소녀를 계속 팔에 안은 채 우유 가게로 갔다. 그리고 우유를 사서 새 그릇에 가득 채웠다. 그는 소녀의 집이 어디냐고 물었다. 무어하우스는 대답을 듣고 나서 소녀를 집으로 데리고 가서 계단 위에 내려놓았다. 우유가 가득 담겨 있는 그릇을 소녀의 손에 들려 주었다. 그리고 소녀에게 문을 열어주었다. 소녀가 집안으로 들어서자 다시 한 번 더 소녀에게 질문했다.

"자, 아직도 엄마가 너를 때릴 거라고 생각하니?"

"아니요, 선생님. 전에 쓰던 것보다 훨씬 더 좋은 그릇이니까요." 라고 말하면서 소녀는 환하게 웃었다. "그 소녀가 보여준 밝은 미소는 무어하우스가 당했던 고생을 보상해 준 것이다."[1]

이 이야기는 하나님의 은혜로 말미암는 구원을 잘 설명해 줍니다. 남자와 여자가 모두 하나님의 형상을 따라 창조되었고, 우리의 첫 조상 아담과 하와가 하나님의 의로운 법을 불순종함으로 범죄 했을 때, 그 형상은 수리할 수 없을 만큼 부서지고 말았습니다. 인간의 본성이 전혀 값어치가 없게 되었다는 의미에서 하는 말이 아닙니다. 부서진 그릇도 그 나름대로 가치가 있습니다. 고고학자들은 발굴해 낸 부서진 토기 파편을 사용하여 그 시대의 문명을 벗겨 냅니다. 나는 재떨이로 사용되었던 토기 조각을 본 적도 있고, 어떤 것에는 그림이 있었습니다. 부서진 토기 조각이 가치가 없는 것이 아닙니다. 부서진 그릇은 우유 담는 그릇으로는 쓸모가 없습니다. 동일한 방법으로 말하자면, 부서진 상태에 있는 인간의 본성은 하나님을 기쁘게 하거나 천국을 가는 데는 쓸모가 없습니다. 성경은 "의인은 없나니 하나도 없으며 깨닫는 자도 없고 하나님을 찾는 자도 없고 다 치우쳐 함께 무익하게 되고 선을 행하는 자는 없나니 하나도 없도다"라고 선포합니다(롬 3:10-12).

　사람은 자기 성품으로 하나님을 기쁘게 하려고 애를 씁니다. 마치 무어하우스가 소녀를 도와주려고 처음 시도했던 것처럼 사람은 자기 자신의 부서진 의의 조각들을 원상대로 맞춰보려고 애를 씁니다. 그들은 하나님의 완전한 의의 기준에 도달할 수 없을 뿐만 아니라 부서진 성품의 고장을 자기 관점에서 선하다고 생각하는 것입니다. 고장 난 성품을 가지고 무엇을 하려고 애를 쓰지만, 결과는 깨진 사금파리 조각을 짜 맞춘 것에 불과합니다. 하나님께서는 그런 상태를 정죄하십니다.

　그러나 전능하신 하나님의 은혜가 임하여, 주 예수 그리스도께서 실패와 죄로 인하여 통곡하는 이 세상에 오셔서 소망이 없는 상황을 변화시키는 방편이 되셨습니다. 예수님께서 타락한 인간의 본성을 짜 맞추려는 시도를 하셨다는 언급이 성경에는 없습니다. 그분은 우리를 거들어주거나 개혁하려고 오시지 않으셨고, 그분은 우리를 재창조하려고 오셨습니다. 그분은 "네가 거듭나야 하리라"고 말씀하셨습니다(요 3:7). 타락한 우리의 성품의 부서진 조각을 짜 맞추려는 시도 대신 예수님께서는 우리에게 새로운 성품을 주십니다. "누구든지 그리스도 안에 있으면 새로운 피조물이라 …"(고후 5:17). 소녀의 말을 따라서 이 본문을 의역하면 "전에 가지고 있던 것보다 훨씬 더 좋은 성품"이라는 것입니다. 사람의 내면에 존재하는 것은 거룩하고 영원한 하나님의 본성보다 열등하지 않습니다.

이것이 은혜의 모든 것입니다. 도널드 반하우스의 이야기에서 소녀는 무어하우스의 호의를 마땅히 받을 수 있는 행동을 하지 않았고, 소녀는 새 그릇이나 우유에 대한 돈을 지불하지 않습니다. 소녀는 무어하우스의 봉사에 대한 사용료를 지불하지 않았고, 소녀는 무어하우스의 봉사에 보상할 수 있는 것은 아무것도 없습니다. 소녀가 귀엽고 가련하며 측은하고 애처로웠기 때문에 무어하우스의 동정심을 유발한 것도 아니고, 무어하우스는 그렇게 하는 것이 기뻤기 때문에 다만 자기가 좋아하는 것을 했을 뿐입니다. 소녀의 부모로부터 무슨 보상을 받게 될 것을 기대하지도 않았습니다. 마찬가지로 예수님께서도 "의인을 부르러 온 것이 아니라 죄인을 부르러" 오셨습니다(마 9:13). 그분은 자기 자신의 기쁨 때문에 우리를 위하여 죽으셨고, 우리를 구원하셨습니다.

19세기, 위대한 설교자 찰스 스펄전(Charles Spurgeon)은 "하나님께서는 은혜로 우시기 때문에 죄인이 죄 용서함을 받고, 회심하고, 정결하게 되고, 구원을 얻는다. 그들 안에 무엇이 존재하기 때문에, 혹은 그들 안에 무엇이 존재할 가능성이 있기 때문에 구원받는 것이 아니다. 하나님의 무한한 사랑, 선하심, 연민, 동정, 자비와 은혜 때문에 구원을 얻는 것이다."[2]

믿음이란 무엇인가?

"잠깐만!" 어떤 사람이 말했습니다. "당신은 지금까지 하나님의 은혜로 인하여 구원 얻는 것에 대하여 말했습니다. 그건 참 놀랍군요. 나는 내 인생의 조각들을 원상대로 붙여 놓을 수 없습니다. 온전함에 대한 하나님의 기준도 충족시킬 수가 없습니다. 내가 만일 구원받아야 한다면, 구원은 예수 그리스도 안에서 하나님으로부터 은혜롭게 와야만 합니다. 그렇지만 그것은 아직도 멀리 떨어져 있고, 추상적입니다. 어떻게 하면 저 위대하고 값없는 구원이 인격적으로 나의 것이 될 수가 있습니까?"

에베소서 2:8-9절은 "믿음으로 말미암아" 구원은 나의 것이 된다고 대답합니다. 물론 세상이 오해하는 것처럼 우리는 믿음을 오해하지 않아야 합니다.

가장 흔한 오해는 믿음을 주관적인 감정으로 생각하는 것입니다. 몇 년 전, 종교에 대한 토론에 참가한 젊은이가 자기를 그리스도인이라고 소개했습니다. 나는 그의 말에서 그가 예수 그리스도의 신성을 믿지 않는다는 것을 발견했고, 예수는 하나님의 아들이라고 그는 말했습니다. 그것은 모든 사람이 하나님의 아들이라는 의미에서 그렇게 말할 수 있다고 했습니다. 그는 부활을 믿지 않았고, 그는 예수가 우리 죄를 위하여 죽었고, 신약성경은 예수의 생애와 사역을 기록해 놓은 책이라는 것도 믿지 않았고, 그리스도를 자기 삶의 주님으로 영접하지도 않았습니다. 나는 이런 신앙의 소유자는 참된 그리스도인이 아니라고 지적하자 그는 자신을 그리스도인이라고 확신한다고 대답했습니다. 그가 믿음이라고 부르는 것은 다만 본능적인 감정일 따름입니다.

고지식함은 믿음의 또 다른 대치물입니다. 고지식함이란 이것은 진실하다고 간절하게 믿기 때문에 아무 증거도 없이 그것을 진실이라고 맹신하는 태도를 말합니다. 불치병이 기적적으로 치유되었다는 소문은 때로는 불행을 당한 많은 사람들에게 격려가 됩니다. 이것은 믿음의 한 유형일 뿐이지 구원은 믿음으로 말미암는다고 말하는 것과 동일한 의미가 아닙니다.

세 번째 대치물은 낙관론입니다. 이 견해를 따르면 믿음은 내가 신념을 가지고 생각하는 일은 결과적으로 그대로 이루어진다고 믿는 "적극적 사고방식"입니다.

만일 어떤 세일즈맨이 자기는 뛰어난 판매 능력이 있다고 강하게 확신하면 실제로 그 방면에서 성공하게 될 수 있습니다. 혹은 미국의 대통령이 될 수 있다고 믿는 상원의원이 자기 자신에 대한 믿음을 가지고 열심히 노력하는 경우도 동일합니다. 물론 "적극적 사고방식"이 어느 정도는 가치가 있습니다. 자기 일에 대한 긍정적인 태도는 실제로 그 일을 더 잘 할 수 있도록 도움을 줄 것이고, 자기 자신에 대한 믿음은 어떤 면에서 자기 성취적이라고 말할 수 있습니다. 그러나 이것은 성경이 말하는 믿음은 아닙니다.

노먼 빈센트 필(Norman Vincent Peale)은 이 점을 대단히 강조합니다. 그의 저서 「적극적 사고방식」은 베스트셀러가 되었고, 대중의 인기를 누렸습니다. 그는 성경이 말하는 "영적 능력"은 성공에 이르게 하는 기술이라고 주장합니다. 복음의 핵심은 믿음을 강력하게 진술해 주는 몇 개의 요절에서 발견할 수 있다고 말합니다. 예를 들면, "할 수 있거든이 무슨 말이냐 믿는 자에게는 능치 못할 일이 없느니라"(막 9:23)거나 "…진실로 너희에게 이르노니 너희가 만일 믿음이 한 겨자씨만큼만 있으면 이 산을 명하여 여기서 저기로 옮기라 하여도 옮길 것이요 또 너희가 못할 것이 없으리라"(마 17:20-21)와 같은 구절들입니다. 그의 말에 의하면 다만 이런 구절을 암송하고, 이 구절이 우리 마음의 무의식에 가라앉게 하면, 하나님과 우리 자신을 신뢰하게 된다는 것입니다. 노먼 필은 이렇게 결론을 내렸습니다. "자신에 대한 믿음, 자기 직업에 대한 믿음, 하나님에 대한 믿음에 따라서, 여러분이 여기까지 도달하면, 더 멀리 나갈 필요가 없다."[3]

그러나 여기도 난제가 있습니다. 명백히 노먼 필의 마음 속에는 자신에 대한 믿음, 자기 직업에 대한 믿음, 하나님에 대한 믿음은 근본적으로 동일하다는 생각이었는데, 이것은 믿음의 대상이 적절하지 못하다는 것을 의미합니다. 존 스토트(John Stott)는 노먼 필의 관점을 분석하면서 이렇게 말했습니다. "노먼 필이 말하는 믿음이란, 자신감을 표현하는 또 하나의 다른 단어일 뿐이다."[4]

우리는 이러한 왜곡에 대항하여 참 믿음이란 사람의 개인적인 태도와 감정에 기초한 것이 아니라고 대답해야 합니다. 여러 가지 인간적인 정의를 따르자면, 믿음은 불안정하기 짝이 없습니다. 성경적인 가르침의 맥락에서 볼 때, 믿음은 신뢰할 만하고, 당신 자신을 신뢰할 수 있도록 계시하시는 하나님을 우리가 신뢰하는 것이 믿음입니다.

성경적인 의미의 믿음에는 실제로 세 가지 요소가 있습니다. 그것은 "지식, 마음의 응답 그리고 헌신"입니다. 앞에서 언급했던 것처럼, 은혜에 대한 글에서 위대한 설교자 찰스 스펄전은 지식, 믿음, 그리고 신뢰에 대하여 말했는데, 그가 생각하는 요소는 근본적으로 동일합니다.

1. 지식(Knowledge). 무엇을 믿고 있는지 모른다면, 믿는다는 것이 불가능하므로 지식이 첫 번째가 되어야 합니다. 성경적인 의미에서 이것은 복음에 대한 지식을 말합니다. 이것은 바울이 에베소서 2장에 기술해 놓은 것에 대한 지식으로, 즉 자연 상태에서 사람은 모두 허물과 죄로 죽었고, 진노의 자녀들이었지만 그럼에도 불구하고 하나님께서는 예수 그리스도의 역사하심으로 우리를 구원하셨고, 또 이 것은 은혜에 대한 지식입니다. 그리스도께서 이루신 일은 우리 죄를 위하여 그분이 대신 죽은 것입니다. 존 칼빈(John Calvin)은 이렇게 기술했습니다. "우리가 그것 (믿음)을 우리의 마음에 게시되고, 성령으로 말미암아 우리 마음에 인치심으로, 그리스도 안에서 값없이 주신 약속의 진리 위에 근거하여 우리에게 베풀어 주신 하나님의 은덕에 대한 확실한 지식이라고 부른다면, 우리는 믿음에 대한 올바른 정의를 소유하게 될 것이다."[5]

2. 마음의 응답(Heart response). 진리를 지적으로 동의하는 것만이 믿음이 아니고, 믿음은 진리의 지식에 응답하는 것입니다. 그러므로 존 칼빈은 "마음이 흡수한 것을 가슴 속에 부어 주기 위하여 남아 있다. 하나님의 말씀은 두뇌 상부에서 이리저리 스쳐 다니기만 하면 믿음으로 받아들일 수 없다. 그러나 가슴 깊이 뿌리를 내리게 될 때, 유혹의 온갖 간교한 전략을 몰아내고 버텨내는 완강한 방어책이 될 수 있다." 라고 말했습니다.[6]

3. 헌신(Commitment). 마지막 요소는 헌신입니다. 찰스 스펄전은 신뢰라고 했습니다. 이 말은 그리스도의 약속 위에 서서, 우리 대신 그리스도께서 완성한 사역을 수납함으로써 우리 자신을 그리스도에게 맡긴다는 의미입니다. 도마가 "나의 주 나의 하나님" 이라고 말했던 것처럼 우리도 그렇게 고백해야 합니다(요 20:28).

결혼은 헌신을 잘 설명할 수 있는 적절한 예화입니다. 결혼은 한 사람을 인격적으로 알아 가는 전 과정이 종료되는 단계이고, 한 남성이 여성에게, 한 여성이 남성에게 응답함으로 헌신이 이루어집니다. 구혼(求婚)은 믿음의 첫 번째 요소인 지식에 비교할 수 있는데, 상대방이 결혼을 하면 도움이 될 좋은 성품을 소유했는지 여부를 알아보면서, 서로 사귀는 시간입니다. 이것은 대단히 중요한 단계입니다. 만일 상대방이 좋은 성품을 소유하지 않았거나 신뢰할 수 없다면, 후일 말썽이 일어날 것입니다. 두 번째 단계는 믿음의 두 번째 요소인 마음의 응답과 비교해 볼 수 있는데, 사랑에 빠지는 것과 동일한 것으로 단순한 지식을 뛰어넘는 중요한 단계입니다. 마지막으로 결혼예식에서 구두로 헌신을 서약하는 순간인데, 이 시점에서 한 쌍의 남녀는 함께 살 것을 약속하고, 그들의 미래가 어떤 상황에 처하게 되더라도 영원토록 서로 사랑하겠다는 서약을 합니다. 이와 같이 우리는 땅에서도 물론이요, 하늘의 영원함을 위하여 그리스도께 우리 자신을 헌신하게 됩니다.

어떻게 하면 하나님은 우리를 구원하지 않으시는가

마지막으로 에베소서 2:8-9절에는 또 하나의 사상이 내포되어 있습니다. 어떻게 하면 하나님은 죄인을 구원하지 않으시는가를 말하고 있습니다. 즉, "행위에서 난 것이 아니니 이는 누구든지 자랑치 못하게 함이니라" 믿음은 행위가 아니고, 오히려 그 이상의 것입니다. 즉, 믿음은 하나님의 은혜가 우리에게 임하는 통로이기 때문에 우리의 행동이나 태도가 마땅히 받을 만 하기 때문에 은혜를 베푸는 것이 아닙니다. 이 본문에 근거하자면, 믿음에 대해서 말할 때마다 8절을 언급해야 합니다. 즉, "이것이 너희에게서 난 것이 아니요 하나님의 선물이라" 믿음은 하나님의 선물입니다. "믿음(헬라어로 피스티스: pistis)"은 여성 명사이고, "이것(헬라어로 투토: touto)"은 중성이기 때문에 바울은 이 점을 염두에 두지 않았던 것 같고, 8절의 진술은 앞에 있는 문장 전체를 언급하는 것 같습니다. 믿음으로 말미암아 우리가 얻게 되는 구원은 우리의 소유물이 아니라 "하나님의 선물"입니다.

바울은 믿음이 우리 자신에게서부터 오는 것이 아니라고 말합니다. 이 말이 강조하고 싶은 것은 그리스도의 역사로 말미암는 믿음으로 구원받는 것이 중요한 것처럼 우리는 자기 자신의 구원에 전혀 기여할 수 없다는 점을 간과해서 안 된다는 것입니다. 만일 믿음이 덕목이라면, 천국에서 자랑할 수 있을 것입니다. 우리는 하나님의 은혜에 믿음을 덧붙여 놓았기 때문에 천국에 능히 들어갈 수 있으나 믿음이 결여된 사람은 천국에 들어갈 수 없습니다.

　　그러나 믿음은 행위가 아닙니다. 우리 모두는 할 수 있는 것이 아무것도 없습니다. 그것이 크든 작든 간에 구원에 이르게 하는 행위는 우리 모두가 전혀 할 수 없으나 우리는 구원받을 수 있습니다. 만일 우리가 할 수 있는 것이 아직 남아있다고 생각한다면, 그리스도보다 우리 능력과 우리 자신을 여전히 신뢰하고 있다고 말할 수 있습니다. 우리는 스스로 구원 얻을 수 없고, 구원은 은혜로만 얻을 수 있습니다. 우리가 할 수 있는 것은 - 마땅히 해야 하는 것 - 하나님께서 우리 손에 들려주시는 그릇을 붙잡는 것뿐이고, 하나님께 감사드리는 것입니다. 우리가 전에 가지고 있던 것보다 훨씬 더 좋은 것이기 때문입니다. 여러분은 그렇게 하지 않겠습니까? 이것이 바로 그리스도인이 되는 길이요, 죽음에서 생명으로 옮기는 길입니다. 우리가 부르는 찬송가 가사처럼 힘껏 외쳐 보십시오!

　　　　　　　　빈손 들고 앞에 가 십자가를 붙드네.
　　　　　　　　의가 없는 자라도 도와주심 바라고,
　　　　　　　　생명 샘에 나가니 나를 씻어 주소서.

　　　　　　　　만세 반석 열리니 내가 들어갑니다.[7]

　　　　　　　　　　　　　　　　　　(찬송가 494장)

●각주●

1. Donald Grey Barnhouse, How God Saves Men (Phildadelphia: The Bible Study Hour, 1955), 7-9.

2. Charles Haddon Spurgeon, All of Grace (Chicago: Moody, n.d.), 41.

3. Norman Vincent Peale, The Power of Positive Thinking (New York: 1952), 99.

4. John R. W. Stott, Your Mind Matters (Downers Grove, Ill.: Inter Varsity, 1972), 35-36.

5. John Calvin, Institutes of the Christian Religion, ed. John T. McNeill, trans. Ford Lewis Battles (Philadelphia: Westminster Press, 1960), 1:551.

6. 상게서, 583.

7. 찬송가 494장의 작사자 어거스투스 톱레이디(Augustus Toplady: 1740-1778) 목사는 1740년 11월 4일 영국 써리의 판햄에서 태어났고, 1778년 8월 11일 런던에서 세상을 떠났다.

이 찬송시의 작시 동기는 확실하지 않으나 재미있는 일화가 전해지고 있다. 톱레이디 목사가 멘딥힐즈(Mendip Hills)에 갔다가 천둥과 번개가 몹시 치자 버링톤 쿱(Burrington Coop)에 있는 큰 바위 밑에서 비를 피하게 되었다. 그때 그의 주머니에는 카드놀이 하다 우연히 넣어둔 "다이아몬드 6" 카드 한 장이 있었다. 그는 카드의 좁은 그 여백에 떠오르는 시상을 휘갈겨 썼다. 당시 영국에서 카드놀이는 지옥으로 가는 여권이라고 생각했는데 그것도 열렬한 칼빈주의자였던 목사의 호주머니에서 카드가 나왔다는 것은 말할 수 없이 부끄러운 일이었다. 그러나 부끄러운 일마저 선하게 쓰셔서 카드에 수록된 시가 수많은 사람들에게 은혜를 끼쳤으니 하나님의 섭리는 또 얼마나 크신가!- 역자

　　　　　내 손에 든 것 아무것도 없고,
　　　　　그저 당신의 십자가만 붙드나이다.
　　　　　벌거숭이, 옷 입고저 당신께 나갑니다.
　　　　　무력한 자, 은혜받고저 당신만 바라봅니다.
　　　　　악취를 풍기는 자, 그 샘으로 날아가오니,
　　　　　나를 씻어주소서, 구세주여, 그리아니하오면 나는 죽나이다.

　　　　　만세 반석이여, 나를 위하여 열렸으니,
　　　　　내가 당신에게 피하여 숨게 하소서.

12

하나님의 솜씨

에베소서 2 : 10

우리는 그가 만드신 바라 그리스도 예수 안에서 선한 일을 위하여 지으심을 받은 자니 이 일은 하나님이 전에 예비하사 우리로 그 가운데서 행하게 하려 하심이니라

16세기 종교개혁 이후, 마르틴 루터의 발자취를 따르는 사람들은 인간의 행위로 의롭다함을 받는 것이 아니라 믿음으로 말미암는 은혜로 의롭다함을 받는다고 강력하게 주장해 왔습니다. 그렇다면 기독교에서 행위가 설 자리는 더 이상 없다는 의미입니까? 은혜로 의롭다함을 받는 칭의 교리는 - 루터의 교리 - 실제로 나쁜 행위로 인도합니까?

개신교신학은 여기서 로마가톨릭신학과 결별하게 됩니다. 로마가톨릭 신자도 역시 칭의는 믿음으로 말미암는 하나님의 은혜로 얻는다고 주장합니다. 에베소서 2:8절이 그렇게 말하고 있기 때문입니다. 그러나 신앙과 행위의 관계에 대하여 묻는 질문에 대하여 개신교 신자들과 다르게 대답합니다. 행위는 칭의에 내포되어야

한다고 가톨릭신학은 말하는데, 즉 하나님께서는 우리 인간 안에서 선한 행위를 산출하심으로 우리를 의롭다고 하신다고 주장하므로 믿음에 이러한 행위를 덧붙여야 우리는 의롭다함을 받을 수 있다고 합니다.

개신교신학도 행위를 부정하지 않습니다. 그러나 행위란 의롭다함을 받은 결과, 그 증거로서 그리고 결과로서 칭의의 뒤를 따라오는 것입니다.

가톨릭신학은 말합니다. "믿음 더하기 행위는 칭의다."
개신교신학은 말합니다. "믿음은 칭의 더하기 행위다."

물론 개신교신학 안에도 건강하지 못한 주장을 펴는 사람들이 있습니다. 이런 잘못된 신학은 사람이 영적으로 중생 했다는 증거를 보여주지 못하더라도 구원을 받을 수 있다는 주장을 펴면서 꼭 필요한 행위마저 제거합니다. 우리는 이런 잘못된 신학들을 배격해야 합니다.

선한 일을 위하여

"선한 일", 즉 선한 행위란 에베소서 2장의 첫 문단을 공부할 때, 마지막 절에서 등장했던 주제입니다. "행위에서 난 것이 아니니 이는 누구든지 자랑하지 못하게 함이라 우리는 그가 만드신 바라 그리스도 예수 안에서 선한 일을 위하여 지으심을 받은 자니 이 일은 하나님이 전에 예비하사 우리로 그 가운데서 행하게 하려 하심이니라"(엡 2:9-10). 여러 주석가들이 9절과 10절에서 "행위"라는 말이 놀랍게 반복됐다는 점을 지적합니다(한글성경에는 "행위" 또는 "일(works)"로 번역되었는데, 칭의를 교리적으로 설명할 때, 이 말은 대개 "공로"라는 말로 사용된다는 점을 기억하고 본 장을 공부해야 함-역자).

맨 처음 언급된 "행위"는 부정적인 표현이었습니다. 우리가 과거에 행했거나 혹은 할 수 있는 어떤 행동, 즉 "행위"로 구원받지 못한다는 것을 움직일 수 없이 확실한 용어로 말하려는 것입니다. 그것은 모두 우리 안에서 하나님께서 은혜로 역사하신 것입니다. 그래서 우리는 자랑할 이유가 없고, 우리가 그 행위를 해냈다는 성취감을 느껴야 할 근거도 없습니다. 이 구절은 공로("행위" 혹은 "일")가 우리의 칭의에 다소라도 기여했다는 사상을 반박하는 것입니다.

은혜와 행위는 서로 배타적으로 발전할 가능성이 있습니다. 하나님의 은혜로만 구원받는다, 혹은 우리 자신의 행위에 의지하여 구원받으려고 노력해 보지만 성공하지 못했다는 표현 가운데 하나를 사용하게 되고, 다른 가능성은 없습니다. 그러나 칭의에서 행위의 역할을 거부하자마자 하나님께서는 "선한 일을 위하여" 우리를 만드셨다고 말하면서 바울은 "일"이라는 말을 지체하지 않고 다시 가져옵니다. 이렇게 하여 "이 일은 하나님이 전에 예비하사 우리로 그 가운데서 행하게 하려 하심이라"는 강력한 진술을 바울이 합니다. 이 말은 만일 행위가 없으면, 그 사람은 의롭다함을 받지 못한다는 말과 같습니다.

선한 일의 실패

신자는 그리스도와 함께 영적으로 연합되었기 때문에 그리스도로 말미암아 신자로부터 인출되는 공로의 필요성을 말하기 전에, 그리스도와 분리된 상태에서 인간의 행위를 바라볼 필요가 있으며, 그 상태에서는 아무런 희망이 없다는 것을 알아야 합니다. 하나님의 기준은 완전하기 때문에 최대의 노력을 기울인다 해도 우리의 선한 행실을 하나님의 요구에 결코 추가할 수 없습니다.

도널드 반하우스는 사람은 실패자라는 것을 설명하기 위하여 구식 저울을 예화로 사용했습니다. 오래 전, 식료품 가게에서 설탕이나 소금 그리고 건조 식품 따위를 달아볼 때, 이런 구식 저울을 사용했습니다. 저울 한쪽에 있는 접시에 1kg짜리 저울추를 올려놓고, 저울대가 수평이 될 때까지 설탕을 퍼서 반대쪽 접시에 올려놓습니다. 도널드 반하우스는 1kg짜리 저울추를 하나님의 의라고 말했고, 하나님의 의는 하나님 자신의 거룩한 본성이 요구하는 기준입니다. 하나님께서는 1kg짜리 하나님의 의를 저울의 한쪽 접시에 올려놓은 다음 사람에게 자기 자신의 "선한 일"을 반대쪽 접시에 올려놓으라고 요구하십니다.

먼저, 사회의 가장 나쁜 구성원들이 등장합니다. 이 사람들은 도둑, 사기꾼, 성도착자, 살인범과 같은 온갖 종류의 범죄자들입니다. 그들 안에 인간적인 선함이 아주 하나도 없는 것은 아니지만, 그들 안에 있는 선함의 무게는 아마 100g이나 200g쯤 되기에 그들의 행위는 저울대를 수평으로 만들지 못합니다. 이런 사람들은 한쪽으로 제쳐 두게 되고, 하나님의 의로운 정죄가 그들에게 내려집니다.

그 다음에는 평범한 무리들, 즉 우리와 같은 사람들이 등장합니다. 그들은 "큰" 죄인들보다 조금 낫지만, 아마 그들의 인간적인 선함은 500g쯤 될 것입니다. 처음에 달아보았던 사람들보다 네 배쯤 착하나 그들의 선함은 상당히 무게가 나가는 것처럼 보이지만, 역시 저울대를 수평으로 만들지 못합니다.

마지막으로 도덕적으로 "매우 고귀한 사람"들이 앞으로 나옵니다. 그들도 완전하지 못하고, 그들이 소유하고 있는 대단한 "고귀함"은 자기 자신의 불완전함을 인정할 수밖에 없도록 만듭니다. 그들의 선행은 800g쯤 됩니다. 그들은 자기를 과시하지만, 이 800g의 무게를 가지고 하나님의 저울대를 수평으로 만들 수 있습니까? 1kg짜리 하나님의 의라는 추가 반대편에 없다면 가능합니다! 저울대는 보통 사람이나 큰 죄인뿐만 아니라 이렇게 고귀한 신분의 사람들도 역시 저울대를 수평으로 만들지 못합니다. 그러므로 이 사람들도 옆으로 제쳐 놓아야하고, 다른 구원의 방법을 찾지 못하면, 하나님의 진노에 떨어질 수밖에 없습니다.

그러나 바로 여기 하나님께서 값없이 베푸시는 구원의 메시지를 가지고 찾아오셨습니다. 주목해 보십시오. 그분은 자기 기준을 단 1g도 낮추지 않았습니다. 아직도 온전함의 1kg짜리 저울추는 저울대에 올려 있고, 저울의 반대편 접시는 비어 있습니다. 지금까지 저울대를 수평으로 만들 수 있는 사람은 아무도 없었습니다. 그래서 지금 하나님께서는 우리를 위하여 저울대를 움직이려고 찾아오십니다.

예수님은 무한한 하나님이시기 때문에 얼마든지 유한한 인간을 위하여 죽으실 수 있습니다. 그분은 한없이 많은 무리의 영원한 형벌을 대신 받으시고, 죽음의 시각에 그 무리의 죄를 대신 갚으셨습니다. 우리 죄의 무게를 그분에게 올려놓았고, 하나님의 의는 그분을 통해서 이제 이용할 수 있게 되었습니다. 이제 하나님께서는 우리에게 다가와서 초청의 말씀을 하십니다. "나는 너와 함께 천국에 있고 싶구나! 나는 너를 사랑한다. 네가 어떤 수준의 삶을 살았더라도 문제가 되지 않는다."

여러분은 몇 그램 되지 않는 무게를 빈 저울 접시에 올려놓고, 아무런 조치도 취하지 못한 채 거기 서 있을 뿐입니다. 그때 하나님께서는 말씀하십니다. "나는 너를 사랑한다. 나는 너를 위하여 죽으러 왔다. 갈보리를 바라보아라. 거기 그리스도가 십자가에 매달려 있는 것이 보이지? 너를 위해 매달려 있구나. 저 빈 무덤을 보아라. 그가 죽은 자 가운데서 일으킴을 받는 것을 보고 있느냐? 그것이 증거란다."

그리고 계속 말씀하십니다. "얼마 되지도 않는 그 알량한 무게를 꼭 붙잡고 있는 네 어리석은 확신을 던져 버려라. 예수 그리스도가 십자가 위에서 행했던 것으로 영원토록 만족하는 나는 그리스도의 공로를 네가 서 있는 접시 위에 올려놓아 주마!"

그래서 우리는 그리스도에게로 나아갑니다. 우리는 그러한 하나님의 의를 붙잡고, 담대하게 그리고 떨면서 그 접시로 나아가고, 하나님이 요구해 오셨으며, 마땅히 요구하여야 하는 온전하심에 맞추기 위하여 하나님의 의를 접시 위에 올려놓습니다. 올려놓자마자 저울대는 수평이 됩니다. 우리는 하나님의 의로우심 앞에 서 있고, 우리가 서 있는 접시 위에 더 올려놓은 것이 있기 때문에 하나님은 영원토록 우리에게 더 요구하시지 않습니다.[1]

자기 자신의 의가 아니라 예수 그리스도의 온전한 의로우심에 자기를 맡기는 사람은 의롭다함을 얻습니다. 정도의 차이는 있지만 선한 행실에 계속 의지하는 사람은 의롭다함을 얻지 못합니다. 그러므로 바울은 에베소서 2:8절에서 "믿음으로 말미암는 … 은혜"로만 구원을 얻는다고 선포합니다.

선한 일의 필요성

아! 만일 그렇다면 사람은 전혀 선한 행실을 주장할 수 없습니까? 물론 핵심적인 단어는 "필요성"입니다. 선한 행실은 선한 일이라고 정의할 수 있습니다. 그리스도인은 선한 행실을 할 때, 더 행복하게 된다고 주장하고, 선한 행실을 해야 하는 의무를 말하기도 합니다. 대부분의 사람들은 이러한 주장에 문제가 있다고 느끼지 않습니다. 칭의의 필연적인 결과와 증거로 선한 행실의 유무를 주장하는 것이 건강한 개신교신학이라고 말할 수 있습니까? 행위가 없으면, 구원을 얻지 못한다고 말할 수 있습니까?

칭의는 구원의 중요한 한 단면을 적절하게 표현하는 말이지만, 구원의 모든 것은 아닙니다. 하나님만 홀로 의롭다고 선언하실 수 있으나 의롭다고 선언하는 것만 하나님께서 하시는 유일한 일이라고 말할 수는 없습니다. 하나님께서는 중생하게 하십니다. 중생이 없으면, 칭의도 없습니다. 그 반대로 칭의가 없으면, 중생도 없습니다.

중생은 예수님께서 니고데모와 나누셨던 대화 가운데 "네가 거듭나야 하겠다"는 말에서 끄집어낸 신학 용어입니다. 예수님께서는 니고데모에게 하나님의 생명이 그의 내면에 존재하게 된 결과 새로운 출발을 해야 할 필요가 있다고 말씀하셨습니다. 이 말씀은 바울이 에베소서 2장에서 "허물로 죽은 우리를 그리스도와 함께 살리셨다"고 하신 말씀과 동일합니다(5절). 하나님께서는 단순히 선한 행위를 하라고 명령하거나 촉구하지 않으십니다. 이것은 지금 이 본문에서 말하는 것과도 동일합니다. 오히려 "그리스도 예수 안에서 선한 일을 위하여 지으심을 받았다"라는 말에 "이 일은 하나님이 전에 예비하사 우리로 그 가운데서 행하게 하려 하심이니라"는 문장을 바울은 추가했습니다. 본문이 분명하게 지적하는 것처럼 애당초 그가 어떻게 구원받았는가와는 상관이 없이 특별히 선한 일을 하도록 사람을 창조했다면, 선한 일을 해야 합니다.

이 가르침은 가장 필요한 것임에도 불구하고 오늘날 복음적인 교회에서 가장 소홀하게 취급하고 있습니다. 이 장을 시작하면서 건강한 개신교신학과 전통적인 로마가톨릭신학을 비교해 보았습니다. 지금까지 나는 개신교신학에서 "믿음은 칭의 더하기 행위"라는 것을 계속 강해하고 있습니다. 반면 가톨릭신학은 "믿음 더하기 행위는 칭의"라고 가르칩니다. 가톨릭신학은 분명히 잘못되었습니다. 행위가 설자리가 전혀 없는 신학에 대하여 우리가 무슨 말을 해야 합니까? 삶에 일치하는 변화가 없는 상태에서 성화와 죄 용서함과 분리된 칭의를 가르치는 것에 대하여 우리가 무슨 말을 해야 합니까? 예수님이라면 이런 신학을 어떻게 생각하시겠습니까? 오늘날 복음주의권에서조차 이런 가르침이 유행하고 있습니다.

그리스도의 가르침을 공부하면서 행실이 변화되어야 한다고 주장하는 것을 깨닫기까지 긴 시간이 필요하지 않습니다. 십자가 위에서 행하신 예수 그리스도의 행동에 의하여 구원이 가능하게 되었다고 가르치고 있습니다. 예수님께서 이렇게 말씀하셨습니다. "인자가 온 것은 섬김을 받으려 함이 아니라 도리어 섬기려 하고 자기 목숨을 많은 사람의 대속물로 주려 함이니라"(막 10:45). 이 말씀은 믿음 - 칭의 교리와 완전히 일치합니다.

예수님께서는 또 이렇게 말씀하셨습니다. "아무든지 나를 따라오려거든 자기를 부인하고 날마다 제 십자가를 지고 나를 따를 것이니라"(눅 9:23).

그리고 또 말씀하셨습니다. "너희는 나를 불러 주여 주여 하면서도 어찌하여 내가 말하는 것을 행하지 아니하느냐 … 듣고 행하지 아니하는 자는 주추 없이 흙 위에 집 지은 사람과 같으니 탁류가 부딪히매 집이 곧 무너져 파괴됨이 심하니라"(눅 6:46, 49).

당시 유대인들에게 이렇게 말씀하셨습니다. "너희 의가 서기관과 바리새인보다 더 낫지 못하면 결단코 천국에 들어가지 못하리라"(마 5:20).

이렇게 여러 복음서에서 골라서 뽑아 놓은 구절들을 읽으면 우리는 금방 깨닫게 됩니다. 여러분이 정말 의롭다함을 받았다면, 우리의 행실이 온전히 변화되었을 뿐만 아니라 선한 일도 하게 된다는 것을 보여줍니다. 우리의 선한 행실은 다른 사람의 선한 행실을 훨씬 능가해야 합니다. 결국 그리스도인의 선한 행실은 그 내면에 있는 하나님의 성품에서부터 나오는 것입니다. 예수님께서 말씀하셨습니다. "너희 의가 서기관과 바리새인보다 더 낫지 못하면 결단코 천국에 들어가지 못하리라"(마 5:20).

이것은 또 이런 의미입니다. "자칭 그리스도인이라고 주장하면서 오직 믿음으로만 의롭다함을 얻는다고 고백하는 여러분이 자기 자신이 의롭다함을 받는데 기여할만한 행위를 한 것이 아무것도 없다고 고백하지 않는다면, 또 행위에 의하여 자기 자신을 스스로 구원하겠다고 생각하는 바로 그런 사람들의 행위를 훨씬 능가하는 행동을 하지 않는다면, 여러분은 결코 하나님의 나라에 들어갈 수 없다. 그리고 여러분은 애당초 그리스도인이 아니었다."

존 거스너(John Gerstner)가 이러한 사고방식을 "붙박이식 변증론"이라고 말한 것은 잘 지적한 것입니다. 하나님은 신앙을 이런 식으로 정의할 수 있지만, 사람에게는 허락되지 않았습니다.

"도덕에 엄청난 프리미엄을 얹어주고, 아주 특별한 행위를 하고, 그런 행위를 낱낱이 자신의 기록에 남겨 놓으려는 사람을 만날 때, 그런 사람은 자기 자신의 행위로 스스로 의롭다함을 얻으려고 애쓰는 사람이라고 생각하면 된다. 반면 은혜를 정말 기뻐하지만, 자기 자신에게는 그 은혜가 아무 쓸모가 없다고 생각하고, 예수 그리스도의 보혈과 값없이 받는 완전한 구원 외에는 할 말이 없다고 주장하는 사람을 만날 때 그런 사람은 구원받은 결과 어떤 형태로든 자신의 구원 신앙을 행동으로 표현하지 않는 '붙박이식 경향'을 소유한 사람이라고 생각하면 된다. 실제로 도덕에 프리미엄을 얹어주는 사람은 자기 함정에 필연적으로 빠지게 된다. 반면 은혜의 원리를 아는 사람은 도덕률폐기론자(Antinomian)에게 가고 싶은 '붙박이식 유혹'을 받게 된다. 기독교는 순수한 은혜, 즉 어떠한 행위도 우리의 구원에 기여할 수 없다는 순수한 은혜를 가르친다. 동시에 가장 고상한 행위를 우리에게 요구한다."

"적막으로 감싸인 어느 고요한 순간 '빈 손 들고 앞에가 십자가를 붙드네'라는 말 외에 다른 고백은 할 수 없다. 우리는 오직 믿음으로 의롭다함을 얻는다. 그러나 우리는 믿음 하나만 가지고 의롭다함을 얻는 것이 아니다. 그러므로 여러분이 정말 십자가를 붙들고 있다면, 그리고 여러분이 해야겠다고 말하는 것을 정말 행동으로 옮긴다면 정말 주님의 역사하심에 거하고, 다른 사람이 흉내 낼 수 없는 모범적인 실천을 행동으로 옮기는 삶을 살게 될 것이다."[2]

일하시는 하나님

이 말은 다소 혼란스럽고 경우에 따라서는 모순처럼 들리게 됩니다. 그리스도인은 선한 일을 행동에 옮기라고 부르심을 받았고, 선한 일이란 하나님께서 이전에 그들 안에서 일하셨던 결과 구원받은 그들 자신입니다. 바울이 에베소서 2:10절에서 "우리는 그가 만드신 바라"는 진술을 선한 일을 하라고 요구하는 문장 앞에 가져다 놓은 이유입니다. 바울이 에베소서 바로 다음 책 빌립보서의 유사한 문맥에서 "그러므로 나의 사랑하는 자들아 … 항상 복종하여 두렵고 떨림으로 너희 구원을 이루라 너희 안에서 행하시는 이는 하나님이시니 자기의 기쁘신 뜻을 위하여 너희에게 소원을 두고 행하게 하시나니"라고 말하는 이유이기도 합니다(빌 2:12-13).

에베소서 2:10절에서 바울은 "그리스도 예수 안에서 선한 일을 위하여 지으심을 받은 자"라고 말하면서 하나님의 선한 일을 새 창조라고 합니다. 바울은 로마서 5:12-21절에서처럼 그리스도 안에서 새 창조와 아담 안에서 옛 창조를 비교합니다. 하나님께서는 첫 사람이 선한 일을 온전하게 행할 수 있도록 창조하셨으나 우리가 다 잘 아는 것처럼 아담은 타락했습니다. 그 이후 "하나님의 관점"에서 볼 때, 아담과 그의 후손의 선한 일 가운데 가장 최선의 것이라 할지라도 그것은 가장 나쁜 일입니다.

그러나 이제 하나님께서는 주 예수 그리스도와 연합한 남자와 여자를 재창조하십니다. 하나님께서는 전에는 존재하지 않았으나 지금은 새롭고 감동적인 가능성을 소유하고 있는 존재 안으로 그들을 데리고 들어가십니다. 아우구스티누스의 말을 인용하자면, 예수 그리스도가 없는 자들은 전에는 논 포쎄 논 페카레(non posse non pecare) 즉, "범죄하지 않을 수 없음"이었으나, 지금은 포쎄 논 페카레(posse non pecare) 즉, "범죄하지 않을 수 있음"이라는 것입니다. 한 걸음 더 나아가서 선한 일을 할 수 있다는 것입니다.

이 영적 재창조에서 하나님께서는 우리에게 새로운 감지 장치를 주셨습니다. 전에는 우리가 눈을 통하여 육체적으로 보았고, 영적으로는 소경이었습니다. 지금은 우리가 영적인 눈으로 볼 수 있고, 모든 것이 새롭게 보입니다.

전에는 우리가 영적으로 귀머거리였습니다. 하나님의 말씀을 선포해도 감지할 수 없었고, 그랬기 때문에 우리는 그 말씀을 불쾌하게 생각하고, 거역했습니다. 지금은 들을 수 있는 귀를 소유하게 되었고, 예수님의 가르침을 듣고 응답할 수 있습니다.

전에는 우리의 생각이 어둠 속에 있었습니다. 좋다고 생각하는 것은 실상 나쁜 것이었고, 우리가 나쁘다고 말했던 것이 실상 좋은 것이었습니다. 정말 우리는 나쁜 것을 좋아했습니다. "좋은 시간"이라고 생각했던 것이 "나쁜 시간"으로 변하고, 비참한 상태에 버려졌다고 생각하면서 잘못된 것을 깨닫지 못했습니다. 하나님의 영이 하시는 일은 우리에게 "어리석은 것"이었습니다(고전 2:14). 지금 우리의 생각은 완전히 변화되었고, 우리는 사물을 달리 평가할 수 있게 되었으며, 우리의 생각은 나날이 새로워지고 있습니다(롬 12:1-2).

전에는 우리의 마음이 강퍅했었고, 하나님을 미워했습니다. 다른 사람을 돌보려고 하지 않았으나 지금 우리의 마음은 부드러워졌습니다. 하나님께서는 정말 사랑스럽게 보이기 시작했습니다. 하나님께서 사랑하시는 것을 우리도 사랑합니다. "우리가 사랑함은 그가 먼저 우리를 사랑하셨음이라"(요일 4:19). 지금 우리가 주린 자에게 먹을 것을 주고 목마른 자에게 마실 것을 주고, 나그네에게 집을 제공하고, 벗은 자에게 옷을 주고, 병든 자를 돌봐 주고, 옥에 갇힌 자를 위로해 주는 것처럼 우리 마음은 재창조 되었습니다. 만일 우리가 영광 가운데 예수님과 함께 앉게 된다면, 그분이 말씀하셨던 것을 마땅히 행해야 합니다.

위대한 외과의사인 폴 브랜드(Paul Brand)의 책을 소개하면서 이 장을 끝맺으려고 합니다. 브랜드 박사는 루이지애나주 카빌에 있는 미국공중보건의료원의 재활의학과 책임자입니다. 그는 나병 치료에 대한 연구를 개척한 선구자로 널리 알려진 사람입니다. 그는 「두렵고도 놀랍게 지음을 받다」(Fearfully and Wonderfully Made)라는 제목으로 책을 집필했는데, 이 책에서 브랜드 박사는 인체의 복잡한 구조를 조사하면서, 이토록 경이적으로 창조한 하나님의 위대하심에 경탄하고 있습니다.

그는 인체의 세포와 뼈, 피부 그리고 동작의 복잡함에 대하여 말합니다.

내가 그 책을 읽으면서 하나님의 위대하고 다양한 피조물 가운데 인간이 최고 절정에 있음을 깨닫고 경탄하였습니다. 인체의 오묘함을 능가하는 창조의 신비를 깨닫게 되었습니다. 이전에는 하나님을 기쁘게 하는 선한 일을 행할 수 없는 전적으로 무능한 존재와 영적으로 죽었던 남자와 여자를 이제는 하나님께서 역사 하신 결과 진정으로 "선한 일"을 행할 수 있는 존재로 재창조하십니다.

●각주●

1. Donald Grey Barnhouse, How God Saves Men (Philadelphia: The Bible Study Hour, 1955), 33-34.

2. John Gerstner, "Man the Saint," in Tenth: An Evangelical Quarterly (July 1977): 43-44.

13

그때와 지금

에베소서 2 : 11-13

그러므로 생각하라 너희는 그 때에 육체로는 이방인이요 손으로 육체에 행한
할례를 받은 무리라 칭하는 자들로부터 할례를 받지 않은 무리라 칭함을 받는
자들이라 그 때에 너희는 그리스도 밖에 있었고 이스라엘 나라 밖의 사람이라
약속의 언약들에 대하여는 외인이요 세상에서 소망이 없고 하나님도 없는 자
이더니 이제는 전에 멀리 있던 너희가 그리스도 예수 안에서 그리스도의 피로
가까워졌느니라

해리 아이언사이드(Harry Ironside)는
성경 교사요 저술가로 잘 알려졌으며, 훗날 시카고의 무디기념교회의 담임목사가
되었습니다. 아이언사이드가 전성기를 구가할 때, 설교를 부탁 받고 사우스캘리포
니아로 기차를 타고 가는 중이었습니다. 그가 앉아 있는 자리로 한 집시가 다가와
서 곁에 앉았고, 그 여인이 인사를 했습니다. "안녕하세요. 선생님!" "내가 당신의
운세를 말씀드리면 좋아하실 겁니다. 내 손에 25센트짜리 동전 한 잎만 올려놓으세
요. 그럼 내가 당신의 과거와 현재와 미래를 알아 맞혀 드리지요!"

아이언사이드가 질문을 했습니다. "당신! 정말 틀림없이 그렇게 할 수 있단 말이요?" "나는 스코틀랜드인이요. 나는 돈 값을 제대로 받지 않으면, 동전 한 잎도 내 몸에서 내놓지 않는 사람이요."

집시가 아주 진지하게 대답했습니다. "아, 그렇고말고요. 한 잎만 부탁해요. 내가 모두 당신에게 말씀드리지요."

그러자 아이언사이드는 호주머니에서 신약성경을 끄집어냈고, 그는 말했습니다. "당신이 내 운명을 알아맞히려고 애쓸 필요가 없어요. 내가 가지고 있는 이 책이 나의 과거와 현재와 미래를 말해주기 때문이요. 이 책을 당신에게 읽어드리고 싶소!"

그리고 나서 그는 에베소서 2장을 펴서 우리가 지금 공부하고 있는 구절을 읽어 내려가기 시작했습니다. "그는 허물과 죄로 죽었던 너희를 살리셨도다 그 때에 너희는 그 가운데서 행하여 이 세상 풍조를 따르고 공중의 권세 잡은 자를 따랐으니 곧 지금 불순종의 아들들 가운데서 역사하는 영이라 전에는 우리도 다 그 가운데서 우리 육체의 욕심을 따라 지내며 육체와 마음의 원하는 것을 하여 다른 이들과 같이 본질상 진노의 자녀이었더니"

아이언사이드는 말했습니다. "이것이 나의 과거요!"

여인이 자리를 떠나려고 했습니다. "그만하면 됐어요!" 여인은 화가 난 목소리로 항의했습니다. "더 이상 듣고 싶지 않아요!"

"그렇지만 기다려요." 아이언사이드가 충고했습니다. "여기 더 있습니다. "긍휼이 풍성하신 하나님이 우리를 사랑하신 그 큰 사랑을 인하여 허물로 죽은 우리를 그리스도와 함께 살리셨고(너희는 은혜로 구원을 받은 것이라) 또 함께 일으키사 그리스도 예수 안에서 함께 하늘에 앉히시니, 이것은 나의 현재요."

"그만 해요!" 여인은 더 거세게 항의했습니다.

"여기 내 미래도 있어요." 아이언사이드는 계속해서 읽었습니다. "이는 그리스도 예수 안에서 우리에게 자비하심으로써 그 은혜의 지극히 풍성함을 오는 여러 세대에 나타내려 하심이라"

여기까지 읽고 나자 집시 여인은 자리를 박차고 일어나서 복도로 발걸음을 떼어 놓으면서 말했습니다. "정말 재수 없는 사람을 골랐네!"[1]

이방인과 유대인

앞에서 에베소서 2:1-10절을 이미 공부했기 때문에 아이언사이드의 이야기가 이 구절들의 흐름을 얼마나 잘 요약해 주는가 알 수 있습니다. 에베소서 2:11-22절의 사상을 추적해 나갈 때도 아이언사이드의 이야기가 마찬가지로 적절하다는 점을 여기서 지적해 두려고 합니다. 바울은 이 구절에서 과거와 현재와 미래에 대해서 말하고 있고, 바울이 말하고 있는 "사람"의 운명은 달라질 수 있습니다.

이 장의 전반부에서 바울은 인류 전체에 대하여 말했고, 하나님의 은혜로 구원을 얻는 인류에 대하여 말했습니다. "(그러나) … 긍휼에 풍성하신 하나님이 … 우리를 그리스도와 함께 살리셨고" 그리스도인이 된 사람의 국적, 인종, 성, 사회적 신분은 이렇게 설명할 수 있습니다. 이 장의 후반부에서 바울은 과거와 현재(결과적으로 미래까지도) 대비시키고 있으나 이 시점에서 바울은 특히 이방의 그리스도인을 염두에 두고 있습니다. 유대인들도 회심 이전의 이방인처럼 "허물과 죄로 죽었던" 사람들이지만, 이방인이라는 조건이 더 가혹하다는 것을 바울이 논쟁하고 있습니다. 이방인은 "그리스도 밖에 있었고 이스라엘 나라 밖의 사람이라 약속의 언약들에 대하여는 외인이요 세상에서 소망이 없고 하나님도 없는 자"들이었습니다(12절). 이방인인 그들은 유기된 상태에서 유대인들이 누리는 혜택을 누리지 못했습니다.

바울이 현재와 미래에 대하여 독특하게 말하는 것처럼 회심 이전의 이방인의 상태를 이렇게 말로 설명할 수 있습니다. 그들의 현재는 "전에 멀리 있던 너희가 그리스도 예수 안에서 그리스도의 피로 가까워졌다"고 말할 수 있습니다(13절). 그들의 미래는 "너희도 성령 안에서 하나님이 거하실 처소가 되기 위하여 예수 안에서 함께 지어져 간다"고 말할 수 있습니다(엡 2:22).

이방인의 과거

바울이 11절에서 이방인과 유대인을 대비하면서 유대인들이 자기들을 구별하기 위하여 사용했던 "할례당"과 "무할례당"이라는 꼬리표를 가볍게 지나치는 것 같다는 인상을 줍니다. 그는 유대인을 식별하는 꼬리표로 이 말을 사용하고, "손으로 육체에 행한"이라는 말을 사용하여 할례를 언급합니다. 바울은 로마의 그리스도인들에게 보내는 그의 편지 2:29절에서 "마음의 할례"를 받으라고 했습니다. 다시 말하자면 단순한 외형상의 변화가 아니라 내면적인 변화를 일컫는 말입니다.

유대인은 외형적이고 피상적인 구분에 초점을 맞추었으나 유기된 상태에서 이방인과 유대인 사이에 역시 실제적인 차이가 있었습니다. 바울이 진술하는 것처럼 이방인은 다섯 개의 영역에서 불이익을 당했습니다.

1. 그리스도 밖에 있음. 바울이 첫 번째로 언급하는 것은 "그리스도 밖에 있는" 상태입니다. 이것은 그리스도와 신비적 연합이 결여되었음을 언급하는 말입니다. 그리스도와 연합은 믿음이라는 통로를 통하여 성령님께서 성취하시는 것입니다. 그리스도와 연합이 반드시 여기 포함되어야 한다면, 중생하지 못한 상태에 있는 유대인도 언급해야 합니다. 고로 이것은 특별히 이방인의 불이익을 언급하기 위하여 인용된 것만은 아닙니다. 바울의 생각을 풀 수 있는 실마리는 "그리스도"라는 말입니다. 이 말은 "기름 부음을 받은 자" 혹은 "메시야"라는 의미인데, 즉 바울은 로마서 9:5절을 기록할 때, 유대인들이 누리는 이익을 말하면서 "조상들도 그들의 것이요 육신으로 하면 그리스도가 그들에게서 나셨으니 그는 만물 위에 계셔서 세세에 찬양을 받으실 하나님이시니라"고 말했던 것과 동일한 방법으로 생각하고 있습니다. 이것은 메시야가 유대인에게 왔으며, 유대인들이 식별할 수 있었다는 것을 의미하지만, 이방인은 유대인이 아니기 때문에 이와 같은 혜택에서 차단당했습니다.

타락과 분리된 상태에 있던 이방인은 구원을 얻게 하는 믿음으로 예수님과 연합할 수 없었고, 물론 유대인들도 마찬가지였습니다. 그러나 이방인들은 유대인들과 달리 그리스도를 알 수 있는 기회조차 갖지 못했고, 그들의 종교는 전적으로 이교적이었으며, 그들은 "구세주의 오심을 대망한다"는 말조차 알지 못했습니다.

2. 이스라엘 나라 밖에 있는 사람. 바울은 유대인이 누리는 영적인 유익에 대하여 말했습니다. 예수 그리스도의 말씀은 "이스라엘 나라 밖에 있다"는 말의 의미를 보다 더 명확하게 계시해 주셨습니다. 예수님께서 사마리아 여인과 함께 있을 때, 그녀는 예배를 드리기에 합당한 장소가 - "이 산(그리심)"인가, 혹은 "예루살렘"인가 어느 곳이냐고 질문했습니다. 예수님께서 대답하셨습니다. "너희(사마리아인)는 알지 못하는 것을 예배하고 우리(유대인)는 아는 것을 예배하노니 이는 구원이 유대인에게서 남이라"(요 4:22). 이것은 인종적 비방이 아니라 구원 역사에서 냉정한 사실이었습니다. 다른 곳은 하나님을 알도록 허락하지 않으셨지만, 오직 이스라엘은 하나님을 알도록 선택하셨습니다. 그 당시에도 구원받으려면 이스라엘 공동체의 회원, 즉 유대인이 되어야만 했습니다.

구약성경에서 두 가지 사례를 발견할 수 있습니다. 첫 번째 경우는 룻기에 있는데, 룻은 나오미라는 유대 여인의 아들과 혼인했던 모압 태생의 이방 여인이었습니다. 나오미와 남편과 두 아들은 기근을 피해 모압 땅으로 피난 갔으나 남편과 두 아들은 모두 죽었고, 나오미는 그녀의 고향으로 돌아가기로 작정했습니다. 며느리 룻도 시어머니와 함께 가겠다고 결심했습니다. 룻은 시어머니와 같이 사는 동안 시어머니가 섬기는 하나님을 알게 되었고, 예배하게 되었습니다. 나오미는 룻이 모압 땅에 남아 있으라고 설득했으나 룻은 시어머니의 말을 듣지 않았고, 룻이 "내게 어머니를 떠나며 어머니를 따르지 말고 돌아가라 강권하지 마옵소서 어머니께서 가시는 곳에 나도 가고 어머니께서 머무시는 곳에서 나도 머물겠나이다 어머니의 백성이 나의 백성이 되고 어머니의 하나님이 나의 하나님이 되시리니"(룻 1:16)라고 대답했습니다.

정말 아름다운 말입니다. 그러나 이 말이 간직하고 있는 아름다움은 룻의 생각에서 발견하게 되는 우선순위입니다. 룻은 여호와를 진정으로 예배하는 시어머니를 따라가고 싶었습니다. "어머니의 하나님이 나의 하나님이 될 것"이라는 말을 하기 전에 "어머니의 백성이 나의 백성이 될 것"이라는 말을 먼저 해야 되었던 점을 주목해 보십시오. 시어머니가 섬기는 신을 택하기 전에 먼저 국적을 바꿔야 한다는 것이 룻의 고백이었습니다.

두 번째 경우는 수리아 사람 나아만의 이야기입니다. 나아만은 그 당시 가장 막강한 힘을 자랑하던 강대국의 장군이었고, 그는 권세 있고, 존경받는 사람이었습니다. 그러나 나아만의 처지는 비참했고, 그는 어디선가 나병에 걸렸습니다. 그 당시 나병은 치료법이 없었습니다.

나아만이 포로로 잡아 온 노예들 가운데 유대인 소녀가 있었습니다. 비록 이 소녀의 나이는 어렸지만, 이스라엘에는 엘리사라는 선지자가 살고 있는데, 그가 장군을 고쳐줄 수 있다는 말을 전해 주었습니다. 그는 팔레스틴 땅으로 갔습니다. 엘리사는 영접하러 나오기는커녕 요단강에 가서 몸을 일곱 번 씻으라는 말만 전해 주었습니다. 장군의 국가적 자존심은 땅에 떨어지고 말았고, 그는 자기 조국의 아름다운 강과 비교조차 할 수 없는 흙탕물을 경멸하는 말을 했으며, 화가 가라앉고 나자 그의 종 가운데 한 사람이 마음을 바꾸도록 도와주었습니다. 종은 말했습니다. "한 번 해 볼만 합니다. 만일 엘리사가 1톤의 황금을 요구했더라도 주셨을 것입니다. 그런데 강물에 몸을 담그지 못할 이유가 있겠습니까? 이렇게 먼 길을 왔는데요. 돈이 드는 것도 아니잖습니까?" 그래서 나아만은 그 종의 말대로 했고, 그의 나병은 나았습니다.

이야기는 절정에 도달했습니다. 나아만은 유대 땅의 흙을 수리아로 가져가기 위해서 그의 종에게 흙을 자루에 담아서 노새 두 마리에 실으라고 분부했고, 나아만의 말이 이어집니다. "… (왜냐하면) 이제부터는 종이 번제물과 다른 희생제사를 여호와 외 다른 신에게는 드리지 아니하고 다만 여호와께 드리겠나이다"(왕하 5:17 - 한글성경에는 "왜냐하면"이라는 말이 없지만 의미의 명확한 전달을 위해서 추가함-역자).

일이 모두 끝나고, 일행은 흙을 실은 노새 뒤를 끌고 귀국 길에 올랐습니다. 나아만의 나병이 나아서 지금 돌아오고 있는 중이라는 전갈을 먼저 보냈습니다. 드디어 여행객들이 도착했고, 기쁨에 찬 환영 행사가 열렸습니다. 밤이 돌아와 자리에 눕기 전 나아만은 이스라엘에서 가져온 흙을 상자에 부었습니다. 그는 팔레스틴의 흙이 담겨있는 상자 위에 자리를 잡고 꿇어 엎드려 여호와께 기도를 드렸습니다. 자발적으로 유대인이 된 이 이방인은 자기 병을 고쳐주신 유대인의 하나님께서 베풀어주신 동일한 은혜를 의지하게 된 것입니다.

룻과 나아만, 두 이방인이 구원받았다는 것은 매우 흥미로운 이야기입니다. 두 사람은 먼저 유대인이 된 다음 구원을 받은 것입니다. 이와 같은 회심이 선행되지 않은 사람들은 "외인", 즉 "이스라엘 나라 밖에 있는 사람"이라고 바울은 말합니다. 그러므로 그들은 유대인이 받는 축복을 받을 수 없었습니다.

3. 약속의 언약들에 대하여 외인이었음. 시민권을 언급할 때, 바울은 이방인을 "외인"이라고 했습니다. 여기서 한 걸음 더 나아가 그들은 하나님의 언약에도 역시 밖에 있는 사람들이었습니다. 바울이 "약속"이라는 말을 단수로 사용했기 때문에 그가 분명히 아브라함과 맺었던 최초의 약속 그리고 제일 기본이 되는 약속을 생각했다는 의미입니다. 하나님께서는 최초의 약속 이후 여러 개의 언약을 이스라엘 자손과 더 맺으셨는데, 하나님께서는 아브라함에게 약속하면서 말씀하셨습니다. "여호와께서 아브람에게 이르시되 너는 너의 고향과 친척과 아버지의 집을 떠나 내가 네게 보여 줄 땅으로 가라 내가 너로 큰 민족을 이루고 네게 복을 주어 네 이름을 창대하게 하리니 너는 복이 될지라 너를 축복하는 자에게는 내가 복을 내리고 너를 저주하는 자에게는 내가 저주하리니 땅의 모든 족속이 너로 말미암아 복을 얻을 것이니라 하신지라"(창 12:1-3). 구약성경의 약속은 모두 이 언약에 기초하였고, 이방인들은 이 언약에 참여할 수 없었습니다.

어떤 의미에서 이 진리는 지금도 불신자에게 해당되는 것입니다. 마틴 로이드 존스(Martyn Lloyd-Jones)는 이렇게 말했습니다. "그들은 성경을 읽을 수 있지만, 감동 받지 못한다. 그들은 이토록 '엄청나게 위대하고 소중한 약속들'을 바라보고 말할는지 모른다. 도대체 누구에게 이것을 적용할까? 도대체 이것은 다 무슨 의미인가? 그들은 나그네들이다. 그들은 외국에서 온 사람들처럼 행동한다. 그들은 그 말이 무슨 뜻인지 이해하지 못한다."[2]

4. 소망이 없는 존재. 어떤 설교자가 "쓸모없는"이라는 말을 설교에서 사용하는 것을 들은 적이 있습니다. 그는 그 말을 꼭 하고 싶었던 것이 아니었다고 말했지만, 몹시 불쾌한 단어 가운데 하나입니다. 그 말을 사용해서 사람을 판단하는 것이 끔찍하다는 것에 동의하지만, 바울이 그리스도가 오시기 전 이방인의 상태를 설명하기 위하여 사용한 말처럼 끔찍하지는 않습니다. 바울은 "소망이 없다"는 말을 사용합니다. 쓸모없다는 말은 그다지 나쁜 말은 아닙니다. 왜냐하면 쓸모없는 물건에서 쓸모를 찾을 수 있습니다. 쓸모없는 인간이 쓸모 있게 될 수 있으나 소망이 없다면 몽땅 허사가 되고 맙니다. 소망이 없는 곳에 아무것도 존재할 수 없습니다.

그리스도를 떠난 이방인은 어디서 소망을 상실하게 됩니까? "모든 곳에서"라고 대답해야 합니다. 그러나 주로 현재의 생명과 앞으로 올 미래의 생명에서 그렇습니다. 마틴 로이드 존스는 이점을 정확하게 지적했습니다. 그리스도와 떨어진 상태가 심각하면 할수록 그 사람은 더 비관적으로 될 수밖에 없습니다. 그들은 광채는 보지만 그 밑에 있는 퇴색은 보지 못합니다. 생각하는 사람들은 - 위대한 철학자들, 예술가들, 시인들, 작가들 - 모두 그리스도가 없으면 점점 비관적으로 됩니다. 그렇지 않으면 적어도 그들은 나이를 먹어감에 따라 비관적이 될 것입니다. 이스라엘의 하나님이 없으면, 우리 가운데 어느 누구라도 일이 잘 되거나 혹은 더 잘 될 수 있을 것이라는 소망을 갖게 되지 못할 것입니다. 이것이 만일 이 세상을 살아가는 우리네 생활 속에서 정말 일어난다면, 어떻게 무덤 너머에 더 많은 진실이 있다고 말할 것입니까? 계시를 떠나서, 그리고 예수 그리스도의 부활을 떠나서 아무도 현재의 생활을 초월하는 참된 소망을 소유할 수 없을 뿐만 아니라 존 밀턴의 위대한 서사시 「실낙원」에서 사탄이 그랬던 것처럼 우리도 역시 "우리의 최후 소망은, 맥 빠진 절망"이라고 말해야 합니다(실낙원 제2권 139행).

5. 세상에서 하나님도 없는 존재. 첫 번째 절망을 소개한 다음, 바울이 말하는 마지막 절망은 그리스도가 오시기 전 이방인들이 당하고 있는 딜레마를 잘 요약하고 있습니다. 처음 시작할 때, 바울은 이방인을 "그리스도 밖에 있는" 존재로 기술했습니다. 여기서 그는 "하나님이 없는" 존재로 묘사하고 있습니다. 하나님께서는 소망을 포함하여 모든 좋은 것의 원천이십니다(약 1:17). 그래서 만일 우리가 하나님이 없다면, 외견상 그렇지 않은 것처럼 보임에도 불구하고 우리는 아무것도 가진 것이 없는 사람이 됩니다.

그러나 이제는

에베소서 2:12절의 이런 구절들은 사도 바울이 이 위대한 장을 시작했을 때, 그랬던 것처럼 으스스한 느낌을 갖게 합니다. "그는 허물과 죄로 죽었던 너희를 … 그 가운데서 행하여 이 세상 풍조를 따르고 공중의 권세 잡은 자를 따랐으니 … 본질상 진노의 자녀이었더니" 그러나 이제는, 그가 앞에서 그랬던 것처럼 바울은 하나님의 간섭하심의 결과 상황이 변화되었음을 지적하고 있습니다. 앞에서 말했던 것처럼 "긍휼이 풍성하신 하나님이 우리를 사랑하신 그 큰 사랑을 인하여 허물로 죽은 우리를 그리스도와 함께 살리셨다"고 말합니다(엡 2:4-5). 그리고 나서 바울은 "(그러나) 이제는 전에 멀리 있던 너희가 그리스도 예수 안에서 그리스도의 피로 가까워졌느니라"고 말합니다(엡 2:13).

그리스도가 우리 죄를 대속한 결과 하나님께 가까이 나갈 수 있게 되었다고 바울은 말합니다. 그러나 그는 또한 예수 그리스도의 교회라는 새로운 연합체를 세우기 위하여 유대인과 이방인을 함께 묶어주는 하나님에 대하여 언급하고 있습니다.

이 진리가 매우 음산해 보이는 것을 평가하려면, 우리는 이방인들이 가까이 나오기 전 그들이 처해있던 비참한 상태를 이해할 필요가 있습니다.

전에 이방인은 "그리스도 밖"에 있었고, 그들은 제거된 상태였습니다. 바울이 1장에서 말했던 것처럼 그들은 이제 그리스도와 연합되었습니다. "이제는 전에 멀리 있던 너희가 그리스도 예수 안에서 그리스도의 피로 가까워졌느니라"(엡 2:13). 에베소인들은 "그 안에서" 모든 것을 소유하게 되었습니다.

전에 이방인은 "이스라엘 나라 밖"에 있었습니다. 몇 절 뒤에 말하는 것처럼 "이 제부터 너희는 외인도 아니요 나그네도 아니요 오직 성도들과 동일한 시민이요 하나님의 권속"이라는 것입니다(엡 2:19). 바울은 빌립보인들에게 이렇게 말했습니다. "그러나 우리의 시민권은 하늘에 있는지라 거기로부터 구원하는 자 곧 주 예수 그리스도를 기다리노니 그는 만물을 자기에게 복종하게 하실 수 있는 자의 역사로 우리의 낮은 몸을 자기 영광의 몸의 형체와 같이 변하게 하시리라"(빌 3:20-21).

전에 우리는 "약속의 언약들에 대하여 외인"이었습니다. 지금은 바울이 3장에서 말하는 것처럼 "이는 이방인들이 복음으로 말미암아 그리스도 예수 안에서 함께 상속자가 되고 함께 지체가 되고 함께 약속에 참여하는 자"가 되었습니다(엡 3:6).

전에 우리는 "하나님도 없는 자"였습니다. 지금 우리는 "하나님의 권속이고, 너희는 사도들과 선지자들의 터 위에 세우심을 입은 자이며, 그리스도 예수께서 친히 모퉁잇돌"이 되셨습니다(엡 2:19-20).

에베소인과 그리스도에 대한 신앙으로 인도된 사람들이 모두 경험하는 엄청난 변화입니다. 그러나 하나님이 우리에게 베풀어주시는 것을 생각 없이 받으면 안 됩니다. 바울이 이 문단에서 "생각하라"는 말을 두 번씩이나 반복하는 것을 주목해 보십시오. 11절에서 "그러므로 생각하라 너희는 그 때에 육체로는 이방인이요 …" 그리고 12절에서 "그 때에 너희는 그리스도 밖에 있었고 이스라엘 나라 밖의 사람이라 약속의 언약들에 대하여는 외인이요 세상에서 소망이 없고 하나님도 없는 자(이던 것을 생각하라)"(한글성경에는 "생각하라"는 말이 생략되었음-역자).

우리도 역시 생각해야 합니다. 만일 하나님께서 어떻게 우리를 당신에게 가까이 이끄셨는가를 망각한다면, 하나님으로부터 유기(遺棄)되는 것에 무감각하게 되고, 다른 사람을 당신에게로 인도하는 하나님의 능력에 자포자기할 수 있습니다. 어떤 사람이 회심한 노예 상인 존 뉴턴(John Newton)과 이야기하고 있었습니다. 하나님께서는 그를 비참하고 절망적인 상태에서부터 복음을 전파하는 설교자로 변화시

컸습니다. 두 사람은 절망에 대하여 말하고 있었는데, 그 사람은 존 뉴턴에게 어떤 사람의 구원에 대하여 절망한 적이 없었느냐고 질문했습니다. 존 뉴턴이 대답했습니다. "하나님께서 나 같은 죄인도 살리셨기 때문에 나는 결코 절망하지 않았소!" 이것이 "생각하라"는 말의 의미입니다. 즉, 우리가 과거에 어떤 사람이었으며, 현재 어떤 사람이 되었는가를 깊이 생각해야 하고, 동일한 변화가 다른 사람에게도 일어나게 될 것을 기대해야만 합니다.

●각주●

1. H. A. Ironside, In the Heavenliness: Practical Expository Addresses on the Epistle to the Ephesians (Neptune, N.J.: Loizeaux Brothers, 1938), 96-98.

해리 아이언사이드(1876-1951)는 유명한 성경 교사요 저술가였다. 그는 캐나다 토론토에서 태어나서 10살 때, 미국 캘리포니아주로 이주했다. 목사 안수는 안 받았지만 14살 때부터 설교를 했다고 한다. 순회 전도자겸 성경 교사로 미국과 전 세계를 여행하면서 말씀사경회를 인도했다. 1925년부터 1943년까지 달라스 신학교에서 객원 교수로 강의를 한 적도 있고, 1930년부터 1948년까지 저 유명한 무디기념교회를 담임하기도 했다. 평생 60권이 넘는 책을 집필했으며, 뉴질랜드의 집회에서 설교하던 도중 운명했다.-역자

2. D. Martyn Lloyd-Jones, God's Way of Reconciliation: Studies in Ephesians, Chapter 2 (Grand Rapids: Baker, 1972), 224-25.

14

무너진 벽

에베소서 2 : 14-18

그는 우리의 화평이신지라 둘로 하나를 만드사 원수 된 것 곧 중간에 막힌 담을 자기 육체로 허시고 법조문으로 된 계명의 율법을 폐하셨으니 이는 이 둘로 자기 안에서 한 새 사람을 지어 화평하게 하시고 또 십자가로 이 둘을 한 몸으로 하나님과 화목하게 하려 하심이라 원수 된 것을 십자가로 소멸하시고 또 오셔서 먼 데 있는 너희에게 평안을 전하시고 가까운 데 있는 자들에게 평안을 전하셨으니 이는 그로 말미암아 우리 둘이 한 성령 안에서 아버지께 나아감을 얻게 하려 하심이라

각 세대는 그 세대에서만 특별히 통용되는 "전문 용어"를 가지고 있습니다. 우리 세대는 소외라는 말을 빈번하게 사용하고 있고, 이 말을 처음 사용해 유행시킨 장본인을 찾아 거슬러 올라가면 카를 마르크스(Karl Marx)에 이르게 됩니다. 그는 이 말을 사용하여 노동자는 고용주에게 돌아가는 특권에서 소외되었다고 주장했습니다. 노동자는 우리가 말하는 "체제"와 그

체제를 작동시키는 자기 자신으로부터 모두 소외당하고 있다는 것입니다. 노동자는 자기 자신을 부속품으로 사용하여 제품을 생산하지만, 고용주는 그 제품을 판매할 때, 노동자를 제품에서 소외시킵니다. 이 이론이 계급투쟁의 토대가 되었습니다.

오늘날 우리는 소외를 더 확대하여 말합니다. 우리는 한 개인이 민주화 과정에서 제외되는 것을 정치적 소외라고 말합니다. 우리는 결혼이 파탄을 일으키는 것, 즉 결혼의 소외도 말하고 있습니다. 이 시대나 혹은 저 시대에도 이 사상을 생활 속에 적용하지 못하는 어려움이 있었습니다.

적대감의 벽

물론 우리가 소외를 발명하지 않았습니다. 소외란 하와가 하나님의 명령을 무시하고 금지된 과실을 먹었을 뿐만 아니라 남편에게도 주어서 먹게 했던 순간부터 세상에 존재하게 되었습니다. 바울이 에베소인들에게 편지를 쓰고 있던 그 시간에도 분명히 존재하고 있었던 소외는 어떤 상황이었습니까?

바울은 예루살렘 성전 이방인의 뜰을 소외의 상징이라고 생각했습니다. 이방인들이 들어갈 수 있는 바깥뜰은 유대인들만 들어갈 수 있는 안 뜰과 구별하기 위하여 벽을 높이 쌓아서 분리시켜 놓았던 것입니다. 높이 쌓아놓은 벽이 바로 엄청난 소외의 상징이었습니다. 바울 당시의 예루살렘 성전은 느헤미야 때부터 사용하던 낡고 사용하기에 적당하지 않았던 성전을 대치하기 위하여 헤롯 왕이 중건한 건물이었고, 벽을 금박으로 입혀 놓은 성전은 예루살렘성의 영광이었습니다. 지금도 성전 동산이라고 부르는 언덕 위에 A.D. 70년에 무너진 성전 터가 장엄하게 자리잡고 있습니다. 예루살렘 성전은 여러 개의 뜰로 둘러싸여 있고, 가장 안쪽에 위치한 뜰은 제사장의 뜰입니다. 오직 제사장 지파인 레위 족속 남자들만 들어갈 수 있습니다. 그 다음은 유대 남자들만 들어갈 수 있는 이스라엘의 뜰이 있고, 그 다음은 여인들의 뜰이 있습니다. 남자들도 들어갈 수 있으나, 수직 구조 속에서 살아가는 여인들에게 출입이 허락된 유일한 장소입니다.

이런 뜰은 모두 동일한 수준에 있습니다. 비록 뜰과 뜰 사이에 큰 차이가 있더라도 기념비적 구분만큼 대단하지는 않았습니다. 여인의 뜰에서 다섯 계단만 올라가면 한 차원 높은 뜰이 있고, 이 곳에는 1.5m 높이로 성전 외곽을 둘러싸고 있는 바리케이드가 있으며, 그 다음 또 다른 장소가 있습니다. 열 네 계단을 더 올라가면 이방인의 뜰에 도착하게 됩니다. 유대 역사가 요세푸스는 유대인과 이방인을 나누는 벽에는 일정한 간격을 두고 경고문이 새겨져 있다고 증언했습니다. 유대인만 출입이 허락된 성전 구내에 침입하는 이방인은 누구든지 사형에 처한다는 경고문이라고 합니다.[1]

지난 세기 혹은 그보다 더 이른 연대에 이런 명문(銘文)들이 발굴되었습니다. 그 중에 완전하지 못한 명문 하나가 1935년에 발견되었는데, 1871년에 발견된 또 다른 명문은 현재 이스탄불 박물관에 소장되어 있습니다. 이 명문에는 이런 글이 기록되었습니다. "어떤 외국인도 회랑 축대나 난간 안으로 들어오지 못한다. 붙잡히는 자는 누구를 막론하고 사형에 처하게 될 것이다."[2]

이것은 오늘날 "침입자는 고발당함"이라는 경고문과 동일한 수준의 위협입니다. 어쩌면 더 강력한 의미일 것입니다. 즉, "침입자는 사실 당함!"

만일 바울이 에베소로 보내는 편지를 로마에서 쓰고 있다면, 개인적인 체험을 염두에 두고 있었던 것이 틀림없습니다. 그것은 이 벽과 연관이 있는 마음 아픈 적대감이었습니다. 바울은 이방인 교회에서 모아 준 헌금을 유대 그리스도인들에게 전달하기 위하여 예루살렘을 방문했을 때, 서원을 하려고 성전 구내로 들어갔습니다. 그는 거기서 분노한 군중들과 마주쳐서 폭행을 당하고 죽을 뻔 했던 적이 있었습니다. 바울은 물론 유대인이었고, 유대인들은 바울의 이방인 교제에 대해서도 알고 있었고, 드로비모라는 이방인 그리스도인을 성전 구내로 데리고 들어온 이유도 알고 있었습니다. 그 결과 소란이 일어났고, 바울은 가이사랴로 이송되었으며, 바울은 로마 황제에게 청원했기 때문에 죄수의 몸이 되어 로마로 압송되었습니다 (행 21:27-36절을 참조).

이 소외를 제거한 그리스도의 사역에 대하여 편지를 쓰면서 바울은 이 엄청난 유대인과 이방인 간의 적대적 대립의 가시적 상징을 염두에 두고 있었고, 고대 세계가 모두 다 마찬가지였지만 - 우리들의 생각 속의 벽처럼 비유적이든, 혹은 예루살렘의 벽처럼 문자적이든 - 벽은 유대인과 이방인 사이의 벽처럼 서로 통할 수 없는 것입니다. 조롱하거나 자랑할 수 있는 기회를 제공하는 벽은 없습니다. 그래서 바울은 "그(즉, 예수)는 우리의 화평이신지라 둘로 하나를 만드사 원수 된 것 곧 중간에 막힌 담을 자기 육체로 허시고 법조문으로 된 계명의 율법을 폐하셨으니 이는 이 둘로 자기 안에서 한 새 사람을 지어 화평하게 하시고"(엡 2:14-15)라고 말합니다.

하나님으로부터 소외

본문은 계속해서 "이는 이 둘로 자기의 안에서 한 새 사람을 지어 화평하게 하시고 또 십자가로 이 둘을 한 몸으로 하나님과 화목하게 하려 하심이라 원수 된 것을 십자가로 소멸하시고"(엡 2:15-16)라고 말합니다. 이 구절의 의미와 예수님의 성취하심을 이해하기 위하여 우리는 예루살렘 성전을 좀 더 이해할 필요가 있습니다.

성전 구조를 설명하면서 성전은 몇 개의 뜰로 둘러싸여 있다고 앞에서 이미 설명했고, 뜰의 설치 목적은 성전과 가깝고 먼 정도에 따라 사람의 접근을 차단하기 위한 것입니다. 보통 유대인 남자라면 누구나 이렇게 연속적으로 중심을 향하여 배열된 뜰을 볼 수 있고, 내가 언급했던 가장 큰 장애물은 성전을 둘러싸고 있는 부속물 밖에 있는 것이 아니라 성전 자체에 있습니다.

성전 내부에는 정상적인 임무를 부여받은 제사장들이 들어갈 수 있는 성소가 있고, 지성소는 오직 대제사장만이 들어갈 수 있고, 자기 자신과 민족을 위하여 제사를 드리고 나서 1년에 단 한차례만 들어갈 수 있습니다. 성소와 지성소는 큰 휘장이 두 방으로 갈라놓고 있으며, 이 휘장은 약 15cm의 두께입니다. 이 휘장은 성전 가장 안쪽에 위치한 지성소의 접근을 봉쇄하는 것이 목적이고, 지성소에는 거룩한 법궤가 놓여 있습니다. 법궤 뚜껑 위에는 양쪽 날개를 편 두 천사 사이에 공간이 있고, 하나님께서는 상징적으로 이 공간에 좌정해 계신다고 합니다.

달리 말하자면, 이 휘장 내면의 전체 체계와 외부 벽의 의미는 사람 간의 차이뿐만 아니라 가장 크고 근본적인 소외, 즉 하나님과 사람의 소외를 보여주려는 것입니다. 다른 모든 경우의 소외와 마찬가지로 이렇게 소외당하게 되는 근본 원인은 "죄" 때문입니다.

사람들은 이렇게 소외당하는 것을 원하지 않습니다. 제2차 세계대전이 일어나기 직전 몇몇 낙관주의자들은 당대의 정치 지도자 몇 사람이 앉아서 서로 평화적인 대화만 할 수 있다면, 전쟁은 막을 수 있다고 믿었습니다. 영국 수상을 지낸 영국 보수당 정객이었던 네빌 체임벌린(Neville Chamberlain)이 그런 사람이었고, 그가 아돌프 히틀러(Adolf Hitler)를 만나본 다음 히틀러는 근본적으로 이성적이며, 자기가 한 말을 지키는 사람이라는 믿음을 가지게 되었습니다. 회담에서 돌아와 영국 국민에게 "우리 시대에 평화!"라는 슬로건을 자기가 이룩하게 되었노라고 장담했으나 실제 상황은 정반대로 전개되었습니다. 히틀러는 체임벌린에게 폴란드의 북부 항구 도시 그단스크(독일어; 단치히)의 기습 공격을 회신으로 보냈습니다. 이 사태는 체임벌린을 수상 직에서 사임시켰고, 윈스턴 처칠이 후임 수상 자리에 오르도록 만들었으며, 또 영국을 전쟁의 소용돌이로 몰아넣고 말았습니다.

우리는 오늘 이와 유사한 상황 속에서 살아가고 있습니다. 수많은 낙관주의자들이 평화를 보존하기 위하여 서구 열강이 러시아와 마주 앉아 군비 축소를 협의하고 분쟁 종식의 합의를 이끌어 낼 수 있다고 생각하지만, 이것은 실제로 그렇게 되지 않을 것입니다. 이 점에 대해서는 오해하지 않기 바랍니다. 나는 협상을 통해서 쌍방이 서로 검증할 수 있는 합의를 도출해 낼 수 있는 가능성을 반대하는 것이 아닙니다. 대화는 항상 전쟁보다 낫고, 합의는 협상의 결렬보다 낫습니다. 그러나 다만 이렇게 합의한 것이 평화를 가져올 수 있다는 생각을 반대하는 것입니다. 최상의 해결책은 적대감을 침묵시키거나 지연시키는 것입니다. 그래도 평화를 이룩할 수 없습니다. 평화를 위협하는 원수는 협상의 부재가 아니라 하나님과 사람 사이에 근본적인 소외가 존재하기 때문이고, 인류가 하나님과 반목하기 때문입니다. 이것이 "죄"의 참된 의미입니다. 또한 우리는 필연적으로 다른 사람들과 반목하고 있고,

어떤 면에서는 세상과 반목하고 있기 때문입니다.

하나님과 화평

그러나 주 예수 그리스도께서 하신 일을 보십시오! 여러분은 예수님께서 운명하시는 순간 "성소 휘장이 위로부터 아래까지 찢어져 둘이 되었다"는 사건을 기억하십니까(마 27:51)? 마태는 특별히 유대인을 위하여 그의 복음서를 기록했습니다. 마태가 성소 휘장을 언급한 것은 유대인 독자들이 반드시 깨달아야 할 사건이었기 때문입니다. 휘장은 성소와 지성소를 나누기 위해서 달아 놓았던 것으로 그 휘장이 위로부터 아래까지 찢어져서 두 조각이 되었다는 사실은 그리스도의 죽으심으로 가능하게 된 길을 그림으로 보여 주는 것입니다. 이 그림은 만일 남자든 여자든 예수 그리스도와 그분의 사역을 믿으면, 사람의 앞을 가로막고 있는 장애물인 죄가 제거되고, 하나님과 화목하게 되고, 하나님께 나아갈 수 있는 길이 열린다는 것을 보여줍니다.

바로 이것이 그리스도가 행하신 일입니다. "… 원수 된 것 곧 중간에 막힌 담을 자기 육체로 허시고 법조문으로 된 계명의 율법을 폐하셨으니 이는 이 둘로 자기 안에서 한 새 사람을 지어 화평하게 하시고 또 십자가로 이 둘을 한 몸으로 하나님과 화목하게 하려 하심이라 원수 된 것을 십자가로 소멸하시고"(엡 2:14-16) 그 결과 "그로 말미암아 우리 둘이 한 성령 안에서 아버지께 나아감을 얻게 하려 하심이라" 고 바울이 말합니다.

마틴 로이드 존스(Martyn Lloyd-Jones)는 이 구절을 논의하면서 이토록 강력한 의미를 지니고 있는 "화목"이라는 말을 잘 요약했습니다. 마틴 로이드 존스는 다섯 부분이 있다고 합니다. 첫 번째, "제일 먼저 원수에서 친구의 관계로 변화된다." 그 것은 가장 단순한 의미지만 가장 기본적이기도 합니다.

두 번째, 서로 불화하면서 지내다 우정을 되찾는 것만 의미하지 않습니다. 전에는 서로 쳐다보지도 않고 그냥 지나쳐 버리던 사람과 대화하게 되었다는 것만 의미하지 않습니다. 오히려 더 많은 의미가 내포되어 있는데, 이것은 다시 함께하게 되고, 재 연합하게 되고, 다시 연결된 것을 의미합니다. 이 말은 그런 의미를 지니고 있습니다.

세 번째, 이 말은 행동의 완전함을 의미합니다. 적대감을 해소하고 완전한 우정을 나누게 되었다는 의미인데, 이것은 타협이 아닙니다. 며칠 동안 회담이 계속되다 막다른 골목에 이르게 되자 어떤 사람이 돌연 멋진 아이디어를 생각해내서 봉착했던 문제를 해결하는 특별한 말이나 공식 따위의 타협이 아니고, 전혀 그런 것이 아닙니다. 이것은 완전한 행동이고, 전에는 적대감이 도사리고 있던 곳에서 완전한 우의와 화합을 이룩한 행동입니다.

네 번째, 또 이런 의미도 담겨있습니다. 두 당사자 간의 문제와 분쟁 그리고 다툼이 쌍방의 합의 내지 동의하에 원만하게 해결된다는 의미가 아니고, 바울 사도의 말에서 두 당사자가 동시에 행동을 취한 것이 아니라 어느 한 쪽이라는 것입니다. 그리고 그 행동은 더 높은 쪽에서 취했다는 것입니다. 어느 한 쪽이라는 말은 위에서 아래로 내려오는 행동을 말하는데, 이것을 헬라어로 카타(kata)라고 합니다. 이것은 쌍방이 모두 자발적으로 합의를 하는 것이 아니고, 이것은 어느 한쪽이 상대방을 완전한 화해와 우의의 자리로 데리고 오는 것입니다.

마지막 다섯 번째, 이 말은 전에는 그렇지 않았던 것을 회복한다는 의미를 가지고 있습니다. 지금 우리가 사용하는 "레컨사일(reconcile: 화목하게 되다)"이라는 단어는 이 말이 가지고 있는 의미는 그대로 남겨놓고, 라틴어를 음역한 것입니다. 레 콘씰레! 전에는 그들의 우애가 깊었습니다(conciled). 지금 그들은 다시 그 우애를 회복했습니다(re-conciled). 그들이 전에 나눴던 우애로 되돌아 왔다는 말입니다.[3]

이것이 "화목(reconcile)"이 의미하는 것입니다. 예수 그리스도의 십자가를 통해서 하나님께서 이루신 것을 이보다 더 잘 이해할 수 있도록 설명하는 말은 없습니다. 이 위대한 일을 성취하기 전에 우리는 하나님과 사이가 멀리 떨어졌거나 혹은 소외되어 있었습니다. 우리는 아담 안에서 하나님과 교제했던 적이 있으나 아담과 하와의 타락 이후 세상에 태어난 모든 사람은 하나님과 적대 상태에서 태어난 것입니다. 우리 편에서 볼 때, 상황은 전적으로 절망적이고, 우리는 화해할 수 없었습니다. 그보다 더 나쁜 것은 화목을 원하지도 않았다는 것입니다. 그러나 하나님께서는 화목을 이루셨으며, 아버지 하나님께서는 죄로 인하여 우리에게 임하게 된 형벌을 담당하게 하시려고, 아들 하나님을 보내셨습니다. 그분은 십자가 위에서 죽으심으로 죄를 친히 담당하셨으므로 하나님과 우리의 친교가 회복되고, 바울이 말하는 것처럼 하나님께 자유롭게 나갈 수 있는 길이 열렸습니다.

둘을 한 새 사람으로 만들다

여기서 한 걸음 더 진전하게 되는 유익이 있습니다. 하늘 아버지와 교제가 회복되었을 뿐만 아니라 그리스도 안에 있으면 사이가 멀어졌던 사람 사이의 교제도 역시 회복됩니다. 생각의 발전을 주목해 보면, 유대인과 이방인 사이의 엄청난 적대감에서 시작하여 현대인들의 생활에 이르기까지 인간의 소외는 존재해 왔습니다. 이 소외가 더 큰 소외를 - 죄로 인하여 하나님과 인간 사이에 생긴 적대감 - 낳게 하는 원인을 추적했습니다. 더 큰 소외를 해결하려는 것이 나의 세 번째 관심이었습니다. 예수 그리스도께서는 갈보리에서 우리 대신 죄를 친히 담당하시고 십자가에서 운명하셨습니다. 그분의 죽음은 우리가 하나님께 나갈 수 있는 길을 열어 주었습니다. 마지막 요점은 다시 처음으로 돌아가는 것으로 더 큰 장애물이 해결되었기 때문에 그보다 작은 장애물은 해결할 필요가 없습니다. 사실상 작은 문제는 큰 문제 때문에 필연적으로 떨어져 나가버렸습니다.

하나님과 우리 사이의 휘장이 그리스도 안에 있는 사람들에게는 열려 있다는 것이 그 이유입니다. 만일 그리스도 안에 있으면 그리스도 안에 있는 다른 사람들과 우리 사이에도 장애물은 존재할 수 없으며, 그렇지 않으면 그리스도가 둘로 나뉘어야 합니다. 만일 우리가 그분 안에 있으면 동일한 장소에 있는 것이고, 우리는 한 몸의 지체이며, 화평이 한 몸의 지체 사이의 나뉨도 회복시켰습니다.

우리는 이런 생각을 모두 염두에 두고 13절부터 시작하는 구절을 읽어야 합니다.

"이제는 전에 멀리 있던 너희가 그리스도 예수 안에서 그리스도의 피로 가까워졌느니라 그는 우리의 화평이신지라 둘로 하나를 만드사 원수 된 것 곧 중간에 막힌 담을 자기 육체로 허시고 법조문으로 된 계명의 율법을 폐하셨으니 이는 이 둘로 자기 안에서 한 새 사람을 지어 화평하게 하시고 또 십자가로 이 둘을 한 몸으로 하나님과 화목하게 하려 하심이라 원수 된 것을 십자가로 소멸하시고 또 오셔서 먼 데 있는 너희에게 평안을 전하시고 가까운 데 있는 자들에게 평안을 전하셨으니 이는 그로 말미암아 우리 둘이 한 성령 안에서 아버지께 나아감을 얻게 하려 하심이라"(엡 2:13-18).

두 가지 최종 요점을 더 언급해야 하겠습니다.

첫째, 그리스도 안에 있으면 우리는 하나님 앞에서 다른 신자와 하나가 됩니다. 그것은 유대인이나 이방인, 남자와 여자, 자유인이나 종, 어떤 신분의 구분과 상관없으므로 우리는 그렇게 행동해야 합니다. 우리는 다른 그리스도인과 항상 의견이 일치하지 않는데, 그렇게 될 것을 기대하는 사람은 아무도 없습니다. 그러나 우리는 다른 사람과 관계를 깨뜨리지 않아야 합니다. 의견 차이에도 불구하고 그들과 우리의 연합은 이 세상 다른 어떤 사람들과 - 비록 불신자가 나와 같은 수준, 같은 인종, 같은 국적, 같은 성, 그밖에 다른 것이 같다고 하더라도 - 나누는 연합보다 더 소중하다는 것을 깨달아야 합니다.

우리의 의무는 그리스도 안에서 다른 형제와 자매들과 사이좋게 지내면서 우리는 거대한 영적 가족이라는 것을 세상에 알리는 것이며, 이렇게 하는 것이 자신의 삶을 통하여 세상에 증거하는 것입니다.

둘째, 내가 만일 아직도 "그리스도 안"에 있지 않으면, 가장 기본적인 문제는 그리스도와의 관계 속에서 그 해결책을 찾아야 합니다. 즉, 그리스도와 인격적인 관계 속에서 찾아야 한다는 말입니다. 그리스도의 사역에는 객관적인 면이 있는데, "… 한 새 사람을 지어 화평하게 하시고 또 십자가로 이 둘을 한 몸으로 하나님과 화목하게 하려 하심이라…"고 기술할 수 있습니다(엡 2:15-16). 예수님께서 갈보리 십자가에서 죽으심으로 이것을 성취하셨습니다.

그러나 주관적인 면도 있는데, 복음에 응답하는 믿음으로 그리스도와 연합하는 것입니다. 17절이 우리에게 "또 오셔서 먼 데 있는 너희에게 평안을 전하시고 가까운 데 있는 자들에게 평안을 전하셨으니"라고 선포하는 이유입니다.

이것은 나의 마지막 질문입니다. "여러분은 그리스도 안에 있습니까?" 그렇지 않으면, 여러분은 수없이 많은 사람들과 분리되게 되고, 그보다 더 나쁜 상태, 곧 하나님과 분리되게 됩니다. 만일 그리스도께로 나오면 그분은 여러분의 장애물을 제거해 주시고, 여러분과 연합하여 여러분을 새 사람으로 만들어 주실 것입니다.

●각주●

1. Josephus, The Jewish War, 5.5.2; Jewish Antiquities, 25.11.5.

2. Ralph Marcus가 번역하고, Allen Wikgren이 편집한 Josephus, 9 vols. (Cambridge, Mass,: Havard University Press, 1963), 8:202-3의 각주 d를 보라.

3. D. Martyn Lloyd-Jones, God's Way of Reconciliation: Studies in Ephesians, Chapter 2 (Grand Rapids: Baker, 1972), 224-25.

15

새 사람

에베소서 2 : 19-22

그러므로 이제부터 너희는 외인도 아니요 나그네도 아니요 오직 성도들과 동일한 시민이요 하나님의 권속이라 너희는 사도들과 선지자들의 터 위에 세우심을 입은 자라 그리스도 예수께서 친히 모퉁잇돌이 되셨느니라 그의 안에서 건물마다 서로 연결하여 주 안에서 성전이 되어 가고 너희도 성령 안에서 하나님이 거하실 처소가 되기 위하여 그리스도 예수 안에서 함께 지어져 가느니라

몇 장에 걸쳐 살펴보았던 것처럼 바울 사도는 교회에 대한 자신의 생각을 계속 정립해 나오고 있습니다. 이것이 에베소서의 "가장 중요한 주제"입니다. 그는 이 주제를 붙들고 직접 씨름하지 않습니다. "교회"라는 단어는(엡 1:22절에서) 단 한차례 언급되었을 뿐이지만, 바울이 말하고 싶은 것은 바로 "교회"입니다. 교회를 완벽하게 기술하기 위하여 다만 여러 가지 언급을 했을 뿐입니다.

1장은 하나님이 그리스도 안에서 택하는 은혜로 시작해서 "교회는 그(예수)의 몸"이며, "만물 위에 교회의 머리"로 세우신 그리스도의 승귀(昇歸)로 종결짓는 구원 계획을 하나님의 관점에서 제시했습니다.

2장은 영적으로 죽은 상태에서 어떻게 영적으로 살아있는 상태로 옮겨졌는가를 사람의 관점에서 제시했으나 그것도 역시 교회로 귀결됩니다. 즉, 우리가 그리스도 안에서 살게 되었을 뿐만 아니라 하나님께서 이미 구속하시고 거듭나게 한 사람들과 더불어 교제를 나눌 수 있게 되었다고 진술합니다.

2장 마지막 절은 우리에게 바로 이 점을 제시하고 있습니다.

어린 시절, 숨은 그림 찾기 책을 선물로 받았던 기억이 날 것입니다. 나무와 풀이 있는 들판과 솜털 구름이 떠 있는 하늘을 그려놓은 그림이었을 것입니다. 그림 아래 "그림 속에 숨어있는 동물을 찾아보세요?"라는 질문이 있었을 것이고, 그림을 자세히 들여다보면 물결 모양으로 구불구불한 구름 속에 숨어있는 다람쥐, 우거진 나무 잎사귀 사이에 감춰놓은 코끼리, 수풀 속에 감춰놓은 물고기를 발견할 수 있습니다. 어떤 의미에서 지금 우리는 19-22절에서 숨겨진 그림을 찾아내는 공부를 하려고 합니다. 바울은 "교회"라는 말을 사용하지는 않으나 이 네 절 속에 교회는 어떤 모습이며, 어떻게 기능해야 하는가를 보여 주는 세 가지 성경적인 그림을 숨겨놓았습니다.

우리가 과연 이런 그림을 찾아낼 수 있습니까? 첫 번째 그림은 교회를 도시 국가나 혹은 나라로 그려놓았는데, 바울은 19절에서 이것을 언급하면서 이렇게 말합니다. "그러므로 이제부터 너희는 외인도 아니요 나그네도 아니요 오직 성도들과 동일한 시민이요 …"(엡 2:19).

두 번째 그림은 가족인데, 바울은 계속해서 이렇게 말합니다. "그러므로 이제부터 너희는 … 하나님의 권속(가족)이라"(19절).

세 번째 그림은 아주 조심스럽게 발전시킨 것인데, 그것은 다름이 아니라 성전이 될 한 건물의 그림입니다. "너희는 사도들과 선지자들의 터 위에 세우심을 입은 자라 그리스도 예수께서 친히 모퉁잇돌이 되셨느니라"(엡 2:20). 바울은 거기에다가 "그의 안에서 건물마다 서로 연결하여 주 안에서 성전이 되어 가고"라는 말을 덧붙이고 있습니다. (엡 2:21).

바울은 에베소서 후반부에서 교회의 이미지를 "그리스도의 몸"으로 발전시키고 있습니다(4-5장). 그리고 더 뒷부분에서 "완전 무장한 군인"으로 묘사합니다(6장).

하나님의 나라

첫 번째 그림은 얼마나 풍부한 묘사로 가득 찬 들판입니까! 우리는 구약성경의 신정 통치를 일단 생각해 보아야 합니다. 하나님께서는 지상에 세워진 유대 나라의 수장(首長)이셨습니다. 또 세례 요한의 설교를 생각해 볼 수 있습니다. "회개하라 천국(하늘나라)이 가까웠느니라"(마 3:2). 혹은 예수님의 선포를 생각할 수도 있습니다. "…하나님의 나라는 너희 안(가운데)에 있느니라"(눅 17:21). 우리는 주님이 가르쳐주신 기도를 암송할 때마다 그 나라가 임하게 해 달라고 기도드립니다. "나라가 임하시오며 뜻이 하늘에서 이루어진 것 같이 땅에서도 이루어지이다"(마 6:10).

하나님 나라의 과거, 현재, 그리고 미래에 대하여 학문적으로 많은 논쟁이 지금까지 계속되고 있습니다. 이 논쟁은 내가 인용했던 본문이나 또는 다른 곳에서 시작된 것이며, 어떤 경우에는 하나님이 이스라엘을 통치하셨던 것처럼 과거적인 측면이 있습니다. 그러나 또 어떤 면에서는 세례 요한이나 예수님, 또는 초대교회 그리스도인들이 선포했던 것처럼 현재적인 측면도 있고, 또 다른 경우에는 미래적인 측면이 있습니다. 그렇지 않다면 어떻게 "나라가 임하시옵소서"라고 기도드릴 수 있습니까?

하나님의 나라는 실제로 현세적인 관념을 초월하고 있기 때문에 전혀 다른 용어로 설명하는 것이 드러난 문제를 해결하는 최상의 방법입니다. 기본적으로 하나님의 나라는 하나님의 통치를 의미하는데, 하나님께서 모든 인생과 세상 나라를 모두 다스리시기 때문에 세계는 다 하나님의 나라라는 의미입니다. 그분의 나라는 월등하고, 그 결과 하나님의 왕 되심을 고백하는 자들은 이 세상의 혼란스러운 갈등과 변화의 와중에서도 위로를 받습니다. "난리와 난리 소문"이 항상 있을지라도 우리는 그래도 두려워하지 않습니다(마 24:6). 그 나라는 하나님께서 개인의 마음과 생각을 다스리는 것입니다. 바울은 이 나라의 내적인 측면을 이렇게 표현했습니다. "하나님의 나라는 먹는 것과 마시는 것이 아니요 오직 성령 안에 있는 의와 평강과 희락이라"(롬 14:17). 예수님의 의와 평강과 희락이 개인의 생활 속으로 들어와 그 생활을 변화시키고, 영적 축복을 가져올 때마다 그 하나님의 나라는 현재적 시간에 임하는 것입니다.

바울은 에베소서에서 이 그림을 크게 발전시키지 않습니다. 사실상 "나라"라는 말조차 사용하지 않습니다. 그러나 그는 마음 속의 생각을 매우 분명하게 이런 방식으로 - 이방인 신자가 그 나라에 가입함 - 소개하고 있습니다. 달리 말하자면, 그는 앞에서 이미 언급했던 것으로 이 그림을 그리고 있고, 그는 앞서 언급했던 본문에서 예루살렘 성전에는 유대인들만 출입할 수 있는 뜰이 있고, 그 뜰을 둘러싸고 있는 벽은 유대인과 이방인 간에 존재하는 적대감의 상징이라고 말했습니다. 이 벽은 그리스도가 허물어버렸기 때문에 지금은 유대인과 이방인(인류 사회의 다른 모든 구성원들을 다 포함하여)이 동일한 신분으로 하나님께 나갈 수 있고, 하나의 거대한 영적 왕국의 - 다시 말해서 그리스도의 교회 - 구성원이 된다고 선언합니다.

이것은 혁명적인 생각입니다. 또 이 자체가 가히 혁명적이라는 것이 역사적으로도 입증되었습니다. 바울이 이 편지를 기록할 때, 로마제국은 영토 확장과 그로 인한 영광의 절정을 누리고 있었고, 로마제국은 세계를 통치했습니다. 로마제국의 군대는 평화를 유지했고, 법을 집행했으며, 가장 변두리의 도로도 제국의 심장 로마로 연결되었습니다. 로마제국은 수백 년 간 굳건히 유지되었고, 수천 년이라도 더 지탱할 수 있는 것처럼 보였으나 바울은 로마를 바라보고, 그것이 하나의 거대한 왕국이 아니라 서로 대립적인 계층을 노출시키는 세력 집단에 불과하다는 것을 알았습니다. 즉, 부자와 가난한 자, 자유인과 노예, 남자와 여자, 유대인과 이방인들이 서로 대립하고 있었습니다. 그런 상황에서 바울은 사람 사이의 대립적인 경계를 초월하는, 하나님께서 친히 창조하신 새 사람을 보았습니다. 이 나라는 애당초 성장하고, 모든 세속 나라에 파고들어, 모든 사람을 이끌어낼 운명을 지니고 있었고, 흔들거나 전복시킬 수 없는 하나님의 나라입니다.[1]

그리스도 안에 있는 하나님의 자녀

바울은 두 번째 그림에서 교회를 가족으로 그리고 있습니다. 그는 이 그림을 19절 하반부에서 소개하고 있습니다. "그러므로 이제부터 너희가 … 하나님의 권속이라" 바울이 사용하고 있는, 권속을 뜻하는 헬라어 오이코스(oikeios)는 가족과 함께 살고 있는 친구를 비롯해서 종이나 고용된 일꾼들까지 포함하는 "확대 가족"을 가리키는 말입니다. 허물과 죄로 죽은 우리를 그리스도와 함께 살리셨다는 관점에서 볼 때, 단순히 동거하는 식구가 아니라 피를 나눈 하나님의 친자식으로 생각한다는 말과 같습니다.

그가 이 이미지를 소개하는 이유는 너무나도 확실합니다. 하나님 나라의 시민은 강력한 혜택을 누리는 놀라운 특권이지만, 아직도 거리감이 있고 격식을 차려야 하는 것이지만, 가족의 유대 관계는 보다 더 친밀하고 그 결속력은 보다 더 단단한 것입니다.

한 가족의 구성원이 되기 위하여 우리는 그 가족으로 태어나거나 혹은 입양되어야 합니다. 흥미롭게도 성경은 그리스도인이 되는 의미를 설명하기 위하여 이 두 개념을 모두 사용하고 있는데, 주로 거듭남이라고 말합니다. 예수님께서 나이를 먹은 니고데모를 가르치실 때, 이렇게 말씀하셨습니다. "내가 네게 거듭나야 하겠다 하는 말을 놀랍게 여기지 말라"(요 3:7). 베드로는 그가 쓴 첫 번째 편지에서 이렇게 말합니다. "너희가 거듭난 것은 썩어질 씨로 된 것이 아니요 썩지 아니할 씨로 된 것이니 살아 있고 항상 있는 하나님의 말씀으로 되었느니라"(벧전 1:23).

이 사상은 자연 현상의 유사성이나 연속성에서 뽑아낸 것입니다. 어린 아기의 생명은 아버지나 어머니의 생명과 동일하지 않습니다. 그러나 아기의 생명은 부모에게서부터 왔으며, 부모의 생명과 같은 것이고, 부모의 특징은 유전적인 과정을 통해서 자녀에게 전달됩니다. 이것이 바로 교회 안에 거룩성이 존재해야만 하는 이유입니다. 하나님께서는 거룩하십니다. 그러므로 하나님의 자녀도 마땅히 거룩하게 성장해야 합니다. 만일 그렇지 않으면 그들은 진정 하나님의 자녀가 아니라고 과시하는 것입니다.

하나님의 가족의 구성원이 됨은 측량할 수 없는 특권을 소유하는 것입니다. 우리의 영적인 형제와 자매를 부양하는 연결 조직 안으로 들어가는 것이고, 교회 안에서 함께 기도하고, 함께 교제를 나누며 그리고 서로 돌아보는 몫을 우리에게 부여합니다. 또 우리는 하나님의 계획 속에서 한 자리를 차지하고 아울러 성례전에 참가할 수 있는 권리를 누리게 됩니다. 더 중요한 것은 아버지이신 하나님께 가까이 나갈 수 있게 되는 것입니다. 이 말의 의미는 우리가 필요한 것이나 요구할 것을 가지고 하루 중 언제라도 기도로 하나님께 나갈 수 있고, 하나님께서는 당신의 긍휼과 당신 자신의 기쁘시고 온전한 뜻에 따라서 우리의 기도를 들어주시고, 우리를 영접해 주시며, 요구를 응답해 주신다는 확신을 소유하게 된다는 것입니다.

하나님의 성전

이 구절에서 가장 큰 그림은 성전입니다. "너희는 사도들과 선지자들의 터 위에 세우심을 입은 자라 그리스도 예수께서 친히 모퉁잇돌이 되셨느니라 그의 안에서 건물마다 서로 연결하여 주 안에서 성전이 되어 가고 너희도 성령 안에서 하나님의 거하실 처소가 되기 위하여 그리스도 예수 안에서 함께 지어져 가느니라"고 합니다(엡 2:20-22). 바울이 이 개념을 발전시킴에 따라 이 이미지는 몇 가지 중요한 면을 지니게 되었습니다.

1. 터(The foundation). 건물의 강도와 내구력은 기초에 달린 것처럼 교회도 역시 마찬가지입니다. 바울 사도가 이 터를 언급하면서 논의를 시작하는 것이 중요합니

다. 도대체 무엇이 터란 말입니까? 바울은 "사도들과 선지자들"의 터라고 말합니다. 고린도전서 3:11절은 이 점을 달리 말합니다. "이 닦아 둔 것 외에 능히 다른 터를 닦아둘 자가 없으니 이 터는 곧 예수 그리스도라" 그러나 실제로 그 요점은 동일합니다. 예수님께서는 터가 되십니다. 예수님께서는 베드로에게 말씀하셨습니다. "… 내가 이 반석 위에 내 교회를 세우리니 …"(마 16:18). 사도와 선지자들을 터라고 말하는 것도 역시 옳고, 그들의 가르침이 예수 그리스도에게로 초점을 맞추고 있다는 의미에서 그렇습니다.

사도란 교회의 제1세대에게 그리스도를 증언하기 위하여 임명을 받았고, 영감을 받았던 증인들이었습니다. 예수님께서 그들을 통하여 신약성경을 주시겠다고 말씀하셨으며, 실제로 그렇게 하셨습니다(요 14:26, 15:26-27, 16:13-15). 이런 맥락에서 볼 때, "선지자들"은 아마 하나님으로부터 직접 메시지를 받았고, 또 받은 메시지를 선포했던 특별한 사람들을 언급하는 말입니다. 그리고 그들은 초대교회에서 사도들과 함께 일했던 사람들입니다. 바울은 에베소서 3:5절에서 다시 그들을 언급하면서 하나님의 "거룩한 사도들과 선지자들"에게 성령이 진리를 계시하셨다고 말했고, 이어서 4:11절에서는 하나님이 교회에 "어떤 사람은 사도로, 어떤 사람은 선지자"를 주면서 복 주셨다고 했습니다.

요점은 교회 연합의 기초는 - 교회를 그리는 세 가지 그림이 증언하는 - 진리라고 할 수 있고 혹은 건강한 교리라고 말할 수 있습니다. 우리 시대의 교회 지도자들은 연합을 크게 우려하고 있습니다. 그러나 또 많은 사람들은 교회의 다양한 교파를 하나로 묶어보려는 노력, 다시 말해서 소위 에큐메니컬운동이라는 교회 일치 운동에 상당히 많은 노력을 쏟고 있고, 그것은 좋은 일입니다. 진정한 그리스도인이라면 당연히 연합해야 하고, 지금 우리들이 이처럼 분열된 모습을 가지고 있다는 것은 매우 슬픈 일입니다.

그러나 누가 연합에 대하여 말할 때, 그가 말하는 연합이 어떤 것인지 신중하게 점검해 보아야 합니다. 그것이 가장 저급한 공통분모의 연합입니까? 만일 그렇다면 기독교는 그 고유의 특징을 신속하게 상실하고 말 것입니다. 겉으로 노출된 교회의 구조를 연합하려는 것입니까? 교회가 매우 어두웠던 중세시대에 완벽을 기하기 위하여 그런 일들을 했습니다.

그러나 그것은 모든 시대를 통틀어 그리스도의 몸을 위하여 저질렀던 가장 나쁜 일이었고, 그런 것이 아닙니다. 우리가 소유할 가치가 있는 유일한 연합은 -단 하나뿐인 참된 연합- 예수 그리스도의 인격과 사역의 중심을 관통하고 있는 "하나님의 계시와 진리 위에 세워진 연합"입니다. 그러한 연합이 존재하는 곳에서 하나님은 교회를 축복하시고, 교회가 "성령 안에서 하나님의 거하실 처소가 되기 위하여 그리스도 예수 안에서 함께 지어져" 갈 수 있도록 만드십니다(엡 2:22).

2. 모퉁잇돌(The cornerstone). 고린도전서 3:11절에서 예수님을 "터"라고 했지만, 이 본문에서는 예수님을 "모퉁잇돌"이라고 부릅니다. 모퉁잇돌은 두 가지 이유에서 중요한데, 그것은 기초의 한 부분이요, 건물의 모퉁이를 고정시켜주고, 벽과 아치를 설계할 수 있는 건축술의 표준이기 때문입니다.

이 말은 이미지의 풍부한 광맥을 찾아낸 것과 같습니다. 구약성경에서 가장 위대한 선지자인 이사야가 이 말을 사용해서 장차 오실 예수 그리스도에 대하여 예언했습니다. "그러므로 주 여호와께서 이같이 이르시되 보라 내가 한 돌을 시온에 두어 기초를 삼았노니 곧 시험한 돌이요 귀하고 견고한 기촛돌이라 그것을 믿는 이는 다급하게 되지 아니하리로다"(사 28:16).

솔로몬의 위대한 성전을 짓던 건축자들이 버렸던 돌이 후일 발견되어 사용되었다는 시편 기자의 글이 있습니다. "건축자가 버린 돌이 집 모퉁이의 머릿돌이 되었나니"(시 118:22). 예수님께서는 이 시편 118편을 인용하면서 자기 자신에게 적용하셨습니다(마 21:42절을 참조). 베드로는 이 본문을 참으로 위대한 이미지와 연결시켰고, 거기다 이사야 8:14절을 추가했습니다.

성경에 기록되었으되,
"보라 내가 택한 보배로운 모퉁잇돌을 시온에 두노니

그를 믿는 자는 부끄러움을 당하지 아니하리라" 하였으니

그러므로 믿는 너희에게는 보배이나 믿지 아니하는 자에게는

"건축자들이 버린 그 돌이 모퉁이의 머릿돌이 되고"

또한, "부딪치는 돌과 걸려 넘어지게 하는 바위가 되었다" 하였느니라

그들이 말씀을 순종하지 아니하므로 넘어지나니

이는 그들을 이렇게 정하신 것이라 (베드로전서 2:6-8)

베드로가 활동하던 당시 종교 지도자들은 예수 그리스도를 십자가에 못 박음으로 거절했지만, 하나님께서는 그리스도를 성전, 다시 말해서 교회의 모퉁잇돌을 삼으셨습니다. 이것이 여호와께서 행하신 것입니다(시 118:23절을 참조). 각 개인은 그리스도와 연합함으로써 구원받거나, 또는 그분에게 부딪쳐 부서지게 될 것이 틀림없습니다.

3. 산 돌(Living stones). 우리가 공부하고 있는 오늘 본문에서 바울은 특별히 돌에 대하여 언급하지 않습니다. 그러나 "너희도 성령 안에서 하나님의 거하실 처소가 되기 위하여 그리스도 예수 안에서 함께 지어져 가느니라"고 할 때, 돌을 생각했다고 말할 수 있습니다. 건축자 하나님이 일꾼들을 - 복음의 선포자들 - 사용해서 교회를 건축할 때, 신자들은 그리스도와 함께 모르타르(mortar)를 발라서 굳혀 놓았습니다. 베드로는 앞에서 인용했던 것처럼 "너희도 산 돌같이 신령한 집으로 세워지고 예수 그리스도로 말미암아 하나님이 기쁘게 받으실 신령한 제사를 드릴 거룩한 제사장이 될지니라"고 말했습니다(벧전 2:5).

그림에서 이 부분을 분명하게 적용하려면 정교하게 작업할 필요가 있습니다. 몇 가지 제언을 하고 싶은데, 첫째, 이 거대한 구조 속에 놓인 돌은 하나님께서 선택하시고 그 위치를 정해 놓으셨고, 그것은 그분의 성전이고, 그분은 건축자이십니다. 돌이 놓여야 할 곳과 어떻게 고정시켜야 할 것인가를 일꾼이 결정하지 않습니다.

둘째, 돌은 예수 그리스도와 관계 속에서 그 위치를 결정하게 됩니다. 돌은 반드시 그리스도에게 부착되어야 합니다. 만일 그렇지 못하면, 이 건물의 한 부분이 아닙니다. 셋째, 돌은 모양과 크기가 각각 다르고, 아마 돌의 재질도 다를 것이며, 이런 돌들은 각각 다른 기능을 위하여 고른 것입니다. 어떤 돌은 이런 모양으로, 다른 돌은 저런 모양으로 사용됩니다. 넷째, 돌은 서로 서로 연결됩니다. 돌이 놓여 있는 곳에서는 서로 연결된 모양을 볼 수 없고, 돌은 서로 다른 돌의 모양을 볼 수 없습니다. 돌은 서로 연결된 하나의 거대한 건물의 부분이기 때문입니다. 다섯째, 성전의 돌은 선택 되었고, 모양이 다듬어지며, 위치가 정해졌습니다. 이렇게 하는 것은 돌 자체에 관심을 끌기 위한 것이 아니라 하나님이 친히 거하실 이 위대한 건물에 기여하게 하려는 것입니다. 여섯째, 돌의 자리를 각각 정하는 것은 과거 수천 년 전부터 시작해서 내려온 작업의 한 부분이며, 주님께서 반드시 다시 오시는 마지막 때까지 계속될 것입니다.

이것은 얼마나 엄청난 공정입니까! 이것은 얼마나 신비스럽습니까! 열왕기상 6:7절은 "이 성전은 건축할 때에 돌을 그 뜨는 곳에서 다듬고 가져다가 건축하였으므로 건축하는 동안에 성전 속에서는 방망이나 도끼나 모든 철 연장 소리가 들리지 아니하였으며"라고 말합니다. 내가 아는 지식으로 말하자면, 역사상 이와 같은 방법으로 건축한 건물은 전무합니다. 성전의 건축은 침묵 속에서 진행되었고, 그 작업은 그토록 거룩하였습니다. 정적 속에서 고요하게 돌이 운반되고, 덧놓이고, 건물은 세워졌습니다.

교회도 그렇게 지어져 가야 합니다. 성령 하나님께서 새 생명을 창조하시고, 그분이 지금 건축 중인 성전에 각 개인을 덧붙이실 때, 우리는 인간의 내면에 있는 마음과 생각에서 무엇이 진행되는지 들을 길이 없습니다. 그러나 하나님께서는 일하십니다. 사도시대에 하나님께서는 유대인 신자로 구성된 성전에 이방인을 추가하셨습니다. 그분은 누가와 루디아와 뵈뵈, 빌레몬과 오네시모를 - 그리고 에베소와 그리스와 로마에 있는 신자들을 추가하셨습니다. 그 후에는 초대교회의 교부라고 부르는 사람들을 추가하셨습니다. 그 다음에는 후기 교부들과 그들이 목회 하던 당시 교인들을 추가하셨습니다. 종교개혁기에는 마르틴 루터와 존 칼빈, 츠빙글리와 존 낙스, 크랜머와 그 외 여러 사람들을 추가하셨습니다. 현대 교회에서, 하나님은 아직도 당신의 성전에 신자들을 추가하고 계십니다.

●각주●

1. 마틴 로이드 존스는 그의 주석에서 대영제국의 일반 시민이 어떻게 제국의 수장(首長)에게 종속되고, 일반법을 지키며 살아야 하고, 일반적인 특권과 책임을 누리는가를 예로 들고, 여왕이 통치하는 나라를 폭 넓게 설명하면서 교회라는 말이 함의하고 있는 것을 발전시킨다(God's Way of Reconciliation: Studies in Ephesians, Chapter 2 [Grand Rapids: Baker, 1972], 290-323). 그는 여권을 소지하고 그 땅에서 살고 있는 외국인이 아니라 대영제국의 시민으로 출생했다는 것을 보여주는 출생증명서를 가지고 있느냐고 독자들에게 질문한다(300-301).

16

계시된 비밀

에베소서 3 : 1-6

이러므로 그리스도 예수의 일로 너희 이방인을 위하여 갇힌 자 된 나 바울이 말하거니와 너희를 위하여 내게 주신 하나님의 그 은혜의 경륜을 너희가 들었을 터이라 곧 계시로 내게 비밀을 알게 하신 것은 내가 먼저 간단히 기록함과 같으니 그것을 읽으면 내가 그리스도의 비밀을 깨달은 것을 너희가 알 수 있으리라 이제 그의 거룩한 사도들과 선지자들에게 성령으로 나타내신 것 같이 다른 세대에서는 사람의 아들들에게 알리지 아니하셨으니 이는 이방인들이 복음으로 말미암아 그리스도 예수 안에서 함께 상속자가 되고 함께 지체가 되고 함께 약속에 참여하는 자가 됨이라

사도 바울이 즐겨 사용한 위대한 어휘가운데 "비밀" 이라는 말이 있습니다. 이 말은 제대로 이해하기가 다소 힘든 어휘입니다. 우리는 고린도전서 15:51-52절의 결과적인 현상에 아주 친숙하게 되었는데, 이 구절은 헨델이 작곡한 오라토리오 메시아의 아리아 가사로 사용되었기 때문입니다.

"보라 내가 너희에게 비밀을 말하노라 우리가 다 잠잘 것이 아니요 마지막 나팔에 순식간에 홀연히 다 변화되리니 나팔 소리가 나매 죽은 자들이 썩지 아니할 것으로 다시 살아나고 우리도 변화되리라" 바울은 "비밀"이라는 말을 그의 서신에서 열아홉 번씩이나 사용했고, 이 말은 복음서와 요한계시록에 일곱 번이나 추가적으로 사용되었습니다.

몇 해 전, 해리 아이언사이드(Harry Ironside)는 이 "비밀"을 논하는 강론을 책으로 집필했습니다. 이 책은 모두 아홉 장으로 구성되었고, 각 장마다 "천국의 비밀" "감람나무의 비밀" "그리스도와 교회의 위대한 비밀" "경건의 비밀" "성도의 휴거의 비밀" "법 없는 자의 비밀"이라는 제목들을 달아놓았고, 이 책의 서문에서 구약과 신약에 나타난 "비밀"을 분석해 놓았습니다.[1]

비밀이란 무엇입니까? 현대적인 영어에서 이 말의 의미는 정확하게 전달되지 않았습니다. 그것은 바울 당시에 통용되던 "비밀"이란 말의 의미가 아닙니다. 헬라어 미스테리온(mysterion)은 - 영어의 미스터리(mystery: 비밀)는 이 말에서 파생되었음 - 그것을 시작한 사람만 알고 있는 어떤 것이었습니다. 그 일 자체는 알려지지 않은 것이었으나 그 계시를 받은 사람만 알 수 있었습니다. 이 말은 고대 밀의종교(密儀宗敎)에서 사용되던 것으로, 즉 미트라, 이시스와 오시리스, 디오니소스, 엘레우시스의 비밀스러운 의미를 일컫는 말입니다. 보통 사람은 일반적으로 이런 종파에서 무슨 일이 일어나고 있는지 알지 못했으나 이런 "비밀"은 그런 종교를 창시한 자에게만 계시되었습니다. 바울 사도가 이 말을 사용했을 때도 유사한 의미를 가지고 있었습니다. 그리스도가 오시기 전에는 알려지지 않았지만, 이제 그분이 오심으로 충만하게 계시된 것을 기술하기 위하여 이 말을 사용했습니다.

교회, 그것은 비밀이다

에베소서 3장에서 사도 바울은 "비밀"이라는 말을 네 번씩이나 사용합니다. 그런 이유로 에베소서 3장은 바울이 말하는 "비밀"을 이해하는데 결정적으로 중요합

니다. 바울은 1장에서 "그(하나님의) 뜻의 비밀" 다시 말해서 "… 그리스도 안에서
때가 찬 경륜을 위하여 예정하신 것이니 하늘에 있는 것이나 땅에 있는 것이 다 그
리스도 안에서 통일되게 하려 하심이라"에 대하여 말하면서 이 가르침을 기대하고
있었습니다(엡 1:9-10). 그는 5장에서 새로운 시각으로 이 말을 점검합니다. "이 비
밀이 크도다 내가 그리스도와 교회에 대하여 말하노라"(엡 5:32). 그럼에도 불구하
고 바울은 주로 이 교리를 3장에서 발전시키고 있습니다.

　바울은 이렇게 말합니다. "너희를 위하여 내게 주신 하나님의 그 은혜의 경륜을
너희가 들었을 터이라 곧 계시로 내게 (이 비밀)을 알게 하신 것은 내가 먼저 간단히
기록함과 같으니 그것을 읽으면 내가 그리스도의 (이 비밀)을 깨달은 것을 너희가
알 수 있으리라 이제 그의 거룩한 사도들과 선지자들에게 성령으로 나타내신 것 같
이 다른 세대에서는 사람의 아들들에게 알리지 아니하셨으니 이는(이 비밀은: 한글
성경에는 생략됨-역자) 이방인들이 복음으로 말미암아 그리스도 예수 안에서 함께
상속자가 되고 함께 지체가 되고 함께 약속에 참여하는 자가 됨이라"(엡 3:2-6).

　"비밀"이라는 말은 이 본문에서 세 번씩이나 사용되었으며, 6절이 끝나고 9절에
서 네 번째로 비밀이란 말이 사용되었습니다. "영원부터 만물을 창조하신 하나님
속에 감추어졌던 비밀의 경륜이 어떠한 것을 드러내게 하려 하심이라 이는 이제 교
회로 말미암아 하늘에 있는 통치자들과 권세들에게 하나님의 각종 지혜를 알게 하
려 하심이니 곧 영원부터 우리 주 그리스도 예수 안에서 예정하신 뜻대로 하신 것
이라"(엡 3:9-11).

　비밀이란 무엇입니까? 아주 분명하지만 이방인들이 하나님의 위대한 축복을 받
은 유대인들과 함께 교회에 참여하게 되었다는 것입니다.

　구약성경이 이방인을 축복하시려는 하나님의 목적을 언급하는 것을 보면 이것
이 얼마나 새로운 사실인가 묻지 않을 수 없습니다. 구약성경으로 돌아가서 창세기
12:3절을 읽어보면 하나님께서 아브라함을 부르시면서 "땅의 모든 족속이 너로 말
미암아 복을 얻을 것"이라는 약속을 발견할 수 있는데, 이것은 사실입니다. 하나님
께서는 처음부터 유대인뿐만 아니라 이방인도 구원하시려는 의도를 선언하셨으

나, 그리스도가 오시기 전에는 이방인은 개종이라는 과정을 통과함으로써 비로소 유대인이 될 수 있었고, 이 경우에 이방인은 하나님의 축복을 받게 된다고 이해했습니다. 이방인이 하나님께 가까이 나갈 수 있는 길은 오직 이스라엘 백성이 되는 것뿐이었습니다. 그는 할례 의식을 통하여 언약 백성에 가입할 수 있었는데, 바울에게 계시된 새로운 사실은 이런 방식으로 접근할 필요가 없다는 것이었습니다. 그리스도께서 이 벽을 허물어 버리고, 전에는 둘로 나뉘었던 사람들을 이끌어 내어 한 새로운 사람들로 만드셨습니다. 이제 유대인이나 이방인이나 새로운 기초와 터 위에서 똑같이 하나님께 가까이 나갈 수 있게 되었습니다.

유대인과 이방인

여러 세기를 거슬러 올라가 사도가 활동하던 시대에 우리가 서 있다고 가정한다면, 우리는 이토록 새롭고 이토록 혁명적인 계시에 감사드리지 않을 수 없습니다. 바울은 그가 출발한 문장, 즉 에베소서 3:1절에서 그 단서를 제공합니다. 그리고 나서, 곧 우리가 지금 공부하고 있는 긴 괄호(2-13절에 이르는 긴 문장)를 쓰기 위하여 잠시 중단합니다. 1절에서 바울은 자기 자신을 "그리스도 예수의 일로 너희 이방인을 위하여 갇힌 자"라고 합니다(한글성경의 "갇힌 자"는 실제로 헬라어 원문을 보면, "죄수"라는 말임-역자).

이 말은 문자 그대로 사실이었습니다. 바울이 맨 처음 예루살렘에서 체포된 동기는 광적인 유대인들이 바울의 이방인 전도를 반대했기 때문이었습니다. 바울은 체포된 다음, 곧 투옥 되고, 가이사랴에서도 투옥 상태에 있었고, 바울은 거기서 황제에게 호소했으며, 로마로 이송 되어 다시 투옥 되었습니다. 그는 로마에서 에베소로 보내는 편지를 썼으며, 이 이야기는 사도행전에 소상하게 기록되었습니다.

바울은 이방인 교회에서 모아 준 헌금을 가지고 예루살렘을 방문했습니다. 그는 다른 유대인들과 함께 결례를 드리려고 예루살렘 성전으로 올라갔습니다. 아시아에서 온 유대인들이 - 에베소는 아시아에 위치하고 있었음 - 바울을 목격했고, 군중을 선동하여 바울을 체포하려고 했으며, 그들은 먼저 아우성을 쳤습니다. "이스라엘 사람들아 도우라 이 사람은 각처에서 우리 백성과 율법과 이곳을 비방하여 모든 사람을 가르치는 그 자인데 또 헬라인을 데리고 성전에 들어가서 이 거룩한 곳을 더럽혔다"(행 21:28).

그들이 주장하는 혐의 가운데 마지막 부분은 사실이 아니었습니다. 그들은 바울과 시내를 동행한 드로비모를 보고, 바울이 그를 성전 안으로 데리고 들어왔다고 오해한 것입니다. 이 혐의의 일부분이 사실이 아니라고 하더라도 처음 부분은 그럴 만한 이유가 됐습니다. 바울은 하나님께서 유대적 전통의 벽을 허물어 버리고, 예수 그리스도를 믿는 신앙으로 말미암아 한 새로운 사람을 지으신다고 가르쳤습니다. 달리 말하자면, 에베소서 2장에서 우리가 발견했던 진리를 가르친다는 혐의로 체포당한 것입니다.

이야기는 계속되는데, 성 안의 질서 유지를 책임져야 하는 로마 천부장은 일단 바울을 구출해 냈습니다. 그는 바울이 로마 시민이라는 것을 알게 되었고, 군중들에게 연설을 허락했습니다. 바울은 그들이 일상생활에서 사용하는 히브리어로 말문을 열었습니다. 그러자 군중들은 잠잠해졌고, 바울이 자기 생애와 하나님께서 자기를 어떻게 인도하셨는가를 설명하는 동안 군중들은 말없이 듣고 있었습니다. 자기는 다소에서 출생했고, 예루살렘에서 성장했으며, 가말리엘 문하에서 수업했고, 한 때 그리스도인들을 핍박했으며, 그들을 체포하여 투옥시키려고 다메섹까지 쫓아갔던 적도 있다고 소개했습니다. 다메섹으로 가는 길에서 부활하신 예수님께서 나타나셨고, 그 환상을 보자마자 그의 눈이 멀었으며, 성 안으로 들어가자 아나니아라는 사람이 자기를 방문했으며, 하나님께서 그의 손을 통하여 자기 시력을 회복시켜 주셨노라고 바울은 말했습니다. 바울은 예루살렘 유대인들이 하나님의 메시지를 거절했기 때문에 마침내 하나님께서 자기를 이방인에게 보내셨다는 초기 설교의 내용을 그들에게 말해 주었습니다.

군중들은 이 말을 한마디 한마디 경청했고, 바울이 마지막 요점을 말하면서 주님께서 자신에게 하셨던 말씀을 인용했습니다. "떠나가라 내가 너를 멀리 이방인에게로 보내리라"(행 22:21). 이 말이 떨어지자마자 군중들은 광란하며, "이러한 놈은 세상에서 없애 버리자 살려 둘 자가 아니다!"라고 외치기 시작했습니다. 이방인에 대한 언급이 그들을 격분하게 한 것입니다. 그가 체포를 당하게 된 원인은 이방인의 신실한 옹호자라는 이유 때문이었습니다.

물론 편견의 책임은 어느 한 쪽에만 있는 것이 아니지만, 유대인들의 편견이 조금 더 심했습니다. 왜냐하면 그것은 종교적인 문제였을 뿐만 아니라 광적인 신앙 열심보다 더 심한 광신주의에서 나왔기 때문입니다. 유대인은 이방인을 멸시했고, 그럼에도 불구하고 이방인은 반대로 유대인이나 다른 민족을 경멸했습니다. 헬라인들은 자기들 외에는 모두 야만인이라고 했고, 셀수스(Celsus)는 자신의 생각을 최대한 관대하게 양보하면서 이렇게 술회했습니다. "야만인도 진리를 발견할 수 있는 은사를 약간은 소유한 것 같다. 그것은 헬라인을 깨닫도록 만들기도 한다."[2] 로마인은 그들이 정복한 헬라인을 거의 노예처럼 깔보았습니다.

기독교가 출발하기 전에는 온 세상에서 넘을 수 없는 절대적인 장벽이 있었습니다. 그래서 이것은 '다른 세대에서는 사람의 아들들에게 알게 하지 않았던' 엄청난 비밀이었으나, "이제 그의 거룩한 사도들과 선지자들에게 성령으로 나타내신 것같이 … 이방인들이 복음으로 말미암아 그리스도 예수 안에서 함께 상속자가 되고 함께 지체가 되고 함께 약속에 참여하는 자"가 된 것입니다(엡 3:5-6).

함께, 또 함께, 그리고 또 함께

하나님이 예수 그리스도 안에서 한 새 사람을 창조하시는 비밀을 바울이 말하고 싶어 하는 가장 으뜸이 되는 이유는(실제로 바울은 6절에서 이것을 말하고 있음) 유대인과 이방인뿐만 아니라 각기 다른 유형과 조건을 지니고 있는 모든 남자와 여자가 예수 그리스도의 교회에서 함께 구원의 축복을 누리기 때문입니다. 영어성경의 표현보다 헬라어 신약성경이 우리에게 더 큰 충격을 줍니다. 이 점을 효과적으로 표현하기 위하여 바울은 병행적인 의미를 지니고 있는 세 가지 다른 표현을 합성했습니다. 존 스토트의 견해를 따르면 이것은 일종의 창조라고 말할 수 있습니다.[3] 헬라어에서 이 말은 각각 "함께"라는 의미를 지니고 있는 접두어 쉰(syn)으로 시작합니다. 이 접두어는 "상속자"를 의미하는 클레로노모이(kleronomoi), "몸"을 의미하는 쏘마(soma), 그리고 "동반자", "동무" 또는 "함께 나누는 자"를 의미하는 메토카(metocha)와 같은 단어와 결합했습니다.

이 단어가 각각 지니고 있는 정교한 호소력을 영어로 표현할 방법이 없습니다. KJV(King James Version, 흠정역성경)는 이 말을 정확하게 번역을 했지만, 그 의미는 제대로 전달하지 못하고 말았습니다. "공동 상속자가 되고 한 몸이 되며 그의 약속에 동참자가 된다." RSV(Revised Standard Version, 개정표준역성경)와 NEB(New English Bible, 새번역성경)도 정확하게 번역했으나 의미의 흐름은 모호해 지고 말았습니다. PHILLIPS(필립스역성경)는 그래도 좀 낫습니다. 그는 헬라어 접미사 쉰(syn)에 해당하는 "동등한(equal)"이라는 말을 반복 사용하면서 "그가 선택한 백성과 동등한 상속자, 동등한 지체, 그의 약속에 동등한 참여자"라고 옮겨놓았습니다.

나는 영어성경들 중에서 NIV(New International Version, 새국제성경)가 가장 효과적으로 번역했다고 생각합니다. 왜냐하면 "함께(together)"라는 말을 반복해서 사용하고 있기 때문입니다. NIV성경에서는 "이스라엘과 함께 상속자가 되고, 함께 한 몸의 지체가 되고, 그리스도 예수 안에서 함께 약속에 참여하는 자가 되었다."라고 번역해 놓았는데, 이런 구절은 자세히 살펴볼 가치가 충분히 있습니다.

1. "이스라엘과 함께 상속자가 됩니다." "상속자"라는 말은 바울이 그의 핵심적인 구절에서 자주 사용하기 때문에 바울에게 대단히 중요한 의미를 지니고 있었습니다. 그는 로마서 4장에서 아브라함에 대하여 언급하면서 그리스도의 의로 말미암아 그가 "이 세상의 상속자"가 되게 한 하나님의 약속이라고 말합니다(롬 4:13). 갈라디아서에서는 "너희가 그리스도의 것이면 곧 너희는 아브라함의 자손이요 약속대로 상속자들이라"고 말하면서 그는 상속자라는 말을 모든 신자에게까지 확대했습니다(갈 3:29).

디도서 3:7절은 미래의 유업에 대하여 말할 때 사용했습니다. "우리로 그의 은혜를 힘입어 의롭다 하심을 얻어 영생의 소망을 따라 상속자가 되게 하려 하심이라" 갈라디아서 4:1-7절은 상속자에 대하여 다른 구절보다 더 직접적으로 언급하면서 어린아이로서 상속자의 신분과 - 이 상태는 종보다 조금 더 낫다 - 장성한 아들의 신분을 비교합니다. 어린아이는 장성해야 "완전한 상속권"을 주장할 수 있습니다. 로마서 8장에서 바울은 에베소서에서 사용했던 것과 똑같은 말(쉰클레로노모이: synkleronomoi)을 사용합니다. "자녀이면 또한 상속자 곧 하나님의 상속자요 그리스도와 함께 한 상속자니 우리가 그와 함께 영광을 받기 위하여 고난도 함께 받아야 할 것이니라"(롬 8:17).

이런 단어의 용법은 한 개인이 구원을 받음과 동시에 현재 받고 있거나 혹은 장차 받게 될 것을 모두 다 포용하려는 것입니다. 이것은 모든 신자가 그리스도 안에서 그리고 그리스도와 더불어 함께 소유하는 하나님의 축복 전체를 일컫는 것이므로 구원받은 자들에게는 하나님과 더 친밀한 측근 세력이냐 측근이 아니냐의 구별이 없습니다. 유대인들은 일등 그리스도인이고 이방인은 이등 그리스도인이 아닙니다. 혹은 그와는 정반대로 이방인이 일등 그리스도인이고 유대인은 이등 그리스도인도 아닙니다. 그리스도 안에 있는 자는 누구든지 다 하나님의 축복을 상속받고, 모두 함께 똑같이 상속을 받습니다! 그들은 예수 그리스도의 한 몸 안에서 함께 상속권을 소유하는 것입니다.

2. "함께 한 몸의 지체가 됩니다." 앞장에서 바울은 교회를 나라와 가족과 성전과 비교했습니다. 그는 여기서 1장 마지막 부분에서 사용했던 주제를 다시 골라냈습니다. "또 만물을 그의 발 아래에 복종하게 하시고 그를 만물 위에 교회의 머리로 삼으셨느니라 교회는 그의 몸이니 만물 안에서 만물을 충만하게 하시는 이의 충만함이니라"(엡 1:22-23).

바울은 4장에서 다시 이 주제로 돌아가 "한 몸"이라고 말합니다(4:4). 계속해서 이 한 몸 안에서 우리를 어떻게 지어 가시는가를 설명합니다. "그가 어떤 사람은 사도로, 어떤 사람은 선지자로, 어떤 사람은 복음 전하는 자로, 어떤 사람은 목사와 교사로 삼으셨으니 이는 성도를 온전하게 하여 봉사의 일을 하게 하며 그리스도의 몸을 세우려 하심이라 우리가 다 하나님의 아들을 믿는 것과 아는 일에 하나가 되어 온전한 사람을 이루어 그리스도의 장성한 분량이 충만한 데까지 이르리니 이는 우리가 이제부터 어린 아이가 되지 아니하여 사람의 속임수와 간사한 유혹에 빠져 온갖 교훈의 풍조에 밀려 요동하지 않게 하려 함이라 오직 사랑 안에서 참된 것을 하여 범사에 그에게까지 자랄지라 그는 머리니 곧 그리스도라 그에게서 온 몸이 각 마디를 통하여 도움을 받음으로 연결되고 결합되어 각 지체의 분량대로 역사하여 그 몸을 자라게 하며 사랑 안에서 스스로 세우느니라"(엡 4:11-16).

이 이미지는 하나님의 백성이 교회 안에서 소유하게 되는 신비적 연합에 대하여 말하는 것입니다. 또한 이 이미지는 하나님의 백성은 마땅히 성장해야 하며, 영적 전투의 대상을 향하여 전진하도록 만드는 어떤 것에 대하여 설명합니다. 즉, 유대인과 이방인, 매인 자와 자유인, 남자와 여자(그리고 모든 인간을 묶는 것)의 연합은 우리들의 삶 속에서도 꾸준히 작동되고 실현되어야만 합니다.

이것이 어떻게 실현될 수 있습니까? 우리를 하나로 묶어주시는 하나님의 사랑과 그분에 대한 지식 안에서 성장해야만 실현되는 것입니다. 마틴 로이드 존스(Martyn Lloyd-Jones)는 에베소서 2장 강해서에서 이렇게 말합니다. "우리는 모두 똑같이 죄인이다. ⋯ 우리는 모두 똑같이 무기력하다. ⋯ 우리는 모두 한 분 구세주 앞으로 나가야 한다. ⋯ 우리는 동일한 구원을 받았다. ⋯ 우리는 동일한 성령을 소유하고 있다. ⋯ 우리는 동일한 아버지 하나님을 소유하고 있다. 우리가 당하고 있는 시련마저 동일하다. ⋯ 그리고 마지막으로 우리는 모두 동일한 가정, 영원한 집을 향하여 동일한 여정을 함께 행군하고 있다."[4] 이것이 바로 우리를 하나로 묶어주는 것이요, 또 하나로 묶어주시는 하나님에 대하여 소유해야 할 지식입니다.

3. "그리스도 예수 안에서 함께 약속에 참여하는 자가 됩니다." 성경은 하나님을 신뢰하고 예수 그리스도의 공로를 믿는 믿음으로, 하나님 앞에 나오는 사람들에게

많은 약속을 제공해 줍니다. 그러나 본문에서 말하는 "약속"은 단수로 기술해 놓았고, 그런 이유에서 이 말은 "우리들의 최초의 부모에게 했던 약속은 아브라함에게 반복하여 주셨으며, 구약성경의 모든 예언의 무게를 더해 주는 구속의 약속"을 언급하는 것입니다(갈 3:14, 19, 22, 29).[5]

그 약속을 소유하는 것은 - 하나님의 백성만 소유할 수 있음 - 인간이 소유할 수 있는 축복 가운데 "가장 위대한 축복"에 참여하는 것이라고 바울은 말합니다. 다양한 인종, 언어, 문화의 배경을 소유한 사람들과 함께 이 약속에 참여하는 것이 바울에게 계시 되었고, 그가 선언한 비밀에 참여하게 되는 것입니다.

모든 사람에게 사도됨

나는 이제 글을 맺으려고 합니다. 이 비밀은 정말 놀라운 것이지만, 이 비밀은 우리보다 앞선 세대의 자유주의 신학자들이 정의했던 것처럼 소위 인간의 보편적 형제 됨과 하나님의 보편적 아버지 되심을 선언하는 넓은 의미를 지니고 있는 것이 아닙니다. 이 비밀은 "그리스도 안에" 있어야 하며, "복음으로 말미암아" 알려지는 것입니다. 인간을 나누던 적대감의 벽을 허물어 버린 예수 그리스도가 바로 비밀입니다. 사람들을 그리스도에게로 부르고, 그들을 함께 묶을 수 있도록 보냄을 받은 그분의 메신저들이 또한 비밀입니다.

바울은 이 비밀을 다른 모든 사람에게 알려주려고 했던 것이 그의 사역이었습니다. "그리스도 예수의 일로 너희 이방인을 위하여 갇힌 자"라고 자기를 소개합니다 (엡 3:1). 원래 이스라엘에게만 국한되었던 약속에 이방인도 포함되었다는 비밀을 설명하기 위하여 자기 소개를 중단했습니다. 그리고 나서 자신은 계시를 받았으며, 그것을 선포하라는 명령을 받은 사람이라는 말을 하지 않으면, 비밀에 대하여 언급할 수 없기 때문입니다. 즉, "너희를 위하여 내게 주신 하나님의 그 은혜의 경륜을 너희가 들었을 터이라 곧 계시로 내게 비밀을 알게 하신 것은 내가 먼저 간단히 기록함과 같다"는 것입니다(엡 3:2-3). 또 계속해서 말합니다. "그것을 읽으면 내가 그리스도의 비밀을 깨달은 것을 너희가 알 수 있으리라 이제 그의 거룩한 사도들과 선지자들에게 성령으로 나타내신 것 같이 다른 세대에서는 사람의 아들들에게 알리지 아니하셨으니 이는 이방인들이 복음으로 말미암아 그리스도 예수 안에서 함께 상속자가 되고 함께 지체가 되고 함께 약속에 참여하는 자가 됨이라 이 복음을 위하여 그의 능력이 역사하시는 대로 내게 주신 하나님의 은혜의 선물을 따라 내가 일꾼이 되었노라 모든 성도 중에 지극히 작은 자보다 더 작은 나에게 이 은혜를 주신 것은 측량할 수 없는 그리스도의 풍성함을 이방인에게 전하게 하시고 영원부터 만물을 창조하신 하나님 속에 감추어졌던 비밀의 경륜이 어떠한 것을 드러내게 하려 하심이라"(엡 3:4-9).

바울은 이토록 경이롭고 위대한 교리, 교회에 담겨있는 비밀에 놀라지 않았습니다. 그리고 또 이 교회에 담겨있는 비밀을 세상에 전하라는 임무가 자기에게 부여됐다는 것에도 놀라지 않았습니다. 우리는 바울과 같은 사도가 아닙니다. 우리는 바울처럼 생생한 계시를 받은 것도 아니지만, 그 계시는 우리들의 것입니다. 그리고 우리가 이제 소유하게 된 계시는 바울이 처음 받았던 계시보다 열등한 것이 아니고, 이 계시를 선포해야 하는 우리들의 책임은 바울이 받았던 것과 동일한 것입니다.

●각주●

1. H.A. Ironside, The Mysteries of God (New York: Loizeaux Brothers, n.d.).

2. William Barclay, The Letters to the Galatians and Ephesians (Edinburgh: Saint Andrews Press, 1970), 143에서 재인용했다.

3. John R. W. Stott, God' s New Society: The Message of Ephesians (Downers Grove, Ill.: Inter Varsity, 1979), 117.

4. D. M. Lloyd-Jones, God' s Way of Reconciliation: Studies in Ephesians, Chapter 2 (Grand Rapids: Baker, 1972), 282-88.

5. Charles Hodge, A Commnetary on the Epistle to the Ephesians (1856; reprint, Grand Rapids: Baker, 1980), 166.

17

역사의 종말과 그 의미

에베소서 3 : 7-13

이 복음을 위하여 그의 능력이 역사하시는 대로 내게 주신 하나님의 은혜의 선물을 따라 내가 일꾼이 되었노라 모든 성도 중에 지극히 작은 자보다 더 작은 나에게 이 은혜를 주신 것은 측량할 수 없는 그리스도의 풍성함을 이방인에게 전하게 하시고 영원부터 만물을 창조하신 하나님 속에 감추어졌던 비밀의 경륜이 어떠한 것을 드러내게 하심이라 이는 이제 교회로 말미암아 하늘에 있는 통치자들과 권세들에게 하나님의 각종 지혜를 알게 하려 하심이니 곧 영원부터 우리 주 그리스도 예수 안에서 예정하신 뜻대로 하신 것이라 우리가 그 안에서 그를 믿음으로 말미암아 담대함과 확신을 가지고 하나님께 나아감을 얻느니라 그러므로 너희에게 구하노니 너희를 위한 나의 여러 환난에 대하여 낙심하지 말라 이는 너희의 영광이니라

발명가요 기업 경영자였던 헨리 포드 (Henry Ford)처럼 역사를 솔직하게 평가한 사람은 많지 않고, 또한 세속적인 생각을 가지고 있는 많은 사람들이 헨리 포드의 평가가 옳았다고 생각합니다. 1919년

포드는 「시카고 트리뷴지」를 명예훼손죄로 고발하면서 "역사는 부질없는 것이다!" 라고 말했습니다.[1] 또 다른 기회에 "역사의 의미가 무엇입니까?" 라는 질문을 받고, 포드는 "역사는 어처구니없는 일의 연속이다!" 라고 말했습니다.[2]

세속적 역사관

물론 많은 사람들이 헨리 포드의 견해를 거부합니다. 의미 없는 세상에서 생존하는 것은 의미 없는 삶이기 때문입니다. 카를 마르크스(Karl Marx)가 포드의 견해를 강력하게 거부했던 사람 가운데 한 사람이었습니다. 그는 하나님을 생각할 마음의 공간이 없었는데, 왜냐하면 그는 무신론자였기 때문입니다. 그는 헤겔의 역사적 변증법에 포이엘 바하의 물질주의에 결합시켜 자기 자신의 역사관을 만들어 냈습니다. 카를 마르크스는 역사란 목적을 가지고 있으며, 어딘가를 향하여 진행한다고 생각했습니다. 포이에르 바하는 독일어를 사용하여 말장난을 카를 마르크스에게 가르쳐 주었습니다. "der Mensch ist was er isst", 즉 "인간은 그가 먹는 것이다(알파벳 언어권에서는 동음이어를 가지고 말장난을 한다. 이것을 pun이라고 하며, 이 경우에도 모두 sch, s, ss의 음을 사용하여 문자를 만들었음-역자). 이 말이 가지고 있는 의미는 물질적인 요소가 전부라는 것입니다. 카를 마르크스는 이것을 받아들였고, 물질적인 힘이 계급투쟁, 혁명 그리고 결과적으로 계급이 없는 사회를 만들어야 한다는 이론을 덧붙였습니다.

상대적으로 최근까지 서구 사회에서 대부분의 사람들은 꼭 무신론이 아니더라도 이와 유사한 견해를 가지고 있었고, 이것은 발전 과정에서 하나의 신앙으로 인식되었습니다. 제2차 세계대전이 시작되기 전, 그리고 전쟁이 한창 진행 중일 때, 그리고 전쟁이 끝난 다음에 한 동안 「타임 라이프」잡지사가 제작하여 일반에게 공개한 뉴스 영화와 함께 이것은 신앙이라고 생각해 왔고, 사람들은 이것을 시간의 행군(The March of Time)이라고 불렀습니다. 가슴을 뭉클하게 만드는 "행진곡"이 울리면서 확신에 가득 찬 아나운서의 목소리가 나오고, 빠른 보폭으로 행군하는 현대라는 시간 안에서 벌어지고 있는 사건을 강렬한 플래시 불빛으로 스크린 장식을 하면서 세계 구석구석을 연속적으로 보여 주곤 했습니다.

이 얼마나 환상적입니까! 이 모든 것은 얼마나 도피할 수 없을 만큼 완벽하게 보입니까! 점점 더 증가하는 빈도로 지구 유성을 강타하는 양대 세계 전쟁, 그리고 수많은 국지전들, 감각을 잃어버린 죽음과 폭력의 유행병에 직면하면서 이 낙관주의는 지탱하기 어려웠습니다.

독일의 오스발트 슈펭글러(Oswald Spengler)와 영국의 아놀드 토인비(Arnold Toynbee) 두 사람은 현대사에서 가장 고명한 역사가들이었고, 두 사람은 모두 역사의 전체 패턴은 발생, 성장, 몰락, 해체의 순환을 반복하는 것이라고 결론지었습니다. 헬라인들은 이미 수천 년 전에 이 순환 이론과 동일한 패턴으로 역사를 구분했습니다. 슈펭글러와 토인비는 동일한 방법으로 국가적 운동과 역사적 운동을 분석하지는 않습니다. 그들은 똑같이 비관적이지도 않습니다. 그들이 동일하게 사용하는 접근법의 근본은 영원한 것은 아무것도 없다는 확신이었습니다. 즉, 모든 것은 상대적일 뿐이며, 가장 우수한 문명이라고 할지라도 모두 사라져야하는 운명을 지니고 있다는 것입니다. 오스발트 슈펭글러는 이 확신을 그의 저술의 책 제목으로 사용했는데, 「서구의 몰락」이라고 불렀습니다.[3]

전환점

무엇에 대한 역사입니까? 역사가들은 왕과 여왕, 대통령, 장군, 발명가, 국가, 전쟁, 전투, 평화 조약, 지리를 연구하고, 그들은 여러 사건의 혼돈 상태에 의미를 부여해 보려고 씨름합니다. 바울은 에베소에 보내는 편지를 쓰면서 변변찮은 역사가에 불과했지만 세계 역사의 초점을 교회에 맞추어 놓았고, 하나님의 목적은 교회에 그 초점을 맞추어 놓았습니다. 바울은 "이제 교회로 말미암아 하늘에 있는 통치자들과 권세들에게 하나님의 각종 지혜를 알게 하려 하심이니 곧 영원부터 우리 주 그리스도 예수 안에서 예정하신 뜻대로 하신 것이라"고 말합니다(엡 3:10-11).

바울은 교회의 역사적 의미는 지배적인 세속적 견해와 갈등을 월등하게 더 많이 일으키지 않는다고 보았습니다. 존 스토트(John Stott)는 그것을 이렇게 표현합니다.

"세속 역사는 왕이나 여왕, 그리고 대통령, 정치가와 장군, 곧 중요한 인물들에게만 관심을 집중시킨다. 그러나 성경은 오히려 '성도들'이라고 부르는 그룹이나, 때로는 일반 백성, 또는 보잘것없는 사람, 하찮은 사람, 그렇지만 그들은 동시에 하나님의 백성이기 때문에 '(세상에서) 무명한 자 같으나 (하나님에게) 유명한 자'인 사람에게 관심을 기울인다. 세속 역사는 꼬리를 물고 쉬지 않고 이어지는 전쟁, 전투, 평화 조약에 관심을 기울인다. 그러나 성경은 오히려 선과 악의 전쟁, 흑암의 세력을 꺾고 거둔 예수 그리스도의 결정적인 승리, 그리스도의 보혈로 비준한 평화 조약, 그리고 모든 반역자들이 장차 회개하고 믿게 될 때, 그들을 사면해 줄 것이라는 주권적 선포에 관심을 집중시킨다. 또 세속 역사는 한 국가가 다른 국가를 정복하고, 그 영토를 병합하고, 제국의 발흥과 몰락에 따라 세계 지도가 변하는데 관심을 집중시킨다. 그러나 성경은 '교회'라고 부르는 다국적 공동체에 - 국경도 없고, 그리스도가 소유하는 이 공동체는 전 세계보다 결코 작지 않다고 주장하며, 그분의 제국은 결코 종말이 임하지 않음 - 그 관심을 집중시킨다."[4]

"영원부터 만물을 창조하신 하나님 속에 감추어졌던 비밀의 경륜"을 바울이 알려 주었고, 지금은 그 비밀이 충만하게 드러났습니다(9절). 우리의 시선이 이 드러난 비밀에 머무르기 전에 바울이 붙잡고 있던 비밀은 위대한 현실로 나타났습니다.

하나님은 무슨 일을 하시는가?

교회의 성도인 우리들만 이 비밀을 바라보라는 것이 아닙니다. "하늘에 있는 통치자들과 권세들"도 하나님의 각종 지혜를 알게 하는 교회를 바라보게 하시려는 것입니다(10절). "하늘에 있는 통치자들과 권세들"도 보아야 할 "각종 지혜"란 도대체 무엇입니까? 하나님의 백성으로 구성된 세계적 공동체에 알리려는 하나님의 목적이 무엇입니까? 이 구절은 세 가지 일을 제시해 주고 있습니다.

1. 나눠졌던 개인들이 그리스도 안에서 하나가 되게 합니다. 에베소서 2장의 결론을 내렸던 마지막 몇 구절과 3장을 시작하는 몇 절에서 이미 이 점을 공부했습니다. 그리고 이것은 바울이 가장 중요하게 생각하는 점이라는데 의심할 여지가 없습니다. 그는 이방인들에게 편지를 써 보냈고, 그들은 그리스도가 오기 전에는 이스라엘의 영적 축복에서 단절되어 있던 교회의 창설자들이었으며, 언약 백성의 멸시를 받았던 사람들이었습니다. 바울은 그들에게 단절의 시간은 이제 끝났고, 그들을 갈라놓았던 적대감의 벽은 허물어졌다고 말했습니다. 이제 이방인은 그리스도의 교회의 교제 안에서 유대인과 하나가 되었습니다.

그러나 2장 중간 부분에서 설명하고 있는 사람의 연합에는 더 많은 의미가 담겨 있습니다. 바울은 그리스도의 죽으심에 의한 역사적 변화에 초점을 맞췄고, 이 역사적 변화로 말미암아 이방인은 유대인과 하나가 된 것입니다. 여기서 바울은 먼 과거와 또한 먼 장래를 바라보면서 훨씬 더 위대한 화합을 제시한다고 확신합니다.

바울이 하나님께서는 만물의 창조자라고 언급했기 때문에 이 점을 지적하고 싶습니다(9절). 단순히 창조만 언급했다면 지구 역사의 원시시대로 돌아가야 했을 것입니다. 애당초 완전했던 세상은 인간의 죄로 얼룩지고 말았습니다. 타락하기 전 최초의 남자와 여자 사이의 조화는 하나님 안에서 누리던 조화라고 유추할 수 있고, 그것은 생각과 목적과 목표와 의지가 하나로 일치되는 연합이었습니다. 죄가 들어 온 다음 이 연합은 깨어졌고, 남자와 여자는 나무 아래 숨었습니다. 그들은 이렇게 해서 하나님의 임재에서 도피해 보려고 시도했고, 그것은 이 두 남녀와 하나님의 단절된 관계를 극화(劇化)한 것입니다. 이 사건 후에 하나님께서는 이 두 사람을 만나려고 불렀고, 그들의 행동에 대하여 질문하셨습니다. 두 사람은 변명으로 일관하고, 상대방을 비난하기에 바빴습니다. 그리하여 인간 차원에서도 소외가 일어나게 된 것입니다. 하나님께서는 아담에게 질문하셨습니다. "내가 너더러 먹지 말라 명한 그 나무 실과를 네가 먹었느냐?" (창 3:11).

아담이 대답했습니다. "하나님이 주셔서 나와 함께 있게 하신 여자 그가 그 나무 열매를 내게 주므로 내가 먹었나이다" (3:12). 아담은 "여자 그가 그 나무 열매를 주므로 …"라고 말하면서 여자를 비난했고, 동시에 "하나님이 주셔서 나와 함께 있게 하신 여자"라고 말함으로써 하나님을 비난했습니다. 아담은 이렇게 해서 자기 자신의 정당성을 비열하게 주장했던 것입니다. 자기 의를 과시하려고 했던 아담의 행동은 인류의 역사를 영속적으로 황폐하게 만든 사건이 되고 말았습니다.

하나님께서는 교회 안에서 이렇게 소외되고, 서로 상대방을 비난하는 존재들이 소외의 실재 원인을 제거하는 기초 위에서 하나가 되도록 만드십니다. 교회는 그리스도의 구속을 받고, 하나님의 죄 용서함을 받은 죄인들의 공동체입니다. 만일 구원이 우리 사람들뿐만 아니라 천사들도 흠모할런지 모르는 행위로 얻는 것이라고 주장한다면, 이 소외는 영원히 제거되지 못할 것입니다. 이 사람은 저 사람보다 훨씬 더 우수하다고 생각할 것이고, 그들이 뽐내는 도덕적인 행위나 영적인 공적이 교회를 파괴시키게 되고, 결과적으로 천국을 욕되게 할 것입니다. 그러나 행위로 구원받을 수 없습니다. 하나님께서는 친히 구원을 성취하셨고, 오직 은혜로만 구원을 받을 수 있게 하셨습니다. 교만이 제거되면, 나라나 인종의 구별이 없이 모든 남자와 여자가 교회의 교제 안에서 용서받은 죄인들로 만나게 됩니다.

이것이야말로 천사들도 바라보고 경탄을 금치 못하는 것이고, 인간의 역사가 지향하는 목표가 이렇게 성취된 것입니다.

2. 세상에 존재하는 그리스도의 백성이 그리스도를 드러냅니다. 나는 세계 역사의 초점인 교회에 대하여 말하고 있는데, 교회의 존재 의미가 역사 속에서 발견될 수 있다는 것이 말하려는 요점입니다. 엄밀한 의미에서 볼 때, 물론 바울이 먼저 그렇게 말했지만 초점이 되는 예수 그리스도에 대하여 말하는 것도 역시 옳은 일입니다. 에베소서 3:9-10절은 교회를 말할 때, "비밀"이라는 말을 사용했고, 4절에서는 "그리스도의 비밀"이라고 언급했습니다. 예수 그리스도의 중심이 되는 "복음"을 언급할 때, 이 말을 다시 한 번 사용하게 될 것입니다. 복음은 그리스도의 몸인 교회의 구원을 목표로 삼고 있기 때문입니다.

이것이 바로 그 사상입니다. 다시 말해서 그리스도의 몸으로서 교회는 바울의 사상을 하나로 묶어놓은 두 개의 초점을 가지고 있다는 것입니다. 바울의 관점으로 볼 때, 교회는 그리스도의 사역의 초점이기 때문에 역사의 초점입니다.

지대한 영향을 끼쳤고, 많은 논의가 있었던 책 「그리스도와 시간」의 서두에서 바젤대학교(Basel University)의 오스카 쿨만(Oscar Cullmann)은 한 가지 사실에 주의를 환기시켰습니다. 서구 세계에 살고 있는 사람은 시간을 고정된 어느 한 시점에서부터 시작하여 지속적으로 전진하는 연속성이 아니라 전진과 후진의 중심에서부터 시작한다고 생각합니다. 유대인의 달력은 세상이 창조된 날에서 시작하여 앞으로 진행해 나가지만, 우리는 나사렛 예수 그리스도의 탄생에서부터 - 몇 해의 공백이 있기는 하지만 - 시작합니다. 그리고 숫자는 두 개의 다른 방향으로 진행합니다. A.D.(Anno Domini, 아노 도미니: "(우리) 주의 해에"라는 의미를 지닌 라틴어의 약자)라고 약속한 시간에서부터 연속적으로 증가하면서 전진합니다. 그리고 B.C.(Before Christ: "그리스도가 나시기 전"이라는 말)라고 약속한 시간에서부터 뒤로 점점 시간이 줄어들면서 후진합니다.

예수님의 초림이 후대 역사에 영향을 끼친 것이 분명하기 때문에 그분의 오심이 역사의 축이라고 판단하는 세속 역사가도 있습니다. 그러나 그리스도인은 시간을 구분 짓는 상징이라고 보는 생각을 초월합니다. 오스카 쿨만은 이렇게 말합니다. "현대 역사가는 결정적인 역사의 전환점이 되는 나사렛 예수의 출현이라는 사건 속에서 역사적으로 확인된 의미를 발견하려고 바쁜 사람들이다. 그러나 그리스도의 연대기의 기초에 놓여 있는 신학적 의미는 기독교가 무게 있는 역사적 재 변화를 가져왔다는 확인을 초월한다고 확증한다. 그것은 중간 지점에서부터 모든 역사는 이해되고 판단되어야 한다고 주장한다."[5]

기독교는 그리스도를 떼 놓은 상태에서 전체 역사가 의미하는 것을 결정할 수도 없을 뿐만 아니라 역사적 사건을 적법하게 측량할 수도 없기 때문에 이 사건이 저 사건보다 더 훌륭하다거나 더 많은 의미를 가지고 있다고 오판하게 된다고 확언합니다. 그리스도와 함께 할 때, 역사가 지니고 있는 전체적인 의미와 개별적인 사건이 지니고 있는 의미의 비중을 역사적 외관에 제공하게 됩니다.

더 나아가서 교회 안에서만 역사의 참된 모습을 볼 수 있습니다. 우리가 그리스도에 대하여 말할 때, 모호한 역사적 사상이나 삶의 의미를 측량할 수 있는 추상적인 원칙을 말하지 않습니다. 우리 가운데 지금 계시는 분과 우리를 바라보고 있는 세상 앞에서 그리스도의 모델이 될 때, 비로소 우리는 다른 사람들에게 그리스도를 소개할 수 있습니다. 그리스도인이 섬기는 분은 죽은 예수가 아니라 지금도 살아 계신 분입니다. 과거에도 그랬던 것처럼 지금도 교회에 손과 발, 신경과 근육을 주시는 분을 교회 밖에서 볼 수 있다면, 그곳은 과연 어떤 곳입니까?

3. 의와 진리를 위하여 당하는 고난은 영광에 이르는 길이요, 참된 행복의 비결이라는 원리의 입증합니다. 예수님의 길은 고난의 길이기 때문에 이 점을 추가합니다. 예수님께서 "너희가 세상에 속하였으면 세상이 자기의 것을 사랑할 것이나 너희는 세상에 속한 자가 아니요 도리어 내가 너희를 세상에서 택하였기 때문에 세상이 너희를 미워하느니라 내가 너희에게 종이 주인보다 더 크지 못하다 한 말을 기억하라 사람들이 나를 박해하였은즉 너희도 박해할 것이요 내 말을 지켰은즉 너희 말도 지킬 것이라"고 말씀하셨습니다(요 15:19-20). 오늘 우리가 공부하고 본문의 마지막 부분에서 바울은 아주 자연스럽게 자기 자신의 고난을 언급하고 있기 때문에 이 점을 추가하려고 합니다.

우리를 행복하게 만들어 주고, 우리의 문제를 모두 해결해 주고, 물질적으로 풍요하게 해 주고, 성공하게 해 주고, 존경받게 해 주고, 건강하게 해 준다는 예수님의 약속이 역사의 의미입니까? 아닙니다! 역사의 목적이라고 생각하는 것은 호두 껍질 속에 들어 있습니다. 그것은 예수님께서 죄에서부터 구원한 사람들의 삶 속에서 나타나시는 것입니다.

사탄이 하나님을 반역하고 타락한 천사의 우두머리, 다시 말해서 마귀를 영원한 파멸로 데려 왔을 때, 하나님께서는 그 반역을 분쇄하고, 사탄과 그의 추종 세력들을 영원히 패망시키실 수 있었습니다. 만일 하나님께서 그렇게 하셨다면 그것은 공의롭고 합당한 것이요, 또 자비로운 것이라고 말할 수 있습니다. 하나님께서는 아담과 하와를 창조하실 때, 이 부부는 타락하지 않고, 그로 말미암아 죄와 죽음이 인류에게 전파되지 않도록 예방하실 수도 있었습니다.

만일 하나님께서 그렇게 하셨다면, 하나님의 "각종 지혜"를 보여 주지도 못했을 것입니다. 그러나 하나님의 능력과 긍휼은 혹시 보여줄 수 있었을는지 모르지만, 하나님의 길이 - 의와 진리의 길 - 행복에 이르는 유일하고 선한 길이며, 유일하고 확실한 길이라는 것은 보여주지 못했을 것입니다.

그래서 사탄을 패망하게 하지 않고, 그 대신 하나님께서 전적으로 다른 길을 택하셨습니다. "나는 사람이라고 부르는 인류를 창조하기로 이미 결정했다. 나는 모든 일을 알고 있기 때문에 사탄이 그를 유혹하여 나의 의에서부터 떠나게 하고 불행에 빠지게 할 것을 미리 알았다. 사탄은 그가 이겼다고 생각할 것이다. 그러나 사탄이 그렇게 하고 있는 동안 - 인간이 나를 반역하게 하고, 인간끼리 서로 등지게 함 - 옳은 것을 행하는 것이 흔하지 않을 때, 나를 즐겁게 하는 것을 기쁨으로 생각하고, 심지어 그것 때문에 고난을 당하면서도 굽히지 않고 의로운 행동을 함으로써 영광을 돌리게 될 새로운 백성을 내가 창조하기 시작할 것이다. 사탄은 '당신이 당신의 백성을 보호하기 때문에, 그리고 그들에게 물질의 축복만 주시기 때문에 그들은 당신만 섬기고 있습니다.' 라고 말할 것이다. 그러나 나는 여기저기서 다양한 방법으로 학대당하고 핍박을 당하게 할 것이다. 그들은 고난 속에서도 나를 끊임없이 찬송하고, 내 이름을 영화롭게 할 뿐만 아니라 사탄의 백성이 최고의 명예와 부를 소유할 때 누리는 행복보다 내 백성은 고난 속에서 더 큰 행복을 누리게 되는 그들의 반응을 보여주려고 한다."

그래서 하나님께서는 우주라는 무대 위에서 펼쳐지는 위대한 드라마처럼 역사를 통해서 계시를 드러나게 하십니다. 천사들은 관중이고, 우리는 배우들입니다. 사탄도 거기서 하나님의 목적에 항거하고 전복시킬 수 있는 일을 해보려고 애를 씁니다. 이 드라마는 그리스도의 역사 속에서 아담과 하와, 노아, 아브라함, 모세, 다윗, 이사야, 세례 요한, 예수, 베드로, 바울을 비롯하여 주연급이든 조연급이든 수많은 극중 등장 인물 모두를 통하여 펼쳐지고 있습니다. 하나님께서 맡겨준 배역을 연기하도록 무대 위에 올려놓은 사람들이고, 그들은 하나님을 사랑하는 마음에서부터 우러나오는 대사를 말하는 것입니다. 아담은 하나님의 길이 최상의 길이라는 것을 증거했습니다. 그는 자기 죄를 회개했고, 오실 예수님을 믿었습니다. 하와도 마찬가지였고, 노아와 다른 사람들도 모두 동일했습니다. 이런 사람들은 모두 보이지 않는 분을 믿음으로 바라보면서 인내했습니다. 그들은 한결같이 이 세상의 삶에서 당하는 실망을 뛰어넘어서 그들이 받을 상급을 바라보았습니다.

이제 여러분과 나도 역시 이 극중의 연기자들입니다. 사탄은 공격을 계속하고 있고, 천사들은 긴장하면서 바라보고 있습니다. 여러분이 맡은 배역을 잘 소화해 내고, 여러분의 대사를 적절하게 말할 때, 천사들이 여러분 안에서 드러나고 있는 "하나님의 각종 지혜"를 보고 있지 않습니까? 그들은 꼭 보아야 합니다. 왜냐하면, 그 배역은 오직 당신만 해 낼 수 있기 때문입니다. 역사의 종말과 역사의 의미가 발견되는 곳은 다름 아니라 - 여러분의 삶의 터전 - 여러분이 일하고, 연기하고, 생각하고, 말하는 곳입니다.

●각주●

1. John R. W. Stott, God's New Society: The Message of Ephesians (Downers Grove, Ill. Inter Varsity, 1979), 127.

2. John Warwick Montgomery, Where Is History Going? (Minneapolis: Bethany Fellowship, 1969), 15.

3. Oswald Spengler, The Decline of the West, trans. Charles Francis Atkinson, 2 vols. (New York: Alfred A. Knopf, 1926, 1928), and Arnold J. Toynbee, A Study of History, 12 vols. (London: Oxford University Press, 1934-1961).

4. Stott, God's New Society, 127-28.

5. Oscar Cullman, Christ and Time: The Primitive, Christian Conception of Time and History, trans. Floyd V. Filson (Phildelphia: Westminster Press, 1950), 19.

18

가족을 위하여 드리는 기도

에베소서 3 : 14-19

이러므로 내가 하늘과 땅에 있는 각 족속에게 이름을 주신 아버지 앞에 무릎을 꿇고 비노니 그의 영광의 풍성함을 따라 그의 성령으로 말미암아 너희 속사람을 능력으로 강건하게 하시오며 믿음으로 말미암아 그리스도께서 너희 마음에 계시게 하시옵고 너희가 사랑 가운데서 뿌리가 박히고 터가 굳어져서 능히 모든 성도와 함께 지식에 넘치는 그리스도의 사랑을 알고 그 너비와 길이와 높이와 깊이가 어떠함을 깨달아 하나님의 모든 충만하신 것으로 너희에게 충만하게 하시기를 구하노라

기도를 심각하게 생각해 본 사람은 누구나 기도를 붙잡고 한 두번쯤 씨름하게 마련입니다. 우리가 생각하는 것이, 곧 하나님의 뜻이라는 믿음을 가지고 기도하기 때문에 이런 기도는 거부되거나 지연되기 마련이고, 우리는 우리가 기도드린 것을 얻지 못하기 때문에 이렇게 질문하게 됩니다. "그러면 기도의 목적이 무엇인가? 기도는 작동하고 있는가?" 그렇지 않으면 하

나님의 뜻과 기도는 신학적으로 어떤 관계가 있는지 알아내려고 씨름합니다. 칼빈주의자는 이런 질문을 종종 받게 됩니다. "만일 하나님이 작정한 것을 실행한다면, 기도는 왜 드려야하는가? 당신의 기도가 하나님의 마음을 바꿀 수 있다고 정말 생각하는가?"

물론 우리가 드리는 기도는 하나님의 마음을 바꿀 수 없습니다. 기도를 통해서 그렇게 할 수 있다면, 그 기도는 정말 위험천만하기 짝이 없습니다. 이러한 기도에 대한 여러 가지 질문이 성경 기자들의 기도를 저지하지 못했다는 사실은 우리에게 충격을 줍니다. 반대로 성경 기자들은 하나님의 주권이나 하나님의 뜻을 알면 알수록 더욱더 열렬하게 하나님께 호소했습니다.

이러므로

에베소서 3:14-19절이 바로 그런 경우에 속합니다. 이 본문에 소개된 바울의 기도는 에베소 신자들을 위하여 드렸던 두 개의 기도 가운데 하나입니다. 이 기도는 "이러므로 내가 … 아버지 앞에 무릎을 꿇고 비노니"라는 말로 시작합니다. 즉, 바울은 한 가지 이유 때문에 하나님께 기도드리는데, 그것은 무슨 이유입니까?

바울은 지금 감옥에 갇혀있고, 그가 당하는 고난 때문에 에베소 신자들이 낙심하는 것을 원하지 않았기 때문에 기도드렸습니까? 존 칼빈(John Calvin)은 이 점을 정확하게 간파했고, 그는 이렇게 주석했습니다. "사도 바울의 목적은 에베소 성도들이 죄수가 된 자신을 보고 화가 치밀어 오른다고 할지라도 그 길을 포기하지 않고, 복음을 믿는 믿음 안에서 참되게 꾸준하게 그 길을 걸어가라고 권면하는 것이다."[1]

바울이 에베소 신자들의 행복에 개인적으로 관심을 가지고 있었기 때문입니까? 해리 아이언사이드(Harry Ironside)는 이 입장을 취했습니다. "무엇 때문에 그랬을까? 하나님의 백성에 대한 바울의 깊은 관심 때문이었다. 에베소 신자들이 그리스도 안에서 그들의 특권을 충만하게 누려야 한다는 바울의 소원 때문이었다."[2]

존 스토트는 그리스도의 화목 사역과 바울이 특별 계시에 의해서 이 사역의 의미를 깨달은 것 때문이라고 생각합니다.[3]

나는 이러한 이유 때문에 바울이 기도를 드렸다고 생각하지 않습니다. 하나님께서는 에베소 신자들을 위하여 이런 일을 행하려고 이미 작정하셨다고 바울이 굳게 확신하기 때문입니다. "이러므로"라는 말은 앞서 언급했던 진술로 되돌아가고 있고, 이 구절이 말하려는 것을 잘 기억해 두어야 합니다. 이 구절은 우리에게 하나님께서 어떻게 당신의 교회를 세우셨는가 말하고 있습니다. 옛 사람에서부터 한 새로운 사람을 창조한 것이 교회입니다. 이것은 수많은 천사들 앞에서 드러난 하나님의 각종 지혜이고, 하나님께서는 이것을 행하고 계십니다. 하나님께서는 우리 안에서 당신의 영광을 보여주십니다. 이것이 바로 그 이유이고, 그러므로 바울은 하나님께서 그렇게 해주시는 대상을 위하여 기도드립니다. 바울은 이 중대한 임무를 수행할 수 있는 힘을 하나님이 그들에게 베풀어 주셔서 그들이 합당한 그릇이 되게 해 달라는 기도를 드립니다.

나의 모든 자녀들

다른 방법으로 말하자면, 바울의 기도에서 두 가지 사실을 주목해야 합니다. 바울은 하나님의 가족인 그리스도인을 위하여 기도드리고, 또 가족 관계가 제공하는 담대함을 가지고 기도드린다는 점입니다. 그리스도와 관계를 가지고 있는가 혹은 관계가 단절되었는가라는 질문과 상관없이 우리도 물론 많은 사람들을 위하여 기도드립니다. 우리는 왕과 권세를 가지고 있는 사람들을 위하여 기도하고, 선교사들이 이교도들에게 복음을 전파할 때, 하나님께서는 그들의 증언을 축복해 달라고 간구하면서 우리는 이교도들을 위한 기도를 드리며, 우리가 살고 있는 곳에서 하나님을 알지 못하고 유기된 영혼들을 위하여 우리는 기도드립니다.

이것이 옳은 일입니다. 동시에 우리는 동일한 확신의 분량을 가지고, 혹은 동일한 방법으로 이미 그리스도인이 된 사람들을 위한 기도는 드리지 않습니다. 우리는 하나님께서 어떤 사람을 구원하실지 모릅니다. 말씀의 선포가 어떤 사람의 마음은 강퍅하게 만들고, 반면 어떤 사람의 마음은 부드럽게 만듭니다. 그러나 그리스도인을 위하여 기도드릴 때, 우리 기도는 이미 복음에 응답한 사람들을 위하여 드리는 것이며, 하나님께서 그들 가운데서 어떻게 역사 하시는가 우리는 알고 있습니다. 예수 그리스도께서 행했던 것처럼 생활하고, 섬기고, 고난당하라는 가르침을 통해서 그들이 아들 예수를 닮도록 하나님께서 만드십니다. 그래서 우리는 담대하게 이런 기도를 드리며, "그것이 만일 당신의 뜻이라면" 이라고 기도하지 않습니다. 이것이 바로 하나님의 뜻이고, 우리가 자상하게 돌보고 있는 사람들 가운데서 하나님의 뜻이 성취되도록 기도합니다.

단지 우리를 좋아하는 사람들이나, 혹은 우리가 호의를 베풀거나 좋아하는 사람만 위하여 기도드리는 것이 아니라 모든 그리스도인을 위하여 드리는 기도가 되어야 합니다. 바울은 14절에서 "그의 가족 전체"라는 말을 사용하면서 두 가지 흥미있는 일을 합니다(한글성경은 이 말을 "각 족속에게"라고 번역하여 정확한 의미 전달을 하지 못함-역자). 헬라어 신약성경에는 파싸 파트리아(pasa patria)라고 하며, 바로 앞에 선행하는 문장에 "아버지"라는 말은 헬라어로 파테르(pater)입니다. 세 가지 헬라어 낱말을 사용하여 말장난을 하는 것입니다. 우리의 영적 "가족(파트리아)"의 존재는 이 파테르(pater)라는 말에서 연유된 것이고, 심지어 이 단어도 여기서 유래했습니다.

또 다른 한 개의 흥미로운 단어는 파싸(pasa)입니다. 파싸(pasa)는 항상 "모든"이라는 뜻을 의미하거나 혹은 의미할 수 있습니다. 이 경우 파싸 파트리아(pasa patria)는 "모든 가족"이라는 의미입니다. 이 말은 세계 "모든 나라"나 혹은 하나님의 백성이라는 하나의 거대한 가족을 내포하는 "모든 가족"을 의미합니다. 해리 아이언사이드는 후자의 경우에서 이런 의미를 찾아냈고, 그것을 "홍수 이전의 가족" "족장의 가족" "구약성경의 가족" "신약성경의 가족" 심지어 "천사들의 가족"이라고 말합니다.[4] 그러나 그는 문맥상 부재하는 의미를 무리하게 해석한 것입니다. 바울은 이 본문에서 가족의 다양성을 언급하려는 것이 아니고, 그것은 하나님의 이름에서부터 유래한 가족, 즉 하나의 가족을 가리키는 것입니다. 그래서 비교적 최근에 영어로 번역된 NIV성경에서는 파싸(pasa)라는 말의 의미를 "전체"로 번역해 놓았습니다. 바울은 지금 바로 모든 사람 - 유대인과 이방인, 부자와 가난한 자, 남자와 여자, 젊은이와 노인, 배운 자와 배우지 못한 자 - 다시 말해서 가족 전체를 위하여 기도를 드리고 있습니다. 하나님의 각종 지혜를 알려주시려는 하나님의 위대한 목적이 바로 이 전체 가족 안에서 성취되기 때문입니다.

　기도에 대한 위대한 교훈이 여기 있는데, 우리가 기도할 때, 그리스도인들로 구성된 제한적인 범위의 친구들에게 기울이는 우리 자신의 작은 이해나 관심을 초월해야 합니다. 그 대신 확대된 하나님의 교회를 위해서 기도해야 하고, 우리는 전 세계에서 이 가족이 더 큰 힘을 얻도록 간구해야 하고, 우리는 여러 곳에 흩어져 있는 하나님의 백성들을 통해 하나님이 하시는 일을 바라보면서 격려를 받아야 합니다.

기도의 사다리

　하나님의 전체 가족을 위하여 드리는 바울의 기도는 우리가 기도해야 할 이유와 대상뿐만 아니라 우리가 기도드려야 할 내용의 요점을 말해 줍니다. 존 스토트는 이 바울의 기도를 네 단계로 구성된 "기도의 계단"이라고 설명합니다. 즉, 힘, 사랑, 지식, 그리고 충만입니다. 계단으로 설명하는 것은 대단히 좋은 아이디어지만, 나는 이보다 더 많은 계단들이 있다고 생각해서 이 계단들이 이어지는 모양을 이렇게 제시하려고 합니다.

　1. 신자가 성령을 통하여 내적인 힘을 얻어 강건하게 되기 위하여 기도합니다. 바울은 고난에 대하여 계속 말하고 있습니다. 성령님께서 에베소 신자들을 강건하게 해 달라고 기도하는 이유는 고난 때문일 것입니다. 편안한 생활 속에서는 하나님의 각종 지혜를 체험할 수 없습니다. 하나님의 은혜는 고난 가운데 분명하게 드러납니다. 그러나 누가 고난을 견딜 수 있는 힘을 소유하고 있습니까? 우리는 고난을 택하

지도 않고, 오히려 고난에서부터 몸을 빼내려고 합니다. 겟세마네 동산에서 그리스도처럼 필사적으로 고난에서부터 뒷걸음질 치면서 만일 가능하다면 이 잔을 나에게서 물러가게 해 달라고 간청할 것입니다. 만일 이런 시간에 하나님의 지혜를 드러내려면, 하나님께서 공급해 주는 능력을 힘입어야 하고, 하나님께서는 당신의 천사들을 보내서 우리를 돕게 하십니다.

고난의 시간을 당할 때만 강건하게 되어야 하는 것이 아니고, 모든 상황 속에서, 그리고 매일의 삶 속에서 강건하게 되어야 합니다. 우리가 당하는 시험입니까? 시험을 물리치고, 승리하여 하나님의 영광에 이르게 되는 힘이 필요합니다.

우리가 어려운 도덕적 선택을 내려야 합니까? 우리가 섬기는 예수님이 영화롭게 되게 하려면 옳은 일을 행하기 위하여 힘이 필요합니다.

우리가 증거해야 하는 상황입니까? 진리를 선포하는 우리를 세상이 어떻게 생각하든 상관하지 말고 진리를 증거하기 위하여 힘이 필요합니다. 예수님께서 제자들과 함께 있을 보혜사 성령을 보내 달라고 하나님께 기도드릴 때, 이것을 염두에 두셨을 것입니다. 파라클레토스(parakletoss, "위로자," "상담자," "대변자"라는 의미)는 "옆에서 도와주는 자"라는 뜻입니다. 성령님은 어려운 상황 속에서도 옳은 일만 할 수 있도록 우리를 도와주는 분입니다.

2. 신자가 믿음으로 그리스도와 더불어 동거하게 되기 위하여 기도합니다. 신자를 신자답게 만드는 것은 그리스도 안에 거하기 때문에 언뜻 보면 표현이 지나치거나 불필요한 것처럼 보입니다. 만일 그리스도인이 믿음으로 그리스도와 한 몸을 이루지 못하면, 그들은 그리스도인이라고 할 수 없습니다. 물론 바울의 기도에는 이보다 더 많은 의미가 담겨있습니다. 참 그리스도인이라면, 모두 예수 그리스도와 동거하고, 더 나아가서 그리스도가 신자의 삶 구석구석을 완전히 그리고 더 강력하게 장악하면 할수록 그들은 성장하게 됩니다.

바울의 기도에 담겨있는 의미는 카토이케오(katoikeo)라는 말에서 그 단서를 찾을 수 있습니다. 카토이케오라는 말과 유사한 파로이케오(paroikeo)라는 말도 있는데, 이 두 단어는 모두 "거하다"라는 말로 번역되고 있습니다. 파로이케오라는 말은 바울이 사용하지 않았습니다. 그러나 이 말은 어떤 장소에 나그네로 머문다는 뜻을 가지고 있어서 이 단어는 자기 소유가 아닌 땅에 거주하는 외국인, 예를 들자면 아브라함과 같은 사람에게 사용을 해야 합니다. 바울이 사용했던 첫 번째 단어 카토이케오는 어떤 장소에 정착해서 그곳을 영구적인 거주지를 삼는다는 의미에서 거한다는 의미를 지니고 있습니다. 존 스토트가 지적한 것처럼 그리스도 안에 거하는 신성의 충만함과 신자의 마음과 삶 속에 그리스도가 거주하심을 모두 가리키기 위하여 사용됩니다. 바울의 기도는 그리스도께서 우리 마음에 정착하셔서 적법한 주인으로서 마음을 통제해 주실 것을 간구하는 것입니다.

3. 신자가 사랑 안에서 뿌리가 박히고 터가 굳어지는 것을 위하여 기도합니다. 몇 해 전, 복음적인 잡지를 출판하는 일에 간여했던 적이 있습니다. 그때 발행인이 편집자 한 사람과 함께 전혀 접해 보지 못했던 혼합 은유*의 가장 나쁜 본보기에 대하여 이야기하는 것을 들었습니다. 그 은유는 어떤 사업적인 모임의 대화 중에 사용되었던 것입니다. 어떤 사업가가 자기 생각대로 일이 진행되지 않는 것을 보고 말했습니다. "나는 쥐새끼의 냄새를 맡고 있어. 나는 그놈의 낌새를 느끼고 있어. 그놈의 싹을 짤라 버리고 말겠어!" 이것은 은유를 사용하지 않아야 하는 경우를 보여주는 좋은 본보기입니다.

아무도 사도 바울에게 이렇게 혼합 은유를 사용하지 말라고 경고하지 않은 것 같습니다. 왜냐하면 바울은 여기서 혼합 은유를 사용하고 있기 때문입니다. 즉, "사랑 가운데서 뿌리가 박히고 터가 굳어진다"는 것입니다. 첫 번째 은유는 식물에 관한 것인데, 신자를 하나님의 사랑에 뿌리박고 있는 식물에 비유하고 있습니다. 두 번째 은유는 건축에 관한 것인데, 신자를 사랑이라는 기초 위에 세운 건물에 비유하고 있습니다. 이것은 완벽한 영어식 표현법이라고 할 수 없으나 이것은 대단히 훌륭한 신학입니다. 첫 번째 경우 사랑은 우리에게 양분을 공급하는 것으로 그림을 그릴 수 있고, 그것은 실제로 그렇게 작동하고 있습니다. 두 번째 경우도 마찬가지로 견고한 기초로 그림을 그릴 수 있고, 이것도 역시 실제로 그렇습니다.

　*문장 작법이나 수사법에서 특별한 의미를 전달하기 위해 일상적이거나 표준적이라고 생각하는 단어의 의미와 그 단어를 연결하는 말에서부터 벗어나는 것을 표현하기 위하여 비유 언어(比喩言語)를 사용하게 된다. 비유적 표현법에는 직유법(直喩法)·은유법(隱喩法)·환유법(換喩法)·제유법(提喩法)·대유법(代喩法) 등이 이에 해당한다. 이 중에서 은유는 원래 관념은 숨기고 보조 관념만 드러내어, 표현 대상을 설명하거나 그 특징을 묘사하는 표현 방법이다. 예를 들면 '내 마음은 호수'에서 '마음'과 '호수' 사이에는 어떤 유사성도 없습니다. 그러나 '마음'이 '호수'로 전이됨으로써 의미론적 전이가 나타난다. 은유에는 "암시적 은유(implicit metaphor)," "혼합 은유(mixed metaphor)," "죽은 은유(dead metaphor)" 등이 포함된다. 혼합 은유는 서로 다른 의미를 전달하는 은유를 무리하게 섞어서 사용한 나머지 어색한 표현이 되는 경우가 많이 있다. 즉, 말의 오용과 남용을 불러오게 됨-역자

　4. 신자가 그리스도의 사랑의 충만함을 깨닫게 되기 위하여 기도합니다. 바울은 이미 에베소에 있는 그리스도인들이 사랑 가운데 뿌리를 박으며 터가 굳어지는 것, 즉 사랑이 그들을 채워주고 뒷받침해 주는 것을 위하여 기도했습니다. 그러나 여기서 바울은 그리스도와 다른 사람을 위한 우리의 사랑이 아니라 우리를 위한 그리스도의 사랑에 대하여 생각하고, 우리가 그 사랑의 크기를 깨닫게 되도록 기도합니다. 과연 이것이 가능합니까? 다음 절에서 바울은 그것을 "지식에 넘치는 사랑"이라고 합니다. 만일 그것이 지식을 능가하는 것이라면, 도대체 우리가 어떻게 그것을 깨닫거나 알 수 있습니까?

　두 가지 대답을 할 수 있습니다. 첫째, 우리가 가지고 있는 지식으로 그 사랑을 철저하게 연구할 수 없다고 해도 이 사랑을 참되게 알 수 있습니다. 일반적으로 말하자면, 하나님을 아는 지식과 동일한 것입니다. 그리스도인의 삶을 시작할 때, 우리가 알았던 그리스도의 사랑은 그리스도인의 삶을 끝마칠 때, 알게 되는 사랑과 - 더 충만하겠지만- 동일합니다.

둘째, 일상적인 삶 속에서 고난, 시련, 핍박을 당하면서 우리는 그 사랑을 아는 지식 가운데 성장해야 하는데, 바로 여기서 "너비와 길이와 높이와 깊이"라는 부피의 문제가 대두됩니다.

지난 세기 나폴레옹의 군대가 스페인 종교 재판소가 사용하던 감옥의 문을 열었을 때, 거기 남아있던 죄수들 가운데 신앙 때문에 투옥 당한 죄수를 발견했습니다. 그의 감방은 지하에 있었고, 그의 신체는 오래 전부터 썩어 들어가기 시작했습니다. 발목은 차꼬와 쇠사슬이 채워진 채 감금 상태에서도 울부짖었다는 것을 이 죄수는 말없이 증언하고 있었습니다. 작고 음침한 감방 벽에는 이 신실한 그리스도의 군사가 십자가를 조잡하게 긁어서 새겨놓았고, 그 십자가는 네 마디의 스페인어로 둘러싸여 있었습니다. 십자가 위에는 "높이"라는 말을, 십자가 밑에는 "깊이"를, 왼쪽에는 "너비"를, 오른쪽에는 "길이"라는 말을 스페인어로 써 놓았습니다. 분명히 이 죄수는 고난 중에도 결코 능가할 수 없는 예수 그리스도의 사랑의 위대함을 깨달았고, 그것을 증언하고 싶었던 것입니다(엡 3:19).

바울이 너비와 길이와 높이와 깊이에 대하여 말할 때, 그는 아마 그 말 하나 하나와 연결되는 것을 생각하지 못했던 것 같습니다. 그러나 존 스토트(John Stott)가 말하는 것처럼 "그리스도의 사랑"은 온 인류를 - 특별히 지금까지 공부한 에베소서의 주제에 해당하는 유대인과 이방인 - 다 품을 수 있을 만큼 "너비"와 영원까지 계속될 만큼 "길며" 그리고 타락하여 가장 밑바닥에 있는 죄인에게 도달할 만큼 충분히 "깊고", 그리스도를 높여 하늘에 도달하게 할 만큼 "높다"고 증언합니다.[5]

이름을 알 수 없는 또 다른 죄수는 이렇게 하나님의 사랑을 노래했습니다.

> 하늘을 두루마리 삼고 바다를 먹물 삼아도
> 한 없는 하나님의 사랑 다 기록할 수 없겠네.
> 하나님의 크신 사랑 그 어찌 다 쓸까
> 저 하늘 높이 쌓아도 채우지 못하리.[6]
>
> (찬송가 304장)

5. 신자가 지식에 넘치는 그리스도의 사랑을 알게 되기 위하여 기도합니다. 17절의 간구와 같이 이것도 역시 약간 장황스럽게 보이지만, 사실은 그렇지 않습니다. 19절에서 바울은 에베소에 있는 그리스도인들이 예수 그리스도의 사랑의 부피, 즉 너비, 길이, 높이, 깊이가 얼마나 엄청난 것인가를 확실하게 파악하고, 깨닫게 되기 위하여 기도했습니다. 지금 바울이 "알게" 해 달라고 드리는 기도는 말씀에 담겨있는 성경적인 의미를 충분히 깨닫게 해 달라는 간구입니다. 바울은 체험을 가장 중요하게 생각하고 있으며, 바울은 그들이 그리스도의 사랑을 체험하는 것을 원했습니다. 가장 생생한 체험은 인간의 지식을 능가하는 것입니다.

6. 하나님의 모든 충만함으로 신자가 충만해 지는 것을 위하여 기도합니다. 우리는 지금 기도 계단에서 가장 높은 곳에 도착했습니다. 이 계단은 정말 힘이 드는 부분입니다. "하나님의 충만함"이라는 말은 두 가지 문법 구조 가운데 하나일 것인데, 목적어적 속격일 수 있습니다. 이 경우 하나님의 충만함은 하나님께서 우리에게 수여하시는 은혜의 풍성함이 됩니다. 또는 주어적 속격이 될 수 있는데, 이 경우에는 충만함은 하나님 자신을 채우고 있는 충만입니다. "…에로"라는 의미의 헬라어 전치사 에이스(eis) 때문에 후자일 가능성이 많습니다. 이 간구가 무엇을 의미하는지 불확실하여 다소간 당혹스럽기는 하지만, 바울은 우리가 - 그리고 다른 모든 그리스도인 - 하나님 자신 안에 있는 충만함으로 채워지거나 혹은 충만함에 도달하게 되기 위하여 기도드린다고 생각됩니다.

어떻게 이런 일이 가능합니까? 해리 아이언사이드는 그것이 불가능하다는 것을 알고 그 의미를 고쳤습니다. 즉, 빈 조개껍질 안에 바다의 한 부분이 들어가 있는 것처럼 하나님의 충만함은 우리 안에 한 부분이 채워져 있다고 설명했습니다. 이것이 사다리의 맨 꼭대기, 즉 마지막 계단입니다. 우리는 무한한 하나님의 모든 충만하심으로 채워져야 하고, 영원함, 즉 무한대의 시간도 역시 우리 안에 채워져야 합니다. 하나님께서는 그분의 무한한 자원을 끄집어내어서 전에는 죄인이었으나 지금은 예수 그리스도의 사역으로 말미암아 구속함을 받은 새로운 피조물에게 끊임없이 부어주서서 우리가 채워지고, 채워지고, 또 채워지고, 그리고 또 채워져 영원토록 계속 채워지도록 바울이 기도했다고 생각합니다.

하나님께 영광이 있을지어다

하나님께서 어떻게 그것을 행하실지 알 수 없습니다. 그러나 여러분에게 흥미 있는 것을 말씀드리고 싶습니다. 비록 그렇게 말은 했지만 그것을 확실히 이해했는지 모르겠습니다. 바울의 기도 뒤에 따라오는 축복 기도 때문이라고 말하고 싶은데, 그것은 이런 의미라고 말 할 수 있습니다. "우리 가운데서 역사하시는 능력대로 우리가 구하거나 생각하는 모든 것에 더 넘치도록 능히 하실 이에게"라는 구절에서 "우리"라고 말할 때, 바울은 자기 자신도 거기에 포함시켰습니다(엡 3:20).

위대한 사도의 신분이지만, 자기도 역시 하나님께서 우리를 위하여 행하시는 것을 모두 확실하게 이해하지 못할 뿐만 아니라 상상할 수도 없다고 말하는 것입니다. 바울은 하나님께서 하실 수 있다는 것만 알고 있을 따름입니다. 하나님께서는 능히 하실 수 있는 분이시며, 동시에 "더 넘치도록" 하실 수 있는 분이십니다. 다시 말해서 무한하시다는 말입니다.

나의 생각은 여기서 멈추었습니다. 왜냐하면 바울의 생각도 역시 여기서 멈췄다고 생각하기 때문입니다. 마지막 계단을 넘어서는 것이 무한입니다. 바울이 말한 것처럼 "교회 안에서와 그리스도 예수 안에서 영광이 대대로 영원무궁하기를 원하노라 아멘"이라는 말 외에 달리 할 말이 없습니다(엡 3:21).

●각주●

1. John Calvin, Sermons on the Epistle to the Ephesians (1562; reprint, Carlisle, Pa.: Banner of Truth Trust, 1975), 270-71.

2. H. A. Ironside, In the Heavenliness: Practical Expository Address on the Spistle to the Ephesians (Neptune, N.J.: Loizeaux Brothers, 1937), 155.

3. John R. W. Stott, God's New Society: The Message of Esphesians (Downers Grove, Ill.: Inter Varsity, 1979), 132.

4. Ironside, In the Heavenliness, 157.

5. Stott, God's New Society, 137.

6. 찬송가 304장의 작사 작곡가로 알려진 레만 목사는 시적 재능과 음악적 소양을 모두 지닌 사람이었다. 그는 아주 가난한 시골 교회만 전전했기 때문에 대부분의 교회에서 그의 생활비를 지급하지 못했다. 그는 가족의 생계를 위해서 틈틈이 여러 가지 일을 해야만 했다. 레만 목사가 치즈를 만드는 공장에서 일할 때 이 찬송가의 영감을 얻게 되었다.

그의 부인은 늘 점심 도시락을 싸 주곤 했다. 어느 날, 레만 목사의 부인은 도시락 안에 '바다가 먹물이고 하늘이 두루마리인들 어찌 하나님의 사랑을 다 적으랴'라는 시의 한 구절을 적어서 넣어 주었다. 이 시는 11세기 경, 조셉 마커스(Joseph Marcus)라는 사람이 아람어 시를 번역해 둔 것이었다. 도시락을 펼쳐 든 레만 목사는 이 시구를 보고 깊은 감동을 받았다. 점심시간을 끝마칠 때쯤 이 찬송시와 곡조가 그의 머리 속에서 완성되었다고 한다. 원문의 3절 가사의 의미를 살려 우리말로 옮겼다.-역자

우리가 바다를 잉크로 채우고
하늘을 양피지로 만들 수 있을까.
땅 위의 줄기를 붓으로 삼고
모든 사람을 필경자로 부릴 수 있을까.
하나님의 사랑을 그 위에 기록한다면
바다라도 다 말려버릴 것이다.
이 하늘에서 저 하늘까지 펼칠 수 있다하더라도
그 사랑 어찌 다 그 두루마리에 쓸 수 있을까.

19
위대한 송영
에베소서 3 : 20-21

우리 가운데서 역사하시는 능력대로 우리가 구하거나 생각하는 모든 것에 더 넘치도록 능히 하실 이에게 교회 안에서와 그리스도 예수 안에서 영광이 대대로 영원무궁하기를 원하노라 아멘

성경공부는 변화무쌍한 체험입니다. 우리가 배우게 되는 교훈과 소유하게 되는 체험은 복합적입니다. 때로는 성경이 우리의 죄를 의식하게 하여 겸손하게 만들고, 또 다른 경우에는 우리를 구원하시려고 그리스도 안에서 행하신 것을 우리가 생각할 때, 전율하게 합니다. 또 때로는 성경 말씀이 우리를 교훈하고, 때로는 책망하기도 하고, 때로는 위대한 행동을 할 수 있도록 감동시키기도 합니다. 어떤 구절에서는 지옥의 불꽃을 바라보게 되고, 다른 구절에서는 천국으로 들어가는 문이 열리기도 합니다.

에베소서 3장을 끝맺는 부분의 몇 절이 앞서 언급했던 가운데 마지막 경우에 해당합니다. 이것은 위대한 송영이고, 아마 성경에서 가장 위대한 송영일 것입니다. 방금 우리는 앞에서 바울이 사색이나 상상으로 도달할 수 없는 가장 높은 곳에 도달했던 것을 공부했습니다. 그는 구속함을 받은 하나님의 백성을 위하여 가지고 있는 하나님의 목적에 대하여 말했고, 그는 우리가 "하나님의 모든 충만함으로 충만하게 되기를" 기원했습니다(19절).

이것은 이해를 뛰어넘는 것입니다. 우리가 어찌 하나님 자신의 충만함으로 채워질 수 있는지 상상조차 할 수 없습니다. 우리는 무한의 맨 가장자리에 서 있지만, 그런데도 바울은 아직 만족하지 않습니다. 그는 우리가 상상조차 할 수 없는 것을 하나님께서 친히 해 달라고 기도했습니다. 지금 몇 줄 더 말하고 쓸 힘조차 모두 소진한 상태에서 그는 "우리 가운데서 역사하시는 능력대로 우리가 구하거나 생각하는 모든 것에 더 넘치도록 능히 하실 이에게"라고 하나님께 대한 송영을 터뜨리는 것입니다(엡 3:20).

얼마나 놀라운 송영입니까! 나는 바울이 기도의 계단을 올라가면서 에베소 신자들을 위하여 드리는 기도에 대하여 말했습니다. 그런데 여기 또 다른 계단이 있는데, 그것은 "송영의 계단"입니다. 루스 팩슨(Ruth Paxson)은 이 송영을 피라미드 형태로 배열하여 우리에게 생동감을 더해 주었다.

우리 가운데서 역사하시는 능력대로
우리의 온갖 구하는 것이나 생각하는 것을
우리의 온갖 구하는 것이나 생각하는 모든 것 위에
우리의 온갖 구하는 것이나 생각하는 것 위에 넘치도록
우리의 온갖 구하는 것이나 생각하는 것 위에 더 넘치도록
능히 하실 수 있는 하나님께

이 절을 이런 모양으로 배열해 놓고, 깊이 묵상해 볼 필요가 있습니다.

우선 먼저, 사도 바울은 무엇을 할 수 있는 하나님에 대하여 말합니다. "하다"라는 동사는 헬라어로 포이에오(poieo)라고 합니다. 헬라어 사전을 찾아보면, 이 말의 실제 의미는 "만들다, 하게 하다, 효과가 있다, 가져오다, 성취하다, 실행하다, 제공하다, 혹은 창조하다."라는 것을 알 수 있습니다. 이 동사는 하나님을 일꾼으로 표현하게 됩니다. 존 스토트가 말한 것처럼 "하나님은 게으르시지도 않고, 빈둥거리시지도 않고, 죽으신 것도 아니다."[1]

오직 참된 하나님과 이교도들이 소위 신이라고 부르는 존재와 차이는 무엇입니까? 이사야 선지자가 활동하던 시절, 이스라엘 백성은 참된 하나님을 예배하지 않고 타락하여 우상을 섬겼습니다. 하나님은 이런 상황에서 이사야에게 말씀을 주셨고, 이사야는 우상이란 우상 숭배자들이 새겨놓은 나무토막에 불과하다고 설명했습니다. "그들이 알지도 못하고 깨닫지도 못함은 그 눈이 가려서 보지 못하며 그 마음이 어두워져서 깨닫지 못함이니라"(사 44:18). 하나님께서는 우상을 "나무토막"이라고 말씀하시며(19절), 그분은 이렇게 도전하십니다.

나 여호와가 말하노니 "너희 우상들은 소송하라"
야곱의 왕이 말하노니 "너희는 확실한 증거를 보이라"
"장차 당할 일을 우리에게 진술하라 또 이전 일이 어떠한 것도 알게 하라
우리가 마음에 두고 그 결말을 알아보리라
혹 앞으로 올 일을 듣게 하며 뒤에 올 일을 알게 하라
그리하면 너희가 신들인 줄 우리가 알리라
또 복을 내리든지 재난을 내리든지 하라
우리가 함께 보고 놀라리라 보라 너희는 아무것도 아니며
너희 일은 허망하며 너희를 택한 자는 가증하니라"(이사야 41:21-24)

이 말씀에 의하면 참된 하나님이 존재하는 증거는 일하시는 것입니다. 우상은 악을 행하는 것 외에는 아무것도 할 수 없습니다.

구하고 받으라

두 번째 바울은 하나님께서는 우리가 구하는 것을 행하신다고 말합니다. 즉, 일할 수 있는 하나님의 능력은 단지 하나님 자신의 관심과 흥미에 관계된 것이 아니라 하나님의 백성의 관심과 흥미에도 그 능력이 미치는 것이며, 이것이 기도에 대한 진술입니다.

이런 훈련 속에서 성장하면서 평생토록 기도에 대하여 배우지 않는다면 우리들은 대부분 기도가 조심스러운 나머지 입을 잘 열지 못하게 되는지 모릅니다. 하나님이나 자기 자신에게 당혹감을 느끼게 되는 것을 두려워하면서 간구하는 것을 망설이게 됩니다. 성경을 살펴보면, 하나님은 이런 태도를 용납하지 않는다는 것을 알 수 있습니다.

우리는 자주 잘못된 기도를 드리게 됩니다. 야고보는 "구하여도 받지 못함은 정욕으로 쓰려고 잘못 구함" 이라고 말합니다(약 4:3). 그러나 잘못된 기도를 경고하는 성경 구절뿐만 아니라 기도를 쉬지 말고 드리되 확신을 가지고 기도하라는 모범이나 가르침이 여러 곳에 있습니다. 내가 가장 좋아하는 구절입니다. "사랑하는 자들아 만일 우리 마음이 우리를 책망할 것이 없으면 하나님 앞에서 담대함을 얻고 무엇이든지 구하는 바를 그에게서 받나니 이는 우리가 그의 계명을 지키고 그 앞에서 기뻐하시는 것을 행함이라" (요일 3:21-22).

이 구절은 기도에 대한 위대한 약속입니다. 이 구절은 먼저, 우리가 만일 깨끗한 양심을 가지고 기도한다면, 즉 하나님 앞에서 정직하고 마음이 열려있으면, 그리고 만일 하나님이 당신의 말씀을 통해서 우리에게 명령하신 것을 다 행하면, 마지막으로 우리가 만일 가능한 방법을 모두 동원하여 하나님을 기쁘게 하기 위하여 구하면, 하나님께 구한 것을 받게 된다는 것을 알게 된다고 합니다. "우리가 구하거나 생각하는 모든 것에 더 넘치도록 능히 (받게)하실 이(하나님)" 라는 바울의 말은 우리가 구한 것은 받게 된다는 것입니다.

우리의 생각은 어떠합니까? 여러분은 하나님이 기도의 응답으로 주셨으면 좋겠다고 생각해 본적이 있습니까? 나는 그런 경험이 있고, 강한 확신을 가지고 기도했던 적이 있습니다. 내가 죄를 정복할 수 있었고, 하나님의 말씀을 선포할 때, 하나님의 축복을 경험하고, 그 외에도 여러 가지 경험을 할 수 있었던 것은 오로지 하나님의 뜻이었습니다. 그 외에도 내가 목격하고 싶었던 여러 가지 다른 일을 -하나님께서 축복해 주시는 여러 가지 유형의 일과 하나님을 기쁘시게 하고 싶은 일- 위하여 기도했습니다. 내가 나 자신의 생활과 목회를 통해서 이런 여러 가지 일을 하거나 혹은 지금 당장 그런 일을 행동에 옮기는 것을 하나님께서 원하신다는 확신이 나에게는 없었습니다. 나는 가끔 그런 일을 할 수 있도록 도와달라는 기도를 드리기도 하고, 생각만 하면서 망설이기도 했습니다.

나는 내가 했던 행동이 옳은 것이었는지 잘 모르겠습니다. 아마 틀렸는지 모릅니다. 나는 내가 드린 기도에 대하여 좀 더 담대했어야 한다고 생각합니다. 이것이 적절한 경우인지는 잘 모르겠지만, 지금 우리가 공부하고 있는 "우리가 구하거나 생각하는 것 이상으로 더욱 넘치게 주실 수 있는 분에게"(엡 3:20, 표준새번역)라는 구절을 보면서 다소 위안이 됩니다. 하나님께서는 내가 두려워하면서 간구조차 하지 못하고 생각만 하고 있더라도 능히 주실 수 있는 분입니다.

우리가 구하고 생각하는 것 모두

분명하게 간구하는 것뿐만 아니라 생각하는 것까지 능히 주시는 하나님이라는 것을 알게 되었다는 것은 얼마나 놀라운 일입니까? 그러니 여기서 중단한다고 해도 바울의 송영은 정말 위대한 기도임에 틀림없습니다. 그러나 우리는 겨우 계단의 절반쯤 올라온 것입니다. 바울은 다음으로 하나님은 우리가 구하고 생각하는 것을 모두 다 주신다는 말을 우리에게 해 주고 싶은 것입니다. 50%만 해 주실 수 있는 하나님이신지, 아니라면 70%쯤 해 주실 수 있는 분이라는 문제가 아닙니다. 하나님께서는 "우리 가운데서 역사 하시는 능력을 따라, 우리가 구하거나 생각하는 것 이상으로 더욱 넘치게 주실 수 있는 분"이십니다.

우리가 구하고 생각하는 것은 모두 다 해 주실 수 있는 하나님의 능력은 우리가
영적으로 전진해 나가고, 더 많은 것을 간구할 수 있도록 격려해 줍니다. 뉴욕에서
은행가로 일했던 나의 장인은 가끔 은행원들끼리 주고받는 농담을 나에게도 해 주
셨습니다. 정년 퇴임 후에 주유소 운영 계획을 세우고 있던 대출 담당 직원이 있었
습니다. 그는 정말 유능한 은행원이었지만, 주유소 경영은 실패하고 말았습니다.
휘발유 10리터만 넣어달라고 요구하는 손님에게 그는 항상 "절반만 넣으면 안 되
겠소?" 라고 대답했기 때문이었습니다.

하나님께서는 우리가 간구하는 것의 절반만 주시는 분이 아니시고, 우리 하나님
께서는 모두 다 주시는 분이십니다. 사실 우리가 더 많은 것을 간구할 수 있도록 격
려하기 위해서 우리가 구하는 것과 생각하는 것을 모두 다 주시는 것이 하나님의
능력입니다.

우리가 구하는 것보다 더 많이

실제로 바울의 송영은 더 위대합니다. 왜냐하면 앞에서 설명했던 것보다 더
확대해 놓았기 때문입니다. 하나님께서는 우리가 구하는 것이나 생각하는 것보다
더 많은 것을 해 줄 수 있는 분이십니다. 나는 이 점을 여러분에게 적용하고 싶습니
다. 여러분은 이런 하나님을 체험해 보았습니까? 여러분이 하나님께 구하는 것은
무엇이든지 - 야고보가 경고하는 것처럼 잘못된 동기로 구하지 않고 합당한 것을
구할 때 - 구한 것보다 더 크고, 더 위대하고, 더 많은 것을 항상 주시는 하나님을 발
견한 경험이 있습니까? 그것은 구했던 것과 전혀 다를 뿐만 아니라 기대하지 않았
던 것입니다.

성경 속의 위대한 인물들이 모두 이것을 증거하고 있습니다. 아브라함을 생각해
보면, 하나님은 갈대아 우르에 살고 있던 이교도 아브라함을 부르셨습니다. 하나님
께서는 아브라함이 큰 민족을 이루고, 그에게 복을 주시고, 다른 사람들에게 복의
근원이 되게 하겠다고 말씀하셨습니다. 아브라함이 과연 이 말을 듣고 이해했는지

모르겠지만, 때가 차서 메시야가 태어나면 그분의 사역으로 다른 사람들에게 복의 근원이 된다는 것을 아브라함이 생전에 깨닫게 되었을 것이지만, 시작부터 아브라함은 주변에 있는 나라들처럼 큰 족속을 이루게 되는 것을 생각했을 것입니다. 아브라함은 자신의 생애를 통해서 아들 한 명도 없다는 사실에 초점을 맞추고, 반복해서 아들을 달라고 기도했을 것입니다.

하나님께서는 어떻게 응답하셨습니까? 이야기의 전말을 우리는 이미 알고 있습니다. 하나님께서는 결국 아브라함에게 아들을 주셨는데, 사라가 노령에도 불구하고 낳은 아들이었습니다. 그 후에 아브라함은 다른 아들을 여러 명 더 낳았습니다. 창세기 25:2절에는 여섯 명의 아들이 기록되어 있고, 아브라함이 거느리는 부족은 급속하게 커졌습니다. 동방의 네 왕들과 펼친 전투에서 아브라함은 잘 훈련된 용사 318명을 소집해서 그들을 추격했습니다.

이것은 아브라함이 받은 축복 가운데 가장 두드러진 것입니다. 그러나 아브라함의 경우 "훨씬 더 많은 것"이 이 사실에 추가되었습니다. 약속의 아들, 이삭이 예수 그리스도의 모형이 되었고, 이 사실은 아브라함에게 그리스도의 장래 사역이 무엇인지 가르쳐 주었고, 아브라함에게 약속한 큰 민족은 아브라함의 혈통적 자손 유대인에게만 국한된 것이 아니라 인류 역사를 통하여 모든 민족 가운데서 불러 모은 하나님의 가족 전체가 포함된다는 것이었습니다. 이것이 "하늘의 별과 같고 바닷가의 모래와 같게 하겠다"고 말씀하셨던 자손입니다(창 22:17).

아브라함은 우리가 구하고 생각하는 것보다 더 많은 것을 주실 수 있는 하나님이라는 것을 확실하게 증거할 수 있습니다.

모세의 경우도 마찬가지입니다. 하나님께서는 모세를 불러 바로에게 보내셨습니다. 그리고 바로에게 이스라엘 백성이 400년 동안 노예살이를 했던 애굽을 떠나게 해 달라는 요청을 하도록 모세를 사용하셨습니다. 모세는 바로에게 가고 싶지 않았고, 처음에는 실패하고 말았습니다. 그러나 다음에는 실패하지 않겠다는 다짐을 했고, 하나님께서는 계획을 바꾸지 않으셨습니다. 하나님께서는 모세가 기적을 행할 수 있도록 도와주셨고, 모세의 지팡이가 뱀으로 변했고, 뱀은 다시 지팡이로 변하게 하셨으며 그리고 그의 손에 나병이 나타났다가 다시 회복되게 하셨습니다. 이제 모세는 다시 바로에게 갔습니다.

모세가 하나님께서 애굽에 내린 열 가지 재앙을 이미 예견했습니까? 육지에 쏟아놓은 물이 피로 변하고, 개구리와 이, 그리고 파리 떼가 몰려들고, 가축에 내린 죽음과 악성 종기, 그리고 우박, 메뚜기 떼와 흑암과 장자의 죽음들이 계속해서 내렸습니다. 모세가 출애굽의 기적을 예견했습니까? 홍해 바다가 갈라지고, 애굽군대가 수장되고, 이스라엘 백성이 광야를 여행하는 동안 구름이 그들과 함께 동행하면서 보호해 주고, 하늘에서 내린 만나와 반석에서 나온 물을 마시고, 그 외에도 많은 기적을 모세가 상상할 수 있었습니까? 하나님께서 다시 나타나셔서 율법을 주시고, 다섯 책을 자신의 손으로 기록하여 후대에게 전할 것을 짐작이나 했습니까?

모세는 이런 일을 결코 꿈도 꾸지 못했을 것입니다. 그러나 그는 하나님께서는 우리가 구하고 생각하는 것보다 더 많은 것을 주실 수 있는 분이라고 증거할 수밖에 없었습니다.

다윗도 마찬가지였습니다. 하나님께서는 양치기 소년을 불렀고, 사울을 대신해서 이스라엘의 가장 위대한 왕으로 세우셨습니다. 하나님께서는 가장 위대한 꿈을 실현시킬 수 있도록 다윗을 축복하셨고, 하나님의 은혜를 입었던 다윗에게 하나님께서는 그의 자손 메시아를 통해서 그의 집과 나라를 영원히 세울 것이라고 다윗의 생애 말년에 말씀하셨습니다. 다윗은 성막으로 들어가서, 주 앞에 꿇어앉아, 이렇게 기도하였습니다. "주 하나님, 내가 누구이며 또 내 집안이 무엇이기에, 주께서 나를 이러한 자리에까지 오르게 해주셨습니까? 주 하나님, 그런데도 주께서는 이것도 오히려 부족하게 여기시고, 주의 종의 집안에 있을 먼 장래의 일까지 말씀해 주셨습니다. 주 나의 하나님, 이것이 어찌 주께서 사람을 대하시는 일상적인 방법이겠습니까? 주 하나님, 주께서 주의 종을 잘 아시니, 이 다윗이 주님께 무슨 말씀을 더 드릴 필요가 있겠습니까? 주께서 세우신 뜻과 목적대로 주께서는 이렇게 크나큰 일을 하시고, 또 그것을 이 종에게까지 알려 주셨습니다. 주 하나님, 주님은 위대하십니다. 우리의 귀로 다 들어 보았습니다만, 주님과 같은 분이 또 계시다는 말은 들어 본 적이 없고, 주님 밖에 또 다른 하나님이 있다는 말도 들어 본 적이 없습니다." (삼하 7:18-22 표준새번역)

다윗은 그가 구하고 생각하는 것보다 더 많은 것을 주실 수 있는 하나님과 또 실제로 그렇게 하신다는 것을 증언할 때, 다른 사람들도 참석하게 했습니다.

여러분은 이런 경험을 해보지 못했습니까? 인생이란 여러분 자신을 위해서 계획했던 대로 꼭 이루어지지 않습니다. 때로는 실망할 수도 있으나 여러분이 실제로 하나님께 순종하려고 애를 쓰고, 하나님의 말씀을 따라 살면 하나님은 여러분에게 하셨던 약속을 여러분이 구했던 것보다 더 많이 이루시는 분이라고 증언하게 되지 않겠습니까?

더 넘치도록

바울의 송영에는 한 가지 진술이 더 있습니다. 하나님께서는 우리가 구하는 것보다 더 많은 것을 주실 수 있는 분일 뿐만 아니라 우리가 생각하는 것보다 더 넘치도록 많이 주실 수 있는 분입니다. 넘치도록 이라는 말은 바울이 만든 또 다른 헬라어 단어 휘페르에크페리수(hyperekperissou)라는 말을 옮겨 놓은 것입니다. 이 말은 여기서 한 번, 그리고 헬라어 신약성경 데살로니가전서 3:10절에서 또 한 번 사용된 말입니다. 이 말은 다른 영어성경에서 "넘치도록 풍성하게"(KJV), "한량없이 많이"(필립스역), "훨씬 더 풍성하게"(RSV), "훨씬 더 넘치도록 풍성하게"(NASB)라고 번역해 놓았습니다.

어떻게 하면 그렇게 될 수 있습니까? 아브라함이나 모세 그리고 다윗과 다른 여러 사람들은 하나님께서 그들의 생애 속에서 이루려는 것이 얼마나 큰 분량인지 예측할 수 없었습니다. 그런데 그들이 체험하고 난 다음에야 비로소 측량할 수 있었고, 그것은 시간이 걸려야 소상하게 그 내용을 말할 수 있었습니다. 바울이 이 구절에서 무엇을 말하려는 것입니까? 나타난 결과를 과장하려는 것입니까? 나는 그렇게 생각하지 않습니다. 결국 앞 장의 찬사에서 "또 함께 일으키사 그리스도 예수 안에서 함께 하늘에 앉히시니 이는 그리스도 예수 안에서 우리에게 자비하심으로써 그 은혜의 지극히 풍성함을 오는 여러 세대에 나타내려 하심이니라"고 말했습니다 (엡 2:6-7). 이 절에서 바울은 "넘치도록"이라는 말 대신 "지극히"라는 말을 사용했습니다. 바울이 3:20절에서 사용했던 말은 앞의 표현과 동일한 의미라고 생각합니다. 바울은 여기서 땅의 축복을 생각하지 않고, 그는 이것을 초월하여 영원 속에서 그리스도를 통하여 우리에게 베푸신 "하나님의 비길 데 없는 선하심의 축복"을 생각하고 있습니다. 영원함은 측량이 불가능하고, 또한 이것은 하나님께서 오는 세대에 우리의 삶 속에서 행하실 일입니다.

이런 의미에서 앞 절에서 보았던 것처럼 기도가 끝나는 것과 동시에 측량할 수 없는 하나님의 충만하심의 충만으로 영원히 우리를 채우신다는 언급으로 송영의 끝을 맺습니다.

능력과 영광

이렇게 송영이 끝난 다음 송영 안에 담겨있는 약속은 우리를 당황하게 만듭니다. 이 약속은 믿음의 거장 아브라함이나 모세와 다윗의 경우라면 모르되, 감히 우리나 다른 사람들 뿐만 아니라 모든 보통 사람들에게는 적용할 수 없다고 생각하기 때문입니다. 바울은 그렇게 생각하도록 허락하지 않고, 이런 일을 할 수 있는 하나님의 능력은 이미 모든 하나님의 자녀들 안에서 역사 하는 동일한 능력과 우리의 경험을 하나로 묶어 놓습니다. 이것이 "우리 가운데서 역사하시는 능력대로" 되는 것입니다.

달리 말하자면, 우리는 하나님의 역사하심 전체를 깨닫지 못하지만 - 하나님의 역사하심은 무한하기 때문에 우리는 영원히 깨닫지 못함 - 우리가 예수 그리스도 안에서 순수한 그리스도인이라면 우리가 경험해야 하는 것은 본질적으로 동일합니다. 그리스도 안에서 누리는 구원은 죽은 자로부터 부활입니다. 왜냐하면 우리는 "죄로 말미암아 죽었기" 때문입니다(엡 2:1). 그러므로 우리는 지속적으로 하나님의 부활 능력을 경험해야 하고, 이 하나님의 능력으로 말미암아 이 위대한 약속이 성취되는 것입니다.

여기다 무엇을 더 추가해야 됩니까? 바울처럼 찬송 외에 달리 덧붙일 것이 없습니다. "하나님께 교회 안에서와 그리스도 예수 안에서 영광이 대대로 영원무궁하기를 원하노라!" 존 스토트(John Stott)는 이렇게 찬양합니다. "능력은 그분에게서부터 나온다. 영광은 그분에게로 간다."[2] 우리도 그렇게 되기를 원합니다!

●각주●

1. John R. W. Stott, God's New Society: The Message of Ephesians (Downers Grove, Ill.: Inter Varsity, 1979), 139.

2. 상게서, 140.

PART 2

한 몸, 한 성령,
한 주, 한 하나님

예베소서 4 - 6장

몸이 하나요 성령도 한 분이시니

이와 같이 **너희가** 부르심의 한 소망 안에서 부르심을 받았느니라

주도 한 분이시요 믿음도 하나요 세례도 하나요 **하나님도** 한 분이시니

곧 **만유의 아버지**시라 만유 위에 계시고 만유를 통일하시고 만유 가운데 계시도다

20
합당한 삶
에베소서 4 : 1-3

그러므로 주 안에서 갇힌 내가 너희를 권하노니 너희가 부르심을 받은 일에 합당하게 행하여 모든 겸손과 온유로 하고 오래 참음으로 사랑 가운데서 서로 용납하고 평안의 매는 줄로 성령이 하나 되게 하신 것을 힘써 지키라

오래 전, 신학교에 재학 중이었을 때에 아내와 함께 기독교교육을 수강한 적이 있었습니다. 학생들이 주일학교 커리큘럼을 스스로 만들어 보는 것이 과제였고, 전체 주제 아래 연령별 그룹을 조직하고 다양한 소주제를 설정해야 됐습니다. 여러 해가 지난 후, 그 동안 잊어버리고 있었던 학창 시절 커리큘럼이 다시 등장하고 있으나 전체 주제는 지금도 내 생각 속에 생생하게 남아있습니다. 내가 만들었던 커리큘럼은 "입력"(가르칠 내용)한 만큼 동일한 양의 "출력"(실천적인 섬김의 생활 속에서 적용되는 내용)으로 나타나게 된다는 원리에 근거해서 만든 것이었습니다.

이 커리큘럼은 단 한 번도 현장에서 사용해 본적이 없고, 그것은 다만 연습용이 었습니다. 만일 이 정보의 일부분이라도 실제로 사용해 볼 수 있었다면, 성공적이 었는지 모릅니다. 그러나 그 원리는 아직도 유효하다고 말할 수가 있습니다. 사도 바울도 그가 써 보냈던 여러 중요한 서신에서 동일한 원리를 따르고 있는데, 바울 의 서신서들을 공부해본 사람이면 누구나 교리 부분으로 시작하지만, 그 다음에는 실천적인 조언이나 적용을 포함하고 있는 부분이 그 뒤에 따라온다는 것을 잘 알고 있습니다.

로마서도 이 형식을 따르고 있습니다. 로마서에서 1-11장은 교리 부분이고, 실천 적인 부분은 12-15장입니다. 실천적인 부분은 우리가 다 잘 아는 것처럼 "그러므로 형제들아 내가 하나님의 모든 자비하심으로 너희를 권하노니 너희 몸을 하나님이 기뻐하시는 거룩한 산 제물로 드리라 이는 너희가 드릴 영적 예배니라" (롬 12:1)는 말로 시작하고 있습니다.

갈라디아서도 역시 마찬가지입니다. 1-4장은 교리 부분, 그 다음 5-6장은 실천적 인 부분입니다. 갈라디아서의 실천적인 부분은 "그리스도께서 우리를 자유롭게 하려고 자유를 주셨으니 그러므로 굳건하게 서서 다시는 종의 멍에를 메지 말라" (갈 5:1)는 말로 시작합니다.

이것은 앞으로 공부할 에베소서 4장의 요점이기도 합니다. 로마서를 예외로 치 더라도 신약성경 안에서 이보다 더 강력하고 더 생동감이 넘치게 신학을 제시하는 서신서는 없습니다. 에베소서 1-3장은 예정과 선택, 양자됨과 구속, 성령의 사역과 거듭남, 만국 백성을 연합시키는 하나님의 역사하심, 그리스도의 몸된 교회 안에 서 연합하는 삶에 대해서 말했습니다. 송영으로 끝맺고 있는 3장은 정말 놀라운데, 우리도 바울과 함께 "하나님께 교회 안에서와 그리스도 예수 안에서 영광이 대대 로 영원 무궁하기를 원하노라 아멘" 이라고 말하고 싶습니다(21절). 앞에서 공부했 던 여러 장들을 확실하게 이해했다면, 우리는 열정적 의지에 가득 찬 말을 하게 될 것입니다.

그렇지만 편지는 여기서 끝나지 않고, "그러므로 주 안에서 갇힌 내가 너희를 권하노니 너희가 부르심을 받은 일에 합당하게 행하여"라고 바울은 계속해서 말합니다. 바울의 교리적 "입력 정보"는 우리 삶 속에서 그 교리의 실천적 "출력 정보"와 동일한 분량으로 결합하게 됩니다.

삶의 저울

이렇게 중요한 아이디어는 바울이 1절에서 사용한 "합당하게"라는 말에 내포되었습니다. "합당하게"라는 말은 "가치, 값어치"라는 의미를 지니고 있으나 실제로 그 이상의 뜻이 담겨있습니다. 그것은 어떤 사람의 입장과 동등한 값어치가 있다는 말입니다. "고용에 합당한" 일꾼은 그의 임무가 그가 받는 임금에 걸맞은 사람을 말합니다.

마틴 로이드 존스(Martyn Lloyd-Jones)는 에베소서 강해에서 무게를 다는 접시가 양쪽에 달려있는 저울에 비유하여 이것을 설명했습니다. 즉, 한 쪽 접시에 올려놓은 무게와 다른 쪽 접시에 올려놓은 무게가 같은 경우를 말합니다. 이 경우 실천의 무게는 교리의 무게와 동일하다고 말할 수 있습니다. "사도 바울은 에베소 신자들에게 삶의 무게를 교리와 실천 양쪽에 동일하게 두라고 간청하고 권면한다. 교리에만 무게를 몽땅 다 올려놓고 실천에는 아무것도 올려놓지 않는 일과 또는 그 반대로 실천에만 올려놓고 교리에는 아무것도 올려놓지 않는 일도 하지 않아야 한다. 그렇게 하면 불균형과 불안정을 가져온다. 에베소인들은 저울이 완전하게 균형을 이루는 것을 바라보는 큰 고통을 감내해야만 했다."[1]

그러나 이것을 성취하는 것은 정말 어려운 일입니다.

어떤 그리스도인은 태어날 때부터 근본적으로 지적인 사람이 있습니다. 그들은 독서를 좋아하고, 공부하는 것을 즐거워하고, 성경의 위대한 교리를 잘 풀어놓은 성경 강해서를 좋아합니다. 이것은 참 좋은 일입니다. 마땅히 교리를 사랑해야 하고, 하나님께서 그리스도 안에서 우리를 위하여 행하신 것을 기뻐해야 합니다. 바울은 분명히 그렇게 했습니다. 에베소인들에게 보내는 편지 처음 세 장에서 바울도 위대한 교리를 잘 풀어주었습니다. 지적인 신자는 큰 위험을 만나게 될 경우 그 위험을 극복하지 못한 나머지 의기소침해 질 수 있습니다. 교리를 너무 사랑하기 때문에 교리에서 더 전진하지 못하고 중지하게 될 위험이 있는데, 이런 사람은 에베소서 처음 세 장을 공부하고 나서 기뻐합니다. 그리고 4장에 오면 "아 이것은 적용이로구나. 그건 다 아는 일이야!" 라고 말할 수 있습니다. 그리고 그 다음 교리 부분으로 건너뛰게 되고, 가장 필요한 것을 흡수하지 않고 무시해 버리는 것입니다.

반면 어떤 그리스도인들은 근본적으로 체험을 좋아합니다. 그들은 이 책 후반부의 가르침을 따라 잘 성장하게 됩니다. 그들은 영적 은사에 대해서 알고 싶어 하고, 그 은사를 자기 스스로 실행해 보고 싶어 합니다. 그들은 "아니, 그건 어디 있을까?" 라고 생각했던 것을 발견한 것이고, 이런 사람들에게 교리는 무미건조하고 비현실적입니다.

이 두 경우가 모두 잘못된 것입니다. 실천이 없는 교리는 고통스러운 정통주의로 인도하여 그리스도 안에 있는 실천적인 삶의 생동감이 없고, 그저 생각만 고치려고 달려듭니다. 교리가 결여된 실천은 기행(奇行)으로 흐르게 됩니다. 그것은 감정만 고조시키고, 아무 방향이든지 - 때로는 잘못된 방향일 수도 있음 - 가리지 않고 따라가는 성향의 감정입니다. 바울의 서신서와 성경 전체가 가르쳐주는 것처럼 우리는 둘 다 필요합니다. 우리는 교리의 중요성에만 매달릴 수 없습니다. 그리스도인의 삶에 방향 감각과 운동력을 제공해 주는 것은 하나님, 사람, 구원에 대한 교리라고 말할 수 있습니다. 동시에 우리는 실천에만 매달릴 수도 없습니다. 실천은 교리의 결과요, 그 신적 본질의 증거이기 때문입니다.

소명과 행위

바울은 1절에서 부르심에 합당하게 살라고 촉구하면서 이 진리를 가르쳐 줍니다. 옛 번역본에서는 이 말을 "소명" 이라고 했지만 현대인의 일상 언어에서 사용하는 "부르심" 이 더 좋은 표현이라고 생각합니다. 부르심이라는 말은 우리가 택함을 받았다는 의미를 전달해 주지만, 소명이라고 하면 마치 우리가 어떤 것을 선택한 것 같은 느낌을 줍니다. 우리는 여기서 우리의 기억을 더듬어 볼 필요가 있습니다. "교회"라는 말은 헬라어 에클레시아(ekklesia)를 번역해 놓은 말입니다. 원래 헬라어 에클레시아(ekklesia)는 "밖으로 불러냄을 받은 사람"이라는 의미를 가지고 있습니다. 바울이 에베소서를 시작하는 첫 장부터 열심히 설명했던 것처럼 하나님께서 이미 행하신 일을 강조하는 것입니다. 하나님께서는 당신의 손을 우리에게 얹으시고, 우리를 부르셨습니다. 과거에 처해 있던 상태에서부터 이끌어내서 지금 서 있는 상태로 변화시킴에 따라 우리는 이 세상에서 그리스도인으로 살아가게 된 것입니다.

부르심이라는 말에 내포되어있는 두 부분을 특별히 주목해 보아야 합니다. 첫째, 하나님께서는 우리를 "어두운 데서 불러내어 그의 기이한 빛에 들어가게" 하셨습니다(벧전 2:9). 이 말은 우리가 특별한 깨달음을 얻게 됐다는 것을 의미하는데, 우리가 부르심을 받기 전에는 요한복음 9장에 등장하는 소경과 같은 사람이었습니다. 우리는 그리스도를 볼 수 없었고, 심지어 전혀 보지 못하는 소경이라는 사실조차 의식하지 못했으며, 본 적이 없기 때문에 무엇을 볼 수 있는 시력의 가치조차 알지 못했습니다. 행복에 이르는 길은 세상이 가는 길을 따르는 것이라고 생각했습니다. 우리 자신이 영적으로 파산했고, 정서적으로 뒤틀렸고, 도덕적으로 벌거숭이라는 것을 알지 못했습니다. 하나님께서 우리를 부르셨을 때, 복음의 복된 진리에 우리 눈이 개안(開眼)하게 되었고, 맨 먼저 하나님의 길이 의미하는 것과 그것이 얼마나 바람직한 것인가를 깨달았습니다. 이것이 구원을 경험하는데 가장 기본적이기 때문에 만일 사람이 전에 보던 것과 달리 볼 수 있는 눈이 아직 열리지 않았으면, 그 사람이 정말 구원을 받았는가라는 의심해 보아야 합니다. 부르심의 참된 의미를 깨닫지 못한 사람에게 어떻게 부르심에 합당하게 살라고 촉구할 수 있습니까?

이보다 더 중요한 의미가 있습니다. 하나님의 부르심은 먼저 어두움에서부터 빛으로 인도하신다는 의미가 내포되었는데, 다시 말해서 깨달음을 주신다는 것입니다. 하나님의 부르심의 두 번째 부분은 하나님께서 우리를 죽음에서부터 불러내서 생명으로 들어가게 하는 것을 내포하고 있습니다. 바울이 에베소서 2:4절에서 바로 이 점을 강조하고 있습니다. "긍휼이 풍성하신 하나님이 우리를 사랑하신 그 큰 사랑을 인하여 허물로 죽은 우리를 그리스도와 함께 살리셨고 (너희는 은혜로 구원을 받은 것이라)" 죽었던 우리를 깨워 새 생명을 얻게 하신 하나님께서 새로운 삶을 살 수 있는 능력을 주신다는 것을 의미합니다. 전에 우리가 죽었던 자리에서 이제 영적으로 살았고, 하나님을 위하여 살라고 촉구하는 바울의 메시지를 경청할 수 있게 되었습니다.

더불어 사는 삶

편지의 나머지 부분에서 바울은 두 가지 중요한 주제를 발전시키려고 하는데, 그것은 합당한 삶의 두 가지 면입니다. 첫째, 신자들의 연합과 둘째, 경건한 삶, 곧 특별히 관계 속에서 유지되어야 하는 삶의 자세를 말하며, 첫 번째 측면은 4:4-16절에서 발견할 수 있습니다. 두 번째 측면은 4:17-32절에 있으나 4장의 처음 세 절에서 바울은 양면을 모두 포용하는 예비적 진술을 합니다. "그러므로 주 안에서 갇힌 내가 너희를 권하노니 너희가 부르심을 받은 일에 합당하게 행하여 모든 겸손과 온유로 하고 오래 참음으로 사랑 가운데서 서로 용납하고 평안의 매는 줄로 성령의 하나 되게 하신 것을 힘써 지키라" (엡 4:1-3). 이 세 절은 "합당한 삶"의 다섯 가지 특징을 언급하고 있습니다.

1. **겸손(Humility)**. 그리스도인은 겸손해야 한다는 것을 누구나 다 알고 있습니다. 겸손은 교만이나 자기 주장의 반대되는 개념입니다. 에베소서 2:8-9절에서 언급한 것처럼 만일 은혜에 인하여 믿음으로 말미암아 우리가 구원을 얻었다면 그 구원은 우리 자신의 행위로 말미암은 것이 아니기 때문에 결코 자랑할 수 없습니다. 바울이 빌립보서 2:3절에서 말한 것처럼 "아무 일에든지 다툼이나 허영으로 하지 말고 오직 겸손한 마음으로 각각 자기(우리 자신)보다 남을 낫게 여겨야" 합니다.

그런데 이것을 실천하는 것은 쉬운 일이 아닙니다. 다른 사람의 부당하거나 생각이 짧은 행동은 우리 마음속에 자리 잡고 있는 교만에 상처를 줍니다.

세계적으로 유명한 중국인 성경 교사 워치만 니(Wachman Nee)는 그의 에베소서 주석에서 한 사람의 믿음의 형제를 소개합니다. 그는 중국 남부 구릉지대에서 쌀농사를 짓는 사람이었습니다. 벼가 한창 자라는 시기에는 언덕 아래에 흐르는 관개용 수로에서부터 위쪽에 있는 논으로 물을 공급하기 위하여 수차를 돌려야 했습니다. 그 사람의 논 아래쪽에는 이웃 사람의 논이 두 마지기나 있었습니다. 어느 날 밤 이웃 사람이 논두렁에 구멍을 내고 그리스도인의 논에서 물을 빼내어 자기 논에 채웠습니다. 그 형제의 실망은 너무나 컸습니다. 그래도 그는 힘들게 수차를 돌려 자기 논에 물을 채웠습니다. 그러면 물을 도둑맞는 일이 반복되곤 했습니다. 이 일은 그 후에도 서너 차례 더 반복됐습니다. 그 사람은 마침내 다른 믿음의 형제들과 의논을 했습니다. 그는 의견을 구했습니다. "어떻게 하면 좋을까?" "나는 계속 참았고 아무 대꾸도 하지 않았습니다. 그 사람과 한번 맞붙어 보는 것은 옳은 것이 아닙니까?"

동료 그리스도인들은 기도를 드렸습니다. 그리고 그 중에 한 사람이 대답했습니다. "우리는 옳은 일만 하면서 살려고 애를 쓰기 때문에 정말 가난한 신자가 되고 말았소. 우리는 옳은 일보다 더 큰 일을 해야 하지 않겠소!"

그 사람은 이 조언을 따르기로 작정했습니다. 다음 날 아침 일찍 일어나 논으로 나갔습니다. 그리고 먼저 이웃 사람의 논에 물을 채웠습니다. 그리고 나서 해가 기울 때까지 자기 논에 물을 채웠습니다. 그 다음 날부터 자기 논에 채워 놓았던 물은 그대로 있었습니다. 이웃 사람은 그에게 어떻게 그런 일을 하게 되었느냐는 질문을 수차례에 걸쳐 했습니다. 그리고 나서 그 이웃도 그리스도인이 되었습니다.

2. 온유(Gentleness). 옛 영어성경은 양순(良順)이라는 말로 번역해 놓았습니다. 양순이라고 하면 일반적으로 많은 사람들이 오해하기 쉽기 때문에 온유라는 말이 현대인에게는 더 좋은 표현입니다. 양순이라는 말은 거의 모든 사람에게 연약하다

는 느낌을 줍니다. 이것이 이 말에 담겨져 있는 의미의 모든 것은 아닙니다. 민수기 12:3절에 의하면 양순함은 모세의 가장 중요한 특징 가운데 하나였습니다(한글성경은 "온유함"으로, NIV성경은 "겸손"으로 번역했음-역자). 그러나 모세는 연약한 사람은 아니었고, 그는 강인한 사람이었습니다. 이집트의 바로 앞에 서서 "여호와의 말씀에 '내 백성을 보내라 그들이 나를 섬길 것이니라'"는 말을 조금도 주저하지 않고 선언할 수 있을 만큼 충분히 강한 사람이었습니다(출 8:1). 이것과 비슷한 경우이지만, 예수님께서도 양순하고 온유한 분이었지만 동시에 강한 분이셨습니다. 그분은 이렇게 말씀하셨습니다. "수고하고 무거운 짐 진 자들아 다 내게로 오라 내가 너희를 쉬게 하리라 나는 마음이 온유하고 겸손하니 나의 멍에를 메고 내게 배우라 그러면 너희 마음이 쉼을 얻으리니 이는 내 멍에는 쉽고 내 짐은 가벼움이라"(마 11:28-30). 또 자기 제자들에게 "온유한 자는 복이 있나니 저희가 땅을 기업으로 받을 것임이요"라고 말씀하셨습니다(마 5:5).

3. 오래 참음(Patience). 인내를 터득하려면 시간이 걸립니다. 불행하게도 고난을 통해서 터득하는 것이 가장 좋은 길입니다. 어떤 경건한 신자가 목사를 찾아와 인내를 배울 수 있도록 기도해 달라고 부탁했습니다. "저도 역시 인내가 부족합니다." 목사는 무척 겸손하게 대답했습니다.

그 신자가 말했습니다. "목사님이 저를 위해서 꼭 기도해 주셔야 합니다."

"그럼 바로 제가 기도해 드리지요." 목사는 대답했고, 기도를 시작했습니다. "주님, 이 형제에게 지금 즉시 큰 환난을 보내주시기 원합니다."

기도를 부탁했던 사람이 손을 내밀어 목사의 팔을 툭툭 치면서 기도를 멈추라는 신호를 보냈습니다. "목사님, 제 말을 잘못 들었나 봐요!" "저는 환난을 당하게 해 달라고 말씀드렸던 것이 아니고요. 인내심을 가질 수 있도록 기도해 달라고 부탁드렸어요!" 라고 말했습니다.

"아, 그래요. 저는 환난을 당하게 해 달라는 줄 알았지요." 목사가 대답했습니다. "그럼 당신은 로마서 5:3절도 읽어보지 못했소? '우리가 환난 중에도 즐거워하나니 이는 환난은 인내를, 인내는 연단을, 연단은 소망을 이루는 줄 앎이로다' 라는 말씀 말이요. 우리가 당하는 고난을 통해서 인내를 얻을 수 있다, 그 말씀이란 말이요. 그래서 나는 하나님께서 당신에게 환난을 보내서 인내를 배우게 해 달라고 기도드린 것 아니오!'

"인내"라는 말을 달리 번역하면, "긴 시련"입니다. 다시 말해서 오랫동안 고난을 당한다는 의미입니다. 하나님께서는 우리와 함께 행하시는 것을 말하고, 하나님께서는 우리와 함께 오랫동안 고난을 당하시고 있습니다. 만일 그렇게 하지 않으셨다면, 기독교는 존재하지 못했을 것입니다. 그렇기 때문에 우리도 고난을 오래 당하되 인내하며 참아야 합니다.

4. 서로 용납함(Bearing with one another). 인내에는 고난이라는 측면이 있습니다. 이것은 그리스도를 닮는 성품에서 나오지만, 이 두 말에 차이가 있습니다. 한 가지 의미는 우리를 향해서 다른 그리스도인들이 무정하게 행동을 한 결과 우리가 당하는 시련과 관계가 있습니다. 불신 이웃이 중국 그리스도인의 논에서 물을 훔쳐 갔을 때, 그는 못된 짓을 한 이웃에게 오래 참음과 온유함과 겸손함을 보여주었습니다. 그 결과 그는 불신 이웃을 그리스도에게로 인도한 것입니다. 만일 이런 방법이나 저런 방법으로 우리를 부당하게 대하는 이웃이 그리스도인이라면 어떻게 됩니까? 그 이웃에게 우리는 어떤 태도를 보여주어야 합니까? 그런 부당한 대접을 꾹 참고, 그런 모욕을 감수하라는 것이 바울의 대답입니다. 그렇게 해서 불신 세계가 하는 행동보다 우리의 삶이 더 월등하다는 것을 보여주어야 하고, 우리가 그리스도 예수 안에서 하나로 연합된 것을 나타내야 합니다.

5. 하나 됨(Unity). 신자가 취해야 할 다섯 번째 특징은 "평안의 매는 줄로 성령이 하나 되게 하신 것을 힘써 지키는" 것입니다(3절). 우리가 전에는 이 점을 간과했는지 모르겠지만 이렇게 열거했던 특징들은 서로 연관이 있습니다. 성경 번역자들은 부분적으로 연관이 있다는 것을 표시하기 위하여 그룹을 만들어 놓습니다. 이와 같

은 특징은 연합이라는 위대한 주제가 진행해 나가야 할 방향을 가리키는 것으로, 바로 이것이 앞으로 13절에 걸쳐서 다루려는 주제입니다.

그리스도인들은 모두 하나가 되어야 한다고 바울은 잠시 후에 이 이야기를 할 것입니다. "몸이 하나요 성령도 한 분이시니 이와 같이 너희가 부르심의 한 소망 안에서 부르심을 받았느니라 주도 한 분이시요 믿음도 하나요 세례도 하나요 하나님도 한 분이시니 곧 만유의 아버지시라 만유 위에 계시고 만유를 통일하시고 만유 가운데 계시도다"(엡 4:4-6).

이 연합의 두 가지 중요한 의미를 말하려고 합니다. 첫째, 이것은 "영의 연합"입니다. 성령이 그리스도 안에 있는 자들에게 이미 베풀어 준 연합이라는 의미로서 이것은 아주 놀라운 일일 뿐만 아니라 눈으로 목격할 수 있는 것입니다. 해리 아이언사이드(Harry Ironside)는 미니애폴리스에서 연속적으로 가졌던 집회에서 병에 걸리고 말았습니다. 결국 기차를 타고 캘리포니아에 있는 자기 집으로 돌아오게 되었고, 기차는 그 당시 가장 훌륭한 교통수단이었습니다. 그는 몸을 가눌 수 있는 힘조차 없었고, 차장은 하루 종일 벽에 기댈 수 있도록 그에게 아래 칸 침대를 배정해 주었습니다. 첫째 날 아침, 늘상 하던 대로 그가 읽던 성경을 펴놓고 경건의 시간을 가졌습니다. 뚱뚱한 독일 여성이 지나가다 그가 읽고 있는 성경을 보았습니다. "그게 무슨 책이지요? 성경인가요?" 그녀가 질문했습니다.

"예, 그렇습니다." 해리 아이언사이드가 대답했습니다.

"잠시 만요." 그녀가 말했다. "제 성경을 가져올게요. 우리 함께 읽읍시다."

잠시 후에 키가 큰 남자가 다가와서 질문했다. "당신이 지금 읽고 있는 책은 무슨 책입니까?" 그는 노르웨이 사람이었습니다. "나도 가서 내 성경을 가져 오려고 그래요." 매일 아침마다 세 사람이 모였고, 다른 승객들도 데리고 왔습니다. 해리 아이언사이드는 훗날 자기 방에서 모두 28명이 모였다고 회상했습니다. 물론 성경책도 모두 28권이었습니다. 차장은 객차 안을 돌아다니면서 안내했습니다. "지금 13호차에서 성경읽기캠프를 시작할 겁니다. 모두 오십시오!" 이것은 정말 놀라운 경험이었습니다.

여행이 끝마칠 무렵, 새크라멘토에서 객차를 갈라놓아야 했습니다. 어떤 차는 북쪽으로, 어떤 차는 남쪽으로 가야 했는데, 독일 여성이 말했습니다. "당신은 무슨 교파요?"

해리 아이언사이드가 대답했습니다. "다윗이 속했던 교파에 나도 속해 있소!"

"그게 무슨 말이오? 다윗이 교파에 속했다는 말 못 들어 봤어요!" 그녀가 말했습니다.

"다윗은 자신을 '하나님을 경외하고 그분의 계명을 지키는 모든 자의 친구'라고 말했답니다." 아이언사이드가 대답했습니다.

"아! 그 교회 좋습니다. 나도 그 교회에 가입하고 싶어요!" 그녀가 말했습니다.

나는 이것이야말로 "가장 훌륭한 연합"이라고 생각합니다. 동시에 이렇게 훌륭한 연합이 거짓된 교만과 편협한 교파주의와 자기 이름을 내려는 자리다툼에 파괴되고 있습니다. 바울은 우리에게 "평안의 매는 줄로 성령이 하나 되게 하신 것을 힘써 지키라"고 힘주어 말하고 있습니다. 이것이 연합에 대하여 말해야 할 두 번째 요소입니다. 첫 번째 요소는 성령이 우리에게 베풀어주신 연합이고, 그것은 어떤 면에서 기독교의 교리적 진술과 일맥상통합니다. 사도 바울이 4-6절에서 다시 한 번 교리와 겹쳐놓는 이유이기도 합니다. 그러나 두 번째 요소는 우리가 이 연합을 지키고, 유지시켜 나가야 한다는 것입니다. 이것은 기독교의 실천적이고, 경험적인 측면입니다.

● 각주 ●

1. D. Martyn Lloyd-Jones, Christian Unity: An Exposition of Ephesians 4:1 to 16 (Grand Rapids: Baker, 1981), 24.

21

하나 됨! 하나 됨!

에베소서 4 : 4-6

몸이 하나요 성령도 한 분이시니 이와 같이 너희가 부르심의 한 소망 안에서 부르심을 받았느니라 주도 한 분이시요 믿음도 하나요 세례도 하나요 하나님도 한 분이시니 곧 만유의 아버지시라 만유 위에 계시고 만유를 통일하시고 만유 가운데 계시도다

성경의 숫자는 현대인에게 큰 흥미를 주지 못하지만, 성경을 학문적으로 연구하는 분야에서 숫자는 상당히 중요합니다. 현대인들은 성경에 나타난 숫자를 무시하려다 큰 손실을 당하고 있습니다. 나는 에베소서를 연구하면서 에델버트 불링거(Ethelbert Bullinger)가 집필한 「성경의 숫자: 초자연적 의도와 영적 의미」(Number in Scripture: Supernatural Design and Spiritual Significance)라는 책을 참고했습니다. 그는 위대한 스위스 종교개혁자 하인리히 불링거의 직계손입니다. 1에서 666까지 특별한 숫자의 의미를 분류해 놓은 부분은 거의 300여 페이지에 달합니다. "하나"는 통일의 가장 으뜸 되는 숫자입니다. "둘"은 분열과 차이의 숫자이며, "셋"은 확실하고, 근본적이며, 전체라는 의미를 나타내며, "넷"은 창조와 관계가 있다는 식으로 설명은 계속됩니다.

나는 개인 서재에 또 일곱 권짜리 「숫자성경」(Numerical Bible)도 가지고 있습니다.[1] 이 두 저작물은 모두 19세기 후반에 출판된 것입니다. 이 두 사람이 연구한 유형은 현대인들의 취향에는 잘 맞지 않습니다. 성경에 나타나는 숫자의 의미는 대단히 과장되었다는 것은 의심할 여지가 없으나 이런 식으로 숫자를 강조한 글 속에도 약간의 진리가 담겨 있습니다. 그 가운데 지적하고 싶은 경우가 에베소서 4:4-6절입니다. 이 본문은 교회의 통일을 다루고 있는데, 그 자체는 중요할지 모르지만 하나의 사실을 진술하는 단일 문장입니다. 그보다 더 으뜸 되는 특징은 "하나"라는 말을 일곱 번 반복한다는 점입니다. "몸이 하나요 성령도 한 분이시니 이와 같이 너희가 부르심의 한 소망 안에서 부르심을 입었느니라 주도 한 분이시요 믿음도 하나요 세례도 하나요 하나님도 한 분이시니 곧 만유의 아버지시라 만유 위에 계시고 만유를 통일하시고 만유 가운데 계시도다" 그리고 "만유"라는 말을 네 번 반복합니다. "일곱"은 영적 일치나 완전을 가리키는 숫자입니다. 만일 "넷"이 실제로 창조를 언급하지 않는다면, 창조 질서가 교회 안에서 하나님과 연결됨으로써 완전하게 된다고 설명할 수 있습니다.

저명한 신학자 칼 바르트의 아들인 마르쿠스 바르트(Marcus Barth)는 스위스에서 신약학 교수로 재직 중입니다. 그는 공상으로 가득 찬 학문으로 비약하지 않고, 이런 숫자는 요한계시록에 나오는 다른 숫자처럼 "아마 상징적인 의미를 가지고 있을 것이라"는 점을 인정합니다.[2]

그리스도의 몸이 하나요

에베소서 4:4-6절을 이해하는 또 다른 방법은 - 실제로 "교회"라는 말은 나타나지 않음 - 바울은 교회에 대하여 말하고 있으며, 교회의 통일성을 강조하는데 관심을 가지고 있다고 이해하는 것입니다. "몸이 하나요"라는 말로 시작하는 이유가 바로 이 점 때문으로, 몸은 교회를 은유적으로 표현한 말입니다.

성경 안에는 교회에 대한 은유가 많이 있는데, 물론 에베소서 안에도 있습니다.

2장에서는 교회를 나라, 가족, 성전의 은유로 표현했습니다. 5장에는 신부의 은유
가 나옵니다. 교회를 몸에 비유하는 것은 이 본문에 정말 합당한데, 몸은 다양한 지
체로 구성되었지만 함께 움직인다고 말할 수 있습니다. 더욱이 지체의 통일은 유기
적입니다. 즉, 우리가 기계를 만들 때에 다양한 부품들을 결합시켜 하나의 기계로
조립해 놓은 것이 아니라 다 함께 성장함으로 이룩하는 것입니다. 교회는 한 개의
디젤 엔진이나 시계나 비행기가 아니고, 그것은 몸입니다. 그것은 세포 증식에 의
해서 성장하는 것입니다.

　　초창기에는 교회가 아주 작은 몸이었습니다. 최초의 인간 아담과 그의 아내 하
와로 구성되었고, 성장과 동시에 다른 사람들이 추가 되었습니다. 아벨과 셋, 에녹,
므두셀라, 노아가 추가되었습니다. 아브라함이 추가되었고, 그의 영적 가족이 증
가하면서 이삭, 야곱, 요셉 그리고 이스라엘의 열두 족장들, 다윗과 선지자들, 여러
세대를 통해서 하나님을 경외하는 자들이 추가 되었습니다. 초대교회 신자들이 이
몸의 회원이 되었고, 중세시대의 성도들도 회원이 되었으며, 종교개혁 시대의 영
웅들과 순교자들도 지체가 되었습니다. 오늘 예수님을 믿는다고 결심한 사람들도
지체가 되었습니다. 만일 당신도 지금 예수 그리스도를 구세주로 믿으면, 한 몸의
지체가 될 수 있습니다.

　　고린도전서 12장에서 바울은 몸의 지체가 상호 의존하는 것을 강조하면서 "눈이
손더러 내가 너를 쓸 데가 없다 하거나 또한 머리가 발더러 내가 너를 쓸 데가 없다
하지 못하리라 그뿐 아니라 더 약하게 보이는 몸의 지체가 도리어 요긴하고 우리가
몸의 덜 귀히 여기는 그것들을 더욱 귀한 것들로 입혀 주며 우리의 아름답지 못한
지체는 더욱 아름다운 것을 얻느니라 그런즉 우리의 아름다운 지체는 그럴 필요가
없느니라 오직 하나님이 몸을 고르게 하여 부족한 지체에게 귀중함을 더하사 몸 가
운데서 분쟁이 없고 오직 여러 지체가 서로 같이 돌보게 하셨느니라 만일 한 지체
가 고통을 받으면 모든 지체가 함께 고통을 받고 한 지체가 영광을 얻으면 모든 지
체가 함께 즐거워하느니라"(고전 12:21-26)고 바로 이 이미지를 대단히 길게 발전
시키고 있습니다.

분명히 이것은 교회의 통일성을 보존하기 위하여 벌이고 있는 위대한 논쟁임에 틀림없습니다. 이것은 우리가 어떤 존재입니까, 즉 한 몸이라는 것을 바탕으로 하여 진행하는 논쟁입니다. 그러므로 우리가 분열하면 큰 손실을 당하게 되고, 이런 분열이 일어나지 않도록 막아야 합니다.

성령도 한 분이시니

통일을 강조하는 일곱 마디 가운데 두 번째는 "성령"입니다. 때로는 이 말이 "정신"이라는 의미로 사용되기도 합니다. 우리는 "인간의 정신" 혹은 "어떤 일의 정신"이라는 말을 합니다. "성령"이라고 번역한 단어가 가지고 있는 다른 의미이기도 하지만, 여기서는 그런 뜻으로 사용되지 않았습니다. 바울은 에베소서 4:4절에서 "여러분은 여러분의 열정과 목표에서 하나가 되었다는 의미에서 하나의 정신을 가지고 있다"고 말하지 않고, 오히려 바울은 "여러분은 한 분 성령의 단 하나의 역사하심으로 인하여 하나가 되었다"고 말하고 있습니다.

바울이 이렇게 말할 때, 우리는 성령이 우리의 회심에서 행하신 것을 주목해야 합니다. 다른 사람들이 간증하는 것을 들어보면, 그들은 자기 자신의 체험의 특별함에 초점을 맞추어 말한다는 것을 알 수 있습니다. 어떤 사람은 이렇게 말할 것입니다. "나는 정상적인 그리스도인의 가정에서 성장했습니다. 그러나 참된 기독교를 이해하지 못했습니다. 대학에 진학해서 혼란에 빠졌으며, 소경처럼 길을 찾아 헤맸습니다. 동급생의 권면을 따라 성경공부에 참석했습니다. 그리고 마침내 믿음을 회복하기 시작했습니다. 예수님께서 저를 만나주신 것입니다."

다른 사람은 이렇게 말할 것입니다. "저는 신앙의 배경이 없는 가정에서 태어났습니다. 항공기 좌석에 떨어져 있는 전도지를 발견했습니다. 하나님께서는 그 전도지를 통해서 저를 찾아오셨습니다. 그 전도지는 내가 영적인 것을 깊이 생각하도록 만들었습니다. 나는 그렇게 그리스도인이 되었습니다."

그들이 간증을 할 때, 사람들은 다양한 면을 강조하려고 애씁니다. 바울은 몸이 하나일 뿐만 아니라 "성령도 한 분"이라고 말하면서 성령님은 예수님께 나오는 모든 사람 안에서 동일하게 역사하시는 점을 확실하게 생각하라고 요청합니다. 우리 각자의 회심은 세부적으로 많은 차이점이 있습니다. 성령님이 우리 각자의 마음속에서 역사하여 그리스도를 믿는 믿음으로 인도하셨다는 것을 말하게 되면, 우리의 체험은 모두 동일하다는 것을 알게 될 것입니다.

죄에 대한 각성으로 말미암아 우리 자신과 하나님 사이가 모두 잘못되었으며, 우리는 하나님의 법을 범했으며, 하나님의 거룩한 성품을 거역하며, 하나님의 진노 아래 있음을 의식하게 됩니다. 중생의 역사로 말미암아 하나님께서는 초자연적인 방법으로 그리스도의 새로운 생명을 우리 마음에 심어 주심으로 우리가 변화되었고, 우리는 이전의 모습과 전혀 다른 사람이 되었습니다. 성령으로 말미암아 그리스도 안에서 새로운 생명을 얻게 되는 변화의 뒤를 이어 믿음의 역사가 따라옵니다. 예수님을 믿는 신앙을 주신 동일한 성령님이 우리를 인도하십니다. 이 뒤를 이어서 성령님의 사역은 우리 모든 사람 안에서 성령의 열매를 - 사랑과 희락과 화평과 오래 참음과 자비와 양선과 충성과 온유와 절제(갈 5:22-23) - 맺게 하는 성화를 주도하십니다.

우리가 이 길을 따라서 생각하면, "우리가 어떤 배경에서 왔는가? 혹은 우리가 어떻게 그리스도에게 왔는가? 이런 질문과 아무런 상관없이 한 분 성령님은 훨씬 중요한 공통적 체험 안에서 우리를 하나로 통일시키셨으니 이 얼마나 놀라운 일인가?"라고 말할 수밖에 없습니다.

한 소망 안에서

바울이 세 번째로 말하는 것은 "소망"입니다. 소망은 영어에서 수난을 당한다는 말입니다. 그래서 오늘날 이 말은 초기 신약시대에 가지고 있던 의미와 사뭇 달라졌습니다. 오늘날 소망이라는 말은 불확실한 어떤 것, 혹은 우리가 아마 생각에 잠겨 바라기는 하지만 실제로 기대하지 않는 어떤 것을 의미합니다. 그러나 성경적인 사상은 전혀 다릅니다. 만일 장례식에 참석해 보았다면, 예식 가운데 죽은 자의 부활을 의미하는 "확실하고 견고한 소망"에 대하여 말하는 것을 들었던 기억이 날 것인데, "확실하고 견고함"으로 이것이 성경적인 사상입니다. 이것은 미래에 속한 것입니다. 우리는 다만 지금 그것을 보증받은 것입니다. 다시 말해서 장차 올 것에 대한 증거로 성령을 소유하고 있다는 말입니다. 그럼에도 불구하고 우리의 소망은 확실하지 않는데, 왜냐하면 지금 이 순간에도 우리 손에 소망을 쥐고 있지 않기 때문입니다.

여기서 왜 소망은 그리스도의 교회를 통일시키는 것이라고 생각하는지 의아스럽습니다. 사실 미래를 생각할 때, 교회의 통일보다 오히려 교회의 분열을 더 자주 그리고 더 많이 생각하게 되지 않습니까? 천년 시대는 반드시 온다고 믿는 사람도 있고, 천년 시대가 없다고 생각하는 사람도 있습니다. 어떤 사람은 그리스도가 천년 시대 이전에 온다고 생각하고, 반면에 다른 사람은 천년 시대 이후에 온다고 합니다. 그러면 우리는 큰 환난을 당하게 될 것이고 정말 어려움을 당하게 될 것입니다. 큰 환난 전과 큰 환난 후, 그리고 큰 환난 중간에 대한 의견도 다르고 매우 복잡합니다. 어떤 사람은 이런 주장의 계통을 따라 교회를 분열시켰고, 그런 사람들은 종말론을 가지고, 그들의 공동체 교제권에 가입 여부를 결정하기 위하여 종말론을 사용했습니다.

물론 바울이 말하는 것은, 역사의 노정에서 거대한 교회의 몸을 분열시켜 온 종말론의 세부사항이 아니라 우리가 모두 기꺼이 동의할 수 있는 것, 다시 말해서 그리스도의 재림, 부활 그리고 최후의 심판에 대한 것입니다.

더욱이 이런 요소들은 미래에 대한 것이기 때문에 하나로 통합할 수 있습니다. 우리가 과거를 바라보면 앞에서 언급했던 분열을 일으킬 수 있습니다. 어떤 사람은 "나는 종교개혁의 산물이다."라고 말할 것이고, 다른 사람은 "나는 경건주의 운동의 산물이다."라고 주장할 것입니다. 이런 종류의 일은 끊임없이 계속될 것이고, 우리가 현재를 바라보아도 분열은 존재하고 있습니다. 우리가 속해 있는 교파의 특징을 지나치게 강조하기 때문입니다.

우리가 미래를 바라보면 전혀 다릅니다. 예수님께서 다시 오실 것입니다. 우리는 그분과 함께 있게 될 것이고, 하늘에는 우리를 위해서 준비해 놓은 단 하나의 집이 있을 뿐입니다. 만일 우리가 이런 것을 바라보고, 만일 다른 교파, 다른 나라, 다른 인종, 다른 경험을 가진 사람들과 어깨를 마주 대하고 서게 될 날을 고대한다면, 만일 그 날 우리를 분열시켰던 것이 모두 사라진다면 지금 분열을 생각하고 있는 우리의 사고방식에 확실히 영향을 끼칠 것입니다. 우리는 교파의 장벽을 포함하여 다른 모든 장벽을 뛰어넘어 자유함을 누리게 되고, 예수 그리스도를 믿는 모든 사람과 손에 손을 잡고, 그분만 섬기게 될 것입니다.

우리 주 예수 그리스도

4절에서 말하는 연합은 - "몸이 하나요, 성령도 한 분이시니, 소망도 하나" - 함께 가고 있습니다. 우리를 한 몸에 접붙이고 한 소망을 주시는 것은 한 분 성령님께서 하시는 일입니다. 5절에서 세 가지를 또 다른 그룹으로 묶었습니다. "주도 한 분이시요 믿음도 하나요 세례도 하나" 입니다. 첫 번째 것을 성령님을 중심으로 한 덩어리로 만들었듯이 여기서 말하는 통일도 한 분 주 예수 그리스도를 중심으로 한 덩어리로 만든 것입니다.

어떤 그리스도인들이 말하는 것을 들어보면, 주님이 여러 분 계신다고 생각할지 모릅니다. 어떤 사람은 "나에게 이것을 하라고 말씀하시는 예수님을 따라가고 있어요. 당신은 상관이 없어요." 라고 말합니다. 또 다른 사람은 "나는 그런 예수를 따라가지 않겠어요. 나는 그런 예수를 몰라요." 라고 말하며, 이런 식으로 각자 자기 말만 합니다. 주님은 많지 않습니다. 주님은 오직 한 분뿐입니다. 그 주님은 주 예수 그리스도이십니다. 만일 우리가 그분을 따라간다면, 만일 우리가 그분이 하고 계시는 일에 열려있다면 그것은 틀림없이 우리를 하나로 묶는 힘입니다.

스코틀랜드의 위대한 설교가요 전도자였던 존 맥닐(John MacNeil)은 1920년대 초반에 필라델피아제십장로교회에서 2년 간 담임목사로 사역했던 적이 있습니다.

그는 요한복음 9장에 등장하는 소경으로 태어났던 사람과 마가복음 8장에서 예수님께 고침을 받았던 또 다른 소경이 주고받았을 가상의 대화를 예화로 사용하곤 했습니다. 두 이야기의 차이는 예수님께서 땅에 침을 뱉고, 진흙을 이겨서 요한복음 9장에 나오는 소경의 눈에 발라줌으로써 소경의 눈을 고친 것입니다. 그러나 마가복음의 소경에게는 이런 일이 일어나지 않았습니다.

존 맥닐은 예수님께서 어떻게 소경을 고치셨는가를 설명하기 위하여 이 두 이야기를 하나로 묶었습니다. 침을 사용하지 않고 고침을 받은 사람과 침을 사용해서 고침을 받은 사람이 각각 자기 이야기를 했습니다. 한 사람이 다른 사람에게 말했습니다. "그런데 당신은 예수님께서 흙에다 침을 뱉고, 그 진흙을 이기고, 이긴 진흙을 눈에 발라주셨던 곳을 떠났단 말이지요."

첫 번째 사람이 대답했습니다.

"나는 그 점에 대해서 전혀 아는 바가 없다오."

요한복음에 등장하는 사람이 대답했습니다.

"정말 그렇다니까요. 예수님께서는 그런 방법으로 소경을 고쳐주셨답니다. 당신은 틀림없이 그걸 까먹은 모양이요. 그분은 침을 뱉었어요. 그리고 진흙을 이겼답니다. 그리고 그 진흙을 당신의 눈에다 발랐답니다. 그리고 나서 실로암 못에 가서 눈을 씻으라고 보내셨지요."

마가복음에 등장하는 사람이 말했습니다. "아니라니까요. 그분이 나에게는 그렇게 하지 않으셨소. 그분은 그냥 말씀만 하셨다오. 그러자마자 놀랍게도 나는 시력을 회복했소!"

요한복음에 등장하는 사람이 발을 동동 구르면서 말했습니다. "그건 틀린 말이요. 예수님께서는 진흙으로 고치신단 말이요! 만일 당신이 그런 경험을 해보지 않았다면, 나는 당신이 정말 볼 수 있는 가도 의심스럽소!" 이렇게 해서 초대교회 때도 "진흙파"와 "반 진흙파"로 교단 분열이 일어나게 된 것입니다. 일하시는 "주님"께 초점을 맞추지 않고, 주님께서 하시는 "일"에 초점을 맞추다보면, 오늘날도 이런 일이 계속 일어나게 됩니다.

믿음도 하나요

바울은 계속 말합니다. 주님도 한 분이시지만 "믿음도 하나요." 그래서 "믿음"은 주관적으로도 사용할 수 있고, 객관적으로도 사용할 수 있습니다. 주관적으로 사용하면, 그것은 믿음의 체험을 의미합니다. 믿음과 떼어놓고 구원을 논의할 수 없습니다. 객관적으로 사용하면, 그것은 믿음의 내용 혹은 우리가 믿는 것, 즉 복음을 의미합니다.

후자가 바울이 전달하려는 것입니다. 바울은 우리가 한 주님을 모시고 있기 때문에 믿음도 하나라고 말하고 있고, 즉 우리는 복음의 핵심을 다루는 곳에서는 다양한 교리를 말하지 않습니다. 우리는 전능하신 하나님께서 자기 아들 예수 그리스도를 보내셨고, 우리와 같이 되셔서 우리의 구원을 위해서 죽으셨다는 것을 믿습니다. 구원은 우리가 행한 일이나 할 수 있는 일이 아니라 우리를 구원하기 위해서 대신 죽으신 그분의 일을 믿는 믿음으로 말미암는 것입니다. 이 유일한 복음이 그리스도의 모든 백성을 시간과 인종과 성과 존재하는 모든 장벽을 초월하여 일치하게 합니다. 만일 우리가 하나의 믿음을 소유하고 있다면, 세상 앞에서 어깨를 나란히 마주 대하고 설 수 있어야 합니다. 예수 그리스도를 통하여 이룩하신 하나님의 구원 역사를 한 목소리로 간증을 할 수 있게 되었기 때문입니다.

세례도 하나요

세례에 대한 여러 견해는 교회를 나누어 놓았기 때문에 바울이 세례를 하나 됨의 목록에 포함시킨 것은 대단히 흥미롭습니다. 장로교인은 물을 뿌리는 것이 타당하다고 생각합니다. 침례교도는 물에 잠김, 곧 침례가 유일한 방법이라고 주장합니다. 유아 세례는 어떻습니까? 여러분의 교회는 유아 세례를 시행합니까? 바울은 세례의 형식에 관심이 있는 것이 아니라 세례는 그리스도와 더불어 하나가 되었다는 의미에 관심을 가지고 있습니다. 그것은 하나로 통일되는 것입니다. 여러분은 세례를 받음으로 그리스도와 더불어 한 몸이 되었습니까? 나는 여러분이 세례를 어떤 방법으로 받았는지에는 관심이 없고, 침례용 수세소에서 받았느냐 혹은 흐르는 강물에서 침례를 받았느냐에 대하여 아무런 관심이 없습니다. 물을 조금 뿌렸느냐 혹은 많이 뿌렸느냐에 대해서도 관심이 없습니다. 당신은 회중 앞에서 공개적으로 예수님과 하나가 되었습니까? 오로지 그것만이 최대의 관심사입니다. 만일 세례가 그토록 중요하다면, 우리는 세상 앞에서 예수 그리스도와 하나가 되었으며, 그분을 위해서 함께 나란히 서야만 합니다.

만유의 하나님도 한 분이시니

"만유"의 가장 마지막 항목, 일곱 번째가 6절에 기록되어 있습니다. 처음 세 개는 성령님을 중심으로 배열되었고, 두 번째 세 개는 예수 그리스도를 중심으로 배열되었습니다. 맨 마지막 것은 하나님의 위격 가운데 제1위 하나님 아버지에 관한 것입니다. "하나님도 한 분이시니 곧 만유의 아버지시라"(6절).

이러한 하나 됨의 순서에 대하여 질문을 제기하는 것은 중요한 관점입니다. 만일 그들이 삼위일체를 중심으로 묶어놓았다면 - 실제로 그렇게 했지만 - 바울은 왜 성령님을 맨 처음에, 그 다음에 예수 그리스도를, 그리고 맨 마지막에 하나님 아버지를 배열했습니까? 우리가 삼위일체를 말할 때는 이것과 정반대 순서를 취합니다. 우리는 아버지, 아들, 성령이라고 하는데 바울은 성령, 아들, 그리고 아버지라고 말합니다. 왜 그렇습니까? 사도 바울은 효력에서부터 원인으로 거슬러 올라가면서 논하고 있기 때문입니다. 바울은 3절에서 "평안의 매는 줄로 성령의 하나 되게 하신 것을 힘써 지키라"고 말합니다. 성령님이 교회에 제공한 가시적 연합을 언급하는 것입니다. 그래서 바울은 가시적이며, 동시에 성령님이 함께 하시는 하나의 몸에서 시작하는 것입니다.

그러면 우리는 질문할 수밖에 없습니다. "그렇다면 이 효력은 어디서 오는가? 교회가 어떻게 교회답게 되는가?" 그 대답은 이렇습니다. 예수 그리스도께서 이루신 공로로 말미암아 교회답게 된다고 대답할 수밖에 없습니다. 교회란 그리스도를 따르는 자들의 모임입니다. 바울은 성령님이 행하신 사역에서부터 그의 논의를 옮겨서 예수 그리스도가 하는 일을 말합니다. 우리는 여기서 "아, 그렇습니까?" 라고 말하면서, 동시에 "예수 그리스도께서는 왜 그렇게 하셨습니까?" 라고 반문할 수 있습니다. 모든 것은 만유 위에 계시고, 만유를 통일하시고, 만유 가운데 계시는 한 분뿐이신 하나님으로부터 인출된다고 대답할 수밖에 없습니다.

존 스토트(John Stott)는 "삼위일체가 교회를 하나로 통일하는 기초"라고 말합니다. 그는 이렇게 요약합니다. "단 한 분뿐이신 아버지, 아들, 성령이 계시기 때문에 그리스도의 가족도 단 하나 뿐이요, 그리스도인의 믿음, 소망, 세례도 단 하나 뿐이요, 그리스도의 몸도 단 하나 뿐이다. 하나님을 여러 분으로 만들 수 없듯이 교회도 하나 이상 여러 개로 만들 수 없다. 하나님께서는 한 분뿐이신가? 그러면 그분은 단 한 개의 교회만 갖고 계신다. 하나님의 연합은 깨뜨릴 수 없는가? 만일 그렇다면 교회의 연합도 깨어질 수 없다 … 하나님을 쪼개어 나눌 수 없듯이 교회도 쪼개어 나눌 수 없다."[3]

만일 이런 여러 가지 관점들 가운데 어느 것이 우리에게 합당한 효력을 끼칠 수 있다면, 이것은 적어도 결정타를 날린 것입니다. 당신은 교회에 대하여 무슨 말이든지 할 수 있으나 교회는 하나님의 교회일 뿐입니다. 교회는 하나님의 백성으로 구성되었고, 교회는 하나님께서 친히 이루신 일의 결과입니다. 교회는 하나님의 영광만을 위하여 존재합니다. 그러므로 우리는 이것을 우리의 비전으로 삼아야 합니다. 만일 그렇다면, 하나님께서 친히 우리의 체험을 하나로 묶어서 그리스도의 몸이라는 천으로 짜놓은 하나 됨을 지키고, 세상에 보여주는 것은 어렵지 않습니다.

●각주●

1. Numerical Bible: A Revised Translation of the Holy Scriptures With Expository Notes, Arranged, Dividened and Briefly Characterized According to the Principles of Their Numerical Structure by F. W. Grant.

2. Marcus Barth, Ephesians: Translation and Commentary on Chapters 4-6 (Garden City, N.Y.: Doubleday, 1960), 463.

3. John R. W. Stott, God's New Society: The Message of Ephesians (Downers Grove, Ill.: Inter Varsity, 1979), 151.

22

교회에 주신 그리스도의 선물

에베소서 4 : 7-13

우리 각 사람에게 그리스도의 선물의 분량대로 은혜를 주셨나니 그러므로 이르기를
그가 위로 올라가실 때에
사로잡혔던 자들을 사로잡으시고
사람들에게 선물을 주셨다 하였도다
올라가셨다 하였은즉 땅 아래 낮은 곳으로 내리셨던 것이 아니면 무엇이냐 내리셨던 그가 곧 모든 하늘 위에 오르신 자니 이는 만물을 충만하게 하려 하심이라 그가 어떤 사람은 사도로, 어떤 사람은 선지자로, 어떤 사람은 복음 전하는 자로, 어떤 사람은 목사와 교사로 삼으셨으니 이는 성도를 온전하게 하여 봉사의 일을 하게 하며 그리스도의 몸을 세우려 하심이라 우리가 다 하나님의 아들을 믿는 것과 아는 일에 하나가 되어 온전한 사람을 이루어 그리스도의 장성한 분량이 충만한 데까지 이르리니

도 바울이 고통을 감내하면서 교
회의 통일성을 강조하는 문단을 에베소서에서 공부하고 있습니다. 이것은 대단히
특별한 연합, 즉 위대한 다양성을 인정하는 통일성입니다.

"통일성"이라는 말을 생각할 때, 제일 먼저 생각나는 것은 무엇입니까? 어떤 사람은 소위 에큐메니칼 운동이라고 부르는 다수를 지배하는 형태로서 거대한 조직적 구조를 생각합니다. 권력에 대한 각 개인의 복종으로부터 오는 통일성은 정부 조직의 형태라고 할 수 있습니다. 지금 교회에 대하여 말하고 있기 때문에 그리스도인은 각자 다른 사람을 똑같이 닮았다는 느낌을 주는 복제품의 획일성을 통일이라고 생각하는 사람도 있으나 성경이 말하는 통일성은 전혀 다릅니다.

바울은 에베소서 4:4-6절에서 "몸이 하나요 성령도 한 분이시니 이와 같이 너희가 부르심의 한 소망 안에서 부르심을 받았느니라 주도 한 분이시요 믿음도 하나요 세례도 하나요 하나님도 한 분이시니 곧 만유의 아버지시라 만유 위에 계시고 만유를 통일하시고 만유 가운데 계시도다"라고 말합니다. 이 통일성, 즉 경험과 신분의 통일은 모든 그리스도인을 위한 것입니다.

한 분 하나님은 만유의 아버지요 만유 위에 계시고, 만유를 통일하시고, 만유 가운데 계시는 분입니다. 바울은 이 통일성에 대한 언급을 마치자마자, 곧 이어 선물의 다양성에 대해서 말을 이어갑니다. "우리 각 사람에게 그리스도의 선물의 분량대로 은혜를 주셨나니 … 그가 혹은 (어떤 사람은) 사도로, 혹은 (어떤 사람은) 선지자로, 혹은 (어떤 사람은) 복음 전하는 자로, 혹은 (어떤 사람에게는) 목사와 교사로 삼으셨으니"(엡 4:7-11). 이 문단에서 "만유", "각 사람", "어떤 사람"이라는 말이 대조를 이루고 있습니다. 모든 사람은 한 몸의 지체지만, 어떤 사람은 이런 선물을 받았고, 어떤 사람은 저런 선물을 받았습니다.

우리는 고린도전서와 로마서에서 동일한 진리를 발견할 수 있습니다. 고린도전서 12장은 "은혜의 선물은 여러 가지지만, 그것을 주시는 성령은 같은 성령이십니다. 섬기는 일은 여러 가지지만, 같은 주님을 섬깁니다. 일의 성과는 여러 가지지만, 모든 사람 안에서 모든 일을 이루시는 분은 같은 하나님이십니다." 라고 말합니다. 여러 가지 특별한 선물에 대해서 언급하고 난 다음 11절에서 "이 모든 일은 한 분이신 같은 성령이 하시며, 그분은 자기가 원하는 대로 각 사람에게 은사를 나누어 주십니다." 라고 말합니다(고전 12:4-6 표준새번역).

로마서 12장은 "한 몸에 많은 지체가 있으나, 그 지체들이 다 같은 기능을 가진 것이 아닙니다. 이와 같이, 우리도 여럿이지만 그리스도 안에서 한 몸을 이루고 있으며, 한 사람 한 사람은 서로 지체입니다. 하나님께서 우리에게 주신 은혜를 따라, 우리는 저마다 다른 신령한 선물을 가지고 있습니다. 가령, 그것이 예언이면 믿음의 정도에 맞게 예언할 것이요." 라고 말합니다(4-6절, 표준새번역).

이런 본문은 교회의 통일성에 대한 한 가지 형태를 제시합니다. 그것은 윤활유가 잘 공급되는 엔진기관이나 동일한 규격으로 제조된 물건이 아니라 몸이라고 말합니다. 몸은 다양하면서 동시에 꼭 필요하고 다른 지체에게 기여하는 지체를 가지고 있습니다. 모든 그리스도인이 함께 공유할 수 있는 요소가 없다면 - 성령의 역사하심으로 말미암아 각자가 그리스도에게 연합된 존재라는 공통적 체험 - 교회는 더 이상 존재할 수 없습니다. 반면 팔이나 다리가 없는 몸이 제 기능을 발휘하지 못하는 것처럼, 은사의 다양성이 없는 교회는 건강하지 못하고, 온전한 기능을 발휘할 수 없습니다.

각자에게 한 가지 선물을 주셨다

여러 주석가들은 이 본문을 에베소서의 핵심이라고 생각합니다. 이 본문은 예수 그리스도의 교회가 어떻게 기능해야 하는가를 말하고 있기 때문입니다. 이 본문은 선물에 대해서 말하고, 또 이 선물은 그리스도에게서부터 온다고 합니다. 그리스도가 자기 교회에게 선물을 나누어 주면서 못보고 지나치는 사람은 없습니다.

바울은 여기서 구약성경을 - 시편 68:18 - 인용하고 있기 때문에 예수님께서 각자의 분량대로 선물을 주신다고 말할 때, 그 말의 의미를 파악하는 것은 별로 어렵지 않습니다. 시편 68편은 승리의 노래입니다. 하나님의 법궤를 - 하나님의 임재를 상징함 - 되찾아 예루살렘으로 가지고 오는 것을 축하하기 위하여 쓴 노래입니다. 이 시편은 하나님께서 이스라엘의 원수를 무찔러 승리하시고, 이제 모든 사람으로부터 선물과 충성을 받기 위하여 보좌에 등극하시는 하나님을 묘사하고 있습니다. 바울은 이 시편을 인용하여 주 예수 그리스도를 이 역할을 하는 분으로 소개합니다. 이렇게 하여 바울은 예수 그리스도의 신성을 확증합니다. 예수님께서는 십자가 위에서 자신의 원수이며, 또한 우리의 원수를 패배하게 하셨습니다. 이제 예수님께서는 아버지의 보좌 우편에 승리하신 분으로 등극하셨고, 그 위치에서 오늘의 본문이 말하는 선물을 나눠주십니다.[1] 이 이미지는 그리스도의 교회 안에서 통치와 권위 그리고 능력에 대하여 말하고 있습니다.

예수 그리스도께서 나눠 주시는 선물 가운데 두 가지는 강조할 만한 가치가 있습니다. 첫째, 만일 은사가 예수님께서 주신 것이라면, 그것을 주신 목적에 합당하게 사용해야 합니다. 말하자면 교회를 섬기고 계발하는데 사용되어야 합니다. 이런 선물은 자신의 이기적인 목적을 위하여 사용되지 않아야 합니다. 무엇보다 이런 선물을 사용하는 사람의 인격이나 프로그램에 주의를 집중시키기 위하여 사용되는 것은 매우 금물입니다.

둘째, 그리스도인이라면 누구나 다 은사를 선물로 받을 수 있습니다. 한 사람이 적어도 한 가지 은사를 받습니다. 바로 그 이유 때문에 모든 사람이 목회에 참여할 때 활기가 넘치는 건강한 교회가 됩니다. 무엇보다 이 진리와 다른 요소가 교회사를 주도해 왔을 것이라는 가정 하에 그러한 역사적 사실을 발견해 보려고 시도하는 것은 엄청난 착각이요, 실수를 범하는 것입니다. 존 스토트는 이런 현상을 "성직자 중심의 평신도 교단" 이라고 했습니다. 존 스토트가 지적하는 것처럼 교회 내에서 "성직자"와 "평신도" 간의 분열이 발전되어 왔습니다. 성직자는 목회의 일을 하거나 평신도를 지도한다고 생각하는 반면, 백성은 -"평신도"라는 말이 본래 의미하는 것- 고분고분하게 따라야만 합니다. 그래서 평신도는 성직자와 그들이 하는 일을 지원하기 위하여 돈을 내야합니다. 이런 모양을 본보기로 들면서 존 스토트는 1906년 "베멘트 노스(Vehmenter Nos)"라는 제목의 교황 회칙을 인용합니다. "미사에 관하여 그들은 유순한 양떼처럼 그들의 목자를 따르는 것 이외에 그들이 그들 자신을 스스로 인도할 수 있는 권리는 아무것도 없다."[2]

이것은 교회가 마땅히 취해야 할 모습이 결코 아닙니다. 이런 견해가 지배적인 곳에서는 교회와 목회가 수난을 당하게 됩니다. 교회와 교회를 섬기는 목회는 평신도에게 준 은사를 제대로 시행하지 못함으로 수난을 당하는 것입니다. 은사는 다른 사람을 섬기는데 사용되어야 합니다. 평신도는 교회와 세상을 섬기고, 성직자는 평신도를 섬깁니다. 특별히 성직자는 평신도가 자기 은사를 계발하고 사용할 수 있도록 도와주어야 합니다. 존 스토트(John Stott)가 말한 것처럼 "성직자가 마치 별개의 계급인양 평신도와 하이픈으로 구별할 수 없다. 그들 자신도 역시 그들이 섬기라고 부름 받은 백성에게 속해 있기 때문에 그들은 '백성을 섬기는 종' 이다."[3]

이렇게 많은 선물들

본문은 그리스도께서 주는 선물의 특징이나 본질을 가르쳐줍니다. 여기 나열된 것보다 더 많은 선물이 있습니다. 그리스도께서 자기 교회에게 주는 선물은 -성령의 은사라고도 부름- 신약성경 네 곳에 기록되어 있는데, 그 중 한 곳에는 두 번 언급되었습니다. 그래서 모두 다섯 개의 목록이 됩니다(고전 12:8-10, 28-30; 롬 12:6-8; 엡 4:11; 그리고 벧전 4:11). 이들 목록에서 언급하는 선물의 종류는 각각 다릅니다. 베드로전서 4:11절은 가장 짧은 목록입니다. 이 목록에는 말씀을 전하는 것과 봉사 두 가지 은사만 기록되어 있습니다. 고린도전서 12장은 아홉 가지 은사가 기록된 가장 긴 목록입니다. 아홉 가지 은사를 소개하는 목록이 두 개가 있습니다. 그런데 이 두 목록에서 언급하고 있는 아홉 가지 은사는 동일하지 않습니다. 이런 은사를 합하면 모두 열아홉 내지 스무 가지가 되지만, 이 숫자가 절대적인 것은 아닙니다. 동일하거나 거의 비슷한 은사를 다른 말로 설명해 놓았을 수 있기 때문입니다. 다른 것은 여기 언급되지 않았습니다. 에베소에 보내는 편지에서 바울은 사도와 선지자, 복음 전하는 자, 그리고 목사와 교사를 목록에 꼽아 놓았습니다.

1. 사도와 선지자(Apostles and Prophets). 첫 번째 은사는 사도와 선지자입니다. 어떤 사람들은 은사에 대한 글에서 사도들과 선지자들이 오늘날 어떤 모습으로 보

이는가를 설명하려고 애를 씁니다. 그들은 "사도"라는 말이 그리스도께서 임무를 부여한 권위 있는 최초의 대변인 그룹을 의미하는 것이 아니라고 지적합니다. 특별히 교회를 세우기 위하여 증인으로 보냄을 받은 사람은 누구나 지칭하는 말입니다. 이와 마찬가지로 "선지자"도 역시 특별히 영감된 하나님의 말씀을 받은 사람을 의미하지 않습니다. 이 말은 또한 - 고린도전서 14장에서 그런 것처럼 - 하나님의 이름으로 담대하게 말하는 사람을 지칭합니다.

이런 지적은 좋은 관점이라고 생각합니다. 그러나 에베소서는 이 말의 용도를 그런 의미로 적용하지 않습니다. 본문에서 "사도"와 "선지자"는 대단히 기술적인 의미를 지니고 있는 용어입니다. 그러므로 사도란 그리스도께서 특별한 임무를 부여하여 필요한 장소에 교회를 세우게 한 증인들을 지칭하는 말입니다. 선지자란 - 구약의 선지자들처럼 - 반드시 하나님의 말씀을 받은 사람만 언급하는 말이고, 이 사람들이 받은 말씀은 신약성경에 기록되었습니다. 신약성경이 기록되고 있는 동안 선지자의 역할을 수행했던 아가보(행 21:10-11)처럼 특별히 감동을 받았던 개인들도 선지자라고 지칭할 수 있습니다.

이런 은사 가운데 지금까지 남아있는 것은 아무것도 없습니다. 이런 의미에서 더 이상 사도나 선지자가 존재하지 않습니다. 그리스도의 공동체에 주시는 하나님의 고상하고 의미 있는 본래의 은사를 우리에게는 주지 않습니다. 사도는 권위 있게 가르쳤던 사람들입니다. 하나님께로부터 받은 것을 말했던 사람들은 오늘날 우리에게 신약성경을 기록으로 남겨 주었습니다.

2. **복음 전하는 자(Evangelists).** 처음 두 가지 은사와 달리 전도의 은사는 종료되지 않았습니다. 교회사를 통틀어 보아도 이것을 선물로 받은 사람들이 많지 않다는 것이 매우 슬픕니다. 전도자란 예수 그리스도의 죄 용서함과 구원의 복음을 효과적으로 전달하는 특별한 재능을 소유한 사람입니다. 전도자가 아닌 사람은 다른 사람들에게 예수를 소개하는 의무를 면제받는다는 의미가 아닙니다. 우리는 모두 이 임무를 수행해야 할 책임을 지고 있고, 대사명이 그것을 선언하고 있습니다. 그러나

특별히 이 영역에서 은사를 받은 사람이 있다는 의미는 아닙니다.

다시 말해서 전도의 은사는 빌리 그레이엄이나 루이스 팔라우, 페스토 키벵게레 주교 같은 "전문가"에게만 국한된 것이 아닙니다. 그와 반대로 모든 평신도에게 주어지는 은사라고 할 수 있습니다. 빌리 그래함은 영적 은사에 대한 연구를 「성령」이라는 책에 기술해 놓았습니다. 그는 성경 전체에서 전도자로 부를 수 있는 유일한 사람은 빌립이었으며, 그는 집사였다고 지적했습니다. 나는 은사를 소유한 아주 극소수의 사람을 알고 있으며, 그들 가운데 목사 안수를 받은 사람은 아무도 없습니다. 다만 그들은 그리스도를 다른 사람들에게 좀 더 효과적으로 소개할 수 있으며, 또 그렇게 하는 것을 즐거워하는 사람들입니다.

3. 목사와 교사(Pastors and Teachers). 실제로 이것은 하나의 은사이기 때문에 나는 이 은사를 하나의 범주로 분류합니다. 에베소서 4:11절의 헬라어 문장은 "목사"와 "교사"라는 두 단어를 함께 묶어놓았기 때문에 "목사 - 교사"의 은사라고 부르는 것이 마땅합니다.

"목사"는 다른 이들을 목회적으로 돌보는 사람을 언급하는 말입니다. 요한복음 10:11절에서 "선한 목자"라고 자기 자신을 소개한 예수님을 바라보면서 신자라는 양떼를 돌본다는 사상에 근거한 것입니다. 또 히브리서 13:20절에서는 예수님을 "양들의 큰 목자"로, 베드로전서 5:4절에서는 "목자장"으로 언급해 놓았습니다. 복음을 전하는 자의 경우처럼, 꼭 목사 안수를 받지 않은 사람이라도 이 은사를 소유한 사람들이 많이 있습니다. 예를 들자면, 목회는 영적으로 돌보는 임무를 수행하는 장로나 집사에게 준 은사이기도 합니다. 또한 주일학교 교사에게도 이 은사는 정말 소중합니다.

"교사"라는 단어 자체가 이미 충분한 설명을 담고 있습니다. 이 은사는 가장 중요하다고, 꼭 말해두어야겠습니다. 이 시대에 가장 필요한 은사임에 틀림없습니다. 마태가 그의 복음서에서 말하는 대사명의 가장 핵심적인 사상이 가르침이라는 점을 인정한다면, 가르침의 은사가 얼마나 중요한 것인가를 깨닫게 됩니다. 마태는

예수님께서 "너희는 가서 모든 민족을 제자로 삼아 아버지와 아들과 성령의 이름
으로 세례를 베풀고 내가 너희에게 분부한 모든 것을 가르쳐 지키게 하라 …"고 말
씀하셨다고 기록했습니다(마 28:19-20). 가르침을 통해서 그리스도에 대한 신앙을
갖게 된 사람들을 일차적으로 제자를 삼아야 합니다.

더 많은 것을 말할 수 있습니다. 비록 바울이 에베소서 4:11절에서 열거한 은사들
은 각각 의미 있는 차이가 있습니다. 다른 명칭을 붙인 이유와 개별적으로 열거한
이유를 다 설명할 수 없더라도 예수님이 자기 교회에 주신 은사 가운데 가르침이
포함되었다는 점은 특기할만 합니다. 사도와 선지자는 으뜸이 되며 규범이 되는 가
르침을 제공했습니다. 이 점은 구약성경과 병행을 이루면서 신약성경에 잘 간직되
어 있습니다. 복음 전도자는 가르침의 핵심을 - 예수 그리스도가 죄에서 구속했다
는 복음의 중심에 놓여 있는 것 - 선포해야 합니다. 목사와 교사는 성경적 진리를
완전한 의사소통을 통하여 양떼들에게 교훈하고 돌보는 것입니다. 가르침이 내포
되지 않은 은사는 없다고 주장하려는 것이 아니고, 교회가 바울이 기술하고 있는
방향으로 성숙해 나아가려면 특별히 가르침의 은사가 필요하다는 것을 의미하는
것입니다.

존 스토트(John Stott)는 "시대를 막론하고 하나님의 교회를 세워나가기 위하여
하나님께서 주신 은사를 소유한 교사를 충분히 공급하는 것보다 더 필요한 것은 없
다. … 교회를 세우는 것은 "가르침"이다. 가장 필요한 사람은 "교사"이다."[4]

믿는 일에 하나가 됨

에베소서 4:7-13절을 조심스럽게 따라면서 이 관점까지 이르게 되면 당연히 한
가지 질문을 던지게 될 것입니다. 여러분은 사도 바울이 연합을 강조하는 것을 보
았고, 또한 그리스도가 자기 교회에 공급하는 은사의 다양성을 심도 있게 강조하는
것도 보았으나, 여러분은 의아하게 생각할는지 모르겠습니다. "만일 은사가 그렇
게 다양하다면 이 다양성에 비추어 교회의 통일성은 어떻게 유지되어야 하는가?

어떻게 각자 하고 싶은 일을 찾아서 그 방향으로 사라져 버리지 못하도록 지켜줄 수 있을까?'

이 질문에 대한 대답은 이러한 은사를 주시는 목적 속에 담겨있습니다. 바울이 말한 것처럼 "성도를 온전하게 하여 봉사의 일을 하게 하며 그리스도의 몸을 세우려 하심이라 우리가 다 하나님의 아들을 믿는 것과 아는 일에 하나가 되어 온전한 사람을 이루어 그리스도의 장성한 분량이 충만한 데까지 이르게" 될 것입니다 (엡 4:12-13). 예수 그리스도가 주시는 은사의 목적은 무엇입니까? 그것은 그리스도의 백성을 섬기는 것입니다. 몸은 믿는 일에서 꾸준하게 하나가 되어가고, 행함에서 성숙해 가게 되는 것입니다.

이것은 강조적으로 진술되었습니다. 만일 그리스도인이 은사를 사용함으로써 그리스도보다 자기 자신에게만 관심을 쏟는다면 은사를 악용하고 있고, 장차 최후의 심판에서 자기 주인 앞에서 직고해야 할 것입니다. 만일 그리스도인이 다른 사람을 섬기는 것보다 다른 사람이 자기를 섬기는 것에 더 관심이 있다면, 그는 "섬김을 받으려 함이 아니라 도리어 섬기려 하고 자기 목숨을 많은 사람의 대속물로 주려고" 오신 자기의 주인을 욕되게 하는 것입니다(막 10:45).

만일 그리스도인이 자기 은사를 이용하여 그리스도의 나라가 아니라 자기 왕국을 세우려고 하고, 더 나아가서 교회를 연합하게 하기보다 분열시킨다면, 그는 자기 몸의 연합과 성장을 위하여 생명을 버렸던 그리스도를 배반하는 것입니다.

교회는 분열되고 성장은 하든지 말든지 아무런 관심도 없을 뿐만 아니라 자기도취에 빠진 채 작은 왕국에 만족하고 있습니다. 우리는 오히려 은사를 추구하고, 그리스도의 몸을 세우는데 그 은사를 사용할 수 있도록 기도해야 합니다. 주님께서는 자기 은사를 낭비하지 않으십니다. 각각의 은사가 모두 필요하고, 주님은 자기 은사를 철회하지 않으십니다. 주님은 각종 은사를 풍성하게 쏟아 부어주시고, 주님은 자기 은사가 어떻게 사용되는지 무관심하지 않으십니다. 주님은 자기 자신의 지혜를 가지고 계실 뿐만 아니라 고상한 목적을 가지고 계십니다. 주님은 상호 교차적인 목적으로 자기 은사를 주지 않으십니다. 모든 은사는 교회를 섬기고 계발하기 위해서 주십니다. 주님은 자기 교회를 위하여 은사를 통해서, 그리고 은사 안에서 지속적으로 일하십니다. 이런 정신으로 은사를 받고 사용하는 곳에서 성령님의 하나 되게 하심이 유지되고, 그리스도의 몸이 "하나님의 아들을 믿는 것과 아는 일에 하나가 되어 온전한 사람을 이루어 그리스도의 장성한 분량이 충만한 데까지 이르게 되도록" 세워지게 될 것입니다.

●각주●

1. 시편 68:18을 바울이 인용한 것은 본문 해석상의 문제가 있다. 시편 68편은 사람들에게서부터 선물을 받는 하나님에 대해서 말하고 있지만, 바울은 이 말을 사람들에게 선물을 주는 그리스도에 대해서 말하는 것으로 고친 것이 분명하다. 어떤 주석가들은 바울이 시편의 본문을 자기 목적을 위하여 아주 대담하게 고쳤다고 주장한다. 그러나 그 주장을 만족시키는 것은 대단히 어렵다. 왜냐하면 바울이 이 시편을 인용했다고 억지로 주장할 수 있는 이유가 전혀 없다. 바울의 관점은 그 본문에 의지하고 있지 않다. 아마 바울이 말하는 이미지 자체가 - 승리한 왕은 선물을 받을 수도 있고, 특별히 그가 정복한 나라에서 가져온 전리품을 나눠줄 수도 있음 - 해결책이라고 말할 수 있다. "받았다"라고 번역한 히브리 단어는 넓은 의미에서 볼 때, "가져왔다"라고 번역할 수도 있다. 시편 68편의 고대 역본들 가운데 아람어역과 시리아어역이 이 히브리어 단어를 "주었다"로 번역한 것이 이 생각을 지지해 주고 있다. 존 스토트가 관찰한 것처럼 "이것은 이미 전통적으로 받아들여지고 있는 해석"이었던 것이 분명하다. (God's New Society: The Message of Ephesians [Downers Grove, Ill.: Inter Varsity, 1979], 157).

2. John R. W. Stott, One People (London: Falcon, 1969), 9.

3. 상게서, 47.

4. John R. W. Stott, God's New Society: The Message of Ephesians, 164.

23
몸의 원리
에베소서 4 : 11-13

그가 어떤 사람은 사도로, 어떤 사람은 선지자로, 어떤 사람은 복음 전하는 자로, 어떤 사람은 목사와 교사로 삼으셨으니 이는 성도를 온전하게 하여 봉사의 일을 하게 하며 그리스도의 몸을 세우려 하심이라 우리가 다 하나님의 아들을 믿는 것과 아는 일에 하나가 되어 온전한 사람을 이루어 그리스도의 장성한 분량이 충만한 데까지 이르리니

레이 스테드만(Ray Stedman)이 집필한 에베소서 4장 강해서가 「몸의 원리」(Body Life)라는 제목의 책으로 출간되었습니다. 레이 스테드만은 캘리포니아주 팔로앨토시에 있는 페닌슐라성경교회의 담임목사였습니다.[1] 책이 출간되자마자 여러 교회의 구조에 큰 영향을 끼치게 되었습니다. 그리고 현대인들의 언어에 새로운 용어를 소개해 주었습니다. 캘리포니아에서 빠른 속도로 성장하는 교회 가운데 하나였던 이 교회가 어떻게 에베소서 4장의 원리를 적용하여 실천에 옮겼는가를 소개한 것이 이 책이 성공한 이유였습니다.

이 책은 본질적으로 영적 은사에 대하여 기술하고 있습니다. 이 책의 전제는 각각의 그리스도인은 적어도 한 개 이상의 은사를 소유하고 있으며, 건강한 교회가 되려면 남녀 신자들이 모두 자기 은사를 사용해야만 한다는 것입니다. 레이 스테드만은 이것은 초대교회의 형태였다고 말합니다. "예수 그리스도를 믿는 신앙으로 사탄의 왕국과 권세에서부터 하나님의 사랑의 왕국으로 옮겨온 사람은 즉시 하나님의 성령이 예수 그리스도의 생명을 그 사람에게 분여(分與)해 주셨을 뿐만 아니라 자기가 발견하고 실천에 옮겨야 하는 책임이 있는 하나 또는 그 이상의 은사로 무장되어야 한다는 가르침을 받았다."[2]

레이 스테드만의 경우에 이 원리를 실천에 옮기는 것은 복합적 목회를 의미했습니다. 즉, 교회 내의 유급 사역자들은 회중의 구성원들을 무장시켜 하나님께서 목회의 일을 하라고 나누어주신 은사를 활용하도록 만드는 것이 그들의 책임이라고 깨달았던 것입니다. 물론 이것은 "우리가 다 하나님의 아들을 믿는 것과 아는 일에 하나가 되어 온전한 사람을 이루어 그리스도의 장성한 분량이 충만한 데까지 이르도록" 만들기 위하여 하나님께서는 가르치는 은사(사도로, 혹은 선지자로, 혹은 복음 전하는 자로, 혹은 목사와 교사)를 주셨다고 말하는 에베소서 4:11-13절과 완벽하게 일치합니다.

아무짝에도 쓸모없는 콤마

영어성경 중에 아주 오래 전에 번역해 놓은 성경이 있습니다. 이 성경은 사소하다고 지나치기에는 대단히 심각한 실수를 범했습니다. 바로 이 오역 때문에 교회는 눈이 멀게 되었거나, 혹은 이 문제를 전혀 다른 방법으로 진술했던 것입니다. 그 결과 오늘과 같이 심각한 편견을 낳게 된 것입니다. 문제가 된 문장은 콤마를 찍어놓았습니다. 초기 KJV(흠정역성경)은 에베소서 4:11-12절을 이렇게 번역해 놓았습니다. 물론 최근에 나온 흠정역성경은 이것을 "그가 어떤 사람은 사도로, 어떤 사람은 선지자로, 어떤 사람은 복음 전도자로, 어떤 사람은 목사와 교사로 주셨으니 이는 성도를 온전하게 하여, (바로 여기 찍어놓은 콤마를 말함) 봉사의 일을 하게 하며 그리스도의 몸을 세우려 …"라고 수정했습니다.[3]

이 역본을 따르면 본문은 하나님께서 목사에게 가르침의 은사를 주셨다고 말하는 것이 됩니다. 대개의 경우 목사와 연결하여 생각하게 된 결과 목사는 세 가지 일을 한다고 생각합니다. 즉, 첫째, 성도를 온전하게 합니다. 둘째, 봉사의 일을 합니다. 셋째, 그리스도의 몸을 세웁니다. 다시 말하자면, 모두 전문인이 하는 일입니다. 전문인이 이러한 은사를 소유하고, 이 은사를 사용하여 교회의 일을 하게 됩니다. 평신도는 - '베멘트 노스(Vehmenter Nos)"라는 제목의 교황 회칙을 인용하면 - "유순한 양떼처럼 그들의 목자를 고분고분 따르는 것 이외에 그들 자신을 스스로 인도할 수 있는 권리는 아무것도 없고" 의무만 가지고 있는 사람들입니다.

이것은 잘못된 번역입니다! 아미티지 로빈슨(Armitage Robinson)은 이 번역은 잘못되었으며, 중대한 실수라고 지적한 최초의 주석가였습니다.[4] 아미티지 로빈슨은 이 본문에서 콤마가 제거 되어야 한다고 주장했습니다. 그 이후 사실상 거의 모든 주석가들이 로빈슨의 주장에 동의하고 있습니다. 콤마가 없어지면, 전혀 다른 문장이 됩니다. "목사"에게 부여하는 세 가지 임무 대신, 한 가지 임무만 -"성도를 온전하게 하는"- 성직자에게, 나머지 임무는 -"봉사의 일을 하게 하며"- 평신도에게 주어야 합니다. 그 결과 하나님께서 목회자와 평신도에게 각각 주신 고유하고 합당한 기능을 성취함으로써 "그리스도의 몸을 세우게 됩니다."

이것을 순서대로 정리해 보면, 다음과 같습니다.

첫 번째, 으뜸 되는 목적으로 가르침의 은사를 받은 자들은 성도들을 온전하게 하거나 "준비시키기" 위하여 받은 은사를 사용해야 합니다.

두 번째, 궁극적인 목적으로 신자들은 "섬김" 혹은 "봉사"의 일을 할 수가 있게 됩니다.

세 번째, 교회는 "몸을 세우고" "믿는 것과 아는 일에 하나가 되고" "그리스도의 장성한 분량이 충만한 데까지 이르도록" 자라게 됩니다.

정확하게 수정을 가한 번역은 하나님께서 수여하는 가르침의 은사를 일차적인 목적으로 - 성도를 준비시키기 위함 - 삼고, 또 궁극적인 목적으로 - 교회를 세우는 것 - 삽습니다. 이 과정에는 중간적인 단계가 있고, 그것을 "전교인 목회"라고 부를 수 있습니다. 이 중간 단계를 취하지 않고, 목사 홀로 모든 일을 수행하려고 하는 교회는 침체되고 분열이 일어나게 됩니다.

잘못된 목회의 형태

이것은 역사적으로 일어났던 상황입니다. 이 장에서 세운 목표는 그리스도 안에서 그들의 은사를 추구하고 교회를 섬기는데 그 은사를 활용하려는 참된 신자들을 격려하려는 것입니다. 교회가 이러한 진리에 순응하지 못하고 실패한 결과 지나간 세월 속에서 수없이 많은 잘못된 목회의 형태들이 일어났다는 점도 특기할만 합니다. 존 스토트(John Stott)는 「하나의 백성」(One People)이라는 책에서 성직자와 평신도의 관계에 대한 질문에 대하여 세 가지 틀린 대답들을 할 수 있다고 지적했습니다.[5]

첫 번째 틀린 대답은, 교권주의(Clericalism)입니다. 이것은 에베소서 4:11-12절의 번역 오류에서 기인한 견해입니다. 이 견해를 따르자면, 교회 일은 모두 유급 사역자가 해야 됩니다. 평신도의 역할은 성직자의 인도를 고분고분 따르는 것이고, 이런 일을 재정적으로 지원하는 것도 역시 평신도의 몫입니다.

이렇게 틀린 그림을 어떻게 그릴 수 있었습니까? 역사적으로 초기 로마가톨릭교회가 발전시켰던 사제직의 개념에 기인하고 있습니다. 이 시기에 교회의 전문적인 목회는 구약성경의 희생제사를 미사로 대치하여 제사 제도를 모방한 것입니다. 오직 "사제"만이 미사를 집례할 수 있도록 권한을 위임했습니다. 이것은 성직자와 평신도 사이에 넘을 수 없는 구분의 선을 그어놓게 되었고, 평신도를 잘못되고 사람 구실을 못하도록 병약하게 만들고 말았습니다.

이 견해를 지지하는 자들은 이 상황은 사도시대까지 거슬러 올라간다고 주장합니다. 이것은 명백하게 잘못된 것입니다. 신약성경에 나타난 것처럼 초대교회도 가끔 "목사" 또는 "목회"라는 말을 사용했습니다. 모든 그리스도인이 목사이며, 목회의 일을 해야 한다는 뜻에서 이런 말을 언급하는 것입니다. 그리고 성직자를 결코 "제사장"이라고 언급하지 않았습니다. 17세기에 로버트 바클레이(Robert Barclay)가 잘 지적했고, 현대에 들어와서는 엘톤 트루블러드(Elton Trublood)가 아주 잘 강조했습니다. "성직자와 평신도 사이의 인습적인 구분은 신약성경에서 전혀 발생하지 않는다."[6] 신자들과 구별이 되는 목사가 있으나 그 차이는 목회 대(對) 비목회적인 일이 아니라 영적 은사와 섬김의 문제일 뿐입니다. 더욱이 "사제" 대(對) 하찮은 기능을 가지고 섬기는 평신도들 사이의 문제가 전혀 아닙니다.

　교권주의가 발전하게 된 역사적 이유가 있습니다. 사실상 이런 것은 전체적인 것도 아니고 가장 중요한 것도 아닙니다. 그러면 왜 교권주의가 발전하게 되었느냐고 질문할 때, 비로소 깨닫게 됩니다. 그것은 성경 해석상의 문제였습니까? 그렇지 않으면 다른 요인이 개입되었고, 그 해석을 왜곡시켰습니까?

　교권주의의 요인은 인간의 성품 깊숙한 곳에 깔려있습니다. 성직자 자신이 여기에 큰 기여를 하는데, 그들은 사람 앞에서 볼거리를 제공하고 싶은 충동을 항상 받게 됩니다. 때로는 이런 충동이 노골적으로 남용되거나 전제 정치로 발전합니다. 만일 본보기가 필요하다면, 신약성경에서 그런 사람을 발견할 수 있습니다. 사도 요한이 그의 편지에서 언급했던 "으뜸되기를 좋아하는" 디오드레베의 인격에서 그런 것을 발견할 수 있습니다(요삼 1:9-10). 이와 같은 형태에 대한 경고는 베드로전서에서도 발견할 수 있습니다. 베드로는 교회 장로들에게 '너희 중에 있는 하나님의 양 무리를 치되 억지로 하지 말고 오직 하나님의 뜻을 따라 자원함으로 하며 더러운 이득을 위하여 하지 말고 기꺼이 하며 맡은 자들에게 주장하는 자세를 하지 말고 양 무리의 본이 되라'고 훈계합니다(벧전 5:2-3).

　옳은 길을 보여주는 성경적인 본보기가 있습니다. 그 가운데 가장 으뜸이 되는 것은 모든 피조물을 다스리시는 예수 그리스도께서 종의 옷을 입고 제자들의 발을 손수 씻어주심으로써 종의 일을 행하신 것입니다.

　평신도는 뒷짐을 진 채 자리에 가만히 앉아있고, "목회는 목사가 해야 한다"는 경향 때문에 교권주의가 기세를 올리게 되는 또 다른 이유입니다. 존 스토트(John Stott)는 이 점을 지적한 존 로렌스경(Sir John Lawrence)의 말을 인용합니다. "그러면 평신도는 무엇을 실제로 원할까? 그는 교회처럼 보이는 근사한 건물을 원한다. 성직자는 그가 좋아하는 옷을 입고, 그가 익숙한 순서로 예배를 인도해 주고, 그리고 나서는 가만히 놓아두기를 원한다."[7] 이렇게 해서 평신도는 하나님께서 자기에게 주신 은사를 포기하고, 성직자라는 전문인은 그런 사람들을 선발하여 … 교회가 피폐하게 되도록 만듭니다.

성직자와 평신도의 관계에 대한 두 번째 틀린 대답은, 반교권주의(Anticlericalism)입니다. 만일 성직자가 평신도를 멸시하거나 꼭 필요한 존재가 아니라고 생각하면, 평신도들이 때로는 성직자를 제거하고 싶다는 생각을 가지고, 되받아치는 것은 전혀 놀라운 일이 아닙니다.

이것이 항상 나쁘다고만 할 수 없습니다. 자기 집 대청소를 요구할 정도로 타락하고, 사제처럼 고압적으로 행동하는 성직자들이 교회를 지배하던 상황을 알고 있습니다. 다시 말하자면, 교회 내에서 성직자가 반드시 거기 없어도 평신도가 가장 잘해 낼 수 있는 일을 발견할 수 있습니다. 이런 것을 반교권주의를 주장할 수 있는 근거라고 주장하기보다는 차라리 그리스도의 백성이 취해야 하는 지극히 정상적인 자세라고 말하는 편이 오히려 좋습니다. 이와는 정반대로 성경적인 교회가 되려면, 전체 성도들의 유익을 위하여 가르침과 리더십의 은사를 소유하고 있는 사람들이 교회 안에 있다는 것을 인정해야 될 뿐만 아니라 이러한 리더십이 꼭 필요하다고 가르쳐주는 성경 본문이 대단히 많다는 점을 인정해야 합니다. 사도행전이나 바울 서신서를 살펴보면 바울은 그가 세운 교회마다 반드시 장로를 임명하였고, 양 무리들이 목회를 감당하도록 훈련시키는 책임을 장로들에게 위임했습니다 (행 14:23, 20:17). 목회 서신에서는 지도자들을 이렇게 임명하라고 특별히 명령했으며(딛 1:5), 이러한 지도자의 자질을 디모데전서 3:1-13절과 디도서 1:5-9절에 자세하게 기술해 놓았습니다.

목회란 교회 전체에 속한 것이라고 주장하는 사람들은 성직자가 설자리가 없다고 생각합니다. 그러나 목회의 개념을 합당하게 이해했다면, 그와 같은 결론을 내리지 않습니다. 엘톤 트루블러드(Elton Trublood)는 "초대교회 그리스도인들은 현실적인 것과 거리가 너무 멀어서 이 함정에 빠지지 않았다. 보편적인 목회의 이상이 실행에 옮겨지려면 바로 이 바람직한 결론을 도출해내기 위해서 일하는 사람이 있어야 한다는 것을 알았고 깨달았기 때문이었다."[8]

마지막으로 세 번째 틀린 대답으로, 전문적인 성직자와 평신도 간의 관계에서 잘못된 모델은 존 스토트가 지적한 것처럼 이원론(Dualism)입니다. 이 모델에서 성직자와 평신도는 각각 자기의 고유한 영역을 가지고 있다고 생각해서 각자 다른 영역을 침범하지 않아야 합니다. "성직자 신분"과 "평신도 신분"으로 양분되어 있는 로마가톨릭교회가 이것을 잘 설명해 줍니다. 그러나 개신교 안에도 이와 같은 형태가 존재하고 있습니다. 이 체계에서 모든 사람은 하나의 몸에 속한 지체이며, 하나의 일을 하면서 서로 섬긴다는 의식은 증발해 버리고, 교회는 조각나고 그 대신 대립과 반목이 들어오게 됩니다.

내가 지적하려는 요지는 에베소서 4:11-13절이 합당한 형태를 설정해 놓았다는 것입니다. 사도와 선지자, 복음 전하는 자, 목사와 교사가 성도를 온전하게 하여 봉사의 일을 하도록 만드는 것은 성직자가 평신도를 섬김이 합당한 관계요, 평신도의 기능도 역시 섬김이라고 말하려는 것입니다. 성직자는 평신도들이 목회의 일을 할 수 있도록 가르치고 준비시켜 줌으로써 그들을 섬기게 되고, 평신도는 교회를 세우고, 세상을 향하여 복음을 전하는 일을 통해 다른 사람을 섬깁니다.

당신의 은사를 발견하라

필라델피아제십장로교회의 신자로 등록한 사람들이 새신자부에서 "당신의 은사를 발견하라"는 제목으로 공부하는 시간이 있습니다. 참석자들에게는 이 제목으로 준비한 소책자를 나누어 줍니다. 새 신자가 하나님께서 자기에게 주신 은사를 발견하고, 그 은사를 하나님을 위해 사용할 수 있도록 도와주기 위하여 새신자부와 소책자를 집필했습니다. 이것은 내가 지적하고 싶은 가장 중요한 요점이기 때문에 몇 마디 설명을 덧붙이고 말을 맺으려고 합니다. 소책자는 이렇게 질문을 던집니다. "나 자신의 은사를 내가 어떻게 발견할 수 있을까?" 그 대답은 다음과 같습니다.

첫째, **성경이 영적 은사에 대해서 말하는 것부터 공부해야 합니다.** 성경은 하나님께서 영적 성장과 성화를 위하여 일차적으로 공급해 주신 것입니다. 하나님께서는 성경 안에서 우리에게 말씀하십니다. 하나님의 말씀이 이 부분에 대하여 우리에게 명백하게 가르쳐 주시려는 것이 무엇인지 알지 못하면, 하나님께서 원하지 않는 것을 체험해 보고 싶은 욕망에 쉽게 빠지거나 영적 은사를 세속적인 의미로 생각하게 됩니다. 우리는 성경이 가르치는 것을 공부하면서 우리에게 은사를 주시는 하나님의 목적을 잘 분별해야 합니다. 바울이 에베소서에서 분명하게 말한 것처럼 개인의 성장이나 성화뿐만 아니라 몸의 성장을 위하여 은사를 주십니다.

둘째, **기도해야 합니다.** 기도는 가볍게 다룰 문제가 아니고, 우리 마음대로 우리 자신의 판단을 신뢰할 수 있는 문제 또한 아닙니다. 우리는 우리 마음조차도 알지 못합니다. 하나님께서는 전혀 생각하시지도 않는데, 우리는 자기 자신을 교만하게 과시하기 위하여 은사를 소유하고 싶어 합니다. 오히려 하나님께서 실제로 염두에 두고 있는 은사는 거부할 수 있습니다. 우리가 이 장애물을 극복할 수 있는 유일한 방법은 진지하게 자기를 분석하는 기도를 통하여 이런 문제를 모두 주님 앞에 내려 놓는 것입니다. 말씀을 통하여 하나님께서 우리에게 말씀하실 때, 이미 우리에게 주신 은사를 발견할 수 있도록 도와달라고 기도하는 것입니다.

셋째, **자기가 소유하고 있는 영적 힘과 능력을 냉정하게 평가해야 합니다.** 하나님의 말씀에 대한 철저한 공부와 기도의 기초 위에서 자기 자신을 평가하지 않으면, 우리는 다른 길로 갈 수 있습니다. 그러나 먼저 하나님의 뜻과 생각을 구하면, 엉뚱한 길에서 돌이킬 수 있고, 또 영적인 안목을 가지고 우리 자신을 볼 수 있게 됩니다.

내가 좋아하는 일을 할 수 있게 해 달라고 간구해야 합니다. 이 책은 우리가 받은 은사가 어떤 것이라고 일러주는 확실한 지침서가 아닙니다. 하나님의 인도하심은 항상 하나님께서 이미 우리를 준비시켜 놓은 것을 향하여 이끌어 가십니다. 그러므로 하나님께서는 우리가 기쁨과 만족을 발견할 수 있도록 인도하십니다. 레이 스테드만(Ray Stedman)은 말했습니다. "어떤 그리스도인들의 모임에서 깊이 파 놓은 함정을 발견할 수 있다. 그것은 하나님께서 원하시는 것을 실행에 옮기는 것은 항상 불쾌하다고 생각하는 함정이다. 이런 그리스도인은 자기가 원하는 것을 실행에 옮기고 행복감을 느낄 것인가, 혹은 하나님이 원하시는 것을 행하고 완전히 비참하게 될 것인가라는 두 가지 중에 하나를 택일하게 마련이다. 진리에서 제거해야 할 것은 더 이상 없다. 비록 영적 은사를 실행하는 시기가 때로는 행복하지 못할지라도 그것을 실행에 옮기는 삶은 항상 만족스럽고, 기쁨이 넘치는 경험이다. 예수님께서 자기를 보내신 분의 뜻을 행하는 것이 자기의 기쁨이라고 말씀하셨다. 아버지의 은사는 아들의 소원을 더 확실하게 일깨워 주셨고, 아들은 자기가 강렬하게 행하고 싶은 소원을 실천에 옮겼다."[9]

우리가 제기해야 할 또 다른 질문이 있습니다. 나는 과연 잘 할 수 있습니까? 교회 안에서 봉사를 잘 하고 싶지만, 끊임없이 실패하고 좌절감을 느끼기 때문에 이런 질문을 한다면, 당신은 엉뚱한 곳에서 일을 할 뿐만 아니라 자기 자신의 은사도 정확하게 파악하지 못했다고 볼 수 있습니다. 하나님께서 지금 당신을 축복하고 계시다면 - 당신이 하고 있는 일에서 영적인 열매가 열리는 것을 지금 보고 계시다면 - 당신은 지금 옳은 길을 걷고 있으며, 또 모든 힘을 다해서 그 길을 추구해 나가야 합니다. 이 영적 은사를 시행하는 기술을 발전 시켜나가면, 그 결과가 훨씬 더 향상되는 것을 발견하게 됩니다.

마지막으로 넷째, 당신의 은사가 사용되는 곳에서 다른 그리스도인의 지혜를 구해야 합니다. 교회는 자기 기능을 발휘해야 되는 곳에서 항상 자기 역할을 하지 않습니다. 그러나 그 기능이 합당하게 발휘되는 곳에서는 통찰력과 지혜의 은사를 가지고 있는 그리스도인들이 당신의 은사를 감지할 수 있고, 또 그 은사의 도움이 필요한 회중을 만날 수 있도록 도와줍니다. 그것은 다른 사람들이 우리 자신을 보다 더 객관적으로 평가해 줄 수 있기 때문입니다. 우리는 하나님의 가족으로서 다른 지체의 의견을 경청하고, 그들의 인도와 조언을 따르는 능력을 계발해야 합니다. 만일 다른 지체가 우리가 소유하고 있는 은사를 정확하게 지적해 준다면, 실제로 소유하지 않은 은사를 마치 소유한 것처럼 착각하는 가정(假定)에서부터 벗어날 수 있습니다.[10]

●각주●

1. Ray C. Stedman, Body Life (Glendale, Calif.: Regal, 1972).

2. 상게서, 39.

3. "And he gave some, apostles; and some, prophets; and some, evangelists; and some, pastors and teachers; For the perfecting of the saints, (that is the comma) for the work of the ministry, for the edifying of the body of Christ." Ephesians 4:11-12 (King James Version).

4. 이것은 존 스토트의 견해이다. God's New Society: The Message of Ephesians (Downers Grove, Ill.: Inter Varsity, 1979), 166 쪽을 보라.

5. John R. W. Stott, One People (London: Falcon, 1969), 28-42. 존 스토트는 합당한 형태를 42-47쪽에서 논의한다.

6. Elton Trueblood, The Incendiary Fellowship (New York: Harper & Row, 1967), 39.

7. Stott, One People, 30.

8. Trueblood, The Incendiary Fellowship, 40.

9. Stedman, Body Life, 54.

10. 이 장에서 언급한 내용들 가운데 일부는 제임스 몽고메리 보이스가 집필한 God and History (Downers Grove, Ill.: Inter Varsity, 1981), 133-35, 138-41에서 가져온 것임을 밝혀둔다.

24
영적 어른

에베소서 4 : 14-16

이는 우리가 이제부터 어린 아이가 되지 아니하여 사람의 속임수와 간사한 유혹에 빠져 온갖 교훈의 풍조에 밀려 요동하지 않게 하려 함이라 오직 사랑 안에서 참된 것을 하여 범사에 그에게까지 자랄지라 그는 머리니 곧 그리스도라 그에게서 온 몸이 각 마디를 통하여 도움을 받음으로 연결되고 결합되어 각 지체의 분량대로 역사하여 그 몸을 자라게 하며 사랑 안에서 스스로 세우느니라

몇 해 전, 내가 목회하는 필라델피아제십장로교회의 장로 몇 분이 모여서 우리 교회의 고유한 목적을 사명선언문으로 작성하기 위하여 많은 시간을 보냈던 적이 있습니다. 그것은 다음과 같습니다.

제십장로교회는 필라델피아시 중심부에서 강력한 교육을 시행하는
강단, 개인적인 요구를 충족시키기 위하여 모이는 것을 목적으로 하는
효과적인 교제 그룹의 네트워크, 우리 교회 가족들이 영적인 성숙에 이르게 되는

꾸준한 성장을 권장하는 기독교교육 프로그램, 다른 그리스도인과 협력하여
우리가 살고 있는 도시와 전 세계를 향하여 복음을 전파하는
전도를 발전시키고 유지해 나가는 일에 전념한다.

이렇게 사명선언문을 작성한 다음 교회의 장기발전기획위원회에 보냈습니다.
위원회는 이것을 5개의 목표로 확대했습니다.

> 1. 성숙된 하나님의 사람들이 도시 중앙에 위치한 우리 교회에서
>   강력하게 선포하고 있는 강해설교의 전통을 지지한다.
> 2. 개인적인 요구가 충족될 수 있고, 각 개인이 다른 사람을 섬길 수
>   있는 소그룹 교제를 통해서 구성원 각자를 연합하게 한다.
> 3. 우리 교회의 전 구성원을 계발하고, 훈련하고, 제자 삼는
>   효과적인 기독교교육 프로그램을 제공한다.
> 4. 필라델피아시 지역과 전 세계에서 우리 교회의 선교 사업을
>   추진해 나간다.
> 5. 우리 교회가 위치하고 있는 지역 사회에서 사회적인 도움과
>   신체적인 도움이 필요한 사람들을 위하여 봉사한다.

이 계획의 다음 단계는 목표 달성을 위하여 세부적인 사업 목록을 작성하는 것
이었고, 그 다음 단계는 이런 사업을 진행해 나가는 시간표를 작성하고, 이 사업이
실제로 성취되었는가를 파악하고 평가하는 과정이었습니다.

이 일련의 과정은 마치 교회 경영의 현대적인 기법처럼 들립니다. 그러나 이것
은 에베소서 4장만큼이나 해묵은 것입니다. 바울 사도는 4장에서 교회를 다루면서
교회에 대한 하나님의 목적을 진술하였고, 그분의 목적과 사업을 언급했습니다.

하나님의 교회에 대한 하나님의 목적

이 문단을 자세하게 공부하지 않고, 교회에 대한 하나님의 목적을 무엇이라고 말할 수 있습니까? 어떤 사람들은 선교 명령이라는 용어를 사용해서 이 질문에 대답합니다. 그들은 예수님께서 제자들에게 "너희는 온 천하에 다니며 만민에게 복음을 전파하라"고 명령하셨다는 것을 기억하고 있습니다(막 16:15). 이 명령은 사복음서에 각각 다른 모양으로 반복되었고, 사도행전에도 시간 차이를 두고 기록되었기 때문에 정말 중요합니다. 교회가 위험에 직면하면 이 명령은 무시당하게 됩니다. 그럼에도 불구하고 이것이 교회의 목적입니까? 이것을 긍정적으로 생각하는 사람들은 교회를 세계적인 큰 공격에 참가한 강력한 군대라고 생각합니다. 그들은 하나님의 백성의 이미지를 전투하는 교회로 그리는 것을 좋아합니다.

다른 사람들은 교회를 "사회적 관심"이라는 말로 정의합니다. 굶주린 자에게 먹을 것을 주었고, 목마른 자를 마시게 하였고, 나그네를 영접하고, 벗은 자에게 옷을 입혔고, 병든 자를 돌아보았고, 감옥에 갇힌 자를 찾아보는 행동을 했느냐 하지 않았느냐에 근거하여 양과 염소를 나누겠다고 예수님께서 말씀하셨던 것을 기억하고 있습니다(마 25:31-46). 이런 목회를 강조하는 사람들은 일반적으로 교회를 국제 사회 봉사기구로 생각하는 경향이 있습니다. 그렇다면 이것이 합당하게 강조된 것입니까? 이것이 하나님께서 자기 백성을 위하여 세워놓으신 가장 위대한 목적이란 말입니까?

또 다른 사람들은 교회를 세상에서 물러나 은둔하는 도피처라고 생각합니다. 그들은 교회의 이미지를 견고한 요새라고 합니다. 우리는 갈등하면서 세상에서 살고 있고, 예수 그리스도의 주권을 인정하지 않고, 그분의 통치가 현시(顯示)되고 확대되는 것을 반대하는 사람들로부터 우리는 강타(强打) 당하고 있습니다. 이런 사람들은 교회는 상처를 치료받고 다음날 전투를 위해서 전의를 불태우는 장소라고 생각합니다. 이 견해가 과연 합당합니까? 지상에서 당하는 갈등이나 해소하는 피난처로 사용하라고 하나님이 교회를 세우셨습니까?

바울이 교회에 대한 하나님의 목적을 전혀 다른 각도로 다루고 있는 여러 구절을 이미 언급했습니다. 바울은 이렇게 다른 견해를 가지고 있는 사람들과 틀림없이 말다툼을 하지 않을 것입니다. 이런 것은 교회가 해달라고 요청하는 일이고, 교회는 그런 기능을 발휘하는 장소입니다. 그러나 "목적"은 더 많은 것을 포용하는 개념입니다. 바울이 목적에 대하여 기술할 때, 그것은 하나님이 자기 백성의 온전함과 성숙을 발전시키는 것이라고 생각했습니다. 바울이 여기서 사용하고 있는 이미지는 몸, 곧 그리스도의 몸입니다. 또 그의 관심은 몸을 세우는 것입니다. 사도 바울은 이것을 "그가(하나님이) 어떤 사람은 사도로, 어떤 사람은 선지자로, 어떤 사람은 복음 전하는 자로, 어떤 사람은 목사와 교사로 삼으셨으니 이는 성도를 온전하게 하여 봉사의 일을 하게 하며 그리스도의 몸을 세우려 하심이라 우리가 다 하나님의 아들을 믿는 것과 아는 일에 하나가 되어 온전한 사람을 이루어 그리스도의 장성한 분량이 충만한 데까지 이르리니"(엡 4:11-13)라고 설명합니다.

바울은 교회가 어린아이처럼 영적으로 성숙하지 못한 상태에 머무르게 되는 정반대의 가능성에 대해서 말한 다음 "오직 사랑 안에서 참된 것을 하여 범사에 그에게까지 자랄지라 그는 머리니 곧 그리스도라 그에게서 온 몸이 각 마디를 통하여 도움을 받음으로 연결되고 결합되어 각 지체의 분량대로 역사하여 그 몸을 자라게 하며 사랑 안에서 스스로 세우느니라"고 말합니다(엡 4:15-16).

바울은 이 구절에서 성숙에 대해서 한 번, 그리고 자라나고 성장하는 것에 대해서 네 번 더 말합니다. 바울은 교회가 완전하게 성장하고 구성원 각자가 영적인 어른으로 자라나서 영적 성숙에 기여하게 되는 것을 "하나님의 으뜸이 되는 목적"이라고 생각합니다.

연합은 달성되어야 한다

바울은 굵은 붓을 사용해서 이미지를 그리지 않습니다. 이 여러 구절이 보여주는 것을 주의 깊게 살피는 것도 잊지 않습니다. 이렇게 해서 교회는 영적으로 성숙해야 된다는 것을 제시한 것입니다. 그렇다면 이 영적 성숙은 무엇으로 구성합니까? 바울의 첫 번째 목표는 "연합"이고, 이것은 최우선적인 목적 아래 가져다 놓아야 하는 목표입니다. 무엇보다 연합은 바울이 처음부터 지적했던 요점이었습니다.

바울은 여기까지 온 다음 연합은 주어진 것이요, 교회가 소유해야 하고, 유지해야 하는 것이라고 말합니다. 그는 교회 안에 다양성이 있다는 것을 인정합니다. 그러나 그 다양성은 하나님의 백성이 공동으로 소유하고 있다는 점이 훨씬 더 중요합니다. 그는 "몸이 하나요 성령도 한 분이시니 이와 같이 너희가 부르심의 한 소망 안에서 부르심을 받았느니라 주도 한 분이시요 믿음도 하나요 세례도 하나요"라고 말합니다(엡 4:4-5). 교회는 바로 이 일곱 가지 위대한 연합을 소유하고 있습니다. 그렇기 때문에 바울은 "평안의 매는 줄로 성령이 하나 되게 하신 것을 힘써 지키라"고 권면하고 있습니다(엡 4:3). 이와 같은 연합이라야 그 연합은 지속될 수 있습니다.

"하나님의 아들을 믿는 것과 아는 일에 하나가 되어야 한다"고 말하는 13절에서는 아주 달라집니다. 이 연합이야말로 달성되어야 하고, 이것은 이미 존재하는 것이 아니라 교회와 지체들이 동경하는 완전한 성숙을 표현해 놓은 것입니다. 그것은 두 부분으로 나눌 수 있습니다. "하나님의 아들을 믿는 일에 하나 됨"과 "하나님의 아들을 아는 일에 하나가 됨"입니다.

"믿음"은 항상 하나님의 말씀과 복음에 대하여 개인의 주관적인 응답을 의미합니다. "지식"은 하나님의 자녀가 믿어야 하는 내용을 말하고, "하나님의 아들을 믿는 일과 아는 일에 하나가 됨"이라는 표현은 실제로 이것과 정반대로 말해야 합니다. "믿음"이란 기독교의 신학적인 내용을 의미합니다. 유다서에서는 "성도에게 단번에 주신 믿음"이라고 했습니다(유 1:3).

"하나님의 아들을 아는 지식"은 매일의 삶 속에서 제자도를 통하여 예수님을 체험적으로 알게 되는 지식을 말합니다. 또한 이것은 바울이 빌립보서 3장에서 말하고 있는 것입니다. 바울은 "그리스도와 그 부활의 권능과 그 고난에 참여함을 알고자 하여 그의 죽으심을 본받고" 싶은 소원을 10절에서 말하고 있습니다. 바울이 말하려는 요지는 잘 묶어서 머리 속에 저장해 둔 지식이 아니라 가슴 속으로 한 방울씩 스며들어 주님께 순종하고 섬기는 삶으로 흘러나오는 지식이어야 한다는 것입니다.

바로 이 이중적 지식은 - 머리와 가슴의 지식 - 성숙한 교회라야 달성할 수 있다고 바울은 말합니다. 외면적이고 가시적인 연합을 이루어 가야 하는데, 왜냐하면 예수님은 불신자들도 자극을 받아 믿음에 이르게 되는 하나 됨을 교회가 소유하게 해달라고 기도 드렸기 때문입니다(요 17:23). 하나 됨을 외적으로 전시하는 것보다 훨씬 더 중요한 것은 깊이 있고 동기를 부여하는 내적인 연합입니다. 우리가 성경에서 발견한 것처럼 진리를 깨달아 아는 지식으로 자라가고, 날마다 예수 그리스도와 더불어 체험적인 사귐을 갖는 생활을 하는 신자라야 이러한 연합을 이룩해 낼수 있습니다. 이러한 실체는 교파적인 장벽과 모든 장애물을 초월합니다.

그리스도를 닮음

성숙이라는 큰 제목 아래 가져다 놓은 두 번째 목표는 "그리스도를 닮음"입니다. "그리스도의 장성한 분량이 충만한 데까지 이르게 된다"는 구절에서 바울이 말하는 것입니다. 바꾸어 말하자면, 우리가 예수 그리스도와 그분의 도를 체험적으로 아는 지식을 소유하는 것만 의미하지 않습니다. 우리는 그분과 사귐을 통해서 지속적으로 그분을 닮아 가는 삶을 추가해야 합니다.

이 목표에는 개인적인 측면도 있습니다. 말하자면, 그리스도를 닮아 가는 것은 개인입니다. 엄밀하게 말하자면, 아담과 하와가 에덴동산에서 유혹을 당했던 것도 바로 이점 때문이었습니다. 사탄은 최초의 남자와 여자가 하나님의 선하심을 의심하고 하나님의 말씀을 불신하도록 만드는데 성공했던 것입니다. "너희가 그것을 (금지된 실과를) 먹는 날에는 너희 눈이 밝아져 하나님과 같이 되어 선악을 알 줄 하나님이 아심이니라"고 말한 사탄의 말에 대한 논쟁이 그치지 않습니다(창 3:5). 물론 이것은 거짓말이었습니다. 훌륭한 거짓말에는 항상 상당량의 진실도 섞여 있게 마련입니다. 아담과 하와가 그 나무의 실과를 따먹는 날에는 선과 악을 알게 되는 것이 사실이었습니다. 그러나 그들이 선을 알게 되기 전에 악을 먼저 알게 되는 것입니다. 사실상 선과 악을 알게 되면서 "하나님과 같이" 되지 못했기 때문에 그것은 거짓말이었습니다. 하나님께서 악을 아시는 것과 같이 그들도 악을 알게 되었을 뿐만 아니라 그것을 실행하는 사탄과 같이 되고 말았습니다.

이것이야말로 아이러니라고 해야겠습니다. 아담과 하와가 타락하기 전에는 실제로 하나님과 같았습니다. 창세기 1장의 창조 이야기에서 두 번씩이나 "우리의 형상을 따라 우리의 모양대로" "자기 형상 곧 하나님의 형상대로"라고 반복하는 의미가 바로 그런 것이었습니다. 타락하기 전에 인류의 첫 조상은 하나님을 닮았었습니다. 엄밀하게 말하자면, 사탄의 유혹에 넘어가면서 하나님의 형상을 상실한 것입니다. 본래의 형상은 타락으로 말미암아 상실했으나 교회 안에서 나누는 교제를 통해서 각 개인이 그리스도를 닮아가면서 점차적으로 회복합니다.

이 목표를 달성하기 위해서 실행 기준을 만들어야 한다고 생각하는 사람이 있을지 모르겠습니다. 그렇습니다. 그것은 그리스도를 닮은 성품입니다. 갈라디아서에서 이러한 성품을 "성령의 열매"로 풀어놓았습니다. "오직 성령의 열매는 사랑과 희락과 화평과 오래 참음과 자비와 양선과 충성과 온유와 절제니 이 같은 것을 금지할 법이 없느니라"(갈 5:22-23). 이것은 예수 그리스도를 설명하는 것입니다. 또 이것은 그리스도의 영의 능력으로 각 개인이 자라 가는 방향을 설명하고 있습니다.

이것은 아주 생각해 볼만한 가치가 있는 또 다른 측면이 있습니다. 나는 교회에 속한 그리스도인들의 개인적인 차원에서 그리스도를 닮음에 대한 글을 써 왔습니다. 이것은 매우 중요한데, 교회가 어떻게 성숙해 가는가를 보여주기 때문입니다. 사도 바울은 에베소서의 이 위대한 본문에서 전체 교회보다 개인에 대한 것은 그다지 많이 언급하지 않습니다. 개인이 성숙함으로 자라는 것과 마찬가지로 교회도 역시 공동체로 성숙해야 자랄 수 있습니다. 교회가 세상 안에서 그 임무를 수행하는 것처럼, 하나님께서도 교회 안에서 그리스도의 성품의 한 면을 이곳에서, 또 다른 면을 저곳에서 발전시키려고 역사하십니다. 그리하여 전체 교회는 주님의 전 성품을 교회가 서 있는 곳에서 드러내 보여주게 됩니다.

여러분은 이것을 알고 있습니까? 여러분은 이것을 위해서 기도합니까? 이것이 바로 예수 그리스도께서 자기 몸을 구성하고 있는 사람 안에서 보고 싶어 하는 것입니다.

진리 안에서 자람

교회가 성숙하게 되는 세 번째 목표는 "진리" 입니다. 진리가 없으면 진정한 성숙도 없습니다. 바울은 15절에서 "오직 사랑 안에서 참된 것을 하여 범사에 그에게까지 자랄지라 그는 머리니 곧 그리스도라"고 말합니다.

14절에서 말하는 어린아이의 본성과 행동은 이것과 대조가 됩니다. "이는 우리가 이제부터 어린아이가 되지 아니하여 사람의 속임수와 간사한 유혹에 빠져 온갖 교훈의 풍조에 밀려 요동하지 않게 하려 함이라" 어린아이는 자기 주위를 사람들이 둘러싸 주는 것을 좋아하는 존재이지만, 불안정과 천진난만함이 그들의 한계입니다. 어린아이들은 이랬다저랬다 변덕스러운 것으로 악명이 높습니다. 또 한 가지 일에 5분 이상 관심을 쏟지 못하고, 그 다음에는 마음이 변해서 전혀 다른 것에 신경을 쏟다가 다시 5분이 지나면 세 번째 것에 관심을 보이게 됩니다.

또 어린아이는 다른 사람에게 쉽게 속아 넘어가고, 어린아이를 속이는 것은 너무 쉽습니다. 이런 이유 때문에 부모들은 자녀를 조심스럽게 인도하고 올바른 교육을 해야 할 책임이 있습니다. 그런데 이와 동일한 특징이 어른들의 생활 속에도 있어서 다른 사람의 인격을 깎아내리고 그 사람들이 가지고 있는 훌륭한 점을 제한하는 것은 참으로 불행한 일이고, 이와 같이 성숙하지 못한 흔적이 그리스도인의 성격 발달에 자국을 남기게 되는 것은 더욱 불행한 일입니다. 그리스도인 개인이나 교회 전체가 이렇게 해서 약화되게 마련입니다. 만일 교회가 약화되지 않는다면, 하나님의 진리 안에서 마땅히 자라가야 합니다.

바울이 가르침의 은사에 - 사도와 선지자, 복음 전하는 자, 그리고 목사와 교사 -

대해서 말하는 이유이기도 합니다. 이런 것만이 유일한 은사는 아닙니다. 바울은 다른 은사도 언급했습니다. 이런 은사는 교회가 영적인 유아기를 벗어나 성숙을 향해서 자라 가는 방법이기 때문에 열거해 놓은 것입니다. 우리 시대의 비극 가운데 하나는 교회가 이런 영역에서 너무나 비참할 정도로 성숙하지 못했다는 것입니다. 결과적으로 교회는 시끌벅적하게 떠들썩한 세상의 일시적인 유행이나 허탄한 신학에 이끌려 방황하고 있습니다. 유일하고 실제적인 치료책은 사도의 가르침을 따라서 진리의 말씀을 가르쳐주고, 계속해서 또 더 많이 가르쳐주는 길뿐입니다.

진리는 사랑과 결혼했다

우리가 마치 융단 폭격을 하듯 사실만 가지고 사람에게 공격을 퍼부어야 한다면, 그것은 고립이지 진리가 아닙니다. 진리는 중요합니다! 그러나 "사랑 안에서 참된 것"을 말해야 합니다. 성숙을 이런 식으로 표현할 때, 네 번째나 맨 마지막에 사랑을 말합니다. 바울은 정말 사랑을 강조하는데, 영어성경에는 이것이 분명하게 드러나지 않습니다. 그러나 헬라어 본문에서 "진리"는 실제로 분사꼴을 취하고 있습니다. "사랑 안에서 진리를 말하면서"라고 번역하기보다 "사랑 안에서 (그것을) 참되게 하면서"라고 옮기면, 문장의 의미를 훨씬 더 잘 살릴 수 있습니다. 이 말은 사랑하는 자세를 가지고 진리를 따라 말하고 진리를 따라 살아간다는 의미를 복합해 놓은 것입니다. 이렇게 여러 목표를 복합해 놓음으로써 사랑(명사형)을 강조하고 있습니다.

몇 해 전, 요한복음 17:13-26절에 기록된 "예수님의 기도"를 공부하면서 이렇게 강조하는 것을 깨닫고 크게 감명을 받았습니다. 예수님께서는 교회로 인정받기 위해서 교회가 여섯 가지 표지(Six marks)를 - 기쁨, 거룩, 진리, 선교, 연합, 사랑 - 소유하도록 기도하셨습니다. 이 여섯 개의 표지는 모두 다 중요합니다. 그러나 그 가운데 사랑이 가장 중요하다는 사실에 나는 충격을 받았습니다. 왜냐하면 여섯 가지 표지에서 사랑만 빼내서 보여줄 수도 있고, 가능한 모든 방법을 다 사용해서 사랑을 표현할 수도 있기 때문입니다.

기쁨(Joy)에서 사랑을 제거해 보면, 무엇이 남습니까? 여러분이 소유하게 되는 것은 세상에서 자기 자신의 쾌락만 추구하는 향락주의자의 모습이 될 것이고, 이렇게 해서 기쁨은 왜곡됩니다.

거룩(Holiness)에서 사랑을 제거해 보면, 그 결과 자기 의에 사로잡힌 포로가 됩니다. 예수님 당시 서기관이나 바리새인처럼 "나는 구별된 사람이다." 라고 생각하는 부류를 말합니다. 그러면서 그들의 마음은 증오심으로 가득 차 있었고, 이 땅에 오신 예수 그리스도를 십자가에 못 박았던 것입니다. 이렇게 해서 거룩은 파괴되고 맙니다.

진리(Truth)에서 사랑을 제거해 보면, 그 결과 비참한 정통주의자가 되고 맙니다. 진리는 남아있습니다. 그러나 이토록 불쾌하고 가혹한 방법으로 선포됩니다. 그래서 사람을 구원하지 못하고, 실패를 거듭하게 됩니다.

선교(Mission)에서 사랑을 제거해 보면, 당신은 식민주의자가 되고 맙니다. 식민주의자는 그리스도를 위해서 선교를 하지 않습니다. 그들은 자기 교파나 선교 단체를 위해서 구령 사업을 합니다.

연합(Unity)에서 사랑을 제거해 보면, 당신은 교권주의적인 폭군이 되고 맙니다. 그들은 교회라는 울타리 안에 있는 사람들에게 인간적인 기준을 강요하면서 교회를 마음대로 휘두르게 됩니다.

그러나 사랑(Love)을 제거하지 않고 그 대신 사랑을 표현해 보십시오. 하나님 아버지를, 예수 그리스도를, 성경과 다른 사람과 세상을 사랑해 보십시오. 당신이 소유하고 있는 것은 무엇입니까? 당신은 교회의 다른 표지도 모두 소유하고 있습니다. 이 나머지 표지란 자연적으로 사랑을 따라오는 것이기 때문입니다. 하나님을 사랑하면 기쁨을 얻습니다. 하나님을 아는 것과 사랑하는 것보다 더 큰 기쁨은 없습니다. 예수 그리스도를 사랑하면 성결하게 됩니다. 주님이 이미 말씀하셨습니다. "너희가 나를 사랑하면 나의 계명을 지키리라"(요 14:15). 하나님의 말씀을 사랑하면, 진리에 이르게 됩니다. 만일 우리가 성경을 사랑하면, 날마다 성경을 읽고 말씀에 담겨있는 진리를 아는 지식 가운데 자라게 됩니다. 세상의 잃어진 영혼들을 사랑하면, 선교하게 됩니다. 다른 신자를 사랑하면, 연합을 이룩하게 됩니다.

바울 사도가 교회의 성숙을 말하면서 이런 이유에서 "몸의 성장"을 그처럼 강조하는 것입니다. 오늘의 본문에서 그토록 강조하려고 애를 쓰는 것은 바로 성장은 과정이라는 것이고, 성장은 시간이 걸립니다. 한 개인이 하룻밤 사이 성숙하지 못하는 것처럼 교회도 하룻밤 사이에는 성숙하지 못합니다. 그럼에도 불구하고 좋으신 하나님께서 우리 안에서 성숙을 이루려고 하시기 때문에 우리는 그 일을 하시는 하나님을 신뢰하고, 하나님께서 그 일을 이루실 때까지 인내하면서 기다려야 합니다. **PBPWMGIFWMY**라고 글자로 만든 핀을 꽂고 다니는 아주 소수의 그리스도인이 있습니다. 이것은 호기심을 불러일으키기에 충분합니다. 이 글자는 "저를 참아 주십시오! 하나님은 아직 저를 완성하지 못하셨습니다(Please Be Patient With Me; God Isn't Finished With Me Yet)!"의 머리글자를 따온 것입니다.

모든 사람이 우리를 참아주기 원합니다. 우리도 그 사람들을 참아주고, 교회를 참아주는 법을 배워야 합니다. 하나님께서는 지상에 존재하는 "그리스도의 몸"을 세우고 온전하게 하기 위해서 언제든지 그 몸의 지체인 신자 각 사람 안에서, 그리고 모든 장소에서 일하시기 때문입니다.

25

하나님처럼 세상을 바라보라

에베소서 4 : 17-19

그러므로 내가 이것을 말하며 주 안에서 증언하노니 이제부터 너희는 이방인이 그 마음의 허망한 것으로 행함 같이 행하지 말라 그들의 총명이 어두워지고 그들 가운데 있는 무지함과 그들의 마음이 굳어짐으로 말미암아 하나님의 생명에서 떠나 있도다 그들이 감각 없는 자가 되어 자신을 방탕에 방임하여 모든 더러운 것을 욕심으로 행하되

우리가 잘 아는 "로마에서는 로마인처럼 행동하라!" 이것은 환경에 순응하는 것을 장려하는 고대 세계의 고전적인 격언입니다. 세상 물정에 밝은 사람 가운데 있으면 세상 물정에 밝은 사람처럼 행동하게 됩니다. 만일 저속하고 품위 없는 사람 속에서 살면, 저속하고 품위 없는 행동을 하게 마련이고, 이교도 가운데서 살면 이교도처럼 행동하게 됩니다. 이 세상에서 출세와 성공을 하고 싶지 않다면, 무엇보다 타협하지 않아야 합니다.

일부 성공한 사람들은 대부분이 타협에 능란한 사람들이기 때문에 이런 충고는 정말 바보 같은 것입니다. 이 격언에 담겨있는 사악함이 나를 몹시 괴롭게 합니다. 왜냐하면 이 격언은 예수 그리스도의 길을 반대했기 때문입니다. 인간적인 말로 표현하자면, 다른 사람들이 사는 방법에 순응하는 것을 지혜라고 말할 수 있습니다. 사람들은 이런 지혜를 좋아합니다. 그리고 이런 지혜가 세상에서 출세와 성공의 문을 열어줍니다.

그러나 영적인 말로 표현하자면, 세상이 가는 길에 순응하는 것은 치명적으로 위험합니다. 그래서 바울은 에베소서에서 이렇게 말합니다. "이제부터 너희는 이방인이 그 마음의 허망한 것으로 행함 같이 행하지 말라"(엡 4:17). 에베소인들은 이방인이었고, 과거에 그들도 다른 이방인처럼 살았으나 이제는 상황이 완전히 달라졌습니다. 그들은 제자도와 거룩함으로 예수 그리스도의 부르심을 받았습니다. 그들은 예수님이 지상에서 사셨던 것과 같은 삶을 살아야 했습니다. 우리가 세상에서 살고 있는 것처럼 그들도 역시 세상에서 살아야 했으나, 세상에 속하지는 않았습니다.

거룩한 생활

에베소서 4:17절에서부터 이 편지의 제일 마지막 문단이 시작되고, 이 마지막 문단의 주제는 편지의 끝까지 이어집니다.

바울의 편지는 먼저 교리를 진술한 다음 적용을 기술하는 형식을 취합니다. 교리를 서술한 다음 적용하고, 그 다음 문장에서 다시 동일한 형식을 반복합니다. 1-11장까지 교리를 가르치는 로마서가 좋은 예라고 할 수 있습니다. 로마서는 그 다음 12-16장에서 실천적인 것을 다루고 있습니다. 갈라디아서는 1장과 2장에서 개인적인 것을 다룬 다음 3장과 4장에서 교리를 가르치고 나서, 5장과 6장까지 실천적인 가르침으로 갈라디아서를 끝마칩니다.

에베소서도 마찬가지입니다. 처음 세 장에서 바울은 그리스도인의 구원의 본질과 기원을 논의합니다. 구원은 하나님의 은혜로 말미암고, 교회 안에서 그리고 교회를 통하여 하나님의 다양한 지혜를 계시하는 것이 에베소서의 저술 목표입니다. 이 편지의 후반부 4-6장은 이런 교리를 세상 속에서 살고 있는 그리스도인의 생활에 적용하고 있습니다.

사실상 후반부 적용도 4:1-16절과 4:17-6:24절의 두 부분으로 나누어야 합니다. 교리 부분에서 하나님께서는 열방에서부터 그리스도인을 부르셨으며, 삶의 모든 여정은 하나 됨을 위하여 투쟁하는 하나의 백성이 되어야 한다고 가르치고 있습니다. 이것이 4:1-16절의 가르침입니다. 그러나 또한 교리 부분에서 그리스도인은 순결을 유지하기 위하여 투쟁하는 하나님의 거룩한 백성이라고 가르치고 있습니다. 이것은 마지막 결론에 되어져야 할 부담입니다.

이것은 지극히 중요한 요점입니다. 그리스도인은 거룩한 삶을 살아야 합니다. 도덕 자체가 훌륭하고, 성공과 행복, 그 외 여러 가지를 장려하기 때문이 아니라 하나님께서 친히 행하신 것 때문에 거룩하게 살아야 합니다. 예수 그리스도를 통해서 우리를 향하여 하나님께서 행하신 것을 우리가 믿기 때문에 하나님께서 원하시고 요구하시는대로 살아야 합니다.

마틴 로이드 존스(Martyn Lloyd-Jones)는 "우리의 행위는 항상 우리가 믿는 것 때문에 우리에게 필연적인 것이 되어야 한다. … 만일 나의 삶이 그리스도인으로서 나에게 필연적이지 않다면, 만일 내가 항상 그리스도인의 삶을 거부하면서 투쟁하고 갈등하고 거기서부터 탈출하려고 애를 쓴다면, 그리고 이 생활이 왜 이다지도 힘들고 편협하냐고 의아해하면서, 아직도 세상 속에서 살고 있는 사람을 부러운 눈으로 바라보는 나 자신을 발견한다면, 나의 그리스도인의 삶은 근본적으로 잘못된 것이다." 라고 말했습니다.[1]

그러므로 그리스도인답게 사는 삶을 실패했을 때, 나를 고통스럽게 하는 것이 있습니다. 그것은 내가 실패했고, 또 내가 문제를 가지고 있는 것이 아니라 나 때문에 하나님께서 실패하셨고, 또 나를 향하신 하나님의 목적이 실패했다는 생각이 나를 고통스럽게 합니다.

지금 이 세상의 체계

에베소서 1-3장에서 교리적 기초를 놓은 다음, 곧 이어 바울은 긍정적인 도덕적 교훈으로 - 거룩한 삶을 살아라, 진리를 말하라, 친절하고 사랑스러워라 - 넘어갑니다. 바울은 결과적으로 그렇게 할 수밖에 없습니다. 에베소인들은 그들이 구원받기 전에 속했던 이 세상의 본질과 이 세상이 그렇게 될 수밖에 없었던 이유를 알아야만 한다는 점을 바울이 상기시켜 줍니다.

지금 현재 이 세상의 체계를 바울은 이렇게 기술합니다. 먼저, "그들의 마음의 허망함" 그리고 "그들의 총명이 어두워짐" 마지막으로, "하나님의 생명에서 떠남" 이라고 바울은 기술합니다(17-18절). 바울은 에베소인들이 이교도 이웃들과 전혀 다를 뿐만 아니라 더 고상한 행동의 기준을 추구하라고 촉구하면서 행위에 대하여 말하고 있습니다. 바울이 이 세상의 체계를 기술하면서 제일 먼저 불신자들의 생활 속에서 지적인 면을 강조하는 것이 우리에게 다소 충격적입니다. 사람이 생각하는 것에 합당하게 행동하지 않는 한 그의 생각은 그다지 중요하지 않거나 별로 큰 의미가 없습니다. 다시 말해서 실천적인 면에서 엉망진창 뒤죽박죽으로 혼란스러운 사람이 지적인 생활을 할 수 없습니다. 사도 바울의 말을 따르자면, 그것은 옳은 길이 아닙니다. 사람은 항상 그가 생각하는 대로 행동하게 마련입니다. 사람의 생각이 엉망진창으로 뒤엉켜버리는 이유는 하나님과 분리된 결과 그들의 생각이 허망하고 그들의 깨달음이 어두워졌기 때문입니다.

우리의 문제는 마음에 있습니다. 구원받지 못한 사람은 바로 이런 결함을 소유하고 있습니다. 그는 하나님을 모르고, 따라서 합당하게 생각할 수 없습니다. 만사가 다 궤도에서 벗어났고, 무질서하고 죄악 된 행위는 그의 무질서하고 죄악 된 마음을 반영하는 것입니다.

이것은 바울의 독자들에게 매우 신기한 생각입니다. 그들은 헬라인이었고, 헬라인이 소유한 세계관의 중심 원리는 인간 존재의 가장 훌륭하고 가장 고상하고 궁극적으로 가장 가치 있는 지식이었습니다. 사실상 헬라인들은 이성과 육체(혹은 물질)를 분명하게 분리했습니다. 마음은 인간의 내면에 존재하는 신적인 요소이고, 그것은 우리를 하나님께 연결시켜주고, 위로 향하게 합니다. 우리의 육체는 땅에 속했고, 그것은 우리를 아래로 향하게 합니다. 고대 그리스에서 사색가들은 인간의 이성에 의하여 육체의 능력에서부터 구출되는 것을 구원이라고 생각했습니다. 즉, 철학이 구세주였습니다.

물론 철학은 오늘날 현대인을 구해주는 것처럼 고대인을 구원하지 못했습니다. 바울은 에베소인들에게 이것을 알려주고 싶었습니다. 그들의 사색 능력이 오히려 걸림돌이 되었습니다. 그들은 "마음"이 문제를 해결해 주는 열쇠라고 생각했으나 그것은 실제로 그들을 실패하게 만들었던 으뜸 원인이었습니다. 헬라인들은 타당한 논리적 분석을 추구하였고, 그들은 삼단 논법과 논리적인 틀을 세웠고, 문제를 해결할 수 있었습니다. 그들은 철학적 관념을 통달할 수 있었으나 헬라인들은 하나님을 알지 못했습니다. 어떤 점에서는 그들이 위대했지만, 그들의 사유와 특히 도적적 결과는 왜곡되었습니다.

헬라인들은 고대 세계에서 가장 위대한 사색가들이었습니다. 로마인들도 그들에게서 배웠고, 고대인들은 세 가지 부류 가운데 하나였습니다. 즉, 제우스, 헤라, 포세이돈, 아프로디테를 비롯하여 다른 많은 신들을 믿는 다신론자들이나, 만물을 신이라고 생각하는 범신론자들, 그리고 신은 존재하지 않는다고 믿는 무신론자 가운데 하나였습니다. 이 얼마나 어리석은 생각입니까! 그리스시대의 뒤를 이은 로마시대는 그리스의 지식적 토대 위에 건설되었다고 주장한, 영국의 역사학자로서 「로마제국 쇠망사」를 저술한 에드워드 기번(Edward Gibbon)은 당시 철학자들이 모든 종교란 똑같이 거짓되고, 일반 시민들은 모두 진실하며, 통치자들은 모두 유용하게 써먹을 수 있다고 말했습니다.

오늘날도 과히 다르지 않습니다. 우리는 고대 헬라인들이 그랬던 것처럼 지식적인 업적을 자랑하는 시대에 살고 있으나 참되고 영적인 깨달음을 결여하고 있습니다. 사람들은 이러한 결론에 저항합니다. 하나님께서는 이런 식으로 돌아가고 있는 세상을 보고 계십니다.

마음이 굳어짐

오늘 우리가 공부하고 있는 본문에서 바울이 자신의 독자들 앞에서 꼭 붙들고 있는 두 번째로 중요한 진리가 있습니다. 즉, 이방 세계가 소유하고 있는 이성은 정산적인 기능을 발휘하지 못한다는 것입니다. 왜냐하면 "그들의 마음이 굳어졌기" 때문입니다(18절).

NIV성경이나 다른 현대역본 영어성경이 흠정역성경(KJV)보다 독자들을 더 잘 깨닫게 해주는 곳이 바로 이곳입니다. 헬라어 포로시스(porosis)를 NIV성경에서 "굳어짐(hardening)"으로 번역을 해 놓았지만, 흠정역성경은 "소경, 시력 상실 (blindness)"로 번역해 놓았습니다. 이 말은 "돌"을 의미하는 포로스(poros)에서 파생한 명사 꼴입니다. 흔히 대리석 종류의 돌을 일컫는 말입니다.

또 이 말은 의학적으로 사용되기도 했습니다. 포리온(porion)은 "캘러스"라는 병이었습니다(피부가 딱딱하게 굳어지는 경화 현상으로 흔히 굳은살이 박혔고, 또는 "못"이 박혔다고 말함-역자). 동사 "포로오(poroo)"는 "석화하다" 또는 "굳어지다"라는 의미를 가지고 있었습니다. 이 현상이 관절에서 일어나면, 관절이 뻣뻣해지는 "관절염"이라고 부릅니다. 이 말을 뼈가 골절한 상태에 적용하면, 뼈나 연골이 자라서 부러진 조각들이 결합되는 과정을 일컫는 말입니다. 눈에서 이 현상이 일어나면, 소경이 됩니다. 성경 번역자들은 흠정역성경을 번역하면서 바로 이 의미를 골라서 사용한 것입니다. 물론 이것은 틀린 것은 아닙니다. "마음의 눈이 멀면" 하나님을 볼 수 없으나 이 말은 아직도 문제가 남아있습니다. "눈이 멀었다"고 말하면 피할 길이 없고, 그 결과 도덕적으로 비난할 수 없는 무능력 상태를 암시합니다. 이것은 본래 본문이 전하려는 의미가 아닙니다.

구원받지 못한 세상에는 비난받아야 할 것이 너무나 많이 있다는 것을 바울이 말하려는 것입니다. 사람은 의지적으로 하나님께 대하여 스스로 자기 마음을 굳게 했습니다. 그 결과 영적인 깨달음에서 삐뚤어지고 말았습니다. 새로운 영어성경 번역본들은 이점을 분명하게 했습니다.

이것을 깨닫게 되면, 그 위대한 로마서 1장을 집필할 때와 동일하게 바울이 같은 생각을 에베소서에서도 발전시키고 있다는 것을 발견하게 됩니다. 로마서 1:18절을 시작하면서 바울은 하나님의 진노가 어떻게 경건하지 못한 사람들에게 나타나게 되었는가를 설명합니다. 그들이 하나님을 순진하게 몰랐던 것이 아니라 하나님께서 세상에 보여주신 계시에 대하여 의지적으로 그들의 눈을 감아버렸기 때문이었습니다.

그래서 신약성경 로마서 1:18-23절에는 연속적으로 이어지는 네 개의 중요한 관점이 있습니다.

1. **하나님은 자연 속에서 사람에게 계시하셨습니다.** 그러므로 하나님을 찾지도 않고, 또 예배하지 않는 사람은 누구든지 책망 받을 수밖에 없습니다. "이는 하나님을 알 만한 것이 그들 속에 보임이라 하나님께서 이를 그들에게 보이셨느니라"고 바울은 말합니다(19절). 자연 속에서 하나님을 계시하는 것이 완전한 구원 계시는 아닙니다. 자연 계시보다 하나님께서는 더 많은 것을 가지고 계십니다. 예수 그리스도께서 성취하신 구속 역사에 따라다니는 모든 것이 여기 포함됩니다.

자연 속에서 하나님을 계시하는 것은 대단히 제한적입니다. 바울은 "그의 보이지 아니하는 것들 곧 그의 영원하신 능력과 신성"의 계시라고 말합니다(20절). 비록 제한적이기는 하지만 그것은 실제적인 계시이며, 그 자체는 하나님을 합당하게 예배할 수 있도록 사람을 - 만일 그가 그렇게 하는 것을 거절할만한 이유가 없다면 - 충분히 인도할 수 있습니다. 이 계시는 "하나님을 아는 지식"을 획득하지 못하고 실패한 인간을 책망을 받아 마땅한 존재로 만들었습니다.

2. 하나님이 자연 속에서 자기 자신을 계시하셨음에도 불구하고, **사람은 계시를 거부하거나 폐하려고 했습니다.** 바울은 그들이 "불의로 진리를 막는 사람들"이라고 말합니다(18절). 즉, 그들은 그것들을 숨기거나, 부인하려고 했습니다. 만일 그들이 하나님의 존재와 본질에 대한 진리를 인식했다면, 그들의 생각과 생활을 바꾸

어야 한다고 깨달았을 것입니다. 그러나 변화는커녕 오히려 계시를 짓눌렀습니다.

3. 하나님을 알지 못하는 것은 의지적이고 책망을 받아서 마땅할 뿐만 아니라 그 것은 자연적인 실수가 아니기 때문에 하나님의 진노가 그들에게 임하는 것입니다 (18절). 즉, 하나님께서는 그런 사람들에게 은총을 베풀지 않을 뿐만 아니라 오히려 그들이 범한 죄를 심판하십니다.

4. 네 번째 관점은 의지적으로 하나님을 무시하는 자들을 심판하는 방법입니다. 죄로 인하여 사람은 하나님의 필연적인 심판을 피할 수 없습니다. 그러나 바울은 여기서 마지막 심판에 대하여 많은 말을 하지 않습니다. 히포의 주교인 아우구스티누스(Augustinus)는 이렇게 말했습니다. "죄에 대한 징계는 죄다." 바울도 이 점을 염두에 두고 있었으므로 진리를 거부한 사람들에게 "유기"라는 강력한 하나님의 진노가 임하게 된다는 계시를 말하면서 바울은 결과적으로 지식과 도덕적 생활이 어두워짐에 대해서 말하고 있습니다. "스스로 지혜 있다 하나 어리석게 되어 썩어지지 아니하는 하나님의 영광을 썩어질 사람과 새와 짐승과 기어다니는 동물 모양의 우상으로 바꾸었느니라 그러므로 하나님께서 그들을 마음의 정욕대로 더러움에 내버려 두사 그들의 몸을 서로 욕되게 하셨으니 … 이때문에 하나님께서 그들을 부끄러운 욕심에 내버려 두셨으니 … 하나님께서 그들을 그 상실한 마음대로 내버려 두사 …" (롬 1:22-24, 26, 28).

에베소서의 구절은 이보다 더 짧고, 다른 말을 사용하여 표현하지만, 에베소서 4:17-19절의 사상과 동일함을 발견할 수 있습니다. 에베소인들이 - 그리고 다른 모든 그리스도인이 - 이 세상에서 발견하게 되는 것은 세상은 하나님에 대해서 마음을 굳게 했다는 것입니다. 그리스도인의 기쁨이요 영광이신 바로 그분은 세상의 원수가 되십니다. 따라서 우리는 세상과 더불어 한 팀이 되지 않고, 우리는 세상과 동일한 목표와 임무와 충성을 하지 않습니다. 만일 우리가 이 세상에서 활기차게 그리스도인의 삶을 지속해 가려면, 이 점을 분명히 볼 줄 알아야만 합니다.

기도와 깨달음

바울은 "너희는 더 이상 이방인들처럼 살지 말아라"는 주제를 다음 문단에서 다루게 됩니다. 그는 이 말이 의미하는 것을 정확하게 설명할 것입니다. 우리가 이 소중한 설명으로 나가기 전에 몇 가지 결론을 내리고 적용해야 할 필요가 있습니다.

첫째, 우리는 세상이 실제로 어떤 것이냐를 알아야 하고, 세상은 그저 막연히 생각하는 것이나, 다른 사람들에게 제시하는 것과 같지 않다는 것도 알아야 합니다. 우리는 세상에서 살고 있기에 때로는 필연적으로 세상의 자체 평가를 채택해야 합니다. 세상은 상당히 잘 돌아가고 있다고 생각합니다. 세상은 점점 나아지고 있으며, 틀림없이 지금보다 훨씬 더 좋아질 것이라고 세상은 생각합니다. 우리는 실제로 그렇지 않다는 것을 깨달아야 합니다. 이것은 바로 세상이 보고 있는 것입니다. 이것은 하나님께서 보고 계시는 것이 아닙니다. 이것은 실제로 사물이 존재하는 방법이 아닙니다. 진실을 말하자면, 세상은 무서운 곳입니다. 세상은 정보를 가지고 있습니다. 그러나 참 지식은 결여되었습니다. 그러나 궁극적으로 문제가 되는 유일한 지식은 "하나님을 아는 지식"입니다. 이 지식이 결여되면, 점점 사악해지게 마련이고, 우리는 그 지식이 결여된 채 살아가는 것을 부러워하지 않아야 합니다.

둘째, 우리는 세상이 영적인 맹목(盲目)과 같이 움직이고 있다는 것을 인정해야 하는데, 이것은 마음이 의지적으로 굳어진데 기인하는 맹목입니다.

마틴 로이드 존스는 에베소서 주석에서 이 점에 대하여 탁월한 설명을 우리에게 제공해 주고 있습니다. 소(小) 윌리엄 피트(William Pitt the Younger)는 영국이 낳은 위대한 재상 가운데 한 사람입니다.[2] 그는 위대한 지식인이었으며, 전 대영제국을 휩쓴 노예폐지운동에 자기 생애를 바쳤던 윌리엄 윌버포스(William Wilberforce)의 친구였습니다. 윌버포스는 정말 순수한 복음적인 회심을 체험했던 사람이었고, 이 회심이 윌버포스를 그토록 올곧은 사람으로 만들었습니다. 노예제도를 반대하여 그토록 오랫동안 수고하고 어려운 투쟁을 했던 이유는 그가 그리스도인으로서 내렸던 결단 때문이었습니다. 피트는 당시 거의 대부분의 영국인들이 그랬듯이 사실상 명목상 그리스도인이었고, 기독교는 그에게 아무런 의미도 없었습니다.

그 당시 런던에는 리처드 세실(Richard Cecil)이라는 이름을 가지고 있는 위대한 복음적인 목회자요 설교자가 있었습니다. 윌버포스는 리처드 세실이 설교할 때마다 정기적으로 참석하곤 했고, 그의 설교를 좋아했습니다. 리처드 세실의 설교는 그의 주린 영혼을 먹여주었고, 그의 가슴에 불을 지폈습니다. 그는 영국의 재상이자 자기 친구인 윌리엄 피트와 함께 리처드 세실의 설교를 들으러 가고 싶었습니다. 윌버포스는 예배당에 함께 가자고 피트를 자주 초대했지만, 번번이 피트는 핑계를 댔고, 피트는 항상 분주했습니다. 드디어 기회의 날이 왔고, 윌리엄 피트가 윌버포스와 동행하겠다고 말했습니다.

그 주일 아침, 리처드 세실은 최선을 다해서 설교했습니다. 윌버포스는 지금까지 들어보지 못했던 설교에 매우 도취되었습니다. 그는 하나님께 영광을 돌리면서 자기 친구를 위해서 기도했습니다. 예배가 끝나고 두 사람은 함께 밖으로 나왔고, 윌리엄 피트는 자기 친구 윌버포스를 향해서 몸을 돌리고 말했습니다. "윌버포스, 나는 저 사람이 말하는 것을 한 마디도 알아들을 수 없었다네. 알겠나?"

불신자를 친구로 둔 많은 사람들은 항상 자기 친구들에게 복음을 전한 다음 그와 같은 체험을 하게 되고, 그런 반응을 슬퍼합니다. 결과에 놀라지는 않지만, 이런 슬픔은 당연한 것입니다. 이것이 바로 바울이 말하는 영적인 맹목(盲目)이요, 굳어진 마음입니다. 하나님이 이 마음을 부드럽게 해 주시고, 그들의 눈을 열어서 진리를 보게 해주실 때까지 이런 사람은 계속해서 소경으로 남게 됩니다.

이제 마지막 적용을 살펴보면, 그리스도인은 **세상처럼 살지 말아야 한다**고 말하는 에베소서의 마지막 부분을 살펴보려고 합니다. 정말 그렇습니다. 우리가 세상의 가치관을 거부하고 전혀 다른 생활 방법을 세워나가면, 세상을 향한 우리의 임무는 소진되지 않을 것입니다. 우리는 세상을 위해서 기도해야 합니다. 만일 세상을 위한 기도가 약간 당황스러울지 몰라도 - 실제로 그렇다 - 우리가 알고 있는 사람 가운데 눈이 열려야 할 사람을 위하여 기도 드려야 합니다. 여러분이 기도 드리는 사람 가운데 어떤 친구가 틀림없이 구원받게 된다고 말하려는 것이 아닙니다. 성경은 우리에게 기도를 권면한다는 것을 압니다. 구하지 않으면 받지 못합니다.

역사적으로 우리가 "부흥" 이라고 부르는, 하나님의 영이 역사 하는 위대한 운동은 모두 하나님의 백성들이 오랫동안 그것을 위해서 열렬하게 그리고 마음의 부담을 안고 기도했기 때문에 열매를 거둘 수 있었습니다.

오늘날도 하나님의 영이 살아 역사 하는 운동이 필요합니다. 여러분도 그것을 믿습니까? 이 운동을 위해서 충분히 기도해야 한다고 믿습니까? 세상의 죄를 고발하는 것은 충분하지 않고, 세상 밖으로 나오는 것만으로는 충분하지 않습니다. 세상과 헤어져야 하고, 우리가 알고 있는 사람들을 위해서 기도해야 하며, 하나님의 말씀을 그들에게 전해야 합니다. 하나님의 말씀은 그분께서 죄인들을 어둠에서부터 당신의 놀라운 빛으로 인도하시는 수단이기 때문입니다.

●각주●

1. D. Martyn Lloyd-Jones, Darkness and Light: An Exposition of Ephesians 4:16-5:17 (Grand Radpis: Baker, 1982), 21

2. 소(小) 윌리엄 피트 (William Pitt the Younger: 1759-1806) 는 대(大) 윌리엄 피트의 차남이다. 그는 케임브리지 대학을 졸업하고 1781년 하원의원이 되었으며, 이듬해 재무장관이 되었다. 1783년 24세의 나이로 수상직에 올라 조소(嘲笑)에도 굴하지 않고 이듬해 총선거에서 압승을 거두어 정권을 공고히 하였다. 청년 수상으로서 수많은 업적을 남겼으며, 1800년 국내 통일 강화의 관점에서 아일랜드와의 합병을 실현하였으나, 종교 문제를 둘러싸고 국왕과 의견이 상충하여 이듬해 사임하였다. 1804년 다시 수상이 되었으나 건강이 좋지 않던 가운데 아우스터리츠 전투의 비보(悲報)에 접하자 병세가 악화되어 얼마 후 죽었다. 20년 가까운 재임기간 중 애매하던 수상의 지위를 확립한 공적은 높이 평가된다.-역자

26

시간을 분할하는 위대한 예수

에베소서 4 : 20-24

오직 너희는 그리스도를 그같이 배우지 아니하였느냐 진리가 예수 안에 있는 것 같이 너희가 참으로 그에게서 듣고 또한 그 안에서 가르침을 받았을진대 너희는 유혹의 욕심을 따라 썩어져 가는 구습을 따르는 옛 사람을 벗어 버리고 오직 너희의 심령이 새롭게 되어 하나님을 따라 의와 진리의 거룩함으로 지으심을 받은 새 사람을 입으라

서구 세계에서 시간을 계산할 때, 과거의 어느 고정된 시점에서부터 한 해씩 더해 나가는 것이 아니라 앞과 뒤를 분간할 수 있는 중간 지점에서부터 출발하는 것이 어떤 의미인지 심각하게 생각해 본적이 있습니까? 유대인의 달력은 창조의 시점이라고 생각하는 시간에서 시작하여 앞으로 진행해 나갑니다. 중국에서 사용하기 시작한 음력도 마찬가지입니다. 그러나 기독교의 달력은 그렇지 않습니다! 우리는 예수 그리스도께서 탄생한 해에 제일 근사한

시간에서부터 시작하여 양 방향으로 햇수를 계산하고 있습니다. 숫자가 줄어들면서 뒤쪽으로 진행해 나가는 것을 주전(B.C.; 즉, "Before Christ" "그리스도가 탄생하기 전")이라고 부르고, 숫자가 쌓이면서 앞으로 진행해 나가는 것을 주후(A.D.; 즉, "Anno Domini" "주님의 해에")라고 부릅니다. 이 낯선 시간 계산법에서 나사렛 예수는 역사를 분할하는 선이라고 증언합니다.

예수님은 역사적인 의미보다 더 큰 의미를 지니고 있는 위대한 시간의 분수령이십니다. 그분은 또한 자기가 구원한 사람을 개인적으로 나누는 기준입니다. 바울은 이것을 염두에 두고 그리스도에게서 분리된 이방 세계에서부터 기독교의 새로운 기준을 향하여 그리스도인이 어떻게 자신의 행동을 실천에 옮길 것인가를 다루고 있습니다. 어둡고, 소외되었으며, 허무함 속에 자리 잡고 있는 세상을 기술한 다음, 사도 바울은 "오직 너희는 그리스도를 이같이 배우지 아니하였느니라"고 절규합니다(엡 4:20).

이것은 바울이 그리스도인의 삶에 대하여 폭 넓게 기술하려는 서론에 불과합니다. 그리스도인의 삶은 인간의 타락한 마음이나 허망한 노력에서부터 나오는 것이 아닙니다. 바울이 그리스도를 언급하면서 설명하려는 것을 주목해 보아야 할 필요가 있습니다. 어떤 사람들은 인생의 새 출발이나 새 삶은 자기 발견에서부터 시작한다고 생각합니다. 인간 잠재력을 계발하는 운동(예를 들자면, 미국에서 인기를 끌고 있는 EST, Mind Dynamics, Lifespring, Scientology와 같은 단체들)은 이렇게 가르치고 있습니다. 어떤 이들은 개인적인 계발을 통해서 변화를 달성할 수 있다고 생각합니다. 그들은 신비주의적인 방법을 사용하거나 동양에서 발흥하는 신흥 종교들을 통해서 이것을 발견하려고 합니다. 어떤 이들은 아직도 19세기의 필연적인 발달 논리를 신봉하고 있습니다.

그러나 실제적인 변화는 이러한 방법을 통해서 일어나지 않습니다. 이 세상에 소개된 유일하고 참된 변화 능력은 예수 그리스도의 인격과 그분의 가르침입니다. 개인의 삶 속에서 일어나고 있는 유일하고 참되고 지속적인 변화는, 그분을 믿고 그분을 아는 지식을 통해서 일어납니다.

예수 그리스도는 역사적으로 시간을 분할하는 위대한 분이시기도 하지만, 한 발더 나아가서는 셀 수 없을 만큼 수많은 사람들의 삶 속에서, 시간을 분할하는 위대한 분이십니다.

그리스도의 학교

바울은 "예수 안에 있는 진리"를 언급한 다음 교육과 관계가 있는 세 가지 동사를 사용해서 이것을 설명합니다. 이 말을 함께 묶어놓으면 "예수 그리스도의 학교"라고 부를 수 있는 하나의 이미지를 만들어 냅니다. 세 가지 동사를 사용하는 방법이 매우 흥미롭습니다. 마르쿠스 바르트(Marcus Barth)는 이 동사를 탁월하게 다루면서 "사람이 이해하기 힘든" 말이라고 주해하면서 또한 이 동사들은 "비범한 언어의 용법"이라고 생각했습니다.[1]

첫 번째 동사는 에마테테(emathete)입니다. 이 동사가 사용된 절은 문자적으로 해석하자면, "너희는 그리스도를 배웠다"(NIV성경은 "알게 되었다"로 번역함)고 할 수 있습니다. 이것이 "비범하다"는 이유가 한 인간을 배운다는 사상은 -단순한 사실이나 교리가 아님- 헬라어 성경 어느 곳에서도 찾아볼 수 없는 표현입니다. 성경 이전 문헌에서도 발견할 수 없습니다. 도대체 무엇을 의미하고 있습니까? 역사적 예수에 관해서 단순한 사실을 공부하거나 그분이 가르쳤던 교리에 친숙하게 되는 것 이상의 의미가 담겨있다고 할 수 있습니다. 요한복음 17장에서 하늘 아버지께 드렸던 위대한 기도에서 "영생은 곧 유일하신 참 하나님과 그의 보내신 자 예수 그리스도를 아는 것이니이다"라고 말씀하셨던 것처럼 예수님께서 하셨던 말씀의 행간을 따라가면서 이해하는 것입니다(3절). 그리스도인은 살아 계신 예수 그리스도와 더불어 인격적인 관계로 들어갔기 때문에 그리스도의 사람이라는 의미입니다. 이것이 그분을 배우는 것이며, 바로 이것이 인간 내면의 가장 깊은 곳에서부터 변화를 일으킵니다.

두 번째 동사는 **에쿠싸테(ecousate)**입니다. 이 동사는 "너희가 그에게서 들었다"라는 절에서 사용되었습니다. NIV성경은 "너희가 그에게서(of) 들었다"로 번역해 놓았습니다. 그러나 "에게서(of)"는 본문에 없는 말이고, 이 점에서 NIV성경은 실수를 한 것 같습니다. 본문이 말하려는 요지는 우리가 그리스도에게서(of) 들은 것이 아니라 그분이 말씀하는 것을 들었다는 것입니다. 어떻게 그럴 수 있습니까? 어떻게 우리가 예수님의 말씀을 들을 수 있습니까? 이 말을 이해하기 힘들지만 복음을 전하는 설교자가 우리에게 말씀을 강론할 때, 우리는 성경 속에서 그분의 말씀을 듣는다고 대답할 수 있습니다. 에베소인들은 바울이 지금 편지를 써 보내는 대상이고, 더 나아가서 이것이 그들로 하여금 그리스도를 듣게 하는 방법이기 때문에 나는 설교를 강조합니다. 바울이 예수님을 전파할 때, 에베소인들은 바울의 강론을 통해서 예수 그리스도를 들었습니다.

세상은 참으로 이 점을 이해하기 힘듭니다. 우리가 소(小) 윌리엄 피트와 윌버포스의 이야기에서 보았듯이 이 세상 사람들의 마음은 온통 구름으로 덮혀 있고, 그들의 눈은 멀었습니다. 그러나 그리스도인들은 이 이야기가 무엇을 의미하는지 정확하게 압니다. 여러분은 성경을 읽거나 설교를 통하여 선포되는 하나님의 말씀을 듣습니다. 때로는 전혀 예기치 못했던 시간에 아주 돌발적으로 예수님이 여러분에게 개인적으로 말씀하시는 것을 깨닫게 되는 경우가 있습니다. 이것은 단순한 주관적인 감정이 아니고, 이것은 초자연적입니다. 왜냐하면 그분은 자기 백성의 삶과 생각을 변화시키기 위해서 말씀하시기 때문입니다.

세 번째 동사는 **에디닥테테(edidachthete)**입니다. 이것은 가르침을 의미하는 일반 헬라어에서 가장 고상한 표현입니다. 이 동사는 "너희가 그 안에서 가르침을 받았다"라는 절에 사용되었습니다. "그 안에서"라는 표현이 우리를 당황하게 만듭니다. 보통 "그에 의해서 가르침을 받다"라든지 "그분에 대해서 가르침을 받다"라는 문장을 기대하게 됩니다. 그런데 본문은 실제로 "그 안에서"라고 말하고 있습니다. 이것은 아마 지금 가르침이 진행되고 있는 특별한 장소라는 의미인 것 같습니다.

그래서 우리는 예수님은 가르침의 주제요, 선생님일 뿐만 아니라, 학교라고 말할 수 있습니다.

몇 해 전, 마샬 맥루한(Marshall McLuhan)이 "전달 매체가 곧 메시지다"라는 말을 유행시킨 적이 있습니다. 그는 텔레비전과 같은 정보 전달 형태를 언급하면서 이 말을 사용했습니다. 그리스도의 학교에서 우리는 전달 매체이신 예수님께서 유일한 메시지이며, 장소도 된다는 구체적 사례를 가지고 있습니다. 예수 그리스도는 모든 것이 되십니다.

존 스토트(John Stott)는 이 구절을 다음과 같이 주해했습니다. "도덕적인 교훈을 베풀 때, 예수 그리스도는 가르치는 분, 곧 주체도 되고, 가르침의 내용, 곧 객체도 되고, 또 가르침을 제공하는 장소도 될 때, 우리는 비로소 이것이 '기독교적이다'라는 확신을 가질 수 있다. 왜냐하면 진리는 예수 안에 있기 때문이다. 그분의 직책 '그리스도'가 인간이신 그분의 이름 '예수'로 바뀐 것은 의도적이다. 역사적 예수 자신은 그분의 주장처럼 진리의 구현이다."[2]

바울이 그리스도와 그분의 길을 아는 지식을 가장 심오하고, 가장 인격적이고, 가장 깊은 의미로 표현하려고 시도했지만, 그리스도를 안다 혹은 그리스도를 배웠다라는 말로 표현할 수밖에 없었다는 점을 주목해야 됩니다. 왜 이렇게 표현할 수밖에 없습니까?

바울은 앞에서 세속적인 이방 세계가 알지 못하기 때문에 그들의 상황을 설명했습니다. 이방 세계의 타락은 "의지적"으로 하나님을 알지 않겠다고 거절한 것이 그 이유라고 바울은 지적했습니다. 세상은 하나님께 대하여 마음이 굳어졌고, 그 결과 지식적으로 하나님에게서 소외되었고, 다른 모든 진리의 길에서부터 멀어지게 되었습니다. 그 다음 예수님께서 차이가 나도록 만들었다고 말하면서 정확하게 병행적인 표현을 했습니다. 세상은 하나님을 알지 못하나 그리스도인은 그분을 알게 되었습니다. 세속적인 생각은 그리스도의 가르침에 적대적이나 예수님을 믿는 신자들은 기쁨으로 "그리스도의 학교"에 자기의 이름을 등록하고, 배움의 진도를 나가게 됩니다.

무엇이 차이인가?

그리스도가 이 땅에 오심과 그분의 계시의 차이가 있다면, 그것은 우리에게 무엇을 의미하는가를 구체적으로 질문해야 하는 단계에 도착했습니다. 우리는 이 위대한 역사적 분할의 오른쪽과 왼쪽에 놓여 있는 지리적 상황을 어떻게 설명할 수 있습니까? 나는 다섯 가지 대안을 제시하고 싶습니다.

1. 하나님과 무신론(God and Atheism). 물론 이 세상에는 기독교 외에도 수많은 종교가 있습니다. 기독교의 하나님이 계시기 때문에 이런 종교도 존재할 수 있다고 논쟁을 시도하고 싶습니다. 참되신 하나님에 대한 무지는 사람들의 인격의 중심을 진공 상태로 만들었고, 사람은 그 빈 곳을 종교로 채워보려고 애쓰게 되었습니다. 이런 종교는 모두 바울의 표현을 따르자면, "헛된" 상태이며, 따라서 텅 비어있습니다. 영국의 역사가인 에드워드 기본이 고대 세계의 종교는 일반 백성의 마음속에서 "똑같이 참되고", 철학자들의 마음속에서 "똑같이 거짓되고", 통치자들의 마음속에서 "똑같이 쓸모가 있다"고 말했던 것처럼 이런 종교는 사람을 좌절로 이끌고 갑니다. 이런 문제점에 대한 인간적인 단순한 논쟁은 잘 해보아야 회의론으로 몰고 가거나 최악의 경우에는 노골적인 불신앙이나 무신론으로 갈 수밖에 없습니다. 그리스도는 하나님이 존재하시며, 그 참되신 하나님은 성경의 하나님이라는 것을 보여 주셨습니다.

프랜시스 쉐퍼(Francis Shaeffer)가 저술한 변증적인 글에서 깊은 감명을 받았습니다. 그의 변증은 하나님이 존재한다는 명제에서부터 출발하여 이 근본적인 진리에 대하여 "하나님은 거기 계신다. 그분은 침묵하지 않으신다." 라고 말합니다.[3] 이것은 고전적인 진술이라고 해도 지나치지 않습니다. 우리가 왜 여기서부터 출발해야 하는지 그 이유를 밝혀주는 증거입니다. 하나님께서 존재하시고, 그분이 존재한다는 것을 우리가 알 수 있다면 모든 것은 이 전제를 따라가야 합니다. 성경은 이렇게 시작합니다. "태초에 하나님이…"(창 1:1) 그밖에 모든 것은 그 뒤를 따라야 하는데,

하나님께서 존재하지 않거나 그분이 존재한다는 것을 우리가 알 수 없다면 혼돈 외에 따라 올 것이 없습니다.

예수님께서는 하나님이 존재하시며 이 하나님, 유일하시고 참되신 하나님은 성경의 하나님이라는 것을 우리에게 보여 주십니다. 이 분이 바로 예수님이 믿었던 하나님이요, 예수님이 가르쳐 주신 하나님이십니다. 예수님이 하나님은 전능하다는 것을 가르쳐 주셨고, 자기가 죽은 후 바로 이 하나님, 곧 구약의 하나님이시며, 아브라함과 이삭과 야곱의 하나님께서 죽은 자 가운데서 자기를 다시 살리실 것이라고 선언하셨습니다.

이 선언은 엄청나고 불가능하게 보이는 선언이었으나 예수님의 하나님은 시험을 잘 해결하셨습니다. 하나님께서는 예수님을 죽은 자 가운데서 일으키셨고, 따라서 그분의 가르침과 그분의 부활에 의지하여 하나님께서 계신 것과 예수님에 의해 선포된 하나님께서 그 하나님이라는 사실을 우리가 알게 되었습니다.

2. 계획인가? 아니면 우연한 사고인가(Plan or Accident)? 생명은 중요한 신적 계획의 한 부분입니까? 혹은 그저 우연한 사고입니까? 이것은 그리스도의 인격에 붙어서 떨어지지 않는 두 번째 이슈입니다. 최근 많이 등장하는 무신론적 진화론의 옹호자들은 우리 자신을 포함하여 존재하는 모든 것은 전적으로 실제적인 이유가 없는 상태에서 우연히 생긴 것이라고 논쟁합니다. 이끌어 가는 정신이나 계획도 없고, 다만 우연히 일어났을 뿐입니다. 어느 날, 실제적 이유도 없이 특정한 무기물질들이 - 예를 들면 수소, 물, 암모니아, 이산화탄소와 같이 실제적인 이유 없이 존재하는 물질들 - 아미노산과 당분과 같은 유기물을 형성하려고 결합합니다. 이러한 유기물은 생명 중합체를 형성하려고 결합하고, 이러한 생명 중합체는 단백질과 같은 거대한 분자입니다. 그리고 이렇게 변화된 것이 조류(algae: 藻類) 같이 살아 있는 최초의 세포가 되었고, 여기서부터 생명은 상위 단계로 진화되었습니다.

물론 이것은 전적으로 어리석은 소리입니다. "우연"이란 아무것도 아닙니다. 우연은 아무것도 형성할 수 없습니다. 그래서 만일 계획과 우연한 사고 - 또는 기회 -

둘 중에서 하나를 선택한다면, 어느 것도 선택할 수 없을 것입니다. 반드시 계획이 존재해야 하고, 계획이 존재하기 위하여 그 계획을 세운 분이 존재해야 합니다.

세상은 우연에서 모든 것을 추적하는 것이 어리석다는 것을 모릅니다. 다른 것과 마찬가지로 이 면에서도 예수님은 분기점입니다. 계획도 없고 만사가 모두 단순한 우연의 산물이라면 -그것이 무엇이든- 의미 있는 것은 아무것도 없습니다. 이 세상 자체도 의미가 없고, 역사도 의미 없으며, 여러분도 나도 모두 의미가 없습니다. 모든 것은 다만 우연한 사고일 뿐이요, 우리가 사나 죽으나, 이생에서 무엇을 이루었던 실패했던 아무런 관계가 없습니다. 더 나아가서 우주도 걱정하지 않으니 우리도 염려할 아무런 이유가 없습니다. 물론 사람은 이것을 인정하고 싶지 않습니다. 결국 그들의 세계관과 생명관에 관계없이 - 혹은 하나가 부재하더라도 - 그들은 모두 하나님의 형상으로 지음을 받았고, 또한 그들은 의미를 소유하고 있습니다.

우리는 오직 예수 그리스도 안에서만 이것을 알 수 있습니다. 반면 우리는 고대인들처럼 "내일 죽을는지 모르니까 먹고 마시고 또 즐거워하자"고 말할 수 있습니다. 우리 시대에도 많은 사람들이 엄밀하게 말해서 이런 태도로 살아가고 있습니다. 그리고 그렇다는 것을 보여주기라도 하듯 그들은 공허하게 살아갑니다.

3. 진리인가? 아니면 무지인가(Truth or Ignorance)? "하나님께서는 거기 계시고, 침묵하지 않으신다"는 프랜시스 쉐퍼의 진술을 언급한 것은 이 말의 첫 부분, 즉 "하나님이 살아 계신다"는 것 때문이었습니다. 자, 하나님은 계실 뿐만 아니라 하나님이 살아 계신다는 것을 우리가 알 수 있고, 그 외에도 다른 많은 것을 우리가 알 수 있다는 두 번째 부분으로 돌아가 보면, 하나님의 권위 있는 말씀이나 계시 때문에 우리가 알 수 있습니다.

예수 그리스도 안에서 하나님을 아는 지식을 소유하지 못한 세상은 아무것도 확실하게 알지 못합니다. 바울의 동시대 헬라인들에게 이것은 특별히 이상하게 보였음에 틀림없습니다. 헬라인은 위대한 철학자를 배출해 내었으며, 고대 세계는 그들의 지혜를 자랑했습니다. 가장 훌륭한 철학자들은 그들의 무지함을 - 적어도 부분적으로 - 알고 있었습니다. 플라톤은 무엇인가 동경하는 듯한 어조로 말했습니다. "아마 어느 날 모든 것을 드러내 보여 주고, 모든 것을 평범하게 만드는 한 말씀이 하나님으로부터 나오게 될 것이다." 그러나 초창기 복음의 선포자들이 그들에게 말할 때까지 헬라인들은 말씀이 있는 곳을 알지 못했습니다. 그들은 계속 무지함에 머무르고 있었고, 선포된 말씀을 듣고도 그분을 거절한 세상은 절대자에 대한 확실성이 증가하는 쪽이 아니라 불확실성이 커지는 방향으로 움직여 나갔습니다.

엄밀하게 말하자면, 종종 우리 시대에 사람들은 더 이상 진리를 믿지 않는다고 내가 자주 말했습니다. 그들은 진리에 대해 말하지만 오직 나에게 참된 것이나 -그러나 여러분에게도 필연적이지는 않음- 혹은 지금 현재 참된 것만을 - 그러나 반드시 필연적으로 미래를 의미하는 것이 아님 - 의미합니다. 최종적으로 분석하면 진리는 없다는 의미입니다. 이와 같은 철학은 계시와 반대가 되고, 그 결과 초래하게 되는 무지함의 뿌리가 너무 깊어 그것이 무지라는 것조차 알지 못합니다.

4. 생명인가? 아니면 망각인가(Life or Oblivion)? 사후에 남는 것은 무엇입니까? 영원한 생명입니까? 혹은 개인적인 망각입니까? 예수 그리스도가 이 세상에 오심으로 차이가 생겼습니다. 예수 그리스도에게서 떨어진 남녀의 가장 큰 두려움은 무엇입니까?그것은 죽음으로, 사람들은 두 가지 이유에서 죽음을 두려워합니다.

첫째, 그들은 캄캄한 통로의 맨 끝에 - 만일 무엇이 있다면 - 서 있는 것이 무엇인지 모르고, 그들은 무지합니다. 영국의 철학자, 정치가인 프랜시스 베이컨(Francis Bacon)은 "어린아이가 어두움을 무서워하듯 사람은 죽음을 두려워한다"고 말하면서 바로 이 점을 생각했습니다.

둘째, 하나님에 대한 의지적인 무지함에도 불구하고 그들의 존재 깊은 곳에서 하나님께서 계시다는 것과 그들이 하나님을 진노하게 했고, 죽음의 문 건너편에서 하나님과 결산을 해야 한다는 것을 감지하고 있습니다. 영국의 시인이자 비평가인 새뮤얼 존슨(Samuel Johnson)이 친구의 죽음 앞에서 느꼈던 공포를 서술할 때, 이 생각이 그를 괴롭혔습니다.[4] "이 마지막 갈등의 표적 앞에서 내가 전에 미처 알지 못했던 감정을 느낀다. 열정의 혼돈, 슬픔의 무서운 적막감, 이름 모를 우울한 공포가 그것이다"라고 잡지 「램블러」 54호에 기술했습니다. 그러나 모든 두려움 가운데 죽음을 대면하는 사람들이 두려워하게 되는 것은 망각으로, 즉 죽음 그리고 그 이후 아무것도 존재하지 않는 상태입니다.

하나님을 대면하게 되는 실재는 훨씬 더 나쁩니다. 예수 그리스도를 떠난 상태에서 하나님을 대면하는 것은 심판과 대면하는 것입니다. 오직 그리스도 안에서 진노와 정죄의 왕국과 생명과 빛의 왕국을 갈라놓는 경계선을 뛰어넘을 수 있습니다.

5. 이생에서 누리는 축복인가? 아니면 저주인가(Blessing or Cursing)? 나는 지금까지 예수님이 만들어 놓으신 영원함의 차이점에 대해서 말했습니다. 이제 예수님은 이생에서도 이러한 차이를 만드신다는 말로 글을 맺으려고 합니다.

여러분은 여호수아서의 저 위대한 광경을 기억합니까? 모세의 명령을 기억하고 있는 여호수아는 그 명령에 순종하여 이스라엘 백성을 에발산과 그리심산에 모두 모이게 하였습니다. 두 산 사이의 지역은 자연적인 원형 극장의 모양을 하고 있었습니다. 축복과 저주가 기록된 하나님의 율법을 낭독하는 동안 백성은 마주보고 있는 두 산에 서 있어야 했습니다. 에발산은 저주의 산이 되었고, 하나님의 법을 어기는 자에게 저주가 임한다고 할 때, 백성은 "아멘"으로 화답했습니다. 그리심 산은 축복의 산이었습니다. 이 산에서 레위인은 하나님을 사랑하고 계명을 지키는 자와 함께 하시겠다는 하나님의 축복의 말씀을 낭독했습니다. 백성은 그 명령을 어떻게 지킬 수 있습니까?

그들은 실상 그 명령을 지킬만한 힘이 없었습니다. 만일 계명을 지키지 못한다면, 무엇을 해야 합니까? 그들에게 임하게 될 하나님의 저주를 어떻게 피할 수 있습니까? 두 산 사이에 있는 원형 극장의 바닥에 어느 날, 예수 그리스도가 성취하게 될 대속을 가리키는 속죄의 제단이 있었습니다. 그 제단은 저주에서부터 그들을 옮겨 축복 안에 머무르게 해 줄 것입니다. 오직 예수 그리스도만 홀로 이 일을 감당하실 수 있습니다. 그분만이 홀로 축복을 가져올 수 있습니다.

예수님이 어떻게 그 일을 하실 수 있는지 우리는 알지 못합니다. 그래도 그분은 지금도 일하시고 계십니다.

예수 그리스도가 오시기 전(B.C.)에는 우리의 삶은 어떠했습니까?

분노와 재앙이었습니다.

주님이 오신 후(A.D.)에는 어떻습니까?

그것은 긍휼과 축복의 길입니다.

오, 놀라운 구세주여!

●각주●

1. Marcus Barth, Ephesians: Translation and Commnetary on Chapter 4-6 (Garden City, N.Y.: Doubleday, 1974), 529.

2. John R. W. Stott, God's New Society: The Message of Ephesians (Downers Grove, Ill. :Inter Varsity, 1979), 179.

3. 프랜시스 쉐퍼의 초기 저작물 가운데 He Is There and He Is Not Silent이라는 제목의 책에 언급된 구절을 인용했다. 이와 동일한 관점은 The God Who Is There과 Escape from Reason, 그리고 또 다른 저술에도 언급되었다.

4. 새뮤얼 존슨(Samuel Johnson: 1709-1784)은 영국 스태퍼드셔의 리치필드에서 태어났다. 학비가 없어서 옥스퍼드대학을 중퇴하였으나, 후에 문학상 업적에 의하여 박사 학위가 추증되어 "존슨 박사"라고 불렸다. 1737년에 런던으로 나온 그는 가난과 싸우면서 잡지 기사를 써주고 받는 원고료로 간신히 생계를 이어가면서, 잡지《램블러 Rambler》를 발행했다(1750-1752). 풍자시《런던 London》(1738)《욕망의 공허 The Vanity of Human Wishes》(1749) 및 비극《아이린 Irene》(1749) 등을 발표하면서 이름이 알려졌다.

1747년에 시작한《영어사전 A Dictionary of the English Language》을 자력으로 7년 만에 완성시킴으로써 사람들을 놀라게 하였다. 그는 1765년에 셰익스피어 전집을 출판하고, 그 모두(冒頭)에 훌륭한 셰익스피어론을 실었다. 그리고 17세기 이후의 영국 시인 52명의 전기와 작품론을 정리한 10권의《영국시인전 Lives of the English Poets》(1779-1781)은 만년의 대사업으로 특히 유명하다. 존슨은 학자 · 문학자 · 시인 · 비평가이었을 뿐만 아니라, "Talker Johnson"이라고도 불릴 만큼 담화의 명인이기도 하였다. "런던에 싫증난 자는 인생에 싫증난 자"라고 말한 그는 진정으로 런던을 사랑한 사람이었다고 할 수 있다. 지난 1995년에《워싱턴 포스트》는 과거 1,000년의 역사에서 최고의 업적을 남긴 인물 또는 작품 선정에서 그를 최고의 저자로 선정하였다.-역자

27

옛 사람을 벗어버리고, 새 사람을 입으라

에베소서 4 : 25-32

그런즉 거짓을 버리고 각각 그 이웃과 더불어 참된 것을 말하라 이는 우리가 서로 지체가 됨이라 분을 내어도 죄를 짓지 말며 해가 지도록 분을 품지 말고 마귀에게 틈을 주지 말라 도둑질하는 자는 다시 도둑질하지 말고 돌이켜 가난한 자에게 구제할 수 있도록 자기 손으로 수고하여 선한 일을 하라 무릇 더러운 말은 너희 입 밖에도 내지 말고 오직 덕을 세우는 데 소용되는 대로 선한 말을 하여 듣는 자들에게 은혜를 끼치게 하라 하나님의 성령을 근심하게 하지 말라 그 안에서 너희가 구원의 날까지 인치심을 받았느니라 너희는 모든 악독과 노함과 분냄과 떠드는 것과 비방하는 것을 모든 악의와 함께 버리고 서로 친절하게 하며 불쌍히 여기며 서로 용서하기를 하나님이 그리스도 안에서 너희를 용서하심과 같이 하라

에베소서의 네 번째 장에서 바울은 크리스천의 행동을 - 처음 세 장에서 선언한 위대한 교리적 교훈의 실제적 적용 - 다루고 있습니다. 그러나 바울은 간접적으로 이끌고 갑니다.

첫째, 하나님께서 구원하시기 이전의 상태를 에베소 신자들에게 상기 시켜주고 있습니다. 그들은 하나님을 거슬러 강팍했고, 어둡고 헛된 생각과 하나님의 생명에서부터 분리되었으며, 거룩에 대하여 무감각하여, 온갖 감각적인 쾌락에 빠졌던 사람들이었습니다.

둘째, 이런 어두운 배경에도 불구하고 그들은 하나님의 구원을 받았고, 자기를 따르는 자를 전혀 다른 길로 인도하시는 예수님을 알게 되었음을 상기시켰습니다. "진리가 예수 안에 있는 것 같이 너희가 과연 그에게서 듣고 또한 그 안에서 가르침을 받았다"고 바울은 주장했습니다(21절). 그리스도 안에 있는 이 새로운 길이란 어떤 것입니까? 우리는 어떻게 그 길을 걸어갈 수 있습니까? 사도 바울은 여기서 이 길을 따라 걷는 것을 예화로 들면서 새로운 길을 보여주는 다섯 가지 본보기를 열거합니다.

수의(壽衣)와 혼례복

바울은 한 벌의 옷을 벗어버리고 새 옷을 갈아입는다는 말을 사용하여 새로운 삶으로 변화되었다고 합니다. "너희는 유혹의 욕심을 따라 썩어져 가는 구습을 따르는 옛 사람을 벗어버리고 오직 너희의 심령이 새롭게 되어 하나님을 따라 의와 진리의 거룩함으로 지으심을 받은 새 사람을 입으라"(엡 4:22-24). 우리는 이 이미지를 쉽게 이해할 수 있습니다. 현대인은 항상 캐주얼웨어를 선호하는 경향이 있음에도 불구하고 특별한 경우나 활동에 더 잘 어울리는 옷이 있다는 것을 인정합니다. 존 스토트는 결혼식에서는 보통 가볍고 밝은 옷을 입고, 장례식에서는 어둡고 칙칙한 옷을 입는다는 점을 관찰했습니다. 다시 말해서 어떤 사람이 입고 있는 옷을 보고, 그 사람이 하는 일의 종류를 식별할 수 있습니다. 의사와 간호사는 특별한 옷을 입고, 군인도 마찬가지입니다. 죄수는 교도소가 지정한 복장을 착용해야 하고, 그들이 출소할 때는 환영받지 못하는 죄수복을 벗고 보통 사람이 입는 옷으로 갈아입습니다.

그리스도인에게 합당한 행위를 호소하면서 그리스도와 분리되었던 옛 생활과 연관이 있는 행위를 벗어버리고 새 옷이나 양복을 입는 것처럼 새로운 행실로 갈아입어야 한다고 바울은 말합니다. 거의 모든 성경은 부정형을 명령형 동사처럼 번역해 놓았습니다. 그것은 명령합니다. "옛 사람을 벗어 버리라" 그리고 "새 사람을 입으라"(22절, 24절). 존 스토트와 마틴 로이드 존스 그리고 다른 사람들은 이것이 옳지 않다고 지적했습니다.[1]

첫째, 골로새서 3:9-10절의 병행구에서 동사는 모두 부정 과거분사꼴을 취하고 있으며, 다음과 같이 옳게 번역되었습니다. 즉, "너희가 서로 거짓말을 하지 말라 옛 사람과 그 행위를 벗어 버리고 새 사람을 입었으니 이는 자기를 창조하신 이의 형상을 따라 지식에까지 새롭게 하심을 입은 자니라" 이것은 앞으로 해야 할 어떤 것이 아니라 이미 일어난 것을 언급하고 있습니다.

둘째, 에베소서 4:25절에서 "그런즉"의 용법은 훨씬 앞에서 일어났던 시간이 아니라 바로 그 시간에 적용되어야 합니다. 만일 22-24절에서 "벗으라"와 "입으라"가 명령형이라면, 그 생각은 이렇게 표현되어야 합니다. "벗어 버리고 … 입으라 그런즉 벗어 버리고 …" 이렇게 되면 의미가 통하지 않습니다. "그런즉"이 덧붙여져야 할 문장은 없습니다. 만일 22-24절에서 동사가 골로새서와 같이 과거나 혹은 동작이 완료된 의미로 사용되었다면, 의미가 통합니다. 신자는 마땅히 기독교의 규범을 정확하게 지켜야 합니다. 왜냐하면 하나님께서 이미 그들의 옛 성품을 벗겨 버리고, 새 성품으로 갈아입힘으로써 그리스도 안에서 새로운 피조물로 만드셨기 때문입니다.

이것은 중요한 관점입니다. 사도 바울은 단순히 새롭고 고상한 수준의 도덕성을 촉구하는 것이 아닙니다. 그것은 전적으로 헛된 일입니다. 우리는 단순한 도덕적 권면을 통하여 진정한 향상을 이룩할 수 없습니다. 오히려 바울은 무엇인가 결정적인 것이 이미 일어났기 때문에 고상한 행실의 형태를 요구하고 있습니다. 우리는 그리스도안에서 새롭게 되었고, 그것이 바로 우리가 새로워져야 하며, 새로워진 존재답게 행동해야 하는 이유입니다.

예수 그리스도는 나사로처럼 우리를 죽음에서 생명으로 옮기셨습니다. 이러한 영적인 기적의 한 부분으로 살아 있는 몸이 아니라 시체에나 입히는 수의를 우리 몸에서 벗기고, 어린 양의 혼인 잔치에 참예하기 위하여 혼례복으로 갈아 입혀 주셨습니다. 이점에서 우리는 어린 양의 혼인 잔치에 청함을 받은 사람처럼 행동을 해야만 합니다.

다섯 가지 본보기들

이것은 무엇을 의미합니까? 그리스도인은 어떻게 행동해야 합니까? 어떤 면에서 에베소서의 나머지 부분은 이러한 질문에 대답하기 위하여 기록되었습니다. 이 문단의 25-32절에서 그리스도인이 취해야 할 고상한 기준을 보여 주는 다섯 가지 본보기를 기술해 놓았습니다. 본보기는 대부분 하나의 행실을 벗어버리고, 새로운 행실을 입으라는 설명에 상응하는 것을 부정적이거나 긍정적으로 제시합니다.

1. 거짓을 버리고, 참된 것을 말하라(25절). 첫 번째 본보기는 벗어버리고 입는 것을 탁월하게 설명하고 있습니다. "거짓"으로 번역된 헬라어는 토 프슈도스(to pseudos)이며 거짓말을 의미하는데, 이 단어는 요한이 적그리스도의 영을 언급하면서 사용했던 단어입니다(요일 2:20-23절을 참조). 참된 것을 말하라고 촉구하는 기초로 이 기본적인 거짓말을 거부해야겠다고 바울이 염두에 두었던 것 같습니다. 에베소 신자들은 그리스도인이 되면서 거짓을 끊어 버리고 진리를 붙잡았습니다. 즉, 그들은 거짓된 신, 우상, 혹은 사탄으로부터 "진리"라고 말씀하는 예수님께로 돌이켰기 때문입니다(요 14:6). 그러므로 그들은 이 기본적인 진리와 거짓말에 대해서는 이미 새 피조물이 되었기 때문에 그들은 이제 거짓말을 완전히 떠나, 항상 진실만 말해야 합니다.

바울은 이 구절에서 진리에 대하여 거듭해서 말합니다. 이방인은 진리를 알지 못하고, 그들의 깨달음이 어두워졌습니다. 그리스도인은 진리를 알고, 그들은 진리를 그리스도로부터, 그리고 그리스도 안에서 배웠으며, 더욱이 "오직 심령이 새롭게 되어" 우리는 성장하게 됩니다.

우리가 그리스도인으로 성장해야 된다면 진리를 계발하는 것이 필수적인 요소 가운데 하나입니다. 물론 우리는 의식적으로 거짓말을 할 수도 있고, 비방도 거짓 말이며, 다른 사람을 잘못 인도하려는 의도적인 진술도 거짓말입니다. 특히 잘못 인도함이 우리의 개인적인 유익을 위하여 시도한 것이라면, 더욱 그러합니다. 그러 나 우리가 진리를 철저하게 계발하는 것이 익숙하지 않아서 무심코 거짓말을 할 때 도 있습니다.

윌리엄 바클레이(William Barclay)가 이 점에 대하여 지혜롭게 말한 새뮤얼 존슨 의 글을 인용하면서 자녀를 올바르게 가르치라고 촉구했습니다. "세상에 그토록 많은 거짓이 존재함은 의도적인 거짓말이 아니라 진리에 대하여 무관심하기 때문이다." 라고 그는 핵심을 갈파했습니다.[2] 세상에 대한 그의 낙천적인 진술이 다소 의심스럽기는 하지만, 그리스도인에게는 사실입니다. 진리를 정확하게 말하는 법을 더욱 계발해야 하는 것과 고상한 기준을 지녀야 하는 이유는 이것이 우리 삶의 필수적인 요소이며, "우리가 한 몸의 지체"이기 때문입니다. 바울은 앞에서 몸의 연합과 건강을 말하면서 "사랑으로 진실을 말함으로써" 세워 나갈 수 있다고 말했 습니다(15절).

2. 분을 품지 말라(26-27절). 두 번째 본보기는 긍정적인 면을 표현하는 것이 아니 라 절제되지 않고, 이기적이고 악한 분노와 대조적으로 절제되고 의로운 분노로 이 해해야 합니다. 분노 자체는 죄가 아니기 때문입니다. 구약성경에서 많은 구절들은 악한 자나 불순종을 고집하는 자기 백성에게 퍼붓는 하나님의 의로운 분노를 말하 고 있습니다. 예수님께서는 여러 경우에 노를 발하셨습니다(마 21:12-13; 막 3:5절을 참조). 참으로 우리도 의로운 분노를 경험하게 됩니다. 그래서 바울은 시편 4:4절에 서 "분노 중에 죄를 짓지 말고"(NIV성경)를 인용하면서 이 주제를 소개하는데, 그 것은 악한 분노와 죄 없는 분노를 구별하려는 것입니다.

그러나 문제는 항상 그런 곳에 있는 것이 아닙니다. 적절하지 못한 시간에 잘못된 이유로 화를 내는 것과 마찬가지로 총체적 불의와 같이 분노해야 될 상황에서 분노하지 않는 것도 잘못된 것입니다. 그러나 우리는 적절하지 못한 시간에 잘못된 이유로 자주 화를 낸다는 것을 인정해야 합니다. 우리의 반응은 개인적인 감정, 교만, 자기 자신에 대한 이미지가 함께 포장되었기 때문입니다. 우리는 이것을 어떻게 다루어야 합니까? 이 점에 대하여 할 말이 많이 있는데, 바울이 말하려는 것은 해지기 전에 우리의 분노를 빨리 해결해야 한다는 것입니다. 상당 기간을 방치해 두어서 환부가 곪고 부어오르고 수술을 하게 되는 것은, 바울의 말처럼 마귀에게 발판을 제공해 주는 것이기 때문에 위험합니다. 분노는 적개심과 비방으로 이어지고, 적개심과 비방은 여러 가지 파멸적인 죄로 이어집니다. 대처할 수 있는 유일한 길은 분노를 고백하고, 가능한 한 빨리 그 뿌리를 뽑아버리는 것입니다.

의로운 분노라고 하더라도 - 우리는 거의 그렇게 하지 않지만 그리스도인들 가운데 더러 총체적인 악을 범죄적으로 용납하는 경우가 있음 - "성내기도 더디 하라"는 충고를 따라야 합니다(약 1:19). 우리가 이 점을 조심했다면 지금보다 화를 훨씬 덜 내어야 합니다.

3. 도둑질을 하지 말고 돌이켜 선한 일을 하라(28절). 각각의 훈계는 한가지나 혹은 여러 가지 방법으로 십계명과 연결 지을 수 있고, 이 경우에는 연결된 것이 명백합니다. 출애굽기에 기록된 십계명에서 여덟 번째 계명은 "도둑질하지 말라"(출 20:15)이며, 바울도 여기서 동일한 명령을 합니다. "도둑질하는 자는 다시 도둑질하지 말고 돌이켜 가난한 자에게 구제할 수 있도록 자기 손으로 수고하여 선한 일을 하라"(엡 4:28).

물론 도둑질할 수 있는 방법은 많이 있습니다. 하나님을 마땅히 예배하지 못하거나 우리의 관심을 하나님의 뜻에 합당하게 맞추지 못할 때, 우리는 하나님에게서부터 도둑질 한 것입니다. 우리의 삶으로 하나님을 영화롭게 하지 못하거나 하나님의 사랑을 다른 사람에게 전하지 못할 때, 우리는 하나님에게서 도둑질 한 것입니다. 할 수 있는 능력을 소유했지만, 최선을 다하지 않거나 시간을 낭비하거나 정해진 시간보다 항상 일찍 퇴근하면 고용주로부터 도둑질하는 것입니다. 사업을 하면서 우리가 만든 물건이나 우리가 제공한 서비스의 대가를 고객에게 더 많이 청구하면 도둑질하는 것입니다. 조악한 생산품을 실제보다 더 좋은 것처럼 눈속임으로 팔면, 그것도 도둑질하는 것입니다. 빌린 돈을 갚지 않는 것도 도둑질이요. 다른 사람의 명성에 손상을 입히는 것도 도둑질하는 것입니다. 하나님께서 우리에게 위탁한 시간, 재능, 자원을 낭비하면 우리 자신으로부터 도둑질하는 것입니다.

우리에게 속하지 않은 물건이나 돈을 가져가는 것, 혹은 우리 자신을 스스로 돌볼 수 있는 데도 불구하고 일을 하지 않고 다른 사람이 돌보게 하는 것을 바울이 여기서 염두에 두었습니다. 정직하지 못하고 게으른 태도와 대조되는 것은 "자기 손으로 수고하여 선한 일을 하는 것"입니다.

개인적인 근면함의 동기는 무엇입니까? 그리스도인과 불신자의 차이가 아주 분명한 곳이 바로 여깁니다. "열심히 일하라, 그러면 자존심을 세워주기 때문이다." 혹은 "당신이 원하는 것을 살 수 있고 만족스러운 삶을 즐길 수 있기 때문에 …"라고 말하는 세속적인 사색가들처럼 바울은 말하지 않습니다. 오히려 바울은 "가난한 자에게 구제할 수 있도록" 그렇게 하라고 말합니다. 일을 하지 않았기 때문에 가진 것이 없는 사람들이 있습니다. 그들은 마땅히 도움 받을 자격이 없습니다. 그러나 자신의 잘못이 아님에도 불구하고 참으로 다른 사람의 도움이 필요한 사람들이 있습니다. 누가 이런 사람을 도와주어야 합니까? 결코 세상은 그렇게 하지 않고, 세상은 자신만을 위해서 애를 씁니다. 가난한 자는 아주 근면하게 일하는 그리스도인의 도움을 받아야만 합니다. 그래서 그리스도인은 도움이 필요한 사람들에게 나누어 줄 것들을 소유하게 됩니다.

4. 더러운 말은 입 밖에도 내지 말고, 다른 사람에게 도움되는 선한 말을 하라(29절). 더러운 말과 선한 말 사이의 대조는 영어보다 헬라어에서 보다 더 강력하고 또한 명백합니다. "더러운"으로 번역된 헬라어는 싸프로스(sapros)입니다. 문자적으로

"썩게 하다" 혹은 "썩기 쉬운"이라는 뜻을 가지고 있습니다. 예를 들면 썩은 과일
이라고 말할 때, 사용되는 단어입니다. 말도 마찬가지로, 사물을 썩게 하고, 부패해
서 문드러지게 합니다. 이와는 대조적으로 그리스도인은 다른 사람을 세워주는 말
을 사용해야 합니다.

　야고보 사도가 그의 서신에서 혀의 문제를 논의하는 것을 검토해 보지 않고는
이 말을 정확하게 이해할 수 없습니다. 야고보가 지적하는 것은 말은 선한 쪽이나
악한 쪽 가운데 어느 한쪽으로 사용될 수밖에 없는 강력한 도구라는 것입니다. 야
고보의 주장은 바울의 말에서도 마치 메아리처럼 반향(反響)을 일으키고 있습니
다. 그것은 말의 입에 물려놓은 재갈과 같다고 야고보는 말합니다. 재갈은 덩치가
큰 동물을 이 쪽 길이나 혹은 저 쪽 다른 길로 방향을 돌려놓을 수 있습니다. 또는
배의 키나 불과 같습니다. "이와 같이 혀도 작은 지체로되 큰 것을 자랑하도다 보라
얼마나 작은 불이 얼마나 많은 나무를 태우는가 혀는 곧 불이요 불의의 세계라 혀
는 우리 지체 중에서 온 몸을 더럽히고 삶의 수레를 불사르나니 그 사르는 것이 지
옥 불에서 나느니라"(약 3:5-6). 이것은 강력한 진술이지만, 과장은 아닙니다. 세기
의 독재자 히틀러의 악하고 썩은 말이 전 세계를 전쟁의 소용돌이로 몰아넣고 헤아
릴 수 없는 고통과 아픔을 야기 시켰습니다. 이와는 대조적으로 예수 그리스도의
선한 말은 전체 역사를 통틀어서 어떤 단일한 사건보다 더 많은 사람들에게 더 많
은 축복을 베푸는 일을 했습니다.

　선하고 악한 말이 야기 시키는 것을 우리가 배워야 합니다. 우리의 악한 혀를 통
제할 수 있도록 하나님의 도우심을 구해야 합니다. 어떻게 할 수 있습니까? 하나님
이 우리 마음을 통제하도록 전적인 맡김으로 할 수 있습니다.

　프랭크 개버린(Frank Gaebelein)은 "혀를 통제한다고? 무엇보다 우선 마음과 생
각을 통제하지 않으면, 결코 달성하지 못할 것이다. … 이와 같은 항복이 지성, 감정
과 의지보다 더 깊은 곳에 도달하게 된다면, 그리스도인이 주님에게 굴복하게 되는
지점까지 도달하게 될 때 - 무슨 대가를 치르더라도 최고의 신실함으로 - 그의 생각
을 통제하고, 그의 혀를 제어하는 문제는 해결될 것이다. 성경은 단순히 하나님을

아는 지성적인 지식과 마음의 신뢰 사이를 구별하는 선을 만들기 때문이다.” 라고 말했습니다.[3]

어떤 주석가들은 바울이 왜 이 지점에서 성령을 근심하게 하는 것을 언급하는가라는 질문을 제기했습니다. “하나님의 성령을 근심하게 하지 말라 그 안에서 너희가 구원의 날까지 인치심을 받았느니라”(엡 4:30). 이 진술은 어느 곳인지 몰라도 삽입해 넣으려고 했던 것이 틀림없습니다. 그런데 왜 여기에 삽입했습니까? 마치 말을 중단시키려 했던 것처럼 보입니다. 도대체 왜 그렇게 했습니까? 먼저 기록된 형태, 곧 성경으로 하나님의 말씀을 수여하고, 그 다음 신실한 사람들을 통하여 교회를 세우려고 그 말씀을 가르치는 축복을 베푸는 성령은 계시의 영이기 때문에 바로 이 지점에 삽입한 것이라고 나는 생각합니다. 성령님은 교화(敎化)하기 위하여 인간의 언어도 축복하십니다. 마땅히 교회를 세우는데 사용되어야 할 그리스도인의 말이 몸의 지체인 다른 사람들을 쪼개 나누는데 사용된다면, 성령님을 근심하게 하는 것이 틀림없습니다.

5. 악독과 노함과 분냄을 버리고 사랑을 보여 주라(31-32절). 다섯 가지 본보기 가운데 마지막은 잡동사니 창고입니다. 한편으로 “악독과 노함과 분냄과 떠드는 것과 비방하는 것을 모든 악의와 함께 버리라”고 말하면서 여섯 가지 악한 행동을 지적합니다. 다른 한편으로 “서로 친절하게 하며 불쌍히 여기며 서로 용서하라”고 말하면서 세 가지 덕을 권면합니다.

거절할 수 없는 세 가지 이유들

존 스토트가 이 구절에서 관찰한 것으로 글을 맺으려고 합니다. 즉, 바울이 삼위일체의 각 위에서 가져와 도덕적 책임을 그리스도인에게 내려놓는 방법입니다.

그 다음 절에서 바울은 “너희는 하나님을 본받는 자가 되라”고 말합니다(엡 5:1). 이 가르침에 복종하려는 첫 번째 동기는 이것이 하나님의 성품을 표현하는 것이라는 점이고, 하나님이 그러하시기 때문에 우리도 하나님을 닮아야 합니다. 이 부분의 서론으로 바울은 "그리스도를 배우라" 그리고 "진리가 예수 안에 있는 것 같이" 그분을 따라 자랄 것을 격려합니다(엡 4:20-21). 두 번째 동기는 - 우리가 아는 것에 기초하여 - 예수님이 우리에게 은혜의 모델이 되었다는 사실로 강화되었습니다. 세 번째 동기는 성령님에 대하여 말했다는 것입니다. 성령님의 임무는 우리를 예수 그리스도의 형상으로 빚어내는 것입니다.

그러나 우리가 그렇게 되지 않으면, 성령님은 근심하게 됩니다. 바울은 우리에게 이렇게 권면하고 있습니다.

"하나님을 위하여 그리스도인처럼 행동하시오. 또한 하나님의 힘에 의지하여!"

●각주●

1. John R. Stott, God's New Society: The Message of Ephsians (Downers Grove, Ill.: Inter VArsity, 1979), 180-81; D. Martyn Lloyd-Jones, Darkness and Light: An Exposition of Ephsians 4:17-5:17 (Grand Rapids: Baker, 1982), 119-24.

2. William Barclay, The Letters to the Galatians and Ephesians (Edinburgh: Saint Andrews Press, 1970), 183.

3. Frank E. Gaeberlein, The Practical Epistle of James: Studies in Applied Christianity (Great Neck, N.Y.: Channel Press, 1955), 80-81.

28

하나님을 본받아

에베소서 5 : 1-2

그러므로 사랑을 받는 자녀 같이 너희는 하나님을 본받는 자가 되고 그리스도
께서 너희를 사랑하신 것 같이 너희도 사랑 가운데서 행하라 그는 우리를 위하
여 자신을 버리사 향기로운 제물과 희생제물로 하나님께 드리셨느니라

에베소서 5장은 신약성경에서 가장 놀라
운 훈계로 시작합니다. "하나님을 본받는 자가 되라" 성경전서에서 이렇게 말하는
곳은 이 곳 밖에 없습니다. 다른 곳에서 찾아 볼 수 없는 기준을 독자에게 제시하기
때문에 놀랍다고 말하는 이유입니다. 윌리엄 바클레이(William Barclay)는 이 놀라
운 명령을 "세상에서 가장 고상한 기준" 이라고 말했습니다.[1] 알렉산더 맥클라렌
(Alexander Maclaren)은 이것을 지칭하여 "모든 의무의 총화"라고 했습니다.[2] 마틴
로이드 존스(Martyn Lloyd-Jones)는 "바울의 최상의 주장 … 모든 교리와 실천에서
가장 높은 차원 … 궁극적인 이상" 이라고 말했습니다.[3]

"하나님을 본받는 자가 되라"는 우리가 토마스 아 켐피스(Thomas a Kempis)의 고전 「그리스도를 본받아」(Of the Imitation of Christ)를 생각나게 합니다. 토마스는 유럽이 전쟁의 소용돌이에 휘말렸던 1380년에 태어났습니다. 교회는 적대적인 두 교황의 다툼으로 분열되었는데, 하나는 로마의 베드로성당 교황 성좌에 앉아서, 또 다른 하나는 아비뇽에서 적대적인 통치를 시행했습니다. 백년전쟁이 진행 중이었고, 흑사병이 도시의 뒷골목을 휩쓸고 있었고, 부패와 불안과 환멸 속에서 성장한 토마스는 수도원에 들어갔습니다. 1420년경 "기독교 문학 가운데 가장 영향력을 발휘하는 책"으로 평가받는 이 책을 집필했습니다. 솔직히 말해서 「그리스도를 본받아」는 다른 책들처럼 나에게 큰 감동을 주지 못했습니다. 그러나 그것은 영향력이 있었고, 500년 이상 그리스도인들이 역사 속에서 예수를 본받는다는 개념을 손쉽게 발견할 수 있었습니다.

그러나 성부 하나님을 본받는다는 것은 전혀 다른 문제입니다. 또는 별개의 문제처럼 보입니다. 우리보다 무한히 높은 곳에 계시는 분, 우주를 다스리는 주권적인 하나님을 도대체 어떻게 닮을 수 있다는 말입니까?

대화를 나눌 수 없는 속성

우리가 가지고 있는 문제의 한 부분은 하나님의 본질에서부터 오거나, 신학자들이 소위 대화할 수 없는 속성이라고 부르는 것에서부터 옵니다. 신학교 교과서에서 대화할 수 있는 하나님의 속성과 -우리가 공유할 수 있음- 대화가 불가능한 하나님의 속성을 - 우리가 공유할 수 없음 - 구별해 놓았습니다. 예를 들면, 우리는 자존하시고, 자족하시고 영원하신 하나님이라고 말합니다.

자존하심(Self-existent)은, 하나님께서는 존재하기 시작한 근원이 없습니다. 그 결과 아무에게도 대답하지 않는다는 의미입니다. 시작의 근원이 있고, 셀 수 있는 것은 하나님과 전적으로 구별됩니다. 인간은 부모와 친구처럼 사람으로 셀 수 있고, 교회, 정부, 회사처럼 조직으로 셀 수 있고, 궁극적으로 하나님께서 인간을 세실 수 있습니다. 모든 사람은 최후의 심판을 맞게 될 것입니다.

자족하심(Self-sufficient)은, 하나님께서는 필요한 것이 없고, 그러므로 아무도 의지하지 않으십니다. 우리는 전혀 그렇지 않습니다. 우리는 셀 수 없이 많은 것이 필요한데, 예를 들자면 음식, 온기, 옷, 가정, 우정, 산소 등등. 산소 공급이 몇 분만 중단되어도 우리는 바로 죽습니다.

영원하심(Eternal)은, 하나님께서는 항상 계셨고, 지금도 계시고, 앞으로 항상 계신다는 의미입니다. 우리는 역시 그렇지 않습니다. 우리는 출발점이 있어서 그 이전에는 존재하지 않았습니다. 더욱이 시간이 지나가면 우리도 변합니다. 그러나 하나님께서는 변하시지 않고, 하나님께서는 그분의 영원한 존재 안에서 항상 동일하십니다.

이와 같은 것이 없으면, 하나님께서 하나님이 될 수 없는 기본적인 속성에 우리는 그분의 충만한 지각 안에 있는 전능하심, 편재하심, 전지하심, 위엄과 거룩하심 같은 것을 추가 할 수 있습니다. 우리는 이런 특성에서 하나님처럼 될 수 없습니다.

전능하심(Omnipotent)은, 모든 능력을 소유하셨다는 의미입니다. 우리는 전능하지도 않고, 전능할 수도 없습니다. 만일 그렇게 될 수 있다면, 우리도 하나님이 될 수 있습니다.

편재하심(Omnipresent)은, 동시에 어디에나 계심을 의미합니다. 우리는 이 능력을 결코 소유하지 못할 것입니다. 하나님과 다르게 우리는 유한한 피조물이기에 항상 유한할 것입니다.

전지하심(Omniscient)은, 모든 것을 안다는 의미입니다. 우리는 결코 모든 것을 알 수 없고, 우리는 배우는데 영원함을 사용한다 해도 모자랄 것입니다.

위엄과 거룩하심(Majesty and Holiness)은, 역시 하나님을 피조물로부터 구별되게 합니다. 이것들은 신학적인 용어로 하나님을 "전적 타자"가 되게 하는 것입니다. 우리는 그렇지 않습니다. 이 대화할 수 없는 각각의 속성은 하나님을 우리와 구별하고, 우리가 하나님과 같을 수 없으며, 앞으로도 영원히 같을 수 없는 영역의 경계선을 그려놓습니다.

그러나 또한 하나님과 대화할 수 있는 속성, 즉 우리가 공유할 수 있는 속성들에게 압도당합니다. 그것은 공의, 분노, 지혜, 신실함, 선함, 사랑, 긍휼, 연민, 친절, 용서 같은 것들입니다. 우리는 이 속성을 실천할 수 있고, 또 마땅히 실천해야 합니다. 이런 속성을 지니고 완전하신 분, 하나님 아버지를 언급하면서 이런 속성을 생각할 때, 우리는 필연적으로 위압을 당하게 됩니다. 하나님의 지혜에 우리의 지혜를, 하나님의 선하심에 우리의 선함을, 하나님의 신실하심에 우리의 신실함을 비교하면서 전혀 비교의 대상이 될 수 없음에 놀라게 됩니다.

그러나 우리가 이렇게 비교하게 되는 것은 우리를 겸손하게 만들려는 건강한 목적을 가지고 있습니다. 그렇게 때문에 오늘의 본문에서 우리가 하나님을 본받아야 한다는 바울의 말은 진실입니다. "사랑을 받는 자녀같이" 우리는 하나님을 본받는 자가 되어야 합니다. 달리 말하자면, 아들이 아직 아버지가 아니고 여러 면에서 아버지를 본받을 수 없다고 하더라도, 아들이라면 좋은 아버지를 닮아야 하는 것처럼, 딸이 아직 어머니가 되지 않았고, 여러 면에서 어머니를 본받을 수 없다고 하더라도 딸이라면 좋은 어머니를 본받아야 하는 것처럼, 하나님의 자녀라면 하나님을 본받아야 합니다. 자녀는 자신을 위하여 하나님을 닮는 일이 자기 안에서 일어나게 해야 합니다. 하나님의 자녀는 내주하시는 성령님을 통하여 활동하시는 하나님의 생명을 몸 안에 소유합니다. 그 결과 인체의 유전자가 부모의 으뜸이 되는 특징을 자녀가 소유하도록 인도하는 것과 마찬가지로, 그리스도인의 영적 유전자가 하나님의 도덕적 성품으로 인도해야 합니다.

용서하는 사랑

하나님을 본받으라는 명령이 들어있는 구절을 볼 때, 바울이 염두에 두었던 것은 하나님의 속성 가운데 여러 가지를 본받으라는 것이 아님을 알 수 있습니다. 사실 바울이 언급한 것을 보면 한 가지가 아니라 여러 가지 방법으로 하나님을 본받을 수 있기 때문입니다. 그럴지라도 바울은 하나님의 사랑을 본받아야 한다는 것을 염두에 두고 있었습니다. 그래서 에베소서 5:1절은 4장 마지막 부분과 연결되었고, 그 다음 절과도 연결되어 있습니다. 에베소서 5:1-2절은 선행하는 4장의 마지막 단락의 부분입니다.

전체 본문은 이렇게 말합니다. "그러므로 사랑을 받는 자녀같이 너희는 하나님을 본받는 자가 되고 그리스도께서 너희를 사랑하신 것 같이 너희도 사랑 가운데서 행하라 그는 우리를 위하여 자신을 버리사 향기로운 제물과 희생제물로 하나님께 드리셨느니라" 우리가 창조자를 본받는 자가 되는 것은 사랑 안에서 가능합니다.

이것은 어떤 종류의 사랑입니까? 본문은 이 질문에 몇 가지 방법으로 대답합니다. 첫 번째 대답은 이 사랑은 용서(forgiving)하는 것이라고 합니다. 하나님 아버지가 그리스도의 사역을 통해 우리를 용서했기 때문에 우리도 서로 용서해야 하는데, 이것이 "사랑의 본질"입니다.

하나님께서 우리를 용서하심과 우리가 다른 사람을 용서함을 연결시키는 것은 중요합니다. 왜냐하면, 우리가 다른 사람을 사랑으로 용서함으로 자유하게 됨은 오직 우리가 용서받은 자라는 것을 앎으로만 가능하기 때문입니다. 용서가 절대적으로 필요한 사람들이 있습니다.

몇 년 전, 정신과 의사인 한 친구와 대화 중에 그가 말했습니다. "내가 아는 한 대부분의 정신과 의사들이 하는 일은 직접적으로 용서와 관련되어 있다. 사람들은 문제들을 안고 그를 찾아온다. 환자들은 내면적으로 자기 자신에게 죄책감을 느낄 뿐만 아니라 용서를 추구한다. 사실상 그들은 자기 죄를 상담자에게 고백하고, 자기가 용서받은 것을 확인하고 싶어 한다. 그래서 다른 사람에게 확실한 방법으로 심정의 변화를 보여줄 수 있는 행동 양식을 설정하게 된다."

존 스토트(John Stott)는 고백에 관한 그의 책에서 영국의 한 정신과 병원장의 말을 인용했습니다. "환자에게 용서를 확신시킬 수만 있다면, 나의 환자 절반 이상을 내일 당장 퇴원시킬 수 있을 것이다."[4]

용서, 그것은 우리가 예수 그리스도 안에서 소유하고 있는 것입니다. 거기에서만 용서를 발견하기 때문에 우리는 또한 용서할 수 있습니다. "자, 소년은 소년이 되고, 소녀는 소녀가 될 것이다. 우리는 지금 죄를 간과해 버리게 될는지 모른다. 다시는 그런 일이 일어나지 않게 하라" 고 말씀하셨을지라도 하나님의 용서는 단순히 죄를 묵과하는 것이 아닙니다. 하나님께서는 죄를 십자가에서 완전히 처리해야 할 만큼 심각하게 다루십니다. 예수님의 죽음, 여기에 기초하여 우리가 용서받았다는 것을 알 수 있습니다.

진정 여러분은 그것을 알아야 한다는 것을 깨닫고 있습니까? 자기 자신을 진정 용서 받아야 할 필요가 없을 만큼 선한 사람이라고 생각하는 한 다른 사람을 사랑하고 용서하지 못할 것입니다. 그러나 자기는 하나님의 진노 아래 있었던 죄인이라는 것을 안다면, 모든 것은 변하게 됩니다. 하나님께서는 당신이 보기에 우리 중에 제일 선한 사람이더라도 극도로 악하다고 말씀하십니다.

기록된 바
의인은 없나니 하나도 없으며
깨닫는 자도 없고
하나님을 찾는 자도 없고
다 치우쳐 함께 무익하게 되고
선을 행하는 자는 없나니
하나도 없도다
그들의 목구멍은 열린 무덤이요
그 혀로는 속임을 일삼으며
그 입술에는 독사의 독이 있고
그 입에는 저주와 악독이 가득하고
그 발은 피 흘리는 데 빠른지라
파멸과 고생이 그 길에 있어
평강의 길을 알지 못하였고
그들의 눈 앞에 하나님을 두려워함이 없느니라 함과 같으니라 (로마서 3:10-18)

이것이 바로 하나님께서 우리를 바라보시는 방법입니다. 만일 하나님의 눈으로 우리 자신을 본다면, 하나님의 사랑과 도덕적 표준을 거역한 우리의 악함을 알게 되고, 또 우리를 위해 죽으신 그리스도의 죽음에 기초하여 용서함 받은 우리 자신을 발견하게 됩니다. 그렇게 된다면, 우리는 필연적으로 다른 사람을 사랑하고 용서하게 될 것입니다. 우리가 하나님께 범죄 했던 것처럼 우리에게 그토록 악한 행동을 자행한 사람은 없습니다. 그럼에도 불구하고 하나님께서는 우리를 용서하셨습니다.

만일 우리가 사랑으로 용서하지 않는다면, 우리에게 베푸신 하나님의 용서의 크기를 진정 알지 못하는 것입니다. 우리는 아직도 우리 자신을 실제의 우리보다 더 선하게 생각합니다. 그러나 우리가 만일 우리 자신을 용서받은 죄인으로 본다면, 하나님을 본받아 다른 사람을 사랑하는 자유함을 누리게 됩니다.

내어 주는 사랑

오늘의 본문이 하나님의 사랑을 본받으라고 가르쳐 주고 있습니다. 또한 그것은 내어주는 사랑이다. 하나님의 사랑은 용서(forgiving)만 하는 것이 아니라 내어 주는(giving) 것입니다. 다시 말해서 하나님께서는 내어 주는 사랑의 모델입니다. 이 사랑이 극명하게 나타난 곳은 바로 "십자가"입니다.

하나님께서 우리에게 내어 주신 것은 무엇입니까? 하나님께서는 우리에게 모든 것을 주셨습니다. 아담과 하와가 지음을 받기 전, 하나님은 그들을 맞이하기 위하여 참으로 훌륭한 환경을 마련했습니다. 그것은 보람있는 일을 할 수 있는 아름다움과 흥미가 가득 찬 장소였습니다. 우리가 알고 있는 것처럼 죄는 그 환경을 훼손했고, 죄로 말미암아 훼손되었지만, 하나님께서 우리에게 주신 선물을 체험하는 것은 우리들의 첫 조상이 체험했던 것과 전적으로 다르지 않습니다. 하나님께서는 우리에게 생명 그 자체를 주셨고, 다소 불완전하지만 아름답고 매혹적인 세상에 우리를 두셨습니다. 우리는 그 안에서 매우 중요한 일을 해야 합니다. 이렇게 말해도 그것은 하나님께서 내어 주시는 사랑을 완벽하게 표현하지 못했다는 것을 인정해야 합니다. 왜냐하면, 하나님의 용서하시는 사랑처럼 이 사랑도 역시 십자가에서 가장 잘 보이기 때문입니다.

> 하나님이 세상을 이처럼 사랑하사 독생자를 주셨으니
> 이는 그를 믿는 자마다 멸망하지 않고 영생을 얻게 하려 하심이라
> (요한복음 3:16)

> 사랑은 여기 있으니 우리가 하나님을 사랑한 것이 아니요
> 하나님이 우리를 사랑하사 우리 죄를 속하기 위하여
> 화목제물로 그 아들을 보내셨음이라(요한일서 4:10)

> 우리가 아직 죄인 되었을 때에
> 그리스도께서 우리를 위하여 죽으심으로
> 하나님께서 우리에 대한 자기의 사랑을 확증하셨느니라(로마서 5:8)

> 내가 그리스도와 함께 십자가에 못 박혔나니
> 그런즉 이제는 내가 사는 것이 아니요
> 오직 내 안에 그리스도께서 사시는 것이라
> 이제 내가 육체 가운데 사는 것은 나를 사랑하사 나를 위하여
> 자기 자신을 버리신 하나님의 아들을 믿는 믿음 안에서 사는 것이라
> (갈라디아서 2:20)

> 사람이 친구를 위하여 자기 목숨을 버리면
> 이에서 더 큰 사랑이 없나니
> (요한복음 15:13)

나는 빌립보서 2:5-8절에 특별한 관심을 가지고 있습니다. 이 구절은 예수님께서 우리를 구원하시기 위하여 모든 것을 포기(give up)했을 뿐만 아니라 자신을 내어 주셨다(give)고 가르치기 때문입니다.

예수님께서는 그분의 신성에 외견상 동반하는 것만 포기하지 않았습니다. 겉으로 드러난 그분의 영광, 천사의 수종, 하나님 아버지의 보좌 오른쪽에 서 계시는 것 등입니다. 6-7절에서 "그는 근본 하나님의 본체시나 하나님과 동등됨을 취할 것으로 여기지 아니하시고 오히려 자기를 비워 종의 형체를 가지사 사람들과 같이 되셨다"는 이 말씀의 핵심은 예수님이 자기를 죽음에 내어 주셨다는 것입니다. 8절에서 "사람의 모양으로 나타나사 자기를 낮추시고 죽기까지 복종하셨으니 곧 십자가에 죽으심이라"는 가장 위대한 사랑의 표현은 무엇을 주거나, 포기하는 것이 아니라 자기를 내어 주는 것입니다.

이점에서도 역시 우리는 하나님을 본받는 자가 되어야 합니다. 몇 해 전, 도널드 반하우스(Donald Barnhouse)는 결혼생활의 어려움을 겪고 있는 부부를 상담하고 있었습니다. 그 남편은 절망한 채 말했습니다.

'나는 도저히 이해하지 못하겠소. 나는 당신에게 여자가 원하는 것이라면, 무엇이든지 다 주었소. 멋있는 집을 마련해 주었고, 자동차도 주었소. 당신이 입고 싶어하는 옷도 모두 사 주었고, …도 사 주었소!'

그의 목록은 계속 되었습니다.

그가 말을 마치고 나자마자, 곧 그의 아내가 슬프게 답했습니다.

"그래요. 존. 그것은 사실이에요. 당신은 나에게 모든 것을 다 주었지요. 당신 자신만 빼놓고 말입니다."

우리는 다른 사람들에게 왜 우리 자신을 내어 주지 않습니까? 우리가 두렵거나, 너무 이기적이기 때문입니다. 우리는 우리 자신만을 위하여 우리 자신을 원합니다. 우리 자신을 다른 사람에게 주면, 우리가 상처를 받거나 실망하게 될 것을 두려워합니다. 오직 하나님을 소유한 자만 이러한 두려움에서 해방되어 하나님의 무한하심을 다른 사람에게 줄 수 있습니다.

살아 있는 사랑

우리가 본받아야 할 하나님의 사랑에 대하여 본문이 세 번째로 가르쳐 주는 것은 살아 있는(living) 사랑으로서 용서하고, 내어 줄 뿐만 아니라 살아 있는 사랑입니다. 바울은 2절에서 "그리스도께서 너희를 사랑하신 것 같이 너희도 사랑 가운데서 행하라 그는 우리를 위하여 자신을 버리사 향기로운 제물과 희생제물로 하나님께 드리셨느니라"고 말합니다.

살아 있는 사랑은 우리에게 두 가지를 제시합니다. 첫째, 실제적이거나 행동하는 사랑인데, 이것은 실천적인 기독교가 포용하고 있는 전체 영역입니다. 만일 우리가 "사랑 가운데 행하라"는 것이 무슨 뜻이냐고 질문한다면, 바울이 말했던 바로 그것이라고 대답을 할 수 있습니다. 앞 장에서 공부했던 개요를 사용하면 이렇게 설명할 수 있습니다. 그것은 하나, 거짓을 벗어버리고 참된 것을 말하는 것이고, 둘은 분을 품지 않는 것이며, 셋은 도둑질을 벗어버리고 대신 선한 생활을 힘쓰는 것입니다. 넷은 더러운 말은 입 밖에 내지 말고 다른 사람에게 도움이 될 선한 말을 하는 것이고, 마지막으로, 악독과 노함과 분냄과 떠드는 것과 훼방하는 것을 모든 악의와 함께 버리고 서로 인자하게 하며 불쌍히 여기며 용서하는 것입니다. 이것이 사랑 가운데 행하는 삶입니다.

둘째, 살아 있는 사랑은 하나님의 생명으로 생명력을 지니고 있는 사랑입니다. 그러므로 그것은 하나님께서 영원하심과 같이 영원한 사랑입니다. 이 사랑은 오늘 우리에게 얼마나 필요합니까! 우리의 사랑은 나약하고, 잘 넘어지고, 잘 변질되고, 신뢰할 수 없습니다. 우리는 바울이 로마서에서 기술한 하나님의 사랑의 특성을 우리의 사랑으로 간직해야 합니다.

누가 우리를 그리스도의 사랑에서 끊으리요
환난이나 곤고나 박해나 기근이나 적신이나 위험이나 칼이랴 기록된 바
우리가 종일 주를 위하여 죽임을 당하게 되며 도살 당할 양 같이 여김을 받았나이다

함과 같으니라 그러나 이 모든 일에 우리를 사랑하시는 이로 말미암아
우리가 넉넉히 이기느니라 내가 확신하노니
사망이나 생명이나 천사들이나 권세자들이나 현재 일이나
장래 일이나 능력이나 높음이나 깊음이나 다른 어떤 피조물이라도
우리를 우리 주 그리스도 예수 안에 있는 하나님의 사랑에서 끊을 수 없으리라
(롬 8:35-39)

여러분은 그와 같은 영원한 사랑 안에서 하나님을 본받는 자가 될 수 있습니까?
만일 우리가 우리 자신만 바라본다면, "아니요"라고 대답할 수밖에 없습니다. "아
니요, 우리는 할 수 없어요!" 이 문제에 관한 한 영원하거나, 혹은 용서하거나, 혹은
내어 주는 것 어느 하나 우리에게 당연하지 않습니다. 만일 우리가 하나님을 바라
본다면, "예"라고 대답할 수 있습니다. 에베소서 5:1절을 기록한 바로 그 장본인인
사도 바울은 말했습니다. "내게 능력 주시는 자 안에서 내가 모든 것을 할 수 있느
니라"(빌 4:13).

그러나 그런 일이 일어나야 한다면, 우리는 하나님과 더불어 시간을 보내야만
합니다. 신약성경에서 "본받는다" 혹은 "본받는 자"라고 번역한 단어는 헬라어로
미메타이(mimetai)라고 합니다. 여기서 영어 단어 "mimic(흉내 내다)"라는 단어가
파생되었습니다. 흉내 내다라는 영어 단어는 똑같이 복사하거나, 다른 사람의 말이
나 행동, 혹은 태도를 모방하는 것을 의미합니다.

우리가 하나님과 더불어 하나님의 행동을 반복하고, 하나님의 말씀이 우리에게
서 메아리처럼 반향 되게 하고, 하나님의 태도를 복사해야 합니다. 하나님과 더불
어 시간을 사용하지 않는데 어떻게 그렇게 할 수 있습니까? 하나님의 태도가 어떤
것인지 전혀 알지 못하기 때문에 우리는 닮을 수 없습니다.

하나님과 함께 시간을 보내십시오!
하나님께 기도드리는데 시간을 사용하십시오!
성경을 공부하면서 하나님과 함께 시간을 보내십시오!

예배드리면서 하나님과 함께 시간을 보내십시오!

우리가 하나님과 함께 시간을 보낼 때, 비로소 "하나님을 본받는 자"가 됩니다.

지금 이 시대는 하나님을 닮아 가는 사람이 필요한 때입니다!

●각주●

1. William Barclay, The Letters to the Galatians and Ephesians (Edinburgh: Saint Andrews Press, 1970), 183.

2. Alexander Maclaren, Expositions of Holy Scripture, Vol. 10, 2 Timothy, titus, Philemon, Hebrews, James, Ephesians (Grand Rapids: Eerdmans, 1959), pt. 2, 270.

3. D. Martyn Lloyd-Jones, Darkness and Light: An Exposition of Ephesians 4:17-5:17 (Grand Rapids: Baker, 1982), 291.

4. John R. W. Stott, Confess Your Sins (Philadelphia: Westminster Press, 1964), 73.

29

빛의 자녀들

에베소서 5 : 3-14

음행과 온갖 더러운 것과 탐욕은 너희 중에서 그 이름조차도 부르지 말라 이는 성도에게 마땅한 바니라 누추함과 어리석은 말이나 희롱의 말이 마땅치 아니하니 오히려 감사하는 말을 하라 너희도 정녕 이것을 알거니와 음행하는 자나 더러운 자나 탐하는 자 곧 우상 숭배자는 다 그리스도와 하나님의 나라에서 기업을 얻지 못하리니 누구든지 헛된 말로 너희를 속이지 못하게 하라 이로 말미암아 하나님의 진노가 불순종의 아들들에게 임하나니 그러므로 그들과 함께 하는 자가 되지 말라 너희가 전에는 어둠이더니 이제는 주 안에서 빛이라 빛의 자녀들처럼 행하라 빛의 열매는 모든 착함과 의로움과 진실함에 있느니라 주를 기쁘시게 할 것이 무엇인가 시험하여 보라 너희는 열매 없는 어둠의 일에 참여하지 말고 도리어 책망하라 그들이 은밀히 행하는 것들은 말하기도 부끄러운 것들이라 그러나 책망을 받는 모든 것은 빛으로 말미암아 드러나나니 드러나는 것마다 빛이니라 그러므로 이르시기를

"잠자는 자여, 깨어서,

죽은 자들 가운데서 일어나라.

그리스도께서 너에게 비추이시리라."

몇 해 전, 미국 정상급 정치 지도자들과

함께 일하는 그리스도인들과 모임을 갖기 위하여 나는 워싱턴을 방문했던 적이 있

습니다. 상원의원과 일하는 사람들 가운데 한 사람이 그들이 느끼는 환멸에 대해서 말했습니다. 그의 평가에 따르면, 대부분의 의도는 정말 좋은 것이었습니다. 그들이 보수적인 프로그램을 가지고 정치적인 우익 편에서든지, 아니면 진보적인 프로그램을 가지고 좌익 편에서든지 간에, 이 편이나 혹은 저 편도 모두 마찬가지로 국가의 당면 과제를 해결할 수 없다는 견해에 동조하게 됩니다. 한 상원의원은 말했습니다. "우리만 문제를 해결하지 못하는 것이 아닙니다. 입법부는 사실상 문제를 더 악화시키고 있습니다."

인간 본질의 결함이 문제로 인식되고 있습니다. 한 대변인은 이것을 "탐욕과 정욕"이라고 표현했습니다. 이런 문제는 공화당만의 부도덕이나 민주당의 폐단으로 치부할 수 없습니다. 그것은 서방 블록의 문제가 아니라, 동구 블록의 악폐라고 주장할 수 없습니다. 이제 이 문제는 모든 순수한 인간관계의 울타리를 넘어섰습니다. 미국의 경제학자요 케네디 정부에서 자문역을 하고 사회 전반의 다양한 저술을 했던 존 갤브레이스(John Galbraith)도 마찬가지로 냉소적인 평가를 내렸습니다. 그는 "공산주의 치하에서 사람이 사람을 착취한다. 자본주의 사회에서의 상황은 정확하게 반전된다." 라고 말했습니다.

기독교에는 참된 반전이 있습니다. 왜냐하면, 기독교에서는 다른 사람을 착취하던 사람이 아낌없이 나누는 새 사람이 되기 때문이고, 옛 성품의 여자도 마찬가지로 새 성품의 여자가 되기 때문으로 바울은 에베소서에서 이것을 말하고 있습니다. 영적으로 죽었던 이교도를 영적으로 살아 있는 그리스도인으로 만들고, 이렇게 새로워진 사람을 새로운 사회에 연결시키는 놀라우신 하나님의 역사가 바울의 편지에 기록되어 있습니다.

바울의 말을 따르자면, 세상의 소망은 새로운 프로그램이 아니라 새 사람입니다. 그리고 새 사람은 우리의 궁극적 소망이신 예수 그리스도의 역사하심에 의해서 새롭게 됩니다. 전에는 우리가 우리 주변에 있는 사람들처럼 어둠의 백성이었으나 이제 세상의 빛이신 예수 그리스도를 통해서 우리는 빛의 자녀가 되었고, 어둠 속에서 빛을 발하게 되었습니다.

우리는 어떻게 생각하고 행동하는가

그 차이는 단지 도덕률이 아니라 중생(重生: 거듭남)입니다. 바울은 편지의 앞부분에서 이 점에 대하여 이미 언급한 바 있습니다. 왜냐하면 새로운 도덕률이나 고상한 도덕성을 가르침으로써 사람을 변화시킬 수 없습니다. 누구나 기독교의 도덕을 이해하고 있을 뿐만 아니라 모든 사람은 그들이 실제로 행동하는 것보다 더 선량하게 행동할 수 있다는 것을 알고 있습니다. 기준이 문제가 아니고, 문제는 우리 자신입니다.

에베소서 4장과 5장을 주의 깊게 읽으면, 바울이 보다 더 고상한 삶의 규범에 대하여 내린 처방이 매우 심오하다는 것을 발견하게 됩니다. 그 처방은 세 가지를 내포하고 있습니다. 먼저, 우리가 누구인가? 그리고 우리는 어떻게 생각하는가? 마지막으로 우리는 어떻게 행동해야 하는가? 하는 이 세 가지 항목은 필수적입니다.

존 스토트는 이렇게 설명합니다. 그들의 주제(이 여러 장의 주제)는 그리스도인의 체험(우리가 누구인가?), 그리스도인의 신학(우리가 무엇을 믿는가?), 그리스도인의 윤리(우리가 어떻게 행동해야 하는가?)를 통합해 놓은 것입니다. 이것은 존재와 사색과 행동이 함께 속해 있으며, 결코 나눌 수 없음을 강조합니다. 왜냐하면 존재하고 있는 것은 생각하는 것을 지배하고, 생각하는 것은 행동을 결정합니다. 우리는 하나님의 새로운 사회요, 옛 성품을 벗어버리고 새 것으로 갈아입은 백성입니다. 그것은 하나님께서 그렇게 만드신 것입니다. 그래서 우리 마음이 매일 새로워짐으로써 "진리가 예수 안에 있음 같이 … 예수를 배운" 것을 기억하고, 그리고 우리 자신과 우리의 새로운 신분을 그리스도인답게 생각하면서 이것을 회상해 보아야 할 필요가 있습니다. 그 다음 우리는 그리스도인의 삶을 능동적으로 계발해야 합니다.[1] 존 스토트는 성결은 우리가 그 속에서 빠져 떠내려가는 조건이 아니요, 오히려 우리 안에서 이미 이루어진 것에서부터 능동적으로 행동하는 것이라고 지적했습니다. 이 새로운 삶은 자동적으로 되는 것도 아니요, 그렇다고 쉽지도 않지만, 그것은 사회를 위한 유일한 소망입니다.

암시조차 되지 않은 악독함

4장 말미에서 바울은 하나의 행동 양식을 벗어버리고 다른 행동 양식으로 갈아입는 것을 대조시키면서 올바른 그리스도인의 삶을 소개했습니다. 그 대조가 실로 충격적이었고, 고상한 표준이었습니다. 5장에서 대조적인 두 가지 삶의 길은 더 더욱 충격적이며, 또한 더 고상한 도덕적 규범입니다. 바울이 여기서 말하려는 것은 하나의 행동 양식을 또 다른 것으로 교환하거나, 우리가 생각하고 있는 것이 점진적으로 개선 돼 나가는 것이 아니라 신자들에게 암시조차 하지 않았던 것입니다. 바울은 이러한 행위를 가리켜 "마땅하지 못하고," "어울리지 않는" 것이라고 말합니다. 그들이 만일 지금 이 자리에 있다면, 그런 행위에 연루된 자들은 신자가 아니라 "우상 숭배자"라는 것을 말해주는 증거가 될 것입니다. 바울은 3-7절에서 용납할 수 없는 여섯 가지 악독에 대하여 말합니다.

1. 성적 부도덕(Sexual immorality). "성적 부도덕"으로 번역한 헬라어는 포르네이아(porneia)입니다. 영어에서 "pornography(포르노그라피: 외설물)"라는 단어는 여기서 파생되었습니다. 원래 이 말은 외설적인 그림이나 영화를 언급하지 않았습니다. "포르네이아"라는 단어는 혼외정사를 가리키는 말이었습니다. 영어성경의 옛 번역본에는 이 "포르네이아"라는 단어가 "fornication(포니케이션: 간음)"으로 번역되었습니다. 성적인 범죄가 모든 죄 가운데 가장 중하다고 의미를 전하는 것은 잘못되었습니다. 왜냐하면 육신의 범죄가 영적인 죄보다 더 중하고, 파괴적이고, 악마적이지 않기 때문입니다. 간음죄가 개인이나 사회에 그토록 해롭기 때문에 악독을 맨 처음 언급했다면 바울이 옳았습니다. 이 견해에 긍정적으로 답하기 위하여 그리스도인의 혼인은 이 장의 후반부에서 논하려고 합니다.

2. 순결치 못함(Impurity: 더러운 것). 이 단어는 앞에서 언급했던 성적 범죄도 포함했습니다. 그러나 지금은 이 의미를 넘어서 추악한 행위까지 포함하게 되었습니

다. 에베소 사람들이 살았던 고대 그리스에서는 공개적으로 매춘과 동성애와 같은 행위를 인정했습니다. 아테네에 있는 사랑의 여신 아프로디테의 사원은 매춘 굴에서부터 거두어들인 돈으로 건설되었습니다. 이런 목적을 위하여 이 도시 도처에 매춘 굴이 세워졌습니다. 이것은 헬라인들에게 조금도 이상하지 않고, 또 다른 장소에서는 동성애를 고상한 도덕적 규범으로 간주하는 풍조와 결합되었다는 것도 이상하지 않습니다. 주변 사회에서 완전하게 용납된 것들이 그리스도인들에게는 암시조차 되지 않는다고 바울은 말합니다.

3. 탐욕(Greed). 워싱턴에 있는 내 친구가 말한 것처럼 정욕과 탐욕이 우리 시대의 큰 악이라고 한다면, 여기 또 다른 하나의 악이 있습니다. 그것은 맹렬하게 더 많이 움켜쥐고 싶어 하는 인간의 욕심입니다. 마틴 로이드 존스(Martyn Llod-Jones)는 이렇게 말합니다. "물론 이것은 탐욕, 돈을 사랑함, 돈을 돈처럼 사랑하는 것을 의미한다. 즉, 부분적으로 돈 자체를 사랑한다. 부분적으로 돈이 우리에게 해 줄 수 있고, 우리가 돈으로 살 수 있는 것과 돈으로 획득 할 수 있는 것, 그리고 돈이 있으면 우리가 할 수 있는 일들을 - 사실상 돈이 할 수 있고, 돈이 성취 할 수 있는 모든 것을 사랑하는 것 - 바울은 이것을 탐내는 것이라는 말로 정죄하는 것입니다.[2]
예수님은 탐심에 대하여 생각하시면서 이렇게 말씀하셨습니다. "… 너희가 하나님과 재물을 겸하여 섬기지 못하느니라"(마 6:24). 바울이 부도덕하고 불결하고 탐욕스런 사람을 "우상 숭배자"라고 말하는 이유입니다 (5절).

4. 음탕함(Obscenity: 누추함). 음탕함은 앞에서 기술했던 저속하고 마땅하지 못한 행위와 다음에 언급하게 될 저속하고 불쾌한 언사를 연결시켜 주는 단어입니다. 음탕한 사람은 도덕적 규범에 관심을 갖지 않습니다. 아무것도 그의 관심을 끌지 못하므로 시종일관 버릇없는 행동을 하게 됩니다.

5. 어리석은 말(Foolish talk). 이 말을 의미하는 헬라어 단어는 기억하기가 쉽습니

다. 이 단어는 "모론(moron)"이라는 말과 말씀을 의미하는 "로고스(logos)"가 결합하여 "모롤로기아(morologia)", 즉 바보처럼 말하는 자를 의미하게 되었습니다. 이말은 지식이 아니라 도덕과 관련이 있습니다. 고상하거나 칭찬할 만 하거나 고귀하게 만드는 것을 깎아내리기 위하여 웃음거리로 만들거나 궤변을 늘어놓는 사람을 떠오르게 하는 한편, 고상한 품행의 기준을 멸시하는 자를 언급할 때, 이 말을 사용합니다. 바로 TV가 하는 역할입니다. TV는 언뜻 보면 재미있는 것처럼 보이나 그것은 사회를 하나가 되도록 붙잡아 주는 가치관을 여지없이 파괴시키고, 또한 가장 악한 요소들을 은폐합니다.

　6. 희롱의 말(Coarse joking). 마지막 항목은 음탕함과 어리석은 말과 밀접한 관계가 있습니다. 또 거칠고 외설적인 유머는 가장 저속한 형태의 농담이라고 강조합니다. 존 스토트(John Stott)가 말한 것처럼 "세 가지가 모두 더러운 대화로 더러운 마음을 표현하는 것을 언급한다."[3]

감사하는 말

　이 말의 긍정적인 면은 무엇입니까? 대조적으로 어떤 그리스도인이 되어야 하고 어떻게 행동해야 합니까? 여러 가지 방법으로 이 질문에 대답할 수 있습니다. 그가운데 하나는 바울이 9절에서 제시한 적극적인 덕에 상응하는 목록을 따라 행동하는 것입니다. NIV성경에서는 이 목록을 괄호 안에 넣어 처리했습니다. "모든 착함과 의로움과 진실함"을 말합니다. 이 말은 성적 부도덕과 순결치 못함, 탐욕, 음탕함, 어리석은 말, 그리고 희롱의 말과 같은 행동과 반대되는 것입니다. 그러나 긍정적인 특징은 거듭난 사람의 내면에 거하는 예수 그리스도의 성품에서부터 흘러나옵니다.

　이 방면에서 그리스도인의 합당한 행실에 대하여 말하는 다른 방법이 있습니다. 그리스도인은 바울이 "음행과 온갖 더러운 것과 탐욕 … 누추함과 어리석은 말이나 희롱의 말"이라고 언급한 행동을 버리고 그 대신 "감사하는 말"을 해야 합니다. 무엇을 위해서 감사하는 말을 해야 합니까? 물론 모든 좋은 것을 위해서 감사의 말을 해야 합니다. 생명을 위해서, 건강을 위해서, 하나님을 위해서, 그리스도의 사역을 통해 우리에게 베푸신 것을 위해서 … 모든 것을 위해서!

본문의 문맥에서 존 스토트가 바울이 염두에 두었던 것은 주로 왜곡시키고 파괴하는 악이라고 말한 것은 옳지 않다고 생각합니다. 오히려 이런 것들은 바르게 사용될 때, 사회에서 선을 위하여 엄청난 힘을 과시하기 때문입니다.

이러한 첫 번째 축복은 부도덕과 순결치 못함이 왜곡된 성(Sex)입니다.

그리스도인은 이렇게 왜곡된 성에 대해 적대적으로 생각하기 때문에 사회적으로 비난을 당하게 됩니다. 그리스도인의 관점으로 볼 때, 충분히 이해할만 합니다. 특히 우리 자신을 포함하여 그리스도인들이 필연적으로 이 주제를 그토록 부정적으로 여기게 될 만큼 이교적인 사회가 성을 저속하게 만들었기 때문입니다. 그러나 성은 그리스도인이 악으로 정죄하고 통탄해야 할 대상이 아닙니다. 우리는 다만 성의 왜곡을 통탄해야 합니다. 대조적으로 하나님께서 성을 우리에게 주셨고, 성 그 자체는 선하며, 그러므로 바울이 지적한 것처럼 감사해야 하는 것입니다.

몇 해 전, 캐나다 태생 젊은 저자 마이크 메이슨(Mike Mason)이 결혼에 대하여 저술한 경이로운 책을 읽은 적이 있습니다. 저자는 그 책에서 그리스도인의 결혼에서 성에 대하여 감사해야 하는 놀라운 면을 다루고 있었습니다. "인류가 추한 것에서부터 대단히 적극적으로, 그리고 숙달된 솜씨로 끄집어내는 것들 가운데 한 가지 사실이 세상에서는 가장 순결한 것으로 둔갑한다는 것을 발견하게 되는 놀라움이 또 어디 있을까? 성인 남자와 여자가 결혼을 통하여 사랑의 행위를 하는 것보다 더 어린아이 같고, 깨끗하고, 순결하고, 자연스럽고, 완전하고, 명백하게 더 옳은 행동이 있을까? 만일 예배가 하나님과 가장 심오하며, 손쉽게 할 수 있는 가능한 형태의 교제라고 한다면 -특히 성찬식이 그런 예배의 특별한 형태로 알려졌음- 틀림없이 성은 인간끼리 주고받을 수 있는 가장 심오하고 가능한 교제일 것이다. 그리고 이러한 것은 우리가 생존하기 위해서 - 생물학적인 방법보다 더 - 절대적으로 필요한 것이다."[4]

이것이 감사하는 말을 해야 되는 의미입니다. 감사드리는 마음은 성을 하나님의 선물로 인식하고, 오직 그러한 이유 때문에 하나님을 기쁘시게 하고 영화롭게 하는 데 성을 사용하려고 애를 쓰게 됩니다.

두 번째 축복은 이 세상의 물질적 소유(Material possessions) 가운데 우리의 몫에 대하여 감사드리는 것입니다.

이러한 감사가 일그러지면 탐욕으로 변합니다. 감사는 우리가 가진 것에 만족하고 그래서 우리 소유를 다른 사람을 위하여 아까운 마음을 갖지 않고 기쁨으로 사용하는 것을 말합니다. 탐욕은 항상 더 많이 갖고 싶어 하는 마음을 의미합니다.

어떤 사람이 세상에서 부자 가운데 제일 부유한 존 록펠러(John Rockefeller)에게 질문했습니다. "돈을 얼마나 가지고 있으면 충분하겠소?" 그 억만장자가 대답했습니다. "아주 조금만 더!"

우리가 역사를 보면 -혹은 우리 시대에서도- 자꾸만 쌓여 가는 재산의 무더기에서 끊임없는 갈등을 바라보게 됩니다. 그것은 잘못되었고, 우리는 그것을 거부해야 합니다.

또 다른 왜곡이 있습니다. 어떤 그리스도인은 - 심지어 불신자까지 - "탐욕은 나쁘다. 그러므로 물질은 나쁘다"라고 주장합니다. 그래서 그들은 자발적으로 가난, 공동체 생활 방식, 성결을 위한 수도회, 혹은 아주 단순한 생활을 택함으로써 물질을 거부합니다. 어느 경우가 되었든지 이것은 전적으로 합당하고, 또 지상명령이라고 말할 수 있습니다. 알코올 중독자는 알코올을 기피해야 하는 것처럼 물질에 중독된 사람은 소유를 피해야 합니다. 다시 말해서 가난한 사람에게 복음을 더 잘 증거하고, 혹은 다른 사람들에게 더 많이 베푸는 사람이 되기 위하여 단순하게 살아야 합니다.

그러나 탐욕이나 지나친 절제가 모두 그리스도인의 자세는 아닙니다. 그리스도인의 자세는 하나님께서 주시는 것은 받고, 또 받은 것을 감사해야 합니다. 만일 하나님께서 더 주서서 재산이 증가하게 되면, 그 소유를 사용하는데 따르는 책임도 증가되었음을 인정해야 합니다. 우리가 많이 소유하면 소유할수록 다른 사람들에게 나눠줘야 할 비율도 더 커집니다. 불행스럽지만 탐욕스러운 사회에서 대부분의 그리스도인들이 이 방면에서 세상과 똑같이 살고 있습니다. 그래서 하나님은 그들이 이미 가지고 있는 것보다 더 많이 주시지 않습니다.

세 번째 축복은 **진리**(Truth)와 그것을 말로 표현하는 능력입니다. 하나님과 우리 자신과 구원에 대한 진리를 전달하는 말씀의 능력입니다. 그러므로 어리석은 말과 희롱의 말로 말씀을 싸구려로 전락시키는 행위는 비난받아 마땅합니다. 다시 말해서 쾌활한 정신이나 명랑한 유머는 나쁘지 않습니다. 원숭이를 만드신 하나님은 유머가 없으신 분이 아닙니다. 우리가 영원토록 중요한 것을 경시하고, 하나님의 경고와 명령을 회피하려고 농담을 사용하려는 데 문제가 있습니다. 하나님의 진리가 설교를 통해서 사람에게 전달되므로 나는 말씀과 진리에 대하여 하나님께 감사합니다.

이미 밝아졌고 밝아지고 있다

이 논의에서 마지막으로 하고 싶은 말은 그리스도인은 이 세상의 어둠을 밝히는 하나님의 빛이 되어야만 한다는 것입니다. 그리스도인은 빛을 발하는 요소가 되어야 합니다. 엄밀하게 말하자면, 그리스도인이 먼저 빛을 받았기 때문에 바울은 5장에서 말합니다. "너희가 전에는 어두움이더니 이제는 주 안에서 빛이라 빛의 자녀들처럼 행하라"(엡 5:8).

이 진술에서 가장 중요한 것은 회심하기 전에는 그리스도인은 어둠 가운데(in) 있었고, 회심한 지금 현재 빛 가운데(in) 있다고 바울이 말하지 않습니다. 비록 그것이 사실이기는 하지만, 바울은 좀 더 깊은 것을 말합니다. 전에는 그들은 어둠이었습니다(were). 그러나 지금은 빛입니다(are). 바울은 그들 안에 일어난 변화를 가리키고 있습니다. 주변 환경의 변화를 말하는 것이 아닙니다. 전에 그들은 어둠 안에 있었을 뿐만 아니라 어둠이 그들 안에도 있었습니다. 그리고 이제 그들은 빛 가운데 있을 뿐만 아니라 그들은 빛이며, 그러므로 어두운 사회에서 빛을 비추어야만 합니다. 이제 모든 것은 달라졌습니다. 만일 그것이 다만 빛을 찾거나 빛 가운데 사는 것에 대한 질문이었다면, 기독교는 다른 종교나 철학과 차이가 없습니다. 그리고 다른 것에서 얻지 못하는 것처럼 기독교에도 더 이상 희망이 없습니다. 그러나 그리스도인이 되는 것이 어두움에서 빛으로 변화를 포함하고 있다면, 우리가 함께 어둠을 대항해야 하는 것처럼 그리스도인이 세상에 존재한다는 것 자체가 소망입니다.

다음의 이야기로 글을 끝마치려 합니다. 몇 해 전, 미국 기독방송인들이 워싱턴에서 연차 대회를 열었습니다. 그 자리에서 미국 대통령이 연설을 했습니다. 그는 방송인들이 원하는 것을 말했고, 요한복음 3:16절을 인용하면서 그의 연설을 마쳤습니다. 대회 참석자들은 무아지경에 빠졌고, 그들은 기립하여 껑충껑충 뛰면서 대통령이 연단을 떠날 때까지 오랫동안 박수갈채를 보냈습니다. 마치 미국 수도에서 부흥 운동이 일어난 것처럼 보였습니다. 그 다음 연사는 찰스 콜슨(Charles Colson)이었습니다. 그는 경험을 통해서 정치 생활의 제약과 유혹의 양면을 다 터득한 사람이었습니다. 그는 대통령의 연설을 듣고 매우 기뻤으며, 성경 인용을 믿는다고 말했습니다. 그는 "그러나"라는 말을 덧붙이고 나서, "우리는 하나님의 나라가 공군 1호기(미합중국 대통령 전용기)를 타고 오지 않음을 기억해야 한다"고 말했습니다.

그것은 정말 심오한 진리입니다. 궁극적인 의미에서 하나님의 나라는 예수 그리스도가 그분의 나라를 완성할 때에 도래할 것입니다. 그러나 그때까지 - 사람의 눈에 잘 드러나는 정계의 거물뿐만 아니라 여러분과 나처럼 보통 사람, 그러면서 세인의 눈에 훨씬 드러나지 않는 - 그리스도의 백성들이 예수 그리스도를 닮은 삶을 살기 시작하는 곳에 하나님의 나라가 임하게 될 것입니다.

●각주●

1. John R. W. Stott, God's New Society: The Message of Ephesians (Downers Grove, Ill.: Inter Varsity, 1979), 193.

2. D. Martyn Lloyd-Jones, Darkness and Light: An Exposition of Ephesians 4:17-5:17 (Grand Rapids: Baker, 1982), 330.

3. Stott, God's New Society, 192.

4. Mike Mason, The Mystery of Marriage: As Iron Sharpens Iron (Portland, Ore.: Multnomah, 1985), 121

30

최상의 시간 만들기

에베소서 5 : 15-20

그런즉 너희가 어떻게 행할지를 자세히 주의하여 지혜 없는 자 같이 하지 말고 오직 지혜 있는 자 같이 하여 세월을 아끼라 때가 악하니라 그러므로 어리석은 자가 되지 말고 오직 주의 뜻이 무엇인가 이해하라 술 취하지 말라 이는 방탕한 것이니 오직 성령으로 충만함을 받으라 시와 찬송과 신령한 노래들로 서로 화답하며 너희의 마음으로 주께 노래하며 찬송하며 범사에 우리 주 예수 그리스도의 이름으로 항상 아버지 하나님께 감사하며

여러 해 전에 목회를 시작한지 얼마 안 되었을 때, 효과적인 목회를 위해 경험을 쌓고 필요한 기술을 습득하느라고 대부분의 시간을 보냈습니다. 새로운 분야의 일에 입문하는 사람은 누구나 겪게 되는 것이라고 생각합니다. 그러나 해가 지나가고 필요한 경험과 기술을 습득했지만, 여전히 또 다른 것을 찾고 있는 나 자신을 발견하게 되었는데, 그것은 지혜였습니다. 지식은 소유하고 있었지만, 그것을 어떻게 사용할지 모르고 있었습니다. 습득한 기술을

바르게 적용할 수 있는 지혜를 원했습니다. 오늘날 나는 어느 다른 요소보다 지혜를 얻기 위하여 더욱 많이 기도합니다.

그것은 성경이 그렇게 강조하고 있습니다. 성경의 많은 부분들은 그리스도인이 많은 지식과 경험을 소유하는 것을 당연하다고 인정하지만, 여기 덧붙여 하나님을 섬기는 자들은 지혜를 추구하라고 요청합니다. 잠언서의 삼분의 일은 거리에 서서 지혜 있는 자와 경건한 자들이 지혜를 추구하라고 외치는 지혜를 의인화하여 묘사하고 있습니다. "여호와를 경외하는 것이 지혜의 근본이요 거룩하신 자를 아는 것이 명철이니라"고 선언합니다(잠 9:10). 신약성경에서 바울은 헬라인들이 실제로 어리석음에 불과한 것을 지혜라고 하는 것을 개탄해서 바울은 말합니다. "우리는 십자가에 못 박힌 그리스도를 전하니 유대인에게는 거리끼는 것이요 이방인에게는 미련한 것이로되 오직 부르심을 입은 자들에게는 유대인이나 헬라인이나 그리스도는 하나님의 능력이요 하나님의 지혜니라 하나님의 어리석음이 사람보다 지혜 있고 하나님의 약하심이 사람보다 강하니라"(고전 1:23-25).

이 지혜에 두 부분이 있습니다. 즉, 첫 번째로 예수 그리스도를 통하여 하나님을 아는 지식의 중심, 곧 내용과 두 번째는 그 내용의 실제적인 적용입니다. 내가 지금까지 기도하고 있고, 특별히 에베소서 다음 부분에서 사도 바울이 관심을 가지고 있는 것은 지혜의 바로 두 번째 면입니다.

시간의 구속

그리스도인이 지혜를 실천에 옮겨야 한다고 바울이 생각하는 세 가지 영역이 있습니다. 그 가운데 첫 번째는 시간의 사용입니다. "그런즉 너희가 어떻게 행할 지를 자세히 주의하여 지혜 없는 자 같이 하지 말고 오직 지혜 있는 자 같이 하여 세월을 아끼라 때가 악하니라"(엡 5:15-16).

대부분의 그리스도인들이 시간을 실제 보다 더 중요하게 생각하지 않습니다. 시간은 하나님을 섬기도록 우리를 부르신 부르심 안에서 우리가 소유하고 있는 두 가지 요소 가운데 하나입니다. 즉, 그것은 시간과 공간입니다. 나는 이것을 역사의 날줄과 씨줄이라고 부릅니다. 이 두 요소는 하나님의 광대한 구원 계획안에서 특별한 한 점에 우리를 고정시켜 놓았기 때문입니다. 공간은 우리를 장소에 고정시켜 놓습니다.

예를 들자면, 우리 교회와 성도들은 뉴욕이나 로스앤젤레스나 런던이 아니라 필라델피아에 위치하고 있습니다. 필라델피아제십장로교회 성도들이 하나님을 위하여 하려고 계획하는 일은 바로 여기 필라델피아에서 해야 합니다. 그러나 우리는 18세기의 필라델피아에 거주하고 있지 않습니다. 그때 나라는 막 독립을 하였고, 오늘날 우리가 알고 있는 많은 기독교 기관들도 시작하던 때 이었습니다. 또 위대한 선교 운동이 일어나던 19세기에 살고 있지 않고, 우리는 20세기의 마지막 무렵을 살아가고 있습니다. 우리가 당면한 문제와 기회는 매우 독특한 것입니다. 현명한 사람은 이것을 깨닫고 자기 자신을 그 변화의 흐름을 따라서 적응시켜 나가는 사람입니다.

성경적인 신앙에서 시간의 중요성은 아무리 강조해도 지나치지 않습니다. 왜냐하면 성경의 신앙은 역사적인 신앙이고, 역사는 시간을 의미하기 때문입니다. 다른 무엇보다 바로 이러한 요소가 유대교와 기독교를 번영을 구가했던 다른 종교들과 구별하는 것입니다. 구약시대에는 모든 주변 종교들은 사실상 자연 종교들이었습니다. 그들은 자연의 여러 가지 요소를 - 해, 달, 바람, 비 혹은 계절 - 최고의 신과 동일시했습니다. 많은 경우 이 종교들은 그것을 재현하는 과정과 수단을 동반하고 있었습니다. 이 종교들은 새로운 달이나 추수에서부터 시작하여 그 다음 달이나 추수 때까지 이어지는 주기적이요 순환적 흐름만 있었을 뿐이지 역사는 진정한 의미가 없었습니다.

헬라 세계에는 철학이나 동방에서 차용한 여러 종교들을 부활시켜 놓은 것 가운데 하나가 있었습니다. 이 종교들은 여러 신에게 제사를 드리면서 얻은 인간의 경험을 신화화 한 것입니다. 다시 말해서 시간은 별 의미가 없습니다. 그리고 역사는 어디에도 존재하지 않았습니다. 이와는 대조적으로 구약성경과 신약성경은 역사에 뿌리를 내리고 있습니다. 하나님께서 아브라함을 부르셨을 때, 역사 안에서 성취되어야 할 약속을 역사 안에서 아브라함에게 하셨습니다. 하나님께서 말씀하셨습니다. "여호와께서 아브람에게 이르시되 너는 너의 고향과 친척과 아버지의 집을 떠나 내가 네게 보여 줄 땅으로 가라 내가 너로 큰 민족을 이루고 네게 복을 주어 네 이름을 창대하게 하리니 너는 복이 될지라 너를 축복하는 자에게는 내가 복을 내리고 너를 저주하는 자에게는 내가 저주하리니 땅의 모든 족속이 너로 말미암아 복을 얻을 것이라 하신지라"(창 12:1-3).

구약성경에는 출애굽과 약속의 땅에 대한 침공과 정복을 포함하여 이 약속의 부분적인 성취가 많이 기록되어 있습니다. 그 가운데 가장 으뜸 되는 성취는 예수 그리스도의 모습과 사역 안에 있습니다. 그분의 성육신은 역사 안에서 이루어진 하나님의 결정적인 간섭이었습니다. 그리고 그 시간은 다른 모든 시간에게 의미를 부여했습니다. 바울은 이 순간의 중요성에 대하여 이렇게 말했습니다. "때가 차매 하나님이 그 아들을 보내사 여자에게서 나게 하시고 율법 아래 나게 하신 것은 율법 아래 있는 자들을 속량하시고 우리로 아들의 명분을 얻게 하려 하심이라"(갈 4:4-5). 이것이 전부는 아닙니다. 그리스도인은 역시 그리스도가 다시 오실 때, 모든 역사적 행동이 심판 당하게 될 역사의 절정을 바라보고 있습니다.

시간의 중요성을 바라보는 또 다른 방법은 시간에 대한 하나님의 말씀을 연구함으로써 보이는 모든 것을 "하나님의 관점(God's perspective)"으로 바라보는 것입니다. 거기에는 많은 것들이 포함되어 있습니다. 날을 의미하는 헤메라(hemera), 시간을 의미하는 호라(hora), 시절을 의미하는 카이로스(kairos), 때를 의미하는 크로노스(chronos), 세대를 의미하는 아이온(aion) 등등 모두 독특한 연관을 가지고 있습니다. 이러한 말 가운데 가장 중요한 것은 카이로스(kairos)입니다. 이 말은 오늘 우리가 공부하고 있는 본문에서 사용되었습니다. 이 말은 크로노스(chronos)와 대조적인 의미를 가지고 있습니다. 크로노스와 카이로스는 모두 다 시간과 관련됐고, 우리가 가진 성경에서 똑같이 "시간"으로 번역되고 있습니다. 그러나 크로노스(chronos)는 오직 사건 다음에 따라오는 또 다른 사건, 즉 시간의 흐름을 언급하는 말입니다. 그 개념은 우리가 사용하는 단어 가운데 연대기(chronology)에 내포되어 있습니다. 카이로스(kairos)는 특별한 의미가 있거나 호감을 갖게 되는 순간을 언급하는 말입니다.

벨릭스 왕이 바울의 가르침을 듣고 대답할 때, 이 말이 세속적인 의미로 사용되었습니다. "내가 틈이 있으면 너를 부르리라"(행 24:25). 그러나 사실은 그리스도의 초림에 대하여 흔히 이 말을 사용했습니다. "자기 속에 계신 그리스도의 영이 그 받으실 고난과 후에 얻으실 영광을 미리 증거하여 어느 시, 어떠한 때를 지시하시는지 상고 하니라"(벧전 1:11 개역한글)고 말하면서 지대한 관심을 가지고 의도적으로 시간을 연구하는 선지자들에게 베드로는 이 말을 사용했습니다. "내 때가 가까이 왔으니 내 제자들과 함께 유월절을 네 집에서 지키겠다 하시더라 하라"고 말씀하실 때, 예수님께서도 이 말을 사용하셨습니다(마 26:18).

이 말은 현명한 그리스도인에게 시간은 의미 있고 완전한 요소라는 것을 의미하고 있습니다. 더욱이 그리스도인은 그러한 이유에서 자신의 시간을 회복해야 하고, "최상의 시간"으로 만들어야 합니다. "때가 악하니라"는 말을 그리스도인들에게 남겨놓았습니다. 그러나 그리스도인들은 선을 위하여 악에서부터 시간을 회복할 수 있습니다.

제2차 세계대전이 끝난 지 몇 해 뒤, 허버트 버터필드(Herbert Butterfield)라는 한 영국 역사가가 책을 저술했습니다. 그는 그의 저서에서 과거를 바른 안목으로 보려고 시도했고, 그리스도인들에게 의미 있는 윤리적 행위를 진작시키려고 애를 썼습니다. 그는 시간에 대한 성경적인 개념에 초점을 맞췄습니다. "만일 말씀이 육신이 되었다면 물질 그 자체는 악으로 간주될 수 없다는 기독교의 중심 전통에서 그것(시간)은 항상 실현되어 왔다. 이와 유사한 방법으로 시간의 어느 한 순간을 가능한 한 이렇게 많이 붙잡을 수 있다면 우리는 시간을 흘러보내지 않을 것이고, 그 어떤 순간도 단지 헛되다고 말할 수 없을 것이다. 시간의 매 순간은 다른 어느 때보다 더 중대한 의미를 지니게 된다. 매 순간은 '종말적'이거나 요정 이야기 속에서 괘종시계가 막 12시를 치려고 하는 한 순간처럼 시간을 다루게 된다."

허버트 버터필드는 계속하여 진술하고 있습니다. "이런 견해로 볼 때에 눈멀고, 경직되고, 을씨년스러운 우주에서 우연이 마음대로 처분하도록 인류를 맡겨놓은 부재자 하나님이 결코 될 수 없다. 그리고 실제 드라마가 광인의 악몽이나 하찮은 꿈의 조각이 아님- 인류 역사의 무대에서 펼쳐지고 있는 것이다. 선과 악의 실제적인 갈등은 지금도 일어나고 있고, 사건들이 연루되고, 그리고 어떤 것은 외견적인 성공이나 실패와 상관없이 성취되고 있다."[1]

시간을 최상의 것으로 만드는 것은 이 갈등으로 들어가 선을 위하여 기여하는 것입니다.

주님의 뜻은 무엇인가

이 질문은 바울이 그리스도인은 참된 지혜를 실천에 옮겨야 한다고 생각하는 두 번째 영역으로 직접 인도해 줍니다. 즉, 주님의 뜻이 무엇인지 이해하는 영역에서 실천에 옮겨져야 합니다. 보통 우리가 하나님의 뜻을 아는 것에 대하여 말할 때, 그분의 말씀인 성경을 알아야 한다고 강조합니다. 왜냐하면 하나님의 성품과 그분의 교훈은 다른 어느 곳에서도 계시되지 않고, 오직 성경에서만 계시되었기 때문입니다. 만일 하나님의 뜻이 무엇인지 알고 싶다면, 또 다른 특별하고 신비스러운 체험이나 계시가 필요하지 않습니다. 오직 성경을 연구하고, 성령님이 말씀을 조명하여 그 말씀을 깨닫게 하고, 깨달은 말씀을 마음과 환경에 적용함으로써 우리는 말씀을 알 수 있습니다. 그것은 기본입니다. 바울이 여기서 말하고 있는 것은 당연하다고 생각합니다.

그러나 이 구절에서 바울은 성경에 계시된 하나님의 뜻을 아는 것에 더 많은 관심이 있다고 나는 믿습니다. 바울은 단순한 사실을 습득하는 것보다 지혜에 더 많은 관심을 가지고 있고, 그는 역사 안에서 하나님이 행하시는 것에 대한 깨달음과 그것에 대한 우리의 현명한 응답에 더 많은 관심을 가지고 있습니다.

그것이 단지 하나님께서 성경 안에서 특별히 말씀하시는 것을 깨닫는 문제라고 한다면, 성경을 연구해야 한다는 것이 합당한 권고가 될 것입니다. "하나님께서 말씀하신 것을 배우고 그 말씀에 따라 사시오!" 라고 바울은 말했을 것입니다. 그러나 그것은 이 구절이 말하려는 것이 아닙니다. 바울은 지금 지혜에 대하여 말하고 있고, 또 하나님께서 우리에게 주신 특별한 역사적인 시간을 최상의 것으로 만드는 것에 대하여 말하고 있습니다. 그것은 마치 이렇게 묻는 것과 같습니다. 즉, "우리가 당면하는 순간마다 우리는 어떻게 행동해야 할까? 바로 오늘, 지금 이 시간, 그리고 지금 이 순간을 보내기 위하여 어떻게 우리의 최선을 다 할 수 있을까? 하나님은 우리가 무엇을 행하기를 원하실까?" 이러한 배경에서 바울은 우리가 하나님께서 지금 행하고 계시는 것을 깨닫고, 그 깨달음에 따라 행동하라고 격려하는 것처럼 보입니다.

기독교 단체에 참여하고 있는 친구가 있습니다. 하나님을 위하여 이런 일이나 저런 일을 하자고 약속하는 여러 기독교 운동 단체에 대하여 그는 회의적인 사람이 되고 말았습니다. 그가 지혜에 대하여 말할 때, 자신의 판단에 따라 말합니다. "지혜는 하나님이 가고 계시는 방향을 파악하고, 하나님이 타고 계시는 선두 마차에 동승하는 것이다."

바울은 다음에 바로 이 점을 말하려는 것이라고 생각합니다. 깨달을 줄 아는 사람과 대비하여 어리석은 자는 끊임없이 이어지는 "가능성이 있는" 프로그램의 홍수 속에서 길을 잃어버리고, 시간과 정력을 소진해 버리고 있습니다. 지혜로운 사람은 이러한 프로그램들을 점검해보고, 하나님을 향하여 인도되고 있다고 판단되는 방향으로 길을 정하려고 노력합니다. 이 지혜는 오늘날 우리 시대의 교회를 이끄는 지도자들에게 절실하게 필요합니다. 교회 지도자들에게 교회 성장과 교회 갱신, 전도와 미디어의 활용, 기금 조성을 배가시켜줄 수 있는 프로그램이 폭발적으로 증가하고 있습니다. 그렇다고 이런 프로그램들이 모두 다 사용되지 않습니다. "어떤 것을 선택할 것인가? 어떤 것을 거절할 것인가?" 어떤 특정한 교회가 하나님의 방향을 인지하고, 궤도에서 이탈하지 않고 따라 나가기 위한 지혜가 필요합니다.

성령 충만을 받으라

바울이 현명한 그리스도인들에게 분발하라고 격려하고 있는 세 번째 영역은 성령 충만을 받는 것입니다. 바울은 성령 충만을 포도주에 취하는 것과 대비시켰습니다. 오늘날 성령 충만한 삶에 대하여 많은 오해가 있기 때문에 몇 가지 정의와 함께 시작할 필요가 있습니다.

첫째, 성령 충만은 "성령 세례"와 같지 않습니다. 이 두 가지를 혼동하는 사람들은 그리스도인이 지속적으로 성장하거나 그리스도인의 삶을 계속 유지하려면 방언의 은사를 동반하는 은혜의 두 번째 사역이 필요하다고 가르쳤습니다. 사실상 성령 세례는 우리를 거듭나게 하고, 그리스도와 연합하게 하는 성령의 사역을 언급하는 말입니다. 성령의 사역은 우리가 그리스도인이 되는 것을 최우선에 놓습니다. "세례"는 그리스도인의 삶을 시작하게 하는 성례이기 때문에 "세례"라고 부르는 것이 옳습니다. 그것은 모든 그리스도인에게 일어나는 것이고, 그리스도인에게 촉구해야 할 필요도 없습니다.

성령 "충만"을 받는 것은 바울이 여기서 말하고 있는 것처럼 그리스도인들에게 촉구되어야 하는 것입니다. 그러나 이것은 방언과 같이 어떤 특별한 기적적인 은사와 관련이 없습니다. 이 말은 오히려 성령의 통제와 인도 아래 있는 우리의 존재를 언급하는 것입니다. 우리의 생각과 삶은 완전히 예수 그리스도에게 붙잡혔으며, 우리의 삶이 그렇게 되었음을 증거 하는 것이 성령의 으뜸가는 책임입니다. 사도행전에는 오순절 전후, 개인이나 그룹이 성령 충만함을 받았다고 말하는 사건이 모두 열 개가 있습니다. 각 사건의 공통적인 요소는 사람들이 즉시 예수를 증언했다는 것을 내포한다는 점입니다.[2]

지혜로운 사람은 예수 그리스도를 신실하고 효과적으로 증언하기 위하여 성령 충만을 갈망해야 한다고 바울은 말합니다. 아주 분명하게 말하자면, 이것은 말의 내용이나 특징에 의하여 전달되는 증언입니다. 이것은 바울이 줄곧 말해오고 있는 것입니다. 또한 아주 명백히 그 또는 그녀의 말의 내용과 인격에 의해 전달되는 증언일 것입니다. 다음 두 절에서 이것을 다루게 됩니다.

성령 충만을 받는다는 말이 내포하고 있는 언어적인 측면에서 세 가지 면이 있습니다.

1. 예배(Worship). 바울은 이 점을 염두에 두고 말합니다. "시와 찬송과 신령한 노래들로 서로 화답하며"(19절). 사실, 이것이 무엇을 언급하는 말인지 정확하게 말하기는 어렵습니다. 한편으로 노래 부르고 음악을 연주하는 것과 대조적으로 바울은 다음 문장에서 "서로 화답하며"라고 합니다. 존 스토트는 여기 포함된 것을 교제라고 부르고 있습니다. 또 다른 한편으로는 그 문장이 "시와 찬송과 신령한 노래"에 대하여 말하고 있는 것은 예배처럼 들리기도 합니다. 아마도 올바른 견해는 두 가지를 조합해 놓은 것 같은데, 그것은 교제입니다. 그렇다고 해서 커피를 마시는 시간은 아닙니다. 그리스도인들이 하나님을 함께 예배할 때, 그리스도인들이 소유하는 보다 더 깊고 보다 친밀한 영적 교제라고 할 수 있습니다.

2. 찬양(Praise). "너희의 마음으로 주께 노래하며 찬송하며"라고 말할 때, 바울은 음악에 대하여 언급하고 있는 것입니다(19절). "주님께" 드리는 것이기 때문에 그리스도인들이 하나님을 찬송하려고 사용하는 음악임에 틀림없습니다. 이방 세계에서 사람들이 술을 마실 때, 시끄럽고 파괴적으로 흥청대는 술판과 대조적으로 하나님을 찬양하는 것을 목적으로 삼고, 기쁨으로 가득 찬 기독교 공동체의 예배를 바울은 교훈하고 있습니다.

3. 감사(Thanksgiving). 바울은 음행과 온갖 더러운 것과 탐욕, 누추함과 어리석은 말이나 희롱의 말(3-4절)과 같은 여섯 가지 악과 대비하면서 감사드리는 말을 한 차례 언급한 적이 있습니다. 바울은 이제 하나님의 자녀 안에서 성령이 합당하게 역사하심으로 감사를 다시 언급하고 있습니다. 성령 충만한 신자는 "범사에 우리 주 예수 그리스도의 이름으로 항상 아버지 하나님께 감사" 드리게 됩니다(20절).

셰익스피어는 그의 희곡 리어왕에서 "감사할 줄 모르는 자녀를 두어야 한다는 것은 독사의 이빨보다 날카롭다!" 라고 묘사했습니다. 그것은 사실입니다. 자녀가 감사할 줄 모르는 것은 상처를 주기도 하고, 때로는 죽음에 이르게도 합니다. 그러나 살아 계신 하나님의 아들과 딸이 된 사람들이 여전히 배은망덕하고, 감사할 줄 모른다는 것은 얼마나 모순입니까! 그런 사람이 애초에 그리스도인이 되었다는 것을 이상하게 생각한다면, 그것이 정말 부자연스러운 것입니다.

때가 되었다

앞에서 시간에 대한 성경적인 어휘를 열거했습니다. 특별한 의미가 있는 순간이나 기회를 말할 때 사용하는 카이로스(kairos)와 시간의 지속적인 흐름을 말할 때만 사용하는 크로노스(chronos)를 대비시키기도 했습니다. 지금까지 언급하지 않았지만, 이제 글을 마치면서 또 하나의 적절한 성경적인 어휘를 언급하려고 합니다. 즉, 그 단어는 눈(nun)입니다. "지금" 이라는 뜻이고, 이 말은 우리가 살고 있는 -지속적으로 배태되고 있는 현재- 그 현재적 순간에서 카이로스(kairos)는 영원한 의미를 가지고 있다는 것을 보여주는 구절에서 사용되고 있습니다. "너희가 전에는 백성이 아니더니 지금(이제는) 하나님의 백성이요 전에는 긍휼을 얻지 못하였더니 지금(이제는) 긍휼을 얻은 자니라(벧전 2:10). "지금 주린 자는 복이 있나니 너희가 배부름을 얻을 것임이요 지금 우는 자는 복이 있나니 너희가 웃을 것임이요"(눅 6:21). "이르시되 내가 은혜 베풀 때에 너에게 듣고 구원의 날에 너를 도왔다 하셨으니 보라 지금은 은혜 받을만한 때요 보라 지금은 구원의 날이로다"(고후 6:2).

만일 여러분과 내가 지혜로운 사람처럼 시간을 구속하려면 지금 이 순간 그렇게 하는 것이 더 낫습니다. 왜냐하면 내일은 기회가 없기 때문입니다. 우리가 하나님의 뜻을 깨달아야 한다면, 지금 이 순간에 결단을 내려야 하고, 우리가 성령 충만함을 받으려고 하면, 지금 이 순간 성령의 충만함을 받아야 합니다.

조나단 에드워드(Jonathan Edwards)가 그의 나이 스물이 되었을 때, 일기에 기록한 것처럼 우리는 지혜로워야 합니다. "결단하라! 한 순간의 시간을 결코 잃어버리지 않기 위하여, 그러나 내가 할 수 있는 가장 유익한 방법으로 그 순간을 발전시키기 위해서 나는 결단해야 한다."

●각주●

1. Herbert Butterfield, Christianity and History (New York: Scribner's, 1950), 121. 역사와 시간에 대한 나의 논의는 나의 저서 「하나님과 역사」의 처음 부분 세 장에서 충분하게 개진하였으며, 이 책에서 발췌한 자료를 본 장에서 사용했다(James Montgomery Boice, God and History (Downers Grove, Ill.: Inter Varsity, 1982), 15-56).

2. 사도행전에서 성령 충만함을 받았다고 말하는 열 가지의 사건은 (1)오순절에 다락방에서 기다리고 있는 무리(2:4), (2)산헤드린 공회 앞에서 말하는 베드로(4:8), (3)초대 그리스도인의 그룹(4:31), (4)첫 집사들(6:3), (5)스데반(6:5), (6)스데반에 대한 두 번째 언급(7:55), (7)바울(9:17), (8)바울에 대한 두 번째 언급(13:9), (9)바나바(11:24), (10)안디옥의 제자들(13:52). 명백한 예외 한 가지는 첫 집사들의 경우이다. 그들이 성령의 충만함을 받았다는 말이 없다고 하여 예외로 취급할 수 없을 뿐만 아니라 그들은 이미 성령의 충만을 받았다는 증거를 제시하였다. 왜냐하면 그들은 이미 능동적인 증인이었다는 사실로 알 수 있다.

31
가장 위대한 최초의 제도
에베소서 5 : 21-33

그리스도를 경외함으로 피차 복종하라

아내들이여 자기 남편에게 복종하기를 주께 하듯 하라 이는 남편이 아내의 머리 됨이 그리스도께서 교회의 머리 됨과 같음이니 그가 바로 몸의 구주시니라 그러므로 교회가 그리스도에게 하듯 아내들도 범사에 자기 남편에게 복종할지니라 남편들아 아내 사랑하기를 그리스도께서 교회를 사랑하시고 그 교회를 위하여 자신을 주심 같이 하라 이는 곧 물로 씻어 말씀으로 깨끗하게 하사 거룩하게 하시고 자기 앞에 영광스러운 교회로 세우사 티나 주름 잡힌 것이나 이런 것들이 없이 거룩하고 흠이 없게 하려 하심이라 이와 같이 남편들도 자기 아내 사랑하기를 자기 자신과 같이 할지니 자기 아내를 사랑하는 자는 자기를 사랑하는 것이라 누구든지 언제나 자기 육체를 미워하지 않고 오직 양육하여 보호하기를 그리스도께서 교회에게 함과 같이 하나니 우리는 그 몸의 지체임이라 그러므로 사람이 부모를 떠나 그의 아내와 합하여 그 둘이 한 육체가 될지니 이 비밀이 크도다 나는 그리스도와 교회에 대하여 말하노라 그러나 너희도 각각 자기의 아내 사랑하기를 자신 같이 하고 아내도 자기 남편을 존경하라

에베소서의 후반부 4-6장은 그리스도인의 삶을 다루고 있습니다. 이것은 바울이 거의 모든 서신서에서 취하고 있는 형식

입니다. 처음에는 교리를 다루고, 그 다음에는 적용을 다루게 됩니다. 에베소서 후반부의 나머지 절반은 관계를 다루고 있습니다. 적용적인 기독교는 다만 개인과 하나님의 관계만 보여 주는 것이 아니라 항상 다른 사람과의 관계라는 것을 보여 줍니다.

　이러한 이유에서 마틴 로이드 존스가 에베소서를 강해할 때, 새 책을 에베소서 5:18절에서부터 시작한다고 나는 확신합니다. 그는 에베소서의 강해를 모두 여덟 권의 시리즈로 집필했습니다.[1] 이 구절에서부터 시작하는 책은 「성령 안에서의 삶」(Life in the Spirit)입니다. 저자 마틴 로이드 존스는 성령 충만한 삶은 한 사람의 개인적인 도덕성이나, 영적 경험이 아니라, 그가 다른 사람과 더불어 어떻게 행동하는가로 측정할 수 있다고 말합니다. 에베소서에서 사도 바울은 짝을 이루고 있는 세 가지 관계를 강조하고 있습니다. 즉, 남편에 대한 아내의 관계와 아내에 대한 남편의 관계, 부모에 대한 자녀의 관계와 자녀에 대한 부모의 관계, 그리고 상전에 대한 종(노예나 고용인)의 관계입니다.

기본적인 제도

　여러 가지 관계의 선택적이기는 하지만, 기본적인 목록에서 첫 번째 관계의 짝은 가장 큰 관심을 가지고 다루는 "결혼"입니다.

　에드 휘트(Ed Wheat)는 그리스도인의 결혼에 대하여 대단히 탁월한 책을 저술했습니다. 그의 저서에서 결혼은 "지상에서 가장 가치 있는 제도"라고 말했습니다.[2] 그것은 또한 최초이며, 기초적인 제도이고, 다른 모든 제도는 이런 방법이나 혹은 저런 방법으로 그 위에 세워진다는 의미입니다.

　결혼은 최초의 인간 제도입니다. 성경이 보여 주고 있는 것처럼 하나님께서 창조한 인간 사이의 첫 번째 관계였기 때문입니다. 창세기 1장에서 하나님께서는 어떻게 만물을 창조하셨으며, 창조를 마치신 다음 "좋았더라!"라고 말씀하시면서 피조물 하나하나에게 축복하시는 기사를 읽을 수 있습니다. 하나님께서 여자를 창조하기 전, 남자를 먼저 창조하신 후, 그분의 피조물을 바라보시고 그에게서 결점을 찾아내셨고, "사람(남자)이 혼자 사는 것이 좋지 아니하니 …"(창 2:18)라고 말씀하셨습니다. 이 부정적인 평가의 결과, 남자의 독처함에 대한 응답으로 하나님께서는 첫 번째 여자를 창조하셨고, 그 남자에게 여자를 데려왔습니다. 그리하여 첫 번째 결혼식이 치러졌습니다(22절을 참조).

하나님께서는 말씀하셨습니다. "… 생육하고 번성하여 땅에 충만하라, 땅을 정복하라, …"(창 1:28).

예수 그리스도께서 말씀하셨습니다. "사람을 지으신 이가 본래 그들을 남자와 여자로 지으시고 … 그러므로 하나님이 짝지어 주신 것을 사람이 나누지 못할지니라"(마 19:4-6).

이미 앞에서 지적한 것처럼 결혼은 다른 제도가 결혼에서부터 나오게 되는 기초적인 제도입니다. 최초의 교육은 어머니와 아버지가 자기 자녀에게 먹는 것과 걷는 법, 말하는 법과 일하는 법, 그리고 다른 많은 것들을 가르쳐 주는 가정에서 실행된 것입니다. 이 기본적이고 자연스러운 책임에서부터 모든 공식적인 교육 기관이 나온 것입니다. 즉, 학교와 학술원, 단과대학과 종합대학교 그리고 다른 모든 교육 기관이 나온 것입니다. 최초의 건강관리도 가정에서 발전되었습니다. 가정에서부터 병원과 진료소, 호스피스가 생겼습니다. 가정은 가장 최초의 인간 통치 기구였습니다. 가정을 다스리는 아버지의 엄한 규율에서부터 족장 정치, 군주제가 나왔으며, 후대에는 가정에서부터 인간 통치의 민주적 형태가 발전했습니다.

여기서부터 두 가지 점을 생각해 보아야 합니다. 첫째, 우리가 살고 있는 이 시대가 그런 것처럼 만일 결혼이 타락하도록 용납하게 되면, 다른 제도들도 필연적으로 결혼과 함께 타락하게 될 것입니다. 둘째, 오늘 우리 시대에 많은 사람들이 그렇게 하고 있는 것처럼 결혼이 타락하도록 기여하는 자는 누구든지 하나님을 대적하는 범죄를 하는 것입니다.

결혼에 대한 글들을 쓰는 위대한 저술가이며, 루터교 방송 설교자 월터 마이어(Walter A. Maier)는 이렇게 말했습니다. "결혼은 위에 계시는 하나님으로부터 내려

온 것이지 아래 있는 사람이나 짐승으로부터 나온 것이 아니기 때문에, 단순히 육체적 문제뿐만 아니라 도덕적 문제들도 내포하고 있다. 결혼에서 순결의 명령을 어기는 죄는 단지 약속을 파기하거나, 청년의 무분별함, 못된 취향의 증거일 뿐만 아니라 하나님을 거역하는 범죄이다. 구세주는 하나님의 자녀가 결혼생활에 들어가면 그들은 하나님과 더불어 연합하게 되고, 그리고 이 신적인 지시가 약속하고 있는 명백한 힘과 용기와 사랑 아래 예리하고 불길한 경고가 있다고 우리에게 말씀하신다. 하나님의 제도를 부당하게 고치는 자는 보응하시는 공의의 폭약의 뇌관에다 불을 붙인 것이다. 결혼은 그토록 성결하여 그 제도를 모독하는 모든 사회적인 범죄는 가장 끔찍한 결과를 초래하게 된다. 역사를 통해서 결혼의 신적 기원과 그 성결함을 망각하였기 때문에 폐허를 면하지 못했던 여러 나라들의 최종 기록부에 남아 있는 붉은 잉크의 얼룩 자국은 경고를 발하고 있다.”[3]

사탄의 공격

최초이며 기초적인 인간 제도로서, 결혼이라는 제도를 제정하신 분은 사람이 아니라 하나님이라는 경외해야 할 진리로서 결혼이 중요함에도 불구하고, 오늘날 결혼은 가장 맹렬하고 집요한 공격을 당하고 있습니다. 사실상 이 공격은 강렬하고, 여러 얼굴을 가지고, 교활하여 단순히 사람이 싫어하는 책임이나 혹은 개인적인 이기심만으로는 설명하기가 어렵습니다. 이 공격은 사람이 대항할 수 없을 만큼 강력하며 마귀적(的)입니다. 하나님의 - 또한 우리 - 큰 원수 마귀가 하나님과 사람을 모두 대항해서 싸우는 거대한 영적 전쟁터입니다.

이러한 이유에서 바울이 결혼뿐만 아니라 자녀와 부모, 노예와 주인 간의 관계에 대한 논의를 바로 여기서 펼치고 있다고 생각합니다. 즉, 성령 충만한 삶을 촉구하는 에베소서 5:18-20절과 사탄에 대적하는 그리스도의 군사의 방어에 대하여 논의하는 에베소서 6:10-20절 사이에서 바로 이러한 논의가 진행되고 있습니다. 관계의 전쟁터에서 사탄과의 전투가 치열히 진행되고, 하나님의 영속적인 승리와 하나님의 정의가 승패의 판가름이 나게 됩니다.

　결혼에 대한 공격은 많은 출처로부터 나오고 있습니다. 어떤 것은 -정말 두드러지게 강력한 공격들- 세상에서부터 나옵니다. 낙심하거나 좌절당한 사람들이 상대적으로 "부담 없이" 손쉽게 이혼 할 수 있도록 만드는 현행 이혼법을 고쳐야 한다고 생각합니다. 또 법의 개정이 가능한 것처럼 보입니다. 미국 내 거의 모든 도시의 수 천, 수 만개의 가판대와 서점에서 현란한 표지의 포르노 잡지를 만날 수 있습니다. 경건한 삶을 조롱하고, 극도로 도착적인 삶의 방식을 아무렇지 않게 만드는 TV 프로그램과 인터넷 공간을 생각하게 됩니다. 만일 세속적인 미국 생활에서 가장 파괴적인 것을 단 하나만 택하라고 한다면, 나는 주저하지 않고 TV를 비롯한 미디어 매체를 꼽을 것입니다. TV는 합당하고 필요한 대화를 나눠야 하는 가정을 파괴하고 있습니다. 정상적 관계를 유지해야 하는 자리에 다른 사람은 무시한 채 "내가 먼저" 그리고 쾌락 지향적이며, 물질주의적이고, 순간적인 만족을 추구하는 사람들, 즉 자기만 생각하는 사람들을 채워놓고 있습니다.

　나를 가장 염려하게 하는 것은 TV가 아니라 오히려 교회가 결혼을 세상적인 방법으로 생각하는 경향이 가속화되고 있는 현상입니다. 바로 이 현상에서 가장 교활한 모양을 하고 있는 마귀를 보게 됩니다.

　세속적인 대화나 서적이나 매스 미디어가 짜놓은 틀에 의하여 세상이 생각하는 것처럼 그리스도인도 생각한다는 것을 지적하려는 것이 아닙니다. 그것이 진실이며, 지금까지 항상 진실이었습니다. 심지어 교회 지도자들까지 세상이 사물을 바라보는 방법을 채용한다는 것을 지적하려는 것입니다. 유명한 복음주의자들도 포함된 이혼의 숫자는 이러한 현상을 측정할 수 있는 방법 가운데 하나입니다. 방송 설교가 찰스 스윈돌(Charles Swindoll)은 결혼에 대해 저술한 그의 책에서 출판사 직원이 그를 방문했던 이야기를 합니다. 그 사람은 말했습니다. "척, 내가 여기로 오면서 여섯 개의 도시를 경유했습니다. 그곳은 모두 우리나라에서 유명한 대도시였습니다. 경유했던 도시마다 영향력이 있고, 한때는 존경받던 기독 정치인들이었지만 - 확고한 신앙을 소유한 복음적인 사람들이며, 성경의 진리에 헌신한 사람들 - 아내와 헤어진 사람들의 이름을 듣거나 직접 만나기까지 했습니다."

찰스 스윈돌은 그들이 가정이 깨지지 않도록 가능한 모든 노력을 했는데도 결국 깨어지게 되었느냐고 질문을 했습니다. 방문자는 이렇게 대답했습니다. "깨어졌다고요? 전혀 그렇지 않습니다! 사실은 거의 모든 사람은 다른 여자 때문에 자기 아내를 버리고 떠난 겁니다. 그리고 그 사람들은 아무 일도 없었던 것처럼 기독교 사업에 종사하고 있습니다."[4]

필라델피아세븐티식서스 농구팀의 총감독인 팻 윌리엄스(Pat Williams)는 그의 책 「불씨를 다시 살리다」(Rekindled)에서 결혼생활이 새로운 활력을 되찾게 된 것을 이야기하고 있습니다. 그는 한때 나에게 질문한 적이 있습니다. "목사님, 도대체 이게 무슨 일이요? 매주일 자기 아내를 버리고 떠난 기독교 지도자의 이야기나 남편을 떠난 유명한 기독교 여성 인사 이야기를 듣고 있습니다." 바로 그 주간에 복음적인 여성 작가이며, 강연회 강사로 이름이 널리 알려진 한 여성이 기독교 출판사에서 일하는 한 남성과 결혼하려고, 그의 남편과 헤어지는 일이 있었습니다.

이런 것조차 가장 위험스럽다거나 교활하다고 할 수 없습니다. 필라델피아제십장로교회의 여러 동역하는 목사들이 지난 몇 년간 결혼 상담자의 위치에서 지적해 온 것은 일반적으로 "성경적" 근거라고 믿는 주장에 바탕을 두고, 이혼과 재혼을 정당화시키려는 사악한 시도였습니다. 이 문제에 대하여 성경이 명확하게 가르침에도 불구하고 어떻게 이런 것이 가능합니까? 그것은 이렇게 시도되고 있습니다.

고린도전서 7:15절에서 만일 믿지 않는 사람이 믿는 사람과 결혼하게 되고, 또 그 불신자가 결혼 관계를 끝내자고 고집한다면 믿지 않는 배우자를 자유롭게 떠나게 하라고 바울은 가르치고 있습니다. 바울 사도는 "형제나 자매나 이런 일에 구속받을 것이 없느니라"고 말합니다. 물론 그것은 완전하게 유효합니다. 사도 바울이 말하고 있는 것은 두 사람이 함께 살게 하려고 취한 방법입니다. 그러나 성경적인 규범을 살겠다고 시도조차 하지 않는 불신자가 결혼을 청산하고 싶어 하면 그 배우자를 멈추게 할 방법은 없다는 것이 최종적인 분석이고, 이혼은 피할 길이 없게 됩니다.

바로 위에서 언급한 양보는 마태복음 18:15-17절에서 예수님께서 화해(혹은 화해의 시도가 실패한 경우)에 대하여 가르쳐 주신 교훈과 짝을 이루고 있습니다. 만일 한 형제가 화해를 성사시키려는 교회의 합당한 시도에 응하지 않고 거절한다면, 교회는 그를 "이방인과 세리와 같이 여기라"고 합니다(17절). 즉, 불신자처럼 여기라는 말입니다. 이 논쟁은 이렇게 계속 됩니다. 만일 그리스도인의 결혼에서 교회가 합당하게 개입하여 화해를 시도한 후에도 한 편이 화해를 원하는 배우자를 고집스럽게 거절한다면 그 완고하게 거부하는 배우자를 불신자로 여길 것이요, 고린도전서 7:15절의 원리에 따라 헤어지도록 허락해야 됩니다. 그리고 배우자에게 버림을 받은 그리스도인 배우자는 하나님의 축복과 함께 재혼을 허락해야 합니다. 이혼을 미워하신다는 하나님의 가르침(말 2:16)과 이혼 후의 재혼은 간음이라는 예수님의 교훈(마 5:32)에도 불구하고 이혼과 재혼은 허락되어야 한다고 제이 아담스가 주장했습니다.[5]

우리는 필라델피아제십장로교회에서 장로들이 이혼을 원하는 사람들에 의해 조정을 당하고 있는 위치에 놓여 있다는 것을 발견하게 되었습니다. 그들은 고집불통 배우자의 마음을 변화시키기 위하여 접촉해 달라는 요청을 받습니다. 그러나 이 시도가 성공하지 못하게 될 경우, 고집을 꺾지 않는 사람을 불신자나 혹은 (동일한 경우로 짐작이 가지만) 불신자처럼 행동하는 사람이라고 선언해 주기를 기대합니다. 그러나 실제로 이렇게 고집을 부리는 사람은 이혼이나 재혼을 하기 위해서 불평을 일삼는 배우자를 오히려 용납하는 경우가 더 많이 있습니다. 여기서 교회는 이혼을 자제하도록 권유하기보다 오히려 이혼을 촉진하는 편에 서게 될 가능성이 높습니다.

전쟁에서 승리

다행히 최근 몇 년 동안에 이 내리막길로 치닫고 있는 현상에 반격하고, 결혼의 신성함과 성결함을 다시 한 번 공개적으로 외치기 위하여 하나님께서는 여러 일련의 복음적인 저술가들을 일으켜 세우셨습니다. 그들은 다름이 아니라 엘리자베스 엘리엇(Elisabeth Elliot), 칼 라니(Carl Laney), 에드 휘트(Ed Wheat), 마이크 메이슨(Mike Mason)과 메리 프라이드(Mary Pride)라고 나는 생각합니다.[6] 그들은 건전한 성경적 기초 위에서 이혼의 불안한 상태에서부터 벗어나 행복하고 영구적인 결혼으로 돌아가는 길은 한 쌍의 남녀가 결혼은 취소 불가능한 언약이요, 그래서 구세대가 서약했던 것처럼 "죽음이 우리를 갈라놓을 때까지" 지속되어야 한다고 공개적으로 선언하고 있습니다.

에드 휘트는 이 점에 관해서 한 장 전체를 할애했습니다. "당신의 결혼만이라도 구할 수 있는 법"이라는 제목을 달아 놓은 이 장은 그의 책에서 가장 깁니다. 다른 사람들은 불순종할는지 모르지만, 말씀에 복종하는 성경적인 삶, 그것만이 결혼생활을 구할 수 있습니다.

마이크 메이슨은 이렇게 말합니다. "(로맨틱한) 사랑에 의존하거나, 혹은 기껏해야 폭풍이 휘몰아치는 것처럼 난폭한 사랑에 의존하는 결혼은 결국 깨질 수밖에 없다. 그러나 그들의 (결혼) 서약과 하나님 앞에서 주고받았던 약속을 끊임없이 뒤돌아보는 결혼, 그리고 결혼생활을 의미 있게 만들기 위해서 하나님을 신뢰하는 결혼은 지속적인 힘과 갱신의 원천을 발견하게 된다."[7]

이것이 바울이 에베소서에서 결혼이라는 주제에 접근하는 방법입니다. 바로 에베소서에 살고 있는 이 그리스도인들은 바울이 이 편지를 쓰기 불과 얼마 전에 전적으로 이방인이었습니다. 오늘날 우리가 가지고 있는 것과 같이 그들에게도 결혼 문제가 있었다는 것은 의심의 여지가 없습니다. 바울은 누군가 다른 사람의 응답에 의지하여 명령하지 않았습니다. 즉, "아내들이여, 만일 그대들이 복종할 가치가 있다고 판단되면, 남편들에게 복종하시오. 그리고 남편들이여, 만일 그대들이 사랑할 가치가 있다는 생각이 들면, 아내들을 사랑하시오!" 그러나 바울의 명령은 단호하고, 절대적입니다. "복종하라 … 사랑하라 … 돌보라 … 존경하라!" 그 이유는 다른 사람의 응답과 상관이 없습니다. 오히려 우리를 향해서 이렇게 행하셨던 그리스도의 행동과 일치하는 것입니다.

우리가 모두 그렇지만, 죄악된 성품을 지니고 있는 두 사람의 결혼이 궁극적으로 가능하게 하는 것은 무조건적인 헌신입니다. 이렇게 하는 것만이 모든 인간 제도 중에서 "가장 위대한 최초의 제도"를 보존할 수 있는 길입니다.

복종의 기쁨

이런 식의 가르침은 현대인의 문화와 정면으로 대치합니다. 반역과 저항이 고집 덩어리 그리스도인의 마음을 휘저어 놓고 있지 않습니까! 나는 반대의 소리를 들을 수 있습니다.

1. "나는 너를 믿어, 그렇지만 그렇게 할 수 없어!" 우리가 정신적으로 패배했거나, 우리 자신에게 미안한 마음이 들 때, 우리 자신에게 말하는 표현입니다. 우리는 규범을 인정하지만, 그 규범대로 살 수 없는 무능력함을 느끼게 됩니다. 때로는 우리 자신에게 변명합니다. "이 영역에서 하나님께 복종 할 수 있는 사람이 분명히 있을 거야. 그렇지만 나는 할 수 없어. 내가 하나님께서 원하시는 것을 순종하는데 필요한 것은 아무것도 주시지 않았단 말이야!" 하나님의 명령에 순종하는 것은 순종하는 능력을 소유 하고 있거나, 혹은 그와는 대조적으로 순종하는 능력이 결여되었다고 생각하는 문제가 전혀 아니라고 성경은 말합니다. 순종은 능력의 문제가 아니라 단순한 순종 그 자체일 뿐입니다.

나는 그것을 할 수 있다고 생각하지 못할 수 있습니다. 인간적으로 말하자면, 여러분은 그리스도인으로서 마땅히 행동에 옮겨야 된다고 요구하는 것을 행동에 옮기지 못할 수 있습니다. 그것이 도대체 무슨 말입니까? 한쪽 손이 마비된 지체 장애인은 자기 앞에 있는 것을 붙잡을 수 있다고 생각하지 못합니다. 그러나 그리스도가 그에게 그렇게 하라고 말했을 때, 그는 그것을 붙잡을 수 있었고, 또한 고침을 받았습니다. 예수님께서는 "할 수 없는" 사람을 "할 수 있게" 만드는 일을 하고 계십니다. 여러분은 하나님의 분명한 명령에 순종하려고 한걸음 앞으로 내디딜 때까지 여러분이 할 수 있다는 것을 결코 알 수 없습니다.

2. "그렇지만 나는 행복하게 되지 못할 거야!" 어떤 사람이 이 반대에 대답하기 위하여 다음과 같이 억지를 쓰는지 모릅니다. "하나님에게 순종하는 -당신이 지금 순종을 정의하고 있는 것처럼- 것이 여러분의 행복에 좋은 결과를 가져온다는 약속을 믿는 사람은 누구든지 그렇게 된다고요?" 그러나 만일 당신이 행복을 발견하려고 애쓴다면, 세상이 주는 망령된 충고를 분명히 따르지 않아야 한다는 경고가 그보다 훨씬 더 좋은 대답입니다. 하나님께서 계시해 주시는 길을 여러분이 따를 때, 행복하게 될 것입니다. 시편 1편이 이것을 가르치고 있습니다. 행복한("복 있는") 사람은 "악인의 꾀를 쫓지 않는" 사람입니다. 이와는 병행적으로 "주야로 율법(주의 말씀)을 묵상하는" 사람입니다(1-2절).

결혼 문제로 고통을 당하는 한 여성이 에드 휘트(Ed Wheat)에게 말했습니다. "저는 이 문제가 외부적인 영향 때문이라는 입장을 취했습니다. 사람들은 모두 제 결혼생활에 대해 충고를 해 주려고 안달을 했습니다. 저는 비성경적인 견해를 가지고 있는 사람들과 의논하는 것을 거부했습니다. 또 제 남편과 헤어지게 하려고 애쓰는 사람들과 의논하는 것도 거절했습니다. 또 제 자신에게 참 안됐다는 마음을 갖게 하거나 제 약점을 더 들춰내려는 사람들과 의논하는 것을 사양했습니다. 저는 더 이상 세상을 더 사랑하는 친구들이 제 주변을 얼씬거리지 못하도록 했습니다. 제가 비틀거릴 때, 제 곁에 있고, 제 편에 서서 저를 도와주려는 사람들과 함께 있고 싶었습니다."[8]

이 시대에 복음적인 교회는 바로 이런 사람들을 교회 안에 소유해야 합니다. 상처받은 사람의 마음을 상하게 하고 싶지 않아서 성경을 왜곡하는 사람들이 아니라, 상처받은 형제나 자매들을 바로 세우기 위해서 붙잡아 주는 사람들을 소유해야 합니다. 하나님께서는 다른 무엇보다 순종을 가장 소중하게 여기는 분이시며, 가장 절망적인 환경 속에서라도 증오를 사랑으로, 죽음을 생명으로 바꾸실 수 있는 분이시며, 궁극적으로 승리하게 해 주시는 분임을 확신하는 사람을 소유해야 합니다.

●각주●

1. 하나님의 궁극적 목적(엡 1장), 화목에 이르는 하나님의 길(엡 2장), 측량할 길 없는 그리스도의 부요함(엡 3장), 그리스도인의 연합(엡 4:1-16), 어두움과 빛(엡 4:17-5:17), 성령 안에서의 삶(엡 5:18-6:9), 그리스도인의 전투(엡 6:10-13), 그리스도의 군사(엡 6:10-20). 마틴 로이드 존스의 이 강해 시리즈는 미시간주 그랜드 래피즈에 있는 베이커출판사에서 출판했다.

2. Ed Wheat, Love Life for Every Married Couple (Grand Rapids: Zondervan, 1980), 39.

3. Walter A. Maier, For Better, Not for Worse (St. Louise: Concordia, 1935), 83.

4. Charles R. Swindoll, Strike the Original Match (Portland, Ore.: Multnomah, 1980), 15

5. 제이 아담스(Jay E. Adams)가 그의 책 The Christian Counselor's Manual과 Marriage, Divorce and Remarriage in the Bible에서 이러한 접근 방식을 주장하고 있다. 그의 두 책은 모두 미국 미시간주 그랜드 래피즈의 존더반출판사에서 재출간되었다. 바로 제이 아담스가 -그럴듯하게 성경적인 근거라는 주장을 펴면서- 가장 큰 잘못을 범한 사람이다. 아담스는 이제 이렇게 이혼한 사람의 재혼을 "바람직한" 것이라고 말한다.

6. Elisabeth Elliot, What God Has Joined…..(Westchester, Ill.: Crossway, 1983); J. Carl Laney, The Divorce Myth (Minneapolis: Bethany House, 1981); Ed Wheat, Love Life for Every Married Couple; Mike Mason, The Mystery of Marriage (Portland, Ore.: Multnomah, 1985); Mary Pride, The Way Home: Beyond Feminism, Back to Reality (Westchester, Ill.: Crossway, 1985).

7. Mason, The Mystery of Marriage, 95

8. Wheat, Love Life for Every Married Couple, 209.

32

사랑하는 남편, 행복한 아내

에베소서 5 : 21-33

그리스도를 경외함으로 피차 복종하라

아내들이여 자기 남편에게 복종하기를 주께 하듯 하라 이는 남편이 아내의 머
리 됨이 그리스도께서 교회의 머리 됨과 같음이니 그가 바로 몸의 구주시니라
그러므로 교회가 그리스도에게 하듯 아내들도 범사에 자기 남편에게 복종할
지니라 남편들아 아내 사랑하기를 그리스도께서 교회를 사랑하시고 그 교회
를 위하여 자신을 주심 같이 하라 이는 곧 물로 씻어 말씀으로 깨끗하게 하사
거룩하게 하시고 자기 앞에 영광스러운 교회로 세우사 티나 주름 잡힌 것이나
이런 것들이 없이 거룩하고 흠이 없게 하려 하심이라 이와 같이 남편들도 자기
아내 사랑하기를 자기 자신과 같이 할지니 자기 아내를 사랑하는 자는 자기를
사랑하는 것이라 누구든지 언제나 자기 육체를 미워하지 않고 오직 양육하여
보호하기를 그리스도께서 교회에게 함과 같이 하나니 우리는 그 몸의 지체임
이라 그러므로 사람이 부모를 떠나 그의 아내와 합하여 그 둘이 한 육체가 될
지니 이 비밀이 크도다 나는 그리스도와 교회에 대하여 말하노라 그러나 너희
도 각각 자기의 아내 사랑하기를 자신 같이 하고 아내도 자기 남편을 존경하라

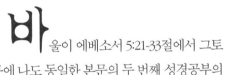

바울이 에베소서 5:21-33절에서 그토
록 분명하게 교훈하려고 갈망했기 때문에 나도 동일한 본문의 두 번째 성경공부의

제목을 "사랑하는 남편, 행복한 아내"라고 했습니다. 결혼을 적극적으로 장려하는 이런 제목이나 - 내가 지금 이 장의 제목으로 공부를 시작하는 - 다른 제목은 우리 시대에서 다소 당혹스러운 면이 있다는 점을 인정합니다. 오늘날 결혼생활은 지겹기 짝이 없고, 결혼이라는 주제가 등장하면 비관적인 말과 다른 어떤 것들이 사람들을 편안하지 못하게 만들고, 심지어 적대적으로 만듭니다.

몇 가지 예를 들어보면, 나의 아내와 나는 25년 간 결혼생활을 해오고 있습니다. 결혼 후, 몇 주가 지나서 아내 린다는 몇 명의 옛날 친구들을 만났습니다. 그들도 모두 결혼한 지 얼마 되지 않았고, 내 아내는 결혼을 한 다음 얼마나 행복하게 되었는가 말해 주었습니다. 그 가운데 한 친구가 말을 가로막았고, 그녀는 반박했습니다. "너는 도대체 누구를 납득시키려는 거니? 그게 우리란 말이니? 아니면 네 자신이니?"

최근에 한 친구와 금방 결혼식을 올리게 될 부부에 대하여 말하고 있었습니다. 두 사람은 모두 그리스도인이었고, 그들은 각자 상대방을 상당히 오랜 시간 사귀어 왔었고, 그들은 이제 막 중년의 나이에 접어들고 있었습니다. 그래서 그들은 마음속으로 결혼을 심사숙고해야 했습니다. 그러나 그 친구는 오늘날 우리가 귀가 아프도록 많이 듣는 것과 같은 생각을 하고 있었습니다. "나는 잘 되기만 바랄 뿐이야!" 그것은 우리 시대에 그토록 많은 결혼들이 실패로 돌아가는 일반적인 현상 외에는 실제적인 이유라고는 아무것도 없는 비관적 평가에 불과한 것입니다.

젊은이들이 말하는 것을 들었습니다. "나는 절대 결혼하지 않을 거야. 결혼하고 나서 행복한 사람을 본 적이 없기 때문이야!"

하나님께서는 "좋다"고 하셨다

무엇이 문제입니까? 문제의 일부는 우리가 좋아해야 할 만큼 완전한 것이 없고 죄로 가득 찬 세상에 우리가 살고 있다는 것입니다. 그리고 바로 그런 본질에 의하여 결혼은 우리의 깊은 상처를 노출시키고 있습니다. 우리는 결혼에서 피해를 입기 쉽고, 다른 관계에서 무엇이 좀 부족하다고 해서 그토록 큰 상처를 받지 않지만 결혼의 실패는 우리에게 실망과 상처만 남겨 놓았습니다. 그러나 가장 중요한 문제는 "결혼에 대한 하나님의 지침"을 우리가 그만 상실했다는 것입니다. 그래서 제작자의 정비 지침서를 무시한다면 자동차의 고장을 감수해야 하는 것처럼, 우리는 결혼의 파탄을 감수하고 있습니다.

결혼은 하나님의 생각이었고, 그것은 좋은 생각이었다는 사실에서부터 우리의 논의를 시작해야만 합니다. 한 번도 나쁜 계획을 하신 적이 없으신 하나님의 생각에서 나왔기 때문에 결혼은 좋은 것입니다.

결혼이 맨 처음 제정되고 기술되어 있는 창세기의 창조 기사를 여러분에게 상기시키려고 합니다. 결혼 이야기에 이르기까지 각 창조의 행위마다 하나님께서는 보시기에 좋았다고 말씀하셨습니다. 그러나 하나님께서는 창조를 마치셨을 때에 -여자를 창조하기 전- 남자가 홀로 있는 것을 보시고, "남자가 혼자 있는 것이 좋지 않으니, 그를 돕는 사람(배필), 곧 그에게 알맞은 짝을 만들어 주겠다"고 말씀하셨습니다(창 2:18 표준새번역). 하나님께서는 당신이 창조하신 것 가운데 오직 한 가지, 즉 여자가 없이 홀로 지내는 남자는 좋지 않다고 판단하셨습니다. 하나님께서 여자를 창조하심으로써 그분의 창조 행위는 완벽하게 완성된 것입니다. 결혼은 창조의 가장 으뜸가는 가장 위대한 좋은 것(善)이었습니다. 그리고 나서 뒤따르게 되는 결혼도 -그 결혼을 우리가 어떻게 다루는가와 아무 상관없이- 역시 좋은 것입니다. 현대인에게서 보고 있고, 계속 증가 일로에 있는 실패하는 결혼은, 하나님께서 실수하신 것이 아니라 우리가 실패한 결과의 소치인 것입니다.

아내의 의무

결혼에 대한 하나님의 지시를 따르지 않은 것이 우리의 진정한 실패입니다. 바울은 에베소서에서 이 점에 대하여 관심을 가지고 있기 때문에 먼저 아내에게 교훈을 준 다음, 남편에 대한 교훈을 말하고 있습니다. 바울은 아내들에게 "아내들이여

자기 남편에게 복종하기를 주께 하듯 하라 이는 남편이 아내의 머리 됨이 그리스
도께서 교회의 머리 됨과 같음이니 그가 바로 몸의 구주시니라 그러므로 교회가
그리스도에게 하듯 아내들도 범사에 자기 남편에게 복종할지니라"고 말하고 있습
니다(엡 5:22-24).

나는 결혼에 대하여 자주 가르치고 있으며, 특별히 해마다 집례하는 수많은 결
혼 예식에서 이 점을 강조하고 싶습니다. 그러나 나는 이런 기회를 만날 때마다 이
구절이 가르치는 교훈에서 좀 더 앞으로 나아가려고 합니다. 아내들은 자기 남편에
게 복종해야 하고, 그러므로 남편들은 아내의 머리 됨(headship)을 실행에 옮겨야
한다고 가르치고 있습니다. 물론 소위 여성해방운동을 하는 사람들은 이 가르침을
매우 불쾌하게 여기고 있습니다.

여성을 옹호하는 사람들의 적법한 관심을 좀 더 민감하게 수용하려고 애를 쓰면
서 이러한 형태의 복종에 접근해 오고 있습니다. 아내들에게 준 교훈은 "그리스도
를 경외함으로 피차 복종하라"는 구절이 앞에 선행하고 있다는 점을 나는 늘 지적
해 오고 있습니다(21절). 사실상 "복종하라"로 번역된 동사는 헬라어 본문에서는
앞에 온 동사와 연결되는 분사 형태입니다. 사실 이 동사들도 역시 분사 형태입니
다. 그리고 이 동사들은 "성령 충만을 받으라"가 의미하는 것이 무엇인가 말해 줍
니다. 즉, "시와 찬송과 신령한 노래들로 서로 화답하며" "너희의 마음으로 주께 노
래하며 찬송하며" "범사에 우리 주 예수 그리스도의 이름으로 항상 아버지 하나님
께 감사하며"라고 말해야 합니다(19-20절).

성령 충만함을 받은 그리스도인이라면, 누구나 이렇게 해야 합니다. 그리고 "복
종함으로"도 그렇게 해야 되는 것 중의 하나입니다. 그러면 왜 바울이 특별히 남편
에게 복종해야 한다고 아내들에게 말했습니까? 나는 이렇게 말하고 싶습니다. "아
내들이 자기 남편에게 복종하는 것이 특히 쉽지 않기 때문이다." 역시 마찬가지로,
"바울은 남편에게 자기 아내를 사랑하라고 말합니다. 이것은 남편들도 역시 아내
를 사랑하거나, 혹은 더 잘 사랑하는 것이 쉽지 않다는 것을 말해주는 것이다."

그러나 이렇게 말하는 것은 이 구절을 공정하게 다루지 못하는 것입니다. 아내

들이 자기 남편에게 복종하지 못하는 어려움이 있는 것이 사실입니다. 또 남편들도 자기 아내를 합당하게 사랑하려면 큰 어려움이 있는 것도 역시 사실입니다. 그러나 복종에 이런 식으로 접근하는 것은 바울의 교훈을 크게 약화시키는 것입니다.

내가 이렇게 말하는 이유는 이 구절에서 뿐만 아니라 6장에서 진술하게 되는 그리스도인의 영적 전투에 이르는 문단 전체에서 복종은 바울 사도의 가장 으뜸이 되는 관심이기 때문입니다. 그는 복종의 3가지 예를 제시합니다. 즉, 첫째로 남편에 대한 아내의 복종, 다음으로 부모에 대한 자녀의 복종, 마지막으로 상전에 대한 종의 복종입니다. 각각의 경우마다 복종이 동일하다고 말할 수 없습니다. 아내나 자녀는 종이 아닙니다. 또한 여자는 결혼생활에서 어린아이가 되지 않아야 합니다. 각각의 관계는 매우 독특합니다. 그럼에도 불구하고 이들 관계는 복종을 공통적으로 내포하고 있습니다. 주제가 되는 문장 "그리스도를 경외함으로 피차 복종하라"는 문장 뒤에 복종이라는 말은 바로 그러한 이유에서 등장하는 것입니다. 각각의 경우는 바울이 복종에 대하여 말하면서 설명하려는 본보기들입니다.

더욱이 순서에 따라 각각의 경우를 한 쌍으로 언급하는 것도 바로 그런 이유에서입니다. 보통 "자녀와 부모"라고 말하지 않습니다. 나이 든 사람, 더 책임이 큰 사람들을 먼저 내세워 "부모와 자녀"라고 말합니다. 이와 같이 "종과 상전"보다 "상전과 종"이라고 말합니다. 매 경우마다 정상적으로 표현하려면, 순서를 뒤집어 놓아야 합니다. "아내들," "자녀들"과 "종들"이 본문의 진술들에서 먼저 나오는 이유는 그들이 복종하는 것은 곧 그들의 의무라고 바울이 강조하고 싶었기 때문입니다.

결혼에 관한 한 가정 안에서 아내의 역할은 당연히 종속적이라고 바울이 말하고 있습니다. 동등함이 결여되었기 때문에 그렇게 말하는 것이 아니고, 남성이든지 혹은 여성이든지, 부모이든지 혹은 자녀이든지, 상전이든지 혹은 종이든지 간에 모든 사람은 하나님의 형상을 따라 지음을 받았고, 하나님 앞에서 동등하게 소중합니다.

남편과 아내의 종속 관계에서 특별히 아내의 종속은 자발적인 것입니다. 여자는 어떠한 남자의 제안이라도 꼭 받아들이지 않아도 됩니다. 그러나 만일 그녀가 자발적으로 그 제안을 받아들이고 결혼생활에 들어간다면 - 만일 그녀가 하나님께서 마땅히 원하는 여자가 되고 싶어 하는 그리스도인이라면 - 자기를 다스리는 남편의 머리 됨을 받아들임으로써 남편에게 복종하기로 약속하는 것입니다. 이것을 반대하고 욕설을 퍼붓는 수천 명의 여자들도 있고, 여자들이 기를 쓰고 반대하도록 원인을 제공하는 수천 명의 남자들이 있다는 것도 우리는 잘 알고 있습니다. 그럼에도 불구하고 여성 그리스도인들은 하나님의 규범에 따라 살려고 갈망하며 애쓰고 있습니다.

더욱이 아내들이 실제로 원하고 있는 것은 바로 이런 것입니다. 우리는 오늘날 이런 결혼생활을 반대하는 목소리를 수없이 많이 듣고 있는데, 특별히 여성해방운동의 대변인들은 자신의 목소리를 높이고 있습니다. 그래서 이제는 여자들이 자기 남편을 지배하고 싶어 한다고 생각하게 될는지도 모릅니다. 만일 그런 사람들이 똑똑한 머리를 가지고 그렇게 하려고 든다면, 마땅히 그렇게 되어야 할 것입니다. 그러나 이것은 마귀의 속임수입니다. 자기가 좌지우지할 수 있는 남성을 원하는 여성은 없습니다. 사실 그렇게 하고 싶어 하는 여성을 아마 발견할 수 없을지 모릅니다. 존경할 수 있는 판단을 소유한 남성, 응답할 수 있는 리더십을 소유한 남성, 그리고 마땅히 우러러 볼 수 있는 남성을 여자들은 원합니다. 만일 여자가 자기 남자에게서 이것을 발견하지 못하면 속았다는 느낌을 갖게 됩니다. 사실 아내도 역시 자기 남편처럼 죄인입니다. 아내는 지배의 문제에서 자기 남편에게 압력을 가하게 되고, 부부는 자기 자신의 길을 위해서 싸우게 될 것입니다. 내면 깊숙한 곳에서 아내가 참으로 원하는 것은 자기를 지배하고, 그들의 가정을 다스려 줄 남자, 그러나 부드럽게, 애정을 가지고 확실하게 다스리는 남자를 원합니다.

바울의 말을 따르자면, 아내는 "주께 하듯" 자기 남편에게 복종해야 합니다. 즉, 여자가 자기 생명의 주인이신 예수 그리스도께 복종하는 방법과 가정의 주인인 자기 남편에게 복종하는 방법 사이에는 닮은 점이 있습니다. 이것이 바로 하나님이 그리스도를 그분의 몸인 교회의 머리로 삼으신 것처럼, 남편을 아내의 머리로 만드신 이유입니다.

남편들의 의무

　아내가 자기 남편에게 복종해야 한다는 바로 그 이유 때문에 남편은 집안에서 폭군처럼 - 하는 꼴이 정말 치사스럽고 옹졸하기 이를 데 없는 사람 - 행동을 해도 좋은 권리를 누리게 된 것은 아닙니다. 실제로 남편은 결코 폭군이 되지 않아야 합니다. 만일 결혼에서 아내가 지켜야 할 규범이 예수 그리스도를 사랑하고 그분에게 복종하는 차원 높은 것이라면, 남자가 지켜야 하는 규범은 그것보다 훨씬 더 고상해야 합니다. 그리스도가 교회를 사랑하고 자기 자신을 내어 준 것처럼 남자도 자기 아내를 사랑해야만 합니다. 어떤 여자든지 그토록 아내를 사랑하는 남자에게 복종하는데 많은 어려움을 당하지 않습니다. 자기를 위해 기꺼이 죽겠다는 남자를 거역하려고, 투쟁을 다짐하고 나설 여자는 결코 없습니다.
　아내에 대한 남편의 의무를 말하면서 바울은 그리스도가 자기 신부인 교회에 대하여 취했던 행동에서 동사 5개를 인출해 냈습니다.

　1. 그리스도는 교회를 "사랑하셨습니다"(25절). 바울의 권면에서 "복종하다"가 그리스도인 아내들에게 핵심 단어인 것처럼, "사랑하다"는 그리스도인 남편들에게 핵심 단어입니다. 소홀하게 취급해서 안 되는 동사입니다. "사랑하다"는 동사가 무엇을 의미합니까? 나는 월터 트로비쉬(Walter Trobisch)의 정의를 좋아합니다. "만일 한 친구가 한 여자에게 '나는 너를 사랑해'라고 말할 때, 그것이 참으로 무엇을 의미하는지 말해 보면, 그것은 이런 의미이다. 즉, 그대, 그대, 그대를, 그대만을. 그대가 내 마음을 지배할 것이다. 그대는 내가 오랫동안 그리던 사람이다. 그대가 없다면 나는 완전하지 못하다. 나는 내가 가지고 있는 모든 것 뿐만 아니라 나 자신까지 모두 그대에게 드리겠다. 나는 그대만 사랑하겠다. 나는 그대만 위해 일하겠다. 나는 그대를 기다릴 것이다. … 나는 결코 강요하지 않겠다. 그리고 강요하는 말도 하지 않을 것이다. 나는 그대를 지켜주고, 보호하고, 모든 악에서 막아주고 싶다. 나는 내 생각과 내 마음과 내 몸을 - 내가 소유하고 있는 모든 것 - 그대와 함께 나누

고 싶다. 나는 그대가 해야 할 말에 귀 기울이고 싶다. 그대의 축복 없으면, 내가 하고 싶은 일은 아무것도 없다. 나는 항상 그대 곁에 남아 있고 싶다."[1] 그런 사랑은 가정을 축복해 주고 안정되게 만듭니다. 오직 예수 그리스도의 발자취에서 그런 사랑을 배울 수 있습니다.

이렇게 사랑하는 남편들이 있습니까? 진정한 사랑은 이런 것이라고 이해하고 있는 남자들이 있습니까? 그렇게 많지 않습니다! 이것이 남편들이 마땅히 지켜야 하는 규범입니다. 남편들은 마땅히 이 규범을 알아야 하고, 이 규범대로 행동해야 할 책임이 있습니다. 베드로는 남편들에게 만일 이렇게 사랑하지 않으면, 하나님께서 그들의 기도를 들어주지 않으실 것이라고 말합니다. "남편들아 이와 같이 지식을 따라 너희 아내와 동거하고 그를 더 연약한 그릇이요 또 생명의 은혜를 함께 이어받을 자로 알아 귀히 여기라 이는 너희 기도가 막히지 아니하게 하려 함이라"(벧전 3:7). 자기 아내도 합당하게 다룰 줄 모르는 남자의 기도를 무슨 이유 때문에 하나님께서 들어주셔야 합니까?

2. 그리스도는 교회를 위해 "자기를 내어 주셨습니다"(25절). 그리스도가 교회를 위하여 생명을 내어 주시고 죽으심은 교회를 사랑하는 충만함의 절정입니다. 고대 페르시아제국의 통치자 고레스 왕의 장수 가운데 한 사람의 아내가 반역죄로 고발당했고, 사형이 선고되었던 이야기를 그리스 역사에서 발견할 수 있습니다. 그녀의 남편은 무슨 일이 일어났는지 알지 못했으나 그 소식을 듣자마자 왕궁으로 달려가 보좌 앞으로 나갔습니다. 그는 왕 앞에서 부복하고 외쳤습니다. "오, 나의 주 고레스 왕이시여! 소신의 아내 대신 제 생명을 취하소서. 소신의 아내 대신 제가 죽을 수 있도록 윤허하소서!"

모든 역사적 평가를 따르자면, 고레스 왕은 고상하고 지극히 감성적인 사람이었습니다. 고레스 왕은 이 청원에 감동을 받았고, 왕은 말했습니다. "저와 같은 사랑은 마땅히 죽음이 파멸하도록 버려두면 안 되오!" 왕은 아내를 풀어 주고, 남편에게 돌려주었습니다.

그들은 행복하게 걸어가면서 남편이 그의 아내에게 말했습니다. "왕이 당신을 용서할 때 얼마나 자상한 눈으로 우리를 바라보셨는지 보았소?" 아내가 대답했습니다. "나는 내 눈으로 왕을 쳐다볼 수 없었답니다. 다만 나를 대신해서 기꺼이 죽으려고 했던 한 남자만 보았습니다."

에베소에 보내는 바울의 편지의 가장 위대한 장에서 우리를 위하여 성령님은 바로 이 그림을 그리고 있습니다. 그리스도가 자기를 내어줌으로써 교회를 사랑하셨던 것처럼 남편도 역시 자기 아내를 사랑해야 합니다. 나는 남편들에게 이것을 공평하게 말하고 싶은데, 우리는 거의 모두 그렇게 위대하고 궁극적인 시험에 사랑을 맡기는 기회를 만나지 못합니다. 그러나 우리는 그것보다 측량할 수 없이 작지만, 매일 우리 사랑을 보여줄 수 있는 많은 방법을 가지고 있습니다. 어떤 아내가 자기 남편에게 말했습니다. "여보, 당신이 나를 위해 기꺼이 죽으려는 것을 알아요. 당신이 나에게 여러 번 그렇게 말했어요. 그러나 당신이 죽음을 기다리고 있는 동안 내가 접시 닦는 일을 도와주면서 그 시간을 채워 줄 수 있겠어요?"

3. 그리스도는 말씀을 통해 교회를 "깨끗하게 하십니다"(26절). 이 동사는 "성화시키다" 혹은 "거룩하게 하다"라는 동사에서 영적인 의미를 취한 것입니다. 이 말은 하나님께서 남편들에게 자기 자녀뿐만 아니라 자기 아내의 영적 성장과 성숙에 대한 책임을 지워주셨다고 가르칩니다(엡 6:4절을 참조).

4. 그리스도의 목표는 교회를 "거룩하게 하는 것입니다"(26절). 하기오스(hagios)라는 헬라어는 "깨끗하게 하다" 혹은 "거룩하게 하다"로 번역되는 말입니다. 거룩한 사람, 혹은 성도는 하나님을 위하여 전적으로 구별하여 세운 사람입니다. 예수님께서 그분의 교회가 이렇게 되는 것을 원합니다. 즉, 교회가 예수님을 위하여 전적으로 구별하여 세워지게 되는 것입니다. 이와 같이 남편들이 자기 아내를 사랑함으로 아내는 전적으로 자기 남편만 위하여 구별하여 세운 반려자가 되고, 나아가서 하나님에 대한 아내들의 관계도 생각해야 합니다. 남편이 아내를 헌신적으로 사랑

하면, 아내는 예수님께 자기를 헌신하게 됩니다. 달리 말하자면, 남편들은 자기 아내의 영적인 발전을 염두에 두어야 합니다.

5. 그리스도는 교회를 "흠이 없고 영광스러운 신부로 세울 것입니다"(27절). 존 스토트는 이것을 종말론적 국면이라고 합니다. 즉, 교회가 하나님 앞에 완전한 모습으로 서게 될 때, 종말이 만들어내는 상황을 두고 말하는 것입니다. 존 스토트(John Stott)는 이렇게 말합니다. "그래서 남편은 아내를 억누르고 망치기 위하여, 혹은 자기 존재에 대하여 아내가 좌절하도록 자신의 머리 됨을 사용하지 않아야 한다. 아내에 대한 남편의 사랑은 이런 모습과 정확히 반대의 길로 인도할 것이다. 남편은 아내가 하나님 앞에서 자신의 잠재력을 완전히 개발하여 궁극적으로 자기 자신을 진정하게 완성되도록 아내를 위하여 희생하게 될 것이다."[2]

나는 여기서 루이스(C. S. Lewis)가 그의 저서에서 말했던 것을 생각해 봅니다. "우리는 영원한 영혼을 소유한 존재로 지음을 받은 영원한 존재이기에 오는 세대에서 우리는 눈부시게 아름다운 피조물이 될 것이다. 예수 그리스도로 말미암아 우리가 구원에 들어갔느냐, 혹은 구원에 들어가지 않았느냐에 따라서 만일 우리가 지금 그런 피조물을 볼 수 있다면 경외심이 우리를 감싸게 되는 그런 존재가 되든지, 그렇지 않으면 우리가 모두 뒷걸음질 쳐야 할 정도로 영원히 계속되는 공포의 존재가 될 것이다. 여기 실존적인 종말론이 있다. 남편은 그러한 관점을 가지고 자기 아내가 찬란한 피조물로 완성되고 있는 중이며, 장차 부활의 몸을 가지고 천국에 갈 것이라고 볼 수 있고, 또한 하나님 앞에서 아내의 영적 변화에 대한 책임이 남편에게 있음을 깨닫게 된다면, 그는 아주 훌륭한 남편이 되었다고 말하고 싶다."

행복한 가정

다른 무엇보다 그리스도인의 신분으로서 남자와 여자가 서로 상대방에게서 성취할 수 있는 것 가운데 가장 심오한 것을 발견하고 행복을 이룰 수 있도록 하나님께서는 결혼 제도를 창설하셨습니다. 그리스도인 가운데 이 점을 인정하는 사람들도 있고, 또 더러는 개인적으로 실패한 나머지 낙심한 사람도 있고, 혹은 자신의 결혼생활에서 이제 더 이상 소망이 없다고 결론을 내린 사람도 있습니다. 나는 그리스도인에게서 소망이 없는 관계란 결코 존재할 수 없다고 말하고 싶고, 결혼생활을 회복한 사람을 소개하려고 합니다.

팻 윌리엄스(Pat Williams)는 미국 NBA농구팀인 필라델피아세븐티식서스(Philadelphia 76ers)의 총감독이었습니다. 그는 「불씨를 다시 살리다」(Rekindled)라는 그의 저서에서 방치해 둔 불이 꺼지는 것처럼 그의 결혼생활도 파경에 이르게 된 과정을 말해 주고 있습니다. 그는 활동적이고 매우 분주한 남자였습니다. 그는 아내 질(Jill)을 늘 무시해 왔고, 그의 아내는 불평을 했으나 실제로 아무것도 변화된 것은 없었으며, 아내 질이 남편에게 모든 것이 이제 끝났다고 말했을 때, 마침내 그 날이 오고 말았습니다. 이런 날이 많은 사람들을 찾아오는 것과 다를 것이 없었습니다. 그의 아내는 집을 나가겠다고 위협하지는 않았으나 남편을 더 이상 사랑하지 않았고, 그녀는 다만 몸짓으로 의사를 표현할 따름이었습니다. 팻 윌리엄스는 그가 할 수 있는 것을 찾기 시작했습니다. 그는 에드 휘트(Ed Wheat)가 쓴 책, 「부부에게 드리는 사랑이 가득한 결혼생활」(Love Life for Every Married Couple)이라는 책에서 "최고의 결혼생활을 위한 처방"이라는 글을 읽게 되었습니다. 모든 결혼생활을 최상의 상태로 만들어 주는 아주 간단한 처방이었습니다. 저자 휘트는 이 처방을 "BEST"라고 불렀습니다.

Blessing (축복)

Edifying (계발)

Sharing (나눔)

Touching (접촉)

"축복"은 배우자를 칭찬해 주고, 배우자에게 자상함을 보여 주고, 배우자를 위하여 감사의 마음을 전달하고, 그리고 배우자를 대신하여 하나님께 기도드리는 것을 의미합니다.

"계발"은 세운다는 의미입니다. 남편들은 칭찬함으로 아내들을 세워줘야 합니다. 아내들은 사랑의 응답으로 남편들을 세워줘야 합니다.

"나눔"은 함께 듣고, 함께 사랑하고, 함께 배우고, 함께 연구해 보고, 함께 결과를 정리하는 것을 의미합니다.

"접촉"은 성적 접촉을 말하는 것이 아닙니다. 휘트의 처방에서 이것은 매우 중요합니다. 그는 이 처방에서 25개의 목록을 특별 제안으로 제시합니다.

이 네 개의 규칙은 우리가 서로 사랑하려면, 행동에 옮겨야 한다고 성경이 말하고 있는 실제적인 실천지침이며, 그것이 바로 핵심입니다. 이 원리가 팻과 질 부부에게 효력이 나타났습니다. 시간이 걸리기는 했지만, 그들의 결혼생활의 불씨는 되살아났고, 기쁨을 되찾았습니다. 두 사람은 함께 성장하기 시작했고, 팻 윌리엄스가 쓴 책과 이들 부부의 증언을 통해 그들의 결혼생활은 많은 사람들에게 롤모델이 되었습니다.[3]

"사랑하는 남편과 행복한 아내!" 이 말은 때론 정말 곤혹스러울 때가 있습니다. 그것은 우리의 죄 때문이고, 우리가 느끼는 곤혹스러움은 실패를 고백하는 것입니다. 그러나 그것은 또한 하나님의 말씀을 항상 경청하고, "행복한 결혼"을 유지하기 위하여 하나님의 교훈을 으뜸으로 삼으라는 도전입니다.

●각주●

1. Walter Trobisch, I Loved a Girl (New York: Harper & Row, 1965), 3-4.

2. John R. W. Stott, God's New Society: The Message of Ephesians (Downers Grove, Ill.: Inter Varsity, 1979), 229.

3. Pat and Jill Williams with Jerry Jenkins, Rekindled (Old Tappan, N.J.: Revell, 1985), Ed Wheat, Love Life for Every Married Couple (Grand Rapids: Zondervan, 1980).

33

그리스도와 교회

에베소서 5 : 32

이 비밀이 크도다 나는 그리스도와 교회에 대하여 말하노라

월리엄 바클레이(William Barclay)는
통찰력이 탁월한 사람입니다. 그가 에베소서 5:22-33절의 주석을 시작하면서 지적
한 것이 아주 좋은 예라고 할 수 있습니다. "금세기에 이 구절을 읽는 사람은 아무
도 그 말씀의 위대함을 완전히 깨달을 수 없다."[1] 바클레이가 기술한 것처럼 해를
거듭할수록 기독교의 결혼관이 수용되고 있습니다. 그래서 서구 세계가 명백하게
하나님의 표준대로 결혼생활을 하지 못하고 실패했음에도 불구하고 그 결혼관을
합당하다고 인정합니다. 그러나 바울이 이 구절에서 언급한 기독교 결혼관은 전혀
새롭고 급진적인 것이었습니다.

새로운 결혼관?

고대 세계의 3대 문화 -히브리, 헬라 그리고 로마- 가운데 기독교 성경이 기록된
히브리 문화가 가장 고상한 결혼관을 가지고 있습니다. 구약성경에서 하나님의 계
시와 신약성경에서 하나님 계시, 즉 두 개의 언약 사이의 연속성 때문에 우리는 이
점을 기대할 수 있습니다. 그럼에도 불구하고 신약성경이 기록되던 당시 성경에서
말하고 있는 합당하고 이상적인 결혼은 서서히 허물어지기 시작하였고, 사실상 파
괴되었다고 말해도 지나치지 않습니다.

예수 그리스도께서 사역하시던 당시 유대 여자는 - 마치 흑인이 노예해방 이전
에 미국에서 물건, 혹은 소유물로 여겼던 것처럼 - 사람이 아니라 물건이었습니다.
여자는 어떠한 법적 권리도 갖지 못했고, 그래서 마음만 먹으면 아내를 쫓아낼 수
있었습니다.

유대교의 샴마이(Schammai)학파와 힐렐(Hillel)학파는 신명기 24:1절의 해석에서 -
이스라엘의 가장 으뜸 되는 이혼법 - 의견이 일치하지 않았습니다. 이 구절은 남자가
만일 "수치 되는 일이 그(자기 아내)에게 있음"을 발견하면, 아내와 이혼할 수 있다
고 말합니다. 샴마이는 수치 되는 일은 간음, 즉 간음만을 의미한다고 말했습니다.
힐렐은 수치 되는 일이란 남편을 불쾌하게 만드는 것이라고 했습니다. 심지어 남편
의 저녁 밥상을 제대로 차려주지 않는 것도 이 범주에 속한다고 해석했습니다. 물론
이것은 엄청난 차이였습니다. 두 가지 가운데 어느 쪽 하나가 제대로 해석한 것이라
고 인정한다면 어느 견해가 더 우세한지 판단하는 것은 어렵지 않을 것입니다.

여자는 이혼할 수 있는 권리가 없었고, 남자는 자기 아내에게 "이혼 증서"를 - 아
주 간단하게 기록한 진술서 - 써 주고 이혼할 수 있었습니다. 그 결과 유대교에서
결혼은 위기에 처하게 되었습니다. 바클레이가 지적한 것처럼 유대 처녀들은 결국
그들의 불확실한 지위 때문에 결혼을 원하지 않았습니다.

유대교 내에서 결혼이 위기 상태에 처해 있었다면, 고대 그리스와 로마 문화권
에서는 결혼이 더욱 나쁜 상황이었습니다. B.C. 4세기 그리스의 웅변가요 정치가였

던 데모스테네스(Demosthenes)는 이렇게 말했습니다. "우리의 쾌락을 위해 창녀 (특히 귀족이나 부자를 상대하는 고급 창녀-역자)가 있고, 날마다 동거하기 위하여 여러 명의 첩을 거느리고, 그리고 합법적인 자녀를 낳을 목적으로 아내를 두고, 가사를 위해서 여종을 두고 있다." 고대 그리스에서는 결혼한 여자는 남편의 생활에 관여할 수 없었고, 남편의 진실한 동료가 될 수 없었습니다. 여자는 오로지 남편의 가정을 꾸리고, 남편의 자녀를 돌봐야 했습니다. 고대 그리스에서 남편은 다른 곳에서 동료를 찾아야 했습니다.

그러면 로마제국은 어떠했습니까? 고대 로마는 고대 세계의 시궁창이었습니다. 공화국의 처음 500년 간 이혼이란 말들을 들을 수가 없었습니다. 그러나 바울 당시 세네카(Seneca, 정확한 출생 연대는 알 수 없으나 A.D. 65년에 죽었다. 스토아학파의 철학자요 로마의 정치가였으며, 폭군 네로의 교사집정관으로 그 이름이 널리 알려졌다. 그 후, 말년에 네로 암살에 가담한 혐의로 사형 선고를 받았음-역자)가 말한 것처럼 여자는 이혼 당하기 위하여 결혼했고, 결혼하기 위해 이혼 당했습니다. 마샬(Martial)은 열 명의 남편을 두었던 여자를 두고 하는 말이었습니다. 주베날(Juvenal)은 5년 동안 여덟 명의 남편과 결혼했던 여자를 두고 하는 말이었습니다. 제롬(Jerome, 로마의 4대 교부 가운데 한 사람-역자)은 스물세 번째 남편과 결혼한 한 로마의 귀부인에 대하여 말하면서 그녀는 스물세 번째 남편의 스물한 번째 아내였다고 합니다. 성적인 타락이 난무했고, 방탕함은 널리 퍼져 나갔습니다.

윌리엄 바클레이(William Barclay)는 이렇게 말합니다. "바울은 이런 배경에서 지금 편지를 쓰고 있다. 바울이 이토록 사랑에 넘치는 글을 써 내려갈 때, 누구나 다 그렇게 생각하고 있던 견해를 단지 글로 다시 정리해 놓은 것이 아니다. 그는 남자와 여자를 결혼생활의 새로운 정절과 새로운 순결과 새로운 사귐으로 초청하고 있다. 자녀라는 단 하나의 예외를 빼놓고 이 세상에서 어느 누구도 여자들보다 그리스도에게 더 많은 빚을 지지 않은 사람은 없다는 것이 역사의 단순한 사실이다. 기독교가 고대 세계에서 날마다 정상적인 가정생활을 할 수 있도록 사회를 정화시킨 영향력은, 결코 과장한 것이 아니다."[2]

참된 명령

아직도 에베소서 5:22-33절에는 결혼에 대한 흥미로운 논의가 있습니다. 만일 예전에 알고 있던 것보다 더 새롭고, 더 고상하고, 그리고 더 순수한 결혼관을 말해 줄 수 있겠느냐고 바울에게 질문한다면 즉시 모른다고 부인했을 것입니다. 그런데 바클레이가 "바울이 남자와 여자를 결혼생활의 새로운 정절과 새로운 순결과 새로운 사귐으로 초청하고 있다"고 말했습니다. 그러나 만일 윌리엄 바클레이의 말을 인정하라고 바울에게 강요한다면 아마 바울도 이 규범으로 "나도 역시 초청한다"고 고쳐 말했을는지 모릅니다.

바울은 결혼에 대한 그의 깨달음을 하나님으로부터 무언가 특별하고 새로운 계시로 받은 것이 아닙니다. 그는 구약성경, 특별히 창세기의 제일 앞부분에서 깨달았던 것입니다. 바로 이러한 이유에서 바울은 구약성경의 한 구절을 에베소서 5:31절에 인용해 놓은 것입니다. "이러므로 남자가 부모를 떠나 그의 아내와 합하여 둘이 한 몸을 이룰지로다"(창 2:24). 바울은 이 말씀에 근거하여 가르쳤다고 말할 것입니다. 또한 바울 자신은 구약성경에서 계시의 다른 부분이나, 혹은 전혀 새로운 어떤 계시를 받은 것이 아닙니다. 또한 바울 자신의 기묘한 깨달음이나 동시대 그리스도인들의 가르침에 근거하지도 않았습니다. 참된 역사적 명령은 동물적인 것으로부터 혹은 결혼의 미숙한 견해에서 보다 고상한 수준으로 발전해 나가는 과정이 아닙니다. 그것은 오히려 첫째로 고상한 규범이며, 둘째로 그 규범에서 타락하고, 셋째로 예수 그리스도의 복음을 통하여 그 규범으로 다시 초청하려는 것입니다. 바울의 견해는 창조 질서의 원형에 근거하고 있습니다.

사실은 창조 질서보다 훨씬 더 앞으로 거슬러 올라갑니다. 도널드 반하우스(Donald Barnhouse)는 목회 초창기에 요한계시록에서 "죽임을 당한 어린 양"* 이라는 말을 발견했습니다(계 13:8). 만일 그렇다면 하나님께서는 영적인 것이 물질적인 것들 앞에 와야 한다고 마음속으로 생각하셨습니다. 그 결과로 만물은 영적인 진리를 설명하기 위하여 창조되었다고 말했습니다. 원래 하나님께서 창조한 만물이 무엇이었든지 간에 별로 차이가 나지 않습니다. 그런 것이 무엇이든지 간에 - 해와 달, 풀잎이나 눈송이, 어린 양이나 말 - 하나님께서는 만물을 창조하시기 이전에 마음속에 존재하던 영적 진리를 설명하기 위하여 이런 것들을 창조하셨습니다.

* 영어성경 원문은 표시하지 않은 채, "the Lamb that was slain from(before) the creation of the world"라고 했다. 본서의 영문 표현을 그대로 따르자면, 아마 필라델피아제십장로교회의 목회자였던 반하우스는 "from(before) the creation of the world"를 "세상이 창조되기 전(before)"으로 이해한 것이 틀림없다. 제임스 몽고메리 보이스의 말을 빌리자면, "도널드 반하우스는 필라델피아제십장로교회에서 나의 전임자요, 탁월한 성경 교사였다. 무엇보다 그는 설교에서 감동적인 예화를 사용하는 은사를 지닌 분이요, 예리한 통찰력의 소유자였다."-역자

이 진리는 결혼에도 적용됩니다. 하나님께서 결혼 제도를 창설하셨을 때, 결혼 제도가 단지 좋은 아이디어라고 생각하신 것은 아닙니다. 좋은 아이디어임에는 틀림없으나 사람이 자녀를 낳고 양육하기 위하여 좋은 방법이라고 생각하셨기 때문도 아닙니다. 하나님께서는 "그리스도와 교회"의 관계를 설명하기 위하여 결혼 제도를 창설하셨습니다.

결혼에서 남편과 아내의 관계는, 예수 그리스도와 어느 날 죄의 노예로부터 구속해야 될 사람과의 관계를 설명하려는 것입니다. 아내와 남편의 관계는 하나님의 백성, 다시 말해서 교회가 예수 그리스도와 맺게 될 관계를 설명하려는 것입니다.

바로 이러한 이유에서 그리스도의 이름이 이 위대한 구절에서 거듭 거듭 등장하고 있습니다. "아내들이여 자기 남편에게 복종하기를 주께 하듯 하라 이는 남편이 아내의 머리 됨이 그리스도께서 교회의 머리 됨과 같음이니 그가 바로 몸의 구주시니라 그러므로 교회가 그리스도에게 하듯 아내들도 범사에 자기 남편에게 복종할지니라 남편들아 아내 사랑하기를 그리스도께서 교회를 사랑하시고 그 교회를 위하여 자신을 주심 같이 하라 이는 곧 물로 씻어 말씀으로 깨끗하게 하사 거룩하게 하시고 자기 앞에 영광스러운 교회로 세우사 티나 주름 잡힌 것이나 이런 것들이

없이 거룩하고 흠이 없게 하려 하심이라 이와 같이 남편들도 자기 아내 사랑하기를 자기 자신과 같이 할지니 자기 아내를 사랑하는 자는 자기를 사랑하는 것이라 누구든지 언제나 자기 육체를 미워하지 않고 오직 양육하여 보호하기를 그리스도께서 교회에게 함과 같이 하나니 우리는 그 몸의 지체임이라 그러므로 사람이 부모를 떠나 그의 아내와 합하여 그 둘이 한 육체가 될지니 이 비밀이 크도다 나는 그리스도와 교회에 대하여 말하노라"(엡 5:22-32).

하나님께서는 마음속으로 제일 먼저 무엇을 생각하셨습니까? 그리스도와 교회였습니까? 아니면 결혼이었습니까? 설명하려는 것이 무엇이었습니까? 그것은 분명히 그리스도와 교회의 관계였을 것입니다! 그렇다면 몇 가지 중요한 결론을 내릴 수 있습니다.

1. 그리스도인이 아니라면 아무도 가장 참되고, 가장 심오한 결혼의 의미를 깨달을 수 없습니다. 만일 남편이 그리스도처럼 자기 아내를 사랑해야 한다면, 그 명령을 완수하기 위해서 그리스도의 사랑을 알아야만 합니다. 만일 아내가 그리스도에게 복종하듯 자기 남편에게 복종해야 한다면, 그것을 깨닫기 위하여 먼저 그리스도에게 복종해야만 합니다.

2. 그리스도인은 어느 누구라도 그리스도인이 아닌 사람과 결혼하지 않아야만 합니다. 고린도후서 6:14절은 이점을 명백히 말하고 있습니다. "믿지 않는 자와 멍에를 함께 메지 말라" 그러나 이 본문이 아니더라도 관계의 본질상 그것은 너무나 분명한 원리입니다. 만일 한 사람은 그리스도인이고 그의 배우자는 그리스도인이 아니라면, 그 남편과 아내는 결혼에 대하여 동일한 생각을 하지 못할 것이고, 결국 그 결혼은 시작부터 결함이 있었던 것입니다.

3. 결혼으로 연합한 자들이 하나님의 목표와 규범을 따라서 결혼생활을 추구하지 않으면, 어떤 결혼이라도 결혼이 지니고 있는 진정한 잠재력을 달성하지 못하게

될 것입니다. 생활의 다른 모든 영역에서 그래야 하는 것과 같이 이 점에서도 "너
(우리)는 마음을 다하여 여호와를 신뢰하고 네(우리) 명철을 의지하지" 말아야 합
니다(잠 3:5). 우리가 오직 하나님의 규범에 따라 결혼생활을 추구할 때만, 하나님
께서 우리의 길을 평탄하게 하고 축복해 주십니다.

참된 연합

　바울은 6장 앞에서 제시하는 것처럼 그리스도와 교회의 관계를 설명하기 위하여
만물을 적용하는 근거를 결혼을 통하여 남자와 여자가 맺게 되는 관계에 적용하고
있습니다. 바울이 결혼을 통하여 두 사람이 "한 육체"가 되는 연합에 대하여 말하
면서 이 관계를 비교하고 있다는 점을 주목하는 것이 매우 중요합니다(31절). 성경
에는 세 가지 위대한 신비스러운 연합이 있습니다. 즉, 첫째로 하나님의 삼위의 연
합으로 한 하나님이 되고, 다음에 한 인격 안에서 그리스도의 두 본질의 연합이며,
마지막으로 그리스도와 신자의 연합입니다. 결혼은 세 가지 연합 가운데 세 번째
연합을 설명하고 있습니다. 이러한 이유에서 바울은 "이 비밀이 크도다"라고 감탄
하고 있습니다. 그것은 이해할 수 없지만, 무거운 짐을 진 것처럼 성화된 지식으로
깨닫기에는 너무나 심오한 진리입니다.

　결혼이 간직하고 있는 많은 의미 가운데 한 가지는 남자와 여자가 가장 가까운
친구나 가족, 그 외 어느 누구와도 연합할 수 없고, 오직 둘이 서로 연합해야만 한다
는 것입니다. 또 생활 속의 다른 어떤 친밀한 관계도 이와 결코 비교할 수 없습니다.

　하나님께서 최초의 남자와 최초의 여자를 창조하실 때, 하나님 자신의 형상대로
만드셨습니다. 하나님이 친히 삼위일체인 것과 같이 사람을 삼위일체로 만드셨다
는 의미입니다. 삼위일체는 성부 하나님, 성자 하나님, 성령 하나님이십니다. 이와
같이 사람도 영, 혼, 육의 삼위일체입니다. 한 남자가 한 여자와 결혼으로 연합함은
이 세 가지 차원이 각각 서로 연합을 이루어야 하며, 만일 결혼이 하나님의 목적을
달성하고, 지속되려면 반드시 세 가지 차원의 연합이 이루어져야 합니다.

무엇보다 그것은 육체와 육체의 연합이 되어야 합니다. 다시 말해서 합법적인 성관계를 가져야 합니다. 기독교의 모든 교파는 성적 연합이 완료될 때까지 결혼이 실제로 성사되지 않았다고 인식하고 있습니다. 만일 성적 연합이 이루어지지 않았거나 이루어질 수 없다면 그 결혼은 효력을 잃고, 무효화할 수 있습니다. 나는 결혼을 앞둔 사람들에게 이것은 결혼의 생명이라고 거듭 말하고 싶습니다. 성경에 의하면 남자나 여자가 자신의 성 경험을 상대방에게 거짓말하면 안 됩니다. 결혼을 파국으로 몰고 가는 가장 빠른 지름길은 아내가 성관계를 피하려고 두통을 핑계 대고 일찍 잠자리에 들거나, 남편이 아내에게서 낭만적인 흥미를 잃어버려 매일 밤 다른 곳에서 시간을 보내면 됩니다. 성은 합당한 관계를 정상적으로 표현하는 것임에 틀림없습니다.

반면 관계가 성적 연합 외에 다른 것에 전혀 기초하지 않는다면 - 달리 말하자면 혼과 혼의 연합과 영과 영의 연합은 부재하고, 육체와 육체만의 연합이라면 - 그 결혼은 건강하지 못하고, 이혼 법정을 향하여 가고 있는 중입니다. 풍만한 몸매를 소유하고 성적 매력이 넘치는 여인이 옷을 벗었을 때, 항상 그렇듯 성관계가 끝나고 나면 그것이 이루어 낼 수 있는 더 아름답고 더 좋은 것은 아무것도 없습니다. 그런 결혼은 순전히 육체적 매력에 근거하고 있기 때문에 서로의 무관심 속에, 이혼이나 간음으로 끝을 맺게 됩니다.

아름다운 결혼은 육체와 육체의 연합을 뛰어넘는 것입니다. 그것은 또한 혼과 혼의 연합입니다. "혼" 이라는 말은 최근 흑인들이 다시 살려낼 때까지 영어에서 사용하지 않았습니다. 그러나 이것은 좋은 말입니다. 우리는 이 말을 상실하고 나서 정신적인 빈곤을 겪게 되었는지도 모릅니다. 정신과 결합되어 있는 성격을 포함하여 한 인간의 지성적인 측면과 감성적인 측면을 언급하는 말입니다. 그러므로 혼의 연합을 내포하고 있는 결혼은 부부가 같은 책을 읽거나, 쇼를 함께 관람하거나, 친구를 함께 만나는 것처럼 생활에서 공동의 관심을 나누는 결혼입니다. 지성적인 면과 감성적인 면 두 가지에서 모두 서로의 마음을 일치시키려고 노력하는 것으로 이런 결혼은 좀 더 오래 지속 될 것입니다.

결혼생활을 하고 있는 그리스도인에게 이 점에서 특별한 말을 해야 한다고 생각합니다. 왜냐하면 목사들은 그리스도인 커플에게 이 점에 대하여 말 할 때, 언제나 세 번째 요소를 강조하려고 이미 앞서 달려가고 있기 때문입니다. 그 결과 두 사람의 결혼은 영과 영의 연합이기 때문에 생각이나 혹은 혼의 연합은 별로 염려 할 필요가 없다고 서둘러 결론을 내려 버리고 맙니다. 이것은 옳지 않습니다. 우리는 자주 이 점을 기억해야 할 필요가 있을 뿐만 아니라 생각과 혼의 일치를 향해 노력을 해야 합니다. 감성적이며 지성적인 연합 그 자체가 자연적으로 이루어지지 않기 때문입니다.

젊은 여자가 젊은 남자와 결혼할 때, 마음속으로 무엇을 생각합니까? 그녀는 남편으로 맞게 될 남성에 대하여 어떤 환상을 가지고 있습니까? 그녀가 자기 아버지를 좋아했던지 혹은 거역했던지 간에 그녀의 환상은 자기 아버지와 연관이 있을 것입니다. 그것은 아버지와 미남 영화배우 클라크 게이블을 조금 섞은 것일 수 있습니다. 아마 007시리즈의 배우 제임스 본드나 멋진 컨트리송 가수들, 그것도 아니라면 그녀가 출석하는 교회의 목사를 조금 섞었는지도 모릅니다. 그러면 남편 될 사람이 아내로 맞을 여성에게 어떤 환상을 가지고 있습니까? 「새 포도주의 맛」(The Taste of New Wine)이라는 베스트셀러의 작가인 키이스 밀러(Keith Miller)는 남성들의 자기 환상은 아마도 자애로운 테레사 수녀와 최고 미모의 영화배우 엘리자베스 테일러, 그리고 … 인기있는 요리 전문가 베티 크로커의 콤비네이션일 것이라고 말했습니다.

클라크 게이블의 환상을 가지고 있는 처녀가 베티 크로커의 환상을 가지고 있는 총각과 결혼을 하고 나서 상대방이 자기 비전과 너무 다르다는 것을 발견하기 시작했을 때, 무슨 일이 일어납니까? 두 가지 중의 하나일 것입니다! 자기 환상 속의 인물을 닮아야 하고, 닮으려고 애를 쓰는 상대방에게서 점점 더 많이 발견하게 되는 것과 환상 간의 차이점에 그들의 생각을 집중하든지, 아니면 공개적으로 혹은 파괴적으로 상대방을 그 이미지로 밀어 넣게 될 것입니다. 혹은 하나님의 은혜로 두 사람은 자신의 배우자는 이렇게 되어야 한다고 정해놓았던 각자의 기준이 있었음에도 상대방의 모습을 있는 그대로 수용하게 됩니다. 그리고 하나님 앞에서 이러한 기준을 최선의 것, 그리고 최상으로 것으로 향상시키기 위하여 함께 노력하게 됩니다.

이것은 그러한 여러 가지 길 가운데 하나의 선택이거나 또는 다른 것임에 틀림없습니다. 키이스 밀러(Keith Miller)는 이렇게 말했습니다. "결혼의 혼은 두 사람이 세상의 갈등으로부터 조용히 함께 나와서, 안도감을 느끼고, 상대방을 수용하고, 사랑하는 … 밀회 장소가 될 수 있다. 그렇지 않으면 두 에고(egos, 이기적 자아)가 우위를 차지하려고 한 평생 아귀다툼에 - 세상의 다른 사람들에게는 거의 보이지 않는 전쟁 - 꽉 잡혀있는 전쟁터가 될 수 있다."[3]

만일 우리가 결혼에서 전자를 취해야 한다면, 그것을 향해서 분투해야 합니다. 우리는 상대방의 관심과 동경을 계발함으로 전자를 이루어내야만 합니다.

참된 결혼은 육체와 육체, 그리고 혼과 혼의 연합임에 틀림없습니다. 그러나 또한 영과 영의 연합임에도 틀림없습니다. 바로 이러한 이유에서 하나님께서 이 세상에 존재하도록 작정하셨던 결혼에 아주 가까운 결혼이라면, 그것은 기독교의 결혼입니다.

영과 영이 연합하는 결혼이란 무엇을 의미합니까? 첫째 남편과 아내가 모두 그리스도인이어야 한다는 것을 의미합니다. 왜냐하면 구원받지 못한 사람은 오직 하나님만 채울 수 있는 자기 생명의 중심을 진공 상태로 남겨 놓았다는 의미의 영을 소유하고 있기 때문입니다. 그는 영을 소유하고 있습니다. 아담이 하나님을 불순종하고, 하나님으로부터 도망했을 때, 그의 영이 죽었던 것처럼 그의 영은 죽은 지 오래 되었습니다. 오직 산 영을 가진 사람들은 성령의 감화를 받은 사람들이요, 예수 그리스도를 믿는 믿음으로 하나님의 가족이 된 사람들입니다. 이런 사람들만 육과 육, 혼과 혼, 그리고 영과 영을 의미하고 있는 말씀의 충만한 의미에서 결혼할 수 있습니다. 이런 형태의 연합에서 한 남자와 한 여자는 최고로 충만한 분량의 지상 축복을 경험하게 되고, 그리스도와 교회의 신비한 연합을 가장 완전하게 설명하게 됩니다.[4]

참되고 완전한 사랑

그리스도와 교회에 대한 관계를 생각할 때, 우리와 맺게 되는 중요한 그분과의 신비적 연합을 일차적으로 생각해 보려는 것이 아니라 그것보다 더 단순하고 더 놀라운 사실, 다시 말해서 그분이 우리를 사랑하셨고, 우리를 위하여 자신을 내어주신 것을 생각해야 합니다. 우리는 이것이 우리의 생활양식이 되어야 한다는 것을 인식하고 있습니다.

구약성경에서 호세아와 고멜의 결혼 이야기가 있습니다. 하나님의 백성이 부정(不貞)한 행동을 했음에도 불구하고 자기 백성을 사랑하고, 그 백성을 위하여 자기 자신을 내어주시는 하나님을 설명하기 위하여 시작부터 본보기를 보여 주십니다. 고멜은 우리와 같습니다. 그녀는 호세아와 결혼을 했으나 그녀는 바람이 나서 신랑 호세아를 버리고 다른 사내를 따라 나섭니다. 호세아는 그녀가 다른 사내와 놀아나도 먹을 음식과 입을 옷을 주겠다고 다짐했습니다. 결국 고멜은 밑바닥 인생이 되어 사마리아에 노예로 팔려갔습니다. 그 말을 들은 호세아는 가서 그녀를 샀습니다. 그는 몸값으로 "은 열다섯 개와 보리 한 호멜 반"을 지불하고 고멜을 샀습니다(호 3:2). 이제 고멜은 호세아의 소유가 되었습니다. 만일 호세아가 원하기만 하면 고멜을 죽일 수도 있었으나 호세아는 고멜을 죽이지 않았습니다. 그는 그녀를 사랑했습니다! 이제 고멜이 그의 소유가 된 다음 호세아는 그녀를 사랑한다고 약속했고, 자기 자신에 대한 사랑을 그녀에게 요구했습니다.

이것은 예수 그리스도가 우리를 사랑하는 것을 보여 주는 그림입니다. 이 그림은 우리의 결혼이 저 위대한 관계를 어떻게 설명하는가를 보여 주려는 것입니다. 우리는 죄의 경매장에서 팔린 음란한 노예입니다. 우리가 그분을 사랑하지 않았을 때, 그분은 우리를 사랑하셨습니다. 우리가 그분의 사랑을 비웃고, 그분에게서 도망쳤을 때, 그분은 우리를 위해서 죽으셨습니다. 지금도 그분은 모든 희생 가운데 가장 위대한 희생으로 우리를 사셨고, 우리는 그분의 소유가 되었습니다. 베드로는 "너희가 알거니와 너희 조상이 물려 준 헛된 행실에서 대속함을 받은 것은 은이나 금 같이 없어질 것으로 한 것이 아니요 오직 흠 없고 점 없는 어린 양 같은 그리스도의 보배로운 피로 된 것이니라"고 말합니다(벧전 1:18-19). 그분의 소유가 되었으니, 이제 우리는 셀 수 없이 엄청난 사랑의 빚을 지게 되었습니다.

> 놀라운 사랑, 하나님의 사랑,
> 나의 영혼, 나의 생명, 나의 모든 것을 원하시네.

간절히 바라건대 그리스도 안에 있는 하나님의 사랑에 대한 여러분의 깨달음을 여러분 자신의 보잘 것 없는 사랑의 수준으로 끌어내리는 실수를 결코 하지 않아야 합니다. 차라리 하나님께서 여러분의 사랑을 그리스도의 사랑과 능력으로 그분의 수준으로 끌어올리시게 해야 합니다. 그러면 그리스도께서 그분의 길로 인도하실 것이요, 여러분은 그분의 위대한 사랑을 세상에 증거할 수 있게 될 것입니다.

●각주●

1. William Barclay, The Letters to the Galatians and Ephesians (Edinburgh: Saint Andrews Press, 1954), 199.

2. 상게서, 203 . 고대 세계에 대한 자료는 윌리엄 바클레이 주석 (199-203쪽)에서 인용했다.

3. Keith Miller, The Taste of New Wine (Waco, Tex.: Word, 1968), 46.

4. 영, 혼, 육의 연합에 대한 논의는 저자가 저술한 산상수훈 강해집 James Montgomery Boice, The Sermon on the Mount (Grand Rapids: Zondervan, 1972), 121-24에서 차용했다.

34

자녀와 부모

에베소서 6 : 1-4

자녀들아 주 안에서 너희 부모에게 순종하라 이것이 옳으니라 네 아버지와 어
머니를 공경하라 이것은 약속이 있는 첫 계명이니 이로써 네가 잘되고 땅에서
장수하리라 또 아비들아 너희 자녀를 노엽게 하지 말고 오직 주의 교훈과 훈계
로 양육하라

자녀를 낳아서 길러보기 전까지 아무도
다른 사람에게 자녀 양육에 대해서 말할 자격이 없다고 나는 확신합니다. 당연할
결과이지만, 자녀가 성장하여 잘 자랐다는 것이 판명될 때까지 조언을 해 줄 수 있
는 현명한 사람은 아무도 없다고 확신합니다.

불행하게도 바울이 부모에 대한 자녀의 관계와 자녀에 대한 부모의 관계를 소개
한 이후 어떤 목회자라도 이 주제를 다루지 않고 에베소서 6장을 잘 가르칠 수 없습
니다. 성도들에게 관심을 가진 목회자가 부모와 자녀의 관계라는 주제가 골치 아프
다는 이유 하나 때문에 이 주제를 무시할 수 없을 것입니다. 자녀가 둘인 경우 부모

와 자녀는 숫자에서도 짝이 잘 맞고, 부모는 자녀보다 크기 때문에 자녀들과 용하게 잘 지낸다고 가끔 농담조로 부모들에게 말합니다. 그러나 자녀가 셋일 경우 한 자녀 는 항상 부모 곁을 떠나있기 마련입니다. 어떤 의미에서 이런 현상은 오늘 우리 주 변에서 너무나 흔히 일어나고 있습니다. 우리가 한두 가지 문제는 감당할 수 있습니 다. 그러나 오늘날 너무 많은 문제가 우리의 가정을 에워싸고 있어서 성공적으로 좋 은 부모가 된다는 것은 우리에게서 너무 멀리 떠나 버리고 말았습니다.

노만 코윈(Norman Corwin)은 "완전한 가정"이란 제목의 글을 리더스다이제스 트에 기고했습니다. "자녀는 가정을 자기 자신과 부모 모두를 위하여 사랑이 넘치 는 교육의 장으로 만든다. 두 자녀는 가정을 사립학교로 만든다. 그리고 세 자녀, 혹 은 그보다 더 많은 숫자의 자녀는 가정을 대학교로 만든다."[1] 그러나 오늘날 많은 부모들은 바로 이런 대학교의 교수까지 될 수 있다는 것을 확신하지 못하고 있고, 심지어 무엇을 교과과정(curriculum)으로 내놓아야 하는 가도 확실하게 모르고 있 습니다.

자녀를 위한 새로운 지위

에베소서 5:21절은 "그리스도를 경외함으로 피차 복종하라"는 관계에 대한 주제 적 진술입니다. 바울은 이 주제를 부모에 대한 자녀의 의무와 함께 소개합니다. 이 주제적 진술로 돌아가서 바울은 그리스도인이 그리스도인에게 복종하는 또 다른 본보기를 소개합니다. 맨 먼저 남편에게 복종하는 아내를 본보기로 소개했습니다. 그 다음 부모에게 복종하는 자녀를 다루려고 합니다. 마지막으로 상전에게 복종하 는 종에 대하여 진술하게 됩니다.

그러나 자녀에 대한 바울의 가르침을 다루기 전에 인류 역사를 통틀어서 볼 때, 어떤 종교도 기독교만큼 자녀의 위치를 올려 주고 발전시키지 못했다는 것을 주목 하는 것은 매우 가치가 있습니다. 앞에서 에베소서 5:22-33절을 공부하면서 기독교 가 여자의 신분을 크게 진전시켰음을 지적했습니다. 그토록 위대한 여자의 신분 상승은 자녀의 신분 개선의 그림자에 가려 그 의미가 희미하게 되고 말았습니다. 여자의 사회적 지위에 대하여 언급할 때, 윌리엄 바클레이의 글을 인용한 적이 있습니다. 윌리엄 바클레이는 로마법 파트리아 포테스타스(patria potestas, "아버지의 권한 - 가장권") 아래 있는 가족의 처지를 정확하게 지적했습니다. "로마의 아버지는 자기 가족을 다스리는 절대 권한을 소유하였다. 그는 가족을 노예로 팔 수 있었다. 그는 가족을 밭에서 일을 시킬 수 있고, 심지어 차꼬를 채울 수도 있었다. 법은 그의 손안에 있기 때문에 그는 법을 자기 손으로 집행할 수 있었다. 그는 자기가 좋아하는 방법으로 징계 할 수 있었다. 그는 자녀를 사형에 처할 수 있었다. 더 나아가 아버지가 살아있는 한, 로마시민인 아버지의 권한은 자녀의 전 생애에 확대되었다. 로마인의 아들은 결코 성년에 이르지 못했다."[2]

신생아 유기(遺棄)로 이어지는 자녀 거부라는 제도도 있었습니다. 아기가 출생하면, 아버지 앞에 갖다 놓았습니다. 만일 아버지가 허리를 굽혀 그 아기를 들어 올리면, 자신의 자식으로 받아들여지고 양육을 했습니다. 만일 그가 등을 돌리면, 그 아기는 거절당하고 문자 그대로 갖다 버렸습니다. 이렇게 거절당한 아기는 버려진 채 죽거나, 유아를 매매하는 밀매꾼들이 집어갔습니다. 밀매꾼들은 이런 어린아이를 키워서 노예를 삼거나, 매춘 굴에 팔아 넘겼습니다. 어떤 로마인 아버지가 알렉산드리아에서 자기 아내에게 편지를 써 보냈습니다. "행운이 있기를 바라오! 당신이 아이를 가졌다면, 사내아이면 살려 두고, 계집아이면 내다 버리시오!"[3]

무서운 폭풍 후에 태양이 빛나는 것처럼 이렇게 이교적인 잔인함에 대항하여 예수 그리스도의 복음이 가져온 부모에 대한 자녀의 새로운 관계와 자녀에 대한 부모의 새로운 관계가 모습을 드러내게 되었습니다.

자녀의 의무

가족에 대하여 쓰면서 바울은 복종의 본보기를 보여 줄 목적으로 자녀에 대한 글로 시작합니다. 바울은 이 의무를 발전시키면서 두 가지를 강조합니다.

1. 순종(Obedience). 순종은 부모와 자녀의 관계에서 기본적인 요소입니다. 그것은 절대적인 순종이 아니라는 것을 알아야 합니다. 예를 들면, 어떤 부모는 자녀에게 악한 일이나 그리스도인으로서 하지 못할 일을 하라고 명령하는 경우도 있습니다. 부모와 자녀의 관계가 사랑에 가득 찬 맥락에서 마땅히 순종해야 됩니다. 그럼에도 불구하고 참된 순종이란 사랑이 이끌어 가는 것이지, 그것을 폐하지 않습니다.

바울이 부모에게 순종해야 하는 자녀의 책임에 대하여 말하면서 염두에 두었던 것은 자연 법칙입니다. 즉, 특별 계시와는 별개로 하나님이 인간의 양심에 기록해 놓은 관계의 법입니다. 자녀는 순종해야 합니다. "이것이 옳기 때문입니다." 이것은 기독교 윤리에 국한되지 않습니다. 고대 문화와 현대 문화를 망라하여 세계 각국의 모든 문화가 이 점을 인정하고, 그리고 가르쳐 왔습니다. 자녀는 부모에게 순종해야 할 의무가 있습니다. 이 의무는 기독교계는 물론 비기독교계, 즉 일반 사회에서 크게 훼손되고 남용되고 있습니다. 그럼에도 불구하고 그것은 불변의 의무입니다.

이 의무는 순종해야 할 자녀뿐만 아니라 순종을 강화시켜야 할 부모 편에도 있습니다. 부모는 자녀와의 관계에서 하나님의 위치에 서 있기 때문입니다. 부모에게 순종하도록 자녀를 가르치는 것은 자녀에게 하나님께 순종하라고 가르치는 것과 같습니다. 자녀가 부모를 업신여기고 불순종하도록 내버려두는 것은 하나님을 거역하고 불순종하도록 자녀를 가르치는 것입니다. 그 결과는 불을 보듯 너무나 분명한 것입니다.

존 스토트(John Stott)는 이 점에 대하여 논의하면서 기독교는 전통적으로 십계명을 다룰 때, 제5계명 "네 부모를 공경하라"(출 20:12)를 인간과 인간의 관계를 다루는 두 번째 돌판에 놓는 반면 유대교는 하나님과 인간의 관계를 다루고 있는 첫 번째 돌판에 놓고 있다는 점을 지적하고 있습니다. 존 스토트는 기독교의 구분보다 오히려 유대교의 구분이 "대단히 옳다"고 주장합니다.[4] 부모에 대한 순종은 하나님과 인간의 관계의 한 부분이요, 부모에 대한 불순종은 마음 한복판에 자리 잡고 있는 영적인 반역이기 때문입니다.

존 스토트는 유대법 아래서 자기 부모를 저주한 자나, 혹은 부모와 관계에서 구제할 수 없는 자에게 최고의 극형 죽음에 처하게 되는 것은 바로 그러한 이유라고 지적했습니다(레 20:9; 신 21:18-21).

2. 공경(Honor). 바울이 부모와의 관계에서 자녀에게 요구하는 두 번째 의무는 공경입니다. 그가 조심스럽게 보여 주려는 의무는 자연법이 아니라 신적 계시에 기초하고 있습니다. 이어서 인용했던 십계명의 제5계명입니다. "네 부모를 공경하라 그리하면 네 하나님 여호와가 네게 준 땅에서 네 생명이 길리라"(출 20:12).

그것은 물론 어려운 영역임에 틀림없습니다. 왜냐하면 모든 부모가 다 자녀의 공경을 받는 상태에서 살지 못합니다. 특별히 자녀가 그리스도인이 되었지만, 부모가 아직 그리스도인이 되지 않은 경우도 있기 때문입니다. 만일 아버지가 무책임한 알콜중독자이거나 혹은 방탕한 사람인 경우, 또는 어머니가 부도덕하고, 가정교육을 제대로 받지 못한 사람이거나, 세상적인 것에 지나치게 빠져있다면 자녀가 어떻게 해야 합니까? 자녀가 그런 부모를 합당하게 공경할 수 있습니까? 그래도 공경해야 합니까? 앞에서 논의했던 의무를 이행하기 위하여 신앙을 가진 자녀가 예수를 믿지 않는 부모의 명령에 순종해야 합니까?

그가 자녀로 있는 한 계시된 하나님의 법과 모순이 되는 것을 제외하고 모든 영역에서 자기 부모에게 순종해야 할 의무가 있다는 것이 질문에 대한 대답입니다. 이 점에서 자녀의 위치는 불신자인 남편에 대한 관계에서 아내의 경우나, 반 기독교적 정부와 갈등을 가지고 있는 그리스도인 시민의 경우와 동일한데, 그 원리는 이렇습니다. "모든 자에게 줄 것을 주되 조세를 받을 자에게 조세를 바치고 관세 받을 자에게 관세를 바치고 두려워할 자를 두려워하며 존경할 자를 존경하라"(롬 13:7). 모든 사람은 자신을 다스리는 자들에게 마땅히 순종하고 존경해야 하지만, 그러나 하나님께 마땅히 돌려야 할 순종을 희생시킬 수는 없습니다.

존 스토트는 예를 들면서 만일 불신자 부모가 그리스도인 자녀가 세례 받는 것을 금한다면, 이것은 자녀가 정당하게 그 부모를 순종할 수 있는 문제라고 설명합니다. 왜냐하면 비록 예수님께서 세례를 명하셨지만, 언제 세례를 받아야 하는 때를 정확하게 말씀하지 않으셨으며, 세례는 나중으로 연기할 수도 있기 때문입니다. 반면 만일 부모가 자녀에게 예수 그리스도를 진심으로 예배하고 따르지 말라고 명령한다면, 그 자녀는 이 명령에 순종할 수 없을 것입니다. 왜냐하면 그리스도를 따르는 것을 포기함은 기독교를 포기하는 것이기 때문입니다.

여러분이 이런 점에서 난관에 부딪치게 되면, 부모의 말씀을 잘 검토해 보고, 부모를 합당하게 공경할 수 있는 영역을 선택하도록 조언하고 싶습니다. 나의 부친은 지금까지 말했던 점에서 볼 때, 전혀 나쁜 아버지가 아니었으며, 그리스도에게 헌신을 다짐할 때도 나를 낙심하게 하지 않으셨고, 오히려 격려해 주셨습니다. 그렇지만 성장 과정에서 나도 아버지를 비판하면서 아버지를 평가했던 기억이 납니다. 내가 겪었던 어려움은 두 가지였습니다. 첫째, 의사였던 나의 부친은 매우 바쁜 분이었고, 거의 가정에 있을 수 없었습니다. 둘째, 아버지가 집에 계실 때는 아버지에게 말씀드리기가 힘들었습니다. 나의 부친은 편안하게 대화를 주고받기가 매우 힘든 성품이셨습니다. 사실 나는 아버지와 함께 의미 있고 건설적인 대화를 나눴던 기억이 없습니다.

그래도 나의 부친의 삶에서 내가 특별히 아버지를 공경하고 존경할 수 있는 영역을 조사해 보아야겠다고 결심했던 적이 있습니다. 나는 그러한 영역이 대단히 많이 있다는 것을 발견했습니다. 첫째, 나의 부친은 지나칠 만큼 열심히 일하고, 정말 성실한 분이라는 것을 깨달았습니다. 그래서 집을 떠나 있는 시간이 많다는 것을 알게 되었습니다. 집을 비우는 시간이 많아서 문제도 생겼지만, 반면 좋은 점도 있었습니다. 그 덕분에 나의 부친은 내가 보다 더 철저한 고등교육을 받을 수 있도록 학비를 지출할 수 있었습니다. 둘째, 나의 부친은 매우 관대하다는 것을 깨닫게 되었습니다. 나의 부친은 기독교 단체나 다른 자선 단체에 후원금을 보내면서 보란 듯이 자랑하지 않으셨습니다. 사실 우리 아버지는 돈에 대한 이야기를 아주 터놓고 말씀하셨지만 후원금에 대하여 말씀하신 적이 거의 없었습니다. 아버지가 하셨던 일을 깨닫게 되었을 때, 내가 다른 영역에서 가지고 있었던 아버지에 대한 적개심은 사라지고 말았습니다.

바울이 본문에서 자녀들을 격려하는 것처럼 나도 이렇게 세 가지 권유로 여러분을 격려하고 싶습니다. 첫째, 순종과 공경은 올바른 관계입니다. 즉, 이 둘은 자연법에 기초하고 있습니다. 둘째, 순종과 공경은 그리스도인의 의무입니다. 즉, 이것은 "주 안에서" 실행에 옮겨져야 하고, 십계명의 한 부분입니다. 셋째, 순종과 공경은 약속에 의해서 강화되어야 합니다. 말하자면 순종과 공경을 실행에 옮기는 사람은 "잘되고", "땅에서 장수하게" 될 것입니다. 이 마지막 약속은 자기 부모를 공경하지 않는 사람보다 공경하는 사람이 더 오래 살 수 있다는 포괄적 확신이 아닙니다. 이것은 하나님의 물질적인 축복과 육체적 축복은 이러한 관계 속에서 그리스도인으로 살려고 힘쓰는 사람에게 주어진다는 아주 일반적인 약속입니다.

부모의 의무

자녀에게 부과된 의무는 바울이 다음에 언급하게 되겠지만 부모도 역시 동일하게 큰 책임이 있다는 것을 내포하고 있음이 명백합니다. 자녀가 자기 부모에게 순종해야 한다면 부모는 마땅히 자녀에게 순종하는 법을 잘 가르쳐 주어야 합니다. 그들이 자기 부모를 공경해야 한다면 부모는 공경 받을 수 있도록 마땅히 처신해야 합니다.

특별히 바울이 아버지에게 교훈을 하는 것이 중요합니다. 물론 어머니를 제외시키려는 의도가 아닙니다. 다른 구절에서 "형제들"이나 "형제"라는 단어를 사용하여 모든 그리스도인을 포용하는 것과 동일한 방법으로 아버지와 어머니가 모두 내포 되었다고 보아야 합니다. 또 바울은 처음 세 절에서 "아버지와 어머니"를 모두 포함하여 "부모"라고 말하고 있기 때문입니다. 이런 이유에서 GNB(Good News Bible)은 실제로 4절에 나오는 "파테레스(pateres, 아비들)"라는 단어를 "부모들"로 번역해 놓았습니다. 그럼에도 불구하고 내가 이미 언급한 것처럼 가정을 다스리고 자녀를 양육하는 일차적 책임이 아버지들의 몫이라는 아주 단순한 이유에서 바울은 특별히 아버지들을 가르치고 있다는 것이 중요합니다.

자녀가 장차 어떻게 되는가는 전적으로 아버지의 책임이 아니라 자녀에게도 부분적인 책임이 있다는 것을 나는 독자 여러분에게 보여 드리고 싶습니다. 아버지는 자녀가 노여움을 느끼지 않는 방법으로 대해 주고, 주의 교훈과 훈계로 양육할 책임이 있습니다.

바울이 아버지에게 주는 교훈은 두 부분, 즉 하나는 부정적 것이고, 또 다른 하나는 긍정적인 것입니다. 부정적인 부분은 자기 절제를 내포하고 있습니다. 아버지는 자기 자녀를 "노엽게" 하지 않아야 할뿐만 아니라, 아버지의 권위를 균형 있게 실행해야 합니다. 골로새서의 병행구에서 바울은 아버지들에게, "아비들아 너희 자녀를 노엽게 말지니 낙심할까 함이라"고 말합니다(골 3:21). 즉, 훈계를 하기 위하여 적합하고 또 훈계에 필요한 장소가 있다고 하더라도 그 훈계는 바르게 해야 한다고, 존 스토트는 말합니다. "독단적이거나(원래 어린이는 선천적으로 정의감을 소유하고 있음), 매정하면 안 된다. 달리 말하자면, 자녀는 '낙심하게 될 것이다.' 뒤집어 말하면, 사랑과 이해심을 가지고 있는 부모의 긍정적인 격려만큼 자녀의 인격을 꽃피우게 하고, 재능을 발전시킬 수 있는 것은 아무것도 없다."[5]

바클레이는 이런 면에서 대단히 유명한 화가 벤자민 웨스트(Benjamin West)의 간증을 소개합니다. 그가 어린 시절, 어느 날 어머니가 어린 동생 샐리를 맡겨두고 외출을 했습니다. 동생이 없을 때, 그는 물감이 들어있는 병을 몇 개 발견하게 되었고, 동생의 초상화를 그려야겠다고 마음을 먹었으며, 그는 방안을 온통 뒤죽박죽으로 만들고 말았습니다. 어머니는 외출에서 돌아와서 방 안이 잉크 얼룩으로 엉망진창이 된 것을 보았지만, 아무 말도 하지 않았습니다. 그 대신 어머니는 그가 하루 온종일 애를 써서 그렸던 종이를 집어 들고 "오, 이게 샐리로구나!" 라고 감탄했습니다. 그리고 나서 허리를 굽혀 입을 맞춰주셨습니다. 벤자민 웨스트는 늘 "나의 어머니의 키스가 나를 화가로 만들었다"고 술회하곤 했습니다.

마르틴 루터(Martin Luther)는 "매를 아껴라, 그리고 아이를 망쳐라!(Spare the rod and spoil the child!)" 이것은 사실입니다. "그러나 매 옆에 사과를 놓아두었다가 자녀가 잘 했을 때 주시오!" 라고 말했습니다.[6]

긍정적인 측면에서 바울은 아버지에게 자녀의 훈련에 관해 말합니다. "오직 주의 교훈과 훈계(훈련)로 양육하라" 아버지가 하나님의 말씀이 가르치고 있는 것을 알지 못하는데 어떻게 자녀를 말씀으로 가르칠 수 있습니까? 아버지가 먼저 그리스도의 학교에서 배우지 않았는데 어떻게 지혜로 자녀를 가르칠 수 있습니까? 아버지가 스스로 하나님과 동행하면서 성장하지 않는다면, 분명히 아버지의 임무를 수행하지 못하고 실패할 것입니다. 아버지 노릇을 제대로 하려면 성경을 공부해야 합니다. 성경이 가르치는 대로 살려고 애쓰고, 날마다 생활 속에서 실천에 옮겨야 합니다. 부모(특별히 아버지들)는 모델이 되어야 합니다. 하워드 헨드릭스(Howard Hendricks)는 이렇게 말합니다. "자녀는 완전한 부모를 찾는 것이 아니다. 그들은 다만 정직한 부모를 원한다. 정직하고 항상 앞장 서 나아가는 부모는 고상하게 영향을 끼치는 사람이다."[7]

내가 약속한 것처럼 자녀의 책임에 대해서 한마디 더 해야겠습니다. 자녀도 역시 부모와 마찬가지로 사람입니다. 자녀들도 하나님과 사람 앞에서 책임을 져야 합니다. 결과적으로 자녀가 지혜롭게 가르침을 받았고, 도덕적으로 양육 받았고, 부모의 모범에 따라 교훈을 받았다 할지라도 때로는 방황하게 되는 경우가 있습니다. 그것은 반드시 부모의 잘못이라고 매도할 수 없습니다.

성경에 나타난 최초의 자녀 양육의 본보기가 우리에게 중대한 교훈을 전해 주고 있습니다. 아담과 하와는 - 우리도 역시 마찬가지다 - 타락한 이후 죄인이 되고 말았습니다. 죄인임에도 불구하고 그들은 부모의 본보기였음은 의심할 나위가 없습니다. 그들은 대단히 지혜로웠고, 그리고 하나님을 친밀하게 알고 있었습니다. 더군다나 그들은 홍수 이전 경건한 계통을 따라 많은 후손을 낳게 되었습니다. 에녹, 므두셀라와 노아 같이 뛰어난 영적 거장들이 이 계통에 포함되어 있습니다. 그들은 자기 자녀들이 하나님을 알고, 또 경외하도록 양육했음은 의심할 여지가 없습니다. 이렇게 양육했음에도 불구하고 첫 자식 가인은 살인자가 되고 말았습니다. 왜 그랬습니까? 성경은 죄로 가득 찬 마음이 밖으로 나타난 결과라고 말합니다.

그래서 부모들에게 말합니다. 만일 여러분의 자녀가 주님을 떠나 세상적인 삶을 살아가고 있다면 필연적으로 여러분의 잘못은 아닙니다. 그럴 수도 있지만 반드시 그렇지는 않습니다. 소망을 포기하지 마시기 바랍니다. 하나님께서는 이렇게 주님을 떠나서 마음대로 살아가던 수많은 자녀를 부르셨습니다. 여러분의 의무는 계속해서 그리스도인의 삶을 살면서, 그 자녀를 위해서 정기적으로 기도하는 것입니다. 성경은 선포합니다. "… 의인의 간구는 역사하는 힘이 큼이라"(약 5:16).

한편 경건하지 못한 부모를 섬기는 자녀들에게도 하고 싶은 말이 있습니다. 부모가 여러분에게 주님에 대해서 가르쳐 주지 않았거나, 꾸준히 경건한 삶으로 인도하지 않았다는 사실은 부모에게는 불행이요, 여러분에게는 결정적인 약점입니다. 하나님께서 원하시는 자녀가 되지 못한 것은 여러분의 실패라고 변명하지 않아도 됩니다. 앞에서 경건한 부모에게 불경건한 아들인 가인에 대해 말했습니다. 가인에 대하여 말할 때, 자연스럽게 요셉을 대조하지 않을 수 없습니다. 요셉의 아버지 야곱은 두드러지게 영적인 사람이 아니었습니다. 대단히 고상한 행실의 규범을 배울 수 있는 가정환경에서 양육 받지 못했습니다. 요셉의 형제들은 시기심이 많았고, 방탕하며 그리고 난폭했습니다. 요셉은 이집트로 팔려갔습니다. 그는 이방 도시에서 외부적인 영적 도움도 전혀 받지 못했습니다. 그럼에도 요셉은 소년시절에 이미 하나님을 따르기로 결심했고, 역경에서조차 그 결심은 변함이 없었습니다. 외부 환경 때문에 믿음을 버리고 돌아서지 않았습니다.

우리 아버지들의 믿음

때로는 적절한 양육을 받은 사람들이 방황하게 되는 경우도 있고, 영적으로 타격을 입은 사람들이 때로는 그리스도의 삶과 인격의 모델이 되기도 합니다. 그러나 이런 경우는 예외에 불과합니다. 정상적인 형태는 순수한 기독교 가정(家庭)이라는 장(場) 안에서 한 세대가 다음 세대와 믿음의 대화가 이루어지는 것입니다. 자녀가 자기 부모에게 순종하는 것을 배우는 것은 쉽지 않습니다. 부모가 자기 자녀를 주님의 교훈과 훈계로 양육하는 것도 쉽지 않습니다.

쉽지 않다는 것은 불가능하다는 것을 의미하지는 않습니다. 하나님의 은혜로 그리스도인은 -부모와 자녀들- 여러 세기 동안 이러한 어려움을 잘 해결해 오고 있습니다. 그리스도인은 현시대에도 역시 이런 어려움을 잘 해결하고 있습니다. 여러 번 인용했던 하워드 헨드릭스의 책제목은 「천국은 가정을 돕는다」(Heaven Help the Home)입니다. 우리의 감동을 자아내는 제목입니다. 그러나 "천국"이라는 단어에 "s"자를 추가해도 역시 훌륭한 진술이 됩니다. "하늘(하나님이라는 말과 같음)은 가정을 돕는다!" 하나님께서는 가정을 건설하는 일을 도와주십니다. 만일 우리가 하나님을 순종하고, 하나님의 명령을 따르려고 진정 노력한다면, 하나님께서는 우리 편이 되어 주십니다.

세상은 우리를 대적합니다. 세상은 완전한 자율을 원하고, 이 자율을 손에 넣어보려고 완성된 제도마저 파괴하려고 시도할 것입니다. 세상은 우리를 자기 편으로 끌어들이려고 애쓸 것이고, 가정들을 파괴하려고 노력할 것입니다. 그러나 세상은 결코 성공할 수 없습니다. 우리는 예수님께서 우리에게 말씀하신대로 살 수 있습니다. 하나님께서는 우리 가정을 축복해 주실 수 있고, 축복해 주실 것입니다.

●각주●

1. Howard Hendricks, Heaven Help the Home! (Wheaton, Ill.: Victor, 1973), 40에서 인용한 글이다.

2. William Barclay, The Letters to the Galatians and Ephesians (Edinburgh: Saint Andrews Press, 1954), 208.

3. 상게서, 209.

4. John R. W. Stott, God's New Soicety: The Message of Ephesians (Downers Grove, Ill.: Inter Varsity, 1979), 239.

5. 상게서, 246.

6. Barclay, The Letters to the Galatians and Ephesians, 211-12.

7. Hendricks, Heaven help the Home! 58.

35
종과 상전
에베소서 6 : 5-9

종들아 두려워하고 떨며 성실한 마음으로 육체의 상전에게 순종하기를 그리스도께 하듯 하라 눈가림만 하여 사람을 기쁘게 하는 자처럼 하지 말고 그리스도의 종들처럼 마음으로 하나님의 뜻을 행하고 기쁜 마음으로 섬기기를 주께 하듯 하고 사람들에게 하듯 하지 말라 이는 각 사람이 무슨 선을 행하든지 종이나 자유인이나 주께로부터 그대로 받을 줄을 앎이라 상전들아 너희도 그들에게 이와 같이 하고 위협을 그치라 이는 그들과 너희의 상전이 하늘에 계시고 그에게는 사람을 외모로 취하는 일이 없는 줄 너희가 앎이라

몇 해 전, 미국 공중보건국의 의무국장을 역임한 바 있는 에버트 쿱(Everett Koop)은 "기독 의사의 의술: 평범과 타협인가?" 라는 제목으로 영국 기독교의학협회에서 연설을 했습니다.[1] "기독 의사는 신앙때문에 가난한 의사가 되었는가, 혹은 그리스도에게 헌신한 삶이 기독 의사들로 하여금 더 고상한 수준의 규범에 헌신하도록 만들었는가?" 라고 질문을 제기했습니다. 그의 연설은 그리스도를 섬기기 때문에 가난하게 되는 것이 아니라 그리스도를 섬기기 때문에 더 훌륭한 의사가 되라고 기독 의사들을 격려했습니다.

에버트 쿱의 관심은 에베소서 교회에 보내는 편지에서 종(노예)과 상전(주인)의 의무에 대해서 언급했던 사도 바울의 관심과 동일한 것이었습니다. 바로 이 점을 깨닫는 것이 중요합니다. 만일 이 점을 깨닫지 못하고 있다면 - 그 대신, 예를 들자면 노예제도의 적법성 여부에 대한 질문에 바울의 대답을 기대하고 있다면 - 우리는 바울의 가르침을 오해하게 될 것이고, 또 바울이 우리에게 꼭 말하려는 것을 놓치게 될 것입니다. 노예제도는 고대 세계의 사회와 경제를 구성하고 있는 한 부분이었습니다. 이 당시 로마제국에는 대략 6,000만 명의 노예가 있었을 것이라고 추정합니다. 인구의 대략 절반은 노예였다는 의미입니다.

때로는 노예의 상황이 아주 좋은 경우도 있었으나 여전히 무서운 잔인함과 학대는 존재하고 있었습니다. 노예는 채찍질을 당했고, 낙인(烙印)이 찍히고, 수족이 절단되거나, 죽임을 당하기도 했습니다. 윌리엄 바클레이(William Barclay)는 말합니다. "노예의 공포는 전적으로 주인의 변덕스러운 성격에 달려 있었다."[2] 시간이 흐르면서 기독교가 여자와 어린아이의 지위를 향상시켰던 것처럼 이 가혹한 제도도 결과적으로 기독교에 의해 변화되었습니다. 바울은 이 본문에서 노예제도가 아니라 그리스도인이 하는 일의 성격에 가장 중요한 관심을 가지고 있었습니다.

기독교와 노예제도

아직 그것이 이야기의 전부는 아닙니다. "그리스도를 경외함으로 피차 복종하라"(엡 5:21)는 주제로 바울은 한 계급의 사람이 또 다른 사람에게 복종해야 하는 세 가지 본보기를 소개하고 있습니다. 그 중에서 마지막으로 종과 상전의 의무에 관한 논의가 에베소서 6:5-9절에 기록되어 있습니다. 바울이 노예제도를 결혼 관계나 혹은 가족 관계처럼 병행을 이루는 본보기로 제시하고 있기 때문에 바울은 노예제도의 영구적인 유효성을 인정하지 않았는지 의문을 갖게 됩니다. 혹은 노예제도는 우리 시대에 이르기 전에 이미 폐지되었기 때문에 앞에서 살펴보았던 두 가지 관계도 역시 임시적인 것이라고 추론해야 합니까? 바울이 노예제도 자체의 옳고 그름을 다루고 있지 않지만, 노예에 대해 말하는 방법 자체가 필연적으로 이와 같은 질문을 제기하도록 만듭니다.

더 설득력이 있는 것은 기회가 왔는데도 바울은 이 본문에서 노예제도를 철저하게 고발하지 않았다고 비난하는 사람들에게 무엇이라고 말해야 합니까?

첫째, 바울이 여기서 노예제도를 정죄하지 않았지만, 공공연히 비난하지도 않았다는 점을 맨 먼저 말해야 합니다. 바울은 결혼과 가정을 다루는 것과 전혀 다른 방법으로 노예제도를 다루었기 때문입니다. 첫 번째 결혼의 경우 부부의 관계는 그 기초를 그리스도와 교회의 관계에 두고 있습니다. 결혼은 영원한 관계 이전에 자연스러운 결과입니다. 두 번째 경우에서 부모에 대한 자녀의 의무는 자연법("이것이 옳으니라")과 계시("약속이 있는 첫 계명")에 근거하고 있습니다. 이 두 가지 경우는 주인에 대한 노예의 의무나 노예에 대한 주인의 책임을 논의하는 것과 같지 않습니다. 본문에서 노예제도가 자연적으로 유효하거나 혹은 신적 명령으로 제정된 제도라고 확증하는 것은 아무것도 없습니다.

둘째, 노예제도의 완전한 철폐를 요구하는 수준에는 미치지 못했지만, 그리스도인 종(노예)의 의무와 그리스도인 상전(주인)의 책임에 대한 바울의 논의는 이 제도를 변화시켰습니다. 고대 세계에서 노예는 물건으로 취급되었고, 고대 그리스에서 가장 명철한 사람이었던 아리스토텔레스는 주인과 노예 사이에는 우정이 존재할 수 없다고 말했습니다. 왜냐하면 주인과 노예 사이에 공통점이 전혀 없기 때문이었고, 그는 계속해서 말했습니다. "연장은 생명이 없는 것처럼 노예는 살아 있는 연장이다."[3]

바울의 말은 전혀 다릅니다. 그는 노예를 "그리스도의 종"이요, "하나님의 뜻"을 행하기 원하는 자(6절)요, "무슨 선을 행하든지 … 그대로 (상) 받을" 자(8절)라고 했습니다. 노예는 주인의 소유가 아니라 궁극적으로 하나님의 것이기 때문에(9절), 주인도 마찬가지로 하나님 앞에서 자기 노예를 어떻게 다루었는가에 대한 책임을 져야 합니다. 달리 표현하자면, 노예도 하나님의 형상으로 지음을 받았으며, 주인보다 열등하지 않다는 말입니다. 이와 같이 노예도 헤아릴 수 없이 귀중한 가치와 존엄성을 가지고 있고, 노예도 마땅한 대접을 받아야 합니다. 이와 같은 구조 속에서 비록 노예제도가 남아있었다고 하더라도, 그 제도는 불신 사회의 노예제도와 결코 동일하지 않았습니다.

셋째, 궁극적으로 노예제도는 파괴 되었고, 오늘날의 노사 관계로 계속해서 변화해 온 것이 바로 위에서 언급했던 변화, 즉 모든 사람은 하나님의 형상대로 지음을 받았다는 견해에서부터 출발한 변화입니다.

스프라울(R. C. Sproul)은 대기업의 임원들에게 말하고 있었습니다. 그들은 종교와 사업을 연결시키려는 그의 견해를 불편하게 생각했습니다. 그러나 결과적으로 이사회 회장이 이해하고, 적극적으로 관심을 갖도록 만들었습니다. 회장은 이렇게 말했습니다. "스프라울 박사가 지금 말씀하신 것을 내가 연결시키는 것을 보세요. 우리 기업의 사활은 우리가 고용한 근로자들을 어떻게 다루는가에 달려 있다는 박사의 말을 이해했소. 우리가 사람을 어떻게 다루느냐는 윤리의 문제입니다. 윤리는 우리의 기업 철학에 의해서 결정됩니다. 우리의 철학은 우리의 신학을 반영한 것입니다. 그래서 사람을 존중하는 것은 실제로 신학적인 문제입니다."[4]

그것은 절대적으로 목표에 관한 것입니다. 노예제도의 폐지를 포함해서 기독교가 세상을 변화시켜 온 길을 요약해 놓은 것입니다. 기독교는 새로운 신학입니다. 신학은 철학을 변화시킵니다. 철학은 윤리에 영향을 줍니다. 이렇게 변화된 윤리는 가정과 학교와 교회와 회사에서 사람을 다루는 방법을 결정하도록 만듭니다. 왜냐하면 기독교가 새롭고 참된 신학을 가져왔고, 필연적으로 사람의 지위를 고양시켰으며, 계속 그렇게 하고 있습니다.

이것은 지속적인 변화입니다. 우리는 모두 이 변화에 반드시 참여해야 합니다. "바울은 왜 노예제도를 정죄하지 않았는가? 교회는 왜 노예제도를 폐지하는데 여러 세기가 지나가도록 많은 세월이 걸렸는가?" 라고 질문을 던지는 비판자들에게 궁극적으로 할 수 있는 것은 대답 대신 이렇게 질문해야 합니다. "하나님께서 당신을 대해 주신 것처럼 왜 당신은 다른 사람을 대하지 않는가?"

누군가 빨리 할 수 있었던 것을 실행에 옮기지 않았던 것이 문제가 아니라 여러분과 내가, 그리고 우리가 당장 행동에 옮겨야 한다고 알고 있는 것을 실행하지 않는 것이 문제입니다. 고대 세계에서 노예들은 자주 부당한 대접을 받았습니다. 오늘날 노동자들도 자주 부당한 대우를 받고 있습니다. 일을 형편없이 한다고 노동자를 죽이는 나라는 거의 없습니다. 기독교 윤리가 노동 현장에 깊이 파급되었기 때문입니다. 그러나 노동자들은 매우 철저하게 경멸당하고, 매우 깊은 상처를 받게 되고, 매우 가혹하게 위협을 당하고, 아주 잔인하게 멸시 당할 수도 있습니다. 우리가 그러한 불의를 저지르는 사람들 가운데 한 사람일 수도 있습니다. 그래서 본문은 1세기에 살았던 사람들에게 했던 것처럼 우리에게도 끈질기게 말하고 있습니다.

근로자의 의무

노예에 대한 바울의 특별한 교훈으로 돌아가서 근로자의 의무에 대하여 말하려고 합니다. 근로자가 되는 것은 노예가 되거나, 노예제도를 대수롭지 않게 여기는 것과 동일하기 때문이 아니라, 이러한 원리가 지금도 적용되어야 하는 근로자(고용인)와 고용주(사업주) 관계라는 영역에 속하기 때문입니다. 근로자가 고용주에게 무슨 빚을 지고 있습니까? 본문에서 몇 가지 항목을 언급하고 있습니다.

1. 순종(Obedience). 이것은 부모에 대한 자녀의 책임을 기술하면서 바울이 이미 사용했던 단어입니다(1절). 바울이 여기서 이 단어를 심사숙고하여 선택했다는 것을 나는 의심하지 않습니다. 할 일에 관하여 근로자는 자녀와 부모의 경우처럼 고용주와의 관계에서 동일한 입장에 서 있습니다. 무슨 일을 해야 되고, 그리고 그 일을 어떻게 해야 되는가를 결정하는 것은 고용주의 몫입니다. 이러한 영역에서 고용주에게 순종하는 것은 근로자의 몫입니다.

고용주가 하나님께 순종하지 말라고 강요하거나, 혹은 의견을 말하는 것조차 금지하더라도 근로자는 순종해야 합니다. 사장이나 간부들보다 더 잘 아는 체 하지 않고 맡겨진 일을 최선을 다해서 성실하게 해야 된다는 의미입니다.

최근 아내와 나는 새 집에 카펫을 깔았습니다. 카펫을 깔라고 보낸 작업팀장은 판매팀장의 작업 지시를 받았고, 이틀 만에 일을 끝마치기로 약속을 했습니다. 그러나 작업팀장은 약속대로 일을 하지 않았습니다. 그 판매팀장이 얼마나 어리석은지! 누가 보아도 그 일은 사흘이 걸린다는 것을 알 수 있었습니다. 게다가 그 판매팀장은 작업 계획을 잘못 세웠습니다. 이층으로 올라가는 계단이 있고, 피아노도 옮겨야 하고 기타 등등을 판매팀장은 작업팀장에게 말해 주지 않았습니다. 작업팀장은 일꾼들에게 효율적으로 작업을 진행하려면 가구를 미리 치워 놓아야 하고, 그것이 얼마나 중요한 일인지 보여 주느라고(적어도 나는 그렇게 생각했음) 많은 시간을 허비하고 말았습니다. 예상하지 못했던 시간의 손해를 보았고, 불편했지만, 마침내 본 작업에 착수했습니다. 애당초 계획대로 카펫을 까는 작업을 완료하는데 걸린 시간만 이틀이었습니다.

2. 존경(Respect). 두 번째로 노예는 자기 주인에게 존경과 공경의 빚을 지고 있다는 것이 바울의 생각입니다. 물론 마지못해서 존경을 표하거나 비겁하고 궁지에 몰아넣는 두려움이 아닙니다. 이런 단어는 하나님께 대한 그리스도인의 관계에서 사용되고 있기 때문입니다. 그리스도인은 하나님께 합당한 존경과 경외심을 표시합니다. 고용주가 때로는 현명하지 못하거나 독단적인 경우 존경과 공경심을 표하기가 어렵게 됩니다. 근로자는 이렇게 어려운 상황 속에서 궁극적으로 그리스도를 섬기고 있다는 생각을 하면, 쉽게 해결할 수 있습니다. 결국 하나님을 향하는 관계가 문단 전체를 열 수 있는 열쇠입니다. 노예는 "육체의 상전에게 순종하기를 그리스도께 하듯" 해야 하며, "그리스도의 종들처럼 … 기쁜 마음으로 (상전) 섬기기를 주께 하듯" 해야 합니다.

3. 성실함(Sincerity). "성실함"이라는 단어는 재미있는 말입니다. 이 말은 두 개의 라틴어 "없음"이라는 뜻의 씨네(sine)와 "왁스"라는 뜻의 쎄라(cera)를 합성한 말입니다. 고대 세계에서 도기 제조는 중요한 산업이었습니다. 정직하지 못한 도공은 자

기가 만든 도기에 금이 가거나 흠이 있는 부분을 왁스를 발라 사람의 눈을 속이는 관습에서 이런 말이 나왔습니다. 일반적으로 사용하는 방법으로 이런 흠을 찾아낼 수 없었으나 도기를 구입하기 전에 빛에 비추어 보면 발견할 수 있었습니다. 왁스를 칠한 부분은 더 엷은 빛으로 보였습니다. 좋은 도기는 품질을 보증하기 위하여 때로는 "왁스를 바르지 않았음"이라는 뜻의 씨네 쩨라(sine cera)라는 도장을 찍었습니다. "햇볕에 검사했음"이라는 의미를 가진 동일한 단어가 헬라어에도 있습니다.

그러나 바울이 본문에서 사용했던 단어는 아플로테티(aploteti)라는 말이었습니다. 이 단어는 신실함이라는 의미뿐만 아니라 관대함, 혹은 마음이 너그럽다는 의미를 가지고 있습니다. 근로자는 최선을 다하고 뒤로 물러나지 말며, 고용주를 정직하게 섬김으로써 자기 자신을 너그러운 마음을 가지고 쏟아 부으라고 말하고 싶습니다.

4. 충성(Loyalty). "눈가림만 하여 사람을 기쁘게 하는 자처럼 하지 말고 그리스도의 종들처럼 마음으로 하나님의 뜻을 행하여 순종"하라는 문장으로 바울이 전달하려는 의미를 한 마디로 표현하는 것이 쉽지 않습니다. 그러나 바울이 염두에 두고 있었던 것을 시각화하는 것은 그다지 힘들지 않습니다. 사무실의 책임자가 자리에 있을 때는 컴퓨터 자판을 재빨리 두드리지만 상사가 재촉하는 일도 없고, 또 점심을 먹으려고 외출을 했을 때는 거의 대부분의 시간을 수다를 떨어대는 비서처럼 주인이 보고 있을 때는 열심히 일하는 종들을 바울이 생각하고 있었습니다. 이런 모습과 대조적으로 바울은 착한 마음씨를 가지고 성실하고 변함이 없이 섬기라고 권면하고 있습니다. 이런 모습을 가장 잘 표현할 수 있는 말이 충성이라고 생각합니다. 고용주에 대한 충성과 회사에 대한 충성, 그리고 일이 완성되는 것을 보려는 소망이 이 말에 내포되었습니다.

5. 기쁜 마음(Good will). NIV성경에서는 "좋은 마음"으로 번역해 놓았고, NEB성경은 "즐겁게"로 번역했습니다. 그러나 KJV성경이나 RSV성경의 번역인 "기쁜 마

음"을 나는 더 좋아합니다. 존 스토트가 말한 것처럼 근로자는 자기 마음과 혼이 그 일 속에 담겨있는 것처럼 일을 해야 합니다.[5] 이 말은 앞에서 논의했던 것들을 잘 요약하고 있기 때문에 제일 마지막에 다루고 있습니다.

상급

주인에 대한 명령을 논의하기 전에 우리는 하나 더 주목해야 할 것이 있습니다. 보상에 관한 문제입니다. 신실하고 모범이 되는 행동의 동기를 부여하기 위하여 "기쁜 마음으로 섬기기를 주께 하듯 하고 사람들에게 하듯 하지 말라 이는 각 사람이 무슨 선을 행하든지 종이나 자유인이나 주께로부터 그대로 받을 줄을 앎이라"고 바울이 말하고 있습니다(엡 6:7-8).

종은 세상적인 말로 표현하자면, 아무런 상급을 받지 못했기 때문에 바울은 이 말을 하면서 하늘의 상급만 생각하고 있었습니다. 상급은 땅에서든지 하늘에서든지 문제가 되었지만, 바울은 조금도 두려워하지 않고 동기 부여를 위해서 이 말을 소개하고 있다는 점은 매우 흥미롭습니다. 경제적인 용어로 표현하자면, 노동자가 근로에 대하여 보상을 받을 수 있도록 보장해 주는 제도는 그렇지 못한 제도보다 하나님께서 친히 운영하시는 방법에 더 가깝다고 할 수 있습니다. 이 제도는 일을 더 잘하도록 만들게 됩니다. 이런 이유 때문에 자본주의는 공산주의보다 더 좋은 제도라고 생각합니다. 그렇다고 해서 기독교가 어느 한 쪽에도 인정하거나, 혹은 인정하지 않음의 스탬프를 찍었다는 의미가 결코 아닙니다. 동일한 이유에서 근로자들을 자기 회사의 경제적 번영에 참여하도록 만드는 이윤 분배나 다른 여러 가지 복지 제도를 또한 찬성합니다.

고용주의 의무

상전에 대한 종의 - 혹은 우리의 현대 용어로 표현하자면 고용주에 대한 근로자 -

의무를 길게 상술하면서, 바울은 지금 감독하는 사람의 의무를 다루려고 합니다. 이미 지적한 것처럼 복종의 본보기에 - 아내가 남편에게, 자녀가 부모에게, 종이 상 전에게 - 더 많은 관심을 가지고 있기 때문에 이것은 매우 간단하게 다루고 있습니 다. 바울은 상전들에게 그들의 종을 "이와 같이 대하고"(9절)라고 - 동일한 방법으 로 - 말하고 있기 때문에 앞에서 이미 근로자들에게 말했던 것은 고용주에게도 모 두 적용되어야 합니다.

"이와 같이"라는 말은 종이 상전에게 복종하는 것처럼 상전도 종에게 복종해야 된 다는 의미가 아닙니다. 이 경우 순종의 개념을 혼돈 상태로 만드는 위험이 있기 때문 입니다. 상전이 대접받고자 하는 대로 상전은 종을 대하라는 것을 의미하는 것입니 다. 모든 사람은 하나님의 자녀들입니다. 최종적으로 말하면, 상전과 종 모두 그분을 섬겨야 하며, 위대한 상전이신 하나님의 심판을 받거나 상급을 받아야 합니다.

「존엄성의 탐구」(The Search for Dignity)라는 책에서 저자 스프라울은 노사 관계 의 개척자인 웨인 앤더슨(Wayne Anderson)의 생활을 연구하면서 들었던 몇 구절 을 논의하고 있습니다. 그 가운데 한 구절은 "그의 머리를 숙이다"라는 것이었는 데, 이 말은 이렇게 사용할 수 있습니다. 즉, "감독이 들어와서 자기 머리를 숙였 다." 스프라울은 이 말이 무엇을 의미하는지 처음에는 이해하지 못했습니다. 어느 날, 병원에서 의사와 간호사들과 다른 의료진 간에 개인적인 지위를 암시하는 교묘 한 방법으로 비언어적인 의사소통을 하는 것을 관찰하게 되었습니다. 예를 들면, 의사가 들어오면 간호사들이 어떻게 고개를 쳐드는지 그가 주목해 보았습니다. 그 의사는 분명히 조직 피라미드의 꼭짓점에 있는 사람이었습니다.

스프라울이 이것을 바라보고 곰곰이 생각하고 있을 때, 더러워진 세탁물을 실은 손수레를 밀고 복도를 오는 사람을 목격했습니다. 그 사람은 병원에서 가장 직급이 낮은 병실 청소부였으나 그는 즐거운 표정을 하고 있었습니다. 그는 분명히 다른 사람을 즐겁게 대했습니다. 그 사람이 가까이 왔을 때, 의사 앞에서 긴장하고 있던 간호사가 한 순간 앞서 그 사람을 향하여 홀을 가로질러 갔습니다. 간호사를 보고 자기 머리를 들고 아는 체 하려고 했습니다. 그의 얼굴은 인사하려고 상냥한 얼굴

표정으로 밝아졌습니다. 거의 동시에 그 간호사는 그 사람 곁을 휙 하고 지나치면서 자기 머리를 앞으로 숙인 채 복도 바닥을 응시했습니다. 그 사람의 얼굴에서 즐거운 표정이 사라지고 말았습니다. 세탁물을 앞으로 계속 밀고 가면서 그의 발걸음은 눈에 띌 만큼 느려졌습니다. 스프라울은 이것이 "머리를 숙이다"라는 말의 의미라는 것을 깨닫게 되었습니다. 그것은 다른 사람을 인정하는 것을 거절하는 것이었고, 사람이 헤아릴 수 없는 인간 존재로는 보이지 않았다고 말하는 것 같습니다.[6]

최종적으로 분석하자면, 거의 모든 사람에게 이런 문제가 있습니다. 높고 낮음이나 경영자냐 혹은 근로자냐, 심지어 어떤 의미에서 종이나 상전과 같이 직급의 문제가 아닙니다. 문제는 우리가 존엄성을 가지고 대접을 받고 있는가, 우리가 진정한 의미에서 가치를 지니고 있는 사람으로 인정을 받고 있는지가 문제인 것입니다. 기독교는 이렇게 선언하고 있습니다. "당신은 참된 가치를 가지고 있다! 당신은 하나님의 형상으로 지음을 받았다! 당신이 하고 있는 일은 정말 중요하다!" 만일 그렇다면, 우리는 우리 자신의 일을 더 잘 해내야 하고, 다른 사람을 소중하게 여길 줄 알아야만 합니다.

●각주●

1. C. Everett Koop, Christian Medicine: A Compromise with Mediocrity? (London: Tyndale Press, 1962).

2. William Barclay, The Letters to the Galatians and Ephesians (Edinburgh: Saint Andrews Press, 1954), 213.

3. 상게서, 256.

4. R. C. Sproul, The Search for Dignity (Ventura, Calif.: Regal Books, 1983), 93.

5. John R. W. Stott, God's New Society: The Message of Ephesians (Downers Grove, Ill.: Inter Varsity, 1979), 253.

6. Sproul, The Search for the Dignity, 96-97. 웨인 앤더슨에 대한 책의 제목은 Stronger Than Steel (San Fransisco: Harper & Row, 1980)이다.

PART 3

하나님의 전신갑주

예베소서 6장

끝으로 너희가 주 안에서와 그 힘의 능력으로 강건하여지고
마귀의 간계를 능히 대적하기 위하여
하나님의 전신 갑주를 입으라
우리의 씨름은 혈과 육을 상대하는 것이 아니요
통치자들과 권세들과 이 어둠의 세상 주관자들과
하늘에 있는 악의 영들을 상대함이라

36
우리의 영적 전쟁
에베소서 6 : 10-12

끝으로 너희가 주 안에서와 그 힘의 능력으로 강건하여지고 마귀의 간계를 능히 대적하기 위하여 하나님의 전신 갑주를 입으라 우리의 씨름은 혈과 육을 상대하는 것이 아니요 통치자들과 권세들과 이 어둠의 세상 주관자들과 하늘에 있는 악의 영들을 상대함이라

정확한 기억은 없지만, 언제인가 "남자는 그의 첫 여자 친구를 결코 잊지 못한다"는 말을 우연히 들은 적이 있습니다. 이 말이 사실인지 아닌지 - 그런 것 같기는 한데 - 나는 잘 모르겠습니다. 이 말과 비슷하지만, 설교자는 자신의 첫 설교를 결코 잊지 못한다고 나는 확신합니다.

열네 살 때, 나는 첫 설교를 했습니다. 그때 택했던 본문은 지금 내가 강해하고 있는 바로 이 구절이었습니다. 첫 설교에서 시각 자료를 보조물로 사용했습니다. 그 무렵 미식축구를 무던히 좋아하던 나는 강단에 서서 미식축구 선수들이 착용하

는 유니폼의 모든 부속 장비를 손에 들고 설교를 진행해 나가기 시작했습니다. "의의 호심경"을 설명하면서 어깨 충격을 방지하는 보호 패드를 손으로 들어 올렸고, "구원의 투구"에 대해 말할 때는 헬멧을 집어 들었습니다. 그리스도의 군사가 갖추어 입어야 하는 전신 갑주의 모든 부분을 한 가지 차례대로 다 소개하면서 설교를 마쳤습니다. 설교를 진행해 나가면서 본문을 시각화할 수 있었습니다. 유니폼의 부속 장비마다 설명할 내용을 적은 종이를 테이프로 붙여 두었기 때문이었습니다.

그 첫 설교를 한지 거의 35년이 지났습니다. 지난 35년 동안 어느 주일 저녁예배 메시지의 특별 시리즈에서 이 위대한 구절을 가지고 단 한 번 더 설교를 했을 뿐입니다. 사실 이 세상에서 그리스도인은 영적 전투에 참가하고 있음에도 불구하고, 이 설교를 더 자주하지 않음으로 마치 영적 전투는 우리에게 상대적으로 중요하지 않다는 인식을 심어주었다는 자책감을 느끼면서 나는 정말 불행한 사람이라는 생각이 스치고 지나갔습니다.

이 본문은 본서의 최고 절정에 해당합니다. 이 절정에 도달한 문단에서 모든 그리스도인은 위대한 영적 전투에 참가했으며, 이 전투를 수행하기 위해서 무장을 해야 한다고 촉구하면서 끝맺고 있습니다.

현대인이 당면한 문제

오늘날 많은 그리스도인들이 이 본문의 가르침은 중요하지 않다고 판단할는지 모릅니다. 그런 사람은 마치 영적 전쟁이란 전혀 존재하지 않는 것처럼 긍정적으로 그리고 편안하게 생각하라고 격려할 것입니다. 그들은 기독교가 전쟁으로 들어가는 입구가 아니고, 전쟁으로부터 빠져나오는 출구라고 생각합니다. 그들은 기독교가 현대인이 당면한 문제의 해결책이라고 이해하고 있습니다. 만일 여러분이 병에 걸리면, 예수님께서 낫게 해 주실 것입니다. 혹은 여러분이 낙심 중에 있다면, 예수님께서 행복하게 해 주실 것입니다. 예수님을 믿는다는 것은 평탄한 길로 들어선 것이요, 순탄한 항해를 즐기게 되는 것이라고 말하는 사람의 말에서 여러분은 아마 큰 감동을 받고 있을 것입니다.

그리스도인의 삶에 접근하는 또 다른 방법은 비록 영적 전투가 존재하더라도, 어떤 면에서 그 전투는 이미 상황이 종료되었거나 끝났다고 주장하면서 영적 전쟁의 실체를 부인하는 것입니다. 워치만 니(Watchman Nee)의 에베소서 강해서인 「좌 행 참」(Sit Walk Stand)이 그 좋은 예입니다.[1]

워치만 니의 에베소서 강해서의 제목은 그가 이해한 에베소서의 개요이며, 신자의 생활에 대한 워치만 니의 신학적 표현이라고 할 수 있습니다. 기독교는 그리스도 안에서 함께 "하늘에 앉음(sit)"으로 시작합니다(엡 2:6). 즉, 그리스도가 성취하신 것에서 안식을 누리는 것입니다. 그것은 그리스도인의 생활에 "합당하게 행함(walk)"으로 계속됩니다(엡 4:1). 이것은 실제적으로 살아 있는 기독교입니다. 마지막으로 그리스도가 이미 우리를 위하여 쟁취한 터전에 "굳게 서서(stand)" 마귀를 대적하는 것을 내포하고 있습니다(엡 6:11, 13-14). 워치만 니는 예수 그리스도의 승리 때문에 우리의 전투는 공격적인 도전이 아니라 방어적이라고 강조합니다.

이 해석에도 약간의 진리는 있는지 모릅니다. 나를 괴롭게 하는 것은 우리가 그리스도인으로 막상 해야 할 것은 아무것도 제시해 주지 않으면서 - 혹은 제시해 주는 것이 너무 적으면서 - 그리스도인의 삶을 살아야 한다는 표현 속에 담겨 있는 이런 사상들입니다. 어떤 사람은 "내버려두시오, 그리고 하나님께서 하게 하시오!"라고 말합니다. 다시 말하자면, 전쟁은 우리들의 몫이 아니고, 그것은 하나님의 몫입니다. 그래서 내버려두시오. 그리고 하나님께서 싸우도록 하시오. 고작 할 수 있는 것은 여러분의 자리에 서 있는 것뿐입니다. 물론 바울이 "서 있으라"는 단어를 사용한 것도 사실입니다. 그것도 네 번씩이나 사용했습니다. 그러나 바울이 전신갑주에 대해서 말할 때에 투구, 호심경과 방패와 같은 방어용 무기뿐만 아니라 공격용 무기인 검(劍)도 말했습니다. 바울이 공격적이거나, 방어적인 전투에 대하여 언급 했는가 혹은 하지 않았는가의 문제가 아니라 가장 강력하고 교활한 원수와 맞서서 싸우는 전투를 생각하고 있습니다.

처음 두 구절에서 적절한 균형이 우리의 마음에 와 닿는다고 봅니다. 첫째, "너희가 주 안에서와 그 힘의 능력으로 강건하여지고"(10절) 둘째, "마귀의 간계를 능히 대적하기 위하여 하나님의 전신 갑주를 입으라"(11절). 이 명령의 조화는 우리가 전투를 치르기에 적합하지 않다는 점을 상기시키고 있습니다. 우리는 힘이 없고, 우리의 힘은 주님이 공급해 주셔야 합니다. 하나님의 힘과 능력을 덧입고, 우리 앞에 전투 대열로 늘어 서 있는 영적 세력들과 싸워야 합니다.

존 스토트(John Stott)는 먼저 에베소서의 처음 다섯 장에서 진술된 하나님의 목적, 그 다음에 이러한 목적에 반대하는 마귀의 존재를 강해한 다음, 이 영적 싸움의 필연성을 보여줍니다. 그는 "새로운 사회를 창조하려는 것이 하나님의 계획인가? 그렇다면 그들(적대적인 영적 세력)은 그것(새로운 사회)을 파괴하려고 최선을 다할 것이다. 하나님께서 예수 그리스도를 통해서 각각 다른 종족과 문화로 인류를 나누어 놓는 벽을 무너뜨렸는가? 그렇다면 마귀는 자기가 보낸 밀사를 통해서 그것(무너진 벽)을 재건하려고 시도할 것이다. 하나님께서는 화목하게 하시고 구속한 백성들이 조화와 순결 속에서 더불어 살도록 작정하셨는가? 그렇다면 지옥의 권세가 불화와 죄의 씨앗을 그들(화목하게 하시고 구속한 백성) 가운데 뿌려 놓을 것이다." 라고 말했습니다.[2]

존 스토트가 보여준 것처럼, 바울이 그의 아름답고 평화스러운 그리스도인의 가정과 행복한 그리스도인의 관계(엡 5:22-29)를 묘사해 놓은 아름답고 감동적인 그림 뒤에 이토록 을씨년스러운 전쟁을 묘사하고 있는 것은 평화와 행복은 이러한 갈등이 없이 이룩할 수 없음을 보여주려는 것입니다. 진정한 그리스도인의 삶의 승리는 악에 대항하여 가혹하고 긴 세월이 걸리는 전투를 치르고 나서야 쟁취하게 됩니다. 이러한 승리는 우리가 하나님의 전신 갑주를 적절하게 사용할 때라야만 실현될 것입니다.

17세기의 위대한 청교도 윌리엄 거널(William Gurnall)의 접근 방법을 나는 좋아합니다. 내가 소장하고 있는 판형은 이중 세로단(double-column)에 거의 1,200쪽에 달하는 방대한 분량의 책입니다. 그 책의 제목은 「완전 무장한 그리스도인: 마귀에 대적하는 성도의 전쟁에 대한 논문」(The Christian in Complete Armour: A Treatise of the Saint's War Against the Devil)입니다. 이 제목은 오히려 짧다고 하겠습니다! 책 제목이 계속해서 이어집니다. "하나님과 그분의 백성의 큰 원수에 대한 탐구 - 그분 (하나님)의 정책, 권세, 그분의 제국의 보좌, 성도를 대적하는 마귀의 중요한 계획 - (그리고) 화약고가 열리고, 거기서부터 그리스도인은 전쟁 전체에 대한 행복한 보급품과 함께 전투를 치를 영적 무기를 공급받게 되고, 갑옷으로 도움을 받고, 무기의 사용법을 배우게 됨!"[3]

최근에는 마틴 로이드 존스가 거널의 주해만큼 길지는 않지만, 비슷한 생각을 했습니다. 그는 이 본문으로 두 권의 강해서를 집필했습니다. 「그리스도의 전쟁」은 10-13절을 모두 26장에 걸쳐서, 「그리스도의 군사」는 문단 전체에 대하여 26장에 걸쳐 강해한 것입니다.[4]

보이지 않는 우리의 적

에베소서의 마지막 문단을 주해하면서, 대성공을 거두었던 브로드웨이의 뮤지컬 "마이 페어 레이디"(My Fair Lady: 나의 귀부인)의 레코드 재킷에 사용했던 만화가 생각났습니다. 만일 독자 여러분도 이 뮤지컬과 이 쇼의 광고를 생각해 낼 수 있다면 천상의 존재가 꼭두각시(희곡의 남자 주인공은 헨리 히긴스였음)를 조종하고, 꼭두각시는 엘리자 두리틀(희곡의 여자 주인공)을 조종하고 있는 광고 도안이 떠오를 것입니다. 이 광고에 등장하는 천상의 존재는 희곡 마이 페어 레이디의 작가 조지 버나드 쇼(George Bernard Shaw)를 상당히 많이 닮은 것처럼 보입니다. 남자 주인공 히긴스는 여자 주인공 엘리자를 조종할 수 있다고 상상했습니다. 그래서 그는 엘리자를 그가 보았던 "귀부인"으로 만들었습니다. 그러나 히긴스를 조종하고 있는 것은 하나님(혹은 저자 조지 버나드 쇼 자신)이었습니다.

그리스도의 백성들이 직면하고 있는 전쟁의 본질을 기술하면서 사도 바울이 염두에 두었던 것은 바로 이런 종류의 관계였습니다. 그래서 바울은 "주 안에서 … 강건하라" 그리고 "하나님의 전신 갑주를 입으라"고 말합니다(10, 11절). 그리고 나서 강건하게 되어야 하고, 전신 갑주를 입어야 하는 이유를 말합니다. "우리의 씨름은 혈과 육에 상대하는 것이 아니요 통치자들과 권세들과 이 어둠의 세상 주관자들과 하늘에 있는 악의 영들을 상대함이라"(12절).

우리는 혈과 육에 대항하여 싸우지 않는다고 말할 때, 인간의 차원에서 싸우는 것을 부정하는 것이 아니라고 생각합니다. 우리가 싸우는 것은 명백한 사실이지만, 그런 차원에서만 싸우는 것이 아니라고 말하려는 것입니다. 우리는 육체적이며, 가시적인 싸움을 합니다. 그러나 그런 차원을 훨씬 뛰어 넘어서, 또한 우리가 볼 수 있는 것을 초월하여 마귀와 그의 세력에 대항하여 싸우는 영적 전쟁이 진행되고 있습니다. 우리는 마귀와 그의 군대를 육안으로 볼 수 없으나 베드로는 "근신하라 깨어라 너희 대적 마귀가 우는 사자 같이 두루 다니며 삼킬 자를 찾나니"라고 말했습니다(벧전 5:8). 우리가 이 전투에서 승리하려면, 깨어 있어야 하고, 필요한 전신 갑주를 착용하고 무장해야만 합니다.

바로 여기서부터 세상의 철학과 기독교가 갈라지게 됩니다. 우리가 살고 있는 현대 세계는 세속적입니다. 즉, 이 세상은 이 세대라고 하는 범주 안에서만 작동하고 있는 것이고, 유물론적입니다. 유물론적이라 함은 오직 손으로 만질 수 있고, 눈으로 볼 수 있고, 자로 재 볼 수 있는 것만 실재라고 생각하는 것을 이르는 말입니다. 현대인에게 세상은 폐쇄된 체계입니다. 바로 그러한 이유에서 마귀에 대해서 말하는 것을 심각하게 받아들이지 않습니다. 물론 사람들은 여전히 하나님에 대해서 말합니다. 그러므로 하나님께서는 종교적인 전통의 맹신에서부터 벗어나 경외함을 받아야 합니다. 그런데 왜 마귀를 말합니까? "심각하게 생각하지 마세요! 엉덩이에 꼬랑지가 달리고 머리에는 뿔이 났고 빨간 옷을 입고 있는 키가 작은 남자 말이지요? 그게 당신의 원수란 말이에요? 그 꼬마하고 부하 마귀 말이지요?" 사람들은 영적 전쟁에서 싸우고 있다는 내 말을 듣고 웃고, 더 심각한 어조로 정말 싸워야할 대상이 무엇인지도 모르고 있다고 꾸짖습니다. 그들이 생각하는 전쟁은 빈곤과 압제, 그리고 기아와 각종 불의와 같이 구체적인 대상과 맞서 싸우는 것입니다.

이런 것은 일시적이기는 하지만 실제적인 문제임에 틀림없으며, 그런 문제를 완

화시키거나 제거하기 위하여 우리의 최선을 다해야 한다는 점을 부인하고 싶지 않
으나 묻고 싶습니다. 만일 이 세상의 실제적인 문제가 물질적이고 가시적인 것뿐이
라면, 왜 오래 전에 제거되거나 해결되지 못했습니까? 찰스 스윈번(Charles
Swinburne)은 인간을 "만물의 영장"이라고 불렀습니다. 좋습니다. 그러면 그가 만
물의 영장 노릇을 하게 해 봅시다! 만일 그가 할 수 없다면 -결코 할 수 없다는 것이
분명함- 자기보다 월등히 힘이 센 세력이 눈에 보이는 모든 것의 배후에 서 있다는
점을 인정하게 해야 합니다. 그리고 우리의 싸움은 혈과 육에 대항하는 전쟁이 아
니라 "통치자들에 대적하여, 권세들에 대적하여, 어두움의 세상 주관자들에 대적
하여, 하늘에 있는 악의 영들에게 대적하여" 싸우는 것이라는 점을 인정하게 해야
합니다.

* 영국의 시인이며 평론가 찰스 스윈번(1837-1909)은 영국 런던에서 귀족의 딸이었던 어머
니와 지주 출신의 아버지에게서 태어났다. 명문 사립 이튼칼리지에서 교육을 받고 옥스퍼드
대학에 진학하였으나 이미 대학 시절부터 반항적 기질이 강해서 학위를 받지 않고 중퇴하였
다. 대학에서는 그리스어, 라틴어에 뛰어났고, 이탈리아, 프랑스 문학을 가까이 하였고, 많은
시를 썼음-역자

　바울이 이 문장에서 "대적하여"라는 말을 두 번씩이나 반복하는 것을 개인적으
로 매우 좋아합니다. 물론 누가 의도적으로 그렇게 기록했다고 생각하지 않습니다.
만일 현대의 편집자 한 사람이 바울의 원고를 들고 있다면 분명히 반복을 삭제했을
것이라고 확신합니다. 그는 세 번이나 반복해서 사용하는 "대하여"도 빼버렸을 것
입니다. 그래서 그 문장은 "통치자들과 권세들과 이 어둠의 세상 주관자들과 하늘
에 있는 악의 영들을 상대함이라"고 읽어야 할 것입니다. 그뿐 아니라 더 짧게 축
소할는지도 모릅니다.

** 저자 보이스의 말대로 한글성경에는 세 번 반복되는 "대하여"를 한 번으로 줄였고, 문장

맨 끝에 한 번만 사용했다. 이렇게 해서 영적 전투의 대상을 강조하려는 저자 바울의 의도가
우리 한글성경에서는 유감스럽게도 약화되고 말았음-역자

그러나 그 말을 반복하면서 바울은 그가 하고 있는 것을 정확하게 알고 있었습니다. 이 관점에 더 추가할 것이 있습니다. 성령님은 바울이 편지를 쓰고 있을 때, 목적을 분명히 알고 있었다고 나는 믿습니다. 영적 전쟁의 한복판에서 그리스도인은 자신의 삶에서 "원수에게 대적하여 일어나야 한다"고 말하려는 것입니다. 이것은 우리가 관심을 가져야 할 요점들을 마치 실에 꿰듯 엮어 놓은 것이 아닙니다. 원수들이 있고, 우리는 그들을 대적하여 싸워야 합니다. 우리는 통치자들을 대적하여, 권세들을 대적하여, 이 어두움의 세상 주관자들을 대적하여, 하늘에 있는 악의 영들을 대적하여 싸워야 합니다.

우리의 전쟁터

본문에서 사용된 명사들, 이를테면 "통치자들, 권세들, 주관자들, 영들"을 어떻게 이해해야 합니까? 어떤 사람은 사탄의 군대에서 사용하는 계급이라고 말합니다. 그 계급의 맨 아래 악한 영에 불과한 귀신이 있습니다. 주관자가 악한 영을 지휘합니다. 주관자 위에는 권세, 그리고 그 위에는 통치자가 있습니다. 아마 마귀는 이 계급을 총괄하여 지휘하는 것 같습니다. 그렇지 않으면 역순으로 볼 수도 있을 것입니다. 맨 밑에 통치자들, 그 위에 권세들, 그리고 제일 위에 주관자들과 영들이라고 할 수 있습니다.

바울이 그런 식으로 생각하지 않았다고 봅니다. 우리를 대항하기 위하여 정렬하여 대오를 갖추고 늘어서 있는 세력들을 설명하기 위하여 바울이 사용한 용어들입니다. 마귀들의 높고 낮음을 구분하기 위하여 사용된 것이 아니라 그들이 영향을 미치고 있는 다양한 생활의 영역을 구별하기 위하여 사용했습니다.

바울이 **통치자들**(統治者: rulers)이라고 말할 때, 특별한 영역을 다스리는 마귀를

생각하고 있지 않았습니까?땅의 특별한 부분, 다시 말해서 특정한 영토를 다스리는 자를 통치자라고 합니다. 우리들이 사용하는 말로 표현하자면, 영국을 통치하고, 프랑스를 통치하고, 또는 미국을 통치하는 최고 통수권자를 일컫는 말입니다. 마귀도 분명히 그런 식으로 역할을 맡을 것입니다. 이들은 하나님과 다르기 때문에 전능하지 않습니다. 하나님께서 어느 곳에나 계시는 것처럼 그들은 그렇게 할 수 없습니다. 그들의 세력은 엄청나지만, 역시 유한한 피조물입니다. 따라서 한 장소나 또 다른 장소에만 존재할 수밖에 없습니다. 바울이 마귀를 통치자라고 말할 때, 아마 지역적인 존재로 생각하고 있었던 것 같습니다. 우리는 사탄의 세력이 명백하게, 그리고 강력하게 행사되고 있는 세계의 특정한 지역을 알고 있습니다. 다른 지역, 특히 예수 그리스도의 복음이 전파된 곳에서는 상대적으로 그들의 세력이 약하게 됩니다.

그러면 권세들(權勢: authorities)은 어떻습니까? 권세자는 통치자와 동일하지 않습니다. 테레사 수녀는 물리적인 통치를 하지 않았으나 대단한 권세를 가지고 있었습니다. 권세자는 가치를 가지고 힘을 행사합니다. 바울이 권세자라고 할 때, 특정한 영역뿐만 아니라 문화의 가치조차 마귀의 통치를 받고 있다고 생각한 것입니다. 우리는 현대문화 가운데 지배적인 가치들은 -"내가 먼저" 철학, 자기 자신의 쾌락 추구, 물질만능주의, 과학만능주의, 기타 등등- 전혀 기독교적이 아니라는 것을 직시해야 합니다. 사탄은 자기 자신의 야비한 목적을 위하여 이런 가치관들을 조작하고 있습니다. 우리는 이런 가치관들과의 전쟁을 선포해야 합니다.

주관자들(主管者: powers)은 조종하는 것과 관계가 있습니다. 그래서 주관자는 사람이 생각하고 행동하는 것을 조종하는 자들입니다. 이 말은 세속적인 미디어와 연결할 수 있습니다. 오늘날 세속적인 미디어는 현대인의 도덕적 정신을 얼마나 심각하게 조종하고 있는지 모릅니다. 미디어뿐만이 아닙니다! 이렇게 배후에서 강력한 영향력을 행사하고 있는 일종의 세력을 일컫는 말입니다.

바울은 마지막으로, 악의 영들(惡靈: spiritual forces of evil)에 대해서 언급합니다. 바울은 아돌프 히틀러처럼 사악한 의도를 달성하기 위하여 다른 사람을 조종하는 악한 남자나 악한 여자를 생각하는 것이 아닙니다. 오히려 "하늘에 있는 악의 영들"을 생각하고 있습니다. 바울은 이런 영적인 통치의 사악함을 강조하려는 것입니다. 사실 거룩하고 은혜를 베푸는 능력을 소유할 수 있고, 이런 능력은 존재해야 합니다. 그것은 그리스도인에게 강건하게 되라고 격려를 아끼지 않는 하나님의 능력입니다(10절). 우리가 대적해서 투쟁해야 할 악한 영들은 거룩하지도 않고 은혜를 베풀지도 않습니다. 그들은 사악하고 파괴적입니다.

그리스도인의 전쟁은 진리와 거짓, 선과 악 사이의 단순한 싸움이 아닙니다. 대부분의 사람들은 이분법으로 구분하여 비교하는 것을 잘 알고 있습니다. 진리와 거짓의 싸움을 본질적으로 선하다고 보는 역사철학이 있습니다. 이런 사상이 진행해 나감에 따라서 당연히 진전이 뒤따른다고 보기 때문입니다. 진리와 오류가 싸움을 하면 결국 진리가 이길 수밖에 없습니다.

어떤 철학자는 이렇게 말했습니다. "공개적이고 자유로운 대결에서 진리가 이기게 된다는 것을 누가 알았을까?" 우리도 마찬가지로 선이 필연적으로 승리하게 된다고 확신해야 합니다. 그러나 반드시 그렇지 않습니다. 진리가 승리하지만, 때로는 악이 승리하는 경우도 있습니다. 그리스도인이 굳건하게 서서 대항하지 않으면, 악과 오류가 이 세상을 새로운 암흑시대로 몰아갈 것입니다.

성공에 이르는 수단

우리 자신의 강함에 있는 것이 아닙니다. 우리가 잘 알려진 찬송가 가운데 마르틴 루터의 찬송시가 이것을 잘 표현하고 있습니다.

> 내 힘만 의지할 때는 패할 수밖에 없도다.
> 힘 있는 장수 나와서 날 대신하여 싸우네.
> 이 장수 누군가 주 예수 그리스도 만군의 주로다.
> 당할 자 누구랴 반드시 이기리로다.
>
> (찬송가 585장)

이 찬송시가 매우 상세하게 전달하고 있는 의미를 정교하게 공부하게 될 것입니다. 지금 여기서 우리가 승리할 수 있도록 베풀어주시는 모든 것은 그리스도로부터 말미암는다는 것을 깨닫게 되었습니다.

그것이 진리입니까(엡 6:14)? 그리스도가 진리이십니다. 그분이 우리에게 이렇게 말씀해 주셨습니다. "내가 곧 길이요, 진리요, 생명이니 나로 말미암지 않고는 아버지께로 올 자가 없느니라"(요 14:6).

그것이 의(義)입니까(엡 6:14)? 그리스도가 우리의 의가 되십니다. 바울은 이렇게 말합니다. "너희는 하나님께로부터 나서 그리스도 예수 안에 있고 예수는 하나님께로서 나와서 우리에게 지혜와 의로움과 거룩함과 구속함이 되셨으니"(고전 1:30).

그것이 복음입니까(엡 6:15)? 이 복음은 그리스도의 복음입니다(막 1:1).

그것이 믿음입니까(엡 6:16)? 그리스도를 믿는 믿음입니다(갈 2:20).

그것이 구원입니까(엡 6:17)? 그리스도는 우리의 구원이 되십니다. 그분은 십자가 위에서 죽으심으로 우리의 구원을 이루셨습니다(행 4:10-12). 기도는 우리를 위해서 그분이 열어 놓으신 통신 채널입니다(히 10:19-20).

우리 가운데 아무도 우리 자신의 힘으로 악한 영들과 맞서서 대항할 수 없고, 단 한 순간조차 대적할 수 없습니다. 그러나 예수 그리스도 안에서 우리는 승리를 얻기 위하여 싸울 수 있습니다.

●각주●

1. Watman Nee, Sit Walk Stand (Fort Washington, Pa.: Christian Literature Crusade, 1957). 「좌행참」, 생명의 말씀사 번역 출간.

워치만 니(Watchman Nee: 파수를 보는 사람이라는 뜻)는 20세기 중국이 낳은 훌륭한 영적 지도자이며 탁월한 영적 통찰력을 지녔던 복음주의적 지도자였다. 그러나 그를 이단 지도자라고 단정할 수는 없다. 그의 탁월한 성경 강해는 많은 사람들에게 영적 유익을 주었으나, 그의 가르침은 한국교회 안에서 많은 논란이 있다는 점을 역자의 사견으로 알려드린다. 아울러 저자 제임스 몽고메리 보이스 목사도

워치만 니의 가르침을 신학적으로 취급하려는 목적을 가지고 언급한 것이 아니라고 본다. 보이스 목사도 그렇기 때문에 워치만 니의 가르침을 조심스럽게 지적하고 있음을 주목하기 바란다.

독자 여러분의 이해를 위하여 미국 종교연구소 소장이며, 캘리포니아 대학의 객원 교수인 존 고든 멜튼(John Gorden Melton) 박사가 저술한 미국 종교백과사전(1991년, 제5판)에서 발췌한 내용을 다음과 같이 재차 요약 정리하였다.-역자

워치만 니(Watchman Nee: 니 토쉥, 1903-1972)의 할아버지는 중국 회중교회의 목사였고, 그의 부모들은 신실한 감리교 신자들이었으며, 신실한 기독교 가정에서 태어났다. 그는 자신이 하나님을 위하여 사람들을 깨우는 목적을 가진 종 치는 자라는 것을 항상 기억하기 위하여 본래 이름인 '니 수추'를 '니 토쉥'(워치만)으로 바꿨다. 감리교 전도자인 도라 유(Dora Yu)에 의해 회심되었고, 곧이어 독립 선교사인 마가렛 바버(Magaret E Barber)와 함께 일을 시작했으며, 이어서 소규모의 복음주의적 그리스도인 무리의 인도자가 되었다.

복주에서의 소규모로 시작한 니의 운동은 중국 전역에 확산되었다. 1930년대에 분열적인 교파주의에 맞서서 각 도시마다 오직 한 개의 지방교회(회중교회)만 있어야 한다는 그의 신념에 근거하여 모인 회중을 만나게 되었다. 중국의 공산혁명이 기독교의 확산을 차단했던 시기에 해당하는 1922년부터 1952년 사이에 200개 이상의 지방교회들이 그의 사역을 통해 일어났다. 니는 또한 50권이 넘는 많은 책을 집필했는데 대부분 그리스도인의 생활과 교회 생활에 관한 것들이다. 그는 저서 가운데「영에 속한 사람」은 우리에게도 잘 알려졌으며, 그의 삼분법(三分法), 즉 육, 혼, 영으로 구성된 사람의 세 부분의 본성에 대한 그의 이해는 한국교회 신자들에게도 적지 않은 영향을 끼쳤다. 정통적인 개혁신학에서는 이 삼분법을 수용하지 않는다는 점을 알아야 한다.

1949년에 권력을 장악한 중화인민공화국은 워치만 니와 또한 니와 관련이 있는 교회들을 미국과 국민당 정부를 위해 간첩 행위를 했다는 혐의로 고소했다. 니는 1952년에 투옥되었고, 1972년 감옥에서 죽었다.

1930년대에 니는 치후(Chefoo)에 교회를 세우고 그 교회 장로가 된 전, 개신교 목회자 위트니스 리(Witness Lee: 1905-1997)를 동역자로 얻었다. 그는 1932년에 니의 사역에 동참했고 몇 년 내에 니의 가장 소중한 동역자가 되었다. 폐결핵으로 투병 중이던 3년간 공백기가 있었고, 그 후 위트니스 리는 중국 공산혁명 직전인 1948년에 니와 재결합했다. 니는 위트니스 리를 대만으로 보냈는데 그곳의 교회들은 번성하여 태평양 연안으로 확산되었다.

미국으로 이주한 성도들의 초청으로 위트니스 리는 1962년에 미국으로 이주해서 리빙스트림미니스트리(Living Streams Ministries)를 설립했다. 그는 운동의 영향력을 행사하기 위하여 노력하는 한편 또한 워치만 니의 저술에서는 발견되지 않는 몇 가지 신학적 강조점들을 소개함으로 운동을 혁신하려고 했다. 예를 들면, "기도로 말씀 먹기" "주의 이름을 부름"과 같은 몇 가지 행동은 논쟁을 불러일으키는 주제이다.

교회사의 흐름을 참고할 때, 그들은 사도 시대 이후 완전한 교회생활과 하나됨은 상실되었지만, 마르틴 루터와 종교개혁으로 회복이 시작되었다고 본다. 그들은 진젠도르프 백작과 모라비안(Moravians), 요한 웨슬리와 감리교도들, 최근에는 플리머스형제회의 흐름을 경건주의 회복이 이어지는 계통으로 보고 있다.

1991년에 지방교회는 6개 대륙에 교회(회중)들이 있다. 태평양 연안 국가에 가장 많은 교인들이 있다. 대만에 200여 교회 6만의 교인들이 있다. 미국과 캐나다에는 265개 교회 1만 5천명의 교인들이 있다. 남아메리카와 중앙아메리카의 스페인어 모임 안에 1만 6천 5백명이 있다. 유럽, 아프리카, 오스트레일리아, 뉴질랜드에도 교회들이 있다. 혹독한 핍박에도 불구하고 중국 본토에도 생존하는 성도가 있는 것처럼 보인다. 이 운동은 그 동안 수십 만 명으로 확대되었다. 구 소련의 붕괴 이후 지방교회는 동유럽과 러시아에서도 복음 사역을 시작했고, 1992년에 모스크바와 상트페테르브르크에도 교회가 생겼으며, 다른 나라에서도 사역을 확대하고 있다.

"한국의 지방교회는 중국 공산화 이후 위치만 니의 직계 제자라고 자처하는 왕중생(한국명 권익원)의 지도하에 1966년부터 시작됐다. 현재 서울 서초동에 본부 교회에 해당하는 '서울교회'가 있으며 전국적으로 대전, 부산, 울산, 수원 등지에 60개 정도의 집회소가 있는 것으로 알려지고 있다. 지방교회의 한국 내의 개신교 교단과 같은 기구 조직을 가지고 있는 조직 교회가 아니라 각 지방별 독립 교회로 되어 있으며, 교인들은 모두 형제자매들로 통하고 있다."(월간 현대종교 1995년 7월호, 50-57쪽)

2. John R. W. Stott, God's New Society: The Message of Ephesians (Downers Grove, Ill.: Inter Varsity, 1979), 261-62.

3. William Gurnall, The Christian in Complete Armour (1662-65; reprint, Carisle, Pa.: Banner of Truth Trust, 1979).

4. D. Martyn Lloyd-Jones, The Christian Warfare: An Exposition of Ephesians 6:10-13 (Grand Rapids: Baker, 1977), The Christian Soldier: An Exposition of Ephesians 6:10-20 (Grand Rapids: Baker, 1983). 레이 스테드먼의 강해집도 귀중한 도움을 줄 것이다. Ray C. Stedman, Spiritual Warefae: Winning the Daily Battle with Satan (Portland, Ore.: Multnomah, 1975).

37
우리의 무서운 적
에베소서 6 : 12

> 우리의 씨름은 혈과 육을 상대하는 것이 아니요 통치자들과 권세들과 이 어둠
> 의 세상 주관자들과 하늘에 있는 악의 영들을 상대함이라

스캇 펙(Scott Peck)은 악한 영의 존재
를 믿고, 그의 글은 마귀뿐만 아니라 정상적인 인간의 경험을 초월하는 악한 영에
집중되고 있습니다. 두 개의 귀신을 쫓아내는 일에 참여했던 경험을 통해서 스캇
펙은 확신하게 되었다고 그의 베스트셀러 「거짓의 사람들」(People of the Lie)에서
술회하고 있습니다.

정신의학자 스캇 펙은 1958년 하버드대학교를 졸업했고, "최우수" 성적으로 학
위를 취득했습니다. 그 후, 케이스웨스턴리저브대학교 의과대학에서 의학을 공부
했고, 1963년에 졸업했습니다. 1972년까지 미합중국 육군 의무감의 신경정신과 자

문위원회 부책임자로 일했습니다. 그 후, 코네티컷주에서 정신과 개업의로 일하면서 자신의 경험을 글로 썼습니다. 첫 번째 책인 「아직도 가야 할 길」(The Road Less Travelled)은 150만부나 팔렸고, 두 번째 책인 「거짓의 사람들」(People of the Lie)도 첫 번째 책처럼 성공했습니다.

스캇 펙은 그의 경력에서 보았던 것처럼 시시한 사람이 아닙니다. 그러나 그는 "그것"이라고 부르는 악한 영과 사탄의 존재를 확신합니다. 그의 첫 번째 책은 두 번째 책에서 보여준 것과 같은 확신에 아직 도달하지 않은 것처럼 보였습니다. 두 권의 책에서 매우 흥미로운 것은 저자인 스캇 펙이 마귀의 존재를 인정하게 되었을 뿐만 아니라 그리스도인이 되었다는 사실입니다.[1]

이것은 정말 흥미로운 발전입니다. 얼마 전까지만 해도 사탄의 존재를 인정하는 것은 성직자를 제외하고 누구에게나 재앙처럼 꺼리는 것이었습니다. 정신과의사의 99%와 대다수 목회자들은 마귀를 믿지 않는다는 사실에도 불구하고, 오늘날 이 현상은 변하고 있습니다. 스캇 펙은 그의 책이 출간된 이후 대단히 존경받고 있는 정신의학자 세 사람으로부터 축사(逐邪: 요사스런 귀신이나 기운을 물리쳐 내쫓는 행위-역자) 작업에 참여한 경험이 있다는 말을 들었다고 말합니다. 교회의 인정을 받지 않고 매년 미국 내에서 시행되고 있는 1,000회 이상의 축사(逐邪)가 수행되고 있다고 말하는 축사 전문가 말라카이 마틴(Malachai Martin)의 말에 동의합니다. 많은 사람들이 귀신들리는 것을 논의할 준비가 되어 있습니다.

무엇이 이런 변화를 가져왔습니까? 스캇 펙은 축사 작업에서 극적인 방법으로 보일 뿐만 아니라 악을 사랑하고, 악 그 자체를 위해서 악을 행하는 사람에게서도 보이기 때문에 악의 실재가 너무나 분명하다고 주장합니다.

우리의 강력한 적

성경과 아주 친숙한 사람에게 이런 것은 가장 짧은 분량의 소설도 되지 못합니다. 구약성경의 맨 앞쪽을 보든지, 선지자들이나 복음서와 서신, 그리고 요한계시록을 기록한 저자들은 자기 차례가 되면 독자들에게 사탄의 존재를 상기시켜 주고, 사탄의 활동을 경고해 주고 있습니다. 바울도 에베소서에서 이 작업을 한 것입니다. 그는 이 세상에서 그리스도인이 치러야 할 영적 전쟁을 기술하고, 가시적인 원수들을 대항해서 싸우는 것이 아니라는 것을 보여 주고 있습니다. 바울은 "마귀의 간계를 능히 대적하기 위하여 하나님의 전신 갑주를 입으라 우리의 씨름은 혈과 육을 상대하는 것이 아니요 통치자들과 권세들과 이 어둠의 세상 주관자들과 하늘에 있는 악의 영들에게 상대함이라"고 말하고 있습니다(11-12절).

우리가 마땅히 대적해서 싸워야 할 악한 영들을 기술하면서 마귀에 대하여 세 가지 중요한 점을 말하고 있습니다. 첫째, 마귀는 크고 강력한 적입니다. 마귀의 대행자를 "통치자" "권세" "주관자" 그리고 "악의 영"이라는 말을 사용해서 설명합니다. 마귀의 추종자들을 대적하기 위해서 우리가 무장해야 된다고 경고하는 사실은 바로 이 마귀가 얼마나 강력한가를 보여주는 것입니다.

마귀를 크고 강력한 힘을 가진 존재로 말할 때, 우리는 과장해서 진술하지 않도록 조심해야 합니다. 마귀는 물질적인 존재가 아니라 영적 존재이기 때문입니다. 많은 사람들은 사탄이 하나님보다 더 강력하거나 혹은 그보다 약하다는 생각을 갖게 됩니다. 사탄은 타락하지 않은 천사 가운데 가장 위대한 천사 미가엘이나 가브리엘의 맞수이기 때문입니다. 그러나 사탄은 하나님과 맞설 수 있는 적수가 될 수 없습니다. 하나님은 하나님이십니다. 다른 모든 존재는 하나님의 지음을 받았고, 지음을 받았다는 아주 단순한 사유로 제한을 당할 수밖에 없습니다.

하나님께서는 전능(全能)하십니다. 즉, 그분은 모든 능력을 다 가지고 계시지만, 마귀는 그렇지 못합니다. 하나님께서 원하시는 것은 모두 다 할 수 있으시지만, 마귀는 우리처럼 하나님께서 허락하시는 것만 할 수 있습니다. 우주는 마귀의 소유가 아니라 하나님의 것입니다. 지옥조차도 마귀의 소유가 아닙니다. 하나님께서는 어느 날, 사탄과 그의 추종자들을 모두 가두어 둘 장소로 지옥을 창조하셨습니다.

하나님께서는 편재(偏在)하십니다. 즉, 하나님께서 계시지 않는 곳은 없습니다. 다윗은 말했습니다. "내가 주의 영을 떠나 어디로 가며 주의 앞에서 어디로 피하리이까 내가 하늘에 올라갈지라도 거기 계시며 스올에 내 자리를 펼지라도 거기 계시니이다 내가 새벽 날개를 치며 바다 끝에 가서 거주할지라도 거기서도 주의 손이 나를 인도하시며 주의 오른손이 나를 붙드시리이다"(시 139:7-10). 이것은 사탄을 두고 하는 말이 아닙니다. 사탄은 한 번에 한 곳에만 존재할 수 있습니다. 결과적으로 사탄은 한 번에 한 장소에서 한 사람을 유혹하거나, 자기와 같이 타락한 다른 영적 존재를 통해서 영향력을 확대할 수 있고, 결과는 이렇습니다. 즉, 마귀의 영향력이 아무리 넓게 퍼졌더라도 아마 사탄은 여러분이나 혹은 여러분이 알고 있는 다른 사람을 직접 유혹할 수 없는 경우가 있습니다. 실제로 성경에서 우리는 사탄의 유혹을 직접 받은 사람은 여섯 명에 불과하다는 것을 알고 있습니다. 하와(아담이 아니라 그의 아내), 욥, 예수님, 가룟 유다, 베드로, 그리고 아나니아(삽비라가 아니라 그의 남편), 모두 여섯 명입니다. 다른 사람도 있다는 것은 의심할 여지가 없습니다. 다만 이 여섯 명은 성경이 특별히 이름을 거명한 경우이기 때문입니다.

하나님께서는 **전지**(全知)하십니다. 즉, 하나님께서는 모든 것을 알고 계시지만, 사탄은 그렇지 못합니다. 사탄은 모든 것을 알 수 없습니다. 상당히 많은 것을 아는 것은 사실이고, 그는 비열한 추측의 명수라는 것은 의심의 여지가 없습니다. 그러나 하나님의 방법은 끊임없이 마귀를 경악하게 합니다. 마귀는 장차 일어나게 될 일을 우리가 알고 있는 것보다 더 확실하게 알지 못합니다.

그래도 사탄은 아직까지 강력한 적입니다. 이것을 설명하는 것은 어렵지 않습니다. 타락하기 전에 아담과 하와의 상태를 생각해 보면, 두 사람은 우리가 되고 싶어 하는 것보다 훨씬 더 지혜롭고 더 현명했습니다. 두 사람은 영적 문제에 대해서 우리보다 더 많은 것을 알고 있었습니다. 그들은 하나님께 가까이 다가가 있었습니다. 두 사람이 죄를 범하기 전에는 하나님과 두 사람을 갈라놓을 수 있는 것은 아무것도 없었습니다. 그러나 그들은 죄를 짓고 말았고, 더욱 충격적인 것은 두 사람이 하나님을 반역하도록 만들기 위하여 별로 큰 어려움을 당하지 않았다는 것입니다. 앞서 말했던 것처럼 우리는 이 점에서 최초의 조상들보다 훨씬 더 어리석습니다. 우리는 영적으로 무감각하고, 우리는 하나님에게서 멀리 떨어져 있는 경우가 많이 있습니다. 또 한편 사탄은 그때보다 지금 훨씬 더 많은 정보를 가지고 있고, 훨씬 더 똑똑하다는 것은 의심할 여지가 없습니다.

사탄이 하나님을 대적하는 맞수가 될 수는 없어도 - 사탄은 전능하지도 못하고, 편재하지도 못하고, 전지하지도 못함 - 그럼에도 불구하고 만만치 않은 적입니다. 만일 인간의 힘으로 사탄을 대적할 수 있다고 생각하는 그리스도인이 있다면, 그는 어리석기 짝이 없습니다.

우리의 사악한 적

바울이 마귀에 대해서 말해주려는 두 번째 점은 마귀는 사악하고, 파괴적이라는 것입니다. 왜냐하면 마귀는 "이 어둠의 세상 주관자들"과 "하늘에 있는 악의 영들"의 배후에 서 있기 때문입니다.

바로 이런 점이 스캇 펙이 축사(逐邪)에 흥미를 느끼게 했습니다. 처음에는 다른 정신과의사들처럼 스캇 펙도 역시 파괴적인 행동은 교정할 수 있다고 믿었습니다. 대부분의 정신 요법이나 심리 상담이 시도하고 있는 것입니다. 그러나 스캇 펙은 자신의 상담 사례에서 악은 자기 자신의 목적을 위해서 존재하는 것처럼 보였습니다. 스캇 펙이 샬린이라고 부르는 한 여인의 경우는 매우 심각한 것이었습니다. 이 여인은 일주일에 두 번에서 네 번씩 스캇 펙의 상담을 받으러 왔습니다. 정확하게 말하자면 3년 동안 모두 421회의 상담을 받았습니다. 그러나 전혀 호전되지 않았고, 그 이유는 이 여인이 원하지 않았기 때문이었습니다. 스캇 펙이 그것을 깨닫게 되자 이 여인은 그를 장난감 취급을 하려고 했습니다.

스캇 펙(Scott Peck)은 이렇게 말합니다. "나를 정복하고, 그리고 나를 장난감 취급하고, 전적으로 우리의 관계를 조종해 보려는 샬린의 욕망이 한계가 없다는 것을 알고 있었다. 순전히 자기 자신의 목적을 위하여 능력을 소유하려는 욕망처럼 보였다. 이 여인은 사회를 발전시키고, 가족을 돌보고, 자기 자신을 더 유능한 사람으로 만들고, 창조적인 것을 성취해 보려는 능력을 원하지 않았다. 그녀가 갈망하는 능력은 자기보다 더 고상한 어떤 것에 종속되지 않는 것이었다."[2]

샬린과의 상담은 거의 마지막에 가까이 가고 있었고, 스캇 펙은 축사(逐邪)를 연구하기 시작했습니다.

바울은 그리스도인이 악한 사람을 만나게 될 수도 있지만, 악한 사람을 직접 대면하든 안 하든 간에 이러한 악한 사람의 배후에 있는 악의 세력을 대적해서 싸워야 한다고 경고하고 있습니다. 만일 우리가 이러한 권세들을 정복해야 한다면 존 스토트(John Stott)가 말하는 것을 기억해야 합니다. "그들은 도덕적인 원칙도 없고, 신사도나, 고상한 감정도 없다는 것을 명심해야 한다. 그들은 전쟁 무기를 부분적으로 개발하거나 제한하는 제네바 협정도 인정하지 않는다. 그들은 사악한 계획을 전적으로 무자비하고 비양심적으로 수행한다."[3]

우리의 교활한 적

세 번째로 바울은 사탄이 극도로 교활하고 간사하다고 말합니다. NIV성경은 11절에서 우리가 "마귀의 간계"를 능히 대적해야 된다고 경고하고 있습니다. KJV성경과 RSV성경은 "속임수"라고 번역했습니다. NEB성경은 "책략"이라고 했습니다. 이렇게 번역된 말이 의미하는 것은 마귀는 우리를 항상 직접 공격하지 않거나, 동일한 방법을 반복해서 사용하지 않는다는 것이고, 그와는 반대로 시간과 방법을 다양하게 이용하고 있습니다. 창세기 3장은 마귀가 "간교하다"고 말합니다(1절). 그리고 하와를 어떻게 미혹했는가를 말해줍니다. 고린도후서 2:11절에서 바울은 "이는 우리로 사탄에게 속지 않게 하려 함이라 우리는 그 계책을 알지 못하는 바가 아니로라"고 말합니다.

계책이란 무엇을 의미합니까? 청교도 거장 윌리엄 거널(Williiam Gurnall)은 그의 저서에서 열한 절에 이르는 본문에 대해서 그 어느 누구보다 더 많은 분량의 글을 쓴 사람이라고 생각합니다. 「완전 무장한 그리스도인」이라는 책 전체가 1,200쪽에 달하는 방대한 분량의 저술에서 거널은 사탄의 교활함, 즉 그가 언제 어떻게 접근하는가에 대해서 다음과 같이 상세하게 설명하고 있습니다.

1. 그리스도인이 새롭게 회심할 때, 사탄은 공격합니다. 그리스도인의 초기 삶은 영광스럽습니다. 회심하기 전에는 우리가 죄와 허물로 죽었으나, 이제는 살았습니다. 전에는 이 세상의 악한 영이 우리의 마음을 어둡게 했으나, 이제 영적인 것을 분명히 볼 수 있습니다. 전에는 하나님과 사귐을 원하지 않았으나, 이제 낙관적인 생각과 큰 기쁨으로 충만합니다. 오, 그러나 사탄이 올 때, - 하와처럼 순종의 길에 확고하게 서 있지 못했을 때 - 우리는 걸려 넘어지고 말았습니다. 그리고 사탄은 이렇게 말합니다. '네 죄 때문에 더 이상 그리스도인이 아니라는 것을 내가 안다. 너의 '회심'은 일시적인 것이었다. 너는 이제 타락했다. 이제는 마음을 정리하고 나를 따르라!'

2. 그리스도인이 시련을 당할 때, 사탄은 공격합니다. 만사가 순조로울 때, 사탄은 우리를 홀로 내버려둡니다. 그러나 우리가 시련을 당할 때 - 거의 모든 하나님의 자녀는 종종 시련을 당하게 마련임 - 재빨리 찾아와서 하나님께서 포기하셨다느니, 혹은 더 이상 하나님의 자녀가 아니라는 말을 우리에게 하며, 이렇게 사탄은 주장합니다. "만일 하나님이 너를 사랑하셨다면, 이렇게 고통을 당하도록 내버려두지 않을 거야!" "만일 하나님이 선하다면, 분명히 너를 돌보지 않고 팽개쳐 둘 이유가 없지 않니! 하나님이 선하지 않다면, 자, 그게 무슨 차이가 있겠니? 너도 그 하나님의 사악함을 저주하고 네가 하고 싶은 악한 짓이나 죄를 마음껏 지어라!"

욥을 유혹하는 말은 친구들이나 아내의 입을 빌려 전달되었지만, 욥도 마찬가지로 유혹을 받았습니다. 하나님께서는 사탄이 욥의 재산과 가족을 공격하고, 악성 종기로 괴로움을 당하게 해도 좋다고 허락하셨습니다. 하나님께서 물질적인 축복을 주셨기 때문이 아니라 하나님께서 욥과 함께 동행하시기 때문에 욥이 하나님을 사랑한다는 것을 사탄에게 보여주시기 위함이었습니다. 욥이 재산, 자녀, 건강을 몽땅 잃어버렸을 때, 사탄은 욥의 삶 속에 깊이 숨겨 둔 죄 때문에 그렇게 되었다고 말했습니다. 욥의 친구들이 말했습니다. "욥, 그대는 스스로 의인이라고 생각하지만, 그렇지 않다네. 이 세상은 도덕적인 우주라네. 나쁜 일은 선한 사람에게 일어나지 않는 법이라네. 만일 나쁜 일이 그대에게 일어났다면, 그대가 알고 있든지 혹은 모르든지 간에 그대가 아주 끔직한 잘못을 저질렀기 때문이라네. 그래서 하나님께서 자네를 벌주는 것일세!" 욥의 아내는 "이래도 당신은 여전히 신실함을 지킬 겁니까? 차라리 하나님을 저주하고서 죽는 것이 낫겠습니다."라고 더 직설적으로 말했습니다(욥 2:9 표준새번역).

3. 그리스도인이 훌륭한 성공을 거두었을 때, 사탄은 공격합니다. 베드로가 이런 경험을 했습니다. 예수님께서 제자들에게 자기를 누구라고 생각하느냐고 질문을 했을 때, 베드로가 대답했습니다. "주는 그리스도시요 살아 계신 하나님의 아들이시니이다"(마 16:16). 이것은 정말 놀라운 통찰력이었습니다. 예수님께서 즉시 이 위대한 통찰력의 근원을 설명하셨습니다. "이를 네게 알게 한 이는 혈육이 아니요 하늘에 계신 내 아버지시니라"(17절). 예수님께서 계속해서 임박한 그분의 죽음과 부활에 대해서 말씀하셨습니다. 베드로는 자기가 한 일에 도취된 채 죽으면 안 된다고 예수님을 설득시키려고 했으나 그는 호된 꾸지람을 받고 말았습니다. "사탄아 내 뒤로 물러 가라 너는 나를 넘어지게 하는 자로다 네가 하나님의 일을 생각하지 아니하고 도리어 사람의 일을 생각하는도다"(23절).

4. 그리스도인이 나태할 때, 사탄은 공격합니다. 잠언에서 "게으른 손은 마귀의 손이다"라거나 "만일 마귀가 게으른 자를 발견하면, 그가 할 수 있는 일을 찾아 줄 것이다"라는 말이 있습니다. 우리는 다윗을 기억하고 있습니다. 밧세바와 간음을 하고, 충신 우리아를 죽인 것은 다윗의 생애 가운데 가장 큰 범죄였습니다. 다윗이 실패한 것은 아무것도 하지 않고 한가한 시간에 시작되었다는 것은 의미심장합니다. 때는 봄날이었고, 그의 군대는 모두 전쟁터에서 싸우고 있었습니다. 그러나 전투 지휘를 가장 신뢰하는 친구 요압에게 맡기고, 다윗은 왕궁에 한가하게 머무르고

있었습니다. 이때 그의 나이는 아마 50대였을 것입니다. 왕궁 지붕을 어슬렁거리다 밧세바가 벗은 몸으로 목욕하는 것을 내려다보게 되었고, 왕궁으로 불러들였던 것은 바로 예루살렘에서 게으름을 피우고 있던 때였습니다.

5. 그리스도인이 자기 믿음을 나눌 수 있는 사람으로부터 고립되었을 때, 사탄은 공격합니다. 우리가 그리스도 안에 있는 믿음의 형제자매들, 곧 다른 그리스도인과 함께 있는 동안 서로 격려하고, 도와주고, 필요하면 설명해 달라고 요청할 수 있는 사람들과 함께 있는 것입니다. 만일 우리가 그런 사람들과 함께 있다면 사탄은 자기 시간을 다른 곳에서 더 유용하게 사용해야겠다고 생각하게 됩니다. 그러나 우리가 이런 그리스도인들로부터 떠나거나, 혹은 더 나쁜 경우지만, 불신자들에게 가까이 다가가서 긴밀하게 접촉하게 되면, 마귀는 우리에게 다가옵니다. "재미도 보지 못하게 너를 막고 있던 저 위선자 무리들에게서 드디어 떠났다는 것을 내가 알고 있어"라고 마귀가 말합니다. "자, 이제 네가 하고 싶은 것을 얼마든지 할 수 있어. 그 사람들은 네가 지금 무얼 하고 있는지 몰라. 하나님이 너에게 이런 (악한) 것을 즐기라고 너에게 주지 않았니? 그래, 마음껏 즐겨보라고! 설령 그것이 잘못되었더라도 네가 한 행동은 누구를 해치려고 한 것이 아니지 않니!'

6. 그리스도인이 임종할 때, 사탄은 공격합니다. 죽음이 생각하지도 못하게 오지 않는다면, 그것은 육체적으로 가장 나약한 시간입니다. 사탄은 육체적으로 연약함을 이용해서 우리를 괴롭게 합니다. "죽음의 시간, 성도가 자리에 누운 채 육신의 힘이 다 소진되어갈 때, 이 야비한 비겁자는 그를 덮친다"고 윌리엄 거널이 간파했습니다.

"보통 뱀에 대하여 말할 때, 그놈은 죽을 때까지 자기 몸의 크기를 보여주지 않는다고 한다. 마찬가지로 이 영적인 뱀, 곧 사탄은 성도들을 괴롭히기 위한 꾀와 계책을 포기하지 않을 것이다. 왜냐하면 그의 때가 짧아졌기 때문이다. 성도는 영원을 향해 가는 자들이다. 그런데 이놈은 성도의 뒤를 따라가서 그 발꿈치를 상하게 할 것이다. 만일 사탄이 성도들이 하늘에 도착하는 것을 방해할 수 없게 된다면, 최소한으로 성도들을 상하게 할 것이요, 더 큰 고통도 줄 것이다."[4]

사탄은 교묘하게 공격하지만, 그가 다가오는 시간은 교묘하지 않고, 간교하게 공격합니다. 사탄이 어떻게 교묘한 방법으로 공격하는 가를 살펴보면, 이렇게 세 가지 방법으로 간교하게 공격합니다.

첫째, 우는 사자처럼 공격합니다. 베드로는 "… 마귀가 우는 사자 같이 두루 다니며 삼킬 자를 찾나니"라고 말했습니다(벧전 5:8). 베드로는 사탄이 항상 사자처럼 우리에게 나타난다고 말하려는 것이 아니라고 생각합니다. 사탄은 때로는 무섭게 으르렁대며, 언제 우리 앞에 나타날는지 모릅니다. 우리를 공포 속으로 몰아넣어 우리가 누구며, 누구를 섬기고 있는지 잊어버리도록 만들려는 것입니다. 그러나 거기까지만 가능합니다. 우리의 구원에 대한 더 이상의 공격은 불가능합니다.

둘째, 친구처럼 공격합니다. 마귀는 때때로 친구의 모습으로 우리 앞에 나타납니다. 하와를 이렇게 찾아갔습니다. 위협하면서 하와에게 접근하지 않았고, 도와주겠다고 제안하면서 다가갔던 것입니다. 하나님이 실제로 어떤 분인지 보여 주려고 했고, 하나님처럼 "선과 악을 아는" 존재가 되도록 도와주려고 했습니다(창 3:5). 사탄이 이런 식으로 여러분에게 다가올 때, 여러분의 진정한 친구는 사탄이 아니라 예수님이라는 것을 기억하기 바랍니다. 형제보다 더 가까이 여러분에게 붙어있는 분은 예수님 한 분 뿐이십니다.

셋째, 광명의 천사로 가장하고 공격합니다. 사탄이 소위 "계몽해 주는 것을 얼마나 좋아하는지!" 사탄은 이렇게 말합니다. "성경에서 발견할 수 있는 그따위 구식 이야기를 네가 믿는다고 나에게 말하려는 것은 설마 아니겠지!" "아무도 그따위 신화를 더 이상 믿지 않는단다. 이제 학자들도 그런 것은 모두 인정하지 않는단 말이야!" 이런 형태의 유혹은 다른 곳이 아니라 대학교나 신학교 강의실에서 나올 가능성이 높고, 무엇보다 목회 강단에서 가장 자주 나오고 있습니다. 종교개혁자 마르틴 루터(Martin Luther)가 말한 것이 옳았습니다.

"어둠의 왕자가 던지는 '빛'을 따랐기 때문에 많은 사람들이 타락했다!"

모든 일을 다한 후에 서기 위함이라

사탄은 정말 무서운 적입니다. 만일 하나님을 위한 것이 아니었더라면, 그리고 이 전쟁을 위하여 하나님께서 우리에게 친히 공급해 주시지 않으셨더라면, 패할 수밖에 없고, 낙심하게 되며, 절망할 것입니다. 그러나 우리는 그렇게 되지 않아야 합니다. 그래서 이 본문이 우리를 위해서 기록된 것입니다. 비록 우리가 크고 무서운 적과 대면할지라도 승리는 적의 것이 아니라 하나님의 것이라고 우리에게 말해줄 목적으로 기록한 것입니다. 무장을 하라고 말해준 대로 우리가 전신 갑주로 무장하고 끝까지 견디면 승리는 반드시 우리의 것이 됩니다.

결론은 아주 간단한데, 우리가 앞에서 공부했던 것과 동일한 것입니다. 여러분 자신을 의지하지 마십시오! 만일 여러분 자신을 의지하게 되면, 베드로가 말했던 것처럼 여러분도 실패할 수밖에 없습니다. 베드로가 예수님께 말씀드렸습니다. "다 버릴지라도 나는 그렇지 않겠나이다"(막 14:29). 그러나 그날 밤, 모든 사도 가운데 가장 강한 사람이라고 생각했던 베드로는 예수님을 세 번씩이나 부인했습니다. 더욱이 마지막에는 저주와 맹세까지 했습니다(막 14:66-72). 만일 우리가 우리 자신을 의지하면, 우리는 패할 수밖에 없습니다. 그러나 우리의 약함을 인정하고 사탄을 대적하여 필요한 방어를 하기 위하여 하나님께 돌아서면, 마귀의 간계를 능히 대적하여 설 수 있게 됩니다. 성경은 우리에게 이렇게 말합니다.

"그런즉 너희는 하나님께 복종할지어다
마귀를 대적하라 그리하면 너희를 피하리라"(약 4:7)

●각주●

1. M. Scott Peck, The Road Less TRavelled (New York: Simon & Schuster, 1978). People of the Lie (New York: Simon & Schuster, 1983).

2. Peck, People of the Lie, 176. 스캇 펙 박사와 샬린의 만남은 150-81쪽 전체에 실려 있다.

3. John R. W. Stott, God's New Society: The Message of Ephesians (Downers Grove, Ill.: Inter Varsity, 1979), 264.

4. William Gurnall, The Christian in Complete Armour (1662-65; reprint, Carlisle, Pa.: Banner of Truth Trust, 1979), 74.

38
우리의 힘
에베소서 6 : 13

그러므로 하나님의 전신 갑주를 취하라 이는 악한 날에 너희가 능히 대적하고
모든 일을 행한 후에 서기 위함이라

앞에서 공부할 때 그랬던 것처럼 마귀란
존재는 유한하며, 제한적인 존재라는 것을 보여주려고 노력하고 있습니다. 마귀는
하나님을 필적할 만한 악한 적수가 아닙니다. 사탄은 하나님처럼 전능하지 않고,
하나님처럼 편재하지도 못하며, 하나님처럼 전지하지 않습니다. 결과적으로 마귀는
하나님께서 허락하시는 것만 할 수 있습니다. 한 곳에서 한 사람만 유혹할 수 있습니다. 또는 자기와 함께 타락한 천사들로 구성된 군대를 - 지금은 귀신이라고 함 -
통해 일을 꾸밉니다. 미래도 알지 못하고, 기껏해야 경험에 근거해서 비열한 추측
만 할 수 있을 뿐입니다.

어느 것 하나 마귀가 위험하지 않다고 의미하지 않습니다. 마귀는 전능하지도 않고, 편재하지도 않고, 전지하지도 않을는지 모릅니다. 그러나 그는 강력하며, 사악하고, 교활합니다. 유다서를 보면, 마귀는 너무 강력한 힘을 가지고 있어서 "천사장 미가엘이 모세의 시체에 관하여 마귀와 다투어 변론할 때에 감히 비방하는 판결을 내리지 못하고 다만 말하되 주께서 너를 꾸짖으시기를 원하노라"고 말했다고 합니다(유 1:9). 그는 정말 사악해서 성경에 "처음부터 살인한 자"라고 기록되어 있습니다(요 8:44). 마귀는 정말 교활해서 그의 계략에 걸려 넘어지는 위험이 항상 도사리고 있습니다. 그래서 바울은 교회에서 장로(감독)를 세울 때도 장로 후보자는 "외인에게서도 선한 증거를 얻은 자라야 할지니 비방과 마귀의 올무에 빠질까 염려하라"고 경고하고 있습니다(딤전 3:7). 마귀의 능력이 항상 강력한 것은 아닙니다. 그러나 우리보다 훨씬 더 강력하다는 것은 확실합니다. 그래서 우리는 마귀의 악한 영향력에 대항하려면, 하나님의 능력과 공급하심으로 해야 합니다.

야고보는 "그런즉 너희는 하나님께 복종할지어다 마귀를 대적하라 그리하면 너희를 피하리라"고 기록했습니다(약 4:7). 그러한 이유에서 바울은 "그러므로 하나님의 전신 갑주를 취하라 이는 악한 날에 너희가 능히 대적하고 모든 일을 행한 후에 서기 위함이라"고 말합니다(엡 6:13).

도단의 엘리사

우리가 하나님의 힘의 강력함으로 사탄을 대적하여 굳게 서 있어야 할 필요에 대해 깊이 생각할 때, 나는 항상 도단에 있던 선지자 엘리사를 생각합니다. 그 당시 북왕국 이스라엘은 악명 높은 아람(수리아)왕 벤하닷의 공격을 받고 있었습니다. 이스라엘은 두 나라 가운데 약한 쪽이었습니다. 아람이 이스라엘을 궤멸 시키려는 상황에서 하나님께서는 엘리사를 통해서 아람 왕의 음모를 계시해 주셨습니다. 벤하닷이 이스라엘에 덫을 놓을 때마다 하나님은 그것을 엘리사에게 계시해 주셨고, 엘리사는 그 계획을 이스라엘 왕에게 알려주었습니다. 계획을 수정한다고 하더라도 이스라엘은 피해를 당하지 않고, 위험을 모면하곤 했습니다.

벤하닷은 신하들 가운데 배신자가 있다고 생각했습니다. 신하를 모두 불러 모으고 그 배신자가 누구인지 알아내야 한다고 호령했습니다. 그들은 왕에게 사실대로 말했습니다. "우리 주 왕이여 아니로소이다 오직 이스라엘 선지자 엘리사가 왕이 침실에서 하신 말씀을 이스라엘 왕에게 고하나이다" (왕하 6:12).

이 말을 듣고 벤하닷은 이스라엘과의 전쟁을 유리하게 이끌려면, 먼저 엘리사부터 사로잡아야겠다고 결심했습니다. 그는 엘리사가 머무르고 있는 곳을 알아내라고 요구했습니다. 엘리사가 도단에 거처하고 있다는 말을 들었습니다. 벤하닷은 자기 군사와 함께 도단을 향하여 행군하여 한 밤중에 성을 포위하였고, 정말 재미있는 광경이었습니다. 벤하닷 왕 휘하의 모든 군사가 성을 에워싸기 위하여 집결하였고, 가능하면 이 진실한 하나님의 종 한 사람을 생포하려고 했습니다.

아침에 엘리사의 사환이 성문 밖으로 나갔다가 벤하닷의 군사들을 보았습니다. 성경은 이 사환에 대하여 더 자세하게 말하지 않습니다. 짐작하건대, 이 사환은 아직 젊었고, 졸린 눈을 비비면서 허드렛일을 하려고 밖으로 나갔을 것입니다. 아마 성문 밖에 있는 샘에서 물을 길어오는 일이 아니겠습니까! 눈은 반쯤 뜬 채 비척거리는 걸음걸이로 문밖으로 빠져나가서 우선 물 한 통을 길어놓고 세수부터 했을 것입니다. 아마 그때까지 사환은 군사들이 앞에 있다는 것을 눈치조차 못 챘을 것입니다. 갑자기 그의 시야에 군사들의 모습이 들어왔고, 눈이 휘둥그레져서 물동이도 팽개치고 '걸음아 나 살려라' 성 안으로 달려 들어가 성이 포위됐노라고 엘리사에게 이야기했고, 그는 절규했습니다. "아아, 내 주여 우리가 어찌하리이까" (15절).

엘리사는 성경에서 가장 위대한 신앙의 진술을 사환에게 대답으로 들려주었습니다. "두려워하지 말라 우리와 함께 한 자가 그들과 함께 한 자보다 많으니라" (16절). 그리고 나서 엘리사는 기도했습니다. 하나님은 젊은 사환의 눈을 열어 불말과 불병거가 산에 가득하여 엘리사를 둘러싸고 있는 광경을 보게 하셨습니다.

엘리사의 진술이야말로 우리가 지금까지 공부해 온 위대한 원리의 진술입니다. 한편 우리가 마주 대하고 있는 적은 우리의 눈으로 바라보는 적보다 훨씬 더 크고 많다고 말하고 있습니다. 벤하닷 휘하의 아람 군대가 집결한 것을 "그들"이라고 했습니다. 이 경우 "그들"은 적이라는 말입니다. "그들과 함께 한 자들"도 마찬가지로 적입니다. 엘리사의 사환에게 주어진 계시의 관점에서 볼 때, 이 적은 아람 군대 배후에 서서 그들과 함께 동행하고 있는 악한 영들임에 틀림없습니다. 그들의 반대편에 누가 서 있습니까? 눈에 보이는 것으로 말하자면, 다만 엘리사와 그의 젊은 사환뿐입니다. 아무런 호위를 받지 않은 채 서 있는 두 사람뿐입니다. 물론 이것은 완전한 힘의 균등이 아닙니다. 아람 쪽에는 악한 영들과 군사가 합쳐 있습니다. 엘리사와 사환 쪽에는 "불말과 불병거"가 엘리사를 둘러서 있다고 기술하고 있는 하나님의 천사들이 있었습니다. 인간적인 관점에서 볼 때, 악한 영들은 아람 군대가 더 막강한 힘을 가지고 있는 것처럼 보입니다. 그러나 영적인 세력을 계산한다면, 하나님의 천군 천사가 훨씬 더 강력한 힘을 가지고 있습니다.

우리의 힘이신 주님

물론 바울은 이 사건을 언급하지 않습니다. 그러나 바울이 주장하고 있는 "승리의 신학"은 동일합니다. 바울이 이 본문에서 "주님"을 얼마나 자주 언급하고 있는지 주목해 보아야 합니다. 그는 이런 식으로 문단을 시작하고 있습니다. "끝으로 너희가 주 안에서와 그 힘의 능력으로 강건하여지고"(엡 6:10). 우리가 마귀의 세력에 대적하기 위하여 전신 갑주를 입어야 한다고 말할 때, 이 전신 갑주는 하나님의 것이라고 강조합니다. "마귀의 간계를 능히 대적하기 위하여 하나님의 전신 갑주를 입으라"(11절). 더 뒤에 가서 이렇게 말하고 있습니다. "그러므로 하나님의 전신 갑주를 취하라 이는 악한 날에 너희가 능히 대적하고 모든 일을 행한 후에 서기 위함이라"(13절). 하나님의 힘으로만, 우리가 이렇게 악한 세력들과 대적하여 굳건하게 설 수 있습니다.

"주님"이라는 말이 신약성경에서도 자주 사용되고 있습니다. 히브리어로 기록된 구약성경을 헬라어로 번역할 때, 하나님의 위대한 이름, '네 글자'(영어로 표기하면 YHWH가 되고, 이를 "tetragrammaton"이라고 함)를 습관적으로 "주님"으로 번역했습니다.[1] 하나님께서는 불타는 가시덤불에서 모세에게 당신을 계시할 때, "나는 스스로 있는 자"라고 말씀하시면서 사용하셨던 바로 그 이름입니다(출 3:14). 우리가 하나님의 속성을 깊이 숙고할 때, 우리의 생각을 한껏 확대하려는 의도에서 사용하셨던 이름입니다.

"주님"이라는 말은 사탄을 대적하여 싸우는 전투에서 오직 의지해야 할 분, 곧 성경의 하나님께서는 스스로 존재하시는 분이시요, 스스로 자족하시는 분이라 것을 가르치기 위함입니다.

하나님께서는 자존(Self-Existent)하시는 분이라는 것을 아는 것이 가장 중요합니다. 왜냐하면 이 이름, "나는 스스로 있다"는 바로 이 점을 가장 자연스럽게 지적하고 있기 때문입니다. 우리가 보아서 알고 있는 것은 모두 선행하는 무엇을 가지고 있습니다. 즉, 그것이 존재한다고 함은 그것 이전에 무엇이 존재했었고, 그 원인이 되는 것이 있었기 때문입니다. 우리의 부모가 있었기 때문에 우리가 여기 있는 것입니다. 그 부모는 역시 그들의 부모가 있었기 때문에 존재했던 것이고, 그렇게 계속 이어지게 됩니다. 만물의 존재는 이처럼 모두 동일합니다. 예외가 있다면 그것은 오직 하나의 경우, 하나님입니다. 하나님에게는 선행하는 것이 없습니다. 하나님의 존재 원인이 되는 것은 아무것도 없습니다. 하나님을 위한 것이 아니라면, 사탄도 존재 할 수 없습니다. 하나님께서는 사탄의 존재와 그의 활동을 허락하시는 이유를 생각하면, 우리는 다소 혼란하게 됩니다. 이 의문에 대하여 충분한 해답을 가지고 있지 않지만, 하나님께서 자존하신다는 사실은 우리가 싸워야 하는 영적 전투에 대한 안목을 갖게 해 줍니다. 사탄이 아니라 하나님께서 주관하시며, 종말에는 만물은 하나님으로 말미암아 해결되며, 누구든지 하나님께 직고하게 될 것입니다.

하나님께서는 또한 자족(Self-Sufficient)하십니다. 자존은 하나님의 기원이 없다는 의미입니다. 자족은 하나님께서 필요를 느끼시지 않는다는 뜻입니다. 하나님께 무엇이 결핍되었다고 생각되는 것을 아무도 공급할 수 없다는 말입니다. 하나님께 무엇을 가르칠 수 있는 사람은 아무도 없습니다. 그분은 모든 것을 알고 계십니다. 어느 곳에서나 하나님을 위하여 서 있을 수 있는 사람은 없습니다. 그러나 그분은 어느 곳에나 계십니다. 아무도 하나님을 도와 드릴 수가 없습니다. 그분은 강력한 힘을 모두 소유하고 계시기 때문입니다.

하나님의 능력을 생각할 때, 나의 마음은 하나님의 능력과 연관이 있는 말을 가지고 재미있는 말장난을 하고 있는 요나서 1장을 생각하곤 합니다. 5절에서 요나를 태우고 다시스로 가는 배를 향하여 하나님이 폭풍을 보내신 후, 사공들이 "두려워" 했다는 이야기를 읽게 됩니다. 물론 그럴만한 이유가 있습니다. 이런 상황 속에서 두려워하지 않을 사람이 어디 있습니까? 선원들은 생명을 잃어버리게 될 위험에 처해 있었습니다. 다섯 절쯤 더 내려가서 10절에서 요나가 갑판 위로 불려 나와서 자기 정체를 밝히게 됩니다. "나는 히브리 사람이요 바다와 육지를 지으신 하늘의 하나님 여호와를 경외하는 자"라고 요나가 고백합니다. 이 고백은 선원들을 더 큰 공포 속으로 몰아넣었습니다. "무리가 알고 심히 두려워하여 …"

선원들이 목숨을 잃어버리게 되는 위험에 처했을 때는 5절에서 "두려워" 했다고 말하지만, 10절에서 요나의 고백을 듣고 난 다음 선원들이 "심히 두려워"하게 된 것은 무슨 이유에서입니까?

이 사람들은 이미 요나의 하나님에 대하여 무엇을 알고 있었기 때문이었다고 생각합니다. 그들은 선원들이었고, 선원은 여기 저기 돌아다니는 사람들이었습니다. 지중해 여러 항구를 드나들면서 항구에서 떠도는 이야기들을 들어 알고 있었을 것입니다. 이집트의 여러 항구에서는 여호와 하나님께서 자기 백성을 노예 생활에서부터 구원해 주셨다는 이야기를 들었습니다. 여호와라는 신은 이집트에 열 가지 재앙을 보냈으며, 육지에 물을 부었더니 피로 변했고, 개구리와 이, 파리가 엄청나게 번식해서 가축을 괴롭히고, 곡식 농사를 망쳐놓고, 메뚜기 떼를 불러오고, 결국 태양도 가려 버리고, 사람이나 짐승의 초태생을 죽여 버렸다는 이야기들이었습니다. 그것뿐만 아니었습니다. 이스라엘 백성이 이집트를 떠날 준비가 되자 하나님께서는 홍해 바닷물을 갈라 놓으셨고, 바다 한복판에 길을 내서 백성들이 건너가게 하셨고, 물이 다시 합치게 하셔서 추격하던 이집트 바로의 군대를 수장시키셨습니다.

아마 선원들은 여호와 하나님께서 광야에서 자기 백성을 돌보셨다는 이야기도 들었을 것입니다. 하나님께서는 하늘에서 만나를 내려주셔서 먹게 하셨고, 바위에서 물이 나오게 해서 사람과 가축이 마시게 했습니다. 낮에는 큰 구름 기둥으로 그들을 덮어주시고 뜨거운 태양 광선에서 보호해 주셨습니다. 밤에는 불 기둥의 빛과 온기로 밝혀 주시고, 따뜻하게 해주셨습니다. 마침내 하나님께서는 이스라엘 백성이 요단강을 건너가도록 갈라놓으시고, 철옹성 여리고도 무너뜨리셨습니다. 이스라엘 군대가 기브온에서 그들의 원수를 완전히 궤멸시키는 동안 해와 달도 정지시키셨습니다.

이것이 바로 이스라엘의 하나님이십니다. 그래서 요나가 "나는 히브리 사람이요 바다와 육지를 지으신 하늘의 하나님 여호와를 경외하는 자"라고 고백할 때, 선원들이 심히 두려워 떨며, "네가 어찌하여 이렇게 행하였느냐… 우리가 너를 어떻게 하여야 바다가 우리를 위하여 잔잔하겠느냐"고 말했던 것입니다.

이 하나님께서는 역시 우리의 하나님이십니다. 오직 그분의 힘은 이집트를 제압하고, 이스라엘 백성을 약속의 땅으로 인도할 때에 보여 주었던 것보다 더 크고 강력합니다. 하나님께서는 모든 능력의 하나님이십니다. 아무것도 하나님을 대적하지 못합니다. 우리는 우리의 힘만 가지고 한 순간도 사탄의 세력을 대적하여 설 수 없지만, 하나님의 능력으로 능히 사탄을 대적하고 패망시킬 수 있습니다. 하나님만이 우리의 힘이요, 우리에게 간절히 필요한 힘입니다.

하나님의 전신 갑주

영적 전쟁에서 승리는 자동적으로 손쉽게 얻어지는 것이 아닙니다. 그래서 바울은 "하나님의 전신 갑주를 취하라" 그리고 사탄을 대적하기 위해서 "서 있으라"고 권고합니다.

바울은 이 전신 갑주에 대한 생각을 어디서 얻었습니까? 나는 그리스도인이 취해야 할 전신 갑주에 대한 설교를 하면서 감옥에 감금돼 있는 바울이 쇠사슬에 묶긴 채 로마 경비병에게 연결되어 있는 상태에서 이 구절을 생각하기 시작했다는 설명을 하지 않는 설교를 들어본 적이 없습니다. 그럴 듯하게 들립니다. 그리스도인이 치러야 할 영적 전쟁에 대한 생각에 잠긴 채 경비병의 전신 갑주를 뚫어지게 바라보고 있는 바울을 우리는 상상할 수 있습니다. 아마 그는 경비병이 입고 있는 전신 갑주의 여러 부분을 어떻게 설명할 수 있을까를 연구했을 것입니다.

그리스도인의 전신갑주에 대한 아이디어가 이런 식으로 바울에게 떠올랐을 것입니다. 그러나 다른 곳에서 그랬던 것처럼 바울은 하나님의 말씀에서 이 아이디어를 얻었다는 쪽으로 내 생각은 기울어지게 마련입니다. 바울의 생각은 풍부한 구약 성경의 이미지와 말씀, 그리고 교리로 가득 채워져 있었습니다. 이사야 59장에는 전신 갑주를 입고 있는 하나님에 대한 묘사가 있다는 것을 잘 알고 있었을 것입니다. 그 한 부분을 인용하면 다음과 같습니다.

공의를 갑옷으로 삼으시며
구원을 자기의 머리에 써서 투구로 삼으시며
보복을 속옷으로 삼으시며
열심을 입어 겉옷으로 삼으시고 (사 59:17)

위에서 인용했던 구절은 우리가 에베소서 6장에서 발견하는 것과 정확하게 일치하기 때문에 바울이 이사야서에서 아이디어를 얻었다고 생각합니다. 이 점이 매우 중요하다는 것을 여러분도 알아야 합니다. 바울이 에베소서 6장에서 "하나님의 전신 갑주"에 대해서 말할 때, 하나님께서 제공해 주시는 갑옷으로 - 왜냐하면 하나님 자신이 입고 있는 것이요, 그것은 하나님 자신의 갑옷이었기 때문임 - 생각하지 않았습니다. 그러나 어떤 의미에서 하나님께서 그 갑옷을 주신다고 하는 것은 공급해 주신다고 이해할 수도 있습니다.

우리가 사탄을 대적해서 싸워야 한다면, 우리에게 무엇이 필요합니까? 진리입니까? 그렇습니다. 진리가 필요합니다. 그렇다고 어떤 진리라도 다 환영하는 것은 아닙니다. 하나님 자신의 진리가 필요합니다. 우리가 성경에서 발견하는 하나님의 진리가 필요합니다. 의가 필요하지 않습니까? 그렇습니다. 그러더라도 인간의 의가 필요한 것은 아닙니다. 우리는 하나님의 의가 필요합니다. 복음은 어떻습니까? 그것은 하나님의 복음, 곧 하나님의 좋은 소식입니다. 평화는 어떻습니까? 그것은 하나님의 평화입니다. 믿음은 어떻습니까? 그것은 하나님께로부터 말미암는 믿음이요, 성령의 열매입니다(갈 5:22). 그것이 구원입니까? 하나님께서는 구원이십니다. 우리는 그분으로 무장해야 합니다.

여러분은 하나님의 전신 갑주로 무장했습니까? 여러분이 직접 착용해 보면 알게 되겠지만, 이 점에서 대단히 놀라운 일은 하나님의 전신 갑주는 우리에게 아주 잘 맞는다는 것입니다. 우리가 전신 갑주를 착용하면, 그것이 우리에게 필요한 것이라고 금방 깨닫게 될 것입니다.

다윗이 골리앗과 싸우러 나갈 때, 나이 어린 젊은이였습니다. 사울 왕은 다윗이 갑옷도 입지 않고 나가서 골리앗과 맞서 싸우려는 것을 보고 마음이 내키지 않았습니다. 그래서 사울 왕은 자기 갑옷을 내주었습니다. 사울은 자신의 투구도 벗어서 다윗의 머리에 씌워 주었습니다. 호심경을 다윗의 가슴에 붙여 주었습니다. 다른 부분도 모두 다윗에게 주었지만, 너무 컸습니다. 사울 왕의 갑옷을 입은 다윗은 윌리엄 페리의 유니폼을 입은 인형처럼 보일 수밖에 없었습니다. 다윗은 사울의 갑옷을 벗어버리고, 물맷돌만 손에 잡은 채 골리앗과 싸우러 나갔습니다.

물맷돌만 가지고 싸웁니까? 그렇습니다. 어떤 의미에서 우리의 육안으로 볼 수 있는 것은 물맷돌뿐이었습니다. 그러나 실제로 다윗은 하나님의 전신 갑주를 입고 나갔습니다. 만일 하나님의 진리, 하나님의 의, 하나님의 복음, 하나님의 평화, 하나님의 믿음, 하나님의 구원으로 옷을 입은 사람이 있었다면, 그가 바로 다윗이었습니다. 다윗을 대적할 자가 없습니다. 육체적인 전쟁뿐만 아니라 영적 전쟁까지 대비하여 다윗은 하나님의 전신 갑주로 무장을 했습니다.

네 개의 큰 전쟁

몇 년 전, 필라델피아에서 열렸던 개혁신학협의회의 주제는 구원에 대한 성경적 용어였습니다. 존 거스너(John Gerstner)는 "전쟁터의 언어"에 대해서 발표했습니다. 이 주제를 발전시키면서 존 거스너는 네 개의 큰 영적 전쟁에 대해서 말했습니다. "첫째, 우주 역사 초기에 하나님을 대적하는 사탄의 전쟁으로 이 전쟁에서 사탄이 졌다. 둘째, 참 사람 - 참 하나님(神人)이신 예수 그리스도가 없는 상태에서 사람(아담)을 대적하는 사탄의 전쟁으로 이 전쟁에서 사탄이 이겼다. 셋째, 참 사람 - 참 하나님(神人)이신 예수 그리스도를 대적하는 사탄의 전쟁, 그리스도를 십자가에 못 박음으로 승리했다고 생각했으나, 실제로는 졌다. 마지막으로, 참 사람 - 참 하나님(神人)이신 예수 그리스도와 연합한 사람(베드로)을 대적하는 사탄의 전쟁으로 사탄은 여기서도 졌다."

이 메시지에서 아담을 대적하는 사탄의 두 번째 전쟁과 베드로를 대적하는 사탄의 네 번째 전쟁의 대조는 가장 중요합니다. 아담은 첫 번째 전쟁에서 싸움을 이기기 위하여 필요한 것은 모두 가지고 있는 것처럼 보였습니다. 죄도 전혀 없었고, 선에 속한 성향만 가지고 있었습니다. 그는 참 사람이며 동시에 참 하나님이신 예수 그리스도의 힘으로 무장하지 않았기 때문에 실패할 수밖에 없었습니다. 이 힘은 결코 아담에게 보류되지 않았습니다.

두 번째 전쟁에서 베드로는 가진 것이 아무것도 없는 것처럼 보였습니다. 베드는 죄인이었고, 연약했으며, 교만했고, 동요를 잘하는 성품을 소유했던 사람입니다. "다 버릴지라도 나는 그리하지 않겠나이다"(막 14:29), 그리고 "주여 내가 주와 함께 옥에도, 죽는 데에도 가기를 각오하였나이다"(눅 22:33)라고 예수님에게 말씀드리는 오만함도 소유했던 사람입니다. 그러나 베드로는 넘어졌습니다. 그는 예수님께서 예고하셨던 대로 주님을 세 번이나 부인했습니다. 이것이 일어났던 일의 전부는 아닙니다. 예수님께서는 베드로의 변절을 예언하셨습니다. 거기 덧붙여 "시몬아, 시몬아, 보라 사탄이 너희를 밀 까부르듯 하려고 요구하였으나 그러나 내가 너를 위하여 네 믿음이 떨어지지 않기를 기도하였노니 너는 돌이킨 후에 네 형제를 굳게 하라"고 말씀하셨습니다(눅 22:31-32).

달리 말하자면, 예수님께서 베드로에게 "베드로야, 너는 연약한 사람이야. 네 꾀만 의지하면 너는 넘어질 수밖에 없어. 너는 바람에 날려 가는 겨만도 못해. 그렇지만 나는 네 편이야. 나는 너를 도와주려고 해. 네가 구원받는 믿음으로 나와 연합했기 때문에 내가 너를 위해서 기도드렸어. 내 기도 때문에 네가 망하지 않고, 강건하게 되는 거야. 너는 넘어질 거야. 그렇지만 망하지는 않을 거야. 너는 빗나가기는 할 거야, 하지만 되돌아 올 거야. 네가 네 본래 모습으로 돌아오면, 너는 네 형제들에게 힘이 되어주는 기둥이 될 거야"라고 말씀하셨습니다.

존 거스너는 우리가 잘 부르는 찬송 중에 "주님, 우리가 할 수 있습니다." 라는 노래가 있다고 지적했으며, "이 찬송은 베드로가 만들었다"고 그가 말했습니다. 베드로가 "주님, 내가 할 수 있습니다." 라고 말했습니다. 베드로가 사탄의 시험을 당하고 넘어졌을 때, 그는 할 수 없음을 발견했습니다. 그래서 베드로는 이 찬송 제목을 "주님, 내가 할 수 없습니다." 라고 고쳤습니다. 예수 그리스도와 연합할 때만 자기가 서야 할 곳에 곧게 서서 승리할 수 있다는 것을 깨달았던 것입니다.

존 거스너(John Gerstner)는 이렇게 말을 덧붙입니다. "처음 영광 가운데 거룩과 의와 지식을 가지고 흠이 없는 하나님의 형상대로 지음을 받은 사람이 사탄의 유혹으로 파멸을 초래할 수 있었다는 것은 우리 자신에게 스스로 우리는 포쎄 논 페카레(posse non peccare: 범죄하지 않을 수 있음)의 존재가 아니라는 것을 입증한 것이다. 우리의 믿음이 아무리 연약하더라도, 우리의 제자도가 아무리 보잘 것 없더라도, 우리가 얼마나 자주 예수 그리스도의 이름을 그토록 부끄럽게 하고, 그것을 회개하고, 다시 주께로 돌아왔다고 하더라도, 그리고 얼마나 많이 실패했더라도 전혀 문제가 되지 않는다. 왜냐하면 결코 떠나지 못하도록 붙잡는 사랑으로 그리스도와 우리가 연합되었기 때문이다. 교활함과 힘을 소유하고 있는 사탄이 우리를 대적하여 설 수 없다. 우리가 사탄을 정복할 수 있다. 최고의 상태에 있다고 하더라도 우리는 사탄을 만날 수 없다. 그러나 맥이 빠지고 쇠약해진 상태에서 고결하게 사는 것보다 오히려 훨씬 더 많은 죄를 짓는 상태에 있다고 하더라도 우리는 사탄을 정복할 수 있다. 왜냐하면 그리스도가 우리에게 승리를 주었기 때문이다."[2]

●각주●

1. 테트라그라마톤(tetragrammaton): 한글개역개정의 구약성경에는 '여호와(Jehovah)'라는 하나님의 이름이 셀 수 없을 정도로 많이 등장한다. 그러나 대한성서공회가 펴낸 표준새번역성경과 NIV(New International Version)성경에서는 모두 '주(Lord)'로 바뀌어져 있다. 도대체 무슨 이유에서 '여호와'가 '주(the Lord)'로 바뀌었는가?

본래 구약성경을 기록한 히브리어에는 모음이 없었다. 그러므로 모든 문장은 자음으로만 표기를 했다. 히브리인들은 문자가 원래부터 그랬기 때문에 큰 어려움 없이 자음으로만 되어 있는 성경을 잘 읽을 수 있었다. 문제는 바벨론 포로 이후 아람어가 구어(口語)가 되고 히브리어는 문자로만 남게 되면서 시작되었다. 오랜 세월이 흐르면서 성경에 익숙한 학자들이 아니면, 자음만으로만 되어 있는 본문을 제대로 발음할 수가 없게 되었던 것이다.

그래서 중세에 서기관들이 발음의 주석을 붙인 「마소라 사본」(Masoretic Text)이 등장하면서 새로 모음을 만들어 원래 자음으로만 되어있는 단어에 모음을 하나하나씩 달기를 시작했다.

성경에 정통한 학자라도 발음을 알 수 없어 모음을 붙일 수 없는 단어가 하나 있었는데 바로 그 단어는 '테트라그라마톤(tetragrammaton: '네 글자'라는 뜻의 라틴어)'이라는 별명이 붙어있는 hwhy(히브리어는 오른쪽에서 왼쪽으로 읽는다. 이것을 영어식 음가로 읽으면 YHWH가 됨)였다. 이스라엘의 하나님 이름인데 이 단어만 나오면 유대인들은 발음을 중단하고 대신 "아도나이(나의 주님)"라고 읽었다. 십계명의 세 번째 계명에서 "주 너의 하나님을 망령되이 일컫지 말라"고 경계한대로, 하나님의 이름을 경거망동하게 취급하는 것이 두려워 그 이름을 발음하기조차 꺼려했던 것이다.

이렇게 수천 년을 내려오다 보니 이 단어의 정확한 발음을 알 수 있는 사람은 한 사람도 없었다. 따라서 중세시대에 와서 이 단어에 모음을 붙일 수 없었던 것은 당연한 현상이었다. 많은 성경학자들이 상상과 이론을 총동원하여 모음을 붙인 것이 "여호와(YeHoWaH)"가 되었고, 또 다른 모음을 주장한 사람들에 의해 나온 결과가 "야훼(YaHWeH)"였다. NIV성경과 표준새번역성경은 유대인들의 전통을 따라 이 단어를 "주(Lord)"라고 번역했다.

"네 글자(테트라그라마톤)"의 신학적인 의미를 살펴보면 다음과 같다. 구약성경의 하나님께서는 한 번도 인간의 손에 포착된 적이 없다. 이것을 두고 포착할 수 없는 하나님("Elusive Presence")이라고 한다.

출애굽기 33장 19절을 보면 모세가 시내산에 도착해서 "하나님이여, 당신의 영광을 제게 보여 주십시오!"라고 외쳤을 때, 하나님께서 "그래, 내가 네 앞으로 지나가마!"라고 하시고 지나가셨다. 광속보다 더 빠른 속도였을 것이다. 포착이 안 되도록 빠르게 지나가셔서 모세는 하나님의 얼굴을 볼 수 없었다. 하나님께서는 자신의 얼굴을 본 자는 죽는다고 말씀하셨다.

또 십계명에서 하나님을 형상화하지 말라고 명령하신다. 고대 근동에서는 가나안 종교나 헷 종교, 앗수르, 시리아, 바빌론, 이집트, 소아시아, 그리스, 로마 등등 모든 종교들이 하나님, 신을 볼 수 있는 것으로 생각했다. 모든 종교가 신을 가시화, 형상화하고 그래야 그 신의 권위가 인정받는다고 했던 그러한 종교 세계 속에서 오직 손바닥만 한 땅 덩어리의 이스라엘 민족만은 하나님이 보이지 않는 분이실 뿐만 아니라 형상화해서는 안 되는 분이라고 믿었다.

손댈 수 없는 거룩한 네 개의 자음, "테트라그라마톤"이라고 하는 이 네 글자. 이스라엘이 처음 하나님을 체험했을 때, 이 분이 우리를 구원하셨다고 확신을 가지고 말하게 한 그분, 그분이 누구신가, 그분이 어떤 분이시기에 이 네 개의 자음으로만 표시할 수 있는가?

성경적으로 출애굽기 3장 14절에서 그것이 처음 표현되었다. 모세가 가시덤불, 타지 않는 불꽃 떨기나무를 보았을 때, 그 광경은 너무나 큰 놀라움이었다. 불은 붙었는데 떨기나무가 타지 않는다고 하는 역설적인 사건이다. 도대체 저 신비가 무엇인가? 그래서 모세는 가까이 다가갔다. 그때 하나님이 불타는 떨기나무 가운데서 말씀을 하셨다. 그때 모세가 질문을 던졌다. "당신의 이름이 무엇입니까?" 구약성경에서 이름은 그분의 실재를 표현한 말이다. "주여, 당신의 이름이 무엇입니까?"에 대한 대답을 개역개정성경은 "나는 스스로 있는 자다"라고 번역했다. 그러나 이 말은 "나는 나다"라고 번역하는 것이 본문 자체에 가장 근접했다고 본다.

"나는 스스로 있는 자다"라는 번역에 근거해서 사람들은 "나는 자존자다"라는 뜻으로 해석한다. 그러나 그렇게 해석하는 것은 상당히 철학적인 냄새를 풍기는 것이다. 하나님께서는 스스로 높은 곳에 계시는 하나님이실 뿐만 아니라, 끊임없이 고난 받는 이스라엘 민족의 역사 속으로 들어와 그들과 더불어 구원의 행위, 또는 구원의 사건을 보여주시는 분이다. 아울러 "God who acts"는 끊임없이 행동하는 분이다. 다시 말하자면, 하나님께서는 초월적(transcendent)인 분이신 동시에 내재적(immanence)인 분이다. 스스로 계시는 분("I am the God who is")으로 하늘 보좌에만 머물러 계시는 분이 아니다. 시편 121편에서 시인이 묘사한 것처럼 낮의 해와 밤의 달이 너를 상치 아니하도록 졸지도 아니하시고 주무시지도 아니하시고 우리를 지키시며 인도하시는 분이시다.

하나님의 본질을 단정적으로, 그리고 아주 집약적으로 표현해 놓은 것이 "네 글자"이다. 이 "네 글자"는 동사이며, 동시에 문장이다. 하나님의 이름이 동사이며, 문장이라는 말이다. "그분이 무엇 무엇을 하신다"는 의미이다. 다시 말해서 "그분이 ~ 있게 한다"는 개념이다. 하나님께서는 스스로 존재하시는 분, 존재론적으로 존재하시는 분이실 뿐만 아니라 "있게 하시는 분", "창조하시는 분", "쉬지 않고 졸지도 주무시지도 않고 끊임없이 활동하시는, 창조하시는 분"이다.-역자

2. John H. Gerstner, "The Language of the Battlefield" in Our Savior God: Studies on Man, Christ, and the Atonement, ed. James M. Boice (Grand Rapids: Baker, 1980), 161-62. 전체 메시지는 153-62쪽에 있다.

39

우리의 빛나는 전신 갑주

에베소서 6 : 14-17

그런즉 서서 진리로 너희 허리띠를 띠고 의의 호심경을 붙이고 평안의 복음이 준비한 것으로 신을 신고 모든 것 위에 믿음의 방패를 가지고 이로써 능히 악한 자의 모든 불화살을 소멸하고 구원의 투구와 성령의 검 곧 하나님의 말씀을 가지라

언젠가 중학교용 도서목록을 얼핏 본 적이 있었습니다. 스포츠를 분류한 방식에 나의 마음이 매료되었습니다. 여성해방을 부르짖고 있는 이 시대에도 "여학생용 스포츠"와 "남학생용 스포츠"가 여전히 존재하고 있다는데 놀라지 않을 수 없었습니다. 아직도 대부분의 용어가 사용되고 있었습니다. "남녀 공용 스포츠", "단체 스포츠"와 "개인 스포츠"도 있었습니다. 학창 시절 우리가 "체육 교육"이라고 불렀던 범주가 여전히 남아 있었습니다. 운동을 하지 않는 사람들을 위해서 분류해 놓은 것이었습니다. 뚱뚱한 아이들이 엄지발가락을 잡으려고 몸부림을 치면서 매일 30분씩 보내는 시간입니다.

그전에 텍사스주 댈러스카우보이스팀에서 미식축구에서는 라인맨이라고 하는 전위(lineman)를 보다가 후일 필라델피아이글스팀으로 이적했던 존 나일랜드와 나눴던 대화가 생각났습니다. 그는 오직 두 종류의 스포츠만 존재한다고 믿었습니다. 모든 사람이 다 할 수 있는 "쉬운 운동"과 90kg이 넘는 사람들이 참가하는 "신체 접촉 스포츠"가 있습니다.

에베소서 6장에서 그리스도인의 전쟁을 묘사하기 위해서 바울이 사용하는 수사적 표현을 생각하면, 기독교를 "신체 접촉 스포츠"라고 부르는 것이 합당합니다. 그리스도인의 삶은 품위 있는 전투가 아닙니다. 연습 교실도 없고, 기독교는 전쟁입니다. 바로 이런 이유 때문에 그리스도의 군사는 사탄의 영적 -때로는 육체적- 맹공격에 대항하기 위해서 전신 갑주를 입어야 합니다. 존 나일랜드와 이야기를 하면서 내 몸을 보호하기 위해 강철로 만든 유니폼을 착용했다면, 존 나일랜드와 시합을 할 수 없었을 것이라고 생각했습니다. 존 나일랜드는 마치 탱크처럼 덩치가 너무 크기 때문에 나는 그와 맞서서 시합을 할 수 없었을 것입니다!

에베소서 6장에서 바울은 우리가 대단히 위협적인 적과 대결하고 있다고 말합니다. 그 대결은 경기장에서 벌어지는 운동 시합이 아닙니다. 사탄은 우리의 영혼을 파괴하려고 돌진합니다. 그래서 우리는 사탄과 싸워야만 합니다. 만일 우리가 하나님의 전신 갑주로 무장을 할 수 있다면 능히 이 전투를 성공적으로 싸울 수 있습니다.

바울은 본문에서 전신 갑주의 여섯 가지 부분을 언급하고 있습니다. 허리 띠, 호심경, 신발, 방패, 투구 그리고 검(劍)입니다. 이 여섯 가지 부분은 진리, 의, 평안의 복음의 예비한 것, 믿음, 구원 그리고 말씀(성경)을 상징하고 있습니다. 처음 다섯 개는 특성상 방어용입니다. 여기서 이것을 한 가지씩 공부하려고 합니다.

진리의 허리 띠

엄밀하게 말하자면, 로마 군인의 띠는 갑옷에 속한 것이 아니라 옷의 한 부분이었습니다. 허리띠는 가죽으로 만들었고, 칼을 허리에 찰 때 사용할 뿐만 아니라 옷이 몸에 잘 부착되어 있게 해주는 역할을 했습니다. 허리 띠는 전투 장비의 한 부분이 었습니다. 허리 띠로 잘 조여 주면, 갑옷 속에서 편안함과 힘을 느끼게 해 주었습니다. 바울의 가르침을 따르자면, 그리스도인의 허리 띠는 진리입니다. 진리란 그리스도인의 내면적인 힘입니다. 이 힘은 그리스도인에게 자신감을 느끼게 해줍니다.

여러 주석가들은 "진리(眞理)"를 두 가지 방법으로 생각했습니다. 두 개의 기본적인 의미를 가지고 있기 때문이었습니다. 첫째, "하나님의 진리"를 의미할 수 있습니다. 즉, 기독교의 진리나 성경에서 하나님의 계시의 특별한 내용을 언급할 수 있습니다. 둘째, 정관사 "the"가 없기 때문에 진리는 진실한 마음이나 성실함을 언급할 수 있습니다. 존 스토트의 설명이 옳다고 생각합니다.

존 스토트(John Stott)는 "이 두 가지 대안 가운데 어느 한 가지를 선택하지 않아도 된다"고 주장했습니다.[1] 성경이 이 영역을 바라보는 것처럼 내면적인 진리나 혹은 진실함은 진리이신 하나님을 아는 지식과 함께 시작합니다. 하나님의 진리의 지식(만일 그것이 알려진 그대로라면)은 필연적으로 하나님의 성품과 일치하는 삶의 변화로 이끌어 갈 것입니다. 물론 우리는 진실한 사람이 되어야 합니다. 그러나 하나님의 계시된 진리를 기쁨으로 먹을 때라야 우리의 변화가 가능하게 됩니다.

바울이 진리를 맨 처음에 가져다 놓는 것은 매우 큰 의미가 있습니다. 성공적인 영적 전쟁은 기독교의 위대한 진리를 우리 마음속에 확고하게 심어놓는 것으로 시작하게 되고, 또 다른 방법으로 심을 수 있습니다. 이 위대한 신앙의 교리가 우리의 이해에 확실하게 심어지지 않은 채 전쟁터로 달려가는 것은 위험하기 짝이 없습니다. 미국인들은 특별히 이 말을 경청해야 하는데, 미국인들은 행동이 더 중요하다고 생각하는 경향이 있고, 확신이나 진리 따위는 아무 문제가 되지 않을 뿐만 아니라 고작해야 이차적인 중요성 밖에 없다고 생각하기 때문입니다. 그것은 훈육에서 좋은 접근 방법이 아닐 뿐만 아니라 기독교에서도 확실히 좋은 접근 방법이 아닙니다.

기독교에서는 진리가 먼저 와야 하고, 그 다음에 행동이 뒤따르게 됩니다. 진리가 없고, 교리도 없고, 하나님을 아는 지식도 없고, 우리 자신을 알지도 못하고,

그리스도 안에서 우리가 어떤 사람이 되었고, 우리가 무엇을 하라고 부름을 받았는지(바울이 이미 에베소서 앞에서 가르친 것) - 이런 모든 것을 알지 못하면 전투에서 어떤 행동을 취해야 하는지 알지 못하고, 사탄의 맹공격과 간계 앞에서 큰 상처를 입게 될 것입니다.

여러분은 기독교의 위대한 진리를 알고 있습니까? 이 진리를 더 깊이 이해하기 위해서 성경을 공부합니까?

앤드류 보나(Andrew Bonar)는 어떤 그리스도인이 죽어서 천국에 가고, 거기서 성경의 저자들을 만나게 되는 상황을 제일 처음 상상했던 분입니다. 예를 들자면 에스겔, 그 다음에 말라기와 아모스, 하박국, 아마 이사야도 만나게 될 것입니다. 그들은 대화를 시작하게 됩니다. 그 그리스도인은 성경을 기록할 때, 하나님께서 사용하셨던 사람들을 기쁨으로 만나게 됩니다.

"아, 에스겔. 당신을 뵙게 되어서 얼마나 반가운지 모르겠습니다!" 그가 말했습니다.

"만나서 기쁘다니 저도 기쁩니다." 에스겔이 대답했습니다. "내 책에 대해서 어떻게 생각하는지 말해 주겠습니까?" 그 그리스도인이 대답했습니다. "글쎄요, 제가 그 책을 잘 읽어보지 않았거든요."

말라기가 거기 있다가 맞장구를 쳤습니다. "그래요. 내 책은 에스겔이 쓴 책보다 훨씬 짧거든요. 틀림없이 제 책은 읽어보셨을 겁니다! 내가 말한 것을 어떻게 생각하세요?" 이번에도 그 그리스도인은 자기가 책을 읽지 않았다고 인정해야 되었습니다. "말라기요? 그게 구약에 있나요? 신약에 있나요?"

스코틀랜드에서 문맹자에게 글을 가르쳐 주면서 자기 회중을 섬겼던 설교자가 있었습니다. 그 중에 한 사람은 노인이었습니다. 성경의 아주 쉬운 부분을 읽을 수 있도록 몇 시간에 걸쳐 수업을 했습니다. 설교자가 떠나야 할 상황이 되었습니다. 몇 달 후, 그 설교자가 다시 돌아와서, 그 사람의 집을 방문했습니다. 그 사람은 집에 없었고, 그의 아내만 있었습니다. 요즘 그 분의 글 읽는 것이 어떠냐고 아내에게 질문을 했습니다.

"이젠 성경을 일독했나요?"

"오, 아닙니다! 성경을 일찌감치 다 떼고 오래 전부터 신문을 공부하고 있지요!" 아내가 대답했습니다.

많은 그리스도인들이 이 사람과 꼭 같은 상태에 있습니다. 정말 성경을 계속 공부하면 좋으련만 일찌감치 성경을 다 떼고 말았습니다. 이제 그들은 신문이나 잡지 그리고 그들의 상상력을 자극하는 것은 무엇이든지 닥치는 대로 공부하고 있습니다. 복음서에 무슨 이야기가 있는지는 잘 몰라도 각종 야구 시합의 선수 성적표는 꿰뚫고 있습니다. 산상수훈의 메시지가 무슨 소린지는 몰라도 미식축구 성적표는 줄줄 외우고 있습니다. 이런 일이 벌어지면 안 되는데, 우리가 할 수 있는 모든 것을 마음대로 할 수 있습니다. 그러나 그보다 작은 일이 전쟁터에서 강력한 힘을 소유할 수 있게 해 주는 진리 탐구를 막지 못하게 해야 합니다.

의의 호심경

로마 군병이 착용하는 장비의 두 번째 부분은 호심경(護心鏡)입니다. 바울은 이 호심경을 "의(義)"라고 말합니다. 진리와 마찬가지로 의도 역시 두 가지 방법으로 취하게 됩니다. 신학에서는 전가된 의(imputed righteousness)라고 부르는 것입니다. 마치 은행계좌에 입금이 되는 것처럼 예수 그리스도의 의가 그리스도인에게 전달됨으로써 하나님 앞에 능히 설 수 있게 되는 것을 두고 하는 말입니다. 또는 개인적인 성결처럼 의의 특별한 행동을 언급할 수도 있습니다.

스가랴 3장에는 대제사장 여호수아가 성전 안에서 여호와의 사자 앞에 서 있고, 사탄은 오른쪽에 서서 여호수아를 고소하는 장면이 있습니다. 여호수아는 자기 자신과 백성의 죄를 대표하는 더러운 옷을 입고 있었기 때문에 틀림없이 사탄은 여호수아의 외관을 가리키면서 여호수아는 대제사장으로서 하나님 앞에 설 수 없다고 억지 주장을 폈는지 모릅니다. 영적 전쟁에서도 분명히 이런 일이 일어나지만, 하나님의 천사가 간섭하게 됩니다.

"그 사람이 입고 있는 냄새나는 더러운 옷을 벗기라!" 천사가 말했습니다. 냄새나는 더러운 옷 대신 아름다운 새 옷을 여호수아에게 입히고, 그의 머리에 정결한 관을 씌워 주었습니다. 이것은 분명히 여호수아에게 전가된 그리스도의 의를 -옷은 여호수아가 자기 스스로 취득한 것이 아니라 그에게 주어졌음- 상징하는 것입니다. 여호수아가 사탄의 간교한 고소를 물리칠 수 있었던 것은 바로 이 의로 말미암은 것입니다.

진젠도르프(Zinzendorf) 백작이 그의 위대한 찬송시를 지을 때, 마음속으로 생각했던 것입니다.

> 예수여, 당신의 보혈과 의가
> 나의 아름다움이요, 나의 영광스러운 옷입니다.
> 불타오르는 세상에서, 이것으로 단장한 나,
> 기쁨으로 내 머리를 들겠나이다.
> 주님의 큰 날에 내가 담대히 설 수 있으리요.
> 누구에게 내 짐을 내려놓으리까?
> 죄와 두려움에서, 죄책감과 수치에서
> 이것들을 통해 완전한 용서를 내가 받았습니다.

한편 하나님의 의를 상징하는 아름다운 예복과 정결한 관을 씌우고 나자마자 천사가 여호수아에게 거룩하게 되라고 명령한 것은 의미가 있습니다. "만군의 여호와의 말씀에 네가 만일 내 도를 행하며 내 규례를 지키면 네가 내 집을 다스릴 것이요 내 뜰을 지킬 것이며 내가 또 너로 여기 섰는 자들 가운데에 왕래하게 하리라"(스가랴 3:7).

그래서 전가(轉嫁)된 의는 실제적인 의와 떼어놓을 수 없습니다. 여호수아가 의롭게 살아야 되는 것은 그가 의롭게 되었기 때문입니다.

이 본문에서 의의 두 가지 의미 가운데 한 가지만 택해야 한다면 다음과 같은 이유에서 나는 두 번째 의를 택하려고 합니다. 본문의 문맥 속에서 바울은 이미 그리스도인이 된 사람들에게 하나님의 전신 갑주를 "입으라"고 촉구합니다. 만일 그들이 그리스도인이라면 첫 번째 의미에서 볼 때, 이미 옷을 입고 있는 것이나 다름없습니다. 그러므로 그들이 입어야 하는 것은 의로운 생각과 행동으로 표현할 수 있는 실제적인 성결입니다.

여기서 나는 예수님의 말씀을 생각하게 됩니다. "… 이 세상의 임금이 오겠음이라 그러나 그는 내게 관계할 것이 없으니"(요 14:30). 붙잡고 늘어질 죄를 그리스도에게서 찾지 못했음에도 불구하고 사탄은 그리스도를 공격했거든, 하물며 사탄이 붙잡을 수 있는 것들이 우리 안에는 너무나 많이 있습니다. 이것은 사실이고, 우리는 죄인입니다. 바울이 여기서 그렇지 않다는 것을 말하려는 것입니다. 우리는 사탄에게 쉽게 붙잡을 수 있는 구실을 내어주지 않아야 합니다. 그 대신에 욥이 했던 것처럼 우리도 의롭게 살아야 합니다. 사탄과 그의 무리들에게 우리는 하나님의 참된 자녀요, 그분의 신실한 종이라는 것을 깨닫게 해야 합니다.

평안의 복음

그리스도인의 갑옷에서 발에 착용하는 것을 설명하는 것이 가장 옹색합니다. "평안의 복음의 예비한 것으로 신을 신고"(15절). 이 말은 갑옷의 특수한 부분품을 언급하는 것이 아닙니다. 바울은 긴 장화나 여행할 때, 신는 샌들을 말하려는 것 같다고 짐작할 수 있습니다. 바울은 세 단어를 사용해서 적용하고 있습니다. "예비한 것", "복음", 그리고 "평안" 이 세 단어 가운데 핵심적인 말을 금방 파악해 내기가 힘듭니다. 바울이 원하는 것은 무엇을 신으라는 말입니까? 복음입니까? 평안입니까? 아니라면 진리를 알리기 위한 준비입니까?[2]

"복음(福音)"을 알리기 위해서 준비됨을 강조하려는 것이라고 판단합니다. 그리스도인은 이미 복음을 알고 있습니다. 만일 그렇지 못하다면, 그는 그리스도인이 아닙니다. 그러므로 이것은 단순한 지식이나 그 지식을 사용하는 행동을 넘어서야 합니다. 복된 소식을 다른 사람과 함께 나누기 위하여 준비됨이 여기 포함되어야 합니다. 더욱이 바울은 복음을 군사의 장화나 샌들과 연결시키고 있습니다. 신발은 이곳에서 저곳으로 이동할 수 있도록 우리를 도와주는 것입니다. 우리는 이곳저곳으로 이동하면서 예수님을 소개할 준비가 되어 있어야만 합니다.

여러분은 구세주 예수를 다른 사람에게 소개할 준비가 되어 있습니까? 이스라엘 사사 가운데 기드온이 이 흥미로운 전투에 포함되어야 한다고 생각합니다. 하나님께서는 기드온에게 군사를 뽑아서 점령군 미디안 군대를 몰아내라고 말씀하셨습니다. 기드온은 32,000명을 군사로 뽑았고, 그는 이 32,000명의 군사를 가지고 자기가 맡은 임무를 가까스로 수행할 수 있겠다고 생각했습니다. 그러나 하나님께서는 기드온에게 너무 많다고 말씀하셨고, 기드온은 여호와 하나님께 순종하여 싸움을 두려워하는 자는 모두 집으로 돌아가도 좋다고 말했습니다. 거의 60퍼센트에 가까운 22,000명이 집으로 돌아갔습니다. 이제 고작 10,000명이 남게 되었고, 기드온은 아마 10,000명을 가지고 싸워야 한다는 두려움으로 떨었을 것입니다. 만일 10,000명이 훌륭한 군사라면 사실 이 숫자도 싸움을 위해서 너무 많은 것이었습니다. 기드온은 이렇게 생각했을는지 모릅니다.

"그래, 좋아. 이 숫자를 가지고 싸워보지 뭐!"

그런데 하나님께서 말씀하셨습니다. "아직도 많다!"

"그럼 얼마나 더 줄여야 하나?" 기드온은 당황했을 것입니다.

"오십 명? 아니 한 백 명쯤?"

하나님께서는 기드온에게 군사를 모두 데리고 물가로 가서 물을 마시게 하라고 말씀하셨고, 물 마시는 병사들을 잘 살펴보아야 했습니다. "어느 군사가 방패와 무기는 내려놓은 채 무릎을 꿇고 물을 마시는가? 어느 군사가 싸울 준비를 하고 서서 사방을 경계하다 잠시 허리를 굽히고 두 손으로 물을 움켜 얼른 물을 입으로 가져가는가?"

기드온은 크게 실망할 수밖에 없었습니다. 9,700명이 무기를 내려놓은 채 무릎을 꿇고 물을 마셨고, 겨우 300명이 경계를 늦추지 않고 서 있다가 잠시 허리를 굽히고 두 손으로 물을 떠서 마셨던 것입니다. 그러나 하나님은 이렇게 준비된 300명을 세우셔서 미디안 군대를 완전히 격퇴시키고, 그 땅에서 몰아내는 전투에 사용하셨습니다(사사기 7장을 참조).

하나님의 일을 하기 위해서 엄청난 숫자의 사람이 필요하지 않습니다. 다른 사람과 복음을 나누기 위해서 잘 준비된 사람이면 됩니다. 여러분은 임무를 수행하기 위해서 무릎을 꿇거나 엎드리는 자세를 취합니까? 혹은 "… 너희 속에 있는 소망에 관한 이유를 묻는 자에게는 대답할 것을 항상 준비하되 온유와 두려움으로 하라"는 말씀대로 준비되어 있습니까(벧전 3:15)?

믿음의 방패

로마 군병들은 두 종류의 방패를 가지고 있었습니다. 근접 전투에서 사용하는 작고 둥근 원형 방패가 있었고, 고도의 기동성이 필요할 때 사용되었습니다. 바울이 본문에서 언급하고 있는 것은 다른 군병들과 함께 전진할 때, 사용하는 직사각형 방패였습니다. 이 방패는 길이 1m 20cm 내지 1m 40cm에 넓이 60cm의 크기였으며, 군병의 몸 전신을 완전히 감쌀 수 있었습니다. 로마 군병들이 대오를 정돈하고 앞으로 전진할 때, 적군은 겹겹이 대오를 갖추고 있는 견고한 방패 벽에 부딪치게 됩니다. 로마 군병의 전진 밀집 대형을 팔랑스(phalanxes)라고 불렀으며, 이것은 로마군의 적에게는 공포의 대상이었습니다.

바울은 우리의 믿음도 그와 같아야 한다고 말합니다. 방패는 세 가지 기능을 해야 합니다. 첫째, 우리를 감싸 주어서 몸의 일부라도 드러나지 않게 해야 하고, 다음으로 견고한 방어벽을 저지하기 위하여 다른 사람의 믿음과 연결되어야 하며, 마지막으로 우리 몸을 완벽하게 가려주고, 동료 병사의 믿음과 연결되어 있기 때문에 적군이 우리를 향하여 불화살을 제아무리 날려 보낸다 하더라도 능히 막아낼 수 있습니다.

여러분이 주목해 본 것처럼 바울이 갑옷의 항목 가운데 이 방패에 대하여 말하면서 마치 기독교의 특별한 교리를 말하는 것처럼 "그 믿음의 방패"라고 말하지 않았습니다. 바울은 이미 허리띠는 진리라고 언급할 때, 이것을 설명했습니다. "믿음의 방패"는 하나님에 대한 일반적인 확신을 의미할 뿐입니다. 사탄의 불화살을 막을 수 있는 우리의 방패는 이런 류의 믿음, 즉 하나님을 신뢰하는 믿음입니다. 우리가 넘어지는 것을 막아 주고, 넘치는 기쁨으로 하나님의 임재 앞에 우리가 설 수 있게 된다고 하나님께서는 말씀하고 계신다는 것을 우리가 압니다. 우리가 전투에서 전진할 때, 두려워할 필요가 없고, 하나님께서 우리와 함께 가시니 우리는 기필코 승리할 것입니다.

구원의 투구

그리스도인의 방어용 갑옷 가운데 투구는 "구원(救援)"과 같다고 바울은 말합니다. 그러나 데살로니가전서 5:8절에서 바울은 "구원의 소망의 투구를 쓰자"고 말합니다. 만일 바울이 이 본문에서도 이 말을 생각하고 있다면, 우리의 현재 상태보다 우리의 운명에 더 관심을 가지고 있는 것입니다. 그 결과 우리가 기대하는 것은 전쟁터의 뜨거운 열기에서 우리의 머리(혹은 혼란에서)를 보호하게 될 것이라고 말하고 있습니다.

영국의 호민관(護民官) 올리버 크롬웰(Oliver Cromwell)의 군대는 싸움에서 지는 것을 몰랐다고 말합니다. 그 이유는 칼빈주의자로서 그들의 운명은 안전하고, 하나님께서 여기까지 인도하셨으니 싸워야 하며, 그렇게 할 때 번영하게 된다고 알았기 때문이고, 그것은 어떤 의미에서 우리에게도 사실입니다. 그리스도인답게 살려고 애쓰는 것은 사실 좌절의 고통을 겪는 것입니다. 심지어 바울조차 때로는 사탄의 맹렬한 공격을 당한다고 말했습니다. "사방으로 우겨쌈을 당하여도 … 답답한 일을 당하여도 … 박해를 받아도 … 거꾸러뜨림을 당하였다"(고후 4:8-9).

일시적인 좌절이 끝은 아니며, 완전한 패배도 아닙니다. 바울은 "우리가 사방으로 우겨쌈을 당하여도 싸이지 아니하며 답답한 일을 당하여도 낙심하지 아니하며 박해를 받아도 버린 바 되지 아니하며 거꾸러뜨림을 당하여도 망하지 아니하고 …
그러므로 우리가 낙심하지 아니하노니 우리의 겉사람은 낡아지나 우리의 속사람
은 날로 새로워지도다 우리가 잠시 받는 환난의 경한 것이 지극히 크고 영원한 영
광의 중한 것을 우리에게 이루게 함이니 우리가 주목하는 것은 보이는 것이 아니요
보이지 않는 것이니 보이는 것은 잠깐이요 보이지 않는 것은 영원함이라" 고 말했
습니다(고후 4:8-9, 16-18).

　　종종 전쟁은 도대체 어디 있는지, 무슨 상황이 벌어지고 있는지 모를 정도로 격렬
하게 그리스도인을 에워싸고 공격을 퍼붓습니다. 때로는 그런 일이 육체적인 전쟁
에서도 일어납니다. 그러나 우리가 어디 있는지, 그리고 무슨 상황이 벌어지는지
모르는 것이 문제가 아니라 우리의 위대한 총사령관 주 예수 그리스도가 승리를 알고
계시고, 승리를 보장하고 계신다는 것을 우리가 모르는 것입니다.

●각주●

1. John R. W. Stott, God's New Society: The Message of Ephesians (Downers
Grove, Ill.: Inter Varsity, 1979), 278.

2. 이 경우 문법은 양쪽 다 도움을 주지 못한다. "복음의" 라는 말은 목적격이나
주격 가운데 하나가 될 수 있다. 만일 목적격이라면 복음을 선포하고, 알려주기 위
하여 군사의 준비된 상태를 강조하려는 것이다. 만일 주격이라면 복음을 믿는 자에
게 복음이 수여하는 견고함과 불변함을 언급하는 것이다.

40
우리의 강력한 무기
에베소서 6 : 17

구원의 투구와 성령의 검 곧 하나님의 말씀을 가지라

왜스트민스터신학교의 조직신학 교수 싱클레어 퍼거슨은 사탄을 대적하는 그리스도인의 전쟁을 논의하는 책을 집필했습니다. 「네 믿음에 더하라」(Add to Your Faith)라는 제목의 책에서 그리스도인의 전신 갑주를 논의하는 방법이 매우 흥미롭습니다. 그는 갑옷의 각 부품들은 사탄이 그리스도인을 일방적으로 공격하고 있음을 나타내고 있다고 지적했습니다.

우리의 호심경은 고발자 사탄을 대적하도록 무장시켜 줍니다. 대제사장 여호수아의 경우에서 이것을 이미 목격했습니다. 스가랴 3장에서 사탄이 신자를 고발하려고 손가락질을 하면서 신자의 여러 가지 죄를 만족스러운 눈으로 바라본다고 말했습니다. "저 죄를 보아라." 사탄이 비웃습니다. "저렇게 악한 사람은 아무도 하나님을 섬기지 못할 것이다." 우리는 이런 고소에서 우리를 보호해 주는 의는 두 가지 유형이 있다고 봅니다. 첫째, 칭의(稱義)를 통해서 우리에게 전가된 그리스도의 의가 있습니다. 이것은 아름다운 옷과 정결한 관으로 상징되고 있습니다. 그리고 난 다음 둘째, 그리스도께서 우리의 삶 속에 임재하심으로 말미암는 실제적인 의의 행동이 있습니다. 즉, 실제적인 의의 행동이란 새 옷으로 갈아입고 난 다음 천사가 여호수아에게 한 명령을 언급하는 것입니다.

군병의 장비 가운데 두 번째 부품은 장화나 행군용 군화입니다. 싱클레어 퍼거슨은 뱀처럼 공격하는 사탄으로부터 보호해 주는 장비라고 말합니다(계 12:9). 뱀은 흔히 피해자의 발이나 다리를 공격합니다. 믿음의 방패는 유혹자 사탄을 대적할 수 있도록 우리를 무장시켜줍니다. 사탄은 우리를 악에서부터 구해 주시고, 순수한 삶을 살 수 있게 해 주시는 하나님을 의지할 수 없다고 우리에게 말합니다. 하나님을 믿는 믿음은 이러한 여러 가지 유혹을 극복하는 것입니다.

투구는 사기꾼 사탄을 대적할 수 있도록 보호해 줍니다. 사탄은 할 수 있는 대로 우리를 혼란하게 합니다. 가능하다면 사탄은 우리의 머리를 까부수려고 할 것입니다. 실제로 머리가 까부수어져야 하는 것은 뱀입니다. 사탄은 예수님을 십자가에 못 박음으로써 그분의 발뒤꿈치를 공격하는 힘을 소유하고 있었지만, 예수님께서 부활하심으로써 사탄의 머리를 으깨어 버리셨습니다.

이제 남은 것은 전신 갑주의 마지막 부품, 즉 유일한 공격용 무기인 검(劍)입니다. 갑옷의 다른 부분은 모두 방어용이었습니다. 그러나 이것만 공격용입니다. 싱클레어 퍼거슨은 이것만이 거짓말쟁이 사탄을 대적하는 유일한 방법이라고 말합니다. 예수님께서도 사탄은 "진리가 그 속에 없으므로" "거짓말쟁이요 거짓의 아비"라고 말씀하셨습니다(요 8:44). 사탄의 거짓인 비진리를 대적하는 충분하고도 효과적인 무기가 무엇입니까? 오직 단 하나의 무기만 가능합니다. 그것은 하나님의 말씀인 성경 안에서 구현된 "하나님의 진리"입니다.[1]

하나님의 모든 말씀

우리는 바울이 이 부분에 대하여 가르친 교훈의 특성을 이해해야 합니다. 바울이 "하나님의 말씀"이라고 언급하는 절에서 사용하고 있는 "말씀"이라는 단어는 로고스(Logos)가 아니라 레마(Rhema)라는 점을 알아야 합니다. 로고스라는 단어는 하나님의 말씀이라고 기술할 때, 가장 흔하게 사용되는 말이지만 레마는 전혀 다릅니다.

로고스는 가장 고상한 말입니다. 신약성경에서 특별한 방법으로 사용되는, 전유물이 되기 전에도 세속 헬라어에서 정말 대단한 말이었습니다. 그리스도가 오시기 수 백 년 전에 헤라클리투스(Heraclitus)라는 고대 그리스의 철학자가 만물이 변하는 것처럼 보이는 우주에서 질서가 어떻게 존재할 수 있는가라는 질문을 붙들고 씨름했습니다. "동일한 강물에 두 번 담글 수 없다"고 말한 것이 바로 철인 헤라클리투스였습니다. 강물은 끊임없이 흘러간다는 것을 의미하는 말이었습니다. 만일 여러분이 두 번째 강물에 발을 담글 때는 더 이상 처음 담갔던 물과 똑같은 물이 아니라는 말입니다. 물은 변하고 있습니다. 헤라클리투스는 모든 인생도 이와 같다고 보았습니다. 만일 그렇다면, 어떻게 만물이 동일하게 남아있을 수 있는가라고 그는 질문했습니다. 헤라클리투스는 하나님의 말씀(그는 로고스라고 불렀음)은 우리가 보고 있는 만물의 배후에 서서 그것을 지배하고 있다고 결론지었습니다. 하나님의 로고스는 세상의 질서를 세우는 동인(動因)이었습니다.

사도 요한이 이 단어를 뽑아내서 그의 복음서의 서두를 효과적으로 열기 위하여 사용했습니다. 그는 이렇게 말합니다. "태초에 말씀이 계시니라 이 말씀이 하나님과 함께 계셨으니 이 말씀은 곧 하나님이시니라 … 말씀이 육신이 되어 우리 가운데 거하시매 우리가 그 영광을 보니 아버지의 독생자의 영광이요 은혜와 진리가 충만하더라"(요 1;1, 14). 요한복음의 서문에서 로고스는 다름이 아니라 주 예수 그리스도를 언급하는 말입니다. 주 예수 그리스도는 인류에게 마지막이자 충만한 "말씀(words)"이십니다. 병행적인 의미에서 하나님의 말씀인 성경은 우리에게 주 예수 그리스도에 대해서 말해 주고 있습니다.

그러나 레마는 그렇지 않습니다. 로고스는 만물을 모두 끌어안는다면, 레마의 무게는 그보다 더 가볍습니다. 실제로 이 경우에는 기록된 하나님의 계시의 특별한 부분, 즉 "말씀"(the sayings)이라는 의미입니다. 요한복음 3:16절은 레마입니다. 로마서 3:23절도 레마입니다. 이미 앞에서 말했던 것처럼 이 점을 깨닫는 것은 매우

중요합니다. 바울의 가르침을 따르자면, 우리는 특별한 말씀이나 성경의 부분으로
사탄을 물리쳐야 하기 때문입니다.

"기록된 바"

바울은 광야에서 사탄을 물리친 예수 그리스도를 모델로 염두에 두고 있습니다.
예수님께서 40일 금식을 끝마치시고 주리셨을 때, 마귀가 접근하여 말했습니다.
"네가 만일 하나님의 아들이어든 명하여 이 돌들이 떡덩이가 되게 하라"고 말했습
니다(마 4:3). 이 유혹의 배후에 숨겨진 생각은 예수님께서 그분의 초자연적인 능력
을 사용하여 먹을 것을 만드는 것이 잘못되지 않았다는 점입니다. 이 사건 다음 가
나의 결혼 잔치에서 물을 변하여 포도주가 되게 하는 최초의 이적을 행하셨습니다
(요 2:1-11). 그 후, 예수님께서는 갈릴리에서 떡과 물고기를 풍족하게 먹을 수 있도
록 만드는 이적을 두 번이나 더 행하셨기 때문입니다(마 14:13-21, 15:29-39절과 병
행구들을 참조). 오히려 예수님께서 자신의 능력을 사용하여 하나님의 말씀을 시
험하는 것이 문제였습니다.

스프라울(R. C. Sproul)은 사탄의 질문에서 강조점은 "만일"이라는 말에 있다고
설명한 것이 옳다고 생각합니다. "네가 만일 하나님의 아들이어든 명하여 이 돌들
이 떡덩이가 되게 하라"[2] 이 일이 있기 전에 예수님께서 세례를 받으실 때, 하나님
아버지는 "이는 내 사랑하는 아들이요…"라고 말씀하셨습니다(마 3:17). 이것은 명
백하고 직접적인 진술이었습니다. 그러나 이 사건 직후에 사탄이 예수님에게 접근
하여 교활한 질문을 던졌습니다. "네가 만일 하나님의 아들이어든…" 예수님의 육
체적 굶주림에 관심을 갖는 척하면서 그 배후에는 하나님의 진실성을 의심하는 유
혹이었습니다.

그러나 예수님께서 사탄에게 대답하시는 것은 어렵지 않았습니다. 신명기에서
인용한 말씀으로 대답하셨습니다. "사람이 떡으로만 살 것이 아니요 하나님의 입
으로부터 나오는 모든 말씀으로 살 것이라"(마 4:4, 신명기 8:3을 참조). 예수님께서

"사탄아, 내가 먹을 육신의 떡을 만드는 것은 문제가 되지 않는다. 하나님께서는 원하시는 만큼 내 생명을 보존하셔서 당신이 원하는 것을 하게 하실 것이다. 내가 하나님을 믿느냐 혹은 믿지 않느냐가 문제다. 만일 내가 하나님의 말씀을 의심하면 모든 것이 끝장이야!" 라고 말씀하시는 것과 같습니다.

이 순간 사탄이 반격을 시작했습니다. "글쎄! 네가 신명기 요절을 암송하는 훌륭한 성경 학도라고 알고 있어. 그렇지만 나도 역시 성경 학도야. 욥이나 다른 사람들을 유혹하려고 지상을 이리저리 배회하지 않을 때, 나도 성경을 열심히 공부하고 있어. 조금 전 내가 시편을 읽을 때, 아주 재미있는 구절을 발견했어. 시편 91:11-12절에서 '그가 너를 위하여 그의 천사들을 명령하사 네 모든 길에서 너를 지키게 하심이라 그들이 그들의 손으로 너를 붙들어 발이 돌에 부딪히지 아니하게 하리로다' 라고 말하고 있어(마 4:6). 너도 그 말을 믿니? 나는 그 말을 믿어. 사실 나는 그 말을 너무 확실하게 믿기 때문에 너에게 이 제안을 할게. 너하고 내가 이 성전의 제일 꼭대기로 올라가자. 그리고 너는 거기서 뛰어내려. 그러면 '너를 붙들어' 주실 거야. 그러면 그 기적을 바라본 사람들이 즉시 너를 따르게 될 거야. 그러면 네 사역은 노도나 격랑처럼 출발하게 될 거야!"

예수님께서는 신명기에서 두 번째 요절을 인용하셨습니다. "또한 기록된 대로 '주 너의 하나님을 시험하지 말라' " (마 4:7, 신 6:16을 참조). 예수님께서 성경을 사용하여 성경을 해석 -중요한 해석 원리- 하셨습니다. 그리고 말씀하셨습니다. "사탄아, 너는 내가 하나님을 시험하는 것을 원하는구나. 그러나 시험을 받는 하나님이 아니라는 것을 네가 알아야 해. 시험을 받고 있는 내가 바로 그 하나님이야. 시험을 받지 않는 것이 내 책임이 아니라 하나님을 신뢰하는 것이 내 책임이야!"

세 번째 유혹에서 사탄은 모든 간교함을 총동원하여 예배를 가지고 예수 그리스도를 시험했습니다. 사탄은 세상의 왕국과 그 영광을 보여 주면서 약속했습니다. "만일 내게 엎드려 경배하면 이 모든 것을 네게 주리라" (마 4:9).

예수님께서 대답하셨습니다. "사탄아 물러가라 기록되었으되 '주 너의 하나님께 경배하고 다만 그를 섬기라' 하였느니라" (마 4:10, 신 6:13을 참조). 이것은 신명기에서 세 번째로 인용한 말씀이었습니다. 하나님의 말씀 가운데 특별한 말씀의 능력이 사탄을 물리치고, 시험받는 자를 보존한 본보기로 이보다 더 좋은 예가 없습니다.

아주 직접적으로 설명해 보면, 전능하신 하나님의 거룩하신 아들 예수 그리스도가 여기 있습니다. 예수님은 사탄이나 사람이 어떤 잘못도 발견할 수 없었던 분, 그리고 이 땅에서 머리 둘 곳조차 없었던 분, 그분의 눈은 항상 하나님 아버지의 영광을 바라보았던 분, 하나님과 함께 가장 친밀한 교제를 나누면서 사셨던 분이셨습니다. 여러분의 주님이요, 구세주이신 바로 이 예수님이 사탄을 대적하고 그를 이기고 승리하기 위하여 성경을 알아야 하셨다면, 저와 여러분도 승리를 얻으려면 얼마나 더 많이 성경을 알아야 합니까! 여러분은 이렇게 말할는지 모릅니다. "자, 나는 성경이 말하려는 것을 대충 알고 있어. 그리고 성경은 하나님의 말씀이라고 나도 믿고 있어!" 그렇다면 좋습니다. 나는 가장 작은 것이라도 에누리하고 싶지 않고, 그것도 충분하지 않습니다. 에베소서 6:17절에 의하면 사탄을 능히 대적하고 성공적으로 물리치려면, 여러분은 성경 안에 있는 특별한 말씀도 반드시 알아야만 합니다. 그리고 말씀을 암송해야 합니다.

이 점에서 네비게이토선교회를 제시하고 싶습니다. 왜냐하면 그들은 미국 안에 있는 여러 선교 단체들 가운데 성경암송을 가장 많이 강조하기 때문입니다. 모든 사람은 성경공부를 강조합니다. 그것도 필수적입니다. 그러나 성경암송 또한 중요합니다. 아니 그보다 더 중요합니다. 유혹의 뜨거운 열기 속에서 외부적인 지원이 결여되거나 사탄의 계략으로 그것이 제거될 때, 우리 마음속에 확고하게 자리 잡고 있는 특별한 하나님의 말씀들이 남아 있게 되고, 또 합력하여 우리를 도와줄 것입니다.

우리가 그렇게 하라고 말한다고 사탄이 달아나지 않을 것입니다. 사탄이 유혹할 때, 예수님이 말씀하시는 것처럼 사탄은 하나님의 능력 앞에서만 퇴각할 것입니다.

보다 더 능력 있는 것은 없다

모든 삶에서 하나님의 특별한 말씀보다 더 능력 있는 것은 아무것도 없습니다.

여러분은 이렇게 말할는지 모릅니다. "그것은 틀림없이 과장이다. 우리는 강력한 것을 많이 알고 있다. 핵무기는 어떤가?" 그렇습니다. 핵무기는 강력합니다. 만일 여러분이 구원받지 않았다면 핵무기는 여러분을 죽이고, 영혼을 지옥으로 보낼 수 있습니다. 그러나 하나님의 말씀은 영생을 줄 수 있고, 여러분을 천국으로 인도할 수 있습니다. "험담, 거짓말, 비방은 어떤가? 큰 타격을 입힌다." 그것은 사실입니다. 그러나 하나님의 진리는 거짓말보다 더 강력하고, 그리고 더 중요한 것은 하나님의 말씀은 거짓말쟁이도 변화시킬 수 있다는 것입니다. 영적 부흥기에 하나님의 말씀은 사회 전체와 문화를 변화시켰습니다. 우리의 삶 전체에서 하나님의 말씀보다 더 강력한 것은 없습니다. 그러면 하나님의 말씀이 성취한 것을 생각해 봅시다.

첫째, 하나님의 말씀은 저항하기 어렵습니다. 즉, 다른 어떤 말씀보다 하나님의 말씀은 우리를 붙잡고 감동시키는 힘이 있습니다. 존 칼빈(John Calvin)은 "인간의 저작(著作)이 아무리 기교면에서 잘 다듬어졌다고 하더라도 그것은 성경만큼 감동을 줄 수 없다는 사실에서 성경의 이 특수한 힘은 명백해진다. 데모스테네스나 키케로의 글을 읽어보라. 플라톤이나 아리스토텔레스, 또는 그와 같은 부류의 사람들의 책을 읽어보라. 그것들은 놀라운 방법으로 독자를 매혹시키며, 기쁘게 감동을 주며 또 황홀하게 만들 것이라고 생각한다. 그러나 그것들을 다 읽은 후에는 이 성경을 읽는데 전념하라. 그리하면 성경은 우리 자신도 모르는 사이에 우리를 깊이 감동시키며 우리 마음에 스며들 뿐만 아니라 골수에까지 새겨짐으로써, 수사학자나 철학자들의 힘은 거의 사라지게 될 것이다. 따라서 인간의 노력으로 얻게 되는 일체의 재능과 미덕을 훨씬 능가하는 이 성경은 신적인 무엇을 호흡하고 있다는 것을 쉽게 인식하게 될 것이다"라고 말했습니다.[3]

미국에 정착하여 프린스턴신학교의 교수가 되었던 프랑스 철학자 에밀 카이에(Emile Cailliet)도 비슷한 증언을 했습니다. 그는 자연주의 교육을 받았으나 항상 그의 삶 속에서 무엇인가 잃어버린 듯한 느낌을 가지고 있었습니다. 그가 가장 필요한 것이 무엇인가 곰곰이 생각하던 끝에 그것은 "나를 이해할 수 있는 책"이라는데 도달하게 되었습니다. 그는 고등교육을 받았으나 그런 책에 대해서 전혀 아는 바가 없었습니다. 그는 자기 자신에 대해서 책을 한 권 쓰기로 결심했습니다. 그의 연구에서 특별히 감동적인 문구를 만났을 때, 그것을 복사해 두고, 그 문집(文集)에 색인을 붙여 놓으면, 낙심이 될 때마다 그가 선택한 문구를 읽을 수 있을 것이라고 생각했습니다.

에밀 카이에가 작업을 완성하고 아내와 함께 살고 있던 프랑스의 한 작은 마을 한 나무 아래 앉아 자기를 이해해 줄 수 있는 책을 읽을 날이 마침내 왔습니다. 그는 큰 기대를 가지고 책을 읽어 내려가기 시작했으나 커다란 실망감으로 책을 읽었습니다. 그 책은 감동을 주지 못했고, 그는 그때 깨닫게 되었습니다. 그의 책이 감동을 주지 못했던 이유는 자기가 저자였기 때문이었습니다. 그 책은 아무런 설득력을 지니고 있지 않았고, 그는 낙심이 되어 책을 호주머니에 도로 집어넣었습니다.

그 순간 아내가 성경책을 들고 그에게 다가왔습니다. 그는 자기 생애 가운데 성경책을 본 적이 없었습니다. 그의 아내는 성경을 남편에게 주는 것을 두려워했습니다. 자기 집 안에 그런 책을 가지고 있다는 것을 참지 못했던 것입니다. 그날 이른 아침, 그녀는 자기 자신도 엄청나게 놀라고, 망설이면서 인근 동네에 있는 조그마한 유그노(Huguenots) 예배당을 찾아가 성경책을 한 권 구했던 것입니다. 이제 그 책을 남편에게 주었습니다.

에밀 카이에는 그 책을 탐욕스럽게 낚아챘고, 읽기 시작했습니다. 에밀 카이에 자신의 말로 이렇게 표현했습니다. "나는 읽고 또 읽고, 또 읽었다. 이제 내면에서 끓어오르는 형언하기 어려운 뜨거움으로 소리를 내어 읽는다. … 나는 나의 경외심과 경이로움을 표현할 말들을 찾을 길이 없다. 갑자기 깨달음이 나를 찾아온 것이다. 이 책이야말로 나를 이해해 주는 책이었다. 나에게는 그 책이 정말 필요했다. 그러나 그것을 알지 못하고, 나는 나 자신을 위해서 책을 쓰겠다고 헛되이 노력했던 것이다. 나는 계속해서 밤이 깊도록 복음서를 읽었다. 이게 어찌된 영문인가! 내가 복음서를 읽어 나가고 있을 때, 그들이 말하는 그분, 그들에게 말씀하고 행동하시던 그분이 나에게 살아난 것이다. … 그날 밤, 이 하나님께 나는 기도드렸다. 응답해 주시는 그 하나님은 성경 안에서 말씀하셨던 하나님과 동일한 분이었다."[4]

둘째, 하나님의 말씀은 죄를 깨닫게 합니다. 하나님의 말씀을 신실하게 설교하거나 가르치는 사람은 설교나 성경공부를 마친 다음, 청중 가운데 사람들이 찾아와서 "당신이 말씀하셨던 것은 내가 지금 하고 있는 것과 똑같습니다. 누군가 내 이야기를 당신에게 말을 한 사람이 있을 것입니다." 라고 말하는 것을 경험하게 됩니다.

특별한 죄와 상황을 지적해 주는 사람이 곁에 없었던 사람에게 죄를 확신시키는 것은 매우 어렵습니다. 하나님의 능력으로 우리에게 전달된 하나님의 말씀은 가슴 속에서 불타오르게 됩니다. 예수님께서 엠마오로 내려가는 두 제자에게 "모세와 모든 선지자들" 로부터 자기에 관계된 일을 설명할 때, 이런 일이 일어났습니다. 그들은 "길에서 우리에게 말씀하시고 우리에게 성경을 풀어 주실 때에 우리 속에서 마음이 뜨겁지 아니하더냐" 라고 서로 말했습니다(눅 24:32).

셋째, 하나님의 말씀은 회심하게 합니다. 하나님의 말씀은 삶을 변화시킵니다. 세상에서 어떤 능력도 이렇게 할 수 없습니다. 우리 앞 세대의 위대한 설교자요, 전도인이었던 해리 아이언사이드(Harry Ironside)가 샌프란시스코에서 구세군 거리 모임에 참여한 적이 있었습니다. 그때 그는 당대의 사회주의자로 잘 알려졌던 사람과 "불가지론(不可知論)과 기독교" 라는 주제로 토론을 했습니다. 아이언사이드는 이렇게 대답했습니다.

"나는 다음과 같은 조건으로 이 논쟁에 기꺼이 동의합니다. 이른바 아무개 씨가 토론할 가치가 있다고 생각하는 것을 입증하기 위하여 다음 일요일 과학관(제안한 토론을 진행할 장소와 시간)에 그 사람과 함께 두 사람을 데려올 것을 약속해야 할 것입니다. 잠시 후에 제시하겠습니다만, 그들의 자격은 불가지론(不可知論)이 인간의 삶을 변화시키고 진실한 인격을 세우는데 참된 가치가 있다고 증명되어야 합니다."

"첫 번째, 그 사람은 자기와 함께 한 사람을 데려오겠다고 약속해야 합니다." 그 사람은 수년 동안, 우리가 흔히 "폐인" 이라고 부르는 사람이었으며 ··· 수년 동안 악한 습관 아래 있었으며, 자기 자신을 거기서부터 스스로 구원할 수 없었던 사람이어야 합니다. 그는 수시로 아무개 씨의 모임에 참석하여 불가지론을 찬양하고,

성경과 기독교를 비난하는 말을 들었으며, 그런 연설을 들을 때에 그의 마음과 생각은 깊은 감동을 받아서 그 모임을 떠나면서, "이제부터 나도 불가지론자(不可知論者)다"라고 말하며, 그 특별한 철학을 받아들인 결과 새로운 힘이 그의 삶 속으로 들어온 사람이어야 합니다. 그가 한때 사랑했던 죄를 이제 그는 증오하게 되었고, 의와 선이 그의 삶의 이상이 된 사람이어야 합니다. 이 모든 것은 그가 불가지론자(不可知論者)였기 때문에 일어났던 것이어야 합니다.

"두 번째, 나는 아무개 씨가 자기와 함께 한 여자를 데려오겠다고 약속하기 바랍니다." 한때 가난했고, 파멸되어 인격이 부재한 쓰레기였으며, 악한 정욕의 노예였고, 뭇 남자의 타락한 생활의 희생자였으나 (이 여자도 역시) 아무개 씨가 그의 불가지론(不可知論)을 큰 소리로 외치고, 성경을 조롱하는 장소에 갔던 여자여야 합니다. 이 여인이 그 말을 들을 때, 소망이 마음속에서 솟구쳐 '이 말씀은 죄의 노예로 붙잡혀 있는 나를 구원할 수 있다'고 말해야 합니다. 이 여인은 그 가르침을 따랐고, 지성적인 불가지론자나 회의론자가 되었습니다. 그 결과 이 여인의 전(全) 존재는 지금까지 살아왔던 삶의 타락에 대항하여 반란을 일으켰고, 그토록 오랫동안 사로잡혀 있었던 죄악의 소굴에서 탈출했습니다. 오늘 그녀는 회복되었고, 사회에서 존경받는 위치로 복귀하였으며, 정결하고 덕망이 넘치고 행복한 생활을 하고 있습니다. 이 모든 것은 다 그녀가 불가지론자(不可知論者)가 되었기 때문입니다.

명함과 도전장을 내미는 신사에게 아이언사이드가 말했습니다. "자, 만일 귀하께서 귀하와 함께 불가지론이 할 수 있는 것을 보여주는 본보기로 이런 사람을 두 명만 데려오겠다고 약속하면, 다음 일요일 오후 4시 정각 과학관에서 귀하를 만나겠습니다. 나는 본인과 함께 앞에서 서술했던 것처럼 수년 동안 타락으로 인하여 죄악 된 생활을 해왔으나 귀하께서 조롱하는 복음을 믿음으로 영광스럽게 구원받은 남자와 여자를 최소한 백 명쯤 데리고 오겠다고 약속하겠습니다. 나는 본인과 함께 이런 남자와 여자를 기적적으로 구원하는 예수 그리스도의 능력에 대한 증인으로, 그리고 성경의 진리에 대한 현장 증거로 연단 위에 세우도록 하겠습니다."

해리 아이언사이드는 구세군 여성사관을 향하여 돌아서서 질문을 했습니다.

"사관님, 이 모임에 저와 함께 갈 사람이 있겠습니까?"

그녀는 감격해서 외쳤습니다. "우리 영문(營門)에서 적어도 40명은 갈 수 있습니다. 그리고 그 행진을 인도하도록 관악밴드부도 보내드리지요!"

도전장을 내밀었던 사람은 분명히 유머 감각이 있었습니다. 그는 쓴웃음을 웃으면서 "그럴 필요가 없소"라고 말하려는 것처럼 거절의 의사 표시로 손을 내저었습니다. 구경꾼들이 아이언사이드에게 박수갈채를 보내는 동안 그는 군중을 빠져나가고 말았습니다.[5]

하나님의 말씀인 성경과 같이 죄를 깨닫게 하고 삶을 변화시키는 것처럼 할 수 있는 것은 지상에 아무것도 없습니다.

넷째, 하나님의 말씀은 위로해 줍니다. 여러분과 나는 삶에서 시련의 때를 자주 만나게 됩니다. 실직, 친구와 이별, 가까운 가족과 사별, 질병에 걸렸을 때… 세상은 이런 상황을 다루는 나름대로의 방법을 가지고 있습니다. "윗입술을 꼭 깨물어라"든지 "어떠한 구름도 뒷면은 은빛으로 빛나고 있다. 어떤 비관적인 일에도 낙관적인 일면은 있는 법이다." 혹은 "일이 잘 될 거야"라고 말합니다. 그것은 나름대로 심오한 말이라고 할 수 있습니다. 그러나 큰 도움은 되지 못합니다. 병으로 고통을 당하거나 상실과 핍박, 그리고 불행을 당하고 있는 사람이 도대체 어디서 위로를 찾을 것입니까? 분명히 말해야겠습니다. 하나님의 말씀을 읽고 듣는 것 외에 다른 위로를 발견할 수 없습니다. 하나님의 말씀을 듣는 것은 하나님 자신의 말씀을 듣는 것입니다. 하나님의 말씀을 통하여 고통을 당하는 영혼을 보살펴 주시는 분은 바로 하나님 자신입니다.

하나님의 말씀, 나의 마음

우리가 사탄을 대적하고, 그리스도인답게 살게 해 주고, 승리하게 해주는 죄를 깨닫게 하고, 회심하게 하고, 위로를 해 주는 하나님의 말씀을 - 우리를 그리스도인답게 살게 해 주고, 승리하게 해주는 말씀 - 발견한다면, 그 하나님의 말씀을 우리 생각과 마음속으로 가져와야 합니다. 우리는 성령의 검을 뽑아들고, 힘차게 휘둘러야 합니다.

대영제국에 있는 여러 전쟁 박물관을 수 십 차례 방문해서 수많은 종류의 칼을 본 적이 있습니다. 아름다운 칼, 중요한 칼, 여러 세기 전에 왕이나 장수들이 소유했거나 사용했던 칼들을 바라보는 것이 즐거웠으나 그런 것들이 나에게 전혀 좋은 일을 해 주지 않았고, 앞으로도 하지 않을 것입니다. 그런 칼은 내 소유가 아닙니다. 나는 그 칼을 소장할 수 없습니다. 이렇게 큰 박물관에 봉인을 한 채 잘 보관되고 있으니 그 상태대로 계속 남아있을 것입니다. 어떤 칼이 나에게 조금이라도 좋은 일을 해줄 수 있다면, 나는 그 칼을 집어 들고 사용해야 합니다. 하나님의 말씀도 마찬가지입니다. 정말 훌륭한 말씀이지만, 그 말씀이 여러분에게 쓸모 있게 되려면 그 말씀이 여러분의 것이 되어야 합니다. 여러분은 하나님의 말씀을 배워야만 합니다. 다윗도 그의 시편에서 이 점을 말했습니다. "내가 주께 범죄치 아니하려 하여 주의 말씀을 내 마음에 두었나이다"(시 119:11).

우리가 알고 있는 하나님의 말씀만 우리에게 쓸모가 있을 것입니다.

●각주●

1. Sinclair B. Ferguson, Add to Your Faith: Biblical Teaching on Christian Maturity (London: Pickering & Inglis, 1980), 104-111.

2. R. C. Sproul, "Hath God Said?" in Can We Trust the Bible? ed. Earl D. Radmacher (Wheaton, Ill.: Tyndale House, 1979), 120-21

3. John Calvin, Institutes of the Christian Religion, ed. John T. McNeill, trans. Ford Lewis Battles (Phildadelphia: Westminster Press, 1960), 1:82.

4. Emile Cailliet, Journey into Light (Grand Rapids: Zondervan, 1968), 18.

5. H. A. Ironside, Random Reminiscences from Fifty Years of Ministry (New YOrk: Loizeaux Brothers, 1939), 99-107.

41
우리의 비밀스러운 자원
에베소서 6 : 18-24

모든 기도와 간구를 하되 항상 성령 안에서 기도하고 이를 위하여 깨어 구하기를 항상 힘쓰며 여러 성도를 위하여 구하라 또 나를 위하여 구할 것은 내게 말씀을 주사 나로 입을 열어 복음의 비밀을 담대히 알리게 하옵소서 할 것이니 이 일을 위하여 내가 쇠사슬에 매인 사신이 된 것은 나로 이 일에 당연히 할 말을 담대히 하게 하려 하심이라 나의 사정 곧 내가 무엇을 하는지 너희에게도 알리려 하노니 사랑을 받은 형제요 주 안에서 진실한 일꾼인 두기고가 모든 일을 너희에게 알리리라 우리 사정을 알리고 또 너희 마음을 위로하기 위하여 내가 특별히 그를 너희에게 보내었노라 아버지 하나님과 주 예수 그리스도께로부터 평안과 믿음을 겸한 사랑이 형제들에게 있을지어다 우리 주 예수 그리스도를 변함없이 사랑하는 모든 자에게 은혜가 있을지어다

여러 명의 대통령 재임 기간에 미국의 국무장관과 안보 고문을 지냈던 헨리 키신저(Henry Kissinger: 안보문제 전문가로서 리처드 닉슨과 제럴드 포드 행정부에서 국무장관을 지내는 동안 미국의 외교 정

책 형성에 중요한 영향을 끼쳤음-역자)가 가끔 뉴스에 나오곤 했습니다. 그의 업적에 놀라움을 표시하는 신문 만평을 본 적이 있습니다. 그 당시 키신저가 월요일에는 런던을 가야 했고, 화요일에는 중동에서 협상을 해야 되고(동쪽에 있는 수도와 다른 도시를 왕복하면서), 수요일에는 워싱턴에 있는 집으로 돌아오고, 그 다음날 오후에는 다시 떠나야 했습니다. 그는 지칠 줄을 모르는 것처럼 보였습니다. 긴긴 하루의 일정을 끝내고, 서류 가방을 질질 끌면서 호텔 방으로 들어오는 헨리 키신저의 모습은 몰골이 사납게 보였습니다. 문으로 들어오자마자 또 다른 헨리 키신저가 침대에서 뛰쳐나와 말끔하게 면도를 하고 산뜻하게 차려입고, 새로운 하루의 일과를 수행하려고 나가고 있었습니다. 호텔 방 밖에서 두 사람이 대화를 주고받고 있었습니다. 한 사람이 다른 사람에게 "도대체 이 양반은 그런 일을 어떻게 해 내는지 알다가도 모르겠어"라고 말하고 있었습니다.

영적 전쟁에서 우리가 그런 종류의 자원을 소유할 수 있다면 정말 근사할 것입니다. 가끔 내 비서는 내가 반쪽이면 좋겠다고 하겠지만, 때때로 나는 나 자신이 둘이었으면 좋겠다고 생각할 때가 있습니다. 우리가 원할 때는 언제든지 끄집어 낼 수 있는 은밀한 자원을 소유하고 싶을 때가 있습니다. 에베소서 6장에서 그리스도인의 영적 전쟁과 전신 갑주에 대한 고전적인 논의를 종결지으면서 바울이 하고 싶은 말은 우리가 그런 자원을 이미 소유하고 있다는 것입니다. 우리의 비밀스러운 자원은 "기도"입니다. 기도가 그토록 중요한 것은 가장 연약한 그리스도인이라도 어떤 상황에서도 그리고 하루 중 어떤 순간이라도 그리고 그의 삶에서 어떤 때라도 하나님의 도움을 부르짖을 수 있고, 무한하시고 주권적인 하나님의 자원을 순간적으로 소유할 수 있기 때문입니다.

바울은 에베소서의 말미에 도달하면서 이 점을 강조하고 있습니다. 왜냐하면 이 부분에다 지면을 특별히 할애하고 있기 때문입니다. 영적 전쟁의 다른 양상은 잠깐 언급하고 지나쳐 버렸습니다. 이제 바울은 상당히 길게 말하고 있습니다. "모든 기도와 간구를 하되 항상 성령 안에서 기도하고 이를 위하여 깨어 구하기를 항상 힘쓰며 여러 성도를 위하여 구하라 또 나를 위하여 구할 것은 내게 말씀을 주사 나로 입을 열어 복음의 비밀을 담대히 알리게 하옵소서 할 것이니 이 일을 위하여 내가 쇠사슬에 매인 사신이 된 것은 나로 이 일에 당연히 할 말을 담대히 하게 하려 하심이니라"(엡 6:18-20).

전신 갑주로 완전 무장한 그리스도인

에베소서 6:10-18절을 공부하면서 윌리엄 거널(William Gurnall)의 고전 「완전 무장한 그리스도인」을 여러 번 언급했습니다.[1] 거널은 영적인 사람이었습니다. 이 문단에 대한 정교한 신학적 의미뿐만 아니라 강조점까지 이해했던 사람입니다. 그가 이해했던 것 가운데 하나는 기도에 대한 강조였습니다. 이미 앞에서 말했던 것처럼 이 위대한 저작물의 판형은 세로 2단에 거의 1,200쪽에 달하는 - 오늘날의 기준으로 볼 때, 일반적인 분량보다 훨씬 더 많은 - 대단히 방대한 책입니다. 윌리엄 거널은 전체 1,200쪽 가운데 300쪽을 -전체의 사분의 일 분량- 기도를 논의하는데 사용했습니다. 에베소서에서 기도를 강조하기 위해서 세 절을 할애하였으나 거널은 기도의 중요성을 탐구하기 위하여 한 절마다 무려 100쪽 분량의 글을 썼습니다!

몇 년 전, 내가 요한복음을 강해하고 있을 때, 성경에서 가장 짧은 절, 요한복음 11:35절을 만나게 되었습니다(저자 제임스 몽고메리 보이스의 「요한복음 강해」가 전5권으로 한글번역본이 이미 발간됨-역자). "예수께서 눈물을 흘리시더라"(Jesus wept). 성경의 한 절에서 얼마나 많은 것을 발견할 수 있는가 보여줄 수 있는 정말 좋은 기회라고 생각했습니다. 그래서 그 한 절을 가지고 네 번에 걸쳐 설교를 했습니다. 35절이 하나님의 본성에 대하여 가르치고 있는 것과 예수 그리스도의 인성에 대하여 가르치고 있는 것, 그리고 우리 자신에 대하여 가르치는 것, 마지막으로 다른 사람과 우리 자신의 관계에 대하여 강해를 했습니다. 영어 한 단어에 대해서 두 번씩 설교를 한 셈입니다.

그러나 윌리엄 거널은 한 절마다 100쪽씩 모두 300쪽을 이 주제에 대하여 저술을 할애한 것입니다.

윌리엄 거널이 이렇게 강조하는 것이 옳은 것입니까? 분명 그렇습니다. 바울이 그랬던 것처럼 거널도 역시 우리가 하나님의 전신 갑주를 입을 수 있다는 것을 보여주고 싶었던 것입니다. 진리로 허리띠를 띠고, 의의 호심경을 붙이고, 평안의 복음의 예비한 것으로 신을 신고, 믿음의 방패를 가지고, 구원의 투구와 성령의 검을 가져야 한다는 것입니다. 그래도 우리가 승리하지 못하는 것은 우리가 하나님께 말씀드리지 않았기 때문입니다.

중세 시대 초, 엄청난 군사적 재난은 피레네 협곡을 일렬종대로 통과하던, 서유럽의 대부분을 통일한 샤를마뉴 대제의 후위대 기사들이 참패를 당한 것입니다. 이 이야기는 롤랑의 노래(Song of Roland)에 실려 있습니다. 이 이야기를 그토록 감동적으로 만든 것은 참패가 필연이었다는 것입니다. 샤를마뉴 대제의 후위대를 지키는 사령관 롤랑은 그가 가지고 있던 뿔나팔 올리판트를 불어서 본대의 도움을 청할 수 있었습니다. 그러나 그렇게 하지 않았습니다. 자존심이 그의 뒷덜미를 잡아당겼기 때문입니다. 그가 은밀한 자원을 요청하지 못했기 때문에 롤랑의 군대는 사라센제국에게 무참하게 학살을 당하고 말았습니다. 이처럼 그리스도인도 기도하지 않음으로써 참패를 당하는 삶의 궤적을 따라가게 될 것입니다.

모든 경우

기도가 얼마나 중요합니까? 바울은 본문에서 "모든"이라는 단어를 네 번씩이나 반복하여 우리에게 알려주려고 합니다. 마치 기도드릴 수 없는 것은 아무것도 없으며, 기도드리지 못할 상황은 없다는 것을 말하는 것처럼 보입니다. "모든(all) 기도와 간구를 하되 모든 경우(all occasions; "항상") 성령 안에서 기도하고 이를 위하여 깨어 구하기를 항상(always) 힘쓰며 여러 성도(all saints)를 위하여 구하라"고 바울은 말하고 있습니다. 이것은 도움을 줄 수 있도록 포괄적으로 요약한 것입니다.

모든 경우 - 때를 가리지 말고 항상 - 기도하라는 도전으로 출발해 보고, 다음과 같은 질문으로 시작해 봅시다. "여러분은 언제 기도합니까?" 그리스도인이든 아니든 간에 어려움 가운데서도 기도하지 않는 사람은 없다고 생각합니다. 무신론자라고 고백하는 사람조차 최악의 상황 속에서 침묵을 깨뜨리고 기도하게 될 것입니다. "오, 하나님! 어떻게 하면 됩니까?" 라고 외칠 때, 그들은 무의식적으로 기도드리게 됩니다. 그러나 슬프게도 순수한 그리스도인의 기도생활은 그보다 더 낫지 않다는 것입니다. 그런 사람들은 교회에서 기도드리고, 밥그릇에 머리를 들이밀고 수저를 갖다 대기 전에 감사드릴 것입니다. 이런 사람들이 실제로 기도드리는 시간은 상황이 악화되거나 시련을 만나게 될 때뿐입니다.

이런 사람들은 우물에 빠질 때, 어떻게 머리가 먼저 들어가서 밑바닥 진흙에 쑤셔 박혔는지 설명해 달라는 요청과 함께 어떤 자세를 취하고 기도드렸느냐는 질문을 받은 사람과 같다고 말했습니다. "내가 지금까지 기도드렸던 것 가운데 가장 기도답게 잘 드렸던 기도는 물구나무서기를 하고 드렸던 기도였다."

자, 불쾌한 상황 속에서 기도드리는 것이 잘못된 것이 아닙니다. 하나님은 기도하도록 만들기 위해서 엉망진창이 된 상황 속으로 우리를 몰아넣기도 하십니다. "모든 경우(모든 상황 속에서)" 기도하라고 명령할 때, 바울이 말하고 싶었던 것은 삶의 모든 상황은 우리에게서부터 기도를 끄집어낸다는 것입니다. 만일 우리가 행복하다면, 하나님께 우리의 행복을 표현해 드려야 합니다. 만일 낙심하고 있다면, 낙심하게 된 것을 기도드려야 합니다. 일터에서도 기도드려야 합니다. 휴가 중에도 기도드려야 합니다. 친구와 함께 있을 때도 기도드려야 합니다. 우리가 원수를 대할 때도 기도드려야 합니다. 하나님께 기도하지 않아도 괜찮은 상황은 우리의 삶 속에 결코 없습니다.

여러분은 "십자가 군병들아, 주 위해 일어나" 라는 찬송을 아마 기억할 것입니다.

> 십자가 군병들아 주 위해 일어나
> 네 힘이 부족하니 주 권능 믿으라.
> 복음의 갑주 입고 늘 기도하면서
> 너 맡은 자리에서 충성을 다하라.[2]   (찬송가 352장)

이 찬송의 작사자 조지 더필드(George Duffield)는 이 시를 쓰면서 에베소서의 본문을 생각했던 것이 틀림없습니다. 왜냐하면 바울도 기도하라는 요청과 함께 그리스도인의 전신 갑주 목록을 끝마치고 있기 때문입니다.

바울은 진리의 허리띠로 졸라매라고 요청하고 있습니다. 기도하지 않는다면, 허리띠를 제 자리에 맬 수 있겠습니까? 사탄은 하나님의 진리에서부터 우리를 잡아당기려고 애를 쓸 것입니다. 우리는 항상 마귀의 교활한 의심에 흔들리기 쉽습니다. 우리는 끊임없이 진리로 우리를 졸라매 달라고 간구해야 합니다.

"의"는 어떻습니까? 하나님께서 우리를 붙잡아 주시지 않으면 범죄하기 쉽고, 어쩌면 틀림없이 범죄하여 하나님의 의에서부터 자꾸만 멀리 떨어져 나가게 될 것입니다. 베드로를 붙잡아 주시기 위해 예수님께서 어떻게 기도하셨는지 기억하십시오. 기도는 하나님 곁에 가까이 머물도록 해줍니다. 그리고 범죄하지 않게 해줍니다.

"평안의 복음의 예비한 것"으로 신을 신는다는 것은 우리가 항상 "소망에 관한 이유를 묻는 자에게는 대답할 것을 항상 예비"해야 된다는 것과 동일한 의미입니다(벧전 3:15). 우리를 준비시켜 주는 것도 기도뿐입니다. 그렇지 않으면 우리의 관심을 다른 것에 쏟아붓다 기회를 상실하게 될 것입니다.

전신 갑주의 남아있는 부분들도 마찬가지입니다. 기도로 하나님 곁에 가까이 서 있지 않는다면, 시련을 당할 때에 하나님을 믿는 우리의 믿음을 보여주지 못할 것입니다. 기도하지 않는다면, 구원의 투구로 보호받지도 못하고, 우리의 검(劍), 즉 하나님의 말씀도 효과적으로 사용하지 못하게 될 것입니다. 모든 상황 속에서 - "모든 경우" - 우리는 기도의 용사가 되어야 합니다.

모든 기도와 간구로 하되

바울이 기도에 대하여 다음에 말하려는 것은 "모든 기도와 간구"를 드려야 한다는 것입니다. 무슨 의미입니까? 그 구절을 읽고 두 개의 명사는 풍부한 의미를 가지고 있다는 점은 의심할 여지가 없습니다. 즉, 기도와 간구는 기본적으로 동일하다고 생각합니다. 그렇지 않습니까? 하나의 용어가 다른 것을 포함하는 경우도 있지만, 그것의 반대는 사실 성립되지 않습니다. 기도는 간구를 내포하지만, 간구는 기도를 폐할 수 없습니다. 우리가 알고 있어야 하고, 또 효과적으로 사용해야 되는 기도의 종류가 여러 가지가 있습니다.

바람직한 기도를 드리기 위해서 취해야 하는 단계를 강조하기 위해서 사용하는 말이 있습니다. 이것은 네 개의 단어에서 첫 머리글자만 따서 만든 것입니다. 그것은 ACTS입니다. ACTS는 경배(Adoration), 고백(Confession), 감사(Thanksgiving), 간구(Supplications)를 나타내는 말입니다.

경배(Adoration)는 출발하는 곳입니다. 하나님을 찬양함으로 시작하지 않는다면, 우리의 기도는 아무런 가치가 없는 것이 되고 맙니다. 우리가 만일 그렇게 하지 않는다면, 그리고 우리가 기도드리는 대상이 어떤 분이시며, 우리의 처분에 맡겨준 이 하나님의 자원이 무엇인가를 생각함으로써 우리의 마음을 한껏 펼쳐놓지 않는다면, 우리는 하나님의 임재를 실제로 알게 되지도 못할 것이며, 따라서 실제적으로 기도하지 않을 것입니다. 기도란 우리가 드리는 작은 전례(典禮)라고 할 수 있습니다. 우리는 이렇게 말해야 합니다. "주님, 내가 여기 있나이다. 이것이 내가 원하는 것입니다." 그리고 나서 앞으로 나아가야 합니다. 우리는 지금까지 아무 일도 당하지 않고 지내왔고, 또 앞으로 아무 일도 당하지 않을 것이 확실합니다. 그래서 루벤 토리(Reuben A. Torry)는 기도에서 가장 중요한 부분은 우리가 정말 하나님께 다가가고 있으며, 그분을 만나고 있으며, 우리가 필요한 것을 그분에게 간구하고 있음을 확신하는 것이라고 말했습니다.[3]

두 번째 낱말은 고백(Confession)입니다. 이것도 역시 중요한 기도입니다. 거룩한 하나님의 임재로 나아가서, 그분에게 경배하는 것은 과거의 죄악 된 생각과 행동이 우리의 마음에 떠오르게 되고, 그것을 고백하게 되는 것은 필연적입니다. 우리는 고백을 통해서 이런 죄악을 해결해야 합니다. 우리 마음속에 아직도 죄를 숨겨두고, 우리의 범죄를 붙들고 있다면, 여기서 더 멀리 나아갈 수 없을 것입니다. 이사야 59:1-2절은 "여호와의 손이 짧아 구원하지 못하심도 아니요 귀가 둔하여 듣지 못하심도 아니라 오직 너희 죄악이 너희와 너희 하나님 사이를 갈라 놓았고 너희 죄가 그 얼굴을 가리어서 너희에게서 듣지 않으시게 함이니라"고 말합니다.

감사(Thanksgiving)는 기도의 세 번째 종류입니다. 우리는 항상 무엇인가 간구할 준비가 되어있습니다. 고침을 받은 아홉 명의 나병환자들처럼 하나님께서 이미 우리에게 베풀어 주신 것을 감사드리는 것을 잊어버립니다. 하나님께 감사드릴 때, 특별히 죄를 고백하는 우리에게 응답으로 베풀어주신 용서와 정결하게 하심을 감사드려야 합니다(요일 1:9).

우리가 하는 것이 고작 이것이 전부라면, 우리의 기도생활은 보잘 것 없습니다. 마지막으로 우리는 간구(Supplications)할 수 있습니다. 만일 우리가 원하는 것을 하나님께 간구하지도 않고 하나님 앞에 내려놓지도 않는다면, 기도가 할 수 있는 것은 아주 작은 것뿐입니다. 예수님께서 우리에게 "오늘 우리에게 일용할 양식을 주시옵고"(마 6:11)라고 간구하도록 가르치셨습니다. 만일 우리가 하나님께로 나가서 하나님의 뜻에 합당하고 그분을 기쁘시게 하는 것을 간구하면, 우리가 간구하는 것을 받게 될 것을 확신할 수 있습니다(요일 3:21-22절을 참조).

항상 기도하라

세 번째 "모든"이라는 말은 "항상"이라는 말 속에 심겨있습니다. 우리가 모든 경우에, 혹은 모든 상황 속에서 모든 기도와 간구로 기도드려야 한다는 것만 의미하지 않습니다. 우리는 또한 항상 기도해야 합니다. 즉, 낮에는 모든 시간을, 그리고 밤에도 시시때때로 기도드려야 한다는 말입니다. 기도 외에는 우리가 할 것은 아무 것도 없다고 바울이 말합니다. 우리가 붙잡을 것은 기도밖에 없고, 바울 자신도 그렇게 했습니다. 바울은 기도가 우리 삶에서 자연적이고 일관된 부분이 되어야 함을 의미합니다. 특별한 계절이나 특별한 날에만 드리는 기도가 되지 않아야 합니다. 우리는 "기도의 사람"이 되어야 합니다.

윌리엄 거널이 기도에 대하여 300쪽에 달하는 분량의 글을 쓰면서 마귀가 기도를 중단하도록 만들려고 노력하는 방법을 분석해 놓았습니다. 마귀는 기도가 다른 사람에게 좋지만 - 기도의 위대한 용사들이 있음 - 우리는 기도의 "은사"를 받지 않았다는 것을 말한다고 거널은 설명합니다. 여러분도 그렇게 생각해 본적이 있습니까? 참된 기도는 여러분을 위한 것이 아니라 다른 사람을 위하여 드리는 것이라고 생각해 본적이 있습니까?

몇 년 전, 신약성경에서 성령의 은사를 언급하고 있는 다섯 구절을 자세하게 공부한 적이 있습니다. 성경공부를 하면서 조심스럽게 은사의 목록을 만들었는데, 항목이 모두 스무 개가 넘었습니다. 그 가운데 몇 개는 서로 중복이 되었습니다. 최종적으로 열아홉 개를 목록으로 만들었습니다. 나의 목회에서 전도, 교육, 믿음, 지혜, 병 고침, "돕는" 은사 … 이렇게 중요한 성령의 은사를 주목하게 되었습니다. 기도는 이 목록에 들어 있지 않습니다. 왜 그렇습니까? 기도가 중요하지 않아서 그렇습니까? 아닙니다. 기도는 은사가 아니기 때문입니다. 기도를 고찰해보면 "은사"는 잘못된 범주라고 할 수 있습니다. 기도는 책임이요, 의무입니다. 이것은 우리의 영적 은사와 상관없이 우리가 항상 - 모든 상황 속에서 모든 기도와 간구로 - 기도해야만 한다는 것을 의미합니다.

그래서 사탄이 여러분에게 말하고 있는 것과 상관없이 기도의 사람이 되어야 합니다. 여러분의 삶, 가족, 친구, 교회 다른 관심사를 위해서 기도해야 됩니다. 그리고 하나님께서 여러분의 기도를 어떻게 응답해 주시고 축복을 주시는지 바라보아야 합니다.

모든 성도를 위하여

바울은 마지막으로 그리스도의 용사에게 기도는 "모든 성도를 위하여" 드리는 것이라고 말하고 있습니다. 그것은 얼마나 많은 성도들이라고 생각합니까? 나는 대답할 말을 모르겠습니다. 그것은 머리카락을 세는 것보다 성도의 숫자를 세는 것이 훨씬 더 어렵다고 생각합니다. 그리스도 자신도 그렇게 말씀하셨습니다. 이 세상 여러 나라의 도시마다 수백만 명의 성도가 있습니다. 우리가 어떻게 이 사람들을 모두 위해서 기도를 할 수 있습니까?

우리는 명백하게 이 모든 그리스도인의 이름을 하나하나 불러가면서 기도할 수 없습니다. 그러나 그들이 누구인지 알지 못하지만 일반적으로 기도할 수 있습니다. 우리가 그 성도들이 누구인지 알 경우 특별한 기도를 할 수 있습니다. 일반적으로 기도드린다는 말은 익숙하게 몸에 밴 기도가 아니라 기도를 드리기 위한 준비와 기도드리기 위해서 해야 할 일이 있다는 것을 의미합니다. 중국에 있는 그리스도인은 어떻습니까? 만일 우리가 그들을 위해서 기도드려야 한다면 중국에 있는 기독교의 상태와 그들이 겪고 있는 문제와 기회에 대해서 무엇인가 알고 있어야만 합니다. 북아프리카의 그리스도인은 어떻습니까? 거기는 상황이 전혀 다릅니다. 우리가 지성적으로 효과적으로 기도해야 한다면, 기도드려야 할 정보를 알고 있어야 합니다.

여러 상황에 처해 있는 신자들의 그룹이 많이 있습니다. 고난당하는 그리스도인, 특별한 유혹을 받기 쉬운 권력의 자리에 있는 그리스도인, 소외된 그리스도인, 동양이나 서양 세계의 그리스도인들, 다른 인종적 문화적 배경을 가지고 있는 그리스도인들이 있습니다. 이렇게 일반적인 용어로 목록을 작성한다면, 그 범위가 대단히 넓을 것입니다. 그러나 우리의 기도는 특별해야 하는데, 바울은 본보기로 자기 자신을 보여주고 있습니다. "또 나를 위하여 구할 것은"이라고 말합니다. 그리고 이어서 "내게 말씀을 주사 나로 입을 열어 복음의 비밀을 담대히 알리게 하옵소서 할 것이니 이 일을 위하여 내가 쇠사슬에 매인 사신이 된 것은 나로 이 일에 당연히 할 말을 담대히 하게 하려 하심이라"고 말합니다(엡 6:19-20).

바로 여기 위대한 설교가 있습니다! 에베소의 그리스도인들이 기도드려야 할 사람 가운데 자기 자신을 본보기로 소개할 때, - 바울은 결코 자기중심적이 아니라고 나는 확신하기 때문에 - "무엇보다 복음 사역을 위해서 기도하는 것을 잊지 마시오!"라고 말하는 것처럼 보입니다. 바울은 위대한 사람이요, 예수 그리스도의 사도였습니다. 그러나 그리스도인들이 기도해 주지 않는다면, 자기의 일은 헛될 뿐이라고 믿었습니다.

바울은 에베소교회 신자들이 자기가 받은 말씀을 위해서 기도해 달라고 부탁하고 있습니다. 이 점이 설교의 또 다른 요점입니다. 바울은 성경의 다른 저자들보다 유창하게 말을 잘했던 것처럼 보입니다. 예를 들자면, 위대한 사랑의 송가인 고린도전서 13장을 생각해 보면, 바울은 말씀의 거장이었습니다. 그럼에도 그는 다른 사람에게 효과적으로 전파할 말씀을 선택할 수 있도록 하나님의 도우심과 축복이 필요하다는 것을 알고 있었습니다.

다시 말해서 바울은 말씀을 "담대하게" 사용했습니다. "담대하게"가 무슨 말입니까?바울이 겁이 없는 사람이었습니까?이 말은 우리에게 낯설게 느껴집니다. 왜냐하면 우리는 바울이 정말 두려움을 모르는 사람이었다고 생각합니다. 에베소에서는 폭도들을 만났고, 아그립바와 벨릭스와 네로같이 여러 왕들 앞에 서야 했고, 사도를 태우고 있는 배가 파선을 당하는 폭풍과 같은 자연 재난과 싸워야 했고, 로마의 감옥에 갇혀서 죽음에 직면했습니다. 우리는 사람의 마음을 볼 수 없습니다. 사람은 외부에 대하여 강하고 침착한 것처럼 보여도 내면으로 떨지 않는다는 것을 의미하지 않기 때문입니다. 그들은 아직도 우리의 기도가 필요합니다. 어떤 면에서 바울도 고린도 교인들에게 "내가 너희 가운데 거할 때에 약하고 두려워하고 심히 떨었노라"고 말했습니다(고전 2:3).

여러분이 알고 있는 사람 가운데 가장 담대했던 사람을 - 가장 어려운 상황 속에서라도 망설이지 않고 그리스도의 복음을 전하고, "담대한 사람"이 되게 해 달라고 기도하는 사람을 - 생각해 보십시오. 동일한 방법으로 우리는 거룩한 자가 변함없이 거룩하도록, 비전을 보는 자가 계속 비전을 보도록, 위대한 기도의 용사가 신실하게 기도를 하도록 기도와 간구를 해야만 합니다.

모든 사람에게 평안이 있을지어다

이 편지를 지참하고 가는 두기고가 바울이 당했던 모든 일을 에베소 교인들에게 알려줄 것이라는 말과 - 그 소식을 듣고 에베소 교인들이 바울을 위하여 기도할 것임 - 함께 평안과 믿음을 겸한 사랑과 은혜가 에베소에 있는 신실한 친구들과 기도 동지들과 함께 하기를 기원하면서 편지를 종결합니다. 그는 편지를 끝마치는 순간에도 여전히 마음속으로 기도를 생각하고 있었습니다.

우리는 이 경건치 못한 세상에서 하나님이 원하시는 대로 살아가기 위해서 마음의 평안이 필요하지 않습니까? 차고 넘치는 하나님의 은혜가 필요하지 않습니까? 이것 또한 필요합니다. 사랑과 은혜와 평안을 소유하는 길은 하나님께 간구하는 것입니다. 예수님께서 말씀하셨습니다. "구하라 그리하면 너희에게 주실 것이요 찾으라 그리하면 찾아낼 것이요 문을 두드리라 그리하면 너희에게 열릴 것이니"(마 7:7). 야고보는 이렇게 말했습니다. "너희는 욕심을 내어도 얻지 못하여 살인하며 시기하여도 능히 취하지 못하므로 다투고 싸우는도다 너희가 얻지 못함은 구하지 아니하기 때문이요"(약 4:2).

어떻게 하나님의 백성이 기도하도록 합당하게 촉구할 수 있습니까? 필요를 따라서 촉구할 수 있습니까? 그것은 틀림없습니다. 우리에게 큰 필요가 있습니다. 기도의 특권으로 촉구할 수 있습니까? 이것도 역시 그렇습니다. 우리가 하나님 앞에 우리의 필요를 가지고 갈 수 있는 것은 우리의 특권입니다.

오늘날 우리는 기도의 결과에 대하여 가장 뜨거운 논쟁을 하고 있다고 생각합니다. 우리는 우리 시대에 무엇이 성취되는 것에 길들여져 있습니다. 우리가 임무를 수행하고, 예수님을 위하여 살려고 애쓸 때, 기도가 승리를 가져온다는 것을 기억하십시오. 마귀가 공격을 해옵니까? 그렇습니다. 마귀 자신이나 그와 함께 하는 귀신의 무리들이 악한 영향력과 교묘한 교훈, 그리고 이 세상의 구조를 통해서 우리를 공격할 것입니다.

이렇게 시작하는 짧은 노래가 있습니다.

"가장 연약한 그리스도인이 무릎 꿇고 있는 것을 볼 때, 마귀는 벌벌 떤다."

기도하는 그리스도인은 무한하고, 저항할 수 없는 하나님의 능력의 도우심을 호소하고 있기 때문에 마귀가 두려워 벌벌 떤다고 확신합니다.

●각주●

1. William Gurnall, The Christian in Complete Armour (1662-65; reprint, Carlisle, Pa.: Banner of Truth Trust, 1979).

2. 찬송가 352장 3절의 원래 가사를 의미를 살려서 번역하면 다음과 같다.-역자

복음의 갑주를 입으시오,
기도로 각각의 부분을 입으시오;
임무가 부르는 곳에 위험이
결코 거기 있지 않으리.

3. R. A. Torrey, The Power of Prayer and the Prayer of Power (Grand Rapids: Zondervan, 1955), 74-78.

주제 색인

Subject Index

A-Z

성구 색인

Scripture Index

이사야

28:16   188
41:21-24   229
44:18   229
59:1-2   497
59:17   460

예레미야

31:34   39

호세아

3:2   401

요나

1:10   458
2:9   37

스가랴

3:7   472

마태복음

3:2   183
3:17   482
4:3   482

4:4   482
4:7   483
4:9   483
4:10   483
5:5   248
5:20   153
6:10   183
6:11   498
6:24   347
7:7   502
9:13   139
10:22   30
11:28-30   248
16:16   448
16:17   448
16:18   187
16:23   448
17:20-21   141
19:4-6   369
20:28   62
22:44   131
26:18   359
28:19-20   272

마가복음

9:23   141
10:33-34   94
10:45   153, 273
14:29   451, 462

16:15   287

누가복음

6:21   364
6:46, 49   153
9:23   153
10:16   125
17:21   183
22:31-32   463
22:33   462
24:32   487
24:46-47   60

요한복음

1:1   481
1:14   481
3:7   185
3:8   75, 129
3:16   135, 338
4:22   163
6:44   49
8:44   454
10:11   271
11:35   493
13:25   131
13:26   131
14:6   437
14:15   294

14:30	473	8:35-39	341	6:2	364
15:4-5	125	9:5	162	6:14	396
15:13	338	12:1	242		
15:19-20	212	12:4-6	267	**갈라디아서**	
15:26	72	13:7	407		
16:8-11	71	14:17	184	2:20	338
16:13-14	72			3:29	199
17:3	82, 311	**고린도전서**		4:4-5	358
17:19	28			5:1	242
17:22-23	125	1:23-25	356	5:22-23	257, 291
		1:27-29	117		
사도행전		1:30	437	**에베소서**	
		2:3	501		
21:28	197	2:9-10	117	1:1-2	21
22:21	198	2:12-14	75	1:3	33, 35, 77
24:25	359	2:13	25	1:4	36
		3:11	187	1:5	37
로마서		10:13	117	1:4-6	45, 46
		12:4-6	266	1:6	51
1:19	303	12:21-26	255	1:7	38, 39
1:20	303	13:12	86	1:7-8	64
1:22-28	304	15:51-52	193	1:7-10	57
3:10-12	138	16:22	91	1:9-10	39, 64, 195
3:10-18	336			1:11	71
3:11	49	**고린도후서**		1:12	71
5:3	248			1:11-14	69
5:8	120, 338	2:11	446	1:13	167
6:23	38	4:8-9	476, 477	1:13-14	60, 76
8:16	76	4:16-18	477	1:14	40
8:17	37, 200	5:17	138	1:15-19	79

그리스도의 몸된 교회(에베소서)

저자 : 제임스 몽고메리 보이스

발행처 : 솔라피데출판사

전화 : (031)992-8692 / 팩스 : (031)955-4433

공급처 : 솔라피데출판유통

전화 : (031)992-8691 / 팩스 : (031)955-4433

값 22,000원